COMO A CHINA ESCAPOU DA TERAPIA DE CHOQUE

O DEBATE DA REFORMA DE MERCADO

ISABELLA M. WEBER

TRADUÇÃO **DIOGO FAGUNDES**
REVISÃO TÉCNICA **ELIAS JABBOUR**

Direção-geral	Ivana Jinkings
Edição	Thais Rimkus
Coordenação de produção	Livia Campos
Assistência editorial	Allanis Ferreira
Tradução	Diogo Fagundes
Revisão técnica	Elias Jabbour
Consultoria de termos em chinês	Piero Locatelli
Preparação	Mariana Echalar
Revisão	Mariana Zanini e Daniel Aurélio
Índice remissivo	Daniel Aurélio
Diagramação	Antonio Kehl
Capa	Maikon Nery

Equipe de apoio Ana Slade, Elaine Alves, Elaine Ramos, Erica Imolene, Frank de Oliveira,
Frederico Indiani, Glaucia Britto, Higor Alves, Isabella Meucci, Ivam Oliveira, Kim Doria,
Luciana Capelli, Marina Valeriano, Marissol Robles, Maurício Barbosa, Pedro Davoglio,
Raí Alves, Tulio Candiotto, Victória Lobo, Victória Okubo

CIP-BRASIL. CATALOGAÇÃO NA PUBLICAÇÃO
SINDICATO NACIONAL DOS EDITORES DE LIVROS, RJ

W382c

Weber, Isabella M., 1987-
Como a China escapou da terapia de choque : o debate da reforma de
mercado / Isabella M. Weber ; tradução Diogo Fernandes ; revisão técnica
Elias Jabbour. - 1. ed. - São Paulo : Boitempo, 2023.
480 p.

Tradução de: How China escaped shock therapy : the market reform debate
Inclui índice
ISBN 978-65-5717-227-8

1. China - Condições econômicas. 2. Economia mista - China. 2. China
- Política econômica - 1976-2000. 3. China - Política econômica - 2000-.
I. Fernandes, Diogo. II. Jabbour, Elias. III. Título.

CDD: 330.951
23-84341   CDU: 338.1(529)

Meri Gleice Rodrigues de Souza - Bibliotecária - CRB-7/6439

1ª edição: junho de 2023

BOITEMPO
Jinkings Editores Associados Ltda.
Rua Pereira Leite, 373
05442-000 São Paulo SP
Tel.: (11) 3875-7250 | 3875-7285
editor@boitempoeditorial.com.br
boitempoeditorial.com.br | blogdaboitempo.com.br
facebook.com/boitempo | twitter.com/editoraboitempo
youtube.com/tvboitempo | instagram.com/boitempo

Para Fides e Lena

Sumário

Nota à edição brasileira

Saber se a ascensão econômica da China é um milagre do livre mercado ou o resultado de políticas econômicas incongruentes com o Consenso de Washington é uma questão que tem consequências para a economia do desenvolvimento. Os neoliberais com frequência projetam o crescimento econômico da China puramente em suas políticas pró-mercado, enquanto todos os desafios são vistos como consequência de muita intervenção estatal e das chamadas reformas incompletas. Os comentaristas de esquerda, por sua vez, frequentemente enxergam as reformas de mercado da China como uma traição à revolução e uma adesão ao neoliberalismo global. É irônico que ambos os lados acabem concordando que as reformas da China foram sustentadas pelo paradigma do livre mercado – mesmo que isso tenha sido revertido nos últimos anos.

Este livro abre uma perspectiva diferente. Em vez de considerar as reformas de mercado da China como resultado da ideologia neoliberal, retrata as lutas entre economistas e reformadores chineses sobre a questão de *como* introduzir mecanismos de mercado. Houve o desejo por um novo modelo de desenvolvimento econômico depois de a Revolução Cultural e, após a morte de Mao, a tentativa de uma renovada industrialização de grande impulso no estilo soviético falharem. Muitos concordaram que havia necessidade de mais mercado na China da década de 1980. Porém, houve um feroz debate ideológico sobre o que isso significaria. O mercado era uma ferramenta a ser mobilizada para objetivos políticos ou o mercado deveria ser o novo sistema e o objetivo em si? A China deveria se concentrar em abolir o plano e liberalizar os preços básicos para abrir espaço aos mercados no núcleo industrial da economia ou deveria lidar com as reformas ao estilo do jogo Jenga, removendo o controle sobre os blocos perdidos enquanto mantém intacto o plano para os pilares industriais, pelo menos na fase inicial da reforma?

A reforma dos preços foi o ápice da batalha sobre a mercantilização na década de 1980. Com a reforma dos preços, surgiu o perigo iminente da inflação. Aqueles que defendiam uma liberalização dos preços aos moldes "big bang" argumentavam que a inflação poderia ser contida por meios macroeconômicos, ou seja, política monetária rígida e austeridade. Os partidários do gradualismo experimentalista sustentavam que abrir mão de preços essenciais como energia e aço da noite para o dia desencadearia uma inflação de custos impossível de ser contida por meios macroeconômicos, razão pela qual o controle estatal deveria prevalecer enquanto continuasse a haver escassez.

Hoje, o mundo enfrenta uma inflação que foi desencadeada, ao menos em parte, por um choque global dos preços de energia e *commodities*, conjuntamente a gargalos de oferta decorrentes da pandemia e da guerra na Ucrânia. A questão é, mais uma vez, saber se esse tipo de dinâmica de aumento de custos pode ser contido com aumento de juros e disciplina fiscal ou se, em vez disso, precisamos de políticas que tratem da escassez em nível setorial. Fiquei surpresa ao observar os paralelos entre os debates econômicos da década de 1980 na China e os dos tempos atuais. A China tem, de modo geral, histórico de uma surpreendente combinação de alto crescimento e preços relativamente estáveis. A gestão estatal de áreas essenciais, resultado da escapada da terapia de choque, desempenhou um papel fundamental nisso.

Durante a querela sobre as questões centrais da reforma do mercado, os economistas chineses viajaram para estudar as experiências estrangeiras. Os destinos incluíram o Brasil e um intercâmbio com Delfim Netto, que se tornou tema de um acalorado debate na China, conforme relato nas páginas deste livro. Ao aprender com outros países, a China não tentou copiar; tentou, sim, considerar a história como um grande reservatório de experiências a informar a formulação de políticas, mas que exige o entendimento das semelhanças e diferenças nas condições de então e de agora. Com esse espírito, espero que meu livro sirva de inspiração para debates sobre a inflação e o papel dos mercados e do Estado no desenvolvimento e na estabilização econômica nos dias atuais.

Desde que estudei na New School for Social Research em Nova York, tive a oportunidade de interagir com economistas heterodoxos brasileiros e fiquei impressionada com seu conhecimento e sua cultura de engajamento intelectual. É difícil pensar em uma comunidade econômica pluralista mais vibrante. Estou extremamente feliz e agradecida por meu livro estar agora disponível para os leitores brasileiros. Gostaria de agradecer a Laura Carvalho, Luiza Nassif e Lucas Teixeira, que foram fontes de apoio e inspiração, e a Elias Jabbour, que ajudou a fazer esta tradução acontecer. Meus sinceros agradecimentos também a Thais Rimkus, da Boitempo, que cuidou da edição brasileira.

Prefácio

Cresci na década de 1990, em uma cidade localizada a cerca de uma hora de carro do que se denominava Cortina de Ferro. Durante minha juventude, o senso de triunfalismo capitalista, bem como a profunda divisão social entre a Alemanha oriental e a Alemanha ocidental, era um tema constante e sutil. O passado socialista global estava presente nas histórias de meus parentes e amigos.

Em 1987, ano em que nasci, meus avós foram à China. Eles cruzaram o rio Yangtzé apenas alguns meses após a realização da famosa conferência econômica internacional em um barco, no mesmo rio. Gostavam de contar a história do jovem estudante chinês que os acompanhou como intérprete. Ele lhes falou da abertura cultural e dos amplos debates e aludiu ao medo de que tudo isso tivesse um fim repentino. Algumas semanas após a apresentação de meu doutorado, no qual este livro se baseia, minha avó faleceu. Fiquei surpresa ao encontrar em sua casa uma grande quantidade de fotos e recortes de jornais sobre a China dos anos 1980, inclusive notas sobre alguns dos famosos economistas reformadores que discuto nas páginas a seguir.

Fiz minha graduação em Berlim durante a crise financeira global de 2008. Fui um dos muitos estudantes que ficaram chocados ao descobrir que nossos professores de economia tinham bem pouco a dizer sobre as razões mais profundas da crise global. Um ano depois, fui estudar na Universidade de Pequim. Irritada com os livros clássicos de economia e curiosa pela economia chinesa, assisti a palestras em alguns dos mais prestigiados programas de administração e economia da China. Para minha surpresa, embora o sistema econômico chinês fosse claramente diferente, a mesma economia era ensinada nos livros didáticos norte-americanos com que estudei em Berlim. Essa observação me levou a um questionamento: como a economia chinesa convergiu com a corrente dominante global após o período maoista? De volta a Berlim, trabalhei com colegas da ex-República Democrática Alemã cuja vida mudara drasticamente com a queda do muro. Suas biografias me levaram a uma segunda pergunta: por que a história da Alemanha oriental tomou um rumo diferente daquela da China? Essas duas grandes questões me conduziram a este livro e à tentativa de contribuir com respostas.

Em busca de uma pluralidade de teorias econômicas, fiz pós-graduação na New School for Social Research e mais tarde fiz doutorado, sob a orientação de Peter Nolan, na Universidade de Cambridge. Peter guiou minha jornada pela questão central deste livro: com que bases intelectuais a China escapou da terapia de choque na década de 1980? Minha pesquisa teria sido impossível sem seu apoio e sua confiança incansáveis e sem a New School Economics. Graças a Peter, tive a oportunidade de entrevistar uma ampla gama de participantes e observadores nacionais e internacionais do acirrado debate sobre a reforma da China nos anos 1980. Suas histórias são fundamentais para este livro.

Em 2020, enquanto finalizo este manuscrito, o aniversário do decisivo 1989 passou e o mundo é destroçado pela pandemia de covid-19. As tensões entre os Estados Unidos e a China cresceram a tal ponto que muitos economistas falam de uma "nova Guerra Fria". Espero que a história de como a China escapou da terapia de choque na década de 1980 e sua relutância em adotar indiscriminadamente a versão neoliberal do capitalismo possa lançar alguma luz sobre o momento presente.

Muitas pessoas foram cruciais para este projeto. Em primeiro lugar, gostaria de agradecer a todos os entrevistados, que dedicaram tempo para compartilhar comigo memórias e perspectivas sobre a China dos anos 1980. Peço desculpas antecipadas a quem eu possa ter me esquecido de mencionar. Sou profundamente grata a Iwo Amelung, Bai Nanfeng, Tracy Blagden, Adrian Bradshaw, Ha-Joon Chang, Melinda Cooper, Cui Zhiyuan, Chun Xiao, Maxime Desmarais-Tremblay, Isabel Estevez, Jacob Eyferth, Nancy Folbre, Duncan Foley, Giorgos Galanis, James Galbraith, Julian Gewirtz, Benjamin Hall, Carol Heim, Lawrence King, David Kotz, János Kovács, Michael Kuczynski, Rebecca Karl, Leon Kunz, Michael Landesmann, Lei Bing, Liang Junshang, Aurelia Li, Edwin Lim, Lin Chun, Cyril Lin, Liu Hong, Liu Kang, Dic Lo, Luo Xiaopeng, Mariana Mazzucato, Maya McCollum, Branko Milanović, John Moffett, Luiza Nassif Pires, José Bastos Neves, Terry Peach, George Peden, Dwight Perkins, Stephen Perry, Robert Pollin, Joshua Rahtz, Carl Riskin, Eberhard Sandschneider, Leon Semieniuk, Anwar Shaikh, Fan Shitao, Bertram Schefold, Quinn Slobodian, Peter Sowden, Malcolm Thompson, Jan Toporowski, Vamsi Vakulabharanam, Vela Velupillai, Wang Xiaoqiang, Wang Xiaolu, Wei Zhong, Tom Westland, Felix Wemheuer, Adrian Wood, Bin Wong, Wu Jinglian, Zhu Ling e Jean Zimmer.

Esta pesquisa foi possível graças ao apoio financeiro que recebi do Programa de Recuperação Europeia, do Consórcio Cambridge, do Fundo Suzy Paine, do Consórcio de Economia Política de Cambridge, do Comitê das Universidades da China, da Escola de Gestão Pública da Universidade de Tsinghua, do Centro de Estudos Econômicos da China na Universidade de Fudan, do Fundo Greta Burkill, do Fundo Bruckmann e do Departamento de Economia e do Instituto de Pesquisa em Economia Política da Universidade de Massachusetts, em Amherst.

O companheirismo e a solidariedade de amigos em Pequim, Berlim, Cambridge, Londres, Nova York, Nurembergue e Amherst me fizeram continuar quando minhas energias já haviam se esgotado. As conversas com minha irmã Anna-Magdalena Schaupp me ajudaram a recuperar o entusiasmo quando eu estava em desespero. Gregor Semieniuk esteve a meu lado dia após dia e comentou criticamente o manuscrito à medida que este evoluía. E, por fim, sem o amor, a confiança e o apoio de meus pais, eu nunca teria feito um doutorado, muito menos escrito este livro. Estendo a eles todos minha gratidão e meu carinho mais profundos.

Abreviações

ACCS – Academia Chinesa de Ciências Sociais
EAP – Escritório de Administração de Preços
IPRSEC – Instituto de Pesquisa da Reforma do Sistema Econômico da China
PCCh – Partido Comunista da China
RMB – Renminbi
RPC – República Popular da China

Lista de figuras

Lista de imagens

1. Conferência do Banco Mundial em Moganshan (11 a 16 de julho de 1982).

2. Conferência de Economistas Jovens e Maduros em Moganshan (3 a 10 de setembro de 1984).

3. Conferência no navio *MS Bashan*, Yangtzé, em setembro de 1985.

4. Wang Xiaoqiang encontra George Soros na Hungria (1986).

5. Delegação liderada pelo primeiro-ministro Zhao Ziyang para estudar as perspectivas da Estratégia de Desenvolvimento Costeiro (inverno de 1987).

6. Milton Friedman encontra o primeiro-ministro Zhao Ziyang, em outubro de 1988.

Introdução

A China contemporânea está profundamente integrada ao capitalismo global. No entanto, o estonteante crescimento chinês não levou o país à completa convergência institucional com o neoliberalismo[1]. Isso desafia o triunfalismo do pós-Guerra Fria, que previa a "vitória incondicional do liberalismo econômico e político" em todo o mundo[2]. Embora a era da revolução tenha terminado em 1989[3], isso não resultou na aguardada universalização do modelo econômico "ocidental". Acontece que a mercantilização gradual facilitou o crescimento econômico da China sem que isso a levasse à assimilação generalizada. A tensão entre a ascensão da China e essa assimilação parcial define nosso momento atual e encontra suas origens na abordagem das reformas de mercado pela China.

A literatura sobre as reformas da China é ampla e diversificada. As políticas econômicas que o país adotou em sua transformação a partir do socialismo de Estado são bem conhecidas e investigadas. Muito negligenciado, no entanto, é o fato de que a mercantilização gradual e guiada pelo Estado chinês foi tudo menos uma conclusão inevitável ou uma escolha "natural", predeterminada pelo excepcionalismo chinês. Na primeira década da "reforma e abertura", sob Deng Xiaoping (1978-1988), o modo de mercantilização da China foi cinzelado em um debate acirrado. Economistas

---

[1] Para uma discussão aprofundada sobre esse ponto, ver Isabella M. Weber, "China and Neoliberalism: Moving Beyond the China Is/Is not Neoliberal Dichotomy", em Damien Cahill, Melinda Cooper e David Primrose (orgs.), *The Sage Handbook of Neoliberalism* (Londres, Sage, 2018), p. 219-33, e "Origins of China's Contested Relation with Neoliberalism: Economics, the World Bank, and Milton Friedman at the Dawn of Reform", *Global Perspectives*, v. 1, n. 1, 2020, p. 1-14.

[2] Francis Fukuyama, "The End of History?", *The National Interest*, n. 16, 1989, p. 3.

[3] Wang Hui, *The End of the Revolution: China and the Limits of Modernity* (Londres, Verso, 2009).

que defendiam uma liberalização ao estilo da terapia de choque lutaram pelo futuro da China contra aqueles que promoviam a mercantilização gradual a partir das margens do sistema econômico. Por duas vezes, a China tinha tudo preparado para um "big bang" na reforma dos preços. Por duas vezes, absteve-se de implementá-lo.

O que estava em jogo no debate da reforma de mercado é ilustrado pelo contraste entre a ascensão da China e o colapso econômico da Rússia[4]. A terapia de choque – a prescrição política quintessencialmente neoliberal – havia sido aplicada na Rússia, o outro ex-gigante do socialismo de Estado[5]. O prêmio Nobel Joseph Stiglitz atesta "um nexo causal entre as políticas da Rússia e seu fraco desempenho"[6]. As posições da Rússia e da China na economia mundial inverteram-se desde que implementaram modos diferentes de entrada no mercado. A participação russa no Produto Interno Bruto (PIB) mundial caiu quase pela metade – de 3,7% em 1990 para cerca de 2% em 2017 –, enquanto a participação da China aumentou quase seis vezes – de apenas 2,2% para cerca de um oitavo da produção global (ver figura 1). A Rússia passou por uma drástica desindustrialização, enquanto a China se tornou a notória fábrica do capitalismo mundial[7]. A renda média real de 99% dos russos foi menor em 2015 que em 1991, enquanto na China, apesar do rápido aumento da desigualdade, esse número mais que quadruplicou no mesmo período, superando o da Rússia em 2013 (ver figura 2)[8]. Como resultado da terapia de choque, a Rússia teve um aumento de mortalidade

[4] Peter Nolan, *China's Rise, Russia's Fall: Politics, Economic and Planning in the Transition from Stalinism* (Basingstoke, Macmillan, 1995).

[5] Bob Jessop, "Liberalism, Neoliberalism, and Urban Governance: A State-Theoretical Perspective", *Antipode*, v. 34, n. 3, 2002, p. 458-78, e "Neoliberalism and Workfare: Schumpeterian or Ricardian?", em Damien Cahill, Melinda Cooper e David Primrose (orgs.), *The Sage Handbook of Neoliberalism*, cit., p. 347-59.

[6] Joseph E. Stiglitz, "Transition to a Market Economy: Explaining the Successes and Failures", em Shenggen Fan et al. (orgs.), *The Oxford Companion to the Economics of China* (Oxford, Oxford University Press, 2014), p. 37.

[7] De acordo com o Observatory of Economic Complexity, 75% das exportações da Rússia foram de produtos minerais e metais em 2017, enquanto a China se tornou a maior economia exportadora do mundo, principalmente graças a sua competitividade no setor manufatureiro. Ver Observatory of Economic Complexity, "Country Profile Russia", *Observatory of Economic Complexity*, 2018.

[8] Para uma análise de longo prazo da desigualdade na Rússia, bem como uma comparação com países do Leste Europeu e China, ver Filip Novokmet, Thomas Piketty e Gabriel Zucman, "From Soviets to Oligarchs: Inequality and Property in Russia 1905-2016", *NBER Working Papers*, 23712, ago. 2017.

acima de qualquer experiência anterior em um país industrializado em tempos de paz[9].

Dado o baixo nível de desenvolvimento da China em comparação com o da Rússia no início da reforma, a terapia de choque provavelmente teria causado um sofrimento humano em escala ainda maior. Teria minado, se não destruído, as bases para o crescimento econômico chinês. É difícil imaginar como seria o capitalismo global hoje se a China tivesse seguido o caminho da Rússia.

Apesar de suas importantes consequências, o papel fundamental que o debate econômico desempenhou nas reformas de mercado na China é amplamente ignorado. O famoso economista do desenvolvimento Dani Rodrik, professor de Harvard, representa a profissão de economista de forma mais geral quando responde a sua própria pergunta se "alguém [pode] nomear os economistas (ocidentais) ou [foi] a pesquisa que desempenhou um papel fundamental nas reformas da China" afirmando que "a pesquisa econômica, pelo menos como convencionalmente entendida", não desempenhou "um papel significativo"[10].

FIGURA 1. Participação da China e da Rússia no PIB mundial (1990-2017)

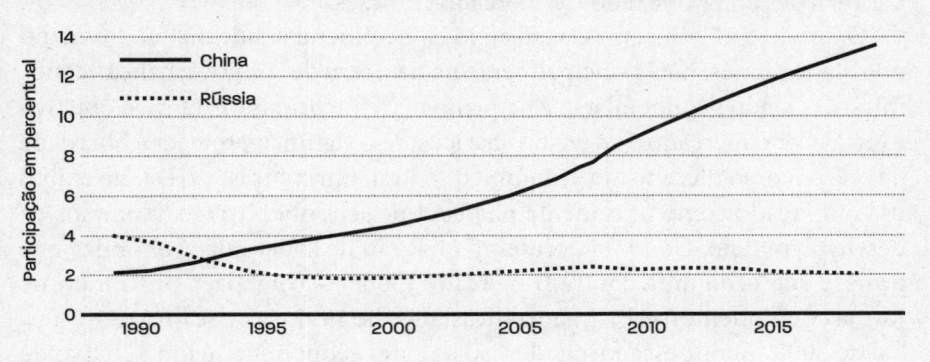

Fonte: Banco Mundial, "GDP (Constant 2010 US$)". *The World Bank Data*, 2019.

---

[9]   Francis C. Notzon et al., "Causes of Declining Life Expectancy in Russia", *Journal of the American Medical Association*, v. 279, n. 10, 1998, p. 793-800. Para estudos que relacionam a queda dramática de expectativa de vida às consequências sociais da terapia de choque, ver, por exemplo, David Leon e Vladímir Shkolnikov, "Social Stress and the Russian Mortality Crisis", *Journal of the American Medical Association*, v. 279, n. 10, 1998, p. 790-1; Michael Murphy et al., "The Widening Gap in Mortality by Educational Level in the Russian Federation, 1980-2001", *American Journal of Public Health*, v. 96, n. 7, 2006, p. 1.293-9; David Stuckler, Lawrence King e Martin McKee, "Mass Privatisation and the Post--Communist Mortality Crisis: A Cross-National Analysis", *The Lancet*, v. 373, n. 9.661, 2009, p. 399-407.

[10] Dani Rodrik, "Diagnostics before Prescription", *Journal of Economic Perspectives*, v. 24, n. 3, 2010, p. 34.

FIGURA 2. Renda média por adulto na China e na Rússia por quantis populacionais (1980-2015)

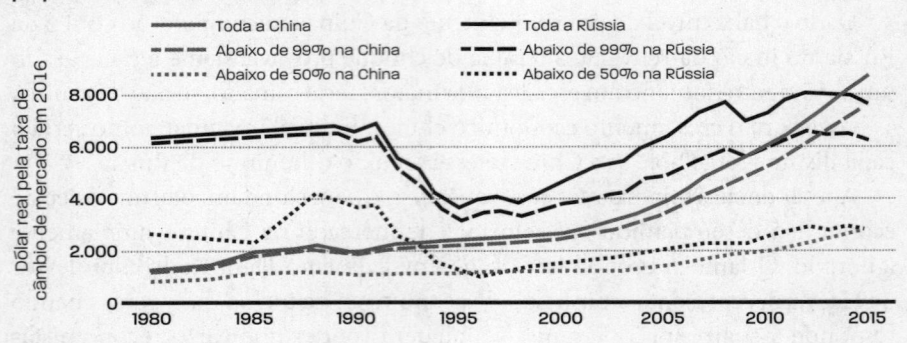

Fonte: *World Wealth and Income Database (WID)*.

Nos capítulos seguintes, volto à década de 1980 e pergunto quais razões intelectuais desviaram a China da terapia de choque. Revisitar o debate acerca da reforma de mercado revela a economia da ascensão da China e as origens das relações entre o Estado e o mercado chineses.

O desvio da China em relação ao ideal neoliberal reside não no tamanho do Estado chinês, mas principalmente na natureza de sua governança econômica. O Estado neoliberal não é pequeno nem fraco, mas forte[11]. Seu objetivo é fortalecer o mercado. Em termos básicos, isso significa proteger a liberdade de preços como mecanismo econômico central. Em contraste, o Estado chinês usa o mercado como ferramenta na busca de seus objetivos mais amplos de desenvolvimento. Como tal, preserva um grau de soberania econômica que protege sua economia contra o mercado global – como demonstraram de forma contundente a crise financeira asiática de 1997 e a crise financeira global de 2008. Abolir essa forma de "isolamento econômico" é um objetivo de longa data dos neoliberais, e nossa atual governança global foi projetada para acabar com a proteção nacional contra o mercado global[12]. O fato de a China

[11] Por exemplo, Werner Bonefeld, "On the Strong Liberal State: Beyond Berghahn and Young", *New Political Economy*, v. 18, n. 5, 2013, p. 779-83; *The Strong State and the Free Economy* (Londres, Rowman and Littlefield, 2017); Ha-Joon Chang, "Breaking the Mould: An Institutionalist Political Economy Alternative to the Neo-Liberal Theory of the Market and the State", *Cambridge Journal of Economics*, v. 26, n. 5, 2002, p. 539-59; William Davies, "The Neoliberal State: Power against 'Politics'", em Damien Cahill, Melinda Cooper e David Primrose (orgs.), *The Sage Handbook of Neoliberalism*, cit., p. 273-83.

[12] Quinn Slobodian, *Globalists: The End of Empire and the Birth of Neoliberalism* (Cambridge, Harvard University Press, 2018), p. 12 [ed. bras.: *Globalistas: o fim do império e nascimento do neoliberalismo*, trad. Olivir de Freitas, [s.l.], Enunciado, 2022].

ter escapado da terapia de choque mostrou que o Estado manteve a capacidade de isolar os setores estratégicos da economia – aqueles mais essenciais para a estabilidade e o crescimento econômico – à medida que se integrava ao capitalismo global.

Para estabelecer as bases de minha análise da escapada da China, primeiro recapitularei brevemente a lógica da terapia de choque.

A lógica da terapia de choque

A terapia de choque estava no centro da "doutrina de transição do Consenso de Washington"[13], propagada em países em desenvolvimento, Europa oriental e central e Rússia pelas instituições ligadas aos acordos de Bretton Woods[14]. Em aparência, tratava-se de um amplo pacote de políticas que seriam implementadas de uma só tacada, para causar um choque nas economias planejadas, transformando-as de uma só vez em economias de mercado[15]. O pacote consistia de: 1) liberalização de todos os preços em um único big bang; 2) privatização; 3) liberalização do comércio; e 4) estabilização, na forma de políticas fiscais e monetárias rígidas.

As quatro medidas da terapia de choque, implementadas simultaneamente, deveriam, em teoria, formar um pacote abrangente. Uma análise mais atenta revela que a parte desse pacote que podia ser implementada de uma só tacada resume-se a uma combinação dos itens 1 e 4: liberalização de preços e austeridade estrita.

David Lipton e Jeffrey Sachs falaram pelos proponentes da terapia de choque de forma mais geral quando admitiram complicações com relação à

---

[13] Joseph E. Stiglitz, "Whither Reform? Ten Years of Transition", *Annual World Bank Conference on Development Economics*, Washington, abr. 1999, p. 132.

[14] Alice Amsden, Jacek Kochanowicz e Lance Taylor, *The Market Meets Its Match: Restructuring the Economies of Eastern Europe* (Cambridge, Harvard University Press, 1998); Naomi Klein, *The Shock Doctrine: The Rise of Disaster Capitalism* (Nova York, Picador, 2007) [ed. bras.: *A doutrina do choque: a ascensão do capitalismo de desastre*, trad. Vania Cury, Rio de Janeiro, Nova Fronteira, 2008].

[15] Anders Åslund, *Post-Communist Economic Evolutions: How Big a Bang?* (Washington, Center for Strategic and International Studies, c. 1992); János Kornai, *The Road to a Free Economy: Shifting from a Socialist System. The Example of Hungary* (Nova York, W.W. Norton, 1990); David Lipton e Jeffrey D. Sachs, "Creating a Market Economy in Eastern Europe: The Case of Poland", *Brookings Papers on Economic Activity*, v. 21, n. 1, 1990, p. 75-147; Jeffrey D. Sachs, "Building a Market Economy in Poland", *Scientific American*, 1992, p. 20-6; e "Privatization in Russia: Some Lessons from Eastern Europe", *The American Economic Review*, v. 82, n. 2, 1992, p. 43-8.

velocidade da privatização na prática. Eles reconheceram a magnitude da tarefa de privatização em uma economia com propriedade principalmente pública. Comparando o grande número de empresas estatais nas economias socialistas com o histórico de privatizações no Reino Unido, apontaram que "Margaret Thatcher, a maior defensora mundial da privatização"[16], havia liderado a transferência de apenas algumas dezenas de empresas estatais para o setor privado no decorrer da década de 1980. Assim, observaram que o "grande enigma é como privatizar uma vasta gama de empresas de maneira equitativa, célere, politicamente viável e suscetível de criar uma estrutura efetiva de controle corporativo"[17]. Recomendaram vagamente que "a privatização *talvez* deva ser feita por muitos meios" e que o "ritmo deve ser rápido, mas não desenfreado"[18]. O relatório conjunto sobre a economia da União Soviética também alerta contra o avanço muito rápido da privatização, "quando os preços relativos ainda não estão estabilizados"[19]. Da mesma forma, a liberalização do comércio aos olhos dos defensores da terapia de choque tem como precondição a liberalização dos preços internos[20]. Um big bang na liberalização dos preços aparece, assim, como condição tanto para a privatização quanto para a liberalização do comércio e constitui o verdadeiro "choque" da terapia de choque.

O que foi apresentado como um amplo pacote de reformas acabou sendo uma política extremamente enviesada para apenas um elemento da economia de mercado: a determinação de preços pelo mercado. No entanto, essa unilateralidade não foi mero resultado de viabilidade. A razão mais profunda do viés voltado para a liberalização de preços está no conceito neoclássico do mercado como um mecanismo de preços que se abstrai das realidades institucionais[21]. De modo mais geral, na visão dos neoliberais, o mercado é a única forma de organizar racionalmente a economia, e seu funcionamento depende de preços livres[22].

De acordo com a lógica da terapia de choque como a entendem, por exemplo, Lipton e Sachs, a liberalização de todos os preços "de uma só vez"

[16] David Lipton e Jeffrey D. Sachs, "Creating a Market Economy in Eastern Europe", cit., p. 127.

[17] Idem.

[18] Ibidem, p. 130, grifo nosso.

[19] Fundo Monetário Internacional et al., *The Economy of the USSR: Summary and Recommendations* (Washington, World Bank, 1990), p. 26.

[20] Ibidem, p. 29.

[21] Ha-Joon Chang, "Breaking the Mould", cit.; Joseph E. Stiglitz, *Whither Socialism? Wicksell Lectures* (Cambridge, MIT Press, 1994), p. 102, 195, 202 e 249-50.

[22] Isabella M. Weber, "China and Neoliberalism", cit.; "The (Im-)Possibility of Rational Socialism: Mises in China's Market Reform Debate", Peri/University of Massachussets Amherst, 6 out. 2021. Disponível on-line.

corrigiria os preços *relativos* distorcidos, que, em consequência da herança stalinista, eram muito baixos para a indústria pesada e os bens de capital e muito altos para a indústria leve, os serviços e os bens de consumo[23]. De maneira similar, o relatório conjunto sobre a economia da União Soviética realizado pelo Fundo Monetário Internacional (FMI), pelo Banco Mundial, pela Organização para Cooperação e Desenvolvimento Econômico (OCDE) e pelo Banco Europeu de Reconstrução e Desenvolvimento (Berd) advertiu:

> Nada será mais importante para a realização de uma transição bem-sucedida para uma economia de mercado do que a liberação dos preços para orientar a alocação de recursos. A liberalização ampla e antecipada dos preços é essencial para acabar com a escassez e os desequilíbrios macroeconômicos que afligem cada vez mais a economia.[24]

Essa liberalização generalizada dos preços precisaria ser combinada com uma política de estabilização para controlar o nível *geral* dos preços[25]. Desde que macromedidas complementares fossem implementadas, a liberalização dos preços "poderia levar a um salto único nos preços, mas não a uma inflação contínua"[26], alegaram os defensores da terapia de choque. Segundo eles, as verdadeiras causas da inflação persistente nas economias socialistas estatais eram o excesso de demanda (em razão dos grandes déficits orçamentários), a "restrição orçamentária branda", as políticas monetárias frouxas e os aumentos salariais resultantes da política de desemprego zero[27]. Na visão deles, esses problemas poderiam ser aliviados com uma "forte dose de austeridade macroeconômica", pois eram, em essência, monetários e não estruturais[28].

O "salto único nos preços" que se esperava como resultado da liberalização generalizada dos preços era bem-vindo, pois "absorveria o excesso de liquidez" e, desse modo, reforçaria a austeridade[29]. Em outras palavras, um aumento no nível geral de preços desvalorizaria a poupança e, assim, reduziria o excesso crônico de demanda agregada que se experimentava nas economias socialistas. O custo de privar os cidadãos da modesta riqueza que haviam acumulado sob o socialismo de Estado era considerado um mal necessário[30]. Com efeito,

---

[23] David Lipton e Jeffrey D. Sachs, "Creating a Market Economy in Eastern Europe", cit., p. 82.

[24] Fundo Monetário Internacional et al., *The Economy of the USSR*, cit., p. 25.

[25] Ibidem, p. 19.

[26] David Lipton e Jeffrey D. Sachs, "Creating a Market Economy in Eastern Europe", cit., p. 100.

[27] Ibidem, p. 98.

[28] Ibidem, p. 89.

[29] Fundo Monetário Internacional et al., *The Economy of the USSR*, cit., p. 19 e 22.

[30] Peter Reddaway e Dmitri Glinski, *The Tragedy of Russia's Reforms: Market Bolshevism Against Democracy* (Washington, United States Institute of Peace, 2001), p. 179.

tratava-se de uma redistribuição regressiva que beneficiava as elites detentoras de ativos não monetários. A redistribuição de baixo para cima fazia parte da terapia de choque desde o início, desde a reforma monetária e de preços do pós-guerra na Alemanha ocidental, sob Ludwig Erhard[31]. Forçar relações de mercado na sociedade da noite para o dia dependia da imposição de uma maior desigualdade.

A natureza e as estruturas das instituições predominantes que comporiam a nova economia de mercado não receberam muita atenção dos defensores da terapia de choque. O pacote recomendado por Lipton, Sachs e muitos outros, entre eles economistas do mundo socialista da época, não "criava" uma economia de mercado, como sugere o título do importante estudo desses economistas sobre a Polônia[32]. Ao contrário, esperava-se que a destruição da economia de comando desse automaticamente origem a uma economia de mercado[33]. Era uma receita para a destruição, não para a construção. Uma vez que a economia planificada estivesse "morrendo sob o choque", esperava-se que a "mão invisível" operasse e, de maneira um tanto milagrosa, permitisse o surgimento de uma efetiva economia de mercado.

Essa é uma perversão da famosa metáfora de Adam Smith. Smith, um observador atento da Revolução Industrial, que se desenrolava diante de seus olhos, viu a "propensão humana a intercambiar, permutar e trocar uma coisa por outra" como o "princípio que dá origem à divisão do trabalho", mas imediatamente advertiu que esse princípio era "limitado pela extensão do mercado"[34]. O mercado, de acordo com Smith, desenvolvia-se devagar, à medida que eram construídas as instituições que facilitavam as trocas de mercado[35]. Nesse processo, a mão invisível entraria em jogo apenas gradualmente e, com

[31] Uwe Fuhrmann, *Die Entstehung der "Sozialen Marktwirtschaft" 1948-9: Eine historische Dispositivanalyse* (Constança, UKV, 2017), p. 167-70; Isabella M. Weber, "Das Westdeutsche und das Chinesische 'Wirtschaftswunder': Der Wettstreit um die Interpretation von Ludwig Erhards Wirtschaftspolitik in Chinas Preisreformdebatte der 1980er", *Jahrbuch für Historische Kommunismusforschung*, 2020, p. 55-69; "The Ordoliberal Roots of Shock Therapy: Germany's 'Economic Miracle' in China's 1980s Reform Debate", em Quinn Slobodian e Dieter Plehwe (orgs.), *Market Prophets from the Margins: Neoliberals East and South* (Nova York, Zone, 2022).

[32] David Lipton e Jeffrey D. Sachs, "Creating a Market Economy in Eastern Europe", cit.

[33] Michael Burawoy, "The State and Economic Involution: Russia Through a China Lens", *World Development*, v. 24, n. 6, 1996, p. 1.105-17; Patrick Hamm, Lawrence P. King e David Stuckler, "Mass Privatization, State Capacity, and Economic Growth in Post-Communist Countries", *American Sociological Review*, v. 77, n. 2, 2012, p. 295-324.

[34] Adam Smith, *The Wealth of Nations* (Londres, Penguin, 1999 [1776]), p. 117 e 121 [ed. bras.: *A riqueza das nações*, trad. Daniel Moreira Miranda, São Paulo, Edipro, 2022].

[35] Ibidem, p. 121-6.

ela, o mecanismo de preços. Em contrapartida, a lógica da terapia de choque nos leva a crer que é possível um país "saltar para a economia de mercado"[36].

A destruição prescrita pela terapia de choque não se atém ao sistema econômico. Uma segunda condição deve ser cumprida: uma "mudança revolucionária nas instituições"[37]. Ou, como disseram Lipton e Sachs, o "colapso do regime comunista de partido único era a condição *sine qua non* para uma transição efetiva para uma economia de mercado"[38]. De fato, foi necessário o colapso do Estado soviético e do regime comunista de partido único em dezembro de 1991 para que o big bang pudesse ser implementado; o presidente russo Boris Iéltsin eliminou quase todos os controles de preços em 2 de janeiro de 1992. Sob o secretário-geral Mikhail Gorbatchov, a reforma radical dos preços estava na agenda desde 1987, mas nunca foi realizada, pois os cidadãos russos reclamavam em massa e os intelectuais alertavam sobre uma possível inquietação social. Gorbatchov tentou o gradualismo ao estilo chinês, mas em vão[39].

Prometendo ganhos de longo prazo, o big bang prescrevia males de curto prazo que afetavam imediatamente os interesses dos trabalhadores e das empresas, bem como dos departamentos governamentais. A liberalização radical dos preços tornou-se politicamente viável apenas após a dissolução do Estado soviético. "O colapso do regime comunista de partido único" acabou sendo, de fato, "a condição *sine qua non*" para o big bang, mas o big bang não conseguiu alcançar "uma transição efetiva para a economia de mercado". Em vez do aumento pontual previsto no nível dos preços, a Rússia entrou em um longo período de inflação altíssima, queda na produção e baixas taxas de crescimento (ver figura 3)[40].

---

[36] Jeffrey D. Sachs, *Poland's Jump to the Market Economy* (Cambridge, MIT Press, 1994).

[37] János Kornai, *The Road to a Free Economy*, cit., p. 20.

[38] David Lipton e Jeffrey D. Sachs, "Creating a Market Economy in Eastern Europe", cit., p. 87.

[39] Yvan Belik, "Price Reform: The Missing Link? Vox Populi", em Michael Ellman e Vladímir Kontorovich (orgs.), *The Destruction of the Soviet Economic System: An Insiders' History* (Nova York, Routledge, 1998), p. 159-62; Vadim Medvedev, "Price Reform: The Missing Link? Failure of Political Will", em Michael Ellman e Vladímir Kontorovich (orgs.), *The Destruction of the Soviet Economic System*, cit., p. 158; Chris Miller, *The Struggle to Save the Soviet Economy: Mikhail Gorbachev and the Collapse of the USSR* (Chapel Hill, The University of North Carolina Press, 2016); Oleg Yun, "Price Reform: The Missing Link? Passing the Buck", em Michael Ellman e Vladímir Kontorovich (orgs.), *The Destruction of the Soviet Economic System*, cit., p. 158-9. Outros casos, como a reforma monetária e de preços na Alemanha em 1948, o Plano Dodge, implementado em 1948 no Japão, e os numerosos exemplos de pacotes de reforma semelhantes aplicados no mundo em desenvolvimento como parte das condições de crédito também sugerem que a soberania limitada pode ser uma precondição para a implementação dessas medidas radicais.

[40] Para uma análise detalhada da implementação e dos resultados da terapia de choque na Rússia, ver David Kotz e Fred Weir, *Revolution from Above: The Demise of the Soviet System*

Quase todos os países pós-socialistas que implementaram alguma versão da terapia de choque experimentaram uma recessão longa e profunda[41]. Além da devastação documentada pelos indicadores econômicos (ver figura 2), a maioria dos indicadores de bem-estar, como acesso à educação, ausência de pobreza e saúde pública, entrou em colapso[42].

Fundamentos intelectuais da mercantilização gradual da China e como ela escapou da terapia de choque

O resultado macroeconômico das políticas de reforma de mercado na China foi o oposto do ocorrido na Rússia: a inflação foi baixa ou moderada, mas o crescimento da produção foi extremamente rápido (ver figura 4). Em vez de destruir o sistema de preços e planejamento existente, com a esperança de que

(Londres, Routledge, 1997), p. 161-99. O estudo inclui análises dos impactos econômicos, assim como do colapso de muitos indicadores de bem-estar humano básico.

[41] Ver, por exemplo, János Kornai, "Transformational Recession: The Main Causes", *Journal of Comparative Economics*, v. 19, n. 1, 1994, p. 39-63; Vladímir Popov, "Shock Therapy Versus Gradualism: The End of the Debate", *Comparative Economic Studies*, v. 42, n. 1, 2000, p. 1-57; "Shock Therapy Versus Gradualism Reconsidered: Lessons from Transition Economies after 15 Years of Reforms", *Comparative Economic Studies*, v. 49, n. 1, 2007, p. 1-31; Gérard Roland e Thierry Verdier, "Transition and the Output Fall", *Economics of Transition*, v. 7, n. 1, 1999, p. 1-28. Um caso que pode ser considerado um desafio a esse veredito é o do Vietnã, que em 1989 impôs um big bang à liberalização de preços sem sofrer hiperinflação ou recessão profunda (ver Adrian Wood, "Deceleration of Inflation with Acceleration of Price Reform: Vietnam's Remarkable Recent Experience", *Cambridge Journal of Economics*, v. 13, n. 4, 1989, p. 563-71). Dada a evidência predominante em praticamente todos os países, exceto o Vietnã, não está claro como a China poderia ter repetido esse resultado. Costuma-se considerar que o Vietnã e a China têm posições iniciais semelhantes em relação ao nível do PIB, industrialização e natureza da reforma até 1989 (por exemplo, Vladímir Popov, "Shock Therapy Versus Gradualism: The End of the Debate", cit.; "Shock Therapy Versus Gradualism Reconsidered", cit.). Dois fatores cruciais, porém, separam o Vietnã e a China: o Vietnã do Sul só se tornou parte da economia de comando central em 1976 e começou as reformas antes que o novo modelo econômico fosse totalmente institucionalizado (Adrian Wood, "Deceleration of Inflation with Acceleration of Price Reform", cit.). Também é importante ter em mente que, apesar de um nível inicial de PIB semelhante, o crescimento *per capita* da China em dólares americanos constantes de 2010 superou consistentemente o do Vietnã no período 1990-2018, às vezes atingindo o dobro do nível de crescimento. Banco Mundial, "GDP (Constant 2010 US$)", *World Bank Data*.

[42] Banco Europeu para Reconstrução e Desenvolvimento, *Transition Report 1999: Ten Years of Transition* (Londres, European Bank for Reconstruction and Development, 1999); Unicef, *A Decade of Transition: Regional Monitoring Report*, v. 8 (Florença, Unicef Innocenti Research Center, 2001).

FIGURA 3. Índice de preços ao consumidor (IPC) e PIB real (1980-2016) na URSS e Rússia (a partir de 1990)

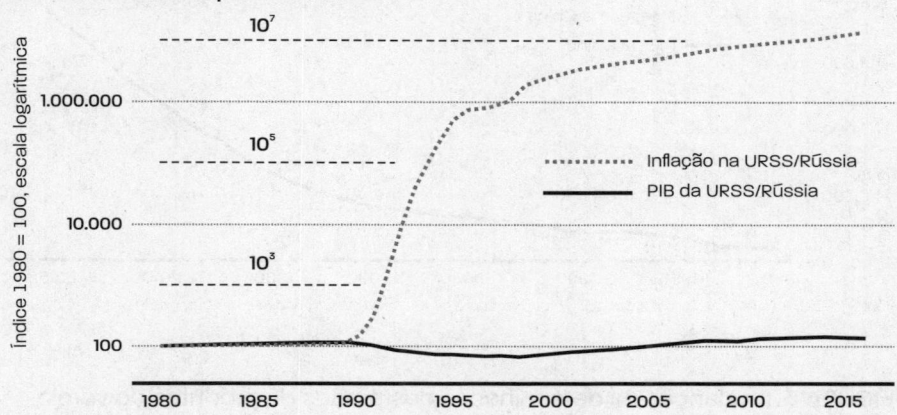

Fontes sobre o IPC da URSS de 1971 a 1990: Fundo Monetário Internacional et al., *The Economy of the USSR: Summary and Recommendations* (Washington, World Bank, 1990), p. 100; sobre o IPC da Rússia em 1991: Igor Filatochev e Roy Bradshaw, "The Soviet Hyperinflation: Its Origins and Impact Throughout the Former Republics", *Soviet Studies*, v. 44, n. 5, 1992, p. 746; em 1992: Jeffrey D. Sachs, "Russia's Struggle with Stabilization: Conceptual Issues and Evidence", *The World Bank Research Observer*, 1994, p. 70; de 1993 a 2016: *World Economic Outlook Database*; PIB: *World Wealth and Income Database* (WID).

a economia de mercado surgisse de alguma forma "das ruínas", a China adotou uma abordagem experimentalista, a qual usou as realidades institucionais dadas para construir um novo sistema econômico. O Estado recriou gradualmente os mercados a partir das margens do antigo sistema. Como argumentarei, as reformas na China foram graduais – não apenas em termos de ritmo, mas também de movimento a partir das margens do antigo sistema industrial em direção ao seu núcleo. Desencadeando uma dinâmica de crescimento e reindustrialização, a entrada gradual no mercado acabou mudando toda a política econômica, ao mesmo tempo que o Estado mantinha o controle sobre os setores estratégicos da economia. A manifestação mais proeminente da abordagem da China é o sistema de preços de via de mão dupla, que é o oposto da terapia de choque. Em vez de liberar todos os preços em um grande big bang, o Estado continuou a planejar o núcleo industrial da economia e a fixar os preços dos bens essenciais, enquanto os preços dos produtos excedentes e dos bens não essenciais eram sucessivamente liberados. Como resultado, os preços começaram a ser gradualmente determinados pelo mercado (ver figuras 5, 6 e 7).

O sistema de via de mão dupla não é simplesmente uma política de preços, mas também um processo de criação e regulação do mercado por meio da participação do Estado. Antes da reforma, toda a economia industrial devia se organizar como uma única fábrica com unidades de produção subordinadas. O sistema de preços de via de mão dupla transformou as unidades produtivas

FIGURA 4. IPC e PIB real da China (1980-2016)

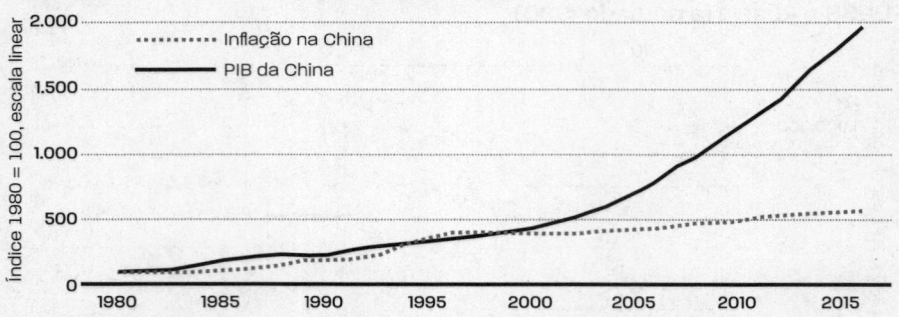

Fonte sobre o IPC: *World Economic Outlook Database*; sobre o PIB: *World Wealth and Income Database* (WID).

FIGURA 5. Mudanças na determinação dos preços de produtos do varejo (1978-2004)

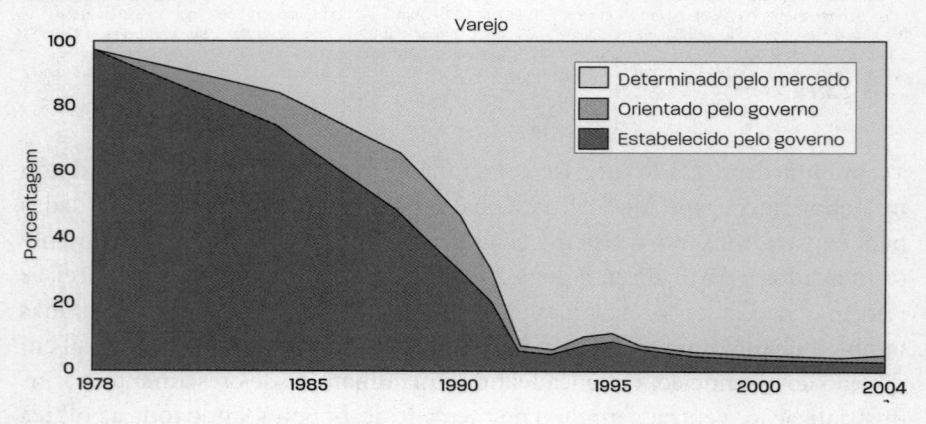

socialistas em empresas orientadas para o lucro e abriu espaço para relações de mercado florescerem, com todas as suas consequências sociais e ambientais. A transformação do sistema econômico foi conduzida a cada passo pelo Estado. Em contrapartida, a liberalização de preços ao modo de um grande big bang, sob a terapia de choque, causou uma desorganização das relações de produção existentes sem substituí-las por relações de mercado. Nesse vácuo, nem as antigas estruturas de comando nem o mercado funcionavam efetivamente[43].

---

43 Michael Burawoy, "The State and Economic Involution", cit.; Patrick Hamm, Lawrence P. King e David Stuckler, "Mass Privatization, State Capacity, and Economic Growth in Post--Communist Countries", cit.; Gérard Roland e Thierry Verdier, "Transition and the Output Fall", cit.

No fim da década de 1970, a China havia desistido das ambições revolucionárias da fase final do período maoista. A questão definidora da década de 1980 não era reformar ou não, como enfatiza o binário comumente invocado de conservadores *versus* reformadores. A questão era *como* reformar: destruindo o velho sistema ou construindo o novo sistema a partir do velho.

FIGURA 6. Mudanças na formação dos preços dos produtos agrícolas (1978-2004)

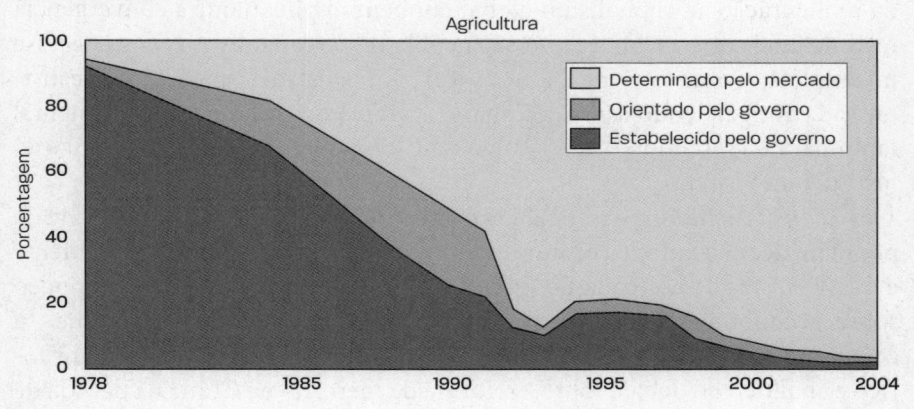

FIGURA 7. Mudanças na determinação dos preços dos materiais de produção (1978-2004)

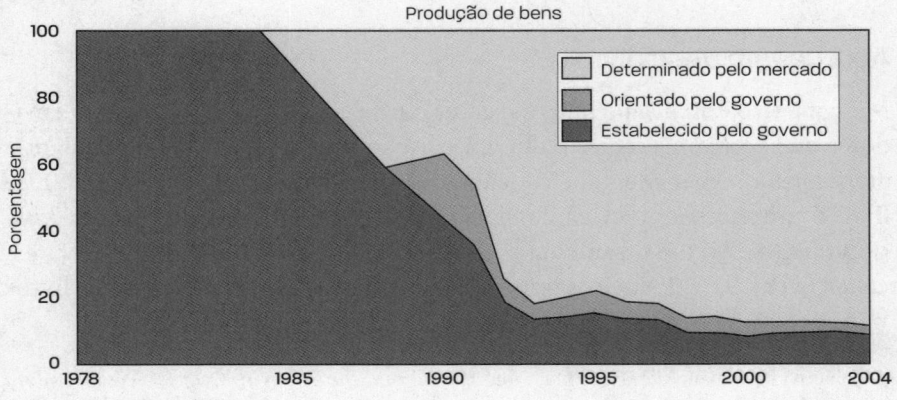

Fonte: Cheng Zhiping, *30 Years of Price Reform (1977-2006)* (价格改革三十年, 1977-2006) (Pequim, China Market, 2006), p. 163.

Para usarmos uma metáfora, enquanto a terapia de choque propunha derrubar toda a casa e construir uma casa nova do zero, a reforma chinesa procedia como em um jogo de Jenga: foram removidos apenas aqueles blocos que podiam ser rearranjados sem comprometer a estabilidade do edifício como um todo. Esse processo, todavia, alterou fundamentalmente o edifício. Como sabem todos os que jogam Jenga, certos blocos não podem ser removidos, caso contrário a torre desmorona.

A China quase fez esse movimento destrutivo quando eliminou prematuramente os controles de preços essenciais na crucial primeira década da reforma (1978-1988). Mas, no fim das contas, se deteve. A reforma gradualista que colocou a China no caminho da recuperação, da reindustrialização e da reintegração ao capitalismo global também implicou que a convergência institucional entre a China e a versão neoliberal do capitalismo permanecesse incompleta. Como no Jenga, a nova torre foi construída a partir das estruturas da antiga. Sendo assim, escapar da terapia de choque foi fundamental tanto para o crescimento econômico da China quanto para sua assimilação institucional parcial.

A terapia de choque é respaldada pela economia neoclássica, que serviu de ponte intelectual entre os economistas da tendência dominante no Ocidente e os socialistas de mercado no Oriente[44]. Em contrapartida, sabemos pouco sobre a economia que possibilitou à China escapar da terapia de choque – a economia de entrada gradual no mercado. Neste livro, ofereço um relato histórico e analítico do debate sobre a reforma de mercado na China na década de 1980 e mostro como o sistema de via de mão dupla foi teorizado, contestado e defendido contra a terapia de choque.

Abordagem deste livro

Meu objetivo é analisar a luta intelectual entre aqueles economistas reformadores que seguiam a lógica da terapia de choque e aqueles que defendiam o gradualismo experimental e o sistema de preços de via de mão dupla. Este livro é um complemento à *Professionalizing Research in Post-Mao China* [Pesquisa profissionalizante na China pós-Mao], de Catherine Keyser[45], e a *Unlikely Partners* [Parceiros improváveis], de Julian Gewirtz[46]. Ambos livros

[44] Johanna Bockman, *Markets in the Name of Socialism: The Left-Wing Origins of Neoliberalism* (Stanford, Stanford University Press, 2011) e "The Long Road to 1989: Neoclassical Economics, Alternative Socialisms, and the Advent of Neoliberalism", *Radical History Review*, v. 2.012, n. 112, 2012, p. 9-42.

[45] Catherine H. Kayser, *Professionalizing Research in Post-Mao China: The System Reform Institute and Policymaking* (Armonk, M. E. Sharpe, 2003).

[46] Julian Gewirtz, *Unlikely Partners: Chinese Reformers, Western Economists, and the Making of Global China* (Cambridge, Harvard University Press, 2017).

preocupados principalmente com a formação de uma ou outra dessas duas vertentes intelectuais na década de 1980 e que se concentram mais nas redes e nas trocas de conhecimento que num envolvimento profundo com os argumentos econômicos apresentados no debate da reforma de mercado da China[47]. O estudo do discurso econômico chinês saiu de moda na literatura de língua inglesa e atualmente está passando por certo renascimento[48]. Meu trabalho se beneficiou dessas contribuições recentes, bem como de relatos anteriores da história da reforma econômica da China nos anos 1980[49].

Robert Hsu oferece uma revisão mais extensa do conteúdo da teorização econômica no curso da reforma na China[50]. Mas, como observa Nina Halpern, Hsu "propôs-se explicar a si mesmo por que [...] as revistas econômicas chinesas no fim dos anos 1970 e no início dos anos 1980 publicavam tantos artigos dogmáticos e superficiais"[51]. Hsu, portanto, argumenta do ponto de vista da superioridade da economia dominante ocidental, em vez de tentar

---

[47] Para mais detalhes, ver minha análise de Gewirtz em "Unlikely Partners: Chinese Reformers, Western Economists, and the Making of Global China", *The China Quarterly*, v. 237, 2019, p. 257-9.

[48] Ver, por exemplo, Kijeld Brødsgaard e Koen Rutten, *From Accelerated Accumulation to Socialist Market Economy in China* (Leiden, Brill, 2017), p. 1; Steven Cohn, *Competing Economic Paradigms in China* (Abingdon, Routledge, 2017); Rebecca Karl, *The Magic of Concepts: History and the Economic in Twentieth-Century China* (Durham, Duke University Press, 2017); Liu Hong, *The Eighties: Glory and Dreams of Chinese Economic Scholars* (八〇代:中国经济学人的光荣与梦想) (Guilin, Guanxi Normal University Press, 2010); Zhang Shuguang, *The History of Chinese Economic Studies: 60 Years of the Institute of Economics*, v. 2 (中国经济学风云史：经济研究所60年, 上卷二) (Singapura, World Scientific Publishing, 2017).

[49] Por exemplo, Joseph Fewsmith, *Dilemmas of Reform in China: Political Conflict and Economic Debate* (Armonk, M. E. Sharpe, 1994); Nina P. Halpern, *Economic Specialists and the Making of Chinese Economic Policy (1955-1983)* (tese de doutorado, Ann Arbor, Universidade do Michigan, 1985); "Making Economic Policy: The Influence of Economists", em Joint Economic Committee Congress of the United States (org.), *China's Economy Looks Toward the Year 2000*, v. 1: *The Four Modernizations* (Washington, U.S. Government Printing Office, 1986), p. 132-46; "Social Scientists as Policy Advisers in Post-Mao China: Explaining the Pattern of Advice", *The Australian Journal of Chinese Affairs*, v. 19, n. 20, 1988, p. 215-40; Robert C. Hsu, *Economic Theories in China (1979-1988)* (Cambridge, Cambridge University Press, 1991); Barry Naughton, *Growing out of the Plan: Chinese Economic Reform (1978-1993)* (Cambridge, Cambridge University Press, 1995); Susan L. Shirk, *Political Logic of Economic Reform in China* (Berkeley, University of California Press, 1993).

[50] Robert C. Hsu, "Economics and Economists in Post-Mao China: Some Observations", *Asian Survey*, v. 28, n. 12, 1988, p. 1.211-28.

[51] Halpern, Nina P., "Review of Economic Theories in China by Robert C. Hsu", *Pacific Affairs*, v. 66, n. 2, 1993, p. 267.

entender como os economistas chineses teorizavam os problemas que estavam procurando resolver.

De minha parte, pretendo analisar as diferentes vozes da reforma chinesa em seus próprios termos, envolver-me profundamente com a substância, as origens e a lógica subjacente dos argumentos econômicos apresentados pelos economistas reformadores concorrentes – ao mesmo tempo que situo esses argumentos em seu contexto. Concentro-me em um ponto central na reforma: a questão decisiva da reforma de preços e criação de mercado. No entanto, à medida que circunscrevo as diferentes posições acerca dessa importante questão na reforma econômica, explicita-se um confronto mais amplo entre abordagens fundamentalmente opostas em relação à política econômica e à prática econômica.

Este livro é a perspectiva de uma pessoa de fora que olha para a história do debate da reforma de mercado na China, não o relato de alguém que participou dele. Isso diferencia meu trabalho dos relatos em primeira mão, como os de Chen Yizi, Dong Fureng, He Weiling, Hua Sheng, Peter Nolan e Dong Fureng, Edwin Lim, Lu Mai e Feng Mingliang, Sun Faming, Wang Xiaoqiang, Wang Xiaolu, Wu Jinglian, Wu e Fan, Wu e Ma, e Zhu Jiaming[52]. Todos esses relatos foram, para mim, referências inestimáveis.

[52] Chen Yizi, *Memoirs of Chen Yizi* (陈一咨回忆录) (Hong Kong, New Century Media and Consulting, 2013); Dong Fureng, "China's Price Reform", *Cambridge Journal of Economics*, v. 10, n. 3, 1986, p. 291-300; He Weiling, *He Weiling Manuscript: The Legend* (传说中的何维凌手稿) (Hong Kong, Strong Wind, 2015); Hua Sheng, Zhang Xuejun, Luo Xiaopeng, *China: From Revolution to Reform* (Londres, Macmillan, 1993); Peter Nolan e Dong Fureng (orgs.), *The Chinese Economy and its Future: Achievements and Problems of Post-Mao Reform* (Cambridge, Polity/Basil Blackwell, 1990); Edwin Lim, "The Opening of the Mind to the Outside World in China's Reform and Opening Process" (序二：中国改革开放过程中的对外思想开放), em Wu Jinglian et al. (orgs.), *Thirty Years of Reform Through the Eyes of 50 Economists: Review and Analysis* (中国经济50人看三十年：回顾与分析) (Pequim, China Economics Press, 2008), p. 43-51; "The Influence of Foreign Economists in the Early Stages of China's Reforms", em Shenggen Fan et al. (orgs.), *The Oxford Companion to the Economics of China*, cit., p. 47-53; Lu Mai e Feng Mingliang, "The Evolution of China's Reform and Development Process", em Wang Mengkui (org.), *Thirty Years of China's Reform* (Oxon, Routledge, 2012), p. 27-69; Sun Faming, *On the Gathering and Dispersing Tide: China's Rural Development Research Group* (潮聚潮散: 记中国农村发展问题研究组) (Hong Kong, Strong Wind, 2011); Wang Xiaoqiang, *China's Price and Enterprise Reform* (Basingstoke, Macmillan, 1998); Wang Xiaolu, *The Road of Reform (1978-2018)* (改革之路：我们的四十年) (Pequim, Social Science Documents, 2019); Barry Naughton, *Wu Jinglian: Voice of Reform in China* (Cambridge, MIT Press, 2013); Wu Jinglian e Fan Shitao, "China's Economic Reform: Processes, Issues and Prospects (1978-2012)", em Gregory C. Chow e Dwight H. Perkins (orgs.), *Routledge Handbook of the Chinese Economy* (Londres, Routledge, 2012), p. 54-75; Wu Jinglian e Ma Guochuan, *Whither China? Restarting the Reform Agenda* (Oxford, Oxford University Press, 2016); Zhu Jiaming, *Crossroads of China's Reform* (中国改革的歧路) (Taipei, Linking, 2013).

Este livro é baseado em uma ampla gama de fontes primárias chinesas publicadas e não publicadas e em entrevistas com economistas que testemunharam o debate da reforma na China nos anos 1980 ou participaram dele*. Fiz perguntas adaptadas à posição específica dos entrevistados e a seu envolvimento na elaboração das políticas de reforma. Meu objetivo era trazer à tona o ponto de vista dos palestrantes sobre o curso da reforma, sem lhes impor uma estrutura preconcebida. Conduzi a maioria das conversas em chinês. Os palestrantes me forneceram documentos e publicações que constituíram fontes importantes para mim. Os entrevistados foram identificados e abordados com base no princípio da bola de neve**. Além das referências diretas a essas entrevistas ao longo do livro, meu pensamento e minha análise sobre a primeira década de reforma na China foram moldados a partir das diversas perspectivas e interpretações concorrentes apresentadas por meus entrevistados. Os artigos chineses datados dos anos 1980 analisados detalhadamente neste trabalho foram selecionados com base na avaliação dos entrevistados e em sua crença de que essas publicações deram o tom do debate e foram consideradas pela liderança chinesa que ponderou a questão da reforma de mercado.

As entrevistas foram o principal evento em minha jornada intelectual para tentar entender como a China escapou da terapia de choque. A fim de demonstrar a relevância das ideias derivadas dessas conversas e das fontes primárias, a parte I deste livro dá um passo atrás e situa esse material no contexto mais amplo dos relevantes modos históricos de criação de mercado.

Para conceituar a relação entre Estado e mercado emergente no sistema de via de mão dupla, proponho uma perspectiva de longa duração que reconhece o legado institucional chinês de regulação de preços por meio da participação do Estado no mercado (capítulo 1). Meu propósito não é sugerir nenhum tipo de continuidade monolítica nem mesmo um desenvolvimento linear desde os tempos antigos até a encruzilhada dos anos 1980. Ao contrário, uso esses conceitos tradicionais de regulação de preços e criação de mercado como uma nova perspectiva analítica para esclarecer o debate que se desenvolveu na China na década de 1980. Longe de qualificar a reforma como predeterminada pela natureza da sociedade ou da cultura da China, mostro que a abordagem chinesa foi o resultado de lutas intelectuais genuínas. Essa disputa intelectual ecoava os debates sobre o correto manejo do mercado pelo Estado que ocorreram ao longo da história chinesa.

* Ver a bibliografia para a lista completa de entrevistas no fim deste volume.
** A autora refere-se a uma técnica de amostragem não probabilística na qual os indivíduos selecionados para o estudo convidam novos participantes a partir de sua rede de amigos e conhecidos. (N. T.)

Não proponho colocar a China contra o Ocidente, ou a economia chinesa contra a economia ocidental. Em vez disso, sugiro que certa abordagem da economia – uma abordagem mais indutiva, institucionalista e pragmática que a do neoclassicismo – foi ferozmente contestada, mas se tornou dominante no momento crítico da primeira década da reforma chinesa. Esse tipo de economia não é exclusividade da China. Esse fato é demonstrado neste livro por meio da análise que faço dos debates sobre a criação de mercado no pós-guerra nos Estados Unidos, no Reino Unido e na Alemanha ocidental (capítulo 2). Meus entrevistados fizeram reiteradas referências às experiências pós-guerra nesses países. A transição de uma economia de guerra planejada para uma economia de mercado apresentou desafios semelhantes aos que depois foram encontrados na transição do socialismo. Economistas norte-americanos e europeus debateram ferozmente a questão da desregulamentação dos preços e da recriação dos mercados após a guerra. O chamado milagre de Erhard, que se seguiu à liberalização generalizada dos preços na Alemanha ocidental, forneceu uma importante evidência anedótica em favor da terapia de choque no debate acerca da reforma na China[53]. Alguns economistas institucionalistas importantes, como John Kenneth Galbraith nos Estados Unidos e Alec Cairncross no Reino Unido, defendiam uma liberalização gradual, de certa forma similar às reformas de mercado na China. Tanto Cairncross quanto Galbraith tornaram-se referências para os reformadores gradualistas da China.

No capítulo 3, apresento uma experiência de criação de mercado mais imediatamente ligada ao debate da reforma nos anos 1980: a luta dos comunistas nos anos 1940 pela estabilização de preços. Ao contrário dos antigos conceitos de regulação de preços por meio da participação no mercado, a experiência da década de 1940 exerceu uma influência direta e explícita na forma como os economistas e reformadores chineses elaboraram intelectualmente a questão da criação de mercado no período da reforma. Muitos dos líderes reformadores e economistas mais famosos da China na década de 1980 participaram da guerra revolucionária. Superar a hiperinflação e reintegrar a economia foi fundamental para a base material da luta revolucionária dos comunistas. Estes empregaram uma estratégia de guerra econômica que se baseava na recriação de mercados por meio do comércio estatal para restabelecer o valor do dinheiro. As técnicas dessa guerra econômica assemelhavam-se a elementos da prática tradicional de regulação de preços e foram recuperadas nos estágios iniciais da reforma econômica, na década de 1980, como parte dos esforços para a entrada gradual nas relações de mercado.

[53] Isabella M. Weber, "Das Westdeutsche und das Chinesische 'Wirtschaftswunder'", cit. e "The Ordoliberal Roots of Shock Therapy", cit.

Com base em minha discussão sobre os modos de criação de mercado, a parte II deste livro apresenta uma análise aprofundada do debate sobre a reforma de mercado na China nos anos 1980. Preparo o terreno com uma visão geral do modelo de desenvolvimento da era Mao e do sistema de preços para mostrar o desafio da introdução de mecanismos de mercado. Para dar aos leitores uma compreensão do ponto de partida do debate, examino por que a China se voltou para a reforma no fim da década de 1970. Explico de que forma a reorientação do ideal maoista tardio de revolução contínua para o progresso econômico como o objetivo amplo da reforma levou ao restabelecimento da disciplina de economia após esta ter sido banida, durante a Revolução Cultural, por ser considerada um projeto burguês (capítulo 4).

O capítulo 5 mergulha nos estágios iniciais do debate sobre a reforma do mercado na China. Traça as origens intelectuais da liberalização generalizada de preços, localizando-as nos intercâmbios entre os economistas acadêmicos chineses e os economistas emigrados do Leste Europeu, o Banco Mundial e outros visitantes estrangeiros, inclusive Milton Friedman. Essa abordagem da reforma assemelhava-se muito à lógica da terapia de choque e veio a ser chamada de "reforma de pacote" no debate chinês. Como em outros contextos, foi alicerçada na economia neoclássica, tanto do tipo neoliberal quanto do tipo socialista.

O capítulo 6 compara a reforma de pacote com a perspectiva de jovens intelectuais e funcionários mais velhos, que formaram uma aliança em torno da preocupação compartilhada em relação à reforma rural. Essa aliança desempenhou papel fundamental na pesquisa, na teorização e na defesa da mercantilização gradual pelas margens, que surgiu das experimentações no trabalho de campo. Essa abordagem empregava um tipo de economia interdisciplinar, institucionalista e indutiva que utilizava métodos das ciências sociais.

Os capítulos 7 e 8 mostram como essas duas abordagens de reforma – liberalização generalizada *versus* mercantilização pelas margens – entraram em conflito quando a China escapou da terapia de choque. Em 1986, o primeiro-ministro Zhao Ziyang foi convencido a retirar a iniciativa de liberalização generalizada, por economistas que defendiam a reforma gradualista e que desbancaram a ideia de um big bang. Em 1988, Deng Xiaoping pediu pessoalmente que houvesse um big bang. Seus planos foram revertidos quando, no verão daquele ano, a China experimentou o primeiro episódio de inflação descontrolada desde a década de 1940. Deng estava disposto a avançar na introdução de relações de mercado em grande escala, mas não à custa de minar a capacidade do Estado de manter o controle sobre a sociedade e a economia.

Em 1988, a China escapou pela segunda vez da terapia de choque. Àquela altura, as reformas de mercado já haviam desencadeado, em velocidade

INTRODUÇÃO

acelerada, desigualdades crescentes e corrupção. A "idade de ouro da reforma" dos primeiros anos, quando todos pareciam se beneficiar igualmente, estava acabando. Em 1988, a perspectiva de uma maior radicalização das reformas abalou os alicerces da sociedade chinesa. O movimento social de 1989 terminou com a repressão na praça da Paz Celestial. A reforma foi interrompida temporariamente. Quando a China reiniciou a mercantilização, em 1992, a agenda da terapia de choque não havia desaparecido. Pelo contrário, os neoliberais tiveram grandes vitórias na década de 1990 na China. Entretanto, o modo básico de mercantilização gradual e experimental havia sido estabelecido na década de 1980. Embora tenha sido renegociado, contestado e alterado nas décadas seguintes, ele não foi derrubado.

PARTE I
MODOS DE CRIAÇÃO DE MERCADO E REGULAÇÃO DE PREÇOS

1
Participação burocrática no mercado
Guanzi *e o* Debate sobre o sal e o ferro

Quando as coisas são abundantes, elas ficam baratas; quando são escassas, ficam caras. [...] Sabendo disso, o príncipe presta atenção aos excedentes e às carências de seu país e administra suas riquezas e seus bens. Quando o grão está barato, ele troca dinheiro por comida. [...] Ele presta atenção ao valor relativo [qingzhong] das coisas e as administra para manter a estabilidade dos preços. Portanto, o caro e o barato podem ser harmonizados, e o príncipe colhe seus lucros.

Guanzi[1]

Uma premissa geralmente aceita dos economistas ocidentais é que, no que diz respeito às antigas teorias econômicas, apenas os gregos e os romanos desenvolveram algo digno de estudo [...] isso torna a história chinesa muito difícil de entender.

Hu Jichuang[2]

Introdução

Publicações sobre conceitos econômicos antigos aumentaram no início da reforma da China, no fim dos anos 1970 e 1980. Entre elas, artigos sobre o *Guanzi* (管子) e o *Debate sobre o sal e o ferro* (盐铁论), dois textos clássicos sobre regulação de preços e gestão de mercado[3]. O ressurgimento dos estudos desses clássicos está claramente ligado à condução de pesquisas sobre a

---

[1] W. Allyn Rickett, *Guanzi: Political, Economic and Philosophical Essays from Early China*, v. 2 (Princeton, Princeton University Press, 1998), p. 384.

[2] Hu Jichuang, *A Concise History of Chinese Economic Thought* (Pequim, Foreign Language, 2009), p. 1.

[3] Uma busca na base de dados da China National Knowledge Infrastructure (CNKI), que é semelhante à Web of Science, mostra que, entre 1978 e 1992, de dois a sete artigos publicados mencionavam o *Debate sobre o sal e o ferro* (盐铁论), e de um a dois mencionavam os princípios do "leve-pesado" (轻重) do *Guanzi* (管子).

reforma econômica. Por exemplo, alguns jovens intelectuais reformadores que trabalhavam com questões que envolviam economias rurais no início da década de 1980, como Bai Nanfeng, engajaram-se no que chamaram de estudo comparativo de civilizações. Acreditavam que, para obter perspectivas práticas sobre o avanço da reforma agrícola, precisavam examinar a longa história e as tradições intelectuais da China e compará-las com a experiência europeia[4].

Na tradição chinesa, o estudo das questões econômicas costumava ser chamado de "estudo de como tornar o país rico" (富国学)[5]. A arte de governar é comumente abrangida pelo termo "estadismo" (经世), mas pode ser mais bem traduzida por "ordenar o mundo"[6]. O "correto manejo" dos preços pelo Estado ocupou posição de destaque. Na economia moderna, os preços são uma das formas mais puras de uma variável essencialmente econômica, pertencente ao domínio exclusivo do mercado. Em contraste, as discussões tradicionais chinesas sobre os preços envolvem amplas reflexões sobre as relações entre as atividades espontâneas do povo, as necessidades e os desejos do povo, as forças do mercado, o poder político e a regulação do Estado.

Meu objetivo neste livro, contudo, *não* é buscar uma influência tangível pela qual intelectuais, formuladores de políticas ou campanhas políticas das reformas dos anos 1980 façam referência explícita a conceitos tradicionais. Em vez disso, sugiro que o envolvimento com as concepções tradicionais chinesas de preços e mercados fornece uma perspectiva útil de análise para as lógicas concorrentes de criação de mercado no debate sobre a reforma na China[7].

O *Guanzi* é um texto central para o antigo pensamento econômico chinês sobre a estabilização de preços. A primeira parte deste capítulo trata da regulação de preços por meio do comércio estatal, no contexto da transformação

---

4   Bai Nanfeng, em entrevista com a autora (2016); Sun Faming, *On the Gathering and Dispersing Tide: China's Rural Development Research Group* (潮聚潮散: 记中国农村发展问题研究组) (Hong Kong, Strong Wind, 2011), p. 204.

5   Zhao Jing, "Fu Guo Xue and the 'Economics' of Ancient China", em Cheng Lin, Terry Peach e Wang Fang (orgs.), *The History of Ancient Chinese Economic Thought* (Abingdon, Routledge, 2014), p. 68.

6   Robert P. Hymes e Conrad Schirokauer (orgs.), *Ordering the World: Approaches to State and Society in Sung Dynasty China* (Berkeley, University of California Press, 1993), p. 2-3; William T. Rowe, *Saving the World: Chen Hongmou and Elite Consciousness in Eighteenth Century China* (Stanford, Stanford University Press, 2001).

7   Essa abordagem é semelhante à de Sebastian Heilmann e Elizabeth J. Perry em sua análise do "estilo de política de guerrilha", em que reconhecem a importância de "poderosos legados culturais e intelectuais [por exemplo, o antigo *Livro da mutação*]". Ver Sebastian Heilmann e Elizabeth J. Perry, "Embracing Uncertainty: Guerrilla Policy Style and Adaptive Governance in China", em *Mao's Invisible Hand: The Political Foundations of Adaptive Governance in China* (Cambridge, Harvard University Asia Center, 2011), p. 15.

social da época. A abordagem da regulação de preços pelo *Guanzi* é condensada no princípio do "leve-pesado" (轻重, *qingzhong*), em que *pesado* representa o "importante", o "essencial" ou o "caro", e *leve* designa o "sem importância", o "não essencial" ou o "barato". A segunda parte lança luz sobre o *Debate sobre o sal e o ferro*[8] como testemunho clássico de duas visões concorrentes em torno da relação entre o Estado e a economia. Nesse debate, burocratas mercantes, articulando argumentos semelhantes aos do *Guanzi*, competem com literatos para influenciar o governante sobre a seguinte questão: decidir se o Estado deve contar com o monopólio da produção e do comércio de mercadorias estratégicas, como o sal e o ferro. Ao examinar esse diálogo, tornam-se visíveis duas visões alternativas sobre o papel da regulação do Estado e do mercado, bem como a questão concreta dos preços.

Ao longo deste livro, aproveito minha leitura do *Guanzi* e do *Debate sobre o sal e o ferro* como uma lente para uma nova perspectiva sobre os recentes debates e práticas da reforma de mercado na China. Ao reconhecer uma consciência de mercado distinta e de longa data entre as autoridades imperiais chinesas, bem como as teorias autóctones de comercialização por intermédio do Estado, evito enquadrar a mudança do mercado como uma simples tendência importada do Ocidente[9]. Essa perspectiva me permite ver os debates da reforma de mercado na China nos anos 1980 não como apenas uma ocidentalização, mas como uma disputa complexa entre concepções alternativas de mercados e preços. Para evitar a sugestão da existência de uma tradição chinesa monolítica acerca do pensamento econômico, descrevo os debates recorrentes em torno das visões concorrentes sobre a governança econômica e apresento o confronto entre os diferentes paradigmas.

É costume analisar o caminho e o pensamento reformador da China a partir da década de 1980 por meio de conceitos da economia contemporânea, cuja origem é a tradição ocidental da economia política. Minha tentativa aqui é tomar as discussões autóctones da China sobre a regulação de preços e a criação de mercado pelo Estado como um ponto de referência conceitual complementar. Conforme Pierre-Étienne Will e R. Bin Wong observam, "a ênfase na estabilização dos preços representa uma consciência chinesa

8   Tamara Chin, *Savage Exchange: Han Imperialism, Chinese Literary Style, and the Economic Imagination* (Cambridge, Harvard University Asia Center, 2014); Huan Kuan, *Discourses on Salt and Iron: A Debate on State Control of Commerce and Industry in Ancient China* (org. e trad. Esson M. Gale, Leyden, Late E. J. Brill, 1931); Michael Loewe, *Crisis and Conflict in Han China, 104 BC to AD 9* (Londres, George Allen and Unwin, 1974).

9   Sobre esse ponto, ver também Helen Dunstan, *Conflicting Counsels to Confuse the Age: A Documentary Study of Political Economy in Qing China, 1644-1840* (Ann Arbor, University of Michigan Press, 1996), p. 293-4 e 327-33.

precoce do impacto potencial dos mercados e da crença de que o governo deve se envolver nas condições de oferta e demanda"[10]. Esse conceito de regulação de preços por meio da atividade comercial da burocracia difere da insistência no Estado e no mercado como entidades separadas, tão comum na maioria das áreas da economia moderna. Esta última perspectiva nos leva a ver ou o Estado como interventor numa economia ou os mercados como autônomos. Comparativamente, a abordagem da regulação de preços por meio da atividade comercial estatal sugere que a interação entre agentes privados e burocráticos cria conjuntamente o mercado e a economia. Como veremos nos capítulos subsequentes, essa perspectiva alternativa tem implicações importantes nas formas pelas quais entendemos a relação entre a planificação e o mercado – e a renegociação dessa relação no debate da reforma chinesa nos anos 1980.

Os princípios de regulação de preços "leve-pesado" do *Guanzi*

O contexto histórico

Os períodos das Primaveras e Outonos (772-476 a.C.)[11] e dos Reinos Combatentes (475-221 a.C.), amplamente considerados "a era de ouro da cultura chinesa"[12], foram um tempo "incomum [...] as velhas ortodoxias entraram em colapso, mas ainda não haviam surgido novas"[13]. Foi "a era das 'Cem Escolas'"[14]. Durante os Reinos Combatentes, as considerações econômicas tornaram-se cada vez mais importantes para a teoria governamental, e o crescimento econômico surgiu como grande preocupação sob as guerras constantes[15].

De muitas maneiras, esse período lançou as bases para a filosofia chinesa e para práticas sociais, econômicas e políticas longevas. Isso não quer dizer

---

[10] Pierre-Étienne Will e R. Bin Wong, *Nourish the People: The State Civilian Granary System in China, 1650-1850* (Ann Arbor, University of Michigan Centre for Chinese Studies, 1991), p. 3.

[11] Esse período foi narrado nos *Anais da Primavera e Outono*, por vezes atribuídos a Confúcio, que apenas lhe deu o nome. Embora a autenticidade da autoria seja objeto de debate, a vida de Confúcio coincide com o momento de escrita dos *Anais*. Li Feng, *Early China: A Social and Cultural History* (Cambridge, Cambridge University Press, 2013), p. 161.

[12] Hu Jichuang, *A Concise History of Chinese Economic Thought*, cit., p. 19.

[13] Yuri Pines, *Envisioning Eternal Empire: Chinese Political Thought of the Warring States Era* (Honolulu, University of Hawai'i Press, 2009), p. 220.

[14] Idem, "Legalism in Chinese Philosophy", *The Stanford Encyclopedia of Philosophy*, Metaphysics Research Lab, Stanford University, 2018.

[15] Olivia Milburn, "The Book of the Young Master of Accountancy: An Ancient Chinese Economics Text", *Journal of the Economic and Social History of the Orient*, v. 50, n. 1, 2007, p. 19.

que houve alguma forma de estagnação ou continuidade após essa fase, mas, sim, que se tratou de uma era inovadora e decisiva para a trajetória intelectual e institucional da China. No que diz respeito às questões econômicas, os escritos reunidos no *Guanzi* (管子)[16] são as contribuições mais importantes desse período. O *Guanzi*, um dos textos chineses antigos mais extensos[17], é considerado por alguns o "mais representativo [...] da economia política emergente da era dos Reinos Combatentes"[18].

Estudos históricos mostram que o *Guanzi* foi escrito por vários autores anônimos, provavelmente por planejadores do Estado e assessores econômicos[19]. Independentemente da data precisa de sua criação, que é objeto de debate acadêmico[20], é importante o fato de o *Guanzi* ter sido composto em tempos turbulentos, após o colapso da dinastia Zhou ocidental e antes de a dinastia Qin unificar a China em um só império. A questão norteadora no tratamento das questões econômicas era como conduzir a mudança num contexto de transição para um novo tipo de economia. O *Guanzi* foi escrito majoritariamente na forma de diálogos entre o duque Huan (桓公, 685-643 a.C.), do Estado Qi, e seu conselheiro, Guan Zhong (管仲, c. 710-645 a.C.), e era este último quem fornecia as respostas para as questões prementes do duque[21]. Embora Guan Zhong seja considerado "um dos estadistas mais renomados e influentes da China Antiga"[22], ele não foi um dos autores do *Guanzi*. Estes usavam a figura de Guan Zhong para expressar o que imaginavam ser as políticas econômicas do antigo estadista chinês durante a ascensão do Estado Qi a uma posição de hegemonia temporária no período das Primaveras e Outonos[23].

Os anos entre o fim da dinastia Zhou ocidental e o início da dinastia Qin foram "uma época de mudança social rápida e drástica", considerados por

---

[16] Este capítulo se baseia na tradução de W. Allyn Rickett do *Guanzi* (cit.), bem como em fontes secundárias relevantes.

[17] W. Allyn Rickett, "Kuan tzu (管子)", em Michael Loewe (org.), *Early Chinese Texts: A Bibliographical Guide* (New Haven, Birdtrack, 1993), p. 244.

[18] Richard von Glahn, *The Economic History of China: From Antiquity to the Nineteenth Century* (Cambridge, Cambridge University Press, 2016), p. 77.

[19] Tamara Chin, *Savage Exchange*, cit., p. 32; Hu Jichuang, *A Concise History of Chinese Economic Thought*, cit., p. 100.

[20] Nos comentários de sua tradução do *Guanzi* (cit.), W. Allyn Rickett discute detalhadamente a datação de cada seção. Ver também Tamara Chin (*Savage Exchange*, cit., p. 32-3) e Richard von Glahn (*The Economic History of China*, cit., p. 77-8).

[21] Tamara Chin, *Savage Exchange*, cit., p. 33; Richard von Glahn, *The Economic History of China*, cit., p. 77.

[22] Hu Jichuang, *A Concise History of Chinese Economic Thought*, cit., p. 100.

[23] Richard von Glahn, *The Economic History of China*, cit., p. 44; Hu Jichuang, *A Concise History of Chinese Economic Thought*, cit., p. 100; W. Allyn Rickett, *Guanzi*, cit., p. 341.

alguns "sem equivalente na história chinesa antes do presente século [XX]"[24]. A dinastia Zhou ocidental era uma "ordem ritual na qual o rei concedia posição, cargo e riqueza de acordo com o *status* de parentesco"[25]. Em contrapartida, o período das Primaveras e Outonos e o dos Reinos Combatentes foram tempos de caos e guerra. Novas forças militares e econômicas se desencadearam em consequência de um processo de "peixe grande come peixe pequeno"[26]. Várias centenas de cidades-Estado agrárias foram fundidas em sete Estados territoriais[27]. Essa competição estimulou reformas sociais e econômicas que deram origem a Estados centralizados e burocráticos[28]. Essas instituições gradualmente desenvolvidas lançaram as bases para um império chinês unificado e moldaram seu futuro estadismo[29]. No coração do Estado havia um monarca poderoso e uma burocracia conduzida por funcionários que eram selecionados mais por mérito ou experiência com o comércio do que por ascendência aristocrática[30].

Houve uma profunda transformação da produção em paralelo ao surgimento de uma nova ordem política a partir da guerra e do caos. Antes a nobreza controlava a terra. Agora as famílias camponesas recebiam direito de propriedade do Estado[31]. Como resultado, a agricultura familiar se tornou a unidade básica de produção[32]. Ao mesmo tempo, a revolução do ferro introduziu técnicas de produção que envolviam o uso de novas ferramentas de metal[33]. Juntas, essas mudanças acarretaram uma melhoria drástica na produtividade agrícola, o que, por sua vez, fez crescer a atividade artesanal nas residências e, finalmente, estabeleceu uma divisão funcional e regional aprimorada do trabalho[34].

[24] Angus Graham, "The Place of Reason in the Chinese Philosophical Tradition", em Raymond Dawson (org.), *The Legacy of China* (Oxford, Oxford University Press, 1964), p. 29.

[25] Richard von Glahn, *The Economic History of China*, cit., p. 82.

[26] Li Feng, *Early China*, cit., p. 182.

[27] Richard von Glahn, *The Economic History of China*, cit., p. 44 e 82.

[28] Li Feng, *Early China*, cit., p. 182.

[29] Idem; Richard von Glahn, *The Economic History of China*, cit., p. 46.

[30] Li Feng, *Early China*, cit., p. 194-5; Richard von Glahn, *The Economic History of China*, cit., p. 45-6.

[31] Hu Jichuang, *A Concise History of Chinese Economic Thought*, cit., p. 19; Richard von Glahn, *The Economic History of China*, cit., p. 46.

[32] Li Feng, *Early China*, cit., p. 189; Richard von Glahn, *The Economic History of China*, cit., p. 46 e 82.

[33] Donald Wagner e Joseph Needham, *Science and Civilisation in China*, v. 5: *Chemistry and Chemical Technology. Party 11. Ferrous Metallurgy* (Cambridge, Cambridge University Press, 2008).

[34] Hu Jichuang, *A Concise History of Chinese Economic Thought*, cit., p. 19; Richard von Glahn, *The Economic History of China*, cit., p. 65 e 82.

Essa transformação na produção propagou uma mudança fundamental na organização do comércio e criou a necessidade de novas formas de relação entre o Estado e o mercado. Os mercados no período Zhou ocidental estavam sob controle estrito e direto do governo[35]. O Estado controlava quais mercadorias podiam ser comercializadas no mercado. Um funcionário do governo, chamado de mestre dos preços, fixava o preço pelo qual essas mercadorias seriam vendidas. Apenas nos mercados das aldeias[36] os preços podiam flutuar livremente.

Após o colapso das instituições de controle da dinastia Zhou ocidental e a transformação da produção, houve uma ânsia pelo livre comércio de mercadorias[37]. A invenção da cunhagem e a proliferação da moeda pelo Estado facilitaram o comércio de longa distância. O comércio floresceu, e uma nova classe de comerciantes privados tornou-se predominante[38]. Os governantes dos Reinos Combatentes recorreram a essa classe mercantil para ajudá-los a estabelecer uma nova forma de controle sobre a economia[39]. Tendo em mente esse contexto histórico, os autores do *Guanzi* elaboraram recomendações notáveis sobre o aproveitamento das forças de mercado recém-despertadas pelo Estado. O centro de seu programa eram as regulamentações de preços baseadas no princípio do "leve-pesado" (轻重).

Na próxima seção apresento a perspectiva teórica básica do *Guanzi*. Após essa introdução, voltaremos nossa atenção para sua aplicação a políticas concretas.

O princípio do "leve-pesado"

No contexto da acirrada competição entre Estados no período das Primaveras e Outonos, "todos os Estados ducais aspiravam à arte de 'tornar o Estado rico e o exército poderoso'"[40]. O princípio do "leve-pesado" foi desenvolvido para atender ao objetivo de fortalecer o Estado e o exército[41]. Enriquecer o país é o ponto de partida: "Um governante que é bom em governar o Estado deve antes de tudo enriquecer seu povo, depois governá-lo"[42]. Como W. Allyn Rickett explica em sua introdução ao *Guanzi*:

---

[35] Hu Jichuang, *A Concise History of Chinese Economic Thought*, cit., p. 7-8.

[36] Ibidem, p. 10.

[37] Ibidem, p. 19.

[38] Richard von Glahn, *The Economic History of China*, cit., p. 46 e 64.

[39] Ibidem, p. 46.

[40] Hu Jichuang, *A Concise History of Chinese Economic Thought*, cit., p. 120.

[41] Tamara Chin, *Savage Exchange*, cit., p. 31.

[42] Hu Jichuang, *A Concise History of Chinese Economic Thought*, cit., p. 102.

Qing (轻) significa "leve" e, por extensão, "sem importância", "sem consequências" ou "barato". Como verbo, significa atribuir pouco ou nenhum valor a algo. *Zhong* (重) significa "pesado" e, por extensão, "importante", "sério" ou "caro". Como verbo, significa dar valor a algo. Como palavra composta, os dois caracteres geralmente querem dizer "peso".[43]

Com base nesse sentido literário, é adequada a tradução de Ye Shichang como "pesar e equilibrar as forças econômicas"[44]. Da perspectiva do *qingzhong*, todos os fenômenos econômicos só podem ser entendidos relacionalmente; as coisas só podem ser leves ou pesadas em relação a outras coisas. As mercadorias pesadas são consideradas essenciais para a produção ou o bem-estar humano, e as mercadorias leves são vistas como não essenciais. Mas qual mercadoria exatamente é definida como pesada ou leve está sujeito a mudanças constantes e reflete as estações do ano, as práticas de produção e a dinâmica do mercado, entre outros fatores. A tarefa da política econômica é pesar e equilibrar, usar o que é considerado pesado para compensar o que é leve. Ou, nas palavras do *Guanzi*, "usar o que é 'pesado' para atirar no que é 'leve', usar o barato para nivelar o caro, essas são as grandes vantagens que podem ser extraídas da aplicação da doutrina do 'leve-pesado'"[45].

Portanto, o Estado não deve trabalhar contra as forças espontâneas inerentes à economia, à sociedade e ao ambiente natural; ao contrário, deve usar essas forças para primeiro enriquecer e depois governar o povo, ao mesmo tempo que gera receita para o Estado. A regulação estatal deve se basear no conhecimento minucioso das condições reais e suas mudanças. Para tanto, o *Guanzi* recomenda pesquisas empíricas extensivas e o uso de cálculos e estatísticas[46]. O Estado deve observar os movimentos do mercado nas mudanças de preços e as condições fundamentais predominantes, como população, recursos naturais, aptidões, mudanças sazonais e peculiaridades regionais. No que diz respeito ao preço de mercadorias específicas, o governante tem de compreender os seguintes princípios, determinando o que é "pesado" (ou caro) e o que é "leve" (ou barato): "Quando as coisas são abundantes, elas ficam baratas; quando são escassas, ficam caras"[47]. Em linguagem moderna,

---

[43] W. Allyn Rickett, *Guanzi*, cit., p. 338.
[44] Ye Shichang, "On Guanzi Qing Zhong", em Cheng Lin, Terry Peach e Wang Fang (orgs.), *The History of Ancient Chinese Economic Thought*, cit., p. 98.
[45] Hu Jichuang, *A Concise History of Chinese Economic Thought*, cit., p. 127.
[46] Tamara Chin, *Savage Exchange*, cit., p. 42; W. Allyn Rickett, *Guanzi*, cit., p. 389-95; Hu Jichuang, *A Concise History of Chinese Economic Thought*, cit., p. 155-7; Richard von Glahn, *The Economic History of China*, cit., p. 87-8.
[47] W. Allyn Rickett, *Guanzi*, cit., p. 384.

esse princípio diz que o preço de uma mercadoria é determinado por sua escassez. Mas os preços também são afetados por um segundo ditame: "Os bens, se concentrados, tornam-se 'pesados', mas se tornam 'leves' quando estão espalhados"[48].

Isso aponta a estrutura institucional dos fornecedores como um dos fatores determinantes dos preços. Se os bens estiverem nas mãos de poucos (ou seja, monopolizados), serão caros. Se muitos fornecedores oferecerem mercadoria idêntica, a mercadoria será barata. Em outras palavras, a escassez não diz respeito apenas à quantidade absoluta de bens no mercado, mas também à distribuição desses bens entre os produtores. Se os bens estiverem concentrados em poucas mãos, aqueles que controlam a oferta podem gerar escassez artificial para cobrar preços mais altos. O *Guanzi* antecipou a ideia de aumento de preços de monopólio.

Além disso, a demanda por bens influencia seu preço: "Bens que valem a pena acumular se tornarão 'pesados' e, inversamente, [bens não que valem a pena acumular] se tornarão 'leves'. Os bens monopolizados serão 'pesados', caso contrário serão 'leves'"[49]. Esse princípio sugere que os bens que são demandados como reserva de valor, em vez de satisfazer uma necessidade ou um desejo imediato, aumentam de preço quando as pessoas tentam manter sua riqueza de forma física e não monetária. Quando há uma corrida por esses bens e eles são retirados do mercado, eles se tornam escassos e, portanto, caros.

Por fim, a tributação do governo afeta o preço, de acordo com o *Guanzi*: "Um decreto urgente para cobrar impostos na forma de certos bens tornará os bens em questão 'pesados', mas um decreto moroso os tornará 'leves'"[50].

No que diz respeito à tributação, os escritores do *Guanzi* viam o tempo como fator crucial: se as pessoas têm de pagar às pressas um imposto ao governo com determinada mercadoria, o preço dela dispara, mas quando elas têm tempo de coletar a mercadoria necessária, isso não ocorre. Em linguagem moderna, chamamos esse fenômeno de "choque de demanda".

Todos esses princípios se baseiam na ideia de que o valor relativo depende da oferta e da demanda. Mas, em vez de se concentrar no equilíbrio entre oferta e demanda, como os economistas estão acostumados a fazer na economia neoclássica moderna, o *Guanzi* analisa as razões dessa mudança. O ponto crucial é que todas essas condições determinantes de preços foram pensadas para variar de acordo com circunstâncias concretas. As coisas não são universalmente "pesadas" ou "leves"; a designação muda conforme o contexto,

---

[48] Hu Jichuang, *A Concise History of Chinese Economic Thought*, cit., p. 124.
[49] Idem.
[50] Idem.

e este é analisado de maneira mais dinâmica que numa simples avaliação de determinada constelação de oferta e demanda. Consequentemente, o *Guanzi* sugere: "Não há uma arte rígida do 'leve' e do 'pesado', mas, sim, responder àquilo que esteja se aproximando e aproveitar qualquer notícia que se ouça"[51]. Portanto, a arte de governar depende da flexibilidade: "O verdadeiro rei tira proveito da situação, e o sábio tira proveito dos princípios da mudança"[52].

No entanto, seria um erro concluir que o princípio do *qingzhong* conhece apenas os movimentos do mercado. As políticas econômicas de *qingzhong* visavam usar a busca individual de lucro e o interesse próprio para enriquecer o Estado e ao mesmo tempo equilibrar e integrar a economia. Quando as pessoas valorizam uma mercadoria, esta se torna "pesada" ou, no caso oposto, "leve". Mesmo assim, a riqueza social era definida não em termos de valor subjetivo, mas dos fundamentos do bem-estar material. Em uma sociedade vastamente agrícola, trata-se essencialmente da capacidade de cultivar ao máximo a terra. O trabalho e a terra são as principais fontes de riqueza, e como a subsistência das pessoas depende dos grãos, este é considerado a mercadoria mais fundamental pelo *Guanzi*: "O homem não pode comer se não há grãos, grãos não podem crescer se não há terra, a terra não dá nada se não há o homem, e o homem não enriquece se não houver trabalho"[53]. Os grãos, peça central da riqueza, ocupam uma posição mais crucial em relação a todas as outras mercadorias e são, portanto, de extrema importância na política econômica do *qingzhong*. O *Guanzi* sugere que o grão determina o preço de todas as outras mercadorias, inclusive do dinheiro: "O preço das mercadorias aumentará ou diminuirá com o valor do dinheiro, e somente os grãos determinarão se serão caras ou baratas. [...] Quando o grão é caro, todas as outras coisas são baratas; quando o grão é barato, todas as outras coisas são caras"[54]. Isso significa que o valor do dinheiro se move em direções opostas. O preço do grão, ao determinar o nível geral de preços, afeta todo o povo. Ao mesmo tempo, afeta a população rural e a urbana de maneiras diferentes. Mesmo antes da redação do *Guanzi*, Li Kui[55], conselheiro econômico do duque Wen, do Estado Wen, observou: "Se o grão [...] for muito caro, prejudicará o povo (afora os agricultores); ao passo que, se for muito barato, prejudicará os

[51] Ibidem, p. 127-8.
[52] Ibidem, p. 41.
[53] Ibidem, p. 104.
[54] W. Allyn Rickett, *Guanzi*, cit., p. 367.
[55] Hu sugere que "Li Kui não apenas foi um estadista conhecido, como também foi o primeiro pensador a dar ênfase à agricultura". Hu Jichuang, *A Concise History of Chinese Economic Thought*, cit., p. 180.

agricultores. [...] Por consequência, se [o preço for] muito alto ou muito baixo, o prejuízo será o mesmo"[56].

No *Guanzi*, essa noção é desenvolvida mais profundamente. O equilíbrio do preço dos grãos torna-se o centro da "arte da gestão fiscal planejada"[57], uma arte de governo que visa a alcançar estabilidade e prosperidade para o Estado, usando os princípios do *qingzhong*. Essa política de equilíbrio do preço dos grãos é o tema da próxima seção.

Equilibrando o preço dos grãos

Além de reconhecer os grãos como "o mestre do destino do povo"[58], as políticas econômicas do *qingzhong* tomam a alternância das estações do ano outro fator a ser considerado. O *Guanzi* diz que "as mudanças climáticas das quatro estações do ano e a rotação do dia e da noite são leis objetivas. Elas não poderiam ser reduzidas se estivessem em excesso e não poderiam ser aumentadas se estivessem em falta"[59]. A partir disso, surge o seguinte problema: o *qingzhong* sugere que o preço depende de oferta em excesso ou em falta. Conforme a estação do ano, há grãos em excesso (colheita) ou em falta (primavera). Consequentemente, o preço flutua – o que é ruim tanto para os camponeses quanto para os consumidores das cidades. Assim, a questão que o governante tem de enfrentar é como equilibrar o preço dos grãos ao longo do ano.

Segundo o *Guanzi*, "os Estados que seguem a conduta de um verdadeiro rei agem em concordância com as estações"[60]. Isso sugere que, em geral, o Estado deve "usar o que é valorizado para adquirir o que não é valorizado e o que foi barato para aliviar o preço do que está caro"[61]. Além disso, "quando o príncipe cunha moedas para criar oferta monetária, todo o povo aceita as moedas como meio de troca"[62]. Assim, o príncipe pode emitir dinheiro. "Portanto, aqueles que são hábeis no governo administram os meios de troca para controlar o mestre do destino."[63] O governo é responsável por

---

56   *Han Shu*, em Nancy Lee Swann, *Food and Money in Ancient China: The Earliest Economic History of China to A.D. 25 (Han Shu 24)* (Princeton, Princeton University Press, 1950), p. 139-40, inserções no original. Ver W. Allyn Rickett (*Guanzi*, cit., p. 340) para mais detalhes sobre essa passagem.

57   W. Allyn Rickett, *Guanzi*, cit., p. 361.

58   Ibidem, p. 384 e 77.

59   Hu Jichuang, *A Concise History of Chinese Economic Thought*, cit., p. 105.

60   W. Allyn Rickett, Guanzi, cit., p. 365.

61   Ibidem, p. 381-2.

62   Ibidem, p. 380.

63   Ibidem, p. 378.

estabilizar os preços dos grãos a fim de estabilizar o nível geral de preços e o valor do dinheiro.

Esse princípio se materializou na compra da produção excedente de grãos no período de colheita, no outono, quando havia excesso de oferta e os preços eram baixos – ou seja, quando o grão era "leve" e o dinheiro era "pesado". Por comprar quantidades relativamente grandes, o governo pressionava o preço dos grãos para cima. Dessa forma, ele equilibrava as quantidades relativas de dinheiro e grão no mercado, impedia o movimento descendente do preço dos grãos e evitava que os camponeses vendessem sua produção a preços excessivamente baixos a comerciantes privados. Em cada localidade, o governo criou celeiros públicos para armazenar os grãos. Na primavera, quando os agricultores aravam e semeavam, e no verão, quando capinavam, a reserva de grãos diminuía. A oferta de grãos no mercado escasseava, e o preço dos grãos aumentava. Nesse momento, o governo utilizava parte dos grãos armazenados para elevar a oferta no mercado. O governo equilibrava o resultado final do preço dos grãos e evitava que os camponeses comprassem grãos a preços muito elevados de comerciantes privados[64].

Esse esquema estabilizou tanto o preço do grão como o nível geral de preços. Primeiro, vimos que no *Guanzi* os preços de todas as coisas dependiam do preço dos grãos. Segundo, ao participar do mercado de grãos, o Estado ajustava a oferta monetária. Já que o valor do dinheiro, como o de todas as outras mercadorias, dependia de sua quantidade, uma mudança na oferta monetária afetava seu valor em relação a todos os outros bens. Em outras palavras, modificava o

---

[64] Os princípios básicos dessa política de estabilização do preço dos grãos são repetidos em quase todos os diálogos sobre o *qingzhong* no *Guanzi*. Esse é um resumo dos princípios básicos pelos autores atuais. Variações desse esquema incluem: 1) empréstimos aos camponeses, pagos na primavera em grãos e atrelados ao preço alto em dinheiro que deve ser pago de volta quando o preço do grão baixar no outono (W. Allyn Rickett, *Guanzi*, cit., p. 343-4 e 377-80); 2) compra de peças de vestuário quando estão baratas porque o grão está caro – o Estado as vende quando encarecem no outono, no momento em que os grãos estão baratos. W. Allyn Rickett, *Guanzi*, cit., p. 362, 367, 384 e 391. Propostas políticas semelhantes, porém menos abrangentes, já haviam sido apresentadas por Fan Li: Chen Huan-Chang, *The Economic Principles of Confucius and His School*, v. 2 (Nova York, Columbia University Press, 1911), p. 568; Hu Jichuang, *A Concise History of Chinese Economic Thought*, cit., p. 35-41; Richard von Glahn, *The Economic History of China*, cit., p. 64. E também por Li Kui: Chen Huan-Chang, *The Economic Principles of Confucius and His School*, cit., p. 568; Hu Jichuang, *A Concise History of Chinese Economic Thought*, cit., p. 179-84; Li Feng, *Early China*, cit., p. 190; Joseph Spengler, "Ssu-Ma Ch'ien, Unsuccessful Exponent of Laissez-Faire", *Southern Economic Journal*, v. 30, n. 3, 1964, p. 228; Richard von Glahn, *The Economic History of China*, cit., p. 55.

nível geral de preços[65]. De acordo com o *Guanzi*, "quando o grão é barato, ele [o príncipe] troca dinheiro por comida"[66]. Em tal situação, o dinheiro é "pesado" e compra uma quantidade relativamente grande de grãos, portanto, o nível de preços se mantém baixo. Na medida em que o Estado comprava uma quantidade considerável de grãos, o preço dos grãos subia, mas o valor do dinheiro caía – e assim a tendência deflacionária se equilibrava. Na primavera e no verão, quando os grãos encareciam, ocorria o contrário: o Estado equilibrava o preço dos grãos em dinheiro e o preço do dinheiro em grãos, ao balancear a quantidade em circulação de dinheiro e grãos. Foi assim que o *Guanzi* previu o papel do governo de "gerenciar os meios de troca para controlar o mestre do destino"[67]. Além dos efeitos imediatos sobre os preços, esse esquema para equilibrar o preço dos grãos tinha implicações importantes para a receita do Estado, a desigualdade e a prevenção da fome por meio de políticas anticíclicas.

Em primeiro lugar, embora equilibrasse o movimento dos preços, o Estado não visava à estabilidade completa: "Quando a água está perfeitamente no nível, ela não flui"[68]. O preço dos grãos no outono ainda era maior que na primavera e no verão, mas a diferença era menor do que seria sem a participação do Estado no mercado. Um dos resultados dessa diferença de preços era que a participação do Estado no mercado de grãos gerava receita para o governo. O Estado não precisava criar impostos diretos: "Aproveitando as ordens do governo para movimentar mercadorias e dinheiro de um lado ao outro, não há necessidade de fazer exigências ao povo na forma de impostos e taxas especiais"[69]. Os governantes da dinastia Zhou ocidental fixavam os preços por decreto e retiravam os excedentes por meio de impostos diretos. Em contraste, a nova arte de governar previa utilizar a flutuação dos preços para enriquecer o país sem diminuir o entusiasmo dos camponeses. Dominar essa nova "arte da gestão fiscal planejada" não era "para criar ressentimentos entre as pessoas

---

[65] À luz dessa percepção, o *Guanzi* é considerado uma das primeiras expressões da teoria quantitativa da moeda. Hu Jichuang, *A Concise History of Chinese Economic Thought*, cit., p. 131; Peter Nolan, *China at the Crossroads* (Cambridge, Polity, 2004), p. 129; W. Allyn Rickett, *Guanzi*, cit., p. 4. Se considerarmos a sugestão de gastos públicos anticíclicos, discutida adiante nesta seção, e os desenvolvimentos sobre o entesouramento, além dos diferentes agregados monetários, agrupados de acordo com sua liquidez, surge uma questão para futuras pesquisas: será que encontramos no *Guanzi* não apenas a primeira elaboração da teoria quantitativa da moeda, mas também, graças ao foco nos efeitos de transição, um precursor de uma ruptura da teoria quantitativa pura, como na *Teoria geral* de Keynes?

[66] W. Allyn Rickett, *Guanzi*, cit., p. 377-8.

[67] Idem.

[68] Ibidem, p. 308.

[69] Ibidem, p. 392.

ou arruinar suas aspirações"[70]. Em vez de tirar do povo por comando, o Estado vendia grãos ao povo quando este precisava, diminuindo os preços, e comprava grãos do povo quando este tinha para vender, aumentando os preços. Em vez de se sujeitar à tributação direta, o povo perceberia o Estado como um governante benevolente. Em suma, essa abordagem criava "estabilidade semelhante à do objeto quadrado sobre o solo plano"[71].

Além disso, a política de equilíbrio de preços dos grãos evitava as formas mais graves de desigualdade sem igualar todas as pessoas[72]. Naquela época, uma classe de comerciantes privados estava em ascensão. Na verdade, o governo aprendeu as técnicas de participação no mercado com os comerciantes. Como os preços não eram mais controlados diretamente pelo Estado, tornou--se evidente que "se a colheita é boa ou ruim, o grão é caro ou barato"[73]. Se o governo não utilizasse esse movimento de preços para gerar lucro público, os comerciantes privados o fariam: "Se o príncipe não é capaz de controlar a situação, os grandes comerciantes vagueiam pelos mercados e aproveitam a escassez do povo para aumentar cem vezes seu capital"[74].

A busca do lucro não é condenada no *Guanzi*, mas tomada como uma realidade: "É da natureza dos homens que, sempre que veem lucro, não possam deixar de persegui-lo"[75]. A tarefa do governante, portanto, não é apelar para a moralidade do povo, mas usar os interesses predominantes e "regular os lucros do povo"[76]. Para isso, o Estado tem de "manter o controle

---

[70] Ibidem, p. 362.

[71] Ibidem, p. 367.

[72] Ou, como Hu aponta, "o escritor do *Guanzi* sustentava que essa desigualdade entre ricos e pobres era uma realidade social objetiva, mas sua solução para o problema era apenas mitigar o antagonismo, não o eliminar totalmente". Hu Jichuang, *A Concise History of Chinese Economic Thought*, cit., p. 111.

[73] W. Allyn Rickett, *Guanzi*, cit., p. 379.

[74] Idem. Essas grandes desigualdades ocorreram, segundo o *Han Shu*, no período de 246 a 207 a.C. Depois que a compra e a venda de terras foram permitidas, alguns indivíduos ficaram muito ricos e passaram a controlar tanto a terra quanto os recursos naturais. Os pobres tinham de cultivar a terra dos ricos e ainda "dar cinco décimos [da colheita] para o aluguel (*shui*)". Nancy Lee Swann, *Food and Money in Ancient China*, cit., p. 182, inserção no original. "Na devassidão e na dissipação, eles [os ricos] anularam as instituições governamentais; e foram além da extravagância para superar uns aos outros". Ibidem, p. 181. "Consequentemente, as pessoas pobres usavam sempre [roupas adequadas apenas] para cobrir gado e cavalos. Além disso, comiam comida [adequada apenas] para alimentar cães e porcos. [...] As pessoas, aflitas, não tinham meios de subsistência; e tornaram-se ladrões e assaltantes". Ibidem, p. 182, inserção no original.

[75] W. Allyn Rickett, *Guanzi*, cit., p. 219.

[76] Ibidem, p. 379.

sobre as políticas que afetam os preços"[77]. A reforma agrária não é considerada suficiente para evitar as desigualdades: "Mesmo que a terra tenha sido dividida igualmente, os fortes poderão controlá-la; ainda que a riqueza tenha sido distribuída igualmente, os espertos poderão acumulá-la"[78]. Se o governo não consegue equilibrar o preço dos grãos, "o resultado será pessoas escravizando pessoas". Quando existe uma "grande desigualdade entre ricos e pobres", a "multidão não é bem governada"[79]. Assim, "se o príncipe não é capaz de manter o controle sobre as políticas que afetam os preços [...] a política econômica do Estado perde o sentido"[80].

Por fim, e mais essencialmente, a participação do Estado no mercado de grãos permitia que ele acumulasse grãos em cada localidade e protegesse o povo das consequências dos desastres naturais. Um elaborado sistema de prevenção da fome funcionava a par com uma política fiscal anticíclica. A tarefa do governo era proteger o povo das mudanças das estações, do clima e do mercado, garantindo, em todos os momentos, a satisfação de suas necessidades diárias. O Estado empregava o povo quando a estação não exigia o trabalho no campo. Dessa forma, impedia que a fonte de riqueza secasse. O governante devia praticar a frugalidade em tempos normais para não desviar por muito tempo o povo da ocupação fundamental da agricultura. No entanto, "a prodigalidade deveria ser adotada em situações especiais"[81]. Se o povo perdia a base de seu sustento e não podia trabalhar em suas terras por causa de desastres naturais, o Estado devia lhe dar emprego. Nessas ocasiões, o Estado também devia encorajar os ricos a criar postos de trabalho – por exemplo, encorajando-os a fazer funerais luxuosos[82]. Em suma, o *Guanzi* sustenta que aqueles "que são bons no governo do Estado dependem da situação para afrouxar ou intensificar suas demandas"[83].

---

[77] Ibidem, p. 366.
[78] Ibidem, p. 379.
[79] Ibidem, p. 380.
[80] Ibidem, p. 366.
[81] Hu Jichuang, *A Concise History of Chinese Economic Thought*, cit., p. 116.
[82] W. Allyn Rickett, *Guanzi*, cit., p. 319.
[83] Ibidem, p. 415. Essa proposta de política anticíclica antecipa claramente, em 2 mil anos, a *Fábula das abelhas* de Mandeville, as cartas de Malthus a Ricardo (como em John M. Keynes, *The General Theory of Employment, Interest and Money*, Nova York, Harcourt, Brace and World, 1936, p. 362-3) e a teoria da demanda efetiva de Keynes. À luz da revisão de Keynes sobre Chen Huan-Chang, o qual trata das políticas de preço dos grãos (*The Economic Principles of Confucius and His School*, cit., p. 568-85), resta saber se Keynes pode ter sido inspirado pelo antigo pensamento econômico chinês.

O monopólio do sal e do ferro

> Se vossa senhoria emitisse uma ordem declarando "Vou decretar um imposto especial para todos os adultos e crianças", isso causaria muito choro e gritaria. Todavia, supondo que vossa senhoria emitisse ordens para que fosse adotado o plano do sal, mesmo que a quantia revertida a vosso governo fosse cem vezes maior, os homens não teriam como evitar tal situação. Tais seriam os resultados inevitáveis.[84]

O princípio geral no *Guanzi* é o ativismo estatal, mas, como diz Hu Jichuang, a política "pode adquirir formas diferentes de acordo com as condições de cada mercado, não havendo panaceia indiscriminadamente oferecida para todas as situações"[85]. Para complementar o controle indireto dos preços dos grãos pela demanda e pela oferta do Estado no mercado, o *Guanzi* sugere um monopólio público parcial sobre o sal e o ferro[86]. Quando o duque pergunta a Guan Zhong que tipo de imposto ele deveria decretar, o conselheiro responde que qualquer imposto especial sobre propriedade ou atividade econômica faria o povo ocultar propriedades ou reduzir a atividade[87]. O Estado devia, em vez disso, gerar receita "gerindo as montanhas e os mares"[88], ou seja, colocando o sal e o ferro sob controle estatal.

Essa recomendação se baseava na ideia de que tanto o sal quanto o ferro são mercadorias essenciais e, como tal, são "pesados". Como observou Esson M. Gale, "sal e ferro eram as duas necessidades mais universais, depois dos grãos, na comunidade chinesa antiga"[89]. Todo ser humano tinha de consumir sal. Ferramentas para qualquer tipo de trabalho continham ferro – por exemplo, agulhas, tesouras, arados e machados[90]. "Sem essas ferramentas, ninguém no mundo alcança o sucesso."[91] Assim, a demanda de sal e ferro era rígida. Se o Estado regulasse a venda dessas duas mercadorias, poderia cobrar preços altos e, assim, arrecadar receita. A receita gerada pelo controle dos preços e da comercialização dessas

---

84 W. Allyn Rickett, *Guanzi*, cit., p. 374.

85 Hu Jichuang, *A Concise History of Chinese Economic Thought*, cit., p. 157.

86 Donald Wagner revisou evidências textuais e arqueológicas desde a era dos Reinos Combatentes até o período Han, apontando formas de envolvimento do Estado ou monopólio na indústria do ferro e do sal. Donald Wagner, *The State and the Iron Industry in Han China* (Copenhague, Nias, 2001), p. 4-8.

87 W. Allyn Rickett, *Guanzi*, cit., p. 372-3 e 382-3.

88 Ibidem, p. 373.

89 Esson M. Gale, "Introduction", em *Discourses on Salt and Iron*, cit., p. xv-li.

90 W. Allyn Rickett, *Guanzi*, cit., p. 374-5.

91 Idem.

duas mercadorias seria muito maior que a gerada por um imposto especial. E mesmo que o governo arrecadasse uma receita "cem vezes" maior com a venda de sal e ferro, "os homens não teriam como evitá-lo"[92]. O povo também não faria objeção a essas taxas extras como faria à tributação direta; isso contribuiria para a manutenção da estabilidade política[93].

Na administração tanto do sal quanto do ferro, o Estado precisaria levar em consideração as características de produção das duas mercadorias. Para o sal, o *Guanzi* previa um monopólio parcial na produção e comercialização[94], que se faria "tirando proveito da estação do ano"[95]. Quando o povo não estivesse ocupado com o trabalho agrícola, o Estado empregaria um grande número de pessoas "para ferver água salgada"[96]. "Quando o trabalho agrícola começasse na primavera", o governante "daria ordens para que as pessoas não fossem autorizadas [...] a contratar mão de obra para ferver sal"[97]. Isso limitava a oferta geral de sal e aumentava o preço[98]. O Estado não monopolizaria toda a produção e comercialização de sal. Mas, ao limitar a oferta geral, o preço poderia ser manipulado e, graças a uma grande participação do mercado na produção de sal, o Estado obteria um lucro significativo.

Se o sal pode ser produzido a partir da água salgada, que é abundante na natureza, os minérios metálicos só podem ser extraídos de áreas montanhosas raras e específicas. O *Guanzi* sugere o controle estrito desses recursos minerais pelo Estado[99]. O monopólio da extração desses recursos dava ao Estado o controle do insumo mais importante para os meios de produção. Já quanto à fundição do ferro, ao contrário da extração, o *Guanzi* estipula que não seja feita sob gerência direta do Estado. O trabalho é tão terrível que, se o Estado o impusesse ao povo, este "guardaria ressentimento de seu senhor", o que resultaria em "derrota a partir de dentro"[100]. Assim, em vez de manter o controle direto da fundição, o Estado deveria "deixá-lo a encargo do povo" e apenas receber parte do lucro[101]. Sob essa política, "o povo [...] correria para fazer o trabalho e seria cativo do governo"[102].

[92] Ibidem, p. 374.
[93] Hu Jichuang, *A Concise History of Chinese Economic Thought*, cit., p. 150.
[94] Ibidem, p. 157.
[95] W. Allyn Rickett, *Guanzi*, cit., p. 427.
[96] Idem.
[97] Idem.
[98] Idem.
[99] Ibidem, p. 424.
[100] Ibidem, p. 469.
[101] Idem.
[102] Idem.

Vimos que o Estado, segundo o *Guanzi*, desempenhava um papel crucial na administração das forças de mercado recém-desencadeadas. Assim, as políticas concretas empregadas pelo Estado eram altamente dependentes do contexto, sujeitas às mudanças de circunstâncias e adaptadas à natureza da produção e às características principais das mercadorias mais importantes. No caso dos grãos, os camponeses trabalhavam em suas terras particulares e vendiam seus produtos no mercado. Dessa forma, tanto a produção quanto a circulação eram privadas; cabia ao Estado adquirir reservas suficientemente grandes para equilibrar o preço e evitar a fome. No caso do sal, tanto a produção quanto a circulação eram parcialmente controladas pelo Estado; também cabia ao governo controlar a oferta geral e, portanto, o preço, proibindo sazonalmente a produção. No caso do ferro, a extração era monopolizada pelo Estado, a fundição era responsabilidade privada e o governo regulava os preços, tanto controlando a oferta de matéria-prima quanto participando do mercado de produtos derivados do ferro. Isso indica uma visão de política econômica na qual a renda do consumo é gerada de forma privada, mas a poupança (na forma de armazenamento de grãos e dinheiro) e o investimento (na forma de produção de meios de produção) ficava na mão tanto do comércio estatal quanto do privado.

Políticas econômicas semelhantes às preconizadas no *Guanzi* foram introduzidas no período pré-Han e revividas sob o imperador Wudi (141-87 a.C.), até que, logo após a sua morte, houve uma grande controvérsia sobre a atitude correta do Estado em relação à economia[103]. Essa controvérsia está canonizada no relato clássico de Huan Kuan (século I a.C.) a respeito das duas posições concorrentes sobre a forma como a burocracia deveria lidar com as questões econômicas: *Debate sobre o sal e o ferro*.

O desafio dos literatos no *Debate sobre o sal e o ferro*

O contexto histórico

Quando o imperador Wudi subiu ao trono, cerca de meio século após o início do reinado da dinastia Han, o país enfrentava uma crise profunda. A integridade financeira e política do Estado estava ameaçada[104]. Os desafios internos do império e o expansionismo militar geraram altos custos. O império Han enfrentou um déficit constante, e a questão mais premente era a geração de receita para o Estado[105].

[103] Donald Wagner, *The State and the Iron Industry in Han China*, cit., p. 4-21.
[104] Richard von Glahn, *The Economic History of China*, cit., p. 113-4.
[105] Esson M. Gale, "Introduction", cit., p. xxv.

Wudi discordava da estratégia de Wendi (180-157 a.C.) de reduzir o envolvimento do Estado na indústria e no comércio[106]. Richard von Glahn chega a chamar a abordagem de Wendi de "governo minimalista"[107]. Enquanto o imperador Qin criou um amplo sistema estatal de administração de indústrias-chave, em linha com a visão política do *Guanzi*, sob Wendi "as pessoas foram autorizadas a cunhar moedas, fundir ferro e ferver sal"[108]. Isso, porém, gerou monopólios privados poderosos, que desafiavam o Estado[109]. Wudi recorreu a comerciantes e industriais para escapar da falência e resolver a inflação[110]. Mas, em vez de pedir dinheiro às elites empresariais, Wudi transformou-as em altos funcionários do governo, a fim de ajudar na recuperação da estabilidade e na reorganização da administração fiscal[111].

Inspirado pelas políticas econômicas do *Guanzi*[112], refez o monopólio estatal na produção e venda do ferro[113] e do sal, além das bebidas alcoólicas; unificou e padronizou a moeda; e criou um sistema para "equilibrar

[106] Donald Wagner, *The State and the Iron Industry in Han China*, cit., p. 8.
[107] Richard von Glahn, *The Economic History of China*, cit., p. 114.
[108] *Debate sobre o sal e o ferro*, em Donald Wagner e Joseph Needham, *Science and Civilisation in China*, cit., p. 174.
[109] Donald Wagner e Joseph Needham, *Science and Civilisation in China*, cit., p. 174-5.
[110] Hu Jichuang, *A Concise History of Chinese Economic Thought*, cit., p. 263.
[111] Esson M. Gale, "Introduction", cit., p. xxv; Hu Jichuang, *A Concise History of Chinese Economic Thought*, cit., p. 259; Richard von Glahn, *The Economic History of China*, cit., p. 114.
[112] A conexão entre as sugestões políticas do *Guanzi* e as políticas econômicas de Sang Hongyang sob Wu explicita-se nas muitas citações atribuídas e não atribuídas ao *Guanzi* no *Debate sobre o sal e o ferro*. Ver, por exemplo, Esson M. Gale, "Introduction", cit., p. 85-6; Hu Jichuang, *A Concise History of Chinese Economic Thought*, cit., p. 225, 260, 268 e 271; Jurij L. Kroll, "Toward a Study of the Economic Views of Sang Hung-Yang", *Early China*, v. 4, 1978; Michael Loewe, "Attempts at Economic Co-Ordination During the Western Han Dynasty", em Stuart R. Schram (org.), *The Scope of State Power in China* (Londres, School of Oriental and African Studies, 1985), p. 253; Donald Wagner e Joseph Needham, *Science and Civilisation in China*, cit., p. 185 e 189.
[113] Wagner e Needham datam de 117 a.C. (dinastia Han) o estabelecimento do monopólio do ferro. Donald Wagner e Joseph Needham, *Science and Civilisation in China*, cit., p. 172. Para uma discussão sobre o envolvimento do Estado na produção de ferro no período pré-Han, ver ibidem, p. 172-4. De acordo com os autores, vários reinos combatentes estavam envolvidos na produção de ferro, especialmente o reino Qin, que mais tarde compôs a base administrativa do império. Sobre esse ponto, ver também Nancy Lee Swann, *Food and Money in Ancient China*, cit., p. 63. Hu sugere que, antes de 117 a.C., a indústria do sal era "principalmente realizada por particulares". Hu Jichuang, *A Concise History of Chinese Economic Thought*, cit., p. 264. O governo estava envolvido, mas não detinha o monopólio.

o transporte" (均輸)[114]. Denominado "comercialização equitativa"[115], esse sistema era semelhante à política de equilíbrio de preços de grãos do *Guanzi*, mas abrangia uma gama mais ampla de mercadorias e equilíbrio de preços entre as regiões.

Sang Hongyang (152-80 a.C.), filho de uma rica família de comerciantes, foi fundamental tanto para monopólio estatal do sal e do ferro quanto para a introdução da comercialização equitativa. Sang, conhecido por sua enorme habilidade de cálculo, se tornaria um dos mais importantes conselheiros econômicos do imperador Wudi[116]. Mais tarde, ele fundiu o sistema de comercialização equitativa ao do monopólio do sal e do ferro para instituir o chamado "padrão equilibrado" (平准)[117]. Os fundos públicos passaram a ser usados em todo o país para comprar mercadorias onde estavam baratas e vendê-las onde estavam caras. Isso equilibrava preços e gerava lucros para o Estado, ao mesmo tempo que criava e integrava mercados.

Seguindo a abordagem do *Guanzi*, os monopólios estatais se adaptaram às condições concretas da produção. No caso do sal, isso envolvia a propriedade pública dos meios de produção (em particular as salinas), produtores privados e comercialização pelos preços fixados pelo Estado[118]. No caso do ferro, que empregava novas tecnologias e permitia escalas de produção muito maiores, toda a produção[119] e a distribuição, inclusive a fixação de preços, era monopólio estatal[120]. O controle total da produção e da comercialização do ferro significava também o controle indireto da produção de sal, pois o

---

[114] Esse sistema exigia cálculos relativamente complexos de distribuição proporcional, que estão documentados em parte no *Debate sobre o sal e o ferro*. Donald Wagner e Joseph Needham, *Science and Civilisation in China*, cit., p. 191.

[115] Hu Jichuang, *A Concise History of Chinese Economic Thought*, cit., p. 264-73; Esson M. Gale, "Introduction", cit., p. xxv; Michael Loewe, "Attempts at Economic Co-Ordination During the Western Han Dynasty", cit., p. 259; Richard von Glahn, *The Economic History of China*, cit., p. 114-6 e 120; Donald Wagner e Joseph Needham, *Science and Civilisation in China*, cit., p. 178-9.

[116] Hu Jichuang, *A Concise History of Chinese Economic Thought*, cit., p. 269-79; Nancy Lee Swann, *Food and Money in Ancient China*, cit., p. 271-2; Michael Loewe, "Attempts at Economic Co-Ordination During the Western Han Dynasty", cit., p. 240; Donald Wagner e Joseph Needham, *Science and Civilisation in China*, cit., p. 171.

[117] Richard von Glahn, *The Economic History of China*, cit., p. 116.

[118] Hu Jichuang, *A Concise History of Chinese Economic Thought*, cit., p. 265.

[119] Wagner e Needham apontam que, antes do monopólio estatal, provavelmente havia duas técnicas de produção: uma para a produção em pequena escala em áreas remotas, para necessidades locais, e outra para a produção em larga escala, para o comércio de longa distância. Donald Wagner e Joseph Needham, *Science and Civilisation in China*, cit., p. 188.

[120] Hu Jichuang, *A Concise History of Chinese Economic Thought*, cit., p. 266-7.

insumo mais importante, a salina, era exclusividade do Estado[121]. Por último, no caso do vinho, o monopólio abrangia apenas a produção, não a comercialização, que ficou nas mãos de negociantes privados[122]. As instituições físicas do monopólio estatal foram projetadas, portanto, para refletir as condições inerentes à produção e às estruturas da comercialização.

As políticas econômicas de Sang conseguiram resolver o déficit fiscal, estabilizaram o nível de preços, encheram os celeiros públicos e abasteceram o exército[123]. No entanto, muitas pessoas estavam descontentes com o alto custo do sal e reclamavam da má qualidade do ferro fornecido pelo Estado[124]. Agricultores e filósofos criticavam o ativismo estatal desde o início das políticas de Sang[125]. Após um reinado de 54 anos, o imperador Wudi faleceu, em 87 a.C., e houve um "Grande Inquérito" para debater o descontentamento e o legado de suas políticas[126]. Zhao, o novo imperador, ainda era uma criança, e o poder estava nas mãos do general Huo Guang[127]: desencadeou-se "uma luta política contra Sang Hongyang sob o pretexto de uma investigação"[128]. Isso preparou o terreno para o famoso *Debate sobre o sal e o ferro*.

De um lado do debate, estavam os literatos – "homens de estudo" ou "estudiosos clássicos" (文学) – e os "dignos" (贤良)[129]. Gale os descreve como "intelectuais sem cargos públicos [...] defendendo ideias atribuídas a Confúcio e seus sucessores"[130]. Os literatos tinham posições denominadas "confucianas" no texto do *Debate sobre o sal e o ferro* e, portanto, muitas vezes foram rotulados dessa forma pelos intérpretes[131]. Mas Gale adverte que o que é traduzido como "confuciano" no relato de Huan Kuan não condiz com a escola confucionista posterior, muito menos com o que veio a se atribuir ao termo nas interpretações modernas[132]. Para evitar mal-entendidos, chamarei as pessoas desse lado do

---

[121] Idem.

[122] Ibidem, p. 268.

[123] Esson M. Gale, "Introduction", cit., p. xxvi; Hu Jichuang, *A Concise History of Chinese Economic Thought*, cit., p. 263-4; Richard von Glahn, *The Economic History of China*, cit., p. 117-8.

[124] Esson M. Gale, "Introduction", cit., p. xxv.

[125] Donald Wagner e Joseph Needham, *Science and Civilisation in China*, cit., p. 178.

[126] Esson M. Gale, "Introduction", cit., p. xxv; Richard von Glahn, *The Economic History of China*, cit., p. 123; Michael Loewe, *Crisis and Conflict in Han China*, cit., p. 91; Donald Wagner e Joseph Needham, *Science and Civilisation in China*, cit., p. 179.

[127] Donald Wagner e Joseph Needham, *Science and Civilisation in China*, cit., p. 179.

[128] Hu Jichuang, *A Concise History of Chinese Economic Thought*, cit., p. 274.

[129] Tamara Chin, *Savage Exchange*, cit., p. 49.

[130] Esson M. Gale, "Introduction", cit., p. xxi.

[131] Por exemplo, Hu Jichuang, *A Concise History of Chinese Economic Thought*, cit.

[132] Esson M. Gale, "Introduction", cit.

debate de *literatos*, uma vez que sua característica principal é a construção de argumentos baseada na exegese de textos clássicos (inclusive de Confúcio, mas não apenas dele), mais que em investigações empíricas.

A contraparte dos literatos era o "conselheiro imperial" (大夫), Sang Hongyang, que defendia suas políticas econômicas contra "o fogo de um ataque feroz dos homens de letras"[133]. De maneira mais geral, esse lado era o dos "administradores, funcionários responsáveis, que defendiam certos métodos de governo", com experiência no comércio e na indústria, e que durante o reinado do imperador Wudi ganharam "a confiança do soberano" graças à "efetiva desenvoltura financeira"[134].

A fonte mais importante a respeito do *Debate sobre o sal e o ferro* é a crônica póstuma de Huan Kuan (século I a.C.)[135], que sem dúvida pende para o lado dos literatos. Michael Loewe presume que a obra de Huan Kuan possa ter sido "compilada como um exercício de propaganda política"[136]. Também é descrita como "uma obra de ficção em forma de diálogo sobre um tema histórico"[137]. Como o *Guanzi* e outros clássicos antigos, Huan Kuan emprega a forma do diálogo, ou debate. Ele se baseia em ensaios escritos no contexto do debate histórico real, mas enriquece o relato com material complementar, principalmente citações não atribuídas do *Guanzi*[138]. A motivação do escritor pode ter sido a reflexão sobre a abolição do monopólio estatal – e, de forma mais ampla, o ativismo governamental – que ocorreu em 44-41 a.C.[139].

Apesar dessas limitações em relação à precisão histórica, a crônica de Huan Kuan apresenta ideias cruciais a respeito das perspectivas concorrentes

---

[133] Ibidem, p. xix.

[134] Ibidem, p. xx-i. Esse grupo tem sido denominado muitas vezes "a escola de pensamento legalista". Abstenho-me de usar essa expressão em razão das variadas visões de políticas econômicas entre os diferentes pensadores atribuídos a essa escola. Meu foco é a abordagem apresentada no *Guanzi* e desenvolvida por Sang Hongyang.

[135] Donald Wagner e Joseph Needham, *Science and Civilisation in China*, cit., p. 185. No *Debate sobre o sal e o ferro*, Huan Kuan sugere que houve um encontro real, um confronto cara a cara entre sessenta estudiosos provinciais e sumidades e o conselheiro imperial, Sang Hongyang, na presença do imperador e de Huo Guang. Outras fontes não descrevem tal encontro, mas sugerem que a troca foi realizada por escrito. Ibidem, p. 186.

[136] Michael Loewe, *Crisis and Conflict in Han China,* cit., p. 111.

[137] Guo Moruo, citado em Donald Wagner, *The State and the Iron Industry in Han China*, cit., p. 18.

[138] Jurij L. Kroll, "Toward a Study of the Economic Views of Sang Hung-Yang", cit.

[139] Donald Wagner e Joseph Needham, *Science and Civilisation in China*, cit., p. 186. Nesse debate, alguns dos que desafiaram o ativismo estatal também parecem ter questionado, mais amplamente, o papel dominante do mercado e da tecnologia. Wagner e Needham constatam que o estadista Gong Yu exigiu a abolição do dinheiro e o retorno a uma economia natural, sem produção de ferro, privada ou pública. Idem.

em torno das questões-chave da economia política de seu tempo. Tornou-se referência presente em debates posteriores, mesmo nos tempos modernos[140]. O *Debate sobre o sal e o ferro* expressou tensões da economia política da China imperial que persistiriam e se repetiriam por séculos. Na próxima seção, discuto alguns dos pontos principais da argumentação do *Debate sobre o sal e o ferro* em relação aos monopólios estatais, às políticas de preços e ao papel da formulação de políticas econômicas de forma mais ampla.

O debate: idealismo *versus* pragmatismo realista

Sang Hongyang seguiu os princípios básicos da abordagem do *Guanzi* para a formulação de políticas. Ou seja, "as considerações práticas devem ter prioridade" e "a arte de governar deve ser dirigida às necessidades da situação prevalecente e não para se obter um estado ideal da sociedade"[141]. Na perspectiva pragmática de Sang, valores e princípios morais só poderiam ser perseguidos depois que a prosperidade material fosse alcançada[142].

Os literatos idealistas atacaram Sang, alegando que "considerações puramente materiais" haviam tomado o lugar dos "princípios fundamentais", que, a seu ver, não estavam sujeitos às mudanças da época[143]. A síntese desses princípios era uma idealização da ordem ritual da dinastia Zhou ocidental e das políticas econômicas minimalistas do imperador Wendi. A mudança para uma economia monetária e uma sociedade comercial que havia ocorrido nos séculos anteriores representava, para eles, uma forma de degeneração. O objetivo era, portanto, retornar aos velhos tempos, quando a agricultura de subsistência era a ocupação predominante e prevaleciam a troca e a taxação em mercadoria, em vez de dinheiro[144].

Sang e os comerciantes burocratas viam a profunda transformação social e econômica como uma realidade que o Estado tinha de encarar. Para satisfazer as necessidades materiais da população e garantir a segurança das pessoas

---

[140] Gale ("Introduction", cit.) analisa a publicação de várias edições do *Discurso sobre o sal e o ferro*, da dinastia Song até uma edição de 1891 que ele usa como base para sua tradução. Para uma revisão de traduções e edições chinesas subsequentes, ver Michael Loewe, "Review of Erling v. Mende, Bertram Schefold, and Hans Ulrich Vogel, *Huan Kuan, Yantie lun: Vademecum zu dem Klassiker der Chinesischen Wirtschaftsdebatten*", *Early China*, v. 26, 2001, p. 285-9.

[141] Michael Loewe, *Crisis and Conflict in Han China*, cit., p. 93-4.

[142] Ibidem, p. 94 e 106.

[143] Ibidem, p. 94.

[144] Hu Jichuang, *A Concise History of Chinese Economic Thought*, cit., p. 278; Esson M. Gale, "Introduction", cit., p. xxviii; Michael Loewe, *Crisis and Conflict in Han China*, cit., p. 95 e 100.

contra as invasões, o Estado tinha de participar da economia para orientar as forças dominantes, satisfazer as necessidades materiais da população e gerar lucros em benefício do Estado.

Os literatos se opunham a essa abordagem, argumentando que, se seguisse essa política comercial, o Estado se tornaria a força motriz da corrupção e da degeneração moral. Em vez de promover a moralidade e a prosperidade, diziam eles, as políticas baseadas na comercialização equitativa e no padrão equilibrado desviariam para o comércio e o lucro as forças que eram investidas no trabalho do campo[145]. Além disso, os órgãos do governo ficariam sobrecarregados, absorvendo ainda mais da mão de obra necessária para a ocupação fundamental na agricultura[146]. Em relação à desigualdade, os literatos pareciam conceber o problema como distribuição de determinada quantidade de recursos e, portanto, de relações inversas entre diferentes usos. A principal preocupação do governante, na opinião dos literatos, "não era a escassez de riqueza, mas sua distribuição desigual; não a pobreza, mas a inquietação"[147].

Por trás dessa visão parece haver uma perspectiva estática, consistente com a rejeição da mudança social e tecnológica – como a revolução do ferro – articulada no debate. Nesse ideal de vida antigo, em que todos estão "satisfeitos com sua posição"[148] e a agricultura de subsistência é dominante, provavelmente o crescimento seria baixo. Por essa mentalidade, "a estima à frugalidade e a objeção à prodigalidade" dos letrados[149] são quase uma consequência lógica. Se não há crescimento significativo – tampouco ciclos de expansão e recessão – na economia de subsistência, também não há gastos governamentais anticíclicos. Mas, se os recursos do Estado provêm da produtividade da agricultura, os gastos generosos do governante se dão à custa dos camponeses.

Em oposição aos letrados, Sang e outros funcionários do Estado viam as mudanças econômicas, sociais e tecnológicas de seu tempo como uma realidade dada, como uma força motriz da riqueza, embora ao mesmo tempo enfatizassem a importância da agricultura[150]. Eles também se opunham à desigualdade[151]. Acreditavam que a desigualdade diminuiria com o crescimento

---

145 Esson M. Gale, "Introduction", cit., p. xxvi-iii; Michael Loewe, *Crisis and Conflict in Han China*, cit., p. 94-5.

146 Michael Loewe, *Crisis and Conflict in Han China*, cit., p. 105.

147 Huan Kuan, citado em Hu Jichuang, *A Concise History of Chinese Economic Thought*, cit., p. 277.

148 Idem.

149 Hu Jichuang, *A Concise History of Chinese Economic Thought*, cit., p. 279.

150 Esson M. Gale, "Introduction", cit., p. xx.

151 Michael Loewe, *Crisis and Conflict in Han China*, cit., p. 94.

e o controle do Estado sobre os elementos mais importantes do progresso econômico: produção de mercadorias estratégicas, comércio e dinheiro. Isso permitiria ao Estado equilibrar os preços e a oferta em todo o império[152], preparar-se para a fome e outros desastres naturais, e ao mesmo tempo gerar lucros públicos. Em última análise, a desigualdade diminuiria com a promoção da riqueza material pelo Estado.

Colocar o vinho – e, sobretudo, a produção do sal e do ferro – sob monopólio estatal fazia parte da política mais ampla de Sang. Em uma elaboração precoce da teoria do monopólio natural, e prefigurando Galbraith (ver capítulo 2), Sang argumentou que "os recursos naturais em geral se encontram em lugares afastados. Se fossem autorizados a particulares, provavelmente seriam controlados por magnatas e as pessoas seriam excluídas de suas fontes e de seus benefícios econômicos"[153]. Em outras palavras, por sua natureza, os recursos naturais, uma vez descobertos, devem ser controlados por um monopólio. A questão é saber se o monopólio deve ser privado ou público, não se a extração de recursos geograficamente concentrados deve ser colocada sob o poder do monopólio. Assim, Sang pedia para se "proibir a utilização das montanhas e dos recursos hídricos por particulares", pois isso permitiria ao Estado "recuperar o equilíbrio entre aqueles que têm mais que o suficiente e aqueles que estão em estado de necessidade [e] dar alívio aos necessitados"[154].

Na perspectiva dos literatos, a anexação dos monopólios, assim como o governo corrupto em geral, eram resultado da "quebra dos ritos e da retidão"[155]. Além disso, os literatos sugeriam que os utensílios de ferro produzidos pelo monopólio estatal eram de qualidade inferior, tinham variedade limitada, muitas vezes não eram convenientemente fornecidos aos camponeses e eram vendidos a um preço muito alto[156]. O sal também era superfaturado sob o monopólio estatal[157]. Em suma, diziam, os monopólios eram prejudiciais à maioria camponesa. Por essa razão, os literatos exigiam a abolição dos monopólios estatais e o retorno às "pequenas empresas familiares [que] produziam melhor, por orgulho

---

[152] Ver Huan Kuan, em Esson M. Gale (org.), *Discourses on Salt and Iron*, cit., p. 20-1 para uma discussão aprofundada sobre os benefícios do comércio inter-regional resultante dos diferentes recursos naturais.

[153] Hu Jichuang, *A Concise History of Chinese Economic Thought*, cit., p. 260.

[154] Huan Kuan, citado em ibidem, p. 261.

[155] Ibidem, p. 276; Michael Loewe, *Crisis and Conflict in Han China*, cit., p. 98.

[156] Hu Jichuang, *A Concise History of Chinese Economic Thought*, cit., p. 267; Michael Loewe, *Crisis and Conflict in Han China*, cit., p. 102; Donald Wagner e Joseph Needham, *Science and Civilisation in China*, cit., p. 187-8.

[157] Michael Loewe, *Crisis and Conflict in Han China*, cit., p. 102.

do trabalho manual e porque estavam mais próximas dos usuários"[158]. A resposta de Sang Hongyang é talvez a "mais antiga explanação sobre a superioridade da produção em grande escala sobre a produção em pequena escala na história da China"[159]. Os monopólios, diz Sang, teriam as vantagens do "capital abundante, o equipamento completo […] e a habilidade dos artesãos"[160].

Resultado e legado do *Debate sobre o sal e o ferro* e a lógica guanziana

O resultado do debate foi a favor das políticas de Sang Hongyang. O monopólio do vinho foi abolido, mas os monopólios mais importantes, o do sal e o do ferro, e as políticas de estabilização de preços de Sang foram mantidos[161]. Embora tenha vencido o debate, Sang Hongyang foi executado em 80 a.C., em um complô contra o general Huo Guang, e posteriormente foi tratado como traidor na história oficial contada no *Han Shu*[162]. Apesar do destino de Sang, suas políticas econômicas perduraram[163]. Enquanto Huan Kuan escrevia sobre o *Debate sobre o sal e o ferro*, os monopólios estatais foram abolidos em 44 a.C. – e reintroduzidos três anos depois[164]. Quanto a isso, Donald Wagner e Joseph Needham argumentam que uma indústria grande, importante e tecnologicamente complexa "não pode ser privatizada de um só golpe, sem consequências para toda a economia"[165]. Logo, provavelmente "problemas sérios surgiram em pouco tempo, e o governo achou necessário retornar aos arranjos anteriores"[166]. Ainda assim, em algum momento os monopólios começaram a ruir não como resultado de uma renúncia motivada por argumentos teóricos, mas quando a capacidade do governo imperial entrou em crise[167].

---

[158] Donald Wagner e Joseph Needham, *Science and Civilisation in China*, cit., p. 188.

[159] Hu Jichuang, *A Concise History of Chinese Economic Thought*, cit., p. 267.

[160] Huan Kuan, citado em Hu Jichuang, *A Concise History of Chinese Economic Thought*, cit., p. 267.

[161] Michael Loewe, *Crisis and Conflict in Han China*, cit., p. 92; Donald Wagner e Joseph Needham, *Science and Civilisation in China*, cit., p. 179.

[162] Nancy Lee Swann, *Food and Money in Ancient China*, cit., p. 321; Donald Wagner e Joseph Needham, *Science and Civilisation in China*, cit., p. 179-83.

[163] Donald Wagner e Joseph Needham, *Science and Civilisation in China*, cit., p. 183.

[164] Nancy Lee Swann, *Food and Money in Ancient China*, cit., p. 321; Donald Wagner, *The State and the Iron Industry in Han China*, cit., p. 15.

[165] Donald Wagner e Joseph Needham, *Science and Civilisation in China*, cit., p. 183. Sobre esse ponto, ver também Donald Wagner, *The State and the Iron Industry in Han China*, cit., p. 15.

[166] Donald Wagner e Joseph Needham, *Science and Civilisation in China*, cit.

[167] Michael Loewe, *Crisis and Conflict in Han China*, cit., p. 112.

Os princípios do leve e pesado do *Guanzi* e a construção institucional de Sang Hongyang criaram um legado e os monopólios se repetiram ao longo dos séculos, provocando repetidos e acalorados debates. Um exemplo proeminente na década de 1060 d.C. é a resposta do estadista Wang Anshi à crise orçamentária. Quando o déficit se manteve após a implementação de medidas de austeridade, Wang fez reformas econômicas, as chamadas Novas Políticas[168]. Estas incluíam o restabelecimento dos monopólios estatais, bem como a estabilização do preço dos grãos por meio dos "empréstimos dos brotos verdes"[169]. No famoso *Memorial ao trono em dez mil caracteres* (万言书, de 1058 d.C.), Wang Anshi defendeu suas políticas contra Sima Guang e outros que adotaram postura semelhante à dos literatos no *Debate sobre o sal e o ferro*[170]. O *Memorial* foi referenciado, recentemente, em críticas às medidas de privatização em 1996[171]. Como Paul Smith observa em sua lúcida análise do debate entre Wang e Sima e o ativismo iniciado pelas Novas Políticas, Wang "não reconhecia demarcações legítimas entre os setores público e privado na economia: família, finanças públicas e recursos da economia natural estavam interligados, de modo que, se um setor enriquecesse, todos deveriam enriquecer"[172].

Para criar riqueza, argumentava Wang Anshi, as instituições e as técnicas que orientam a relação entre o pesado e o leve, assim como a coleta e o gasto de bens e dinheiro na economia como um todo, devem seguir a boa governança[173]. Para isso, ele insistia, os monopólios privados que geram lucro devem ser substituídos por monopólios estatais comandados por burocratas empreendedores.

---

[168] Zhao e Drechsler argumentam que essas políticas constituem uma forma de proto-keynesianismo. Ver Xuan Zhao e Wolfgang Drechsler, "Wang Anshi's Economic Reforms: Proto-Keynesian Economic Policy in Song Dynasty China", *Cambridge Journal of Economics*, v. 42, n. 5, 2018, p. 1.239-54 (disponível on-line).

[169] Wolfram Eberhard, *A History of China* (4. ed., Londres, Routledge/Kegan Paul, 1977), p. 216-7; Léon Vandermeersch, "An Enquiry into the Chinese Conception of the Law", em Stuart R. Schram (org.), *The Scope of State Power in China*, cit., p. 8; Donald Wagner e Joseph Needham, *Science and Civilisation in China*, cit., p. 171.

[170] Idem; Paul J. Smith, "State Power and Economic Activism During the New Policies, 1068-1085: The Tea and Horse Trade and the 'Green Sprouts' Loan Policy", em Robert P. Hymes e Conrad Schirokauer (orgs.), *Ordering the World*, cit., p. 83; Peter K. Bol, "Government, Society, and State: On the Political Visions of Ssu-ma Kuang and Wang An-shih", em Robert P. Hymes e Conrad Schirokauer (orgs.), *Ordering the World*, cit., p. 128-93.

[171] Wu Jinglian e Ma Guochuan, *Whither China? Restarting the Reform Agenda* (Oxford, Oxford University Press, 2016), p. 93 e 152-3.

[172] Paul J. Smith, "State Power and Economic Activism During the New Policies, 1068-1085", cit., p. 83.

[173] Ibidem, p. 84.

A agricultura continuava fundamental para Wang, assim como fora para os antigos estudiosos. Para resolver uma crise no sistema de celeiros estatais civis, Wang propôs uma política que complementaria a oferta pública e a demanda de grãos com dinheiro, fornecendo empréstimos sazonais. A instituição, comumente chamada de Celeiro Sempre Normal (常平仓), é mais bem traduzida por "celeiro [para manter] constante a estabilidade [de preços]"[174]. Os empréstimos dos brotos verdes de Wang implicavam que as reservas públicas de grãos fossem convertidas em um fundo que emprestava dinheiro aos camponeses na primavera e o recebia de volta no outono subsequente. Em vez de operações diretas de mercado, os empréstimos estatais deveriam equilibrar o fluxo de grãos e dinheiro no mercado por meio das flutuações sazonais. Isso também afastava os latifundiários e os agiotas da economia rural[175]. A política dos empréstimos dos brotos verdes era a encarnação financeirizada do equilíbrio de preços preconizada pelo *Guanzi*, com uma participação do Estado no mercado adequada ao surgimento da moeda fiduciária na época[176]. Embora a estabilização do preço dos grãos continuasse a ser importante do ponto de vista do bem-estar, o monopólio estatal sobre certos bens não essenciais, como o chá, era simplesmente uma ferramenta para extrair lucro em favor do Estado, segundo o esquema de Wang[177].

Na alta dinastia Qing (1644-1840), as atividades comerciais da burocracia tornaram-se objeto de novos e grandes debates no funcionalismo erudito[178]. Muitos argumentos de ambos os lados foram reafirmados[179]. Nossa compreensão dos debates sobre a política econômica entre os intelectuais da última dinastia chinesa foi muito beneficiada por contribuições recentes importantes[180].

---

[174] Helen Dunstan, *Conflicting Counsels to Confuse the Age*, cit., p. 31.

[175] Paul J. Smith, "State Power and Economic Activism During the New Policies, 1068-1085", cit., p. 93-4.

[176] Li Chaomin, "The Influence of Ancient Chinese Thought on the Ever-Normal Granary of Henry A. Wallace and the Agricultural Adjustment Act of the New Deal", em Cheng Lin, Terry Peach e Wang Fang (orgs.), *The History of Ancient Chinese Economic Thought*, cit., p. 213-4.

[177] Ibidem, p. 96.

[178] Helen Dunstan, *Conflicting Counsels to Confuse the Age*, cit.; *State or Merchant? Political Economy and Political Process in 1740s China* (Cambridge, Harvard University Asia Center, 2006); Pierre-Étienne Will e R. Bin Wong, *Nourish the People*, cit., p. 14-5; Robert P. Hymes e Conrad Schirokauer (orgs.), *Ordering the World*, cit., p. 2; Robert P. Hymes, "Moral Duty and Self-Regulating Process in Southern Sung Views of Famine Relief", em Robert. P. Hymes e Conrad Schirokauer (orgs.), *Ordering the World*, cit., p. 280-310.

[179] Helen Dunstan, *Conflicting Counsels to Confuse the Age*, cit., p. 19 e 330-1.

[180] Por exemplo, Helen Dunstan, *Conflicting Counsels to Confuse the Age*, cit.; *State or Merchant?*, cit.; Lin Man-houng, *China Upside Down: Currency, Society, and Ideologies, 1808-1856*

Helen Dunstan acredita que alguns argumentos apresentados sob a dinastia Qing eram remanescentes do *Debate sobre o sal e o ferro*[181], enquanto os argumentos em defesa da estabilização de preços por intermédio do comércio estatal podem ser atribuídos ao *Guanzi*[182]. Do lado da tradição ativista, isso inclui, por exemplo, a ênfase na necessidade de estudar as relações econômicas concretas e adaptar as medidas políticas de forma experimental; a atenção às estruturas de custos e dinâmicas de mercado; a ênfase na atividade comercial estatal; e a estabilização socialmente responsável do preço dos grãos para evitar o entesouramento privado de grãos e garantir a estabilidade monetária[183].

No auge da dinastia Qing, a burocracia alcançou o que, para William Rowe, foi um "sucesso quase sem precedentes na gestão dos enormes problemas de preço e abastecimento de alimentos"[184]. E Felix Wemheuer sugere que "a dinastia Qing desenvolveu o sistema mais elaborado de combate [à fome] da história mundial, baseado em celeiros locais e estatais que eram usados em tempos de escassez para estabilizar os preços dos alimentos e proporcionar alívio às pessoas pobres das zonas urbanas e rurais"[185]. Esse sucesso foi resultado de uma mudança no estilo de administração: do foco em valores morais e exemplo individual para uma abordagem pragmática de "conhecer a verdade pelos fatos"[186] e governança tecnocrática em busca de riqueza e poder.

Na década de 1740, uma grande expansão do sistema de celeiros estatais gerou um debate sobre como o Estado poderia fazer grandes estoques de grãos sem provocar aumentos excessivos no preço dessa mercadoria. Isso logo se transformou em um discurso sobre os princípios e práticas dos "celeiros sempre normais". Os estoques do Estado foram atacados pelos defensores do *laissez-faire* no mercado. Os celeiros estatais civis foram tachados de grandes acumuladores antissociais que apenas elevavam os preços, prejudicavam os

---

(Cambridge, Harvard University Asia Center, 2006); William T. Rowe, *Saving the World*, cit.; *Speaking of Profit: Bao Shichen and Reform in Nineteenth-Century China* (Cambridge, Harvard University Asia Center, 2018); Margherita Zanasi, *Economic Thought in Modern China: Market and Consumption, c. 1500-1937* (Cambridge, Cambridge University Press, 2020).

[181] Helen Dunstan, *Conflicting Counsels to Confuse the Age*, cit., p. 31 e 163; e *State or Merchant?*, cit., p. 55.

[182] Ibidem, p. 163; ibidem, p. 55.

[183] Helen Dunstan faz uma tradução comentada de documentos sobre economia política do período Qing em que opina sobre o modo como essas questões foram discutidas. Idem.

[184] William T. Rowe, *Saving the World*, cit., p. 2.

[185] Felix Wemheuer, *Famine Politics in Maoist China and the Soviet Union* (New Haven, Yale University Press, 2014), p. 30.

[186] William T. Rowe, *Saving the World*, cit., p. 3.

consumidores e os comerciantes e geravam lucros ilícitos para os burocratas[187]. Contudo, mesmo quando os debates da década de 1740 chegaram a conclusões pessimistas sobre o ativismo estatal e a posição política ativista praticamente desapareceu na segunda metade do século XVIII, as instituições de comércio estatal e a estabilização de preços permaneceram e até se expandiram na prática[188].

No século XIX, o ceticismo sobre a utilidade do sistema de celeiros estatais e a ameaça imperialista contribuíram para seu declínio[189]. Os modernizadores que propagavam o "autofortalecimento" da China, já no fim da dinastia Qing, interessavam-se muito pouco pelo sistema. Eles argumentavam que o Estado deveria investir em modernização e mecanização para obter o progresso econômico e militar que resolveria a pobreza e a escassez de alimentos de forma mais sustentável[190]. Representantes do comércio britânico na China também defendiam a ciência e a modernização. Atribuíam a pobreza e a fome à intervenção do Estado e estimulavam a adoção do *laissez-faire* ocidental[191].

Um dos primeiros atos do novo governo – após a revolução de 1911, que derrubou a última dinastia imperial da China e estabeleceu a República da China – foi abolir o sistema de celeiros públicos e, com ele, o mecanismo de estabilização de preços[192]. Chen Huan-Chang era funcionário público chinês e formou-se em economia nos Estados Unidos[193]. Em seus escritos, que datam do ano anterior à primeira revolução chinesa (1911), Chen assinala que os princípios básicos dos celeiros estatais, da estabilização de preços e da prevenção da fome permaneciam os mesmos.

No entanto, apesar da abolição do sistema de celeiros, pesquisas recentes mostram que o combate à fome na China na década de 1920 dependia mais dos sistemas tradicionais do que indicavam estudos anteriores[194]. Li Chaomin

---

[187] Helen Dunstan, *Conflicting Counsels to Confuse the Age*, cit., p. 34 e 63-8; *State or Merchant?*, cit., p. 149-306; Pierre-Étienne Will e R. Bin Wong, *Nourish the People*, cit., p. 494-5.

[188] Helen Dunstan, *Conflicting Counsels to Confuse the Age*, cit., p. 331; Pierre-Étienne Will e R. Bin Wong, *Nourish the People*, cit., p. 501. Para um estudo detalhado sobre o funcionamento e a governança política do sistema de celeiros no século XVIII, sob a dinastia Qing, ver o trabalho seminal de Pierre-Étienne Will, *Bureaucracy and Famine in Eighteenth Century China* (Stanford, Stanford University Press, 1990).

[189] Felix Wemheuer, *Famine Politics in Maoist China and the Soviet Union*, cit., p. 30; Pierre-Étienne Will e R. Bin Wong, *Nourish the People*, cit., p. 501-2.

[190] Kathryn Edgerton-Tarpley, *Tears from Iron: Cultural Responses to Famine in Nineteenth Century China* (Berkeley, University of California Press, 2008), p. 92-9.

[191] Ibidem, p. 114-30.

[192] Walter H. Mallory, *China: Land of Famine* (Worcester, Commonwealth, 1926), p. 67-8.

[193] Chen Huan-Chang, *The Economic Principles of Confucius and His School*, cit., p. 585.

[194] Pierre Fuller, *Famine Relief in Warlord China* (Cambridge, Harvard University Asia Center, 2019).

sugere que, mesmo na década de 1940, governos nacionalistas locais ainda empregavam os princípios do "celeiro sempre normal" para regular o preço dos alimentos[195]. Há espaço para analisar a prevalência dessas práticas tradicionais na primeira metade do século XX. Entretanto, tomando-se essa prática milenar, a lógica básica da participação do Estado no mercado para estabilizar o preço dos grãos deve ser considerada um legado relevante também para a atual governança econômica na China.

Além dos celeiros estatais, usados para estabilizar o preço dos grãos, os monopólios sobre o sal e o ferro eram instituições duradouras sujeitas a repetidos debates entre ativistas estatais e proponentes de uma forma mais passiva de governança econômica. Wagner constata que o governo Qing possuía um sistema de licenciamento estatal, concedendo direitos de monopólio de ferro e sal a industriais privados[196]. Esse sistema foi atacado pelo poder imperial britânico, que seguia uma "ideologia firme, na verdade uma ideia fixa, dos comerciantes britânicos na cidade de Cantão, de que toda regulação estatal e todos os monopólios são perniciosos"[197]. No primeiro dos injustos tratados com os britânicos, após a derrota da China na primeira Guerra do Ópio, o governo chinês foi forçado a proibir o sistema de monopólio[198]; Wagner considera que esse foi o início do declínio da indústria de ferro chinesa[199].

Frank King aponta que o monopólio estatal sobre o sal ainda era uma importante fonte de receita fiscal na China na segunda metade do século XIX[200]. Essom Gale, que foi funcionário da Administração de Receitas do Sal do governo chinês entre 1914 e 1927 e o primeiro a traduzir o *Debate sobre o sal e o ferro*, relata que os estrangeiros atacaram mais uma vez os monopólios estatais chineses e reorganizaram a administração da receita do sal, como parte das condições para a concessão de empréstimos externos[201]. Para Gale, eles

---

[195] Li Chaomin, "The Influence of Ancient Chinese Thought on the Ever-Normal Granary of Henry A. Wallace and the Agricultural Adjustment Act of the New Deal", cit., p. 213. [Trata-se do Kuomitang, partido chefiado por Chiang Kai-shek após a morte de Sun Yat-sen. Após a derrota na guerra para os comunistas, em 1949, refugiaram-se na ilha de Taiwan (Formosa), sob proteção norte-americana, e lá formaram um governo. – N. T.]

[196] Donald B. Wagner, *The Traditional Chinese Iron Industry and Its Modern Fate* (Richmond, Curzon, 1997), p. 7.

[197] Idem.

[198] Idem.

[199] Ibidem, p. 8.

[200] Frank H. H. King, *Money and Monetary Policy in China 1845-1895* (Cambridge, Harvard University Press, 1965), p. 9.

[201] Esson M. Gale, "Public Administration of Salt in China: A Historical Survey", *The Annals of the American Academy of Political and Social Science*, n. 152, 1930, p. 241-51.

mudaram "práticas e procedimentos que gozam da sanção de séculos"[202]. Ainda na década de 1930, o sal era uma importante fonte de receita fiscal para os governos nacionalistas. Por exemplo, na província de Shandong, representava quase um quinto da receita provincial[203].

Conclusão

Vimos que o *Guanzi* apresenta princípios distintos de equilíbrio público de preços, criação de mercado, prevenção da fome e controle de monopólio, desenvolvidos em um período em que "uma nova ordem emergiu do grande caos" (拨乱反正). Essas políticas visavam a proteger a maioria da população (camponesa) de flutuações, ciclos e especulações, em um contexto de liberação recente dos poderes de mercado, e aumentar a comercialização da sociedade, ao mesmo tempo que enriquecia o Estado. Em vez de trabalhar contra poderosas tendências econômicas, essa abordagem da política econômica sugeria que o Estado deveria liberar as forças do mercado e utilizá-las para promover sua própria riqueza e a do povo.

Em contraste com essa perspectiva realista e pragmatista, a abordagem idealista representada pelos literatos no *Debate sobre o sal e o ferro* toma como referência a visão de um Estado ideal do passado. Em vez de utilizar as forças materiais emergentes, os literatos pretendiam convencer o povo e os funcionários do Estado a retornar à moralidade e à retidão do antigo modo de vida. Sob a premissa do restabelecimento de uma ordem ritual e da agricultura de subsistência, propunham um governo que se abstivesse do ativismo estatal. No entanto, pode ser útil vermos essa oposição como algo mais que duas abordagens diametralmente opostas. Apesar dos reiterados confrontos, essas duas visões podem ter se alimentado mutuamente ao longo da história chinesa.

A tensão entre essas duas perspectivas básicas de governança econômica perdurou na China imperial e teve várias encarnações[204]. Inspirou muitos debates semelhantes ao *Debate sobre o sal e o ferro* e prefigurou algumas das controvérsias econômicas do século XX. Um dos estudos de maior autoridade sobre o sistema dos celeiros estatais na fase tardia do império afirma: "Grande parte da crítica chinesa à atuação dos celeiros no século XVIII encontra eco nos argumentos ocidentais no século XX contra a intervenção mais geral do

[202] Ibidem, p. 242.
[203] Lai Xiaogang, *A Springboard for Victory: Shandong Province and Chinese Communist Military and Financial Strength, 1937-1945* (Leiden, Brill, 2011), p. 160-1.
[204] Frank H. H. King, *Money and Monetary Policy in China 1845-1895*, cit., p. 9.

governo nos mercados"[205]. Como mostro em minha análise do debate que ocorreu na China na década de 1980 (ver capítulos 5 a 8), argumentos semelhantes foram apresentados no discurso recente sobre a reforma de mercado, em busca de uma liberalização radical dos preços. Os capítulos subsequentes deste livro mostram que alguns antigos princípios de formulação de políticas econômicas e, em particular, de políticas de preços podem ser úteis para esclarecer a abordagem dos comunistas na batalha econômica travada durante a guerra civil. Eles também nos ajudam a compreender a lógica das reformas de mercado de Deng Xiaoping.

Embora pretenda levar em conta as tradições do pensamento econômico na China, este livro não tem a intenção de criar uma narrativa sinocêntrica das reformas econômicas ocorridas no país, na qual os anos 1980 são simplesmente uma recidiva das tradições antigas. Ao contrário, o objetivo é mostrar as variadas formas de práticas econômicas que serviram de bagagens divergentes de conhecimento aos reformadores da década de 1980. Nesse contexto, a tradição chinesa de conceituar e praticar a relação entre mercado e Estado é importante. Mas também é importante a experiência das economias de guerra planejadas e o retorno às economias de mercado após a Segunda Guerra Mundial.

Na década de 1980, a China pretendia aprender com a experiência internacional e a economia estrangeira. Para muitos economistas – chineses e estrangeiros –, as práticas de controle e liberação de preços no contexto da guerra foram uma referência importante para a análise dos desafios da reforma do sistema econômico chinês. Além da conexão que os participantes do debate estabeleceram entre a transição de uma economia de guerra para uma economia de paz, houve uma comparação elucidativa com os diálogos sobre a estabilização e a liberalização dos preços no contexto da Segunda Guerra Mundial. Os debates sobre as economias de guerra e a transição para a paz contaram com a participação de alguns dos economistas mais influentes do século XX e refletiram sobre uma situação com desafios semelhantes aos das reformas de mercado.

---

[205] Pierre-Étienne Will e R. Bin Wong, *Nourish the People*, cit., p. 495.

2

Da economia de mercado à economia de guerra, e vice-versa
O controle de preços norte-americano durante a Segunda Guerra Mundial e suas consequências

Após a última guerra [Primeira Guerra Mundial], esta nação foi confrontada com o mesmo problema. Naquela época, simplesmente tiramos os poucos controles que haviam sido estabelecidos e deixamos a natureza seguir seu curso. O resultado deve servir de lição para todos nós. A vertiginosa espiral de aumento de salários e custo de vida resultou na crise de 1920, crise que espalhou falências, execuções hipotecárias e desemprego por toda a nação.

Discurso do presidente Harry S. Truman pelo rádio,
em 30 de outubro de 1945[1]

Introdução

Vimos no capítulo anterior que as tradições chinesas tanto de regulação estatal de preços quanto de crítica a uma política econômica ativista remontam ao período dos Reinos Combatentes. As tradições europeias e americanas de teorização econômica sobre o controle de preços também são intimamente ligadas à guerra. Práticas e debates sobre o controle de preços atingiram seu auge no contexto das duas guerras mundiais e suas consequências. Nesse contexto, houve um confronto entre as visões práticas dos "fixadores de preços" e os economistas teóricos, em certa medida semelhante àquele entre os burocratas mercantes e os literatos no *Debate sobre o sal e o ferro*, discutido no capítulo anterior.

Ao mesmo tempo, a liberalização de preços abrupta e de longo alcance do pós-guerra lembra a política do big bang promovida nas transições do socialismo. Neste capítulo, apresento o debate norte-americano sobre o controle e o descontrole de preços na época das duas guerras mundiais como uma referência importante para as discussões posteriores sobre as reformas de

---

[1] Harry S. Truman, *Radio Address to the American People on Wages and Prices in the Reconversion Period*, 30 out. 1945.

mercado nos países socialistas, em particular na China. Com essa comparação, mostro que, embora a China possa olhar para uma tradição de regulação de preços que remonta aos tempos antigos, não há nada essencialmente chinês, tradicional ou pré-moderno no controle de preços. Contudo, a prática da regulação de preços por meio da participação do Estado no mercado é particularmente dominante na China.

Frank William Taussig (1859-1940), "um dos principais economistas dos Estados Unidos durante meio século"[2] e celebrado por Joseph Schumpeter como o "Marshall norte-americano"[3], resumiu da seguinte maneira sua experiência como membro do Comitê de Fixação de Preços durante a Primeira Guerra Mundial:

> A fixação de preços pelo governo durante a guerra não era uniforme em seus objetivos e era pouco orientada por princípios ou políticas deliberadas. Em geral, era oportunista, buscando um caminho caso a caso. [...] Não foi mais que uma abordagem gradual e hesitante em torno de um princípio de ação, fosse qual fosse.[4]

Taussig descobriu que, em seu limitado escopo de aplicação, a fixação de preços foi bem-sucedida durante a Primeira Guerra Mundial, amortecendo grandes flutuações no preço de mercadorias importantes, como alimentos e combustíveis[5]. Na visão de Taussig, os economistas formulavam "oferta e demanda, [...] leis monetárias [...] em termos exatos, com aparência de nitidez matemática"[6]; no entanto, "em qualquer aplicação concreta", havia "um enorme espaço para exercícios de ação restritiva e deliberada"[7]. A teoria pura sugeriria que somente a livre interação entre oferta e demanda determina os preços. Na política prática, o controle de preços pelo Estado poderia ser "vantajoso para o país", mas o controle dos preços é guiado não por leis precisas, e sim apenas pelo arbítrio dos burocratas que fixam os preços[8].

---

[2]   Warren J. Samuels, "Taussig, Frank William (1859-1940)", em Matias Vernengo, Esteban Perez Caldentey e Barkley J. Rosser Jr. (orgs.), *The New Palgrave Dictionary of Economics* (Londres, Palgrave Macmillan, 2008).

[3]   Joseph A. Schumpeter, *Ten Great Economists: From Marx to Keynes* (Londres, Routledge, 1997 [1952]), p. 220 [ed. bras.: *Teorias econômicas: de Marx a Keynes*, trad. Rui Jungman, Rio de Janeiro, Zahar, 1970].

[4]   Frank W. Taussig, "Price-Fixing as Seen by a Price-Fixer", *Quarterly Journal of Economics*, v. 33, n. 2, 1919, p. 238-9.

[5]   Ibidem, p. 240.

[6]   Idem.

[7]   Ibidem, p. 240-1.

[8]   Idem.

Em nítido contraste com as lições práticas de um dos principais "fixadores de preços" dos Estados Unidos, o debate do cálculo econômico socialista, realizado entre as duas guerras mundiais, procurou esclarecer a possibilidade do controle racional de preços por um planejador central, *em princípio*[9]. À luz das experiências de guerra, da Revolução Russa e de uma percepção geral de que o socialismo estava em ascensão, o debate do cálculo econômico socialista se perguntava se uma economia planejada de tipo ideal poderia, em teoria, rivalizar com um mercado de tipo ideal na determinação de preços de equilíbrio[10]. Essa questão ocupou alguns dos economistas mais prolíficos da década de 1930 e foi recuperada no contexto das tentativas de reforma socialista, como as da Polônia e da China nas décadas de 1950 e 1980, respectivamente.

O debate do cálculo econômico socialista tem utilidade apenas limitada na solução do problema prático de controle e descontrole de preços. Maurice Dobb observa que ambos os lados do debate aderiram à tendência de tratar a "economia como uma teoria não normativa do equilíbrio"[11]. Entendiam a

---

[9] Allin Cottrell e W. Paul Cockshott, "Calculation, Complexity and Planning: The Socialist Calculation Debate Once Again", *Review of Political Economy*, v. 5, n. 1, 1993, p. 73-112; Trygve J. B. Hoff, *Economic Calculation in the Socialist Society* (Londres, William Hodge, 1949); Don Lavoie, *National Economic Planning: What is Left?* (Cambridge, Ballinger, 1985); David M. Levy e Sandra J. Peart, "Socialist Calculation Debate", em Kenneth Arrow et al. (orgs.), *The New Palgrave Dictionary of Economics 1961* (2. ed., Londres, Palgrave MacMillan, 2008), p. 1.074-7.

[10] O primeiro ataque foi lançado pelo economista austríaco Ludwig von Mises, "Economic Calculation in the Socialist Commonwealth", em Friedrich A. Hayek (org.), *Collectivist Economic Planning* (6. ed., Londres, Routledge/Kegan Paul, 1963 [1920]). Para ele, o período de entreguerras é uma "era na qual estamos nos aproximando cada vez mais do socialismo". Ibidem, p. 88. Von Mises afirma que uma economia socialista racional é inconcebível, porque o problema do preço não pode ser resolvido. Ibidem, p. 104. No entanto, Lionel Robbins ("Restrictionism and Planning", em *The Great Depression*, Nova York, Books for Libraries Press, 1934) e Friedrich Hayek ("The Nature and History of the Problem", em *Collectivist Economic Planning*, Londres, Routledge/Kegan Paul, 1935, p. 1-40) adotam uma "segunda linha de defesa" (Oskar Lange, "On the Economic Theory of Socialism: Part One", *Review of Economic Studies*, v. 4, n. 1, 1936, p. 36) e reduzem o problema a uma questão de praticabilidade teórica, não de possibilidade abstrata. Para eles, o sistema de equações determinantes de preços poderia ser resolvido em princípio, mas os cálculos levariam muito tempo para ter qualquer valor prático. Finalmente, Lange, um dos pioneiros de uma visão formal do socialismo de mercado, sugere que "não há a menor razão para que um procedimento de tentativa e erro, semelhante ao de um mercado competitivo, não funcione em uma economia socialista". Ibidem, p. 67. Na visão de Lange, não há razão teórica para que a economia socialista com propriedade pública fique aquém da economia de mercado com propriedade privada na determinação de preços ótimos.

[11] Maurice Dobb, "Economic Theory and the Problems of a Socialist Economy", *The Economic Journal*, v. 43, n. 172, 1933, p. 589.

disciplina assim como definida por Lionel Robbins: "Ciência que estuda o comportamento humano como uma relação entre fins e meios escassos com usos alternativos"[12]. Consequentemente, a economia "não mais [forneceria] uma coleção de preceitos ao soberano, mas uma técnica formal [...] postulando uma relação formal entre certas quantidades"[13]. Desse ponto de vista, a economia é "indiferente a normas e fins: sua preocupação é apenas com a construção de padrões para a adaptação adequada de meios escassos a determinados propósitos"[14]. Logo, por essa definição, a economia tem pouco valor para os problemas práticos urgentes da política econômica, como o da fixação de preços em tempos de emergência econômica – por exemplo, as guerras.

De fato, a ciência econômica tal como preconizada por Robbins e que alicerça o debate do cálculo econômico socialista não teve grande destaque no que diz respeito à fixação prática de preços durante a Segunda Guerra Mundial. Nessa guerra, todas as grandes potências, com exceção da China (ver capítulo 3), implementaram controles de preços e salários muito mais abrangentes que os da Primeira Guerra Mundial: "Controles sobre preços e salários eram a regra; a liberdade de tal regulamentação era a exceção"[15]. Alguns dos maiores economistas do século XX se envolveram na estabilização das economias durante a Segunda Guerra Mundial. Apesar da nova abrangência dos controles de preços, as políticas não se baseavam em um princípio teórico sofisticado, mas na abordagem descrita por Taussig como "a busca por um caminho caso a caso"[16]. John Kenneth Galbraith, o mais importante fixador de preços norte-americano durante a Segunda Guerra Mundial, descreveu esse processo como um desenvolvimento evolutivo, "no sentido de que a estrutura final era influenciada menos por um esforço para construir um projeto geral que por uma série de decisões individuais"[17].

Essa falta de ordem durante a Segunda Guerra Mundial é o assunto deste capítulo, servindo como um novo ponto de comparação com o "tatear pedras" da China na década de 1980. Vou me concentrar nos Estados Unidos para investigar como a abordagem dos controles de preços avançou durante e após a guerra. Escolhi os Estados Unidos como foco porque a necessidade prática de controle de preços em tempos de guerra é mais evidente em um

[12] Lionel Robbins, *An Essay on the Nature and Significance of Economic Science* (2. ed., Londres, Macmillan & Co., 1945 [1932]), p. 16.

[13] Idem.

[14] Maurice Dobb, "Economic Theory and the Problems of a Socialist Economy", cit., p. 589-90.

[15] John K. Galbraith, *A Theory of Price Control* (Cambridge, Harvard University Press, 1980), p. 1 [ed. bras.: *Uma teoria do controle de preços*, trad. José Murillo de Carvalho, Rio de Janeiro, Forense-Universitária, 1986].

[16] Frank W. Taussig, "Price-Fixing as Seen by a Price-Fixer", cit., p. 238.

[17] John K. Galbraith, *A Theory of Price Control*, cit., p. 45.

país comumente percebido como o mais devotado ao livre mercado e à livre iniciativa. Mas o caso dos Estados Unidos é importante também porque o súbito descontrole dos preços após a guerra prefigurou a liberalização de preços no big bang, o que foi considerado fundamental para a terapia de choque no contexto das transições do socialismo nas décadas de 1980 e 1990.

Como pagar pela guerra: ponderando os controles de preços

A unanimidade com que a proposta [de Keynes] foi aprovada pelos economistas e o fato de que não lhe foram oferecidas uma crítica séria à ideia de base nem uma alternativa real são uma homenagem notável ao autor da parte de seus colegas. [...] no que diz respeito ao esboço principal da proposta do sr. Keynes, a unanimidade foi quase completa.

Friedrich Hayek[18]

Como se pode ver nesse trecho de Friedrich Hayek, frequentemente descrito como um dos adversários mais ferozes de Keynes, o livro *Como pagar a guerra* (1940), de Keynes, deu o tom das reflexões dos economistas profissionais sobre as finanças de guerra e a estabilização econômica. Keynes enunciou nele os parâmetros básicos do problema e sua solução.

Em suas considerações sobre a economia de guerra, Keynes afastou-se radicalmente do princípio da demanda efetiva, conceito pelo qual é mais famoso[19]. Ele havia deduzido a importância da demanda efetiva no caso geral dos tempos de paz em *Teoria geral do emprego, do juro e da moeda*[20]. Mas não acreditava que ela se aplicaria ao caso especial da guerra. No contexto da Grande Depressão, as pessoas "se acostumaram a um nível de produção abaixo da capacidade"[21]. Sob tais condições, argumentava Keynes, uma expansão nos gastos induzia um aumento na produção e, em última análise, um

---

[18] Friedrich A. Hayek, "Review: How to Pay for the War by J. M. Keynes", *The Economic Journal*, v. 50, n. 198-9, 1940, p. 321-2.

[19] Isso contrasta com a visão expressa pelo conselheiro econômico Sang Hongyang, que considerava que os gastos governamentais expansionistas tinham um papel também no contexto de guerra (ver capítulo 1).

[20] John M. Keynes, *The General Theory of Employment, Interest and Money* (Nova York, Harcourt, Brace and World, 1936) [ed. bras.: *Teoria geral do emprego, do juro e da moeda*, trad. Manuel Resende, São Paulo, Saraiva, 2013].

[21] Idem, *How to Pay for the War: A Radical Plan for the Chancellor of the Exchequer* (Nova York, Harcourt, Brace and Company, 1940), p. 4.

aumento na oferta de consumo. Isso, no entanto, não ocorreria em períodos de guerra, acreditava ele: "Em tempo de guerra, o tamanho do bolo é fixo. Se trabalharmos mais, podemos lutar melhor. Mas não devemos consumir mais"[22]. Como mostro neste capítulo, a experiência norte-americana durante a Segunda Guerra Mundial provou o contrário. Segundo Keynes, essa discrepância se deve ao fato de que, em tempos de guerra, todo aumento de produção é para suprir os bens necessários ao conflito: "O esforço de guerra é para pagar a guerra; não pode suprir também o aumento do consumo"[23]. Assim, durante a guerra, Keynes pensava que estávamos de volta ao mundo dos economistas clássicos[24], à "era da escassez" dos "economistas 'ortodoxos'"[25]. Nessas circunstâncias, "todos os aspectos do problema econômico estão interligados. Nada pode ser resolvido isoladamente. Todo uso de recursos se dá à custa de um uso alternativo"[26].

Em condições de guerra, argumentava Keynes, o governo tem de aumentar seus gastos e, antes que o pleno emprego da mão de obra e da capacidade produtiva seja alcançado, os bens de consumo se tornam escassos, no sentido de que a demanda excede a oferta. Esse era o caso, porque, "mesmo que não houvesse aumento nas taxas de salários nominais, o total de ganhos monetários aumentaria consideravelmente"[27]. O autor sugeria que as pessoas desempregadas ou sem emprego remunerado são atraídas para o serviço militar ou para a produção civil de guerra e, portanto, recebem um salário em dinheiro. O fundo salarial agregado aumenta, mas encontra mais ou menos a mesma quantidade de bens de consumo que estavam disponíveis antes desse aumento. Em outras palavras, o problema de "como pagar pela guerra", do ponto de vista de Keynes, é quantas pessoas podem ser empregadas para contribuir com o esforço de guerra sem obter uma fruição maior de bens de consumo em troca de seu trabalho.

Em princípio, Keynes dava duas alternativas a seu plano para resolver essa questão, ambas viáveis. A primeira baseava-se na suposição de que as políticas econômicas e tributárias em tempos de paz são, em essência, adequadas à economia de guerra; precisam apenas de propaganda para encorajar a poupança voluntária[28]. Keynes via isso como uma solução muito injusta. Achava

[22]   Idem.

[23]   Ibidem, p. 30.

[24]   John M. Keynes, *The General Theory of Employment, Interest and Money*, cit., p. 3.

[25]   Friedrich A. Hayek, "Review: How to Pay for the War by J. M. Keynes", cit., p. 322.

[26]   John M. Keynes, *How to Pay for the War*, cit., p. 2.

[27]   Ibidem, p. 8.

[28]   Ibidem, p. 58.

altamente improvável que a poupança voluntária fosse suficiente para limitar o poder de compra, igualar a oferta restrita de consumo e, ainda, financiar o esforço de guerra[29]. Esse esquema repetia a política da Primeira Guerra Mundial, que previa um "grau de inflação suficiente para elevar o rendimento dos impostos e da poupança voluntária"[30]. Mas isso não era de fato uma economia *voluntária*; era, antes, "um método de poupança *compulsória* que converte a parte apropriada dos ganhos do trabalhador que não é poupada voluntariamente em poupança voluntária (e tributação) do empresário"[31].

Keynes advertiu que a inflação seria alimentada por uma espiral de preços e salários. À medida que a economia se aproxima do pleno emprego e o fundo salarial aumenta, os preços sobem. Se os trabalhadores são compensados pelo aumento dos preços, isso coloca mais pressão sobre os preços[32]. O resultado da aceleração da inflação é que os trabalhadores ficam sem poupança e sem ter maior poder de compra. Os capitalistas, por sua vez, lucram com o aumento dos preços e tornam-se credores do governo. Keynes advertia que, após a guerra, o Estado fica com uma dívida muito alta nas mãos de uns poucos ricos e poderosos. Os trabalhadores pagam pela guerra com seu trabalho, mas ficam sem nada.

Se a primeira alternativa estava na ponta do *laissez-faire*, dentro do espectro de escolhas políticas, a segunda estava no extremo oposto. Era "controlar o custo de vida por meio de uma combinação de racionamento e fixação de preços"[33]. Keynes tinha uma postura crítica em relação a essa abordagem. Podia ser "um complemento valioso" a sua proposta principal, mas era "uma ilusão perigosa supor que se pode alcançar o equilíbrio apenas com essas medidas"[34].

Aos olhos de Keynes, os controles de preços não serviriam para limitar efetivamente o excesso de poder de compra resultante do aumento do emprego impulsionado pela guerra. "Seria impraticável cobrir todos os artigos concebíveis com um cupom de racionamento" e, assim, controlar todos os preços[35]. Consequentemente, Keynes sugeria que o poder de compra seria redirecionado para mercadorias que permaneciam sem controle, porque atraíam relativamente pouca demanda. O consumidor acabaria recebendo o que é "menos desejável", enquanto um excesso de demanda geral permaneceria e elevaria os preços dessas mercadorias não controladas[36].

[29] Ibidem, p. 9, 28 e 69.
[30] Ibidem, p. 58.
[31] Ibidem, p. 69, grifos do original.
[32] Ibidem, p. 74.
[33] Ibidem, p. 51.
[34] Idem.
[35] Ibidem, p. 52.
[36] Idem.

Contudo, mesmo "que por milagre o método [de controle de preços] fosse substancialmente bem-sucedido, de modo que o consumo fosse completamente controlado e os consumidores ficassem com uma fração significativa de sua renda sem poder gastá-la"[37], segundo Keynes, ainda assim haveria um "grande desperdício", na medida em que os consumidores seriam privados de sua liberdade de escolha: "A abolição da escolha do consumidor em favor do racionamento universal é um produto típico desse ataque, às vezes chamado de bolchevismo, às diferenças entre um homem e outro, que enriquecem a vida"[38].

Em suma, para Keynes, o controle de preços e o racionamento dificilmente seriam eficazes para conter o excesso de poder de compra. Se, contra sua previsão, fossem eficazes, o resultado seria uma alocação indesejável da oferta limitada de bens de consumo.

Keynes apresentou ainda uma terceira alternativa, "um esquema de pagamento diferido", que ele considerava superior do ponto de vista da "psicologia pública, justiça social e conveniência administrativa"[39]. O excesso de poder de compra dos assalariados deveria ser contido durante a guerra por meio de uma poupança forçada em um banco administrado pelo governo. Dessa forma, eles seriam recompensados após a guerra com "uma participação nos créditos futuros que, de outra forma, pertenceriam aos empresários"[40]. Keynes pensava que a inflação seria contida pela redução temporária da demanda agregada. O mesmo efeito poderia ser alcançado pela tributação, mas, nesse caso, o assalariado ficaria sem nenhum direito individual sobre a riqueza futura.

O plano de pagamento diferido deveria ser associado a um controle de preços e um racionamento muito limitados, que serviriam "para desviar da maneira mais justa possível o consumo de um artigo cuja oferta deve ser restringida por razões especiais", como a interrupção do comércio exterior[41]. Mesmo nessas condições, segundo Keynes, o desvio de demanda deveria assumir a forma de racionamento e controle de preços apenas "se o artigo fosse necessário a ponto de tornar indesejável uma elevação excepcional do preço"[42]. Para todos os outros bens, a demanda deveria ser verificada pelo "método natural"[43] de um aumento de preço em resposta a uma oferta limitada.

[37] Idem.
[38] Ibidem, p. 53.
[39] Ibidem, p. 58.
[40] Ibidem, p. 74.
[41] Ibidem, p. 53.
[42] Ibidem, p. 54.
[43] Idem.

O plano de pagamento diferido de Keynes foi a contribuição teórica mais importante para a questão do financiamento de guerra – não apenas no Reino Unido, mas também nos Estados Unidos[44]. Outra importante contribuição – mais adequada às condições específicas dos Estados Unidos – veio do institucionalista Alvin Hansen, um dos mais importantes professores de pensamento keynesiano da Universidade Harvard[45].

Hansen afastou-se até certo ponto da visão de Keynes sobre o controle de preços. Para Hansen, "até que [se tivesse] uma abordagem do pleno emprego [...], o principal perigo da inflação [estava] no desenvolvimento de gargalos"[46] e, portanto, esses gargalos deveriam ser o alvo principal da política anti-inflacionária. Hansen recomendava que "a arma do aumento de preços específicos onde estes podem ajudar a eliminar gargalos" deveria ser usada quando "o fornecimento de capacidade adequada de instalações e equipamentos e [...] um suprimento adequado de mecânicos qualificados" estivesse disponível[47]. Na falta de capacidade e mão de obra adequadas em um gargalo específico, no entanto, controle direto de preços e racionamento poderiam ajudar a evitar a inflação[48]. Hansen via o mais sério desses gargalos no aço[49]. Assim, distinguia-se de Keynes ao desviar a atenção do controle de preços dos bens de consumo necessários para o dos bens de produção. Enquanto o plano keynesiano se baseava quase apenas nas relações entre agregados vistos homogeneamente, Hansen levava em consideração as grandes assimetrias na capacidade de produção setorial e as pressões de demanda.

[44] John K. Galbraith, *A Theory of Price Control*, cit., p. 5-6.

[45] Alvin H. Hansen, "Defense Financing and Inflation Potentialities", *The Review of Economics and Statistics*, v. 23, n. 1, 1941, p. 1-7; Richard A. Musgrave, "Hansen, Alvin (1887-1975)", em Kenneth Arrow et al. (orgs.), *The New Palgrave Dictionary of Economics* (2. ed., Londres, Palgrave MacMillan, 2008). Mas note-se que Hansen não divulgava simplesmente o pensamento de Keynes; ao contrário, ele desenvolveu independentemente ideias que vieram a ser conhecidas como "keynesianas". Para uma comparação sistemática entre Hansen e Keynes, ver Perry Mehrling, *The Money Interest and the Public Interest: American Monetary Thought, 1920-1970* (Cambridge, Harvard University Press, 1998), p. 130-6.

[46] Alvin H. Hansen, "Defense Financing and Inflation Potentialities", cit., p. 6.

[47] Idem.

[48] Hansen também contesta o plano de poupança forçada de Keynes, afirmando que "provavelmente não seria aceitável para os assalariados". Idem. Ele sugere um esquema de poupança voluntária patrocinado pelo Estado, complementado com a tributação sobre o consumo. Ibidem, p. 6. Em oposição a Keynes, Hansen considera que medidas rigorosas para reduzir o poder de compra somente são necessárias após a aproximação do pleno emprego. Ele parece ignorar o argumento crucial de Keynes sobre o aumento incremental do fundo salarial.

[49] Alvin H. Hansen, "Defense Financing and Inflation Potentialities", cit., p. 1.

Em resposta a Hansen, Galbraith elevou a novos níveis a análise de tais heterogeneidades na forma de uma existência paralela de escassez e excesso[50]. Também enfatizou a necessidade premente de evitar a inflação, que, por causa da Primeira Guerra Mundial, foi uma "preocupação quase paranoica em 1940 e 1941"[51]. Contudo, nem a ideia de Hansen de gargalos em pontos específicos nem as considerações keynesianas sobre relações agregadas conseguiriam capturar a dramática mudança resultante da guerra e, portanto, compreender a questão da inflação da guerra. Segundo Galbraith, o problema da economia de guerra é "progressivamente mais difícil" que essas duas ideias sugerem e implica nada menos que uma reorganização dos recursos em toda a economia, o que provocaria resistências institucionais e técnicas. Sob tal reestruturação, poderíamos "encontrar um número cada vez maior de indústrias onde a função de oferta [seria] inelástica". Como consequência dessa rigidez, argumentou Galbraith, haveria "adiantamento de preços nesse ínterim" e o "pleno emprego teria pouca ou nenhuma relação com o surgimento da inflação"[52].

No entanto, Galbraith acreditava que "se poderia alcançar um uso razoavelmente completo dos recursos, sem uma inflação séria". Mas, ao contrário de Keynes, na visão de Galbraith, era impossível "confiar inteiramente, ou mesmo em grande parte, em medidas que reduzam o volume geral de gastos na economia"[53]. A redução da demanda agregada teria de ser combinada com medidas diretas para facilitar a reorganização industrial. Isso, segundo Galbraith, exigia duas tarefas principais: primeiro, era necessário desenvolver capacidade, habilidades e fontes domésticas de fornecimento de materiais para mitigar a expansão dos pontos de pressão previstos; segundo, "nas áreas onde há resistência [...] controles de preços específicos ou fixação de preços", sustentados por certo grau de racionamento, eram necessários. Não se poderia "esperar que [esses controles] fossem completamente eficazes", mas eles "conteriam a inflação sem [...] frear o consumo de mercadorias ou o uso de serviços, que são abundantes"[54] e, assim, manteriam "uma pressão muito desejável para a expansão da capacidade e para a eliminação das resistências"[55]. Galbraith acreditava, portanto, que a demanda efetiva de Keynes

---

[50] John K. Galbraith, "The Selection and Timing of Inflation Controls", *The Review of Economics and Statistics*, v. 23, n. 2, 1941, p. 82-5.

[51] Idem, *A Life in Our Times* (Boston, Houghton Mifflin Company, 1981), p. 127 [ed. bras.: *Uma vida em nossos tempos*, trad. Wamberto Hudson Ferreira, 2. ed., Brasília, Editora UnB, 1986].

[52] Ibidem, p. 83.

[53] Ibidem, p. 84.

[54] Idem.

[55] Ibidem, p. 83.

desempenhava um papel importante durante a guerra, enquanto o próprio Keynes declarava que sua teoria não se aplicava a esse caso especial.

Mais tarde, Galbraith resumiu em suas memórias a natureza de seu plano antes de se envolver com a fixação prática de preços: seu "projeto exigia muito mais controles [...] que o de Keynes ou Hansen"[56]. Era "um pouco mais herético", mas ainda dependia fortemente do equilíbrio entre demanda e oferta agregadas por meio de tributação e poupança com controle de preços apenas parcial e auxiliar. Como tal, Galbraith achava que seu plano permanecia dentro "dos limites da ortodoxia keynesiana maior". O manuscrito do jovem Galbraith, um canadense formado em agronomia e economia, desafiou o veterano Hansen, seu colega em Harvard. E despertou grande atenção em Washington.

Nessa época, Leon Henderson chefiava o recém-criado Escritório de Administração de Preços (EAP)[57]. Fora um economista importante no governo Roosevelt, e sua abordagem da política econômica "tinha as qualidades características do New Deal: ativismo público, experimentalismo impetuoso e racionalismo agressivo"[58]. Henderson se envolvera nas tentativas de estabilização dos preços quando o preço das matérias-primas e dos bens industriais disparou, após a invasão alemã na Polônia; ele acreditava que essa disparada dos preços impediria a recuperação da economia norte-americana, que ainda sofria com a Grande Depressão[59]. Em dezembro de 1941, quando os Estados Unidos entraram na Segunda Guerra Mundial, Henderson de imediato pressionou o governo para que houvesse controles de longo alcance para estabilizar os preços durante o esforço de guerra e evitar um ciclo de expansão e recessão após o conflito[60]. Henderson conhecia os artigos de Galbraith e decidiu lhe oferecer o que viria a ser conhecido como "o posto civil mais poderoso na administração da economia de guerra", perdendo apenas para o próprio posto de Henderson[61]. Galbraith foi encarregado de comandar todos os preços dos Estados Unidos.

[56] Ibidem, p. 129.

[57] Ibidem, p. 124. O Escritório de Administração de Preços foi denominado inicialmente Escritório de Administração de Preços e Fornecimento Civil (EAPFC). Para evitar confusão, uso aqui apenas a abreviatura mais recente e mais conhecida, EAP.

[58] Andrew H. Bartels, "The Office of Price Administration and the Legacy of the New Deal, 1939-1946", *The Public Historian*, v. 5, n. 3, 1983, p. 8.

[59] Ibidem, p. 7-8.

[60] War Records Section Bureau of the Budget, *The United States at War: Development and Administration of the War Program by the Federal Government* (Washington, United States Government Printing Office, 1946), p. 239-40.

[61] John K. Galbraith, *A Life in Our Times*, cit., p. 124-5.

Tentativas práticas de controlar os preços nos Estados Unidos

Os melhores, mais elegantes e mais aplaudidos projetos podem falhar. [...] No início da primavera de 1942 [...] o modelo extraordinariamente lógico de administração econômica em tempos de guerra que trouxera meu considerável e bem-vindo poder revelava-se um desastre. O fato de contar com o apoio dos economistas mais sofisticados da época não atenuava o desastre; só me proporcionava uma excelente companhia na calamidade.

John K. Galbraith[62]

Quando ingressou no EAP como vice-administrador de preços e chegou ao comando operacional de preços em abril de 1941, Galbraith assumiu um papel de liderança no "teste mais amplo e longo [de controle de preços] da história dos Estados Unidos"[63]. As potências totalitárias (Itália e Alemanha) já haviam introduzido amplos controles de preços em 1936[64]. Os Estados Unidos partiram de controles crescentes, mas parciais, em maio de 1940[65]. Isso exigiu um desenho cada vez mais complexo de tabelas de preços de mercadorias específicas, enquanto mais e mais áreas de produção eram pressionadas pela demanda[66].

Os fixadores de preços tiveram de defender suas tabelas em várias frentes. Tiveram de debater com economistas poderosos e suas considerações teóricas, negociar muito com industriais e lutar para obter o poder legal necessário do Congresso. Para surpresa dos fixadores de preços, no caso daquelas mercadorias para as quais eles haviam publicado tabelas de preços específicas, o teto foi respeitado, antes mesmo de haver multa[67]. No outono de 1941, os controles informais restringiram cerca de 40% dos preços no atacado[68]. Mas a tarefa de determinar preços específicos de mercadorias para todos os produtos relevantes, embora permitisse certo grau de ajustes de preços, mostrou-se impossível.

Os fixadores de preços foram desafiados pela complexidade das relações de entrada e saída e "começaram a se dar conta, pela primeira vez, do número

---

[62] Ibidem, p. 163.
[63] Hugh Rockoff, *Drastic Measures: A History of Wage and Price Controls in the United States* (Cambridge, Cambridge University Press, 1984), p. 85.
[64] Ibidem, p. 86.
[65] Idem.
[66] Andrew H. Bartels, "The Office of Price Administration and the Legacy of the New Deal, cit., p. 9.
[67] John K. Galbraith, *A Life in Our Times*, cit., p. 136 e 164.
[68] Andrew H. Bartels, "The Office of Price Administration and the Legacy of the New Deal, cit., p. 9.

excessivamente grande de produtos e preços que havia na economia norte-
-americana"[69]. Além disso, eles haviam subestimado a importância da "inflação
salarial – os salários empurrando os preços para cima"[70], e não o contrário. O
EAP, em linha com o New Deal, permanecia comprometido com os pobres,
os trabalhadores e os agricultores e, de início, tentou abster-se de controles
de salários e controles rígidos de preços de produtos agrícolas. Havia uma
pressão de alta que se reforçava mutuamente sobre os salários, à medida que
o emprego se expandia, e sobre os preços agrícolas e industriais. Isso foi um
grande desafio para o esforço de estabilizar os preços[71].

No entanto, uma política similar ao "sistema de celeiros sempre normais" da
China (ver capítulo 1) contribuiu para estabilizar os preços agrícolas quando,
dadas a dispersão dos produtores e as pressões políticas, o controle regular de
preços se mostrou inviável. Desde o New Deal e sob os auspícios de Henry A.
Wallace, os Estados Unidos haviam estabelecido um sistema público de celeiros
e estoques de algodão para absorver e redistribuir os excedentes – um sistema
inspirado na antiga prática chinesa[72]. Os estoques de trigo, milho e algodão foram
injetados no mercado no início de 1942 para estabilizar o preço dos produtos
agrícolas em paridade e, portanto, conter a pressão sobre os salários[73]. Mas essa
política, restrita a produtos básicos, viu-se limitada pela disponibilidade dos
estoques públicos e enfrentou fortes críticas de grupos de interesses.

Tornou-se evidente que a tentativa de mirar nos preços individuais, combinada com uma isenção de fato dos salários, não conseguiria uma estabilização
dos preços em nível suficiente[74]. Apesar dos esforços do EAP, os preços ao
consumidor subiram 11,9% e os preços no atacado aumentaram 17,2% no
decorrer do primeiro ano (de abril de 1941 a 1942)[75]. A pressão da inflação foi
muito maior do que esperava a maioria dos economistas, logo após a entrada

[69] Ibidem, p. 164.

[70] Ibidem, p. 142.

[71] Andrew H. Bartels, "The Office of Price Administration and the Legacy of the New Deal,
cit., p. 10-2.

[72] Li Xianglu, "Remembering a Venerable Elder at the Forefront of Reform" (回忆一位站在
改革前沿的长者), *Yanhuang Chunqiu Magazine*, n. 2, 2016, p. 18-24.

[73] Frederick R. Barkley, "Wickard Blights Farm Group Hope for Higher Prices", *The New York
Times*, n. 1, 1º fev. 1942, p. 43; War Records Section Bureau of the Budget, *The United States
at War*, cit., p. 249.

[74] Para um relato detalhado, e em ordem cronológica, dos esforços do EAP para estabilizar
os preços, as técnicas concretas aplicadas e os desafios enfrentados, ver Harvey C. Mansfield,
Historical Reports on War Administration: A Short History of OPA (Washington, Office of
Temporary Controls and Office of Price Administration, 1947.

[75] Hugh Rockoff, *Drastic Measures*, cit., p. 109.

dos Estados Unidos na guerra[76]. E, como lembrou Galbraith, o "belo equilíbrio keynesiano entre o poder de compra total e o agregado de bens e serviços a ser adquiridos era como um arco-íris: podemos vê-lo, mas nunca alcançá-lo"[77]. Naquela situação, o EAP e Galbraith se abriram para as ideias de Bernard Baruch.

A voz de Baruch era muito diferente da voz da maioria dos economistas profissionais. Nascido em 1870, ele enriqueceu depressa em Wall Street e ganhou influência como conselheiro político do presidente Woodrow Wilson. Tornou-se presidente do Conselho das Indústrias de Guerra durante a Primeira Guerra Mundial e, como tal, fazia parte do Comitê de Fixação de Preços. Baruch enfrentou pessoalmente os desafios de controlar a inflação[78]. Pressionou o governo para que houvesse um congelamento geral de preços na Segunda Guerra Mundial. Em vez de controles seletivos de preços, acreditava que todos os preços deveriam ser fixados no nível em que estavam – o que ficou conhecido como plano Baruch[79].

Henderson, Galbraith e sua equipe, acompanhados por economistas célebres, como Irving Fisher, inicialmente foram contra o plano Baruch. No entanto, depois de cerca de um ano de trabalho de Galbraith no EAP, eles tiveram de admitir que a tentativa de fixação científica de preços não havia conseguido evitar que o nível dos preços subisse[80]. Em 28 de abril de 1942, o Regulamento Geral de Preços Máximos foi imposto sob a liderança do EAP[81]. Todos os "preços legalmente ao alcance" tiveram um teto definido como "o [preço] mais alto cobrado em março pelo vendedor para o mesmo item"[82], e os salários passaram a ser controlados pelo governo[83]. Como Galbraith afirmou, essa política "tinha uma concepção muito menos elegante que as ideias que ela substituiu", mas propiciou uma melhoria considerável em relação aos controles seletivos[84]. A nova política baseava-se em determinados preços observados

---

[76] Stephanie Laguerodie e Francisco Vergara, "The Theory of Price Controls: John Kenneth Galbraith's Contribution", *Review of Political Economy*, v. 20, n. 4, 2008, p. 574.

[77] John K. Galbraith, *A Life in Our Times*, cit., p. 163.

[78] Bernard Baruch, *The Public Years* (Nova York, Holt, Rinehart and Winston, 1960); Margaret L. Coit, *Mr. Baruch* (Londres, Victor Gollancz, 1958), p. 201-3; Encyclopedia Britannica, "Bernard Baruch (United States Government Official)", *Encyclopedia Britannica*, 2011.

[79] War Records Section Bureau of the Budget, *The United States at War*, cit., p. 237-8.

[80] John K. Galbraith, *A Life in Our Times*, cit., p. 164; Hugh Rockoff, *Drastic Measures*, cit., p. 89 e 91; Andrew H. Bartels, "The Office of Price Administration and the Legacy of the New Deal, cit., p. 13.

[81] War Records Section Bureau of the Budget, *The United States at War*, cit., p. 43.

[82] John K. Galbraith, *A Life in Our Times*, cit., p. 165.

[83] Hugh Rockoff, *Drastic Measures*, cit., p. 92.

[84] John K. Galbraith, *A Life in Our Times*, cit.

no mercado por certo período, em vez de tentar determinar abstratamente qual deveria ser o preço de cada mercadoria. Ao obter primeiro um controle firme sobre quase todo o sistema de preços, o EAP poderia permitir, de forma gradual e parcial, que os preços flutuassem quando as condições econômicas concretas em um setor exigissem ajuste para cima ou para baixo.

O aumento geral dos preços desacelerou para 7,5% no ano seguinte ao Regulamento Geral de Preços Máximos (ver figura 8)[85]. O aumento dos preços de bens de consumo controlados por esse regulamento foi de 0,5% a 1% nos primeiros cinco meses. O Congresso, porém, demorou a aprovar a suspensão das limitações ao controle de preços dos produtos agrícolas. Consequentemente, o Regulamento Geral de Preços Máximos não abrangeu o preço dos principais bens de consumo, como farinha, carne, ovos e legumes, e houve um aumento acentuado: o preço desses alimentos subiu 15,9% nos primeiros cinco meses[86]. No entanto, as pesquisas mostraram que, apesar dessas deficiências, o congelamento de preços foi bem aceito pelo público[87].

FIGURA 8. Inflação de preços ao consumidor (1940-1950)

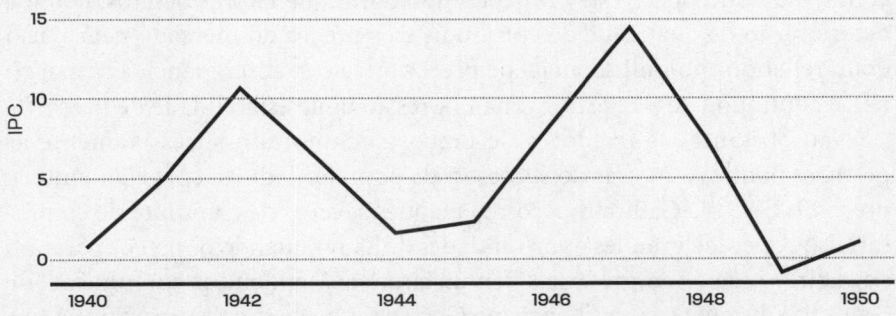

Fonte: *Economic Report of the President* (Washington, United States Government Printing Office, 1958), p. 160; cálculo da autora.

Embora tenha sido mais eficaz que os controles seletivos, o Regulamento Geral de Preços Máximos não conseguiu estabilizar o nível geral de preços de forma sustentável, porque não houve controle sobre os salários e o preço dos produtos agrícolas. Seguindo Henderson, Roosevelt obteve finalmente, em setembro de 1942, o apoio do Congresso para uma legislação que congelasse

---

[85] Hugh Rockoff, *Drastic Measures*, cit., p. 109.
[86] Harvey C. Mansfield, *Historical Reports on War Administration*, cit., p. 51.
[87] Richard Parker, *J. K. Galbraith: A 20th Century Life* (Londres, Old Street, 2005), p. 151; Hugh Rockoff, *Drastic Measures*, cit., p. 92; War Records Section Bureau of the Budget, *The United States at War*, cit., p. 266.

o preço dos produtos agrícolas em paridade e estabilizasse os salários[88]. A iniciativa não agradou a trabalhadores e agricultores e causou sérios prejuízos para os democratas nas eleições para o Congresso. Henderson teve de renunciar em dezembro de 1942[89], quando finalmente as bases legais para o esforço coordenado de estabilização entraram em vigor[90]. Em 8 de abril de 1943, o presidente Roosevelt emitiu uma ordem executiva para forçar um congelamento geral de preços. Essa política foi denominada "mantendo a linha" e deixou claro que não seriam tolerados "aumentos nos preços que afetassem o custo de vida ou aumento de salários ou taxas salariais gerais", "exceto quando claramente necessários para corrigir condições de vida precárias"[91].

Com o apoio executivo da ordem de "manter a linha" – e graças a um grande esforço de propaganda para que vendedores e consumidores conhecessem os preços máximos em dólares e centavos –, o EAP, sob o comando de Prentiss Brown e Chester Bowles, os dois sucessores de Henderson, conseguiu conter a inflação. O índice anual de custo de vida, medido pela Secretaria de Estatísticas do Trabalho, teve um aumento de menos de 2% ao ano entre a primavera de 1943 e abril de 1945, ou um sexto da taxa dos dois anos anteriores. Um comitê liderado por Wesley Mitchell descobriu que fatores ocultos, como a deterioração da qualidade dos produtos e os preços do mercado negro, não eram refletidos no índice oficial de preços. Mas essa discrepância era marginal, e continuou-se a registrar uma impressionante estabilidade de preços[92].

Não obstante, os fixadores de preços sucumbiram sucessivamente às pressões políticas. Apesar do sucesso e da popularidade do congelamento de preços, o EAP – e Galbraith – sofreu ataques severos da comunidade empresarial, que perdeu grandes oportunidades de lucrar quando os preços pararam de subir[93]. Líderes empresariais denunciaram as "tendências comunistas" de Galbraith durante uma audiência no Congresso[94]. No fim de maio de 1943, as pressões se tornaram tão críticas que Galbraith foi demitido. Em 1º de junho de 1943, a primeira página do *Washington Post* dizia:

[88] Andrew H. Bartels, "The Office of Price Administration and the Legacy of the New Deal", cit., p. 15-6.

[89] Sobre a carta de Galbraith a Henderson por ocasião da renúncia deste, ver Richard P. F. Holt (org.), *The Selected Letters of John Kenneth Galbraith* (Cambridge, Cambridge University Press, 2017), p. 38-9.

[90] War Records Section Bureau of the Budget, *The United States at War*, cit., p. 387.

[91] Ver Hugh Rockoff, *Drastic Measures*, cit., p. 85.

[92] Harvey C. Mansfield, *Historical Reports on War Administration*, cit., p. 56-7.

[93] John K. Galbraith, *A Life in Our Times*, cit., p. 179-91; Richard Parker, *J. K. Galbraith*, cit., p. 150-2.

[94] Richard Parker, *J. K. Galbraith*, cit., p. 152.

O administrador de preços Prentiss Brown anunciou ontem a demissão de J. K. Galbraith, administrador adjunto do EAP e responsável pela seção de preços. Galbraith, que atuou como estrela-guia durante a maior parte da formulação de políticas do EAP, tem sido alvo de duras e contínuas críticas do Congresso e de membros do grupo do comércio.[95]

Galbraith talvez estivesse menos equivocado que outros economistas famosos já engajados nos debates teóricos; no entanto, seu plano inicial não foi eficaz. Olhando para trás, ele escreveu: "A economia não é uma verdade durável; requer revisão e adaptação contínuas. Quase todo erro vem daquilo que não se pode mudar"[96]. A grande contribuição de Galbraith para a estabilização de preços na Segunda Guerra Mundial foi ter admitido seu próprio erro e implementado firmemente um plano pragmático – um plano que ele mesmo havia criticado. Como as políticas de Sang Hongyang (ver capítulo 1), as medidas de controle de preços de Galbraith permaneceram em vigor depois que ele foi forçado a deixar o centro de formulação das políticas econômicas[97].

O resultado do controle de preços nos Estados Unidos

O parâmetro do trabalho do EAP era superar a estabilidade de preços e o crescimento da produção da Primeira Guerra Mundial. As comparações ano a ano entre o desempenho macroeconômico na Segunda Guerra Mundial e na Primeira Guerra Mundial eram uma ferramenta comum de avaliação e uma demonstração pública da eficácia do controle de preços[98]. No fim da Segunda Guerra Mundial, o economista Seymour Harris fez uma cuidadosa análise empírica do funcionamento do controle de preços nos Estados Unidos; sua análise documenta uma estabilização comparativamente superior[99]. Harris sugere que "o teste mais significativo do sucesso de qualquer programa de controle de preços são seus efeitos sobre a produção" (ver figura 9)[100]. Nos últimos anos do esforço de guerra, à medida que era lentamente implementado, o controle parcial de preços da Primeira Guerra Mundial ajudou a impedir que a inflação

---

[95] C. Sandler, "Out Under Fire: Galbraith, OPA's Price Chief, Quits in Midst of Maxon Feud", *Washington Post*, n. 1, 1º jun. 1943.

[96] John K. Galbraith, *A Life in Our Times*, cit., p. 125.

[97] Seymour E. Harris, *Price and Related Controls in the United States* (Nova York, McGrawHill, 1945), p. 10.

[98] Harvey C. Mansfield, *Historical Reports on War Administration*, cit., p. 82.

[99] Seymour E. Harris, *Price and Related Controls in the United States*, cit.

[100] Ibidem, p. 11.

subisse ainda mais. A experiência da Primeira Guerra Mundial foi de inflação sob controle de preços e produção estagnada; na Segunda Guerra Mundial, o controle de preços foi rígido, houve um pequeno aumento de preços e a produção subiu a níveis quase inimagináveis[101]. Esse quadro amplo é paralelo aos destinos divergentes da Rússia e da China na década de 1990: liberalização de preços no atacado e hiperinflação, de um lado; regulação de preços essenciais, estabilidade de preços e rápido crescimento da produção, de outro (ver introdução).

FIGURA 9. Produção industrial e preços de bens industriais nas duas guerras mundiais

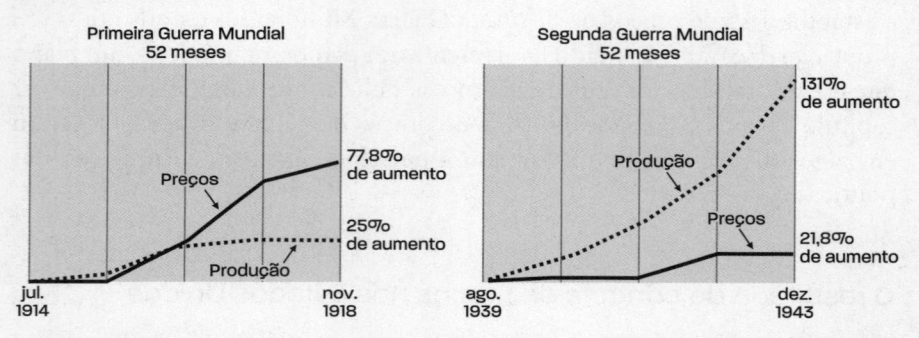

Fonte: Seymour E. Harris, *Price and Related Controls in the United States* (Nova York, McGrawHill, 1945), p. 34; dados do EAP.

Da mesma forma, a Comissão Cowles para Pesquisa em Economia, depois de avaliar a eficácia do controle de preços durante a Segunda Guerra Mundial, com base em um estudo de caso da região de Chicago, concluiu que o controle de preços conseguiu manter os preços baixos – e o autor não "encontrou apoio para a alegação de que o controle de preços reduzira em qualquer grau substancial a produção civil total"[102]. De fato, em contraste com a hipótese de Keynes de um "tamanho fixo do bolo" durante a guerra, que necessita de uma economia de escassez (o que poderia ser adequado à Grã-Bretanha), o Produto Nacional Bruto (PNB) dos Estados Unidos quase dobrou de 1940 a 1944: a formação de capital privado diminuiu, mas foi mais que compensada pela enorme expansão dos gastos do governo e um ligeiro aumento nos gastos

---

[101] A análise de Harris é amplamente consistente com a análise estatística descritiva de indicadores de preço e produto em Simon Kuznets, *National Product in Wartime* (Nova York, National Bureau of Economic Research, 1945).

[102] George Katona, *Price Control and Business: Field Studies Among Producers and Distributors of Consumer Goods in the Chicago Area, 1942-1944* (Indianápolis, Cowles Commission for Research in Economics, 1945), p. 225.

do consumidor (ver figura 10)[103]. Em vez de eliminar os gastos privados, a expansão do governo aumentou drasticamente o tamanho do bolo.

O consumo de bens duráveis, como móveis e automóveis, diminuiu, mas as taxas de poupança privada mais que triplicaram durante a Segunda Guerra Mundial: de cerca de 6% do PIB antes da guerra para mais de 20% entre 1942 e 1944[104]. A poupança privada, que atingiu um pico de cerca de 30 bilhões de dólares em 1945, foi fundamental para fechar a lacuna entre o crescimento do poder de compra e o crescimento da oferta de bens de consumo[105]. No contexto de uma oferta crescente de bens de consumo, racionamento efetivo de bens escassos e taxas de poupança extremamente altas, os mercados negros não se disseminaram na intensidade que muitos haviam previsto, e a deterioração da qualidade limitou-se a alguns produtos[106]. Ao mesmo tempo, é possível que o lucro das empresas não tenha disparado da forma como alguns líderes empresariais esperavam, e a taxa de lucro caiu durante a guerra[107]. Ainda assim, os lucros anuais, descontados os impostos, mais que dobraram de 1939 a 1943: foram de 4 bilhões de dólares para 8,5 bilhões de dólares, em consequência da rápida expansão do PIB[108].

Em 1952, Galbraith escreveu *Uma teoria do controle de preços*, que resumia suas reflexões teóricas sobre o funcionamento do controle de preços[109]. No

---

[103] Para uma comparação detalhada das avaliações das possibilidades de produção dos Estados Unidos e da reestruturação e crescimento do PIB durante a Segunda Guerra Mundial, ver Michael Edelstein, "The Size of the U.S. Armed Forces During World War II: Feasibility and War Planning", *Research in Economic History*, n. 20, 2015, p. 47-97.

[104] Gillian Brunet, "Stimulus on the Home Front: The State-Level Effects of WWII Spending", *Job Market Paper*, 2018, p. 33; Raymond W. Goldsmith, *A Study of Saving in the United States* (Princeton, Princeton University Press, 1955), p. 62-5.

[105] Raymond W. Goldsmith, *A Study of Saving in the United States*, cit., p. 63; Harvey C. Mansfield, *Historical Reports on War Administration*, cit., p. 57.

[106] Seymour E. Harris, *Price and Related Controls in the United States*, cit., p. 267; John K. Galbraith, *A Life in Our Times*, cit., p. 171; Harvey C. Mansfield, *Historical Reports on War Administration*, cit., p. 44-5.

[107] Michał Kalecki, *Inflationary and Deflationary Tendencies, 1946-1948* (Nova York, United Nations Department of Economic Affairs, 1949), p. 37 e 40.

[108] Seymour E. Harris, *Price and Related Controls in the United States*, cit., p. 27.

[109] Milton Friedman, em seu crítico *Friedman on Galbraith and on Curing the British Disease* (Londres, Institute of Economic Affairs, 1977), afirma que Galbraith foi "a única pessoa que fez uma tentativa séria de apresentar uma análise teórica para justificar sua posição [sobre o controle de preços], em um livro chamado *Uma teoria do controle de preços*, escrito pouco depois da Segunda Guerra Mundial. A meu ver, a análise está errada, mas pelo menos é uma tentativa séria de fornecer uma base para um ponto de vista". Ibidem, p. 12. David Colander conta que, para Galbraith, esse era seu melhor livro, embora o texto tenha

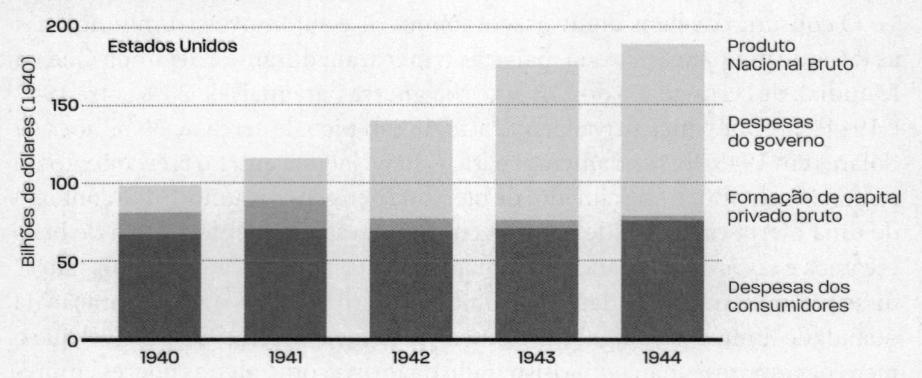

FIGURA 10. Produto Nacional Bruto dos Estados Unidos (1940-1944) (em bilhões de dólares, 1940)

Fonte: War Records Section Bureau of the Budget, *The United States at War: Development and Administration of the War Program by the Federal Government* (Washington, United States Government Printing Office, 1946), p. 509.

geral, ele mantém "Some Lessons from the First Phase" [Algumas lições da primeira fase], em que afirma:

> A estratégia de controle deve implicar um movimento de mão dupla. Juntamente com o controle sobre o crescimento da renda, tributação e poupança, deve haver controle direto do mercado. Desse lado, o papel do controle de preços em si [...] é estratégico. Ao contrário do que o economista já supôs, ele não contém a inflação. Porém, concomitantemente, estabelece as bases e ganha tempo para as medidas que o fazem.[110]

Como vimos no capítulo anterior, a tradição pragmatista chinesa argumentava que a política econômica tinha de tomar como ponto de partida as condições concretas, e não uma situação ideal. Por exemplo, no *Debate sobre o sal e o ferro*, Sang Hongyang argumenta que o ferro estava sob monopólio por razões técnicas específicas da produção e, como tal, estava sujeito a preços de monopólio. A questão era se o ferro seria controlado por um monopólio privado ou público – não se seria ou não um monopólio. Há uma linha de argumentação semelhante em Galbraith. Ele sugere que o controle de preços, mesmo sem racionamento, funciona para muitos bens, em parte porque "é relativamente fácil fixar preços que já estão fixados"[111]. Portanto, aqui – como

alcançado um público de leitores extremamente reduzido. David Colander, "Galbraith and the Theory of Price Control", *Journal of Post Keynesian Economics*, v. 7, n. 1, 1984, p. 77-90.

[110] John K. Galbraith, "Price Control: Some Lessons from the First Phase", *American Economic Review*, v. 33, n. 1, 1943, p. 258.

[111] Idem, *A Theory of Price Control*, cit., p. 17.

na discussão de Sang Hongyang sobre a produção de ferro – a questão não é se os preços são fixados pelo Estado ou determinados pelo livre mercado, mas se são fixados por controle governamental de preços ou pelos produtores privados que dominam o mercado.

Segundo Galbraith, a estrutura industrial predominante do capitalismo norte-americano no início da Segunda Guerra Mundial estava muito mais distante do ideal de concorrência perfeita do que os economistas gostariam de acreditar: "As dúvidas dos economistas quanto à viabilidade técnica do controle de preços antes da Segunda Guerra Mundial decorriam não de um erro de análise, mas de um erro de premissa"[112]. Existem mercados com muitos compradores e vendedores e nos quais as funções de demanda e oferta são altamente sensíveis aos preços; nesses mercados, o controle de preços é difícil de ser implantado e precisa se sustentar por um racionamento rigoroso. Esse tipo de mercado ocorre tipicamente nas indústrias a jusante, nas quais há maior variedade de produtos. No entanto, grande parte das mercadorias é produzida e comercializada em condições de concorrência imperfeita, com pouquíssimos compradores e vendedores. Assim, os fornecedores estabelecem preços e racionam as mercadorias para os clientes. E é relativamente fácil para o fixador de preços ditar e impor controles de preços e deixar que o fornecedor faça o racionamento[113]. Portanto, o EAP controlava, por exemplo, "o preço dos produtos siderúrgicos com muito menos mão de obra e problemas que o necessário para um volume de sucata muito menor em dólares"[114].

Seguindo a lógica de Keynes[115], Galbraith descreve a economia de guerra como um "sistema de desequilíbrio" no qual a demanda agregada excede a oferta[116]. Nessas condições, não havia desemprego friccional e "aproximadamente metade do aumento real do PNB entre 1940 e 1944 era atribuído a indivíduos que em geral não estão no mercado de trabalho e ao aumento da semana média de trabalho"[117]. O controle de preços e o racionamento teriam contribuído para limitar, e não apenas redistribuir, a pressão de demanda exercida pelo consequente aumento da renda individual. Esse era o caso, porque os controles de preços estabilizaram o valor do dinheiro e, portanto, propiciaram uma condição crucial para a disposição da população em economizar. A escolha de demandar mercadorias específicas – em particular, bens

[112] Ibidem, p. 25.
[113] John K. Galbraith, "Price Control", cit.
[114] Ibidem, p. 17.
[115] John M. Keynes, *How to Pay for the War*, cit.
[116] John K. Galbraith, *A Theory of Price Control*, cit., p. 28.
[117] Ibidem, p. 32-2.

duráveis – era limitada e, portanto, "indivíduos e empresas que não tinham a intenção de poupar tornaram-se involuntariamente possuidores de dinheiro ou equivalentes"[118]. Isso, no entanto, não induziu os trabalhadores nem as empresas a retirar seus serviços do mercado, uma vez que havia "confiança pública de que a poupança em qualquer período terá alto valor no futuro, seja para a compra de bens, seja por seu valor de contingência para a segurança pessoal"[119]. E, para manter essa confiança, a estabilidade de preços garantida pelo controle de preços era determinante. Em razão dessa confiança em suas economias, as pessoas retinham dinheiro em vez de acumular bens, e dessa forma liberavam a pressão imediata sobre a demanda.

De fato, como vimos, a economia pessoal aumentou dramaticamente durante a Segunda Guerra Mundial. Essa economia representava o crédito sobre bens civis acumulados durante a guerra[120]. Os fixadores de preços do EAP estavam conscientes, após estudar a Primeira Guerra Mundial, de que a maior pressão inflacionária ocorreria depois da guerra e elaboraram planos para a transição já em 1944[121]. Como apontou Michał Kalecki, parte do desafio da transição para uma economia de paz era descobrir como canalizar para a poupança a demanda acumulada durante a guerra[122].

Galbraith argumenta que uma "economia que emprega o sistema de desequilíbrio em tempo de guerra não pode fazer uma transição direta para o mercado livre em tempos de paz"[123]. O tempo deve permitir que a economia se reorganize e passe da estrutura de guerra para a produção de bens civis, de modo que a oferta se ajuste lentamente ao excesso de demanda. Por essa razão, afirma Galbraith, "o controle, especialmente o controle de preços que inibiu os gastos durante o período da guerra e representava a acumulação dos ativos, deve ser mantido por certo período após o término da acumulação"[124]. Se o controle é abolido abruptamente e a demanda de consumo acumulada se depara de repente com uma oferta ainda limitada, o resultado é a inflação. Segue-se do argumento de Galbraith que isso equivaleria a privar os assalariados de seu direito legítimo à produção, em troca de sua contribuição para o esforço de guerra.

---

[118] Ibidem, p. 36.

[119] Ibidem, p. 39; *A Life in Our Times*, cit., p. 173.

[120] Idem, *A Theory of Price Control*, cit., p. 52.

[121] Harvey C. Mansfield, *Historical Reports on War Administration*, cit., p. 82.

[122] Michał Kalecki, *Survey of Current Inflationary and Deflationary Tendencies* (Nova York, United Nations Department of Economic Affairs, 1947), p. 8-9.

[123] John K. Galbraith, *A Theory of Price Control*, cit., p. 54.

[124] Ibidem, p. 55.

A transição para uma economia de paz e as lições da economia de guerra

Em 15 de agosto de 1945, o Japão anunciou sua rendição. Em 18 de agosto, o novo presidente dos Estados Unidos, Harry S. Truman, emitiu uma ordem executiva "para a ordenada mudança dos controles de guerra"[125]. O objetivo era "avançar o mais rápido possível, sem pôr em risco a estabilidade da economia, para remover o controle de preços, salários, produção e outros itens, e para restaurar a negociação coletiva e o livre mercado"[126]. Em virtude dessa ordem, o controle salarial direto foi suprimido[127]. Truman estava ciente do perigo de um aumento precipitado dos preços como consequência do descontrole, mas esperava aliviar os controles diretos e "manter a linha" com a cooperação voluntária dos líderes empresariais e sindicatos[128]. Isso se mostrou ineficaz. O presidente ainda reforçou sua política de descontrole de preços em outubro de 1945, mas em dezembro percebeu que ela não funcionava. Em suas memórias, ele recorda que, àquela altura, era óbvio

que o descontrole dos preços não funcionaria, pelo menos até que a emergência fosse menos ameaçadora. [...] A economia certamente sofreria com a escassez de guerra por um bom tempo, e insisti para que houvesse mais leis para cobrir o período após junho de 1946[129].

> A guinada de Truman na direção do prolongamento do controle compulsório e do descontrole gradual dos preços recebeu o apoio do EAP[130]. Baruch testemunhou perante o Congresso a favor da manutenção do controle de preços no período de transição.[131]

Cinquenta e quatro economistas, dos quais onze ex-presidentes da Associação Econômica Americana e alguns dos economistas mais famosos dos Estados Unidos – como Arthur Burns, Edward Chamberlin, Irving Fisher, Alvin Hansen, Frank Knight, Simon Kuznets, Abba Lerner, Wesley Mitchell, Hans Neiser, Paul Samuelson, Henry Simons, Alan Sweezy e Paul Sweezy –, publicaram uma carta conjunta no jornal *The New York Times* de 9 de abril de 1946. Como veremos nos capítulos 4 e 5, essa carta prenuncia um dos lados do debate sobre a reforma de preços na China na década de 1980:

[125] Harry S. Truman, "Executive Order 9599", 18 ago. 1945.

[126] Idem.

[127] Hugh Rockoff, *Drastic Measures*, cit., p. 99.

[128] Harry S. Truman, *Memoirs of Harry S. Truman*, v. 1: *Year of Decisions 1945* (Londres, Hodder and Stoughton, 1955), p. 423-4.

[129] Ibidem, p. 423.

[130] Hugh Rockoff, *Drastic Measures*, cit., p. 100.

[131] Bernard Baruch, *The Public Years*, cit., p. 385-6.

Pedimos ao Congresso uma extensão da Lei de Controle de Preços por mais um ano e sem emendas desfiguradoras. [...] Os preços sobem em resposta a um excesso de demanda ou a uma carência de oferta. A demanda provavelmente não terá precedentes devido ao excesso de poder de compra. [...] A oferta de matérias-primas e bens de consumo, na demanda atual, é inadequada para evitar uma grave inflação no próximo ano, a menos que o controle de preços seja continuado sem emendas que desfigurem a lei. Nos próximos seis meses, vários gargalos de matéria-prima, componentes e mão de obra terão de ser superados. E levará um ano até que o fluxo de bens de consumo em muitos mercados atinja o pico. [...] Assim que a oferta e a demanda de qualquer mercadoria importante estiverem novamente em equilíbrio nos preços máximos, o controle de preços deve ser suspenso e extinto. Os tetos para mercadorias não essenciais devem ser abolidos assim que não houver perigo de desvio de materiais escassos ou mão de obra de mercadorias essenciais.[132]

Pesquisas de opinião mostraram que o público em geral apoiava fortemente o plano de manutenção do controle de preços e salários[133]. Mas na prática não foi o que aconteceu. O projeto de lei que estendia o controle de preços continha tantas "emendas desfiguradoras" que, em 29 de junho, Truman o vetou, esperando um projeto de lei que mantivesse de forma mais eficaz o controle de preços e salários correntes[134]. No mesmo dia, num discurso de rádio, o presidente declarou: "Eu queria assinar um projeto de lei de controle de preços. Dediquei a esse projeto um estudo longo e cuidadoso. Cheguei à conclusão de que o projeto de lei que o Congresso me enviou não era um projeto de controle de preços. Não protegia vocês de preços cada vez mais altos"[135].

No entanto, se o projeto de lei desfigurado pelo Congresso foi rejeitado, nunca foi aprovado um mais abrangente. Assim, o controle de preços do período de guerra foi encerrado[136]. O próprio Truman atribuiu o desastre às "táticas obstrucionistas de grupos que possuíam privilégios especiais" e teriam

[132] "Letters to the Times: Price Control Recommended – Economists Favor Continuation of Act for Another Year", *The New York Times*, 9 abr. 1946, p. 23.
[133] Hugh Rockoff, *Drastic Measures*, cit., p. 101. Nessa época, o tema do descontrole de preços despertava tão grande interesse no público que serviu de cenário para um romance policial de Stout Rex, *The Silent Speaker* (Nova York, Viking, 1946) [ed. bras.: *Um discurso fatal*, trad. Maria Helena Pires, Rio de Janeiro, Nova Fronteira, 1984]. O romance baseia-se no conflito entre o EAP, a Câmara de Comércio dos Estados Unidos e a Associação Nacional de Fabricantes. O diretor do escritório fictício de regulação de preços é morto, supostamente em nome de interesses comerciais.
[134] Harry S. Truman, *Memoirs of Harry S. Truman*, cit., p. 425.
[135] Idem, "Radio Address to the Nation on Price Controls", 29 jun. 1946.
[136] Harvey C. Mansfield, *Historical Reports on War Administration*, cit., p. 100-1.

feito tanto *lobby* e pressão que o Congresso foi induzido a deixar expirar a Lei de Controle de Preços[137].

O fim repentino de quase todos os controles de preços causou o aumento inflacionário dos preços que fora previsto pelo presidente, pela equipe do EAP e pela carta dos economistas (ver figura 8)[138]. O preço de alguns insumos essenciais, como sucata de aço, cobre, estanho e borracha, ainda era fixado pelo governo, e o preço de aluguéis, do açúcar e do arroz permanecia controlado[139]. Independentemente disso, os preços subiram depressa depois que a Lei de Controle de Preços não foi renovada. O aumento geral anual de preços foi em média de 2,3% ao ano no período de abril de 1943 a junho de 1946, a "maré alta dos controles"[140]. Em contraste, 28 mercadorias importantes tiveram um aumento de 35% apenas nos seis primeiros dias de julho de 1946[141]. No geral, no primeiro mês sem controle, os preços subiram a uma taxa que equivalia a um aumento anual de 67,4%. Houve tentativas frustradas de reintroduzir o controle de preços nos meses seguintes. Alguns controles seletivos temporários foram adotados e pouco tempo depois abandonados[142]. O índice de inflação anual geral permaneceu bem acima dos 10%, e a inflação de preços ao consumidor chegou a 14,5% em 1947 (ver figura 8)[143].

Michał Kalecki analisou as tendências inflacionárias do pós-guerra nos Estados Unidos e em outros países para o Departamento de Assuntos Econômicos das Nações Unidas[144]. Mostrou que disparou, em particular, o preço

---

[137] Harry S. Truman, *Memoirs of Harry S. Truman*, cit., p. 424.

[138] Michał Kalecki, *Survey of Current Inflationary and Deflationary Tendencies*, cit.; *Inflationary and Deflationary Tendencies*, cit.; Arthur Krock, "Veto of the OPA Bill Major Political Event", *The New York Times*, 30 jun. 1946.

[139] Harvey C. Mansfield, *Historical Reports on War Administration*, cit., p. 101; Harry S. Truman, *Memoirs of Harry S. Truman*, cit., p. 426.

[140] Hugh Rockoff, *Drastic Measures*, cit., p. 109.

[141] Idem.

[142] Idem; Harvey C. Mansfield, *Historical Reports on War Administration*, cit., p. 98-102.

[143] Seymour E. Harris, *Price and Related Controls in the United States*, cit., p. 34.

[144] Michał Kalecki, *Survey of Current Inflationary and Deflationary Tendencies*, cit.; *Inflationary and Deflationary Tendencies*, cit. Sou grata a Michael Kuczynski por chamar minha atenção para essas duas importantes análises da inflação logo após a guerra e ao fato de que essa pesquisa tenha sido conduzida por Michał Kalecki. Consultei esses relatórios, que fazem parte dos documentos de Piero Sraffa depositados no Trinity College, em Cambridge. Eles contêm uma nota que indica que Kalecki enviou os relatórios a Sraffa. Para uma visão geral das contribuições de Kalecki para o debate sobre a transição de uma economia de guerra (em particular, Reino Unido, Canadá e Polônia), ver o capítulo 9 do segundo volume da biografia intelectual de Jan Toporowski, *Michał Kalecki: An Intellectual Biography* (Cham, Palgrave Macmillan, 2018).

das matérias-primas essenciais e dos alimentos, cuja demanda por produtores e consumidores é inelástica[145]. Os acréscimos salariais não compensaram o aumento do custo de vida, de modo que o descontrole dos preços resultou em uma queda na renda real dos trabalhadores. A renda real do trabalho havia caído 8% no primeiro semestre de 1947, em comparação com o primeiro semestre de 1946[146]. Ao mesmo tempo, as margens de lucro subiram e houve um deslocamento da renda privada bruta do trabalho para o capital. No decurso da guerra, o trabalho havia aumentado sua participação. Na primeira metade de 1946, representava 61,5%, e caiu para 58,8% na primeira metade de 1947. Por sua vez, o lucro bruto das empresas passou de 11,6% para 14%[147]. A rápida diminuição do poder de compra dos trabalhadores, a redistribuição de renda e a desvalorização das economias de guerra desencadearam a maior onda de greves das décadas pós-guerra nos Estados Unidos[148]. O volume de greves em 1946 foi cerca de três vezes maior que o pico anterior, durante a Grande Depressão[149].

Os anos logo após a guerra viram um curto *boom* inflacionário combinado com agitação trabalhista, seguidos de uma forte desaceleração. Os Estados Unidos não conseguiram evitar o ciclo de expansão e recessão que Truman temia[150]. Em novembro de 1948, a economia do país "estava no pico do *boom* inflacionário"[151] e entrou em recessão por onze meses[152]. A remobilização parcial na Guerra Fria ajudou a economia a escapar do colapso financeiro que Truman e a população norte-americana tanto temiam.

Uma breve comparação com o Reino Unido mostra que *havia* alternativa para a inflação, o ciclo de expansão e recessão e a agitação social nos Estados Unidos. Em comparação com a transição nos Estados Unidos, o Reino Unido seguiu

[145] Michał Kalecki, *Inflationary and Deflationary Tendencies*, cit., p. 38.

[146] Ibidem, p. 39.

[147] Ibidem, p. 40.

[148] Douglas A. Hibbs, "On the Political Economy of Long-Run Trends in Strike Activity", *British Journal of Political Sciences*, v. 8, n. 2, 1978, p. 160; Irving Richter e David Montgomery, *Labor's Struggles, 1945-1950: A Participant's View* (Cambridge, Cambridge University Press, 1994), p. 48-50.

[149] Douglas A. Hibbs, "On the Political Economy of Long-Run Trends in Strike Activity", cit., p. 160. Hibbs define o volume de greve como "homens-dias perdidos em greves por mil funcionários não agrícolas". Ibidem, p. 156.

[150] Hugh Rockoff, *Drastic Measures*, cit., p. 109; Michał Kalecki, *Survey of Current Inflationary and Deflationary Tendencies*, cit., p. 16-7.

[151] *Economic Report of the President* (Washington, United States Government Printing Office, 1950).

[152] National Bureau of Economic Research, "US Business Cycle Expansion and Contraction", 2012.

um caminho substancialmente mais gradual. Como resumiu Alec Cairncross, que participou da gestão econômica logo após a guerra e, em 1985, contribuiu para o debate chinês sobre a reforma dos preços (ver capítulo 7): "Quase todos os controles sobre a economia introduzidos durante a guerra foram mantidos"[153]. Todos os gêneros alimentícios essenciais e bens de consumo escassos, como roupas e móveis, continuaram racionados[154]. Tanto conservadores quanto liberais e trabalhistas concordavam que era indispensável haver algum grau de controle[155]. O controle de preços no fim da guerra não foi tão abrangente no Reino Unido quanto nos Estados Unidos, mas não houve "nenhum relaxamento significativo até 1949-1950, quando certos mecanismos menos eficazes de controle de preços [...] foram abolidos"[156]. O fim do racionamento e do controle de preços foi implementado à medida que o aumento da oferta reduziu a escassez de mercadorias específicas[157]. Em 1960, não havia quase nenhum controle[158]. Todos foram gradualmente eliminados[159].

Como aponta Cairncross, essa transição refletiu a mudança do papel do governo durante os tempos de paz em comparação com os tempos de guerra. Durante o conflito, o governo alocou recursos, planejou e coordenou diretamente a produção para o esforço de guerra. Após a guerra, a demanda do consumidor voltou a ser decisiva para as decisões relativas à produção[160]. Assim, "o planejamento econômico do governo se limitava necessariamente aos esforços para alcançar objetivos macroeconômicos específicos, como estabilidade de emprego e preços, exceto quando o governo decidiu impor sua própria visão das prioridades sociais"[161]. Como Galbraith, Cairncross sugere o seguinte raciocínio a respeito de manter os controles durante a transição:

> Enquanto oferta e demanda estivessem seriamente desequilibradas em preços correntes e fosse necessário um grande aumento de preços para restabelecer o equilíbrio, haveria razão para manter o controle e, assim, reduzir o risco de inflação. O caso seria ainda mais sólido se houvesse perspectiva de uma

[153] Alec Cairncross, *Papers of Alec Cairncross: Typescript of Visit to China in 1985* (*File GB248DC1062/14*) (Glasgow, Universidade de Glasgow, 1985), xiii, p. 333.

[154] Michał Kalecki, *Inflationary and Deflationary Tendencies*, cit., p. 29.

[155] Alec Cairncross, *Papers of Alec Cairncross*, cit., p. 300.

[156] Ibidem, p. 335.

[157] Michał Kalecki, *Inflationary and Deflationary Tendencies*, cit., p. 31.

[158] Alec Cairncross, *Papers of Alec Cairncross*, cit., p. 333.

[159] Ibidem, p. 343.

[160] Idem.

[161] Ibidem, p. 344.

recuperação gradual da oferta em preço corrente, de modo que o controle pudesse ser relaxado progressivamente até se tornar redundante.[162]

Em razão do estado de devastação da economia britânica após a guerra e do enorme déficit externo, as pressões inflacionárias foram indiscutivelmente maiores no Reino Unido que nos Estados Unidos. O Reino Unido, como os Estados Unidos, enfrentou uma demanda reprimida considerável na forma de ativos líquidos, e a escassez de certos gêneros alimentícios essenciais era aguda[163]. Kalecki afirma: "Na ausência de um sistema de controle, esses fatores teriam resultado em inflação aberta"[164]. No entanto, a inflação dos preços ao consumidor nunca ultrapassou a taxa de 8% na década de 1940[165], e a participação do trabalho na renda privada bruta diminuiu apenas ligeiramente[166]. O forte movimento ascendente dos preços após a súbita retirada dos controles de preços nos Estados Unidos foi evitado no Reino Unido, onde a inflação geral permaneceu moderada. Consequentemente, no Reino Unido não houve uma redistribuição drástica dos salários para os lucros, e as greves foram raras, em comparação com as ondas de greve em outros países logo após a guerra e à história de revoltas trabalhistas no próprio Reino Unido durante a Grande Depressão e no fim da década de 1960[167].

O caso do Reino Unido mostra que uma política de transição mais gradual obteve melhores resultados em termos de preços e estabilidade social. Em contrapartida, como argumentei em outra ocasião[168], o caso da Alemanha ocidental, e mais especificamente a reforma monetária e de preços de Ludwig Erhard, é com frequência apontado por economistas neoliberais e ordoliberais como uma prova da eficácia da liberalização de preços não gradual, como a que levou a um ciclo de expansão e recessão nos Estados Unidos. O chamado milagre de Erhard foi citado como prova das maravilhas que um big bang pode realizar. Foi elogiado por políticos importantes como Leszek Balcerowicz e

---

[162] Ibidem, p. 345.

[163] Michał Kalecki, *Inflationary and Deflationary Tendencies*, cit., p. 29.

[164] Ibidem, p. 30.

[165] Alec Cairncross, *Papers of Alec Cairncross*, cit., p. 40.

[166] Michał Kalecki, *Inflationary and Deflationary Tendencies*, cit., p. 30.

[167] Douglas A. Hibbs, "On the Political Economy of Long-Run Trends in Strike Activity", cit., p. 160.

[168] Isabella M. Weber, "Das Westdeutsche und das Chinesische 'Wirtschaftswunder': Der Wettstreit um die Interpretation von Ludwig Erhards Wirtschaftspolitik in Chinas Preisreformdebatte der 1980er", *Jahrbuch für Historische Kommunismusforschung*, 2020, e "The Ordoliberal Roots of Shock Therapy: Germany's 'Economic Miracle' in China's 1980s Reform Debate", em Quinn Slobodian e Dieter Plehwe (orgs.), *Market Prophets from the Margins: Neoliberals East and South* (Nova York, Zone, 2022).

Helmut Kohl, bem como por economistas influentes como Milton Friedman e Jeffrey Sachs nos debates de transição da Europa oriental, da Alemanha, da Rússia e – como veremos – da China[169].

No entanto, estudos recentes, principalmente em língua alemã e em particular o minucioso estudo de Uwe Fuhrmann sobre as consequências imediatas da liberalização de preços, desafiam a narrativa de sucesso instantâneo entregue pelos milagres do mercado[170]. Afirmam que o impacto da liberalização não gradual de preços sobre o nível de preços e a estabilidade social foi semelhante ao dos Estados Unidos. A pesquisa de Fuhrmann mostra que, embora as liberalizações rápidas de Erhard tenham excluído bens essenciais de consumo e produção, além de aluguéis, a reforma de preços causou um aumento na inflação que resultou em greve geral e, por fim, na mudança da economia de livre mercado para a economia social de mercado[171].

Para trazer a economia de volta ao controle, a produção de bens de consumo essenciais sem controle, como sapatos, têxteis e máquinas agrícolas foi incluída no chamado "Programa Jedermann" no fim de 1948. Esse programa criou um núcleo centralmente planejado da economia pelo qual os insumos eram distribuídos pelo governo a empresas privadas e vendidos por comerciantes privados a preços fixados pelo Estado. Além da produção de mercadorias sob esse programa, as empresas tinham de adquirir insumos a preços de mercado e podiam vender aos consumidores a preços de mercado[172]. Essencialmente, a política de transição alemã seguiu um padrão de via de mão dupla com um núcleo planejado e uma periferia coordenada pelo mercado[173]. O programa alemão, embora tenha funcionado por um tempo muito mais curto e em uma

---

[169] Para uma análise detalhada do papel do milagre de Erhard no debate de reforma da China, ver Isabella M. Weber, "Das Westdeutsche und das Chinesische 'Wirtschaftswunder'", cit., e "The Ordoliberal Roots of Shock Therapy", cit.

[170] Uwe Fuhrmann, *Die Entstehung der "Sozialen Marktwirtschaft" 1948-1949: Eine historische Dispositivanalyse* (Constança, UKV, 2017).

[171] Ver, por exemplo, Werner Abelshauser, *Deutsche Wirtschaftsgeschichte Seit 1945* (Munique, C.H. Beck, 2004); Anthony J. Nicholls, *Freedom with Responsibility: The Social Market Economy in Germany 1918-1963* (Oxford, Oxford University Press, 2000); Irmgard Zündorf, *Der Preis der Marktwirtschaft: Staatliche Preispolitik und Lebensstandard in Westdeutschland 1948 bis 1963* (Munique, Franz Steiner, 2006); "Verbraucherpreispolitik und Soziale Marktwirtschaft in Westdeutschland 1948-1963", em Andre Steiner (org.), *Preispolitik und Lebensstandard: Nationalsozialismus, DDR und Bundesrepublik im Vergleich* (Colônia, Böhlau, 2006), p. 129-70.

[172] Uwe Fuhrmann, *Die Entstehung der "Sozialen Marktwirtschaft"*, cit., p. 244-52 e 264-96.

[173] Essa dupla abordagem da governança econômica foi teorizada por Wilhelm Kromphardt, "Marktspaltung und Kernplanung in der Volkswirtschaft", *Dortmunder Schriften zur Sozialforschung*, n. 3, 1947.

escala muito menor, tem semelhanças surpreendentes com o sistema de via de mão dupla que surgiu na reforma chinesa (ver capítulos 5 a 8).

O ataque ao controle de preços e sua recorrência

Nos Estados Unidos, como em outros países, a batalha pelo controle de preços entre associações empresariais – como a Associação Nacional de Fabricantes (ANF) – e os fixadores de preços foi travada não apenas no Congresso e em reuniões clandestinas, mas também na imprensa[174]. *Grosso modo*, a ordem econômica do pós-guerra seria definida naquele momento crítico. Nesse contexto, membros da comunidade de empresários que "ficaram encantados ao conhecer o trabalho de Friedrich Hayek e Ludwig von Mises [...] ajudaram a formar uma rede de apoio aos pensadores austríacos nos Estados Unidos" e, em 1947, fundaram a Sociedade Mont Pèlerin, com o objetivo de longo prazo de mudar o discurso público e acadêmico em favor do livre mercado[175].

Mesmo antes do fim da guerra, Hayek publicou *O caminho da servidão*, que se tornaria referência para neoliberais de todo o mundo nas décadas seguintes[176]. Se Hayek tivesse apoiado o plano de Keynes para o financiamento da guerra, o qual envolvia um grau considerável de planejamento central da produção e pelo menos um papel limitado do controle de preços, isso não teria, em sua opinião, nenhum papel em uma sociedade livre em tempos de paz[177]. Não apenas o planejamento central leva necessariamente

---

[174] Ver, por exemplo, Samuel Tower, "Quick Action Urged: New Stabilizer Tells Congress 'Speculative Fever' Is Rampant", *The New York Times*, 19 fev. 1946. Tower relata que o novo diretor do EAP à época, Bowles, chamou a ANF de "um grupo irresponsável" e a ANF, por sua vez, acusou Bowles de desacreditar "uma associação formada por milhares de empresas de todos os estados da união e responsável por 85% da produção e manufaturas do país". Idem.

[175] Kim Phillips-Fein, "Business Conservatives and the Mont Pelerin Society", em Philip Mirowksi e Dieter Plehwe (orgs.), *The Road from Mont Pelerin: The Making of the Neoliberal Thought Collective* (Cambridge, Harvard University Press, 2009), p. 281; Quinn Slobodian, *Globalists: The End of Empire and the Birth of Neoliberalism* (Cambridge, Harvard University Press, 2018), p. 126-8.

[176] O livro foi publicado pela primeira vez na Inglaterra e posteriormente como artigo na *Reader's Digest*. Para um relato detalhado da história de publicação e recepção, ver Angus Burgin, *The Great Persuasion: Reinventing Free Markets Since the Depression* (Cambridge, Harvard University Press, 2012), p. 87-94.

[177] Como Arthur Pigou resume em sua resenha do livro de Hayek: "Para um Estado engajado em uma guerra moderna, esse método [o planejamento central] é inevitável. É impossível fazer uma guerra efetiva sem ele e, portanto, quaisquer que sejam os males a ele associados, eles devem ser aceitos para evitar o mal pior da derrota militar. Em tempos de paz, porém,

ao fascismo, como qualquer concessão à orientação central conduziria a um caminho perigoso:

> A ideia de centralização completa da direção da atividade econômica ainda assusta a maioria das pessoas – não apenas pela estupenda dificuldade da tarefa, mas sobretudo pelo horror que inspira a ideia de tudo ser dirigido a partir de um único centro. Se, no entanto, nos movemos depressa para tal estado, é em grande parte porque a maioria das pessoas ainda acredita ser possível encontrar um caminho do meio entre a competição "atomística" e a direção central.[178]

Assim, para Hayek, há apenas duas maneiras de organizar a economia e a sociedade: ou o planejamento central, que implica totalitarismo, ou uma sociedade livre, com livre concorrência. Não há meio-termo, apenas a escolha entre um tipo ideal bom e outro ruim. Ou, como Keynes escreveu em uma carta a Hayek, que é, em parte, muito elogiosa ao último livro deste:

> Suponho que, de acordo com as minhas ideias, você subestime muito a praticabilidade do *meio-termo*. [...] Tenta nos persuadir de que, se alguém se mover um centímetro na direção do planejamento, você é necessariamente levado a um *caminho escorregadio* que no devido tempo o levará ao precipício.[179]

Para Hayek, a "competição como princípio de organização social" torna "necessário, em primeiro lugar, que as partes do mercado sejam livres para vender e comprar a qualquer preço pelo qual possam encontrar um parceiro para a transação e que qualquer pessoa seja livre para produzir, vender e comprar qualquer coisa passível de ser produzida ou vendida"[180].

Sendo o mecanismo de preços o cerne da competição, a regulação estatal dos preços obstruiria a base da organização social:

> Qualquer tentativa de controlar preços ou quantidades de mercadorias particulares priva a concorrência de seu poder de promover uma coordenação eficaz dos esforços individuais, porque as mudanças de preços deixam de registrar

não estamos sob tal compulsão". Arthur C. Pigou, "Review: *The Road to Serfdom* by F. A. Hayek", *The Economic Journal*, v. 54, n. 214, 1944, p. 218.

[178] Friedrich A. Hayek, *The Road to Serfdom* (Londres, George Routledge and Sons, 1940), p. 43 [ed. bras.: *O caminho da servidão*, trad. Anna Maria Capovilla, José Ítalo Stelle e Liane de Morais Ribeiro, 5. ed., Rio de Janeiro, Instituto Liberal, 1990].

[179] John M. Keynes, "Letter to Professor F. A. Hayek, 28 June 1944", em Donald Moggridge (org.), *The Collected Writings of John Maynard Keynes*, v. 27: *Activities 1940-1946 Shaping the Post-War World: Employment and Commodities* (Londres, Cambridge University Press, 1980), p. 385-8, grifos nossos.

[180] Friedrich A. Hayek, *The Road to Serfdom*, cit., p. 38.

todas as mudanças relevantes nas circunstâncias e não fornecem mais um guia confiável para as ações do indivíduo.[181]

Assim, o controle de preços equivale a nada menos que privar uma sociedade livre de seu mecanismo de coordenação econômica. Esse é "O caminho da servidão". De acordo com Hayek, "poucas palavras de ordem causaram tanto dano quanto o ideal de uma 'estabilização' de determinados preços (ou salários)"[182].

Hayek reconhece a prevalência de monopólios. Mas, ao contrário de Galbraith ou Sang Hongyang e de certo modo em consonância com os literatos do *Debate sobre o sal e o ferro*, percebe que a maioria dos monopólios é uma criação da interferência estatal que limita a competição natural[183]. Assim, se os preços de monopólio são fixos, como afirma Galbraith, é porque o Estado impede que a função reguladora do mecanismo de preços funcione efetivamente, protegendo certas empresas e setores contra a concorrência. Nos poucos casos em que "o monopólio é inevitável", como as ferrovias, seria melhor ter "as diferentes indústrias monopolistas [...] nas mãos de diferentes particulares que combiná-las sob o controle único do Estado"[184].

Em dezembro de 1945, Ludwig von Mises, outro economista austríaco que havia emigrado recentemente para os Estados Unidos e iniciou o debate do cálculo econômico socialista, manifestou sua posição sobre a questão do controle de preços, o que é celebrado pelo Instituto Mises como "criticamente importante [...] no debate público sobre se e em que medida esses controles deveriam ser reduzidos após a guerra"[185]. Von Mises[186] invoca uma visão idealizada da livre concorrência semelhante à de Hayek[187] e utiliza o argumento do "caminho escorregadio" para qualquer controle seletivo de preços. Tudo o que o teto de preços do governo faria seria limitar a oferta, contrariando a intenção dos consumidores, que causaram a elevação do preço ao exigir mais do que havia disponível. Mas se "essa experiência desagradável não ensinar às autoridades que o controle de preços é fútil e que a melhor política é abster-se

[181] Idem.

[182] Ibidem, p. 134.

[183] Ibidem, p. 133-4.

[184] Ibidem, p. 202-3.

[185] Instituto Mises, "Introduction: Inflation and Price Control by L. von Mises", *Mises Daily Articles*, 2005.

[186] Ludwig von Mises, "Inflation and Price Control", em *Planning for Freedom and Twelve Other Essays and Addresses* (Illinois, Libertarian Press, 1974 [1945]), p. 72-82.

[187] "Na economia livre [...] a coordenação das atividades dos vários indivíduos e sua integração em um sistema harmonioso para fornecer aos consumidores os bens e serviços que eles demandam é realizada pelo processo de mercado e pela estrutura de preços que ele gera." Ludwig von Mises, "Inflation and Price Control", cit., p. 72.

de qualquer esforço para controlar os preços"[188], Von Mises afirma que os controles devem necessariamente se espalhar até abarcar toda a economia:

> A oferta daqueles fatores de produção cujos preços foram limitados diminui. Então, novamente, o governo deve expandir seus tetos de preços. Deve fixar o preço dos fatores secundários de produção necessários para a produção dos fatores primários. Assim, o governo deve ir cada vez mais longe. Deve fixar o preço de todos os bens de consumo e de todos os fatores de produção, tanto os materiais quanto os de trabalho.[189]

Dessa forma, para Von Mises, assim como para Hayek, uma "política de meio-termo leva ao socialismo" e o controle governamental do preço do leite, por exemplo, é suficiente para iniciar o caminho escorregadio do planejamento central e destruir a livre concorrência[190].

Apesar dos ataques teóricos, o controle de preços, eficaz ou não, foi uma política usada repetidamente nos Estados Unidos nas décadas seguintes. Foi reintroduzido, por exemplo, durante a Guerra da Coreia e nos anos 1971-1973, no contexto da Guerra do Vietnã. O preço de algumas mercadorias – entre as quais o leite – ainda permanecia sob controle do governo[191]. A persistência do controle de preços encorajou os numerosos ataques de Milton Friedman em uma infinidade de publicações[192].

Hayek submeteu-se à necessidade dos controles no caso especial dos tempos de guerra. Em contraste, Friedman argumenta que o resultado do controle direto de preços desde tempos antigos "sempre foi o mesmo: fracasso completo"[193]. Para ele, "inflação é sempre e em toda parte um fenômeno

---

[188] Ibidem, p. 74.

[189] Idem.

[190] Ludwig von Mises, "Middle-of-the-Road Policy Leads to Socialism", em *Planning for Freedom and Twelve Other Essays and Addresses* (Illinois, Libertarian, 1974 [1950]), p. 22-4.

[191] Stephen Mihm, "Milk Wars Curdled U.S.-Canada Relationship Long Ago", *Bloomberg*, 29 abr. 2017; D. Quinn Mills, "Some Lessons of Price Controls in 1971-1973", *The Bell Journal of Economics*, v. 6, n. 1, 1975, p. 3-49; Hugh Rockoff, *Drastic Measures*, cit.

[192] Por exemplo, Milton Friedman, "Price, Income, and Monetary Changes in Three Wartime Periods", *American Economic Review*, v. 42, n. 2, 1952, p. 612-25; *Friedman on Galbraith and on Curing the British Disease*, cit.; Milton Friedman e Rose Friedman, *Free to Choose: A Personal Statement* (Nova York, Harcourt Brace Jovanovich, 1980) [ed. bras.: *Livre para escolher: um depoimento pessoal*, trad. Ligia Filgueiras, Rio de Janeiro, Record, 2015]; Milton Friedman e Anna J. Schwartz, *A Monetary History of the United States* (Princeton, Princeton University Press, 1963).

[193] Milton Friedman, "What Price Guideposts?", em George Shultz e Robert Z. Aliber (orgs.), *Guidelines, Informal Controls, and the Market Place: Policy Choices in a Full Employment Economy* (Chicago, The University of Chicago Press, 1966), p. 17-8.

monetário que resulta e é acompanhado de um aumento na quantidade de moeda em relação ao produto"[194]. Portanto, a única maneira de conter a inflação é impedir que a quantidade de dinheiro aumente. Friedman acredita que "as pessoas são tão inflexíveis em relação ao montante que possuem na forma de dinheiro" que, sempre que a quantidade total de dinheiro aumenta, elas simplesmente gastam a quantia adicional, em vez de aumentar sua reserva em dinheiro[195]. Os preços subirão, e haverá inflação. Sob condições de excesso de dinheiro, se o governo controlar o preço de uma mercadoria – por exemplo, o aço –, o que acontecerá, na visão de Friedman, é que a pressão da demanda por moeda será exercida sobre outras mercadorias. A oferta de aço cairia, pois, com o preço artificialmente baixo, o produtor não teria condições de produzir mais. Aqueles que não pudessem satisfazer sua demanda, segundo a lógica de Friedman, recorreriam a materiais substitutos[196].

Esse raciocínio foi contestado pela análise de Galbraith da experiência da Segunda Guerra Mundial. Conforme discutimos, Galbraith mostrou que, em mercados altamente concentrados, como o do aço, os produtores mais racionaram que limitaram a oferta à luz do teto de preços, preservando a relação com a clientela de longo prazo. Ao mesmo tempo, no caso de determinadas tecnologias, o aço não pode ser substituído por outros materiais no curto prazo. Como vimos, em vez de manter uma quantidade constante de dinheiro, os indivíduos aumentaram suas economias anuais em mais de dez vezes nos anos de guerra. Portanto, os consumidores optaram por reter grande parte de sua demanda de consumo, em vez de transferir sua demanda para substitutos.

Friedman faz analogia com uma "caldeira a vapor funcionando no máximo". Vamos utilizar a mesma analogia para demonstrar a diferença básica entre a lógica de Galbraith e a de Friedman.

Friedman resume sua argumentação contra os controles diretos de preços da seguinte forma:

> Controlar o calor em uma sala fechando o radiador dessa sala apenas superaquece as outras salas. Fechar todos os radiadores acumula pressão na caldeira, aumentando o risco de explosão. Fechar ou abrir um radiador é uma boa maneira de ajustar a quantidade relativa de calor em diferentes salas, mas não é uma boa maneira de corrigir o excesso de combustível do forno.[197]

---

[194] Ibidem, p. 18.
[195] Ibidem, p. 29.
[196] Ibidem, p. 20.
[197] Idem.

Para Friedman, uma vez que a caldeira está superaquecida, é melhor deixá-la aquecer toda a casa que suprimir o calor: "Inflação suprimida é pior que inflação livre"[198]. Não só a inflação suprimida é ineficaz, como a imposição de controles – como em Von Mises e Hayek – leva necessariamente ao planejamento central. Se a inflação suprimida se acumula como resultado do controle de preços, não há caminho a não ser passar pelo ciclo de expansão e recessão. Depois que toda a casa está superaquecida, é preciso resfriá-la: "Qualquer política eficaz para conter a inflação é dolorosa. Quando a inflação aparece, simplesmente não há como pará-la sem uma desaceleração da economia e provavelmente uma recessão"[199].

Em contraste, Galbraith sugere que não devemos cruzar os braços e esperar que a casa primeiro superaqueça e depois resfrie a ponto de se tornar um palácio de gelo, fazendo os moradores passar por grande sofrimento. Ao contrário, devemos estudar cuidadosamente os fluxos de calor e a estrutura da casa. Em algumas salas talvez possamos abrir uma janela. Podemos ligar o radiador no máximo nessas salas para diminuir a pressão e mantê-los no mínimo nas salas em que não é possível abrir as janelas. Isso não resolverá o problema da caldeira, mas manterá a casa em uma temperatura confortável, enquanto procuramos maneira de consertar a caldeira.

Galbraith apela para o bom senso. Friedman, por sua vez, descarta a capacidade de julgamento racional do leigo: "Para desespero de todo economista, parece quase impossível para a maioria das pessoas, exceto economistas treinados, compreender como funciona um sistema de preços"[200]. Friedman costumava chamar "Galbraith [de] um 'socialista' ou pior"[201], e deu-se ao trabalho de escrever um livro para minar a popularidade do raciocínio econômico de Galbraith[202]. Nos tempos de Margaret Thatcher e Ronald Reagan, Friedman convenceu os especialistas e o público de que o controle de preços nunca serviria de nada. Mais tarde, quando a economia de Friedman chegou ao apogeu logo após o colapso da União Soviética, Galbraith recordou os fundamentos profundamente antiéticos dessa visão da economia. Segundo ele, essa abordagem na formulação de políticas econômicas baseava-se em

> aceitação casual de – e mesmo compromisso com – privação humana, desemprego, inflação e padrões de vida desastrosamente baixos. Isso é visto até mesmo como uma terapia fundamental: da experiência do desemprego e da

[198] Ibidem, p. 31.
[199] Milton Friedman, "Monumental Folly", *Newsweek*, 25 jun. 1973, p. 65.
[200] Milton Friedman e Rose Friedman, *Free to Choose*, cit., p. 220.
[201] O biógrafo de Galbraith sugere que essa afirmação foi "sempre amenizada por Galbraith pelo fato de Friedman também considerar que a Previdência Social e o imposto de renda são 'socialistas'". Richard Parker, *J. K. Galbraith*, cit., p. 483.
[202] Milton Friedman, *Friedman on Galbraith*, cit.

fome surgirá uma ética de trabalho nova e revitalizada, uma força de trabalho ávida pela disciplina da livre iniciativa.[203]

Como veremos na segunda parte deste livro, essa é a lógica da terapia de choque.

Conclusão

Em um trabalho de pesquisa intitulado "Reflections on the Invisible Hand" [Reflexões sobre a mão invisível], concluído no contexto das campanhas eleitorais de Tony Benn e Margaret Thatcher, Frank Hahn descobre que aqueles que acreditam no poder onipotente tanto da mão visível quanto da mão invisível "tomam como certo que em algum lugar existe uma teoria, um corpo de proposições logicamente conectadas e baseadas em postulados que não estão em grande contradição com o que é o caso, sustentando suas políticas"[204]. A mesma suposição estribava ambos os lados no debate do cálculo econômico socialista e na ortodoxia econômica da época. No entanto, durante a Segunda Guerra Mundial, mesmo o autodeclarado pioneiro da livre iniciativa, os Estados Unidos, adotou uma abordagem pragmática do uso da mão visível e controlou, entre outras coisas, a maior parte dos preços e dos salários para financiar a guerra, enquanto mantinha a inflação baixa. Não apenas abandonou o ideal de pureza da mão invisível, como, mais fundamentalmente, reconheceu que não existe "uma teoria, um corpo de proposições logicamente conectadas" que servisse para elaborar um esquema abrangente para a política econômica. Ao contrário, era preciso aplicar a "abordagem de improviso, passo a passo, caso a caso", que Hahn recomendava como "a única razoável em política econômica"[205].

Como Galbraith observou, essa mudança de atitude não duraria em tempos de paz:

> Embora a experiência da Segunda Guerra Mundial tenha sido de modo geral e, de certa forma, inesperadamente bem-sucedida, ela não chamou a atenção dos economistas. Apesar de muitos colegas de profissão terem se envolvido

---

[203] John K. Galbraith, "The Rush to Capitalism", *The New York Review*, 25 out. 1990. Para uma crítica da terapia de choque e uma proposta alternativa de transição inspirada em parte na experiência de fixação de preços de Galbraith, ver John K. Galbraith, "Revolt in Our Time: The Triumph of Simplistic Ideology", em Gwyn Prins (org.), *Spring in Winter: The 1989 Revolutions* (Manchester, Manchester University Press, 1992).

[204] Frank Hahn, "Reflections on the Invisible Hand", *Fred Hirsch Memorial Lecture* (Warwick, Universidade de Warwick, 1981).

[205] Ibidem, p. 27.

no contexto quando a guerra acabou, a maioria voltou aliviada não apenas para as faculdades e universidades, mas também para a economia clássica e os mercados descontrolados que pareciam ser a norma em tempos de paz.[206]

Enquanto faziam *lobby* para o rápido fim dos controles de preços em 1946, as associações empresariais se aliaram a economistas que estavam relançando sua campanha a favor da mão invisível ininterrupta. Von Mises, Hayek, Friedman e outros insistiam que qualquer forma de controle direto de preços levaria ao caminho escorregadio do planejamento central e ao fim da liberdade. Somente na década de 1980 essa crença na concorrência pura, encapsulada na magia do mecanismo de preços, ganhou a mente do público. Ainda assim, certos controles de preços – por exemplo, no setor de energia, produtos agrícolas, aluguéis e salários mínimos – foram mantidos.

Na década de 1980, quando a crise das economias socialistas trouxe à tona a questão da reforma, os proponentes da exclusividade mútua da mão visível e da mão invisível sugeriram que só havia escolha entre o tipo ideal bom do livre mercado e o tipo ideal ruim do planejamento central. Este último havia se provado errado pela história, argumentavam. Portanto, era uma "escolha sem escolha". Como se afirmara por décadas, qualquer concessão ao controle de preços – mesmo que apenas para o leite ou o pão – levaria de volta ao planejamento central. Portanto, dessa perspectiva, a única alternativa era avançar para os preços livres com um big bang. Esse foi o destino da antiga União Soviética e de muitos países do Leste Europeu. A China escapou do big bang recuperando o aproveitamento de forças espontâneas pelo Estado, o que pode ser analisado do ponto de vista de uma longa tradição na política chinesa. Em outras palavras, a *mão invisível foi introduzida sob a orientação da mão visível*. Esse processo de criação de mercado será o assunto da segunda parte deste livro.

[206] John K. Galbraith, *A Theory of Price Control*, cit., p. ii.

3

Recriando a economia
Estabilização de preços e a revolução comunista

A Nova China, liderada pelo Partido Comunista Chinês, controlou em menos de um ano a inflação galopante de doze anos que herdou da velha sociedade. [...] A situação naquela época era tão crítica que a burguesia não teve escolha a não ser curvar-se.

Liu Suinian e Wu Qungan[1]

O governo da China comunista está conseguindo controlar os preços. [...] O controle de necessidades diárias, matérias-primas e preços de suprimento de combustíveis é mantido pela compra quando os preços caem e pela venda quando os preços sobem. O mercado é mantido em equilíbrio dessa forma.

CIA na China[2]

Introdução

O argumento do "caminho escorregadio" de Hayek sustenta que a imposição de controles de preços leva necessariamente ao totalitarismo (ver capítulo 1). Em nítido contraste, duas das mudanças políticas mais fundamentais do século XX – a ascensão do fascismo alemão e a vitória dos comunistas chineses – foram pavimentadas pela perda de controle sobre o sistema de preços e moeda, culminando em hiperinflação[3]. Em seu prefácio ao livro de

---

[1] Liu Suinian e Wu Qungan, *China's Socialist Economy: An Outline History (1949-1984)* (Pequim, Beijing Review, 1986), p. 37-8.

[2] Central Intelligence Agency (CIA), "Price Control in Communist China, 1950-1951: Price Indexes", 1952. Distribuído em maio de 1954. Cópia aprovada para publicação em 19 de outubro de 2011.

[3] No que diz respeito à escala da hiperinflação alemã e chinesa, Colin Simkin ("Hyperinflation and Nationalist China", em Albert R. Berstrom et al. [orgs.], *Stability and Inflation: A Volume*

Constantino Bresciani-Turroni, Lionel Robbins escreve: "A depreciação do marco em 1914-1923 [...] é um dos episódios fulcrais da história do século XX. Não só pela magnitude, mas também pelos efeitos, ela paira amplamente em nosso horizonte. [...] Hitler é filho adotivo da inflação"[4].

Em seu estudo clássico *The Chinese Inflation, 1937-1949* [A inflação chinesa, 1937-1949], Chou Shun-Hsin observa que o comentário de Robbins poderia ser aplicado igualmente à China. Na análise de Chou, como na da maioria dos comentaristas, independentemente de orientação política, "a inflação foi uma das principais causas da queda do governo nacionalista e da ascensão do comunismo na China continental"[5].

Por mais que a inflação tenha favorecido a queda dos nacionalistas, o êxito dos comunistas, assegurando a estabilidade de preços em questão de meses, foi uma importante fonte de legitimidade[6]. O rápido sucesso dos

of Essays to Honour the Memory of A. W. H. Phillips, Chichester, John Wiley & Sons, 1978, p. 113) observou que isso depende da medida aplicada: "Se aceitamos a definição reconhecidamente arbitrária de Cagan de que o ponto de partida da hiperinflação é o mês em que a taxa de aumento dos preços gerais excede pela primeira vez 50% (Phillip Cagan, "The Monetary Dynamics of Hyperinflation", em Milton Friedman [org.], *Studies in the Quantity Theory of Money*, Chicago, Chicago University Press, 1956, p. 25), então a hiperinflação chinesa só começou em janeiro de 1948. Desde então, até abril de 1949, quando os comunistas tomaram Xangai, os preços no atacado naquela cidade aumentaram a um fator de 1,80 (10^7) (Chou Shun-Hsin, *The Chinese Inflation, 1937-1949*, Nova York, Columbia University Press, 1963, p. 34 e 264). Isso se compara aos números de Cagan de [...] 1,02 (10^{10}) para a hiperinflação alemã de 1922-1923. [...] Se, no entanto, preferimos pensar na hiperinflação como o último estágio de um processo de agravamento de uma inflação séria, então a comparação muda. Entre dezembro de 1937, quando a começou guerra com o Japão, e abril de 1949, os preços chineses subiram a um fator de 4,79 (10^{12}). Isso é maior que o fator de 1,26 (10^{12}) de aumento dos preços na Alemanha entre 1914 e 1924 e o fator de 1,71 (10^{10}) de aumento dos preços na Rússia no mesmo período; e a hiperinflação russa superou as da Áustria, Hungria e Polônia após a Primeira Guerra Mundial". Phillip Cagan, "The Monetary Dynamics of Hyperinflation", cit., p. 26; Chou Shun-Hsin, *The Chinese Inflation*, cit., p. 261. De acordo com essa última medida, a hiperinflação chinesa foi a pior.

[4] Lionel Robbins, "Foreword", em Constantino Bresciani-Turroni, *The Economics of Inflation: A Study of Currency Depreciation in Post-War Germany* (Northampton, John Dickens & Co., 1937), p. 5 [ed. bras.: *Economia da inflação: o fenômeno da hiperinflação alemã nos anos 20*, Rio de Janeiro, Expressão e Cultura, 1989].

[5] Chou Shun-Hsin, *The Chinese Inflation*, cit., p. xi.

[6] John K. Fairbank, *The United States and China* (4. ed., Cambridge, Harvard University Press, 1983), p. 346; Ronald Hsia, *Price Control in Communist China* (Nova York, International Secretariat Institute of Pacific Relations, 1953), p. 25; Isabelle Tsakok, "Inflation Control in the People's Republic of China, 1949-1974", *World Development*, v. 7, n. 8-9, 1979, p. 865; Suzanne Pepper, *Civil War in China: The Political Struggle, 1945-1949* (Lanham, Roman & Littlefield, 1999), p. 95-131.

comunistas, superando a hiperinflação, derrotou as previsões pessimistas das principais potências capitalistas, que, como mostrou nosso capítulo anterior, lutavam para estabilizar seus próprios níveis gerais de preços após a Segunda Guerra Mundial[7].

Na longa história da China, os ciclos dinásticos estiveram frequentemente em sincronia com os ciclos de estabilidade monetária[8]. Nos tempos imperiais, acreditava-se que um governante que tivesse controle sobre a moeda cumpria o "mandato do céu": ele exercia legitimamente seu poder em nome das forças divinas, ao cumprir a obrigação moral de servir ao povo. Quando Chen Yun, então presidente da Comissão Financeira e Econômica do governo e talvez o mais importante líder econômico do comunismo chinês, avaliou o trabalho econômico dos comunistas no trigésimo aniversário do partido, em 1951, ele destacou a estabilização do valor do dinheiro como sua maior conquista[9]. Sem dúvida, a vitória contra a hiperinflação consolidou o domínio do governo comunista e foi simbolicamente importante para seu poder.

Argumento que um elemento crucial para que os comunistas superassem a hiperinflação no fim da década de 1940 e no início da de 1950 foi a recriação e a integração de mercados por meio de agências comerciais estatais. O restabelecimento das redes de comércio de bens essenciais serviu para revitalizar a produção, reintegrar a economia urbana e rural e, em última análise, estabilizar o valor do dinheiro. Para isso, eles se apoiaram em técnicas de governança econômica e regulação de preços com participação do Estado no mercado que são surpreendentemente semelhantes às da tradição estatal discutida no capítulo 1.

Não afirmo que os comunistas dos anos 1940 foram necessária e diretamente influenciados por textos antigos. Mas não há dúvida de que conheciam as técnicas tradicionais de regulação econômica, o sistema de celeiros e o comércio fiscal de sal. Mostro que, em certo nível conceitual, uma lógica muito semelhante está por trás da "guerra econômica" dos anos 1940, tal como é expressa no *Guanzi*, no *Debate sobre o sal e o ferro* e nos escritos posteriores do Estado chinês, no que diz respeito aos desafios da política fiscal e da estabilização de preços, em particular em tempos de guerra e crise fiscal. Isso aponta para as profundas raízes históricas da guerra econômica dos revolucionários.

[7] Ling Tseng e Lei Han, *The Circulation of Money in the People's Republic of China* (Moscou, Gosfinizdat, 1959), p. 34.

[8] Chang Kai-nagu, *The Inflationary Spiral: The Experience in China, 1939-1950* (Nova York, MIT Press/John Wiley & Sons, 1958), p. 3; Alexander Eckstein, *China's Economic Revolution* (Cambridge, Cambridge University Press, 1977), p. 160-1; John K. Fairbank, *The United States and China*, cit., p. 80-105.

[9] Wu Yuan-Li, *An Economic Survey of Communist China* (Nova York, Bookman Associates, 1956), p. 64.

Sebastian Heilman e Elizabeth Perry constatam que "se pode observar que as características básicas do estilo de política de guerrilha [do Partido Comunista] são congruentes com uma longa e influente linha de pensamento tradicional que enfatiza abordagens fluidas, dialéticas e táticas para gerenciar tensões e contradições onipresentes"[10]. Proponho que o mesmo se aplica ao domínio da governança econômica.

No fim da década de 1970 e ao longo da década de 1980, a questão de como recriar a economia e os mercados tornou-se decisiva. Para responder a ela, a experiência da "guerra econômica" na guerra civil chinesa e a reintegração do mercado nacional após a revolução tornaram-se fontes fundamentais de conhecimento para os formuladores de políticas e importantes legados institucionais para a experimentação. Meu argumento de que a experiência de estabilização e mercantilização em tempos de guerra é essencial para entender a estratégia chinesa de reforma complementa outras contribuições recentes e enfatiza a importância da experiência de guerra na formação da China moderna[11]. Como mostram os capítulos subsequentes, a criação gradual da reforma de via de mão dupla na China baseou-se em parte na experiência de criação de mercado pelos antigos revolucionários e autoridades locais. Se durante a guerra civil chinesa o PCCh manteve suas táticas fiscais e econômicas em grande parte secretas, na década de 1980 houve uma onda de publicações sobre a "guerra econômica"[12]. Uma das primeiras contribuições foi o *Trabalho econômico nas áreas liberadas de Shandong durante a guerra de resistência e libertação contra o Japão*, de Xue Muqiao (1979)[13]. Xue foi um importante arquiteto tanto da "guerra econômica" na década de 1940 quanto das reformas econômicas, quarenta anos depois. No alvorecer da reforma, Xue escreveu no prefácio de seu livro: "Grande parte da experiência de nosso trabalho econômico durante a luta revolucionária deve ser reconsiderada no momento presente". As táticas de "guerra econômica" moldaram a economia defendida pela geração mais velha

---

[10] Sebastian Heilmann e Elizabeth J. Perry, "Embracing Uncertainty: Guerrilla Policy Style and Adaptive Governance in China", em Sebastian Heilmann e Elizabeth J. Perry (orgs.), *Mao's Invisible Hand: The Political Foundations of Adaptive Governance in China* (Cambridge, Harvard University Asia Center, 2011), p. 15.

[11] Rana Mitter, "Shaped by Conflict: New Writing on China's Wartime Experience in the Early Twentieth Century", *Twentieth-Century China*, v. 45, n. 1, 2020, p. 113-8.

[12] Lai Xiaogang, *A Springboard for Victory: Shandong Province and Chinese Communist Military and Financial Strength, 1937-1945* (Leiden, Brill, 2011), p. xviii.

[13] Xue Muqiao, *Economic Work in the Shandong Liberated Areas During the War of Anti-Japanese Resistance and Liberation* (抗日战争时期和解放战争时期山东解放区的经济工作) (Pequim, People's Press, 1979).

de reformadores e são a base de minha análise do debate sobre a reforma de mercado nos anos 1980.

Hiperinflação e o fracasso do controle de preços

A perda de controle do governo nacionalista sobre a inflação estava enraizada em sua incapacidade de controlar a economia nacional em tempos de guerra. A inflação surgiu com a eclosão da Guerra Sino-Japonesa (1937) e, em meados da década de 1940, evoluiu para uma hiperinflação crônica. A velocidade do dinheiro aumentava à medida que os preços subiam mais rápido que a quantidade de dinheiro[14].

O problema básico das finanças de guerra, conforme discutimos no capítulo anterior em referência a Keynes[15], foi severamente agravado no caso chinês, pois o governo não conseguiu recuperar suas fontes de receita. A falta de fontes suficientes de receita fiscal e os altos custos da guerra deixaram os nacionalistas em uma situação impossível quando os norte-americanos exigiram o equilíbrio do orçamento governamental como condição para novos empréstimos. À medida que o esforço de guerra continuava, o governo nacionalista recorria ao que Keynes havia identificado como a forma menos desejável de pagar o conflito: imprimir dinheiro para financiar seu déficit[16]. A economia entrou em uma espiral inflacionária na qual o aumento dos preços superava o aumento da quantidade de dinheiro[17].

Ronald Hsia apontou duas causas para essa hiperinflação. A primeira era "uma deficiência absoluta no suprimento de necessidades diárias nas áreas urbanas" e a segunda era "uma expansão contínua do fluxo de renda monetária"[18], o que significa que a quantidade cada vez maior de dinheiro encontrava

---

[14] Colin D. Campbell e Gordon C. Tullock, "Hyperinflation in China, 1937-1949", *Journal of Political Economy*, v. 62, n. 3, 1954, p. 227-8.

[15] John M. Keynes, *How to Pay for the War: A Radical Plan for the Chancellor of the Exchequer* (Nova York, Harcourt, Brace and Company, 1940).

[16] Colin D. Campbell e Gordon C. Tullock, "Hyperinflation in China", cit., p. 226-7; Alexander Eckstein, *China's Economic Revolution*, cit., p. 162; Suzanne Pepper, "The KMT-CCP Conflict 1945-1949", em John K. Fairbank e Albert Feuerwerker (orgs.), *The Cambridge History of China*, v. 13: *Republican China 1912-1949* (Cambridge, Cambridge University Press, 1986), p. 741-2; US Department of State, *United States Relations with China, with Special Reference to the Period 1944-1949* (Washington, Department of State Publications, 1949), p. 394 e 781; Hans van de Ven, *China at War: Triumph and Tragedy in the Emergence of the New China* (Cambridge, Harvard University Press, 2018), p. 183.

[17] Chang Kai-nagu, *The Inflationary Spiral*, cit., p. 371-5.

[18] Ronald Hsia, *Price Control in Communist China*, cit., p. 23.

uma quantidade de bens cada vez menos suficiente para a subsistência básica. Ambos os fatores evoluíram a partir da tomada das áreas mais produtivas do país pelo Japão, o que cortou suprimento de produtos importantes e privou o governo chinês de fontes de receita cruciais, como o sal[19].

O suprimento insuficiente foi agravado por três fatores. O primeiro foi o *colapso da integração do mercado*: Solomon Adler, que trabalhou para o Departamento do Tesouro dos Estados Unidos na China de 1941 a 1947, observou que "a extensão da integração entre os mercados locais e regionais e entre estes e o mercado nacional era extremamente desigual"[20]. O transporte, em particular ferrovias e hidrovias, tornou-se progressivamente disfuncional em consequência dos bloqueios japoneses, da guerra e da má administração[21]. Os nacionalistas tomavam as carroças dos camponeses para usá-las na guerra e os privavam de meios de transporte para levar a colheita até os mercados locais[22]. A desintegração do mercado nacional também se refletiu em amplas variações de preço dos grãos e dos preços em geral[23]. Além do colapso da logística, o comércio foi prejudicado pela falta de uma moeda nacional unificada e estável, pois nacionalistas, comunistas e japoneses colocaram em circulação sua própria moeda[24].

O segundo fator que exacerbou a baixa oferta de bens de primeira necessidade foi *uma queda dramática na produção agrícola, combinada com a quebra das importações*. Os sistemas de barragem e irrigação não foram mantidos de forma adequada, tornando a terra vulnerável a secas e inundações. O aumento dos salários nas cidades e o recrutamento militar causaram escassez de mão de obra no campo. Isolados dos canais de transporte, os camponeses se dedicaram cada vez mais à agricultura de subsistência, trocando as culturas comercializáveis em dinheiro por grãos

---

[19] Alexander Eckstein, *China's Economic Revolution*, cit., p. 161-2; Carl Riskin, *China's Political Economy: The Quest for Development Since 1949* (Oxford, Oxford University Press, 1987), p. 33; Lai Xiaogang, *A Springboard for Victory*, cit., p. 161; Hans van de Ven, *War and Nationalism in China, 1925-1945* (Londres, Routledge, 2003), p. 259 e 263-4.

[20] Solomon Adler, *The Chinese Economy* (Londres, Routledge/Kegan Paul, 1957), p. 10-1.

[21] Ibidem, p. 11 e 13-4; Liu Suinian e Wu Qungan, *China's Socialist Economy*, cit., p. 10 e 16; Hans van de Ven, *War and Nationalism in China*, cit., p. 268.

[22] Ramon Myers, "The Agrarian System", em John K. Fairbank e Albert Feuerwerker (orgs.), *The Cambridge History of China*, cit., p. 269-75.

[23] Hans van de Ven, *War and Nationalism in China*, cit., p. 270; Paul B. Trescott, *Jingji Xue: The History of the Introduction of Western Economic Ideas into China, 1850-1950* (Hong Kong, The Chinese University Press, 2007), p. 288.

[24] Chou Shun-Hsin, *The Chinese Inflation*, cit., p. 1-7; Lai Xiaogang, *A Springboard for Victory*, cit., p. 158.

básicos e retirando-se do mercado nacional em colapso[25]. Ramon Myers afirma que o colapso do sistema de abastecimento e distribuição de grãos sob os nacionalistas atingiu uma escala nunca vista nos tempos imperiais[26]. Isso fez com que o preço dos grãos nas cidades aumentasse a ponto de se tornar lucrativo importar grãos do exterior. Essas regiões agora dependentes das importações foram posteriormente excluídas do comércio internacional por causa dos bloqueios japoneses na década de 1940. A população mal conseguia se alimentar. A escassez de grãos causou pânico e açambarcamento, o que por sua vez agravou a já baixa oferta[27].

O terceiro fator foi a *alta rentabilidade da especulação e do açambarcamento, em comparação com a produção industrial.* Os capitalistas, em vez de investir na produção doméstica, cada vez mais buscavam lucros imediatos especulando com os preços das mercadorias, que poderiam ser em ouro, divisas estrangeiras e transferências para o exterior. Em 1943, a China entrou em depressão industrial[28]. O preço da energia e dos insumos básicos aumentava, à medida que a produção diminuía. Os custos com transporte dispararam. A escalada da inflação desencadeou greves generalizadas, que o governo tentou pacificar atrelando os salários aos preços. Isso resultou em uma espiral preço-salário que elevou ainda mais os preços[29]. Os assalariados, em vez de guardar dinheiro, se livravam dele o mais rápido possível para acumular bens de consumo, visando a garantir seu sustento[30].

A crise da lucratividade industrial foi agravada pela estratégia de arrecadação de receita dos nacionalistas. Antes da guerra, Chiang Kai-shek reuniu alguns dos principais economistas do país em Lushan para discutir as finanças em tempos de guerra. Um proeminente conselheiro era Ma Yinchu. Ma é

---

[25] Solomon Adler, *The Chinese Economy*, cit., p. 13; Liu Suinian e Wu Qungan, *China's Socialist Economy*, cit., p. 10; Ramon Myers, "The Agrarian System", cit., p. 257-68. Liu e Wu estimaram a queda da produção na época da tomada comunista: "Em comparação com o ano de pico antes de 1937, o valor da produção agrícola em 1949 caiu mais de 20%, com uma queda na produção de grãos de 22,1% [...] a produção de algodão caiu 48% [...] e o número de porcos caiu 26,1%. [...] O valor da produção industrial despencou 50%, com uma queda de 70% na produção industrial pesada e de 30% na produção industrial leve". Liu Suinian e Wu Qungan, *China's Socialist Economy*, cit., p. 17. Para uma discussão sobre o processo de retirada do mercado nacional e produção de subsistência ou mercados locais no setor de algodão, ver Richard A. Kraus, *Cotton and Cotton Goods in China, 1918-1936* (Nova York, Garland, 1980), p. 42-3.

[26] Ramon Myers, "The Agrarian System", cit., p. 257.

[27] Hans van de Ven, *War and Nationalism in China*, cit., p. 258-9.

[28] Ibidem, p. 275.

[29] Suzanne Pepper, "The KMT-CCP Conflict 1945-1949", cit., p. 743.

[30] Solomon Adler, *The Chinese Economy*, cit., p. 13.

famoso principalmente por sua abordagem malthusiana da economia, que justificou a política do filho único na China na década de 1980. Ele fez doutorado em economia na Universidade Columbia, quando estudou as finanças da cidade de Nova York[31]. Ao retornar à China, imitou as instituições e práticas ocidentais, focando dinheiro, bancos e políticas fiscais[32]. A política decidida em Lushan foi a de taxar propriedades e salários urbanos (em vez da economia rural), emitir dívidas e imprimir dinheiro[33].

O governo nacionalista fez várias tentativas malsucedidas de estabilizar o valor do dinheiro. Houve introdução de novas moedas e duas tentativas (fracassadas), em 1942 e 1943, de realizar um congelamento geral de preços ao estilo norte-americano, para o qual foi convidado para atuar como conselheiro Leon Henderson, ex-diretor do Escritório de Administração de Preços dos Estados Unidos (ver capítulo 2)[34]. As últimas tentativas de controlar os preços, combinadas com reformas monetárias, foram realizadas em 1947 e 1948[35]. No entanto, Henderson e o governo nacionalista não conseguiram repetir o sucesso norte-americano no congelamento de preços.

As razões básicas para o fracasso da política de controle de preços na China são congruentes com aquelas que Galbraith identificou como subjacentes ao sucesso da mesma política nos Estados Unidos (ver capítulo 2). Dado o baixo grau de concentração na economia chinesa (predominantemente agrícola, com uma indústria em declínio e taxas de câmbio em colapso), não houve racionamento a preços estáveis autoadministrado pelos fornecedores, como, segundo Galbraith, ocorrera na economia industrial altamente concentrada dos Estados Unidos. Ao contrário, os lojistas chineses retiveram o fornecimento regular e usaram os estoques para especular. Mesmo as empresas produtivas deixaram de produzir novos itens para especular no mercado de ações, enquanto o desinvestimento e a fuga de capitais minavam ainda mais a capacidade de produção[36].

Após quatro anos de inflação, a população chinesa havia perdido a fé no valor do dinheiro. Não estava disposta a economizar grandes parcelas de sua renda, como fizeram os norte-americanos durante a Segunda Guerra Mundial. Pelo contrário, os chineses tentavam se livrar do dinheiro o mais rápido

---

[31] Paul B. Trescott, *Jingji Xue*, cit., p. 69.
[32] Ibidem, p. 117 e 226.
[33] Hans van de Ven, *War and Nationalism in China*, cit., p. 259.
[34] Arthur N. Young, *China's Wartime Finance and Inflation, 1937-1945* (Cambridge, Harvard University Press, 1965), p. 145-9.
[35] Wu Yuan-Li, *An Economic Survey of Communist China* (Nova York, Bookman Associates, 1956), p. 51-2; Suzanne Pepper, "The KMT-CCP Conflict 1945-1949", cit., p. 743-7.
[36] Alexander Eckstein, *China's Economic Revolution*, cit., p. 164; US Department of State, *United States Relations with China*, cit., p. 569 e 781.

possível, acelerando, assim, a velocidade do dinheiro e aumentando a pressão da demanda[37]. Em contraste com os Estados Unidos, que conseguiram um aumento da produção durante a Segunda Guerra Mundial, a economia chinesa falhou em fornecer bens de consumo à população.

Duas outras razões importantes para o fracasso do controle de preços na China foram o alto grau de variação regional e local de preços, resultante da desintegração do mercado, e o controle burocrático desigual, concentrado principalmente nas cidades. Os comerciantes evitavam lugares (sobretudo cidades) onde o controle de preços era efetivo, e isso acabou agravando a escassez local e a pressão sobre os preços[38]. A fixação desigual de preços nas áreas urbanas e rurais também resultou em preços mais baixos nas cidades, o que levou os grãos de volta para o campo. O governo abandonou o racionamento de alimentos básicos que havia introduzido como parte da política de congelamento de preços e voltou a fornecer subsídios monetários. O colapso do mercado de grãos resultou em tumultos generalizados que minaram o sistema de controle de preços[39].

Um monopólio abrangente do sal, praticado pelo governo chinês desde os tempos antigos (ver capítulo 1), funcionaria como complemento ao congelamento geral de preços, em resposta à crise fiscal e monetária. Tal monopólio prometia contribuir para a estabilidade de preços e ao mesmo tempo criar uma fonte de receita fiscal. No entanto, embora o objetivo do governo nacionalista fosse restabelecer o monopólio do sal em dezembro de 1940, o plano foi abortado diante da pressão dos assessores norte-americanos. Pelo esquema planejado, o governo compraria e transportaria toda a produção de sal e a venderia aos comerciantes, que se encarregariam de distribuí-la a preços fixos[40]. Os argumentos a favor do monopólio eram congruentes com os apresentados por Sang Hongyang no *Debate sobre o sal e o ferro* e pelos defensores do monopólio do sal durante o período imperial (ver capítulo 1): ele eliminaria a evasão fiscal, traria os lucros dos agentes intermediários para os cofres do governo e impediria a especulação por parte dos comerciantes que aumentassem os preços. Além disso, um aumento nos preços de monopólio teria mais aceitação popular do que o aumento de impostos[41].

Quando o general Lockhart, diretor associado da Administração do Sal, soube do monopólio, ele "apontou de imediato ao ministro das Finanças

[37] Colin D. Campbell e Gordon C. Tullock, "Hyperinflation in China", cit., p. 227-8.
[38] Wu Yuan-Li, *An Economic Survey of Communist China*, cit., p. 52; Department of State, *United States Relations with China*, cit., p. 278.
[39] Suzanne Pepper, "The KMT-CCP Conflict 1945-1949", cit., p. 744.
[40] Arthur N. Young, *China's Wartime Finance and Inflation*, cit., p. 37.
[41] Chang Kai-nagu, *The Inflationary Spiral*, cit., p. 136-7.

H. H. Kung sérias objeções ao esquema"[42]. Arthur N. Young[43], economista da Universidade de Princeton, especialista em economia do Departamento de Estado dos Estados Unidos e, na época, conselheiro financeiro do governo nacionalista e do Banco Central chinês, juntou-se a Lockhart na oposição à proposta de monopólio estatal sobre o sal. Young não tinha uma opinião muito favorável acerca do conhecimento da governança econômica dos chineses e considerava que os administradores chineses eram "praticamente analfabetos em economia"[44]. Apresentou os argumentos de praxe contra os monopólios estatais, comuns na economia moderna, e acrescentou que o esquema violava as garantias dos detentores de títulos estrangeiros[45].

Apesar da resistência desses proeminentes conselheiros norte-americanos, em janeiro de 1942 o governo nacionalista implementou uma versão revisada do monopólio do sal, consideravelmente mais limitada que o plano inicial. Não obstante a postura crítica em relação ao monopólio, tanto Chang Kai-nagu quanto Arthur Young tiveram de reconhecer que as receitas provenientes do comércio e do imposto sobre o sal tornaram-se uma fonte importante de receita fiscal, perdendo apenas para o imposto sobre grãos em espécie[46]. Se um monopólio abrangente tivesse sido implementado com sucesso, o governo nacionalista poderia ter criado um fluxo de receita que teria mitigado a dependência da impressão de dinheiro.

Por fim, a medida relativamente mais bem-sucedida e, em última análise, ineficaz dos nacionalistas para controlar os preços[47] era surpreendentemente semelhante à estabilização do preço dos grãos pelos "celeiros sempre normais" e à política "equitativa" estabelecida no *Debate sobre o sal e o ferro*. No fim de 1938, o governo nacionalista criou um Escritório de Compra de Produtos de Necessidade Diária para Revenda a Preços Equitativos, que comprava certas

---

[42] Arthur N. Young, *China's Wartime Finance and Inflation*, cit., p. 37.

[43] Young renunciou ao cargo que ocupava no Departamento de Estado dos Estados Unidos em 1929 para trabalhar como consultor financeiro do governo nacionalista chinês e do Banco Central, onde ficou até 1947. James R. Fuchs, "Oral History Interview with Arthur N. Young", Harry S. Truman Library and Museum, 1974. Um relatório afirma que Young prestou um "serviço particularmente leal e útil ao governo nacionalista", em comparação com outros conselheiros norte-americanos (Department of State, *United States Relations with China*, cit., p. 377-8 e 788). Young também foi membro da delegação chinesa em Bretton Woods, em 1944. James R. Fuchs, "Oral History Interview with Arthur N. Young", cit.

[44] James R. Fuchs, "Oral History Interview with Arthur N. Young", cit. Young faz exceção apenas para um funcionário, formado em Harvard.

[45] Arthur N. Young, *China's Wartime Finance and Inflation*, cit., p. 37.

[46] Chang Kai-nagu, *The Inflationary Spiral*, cit., p. 137; Arthur N. Young, *China's Wartime Finance and Inflation*, cit., p. 38.

[47] Chang Kai-nagu, *The Inflationary Spiral*, cit., p. 347.

mercadorias em grandes quantidades e as vendia nos mercados locais a preços abaixo do mercado, pressionando os vendedores privados. Esse programa era direcionado às necessidades diárias, como arroz, sal, óleo combustível, algodão, fios e tecidos de algodão, papel, açúcar, fósforos e tabaco[48]. No entanto, o governo não conseguia adquirir quantidades suficientemente grandes dessas mercadorias, e funcionários corruptos usavam os estoques estatais para especular. Assim, a eficácia desse programa foi bastante limitada.

O fracasso na economia contribuiu para a queda do regime nacionalista. O abuso na cobrança de impostos era generalizado e gerou um forte ressentimento entre os camponeses. Os mais atingidos pela inflação foram os assalariados, inclusive intelectuais e funcionários do Estado, e a inflação teve efeitos prejudiciais sobre os industriais. Como resultado da desintegração da economia rural e urbana, os bens de consumo básicos tornaram-se indisponíveis nas cidades, e os bens industriais não encontraram mercado no campo. À medida que o poder de compra dos burocratas e o suprimento de alimentos para o Exército diminuíam, a corrupção se espalhava cada vez mais. A base de apoio político dos nacionalistas foi amplamente reduzida à classe de capitalistas comerciais e financeiros e de latifundiários que se beneficiavam da inflação galopante. Os nacionalistas perderam o controle efetivo sobre o Exército e a burocracia, bem como o apoio dos intelectuais e de grande parte da população urbana[49]. Adler observou: "No fim de 1948, se não antes, o antigo regime estava falido moral, política e economicamente. De acordo com a expressão tradicional chinesa, ele havia perdido o mandato do céu"[50].

A estabilização de preços pela "guerra econômica" dos comunistas

Durante os últimos cinco anos, desde 1938, as empresas públicas fizeram um tremendo progresso. Esta conquista é inestimável para nós, bem como para nossa nação. Ou seja, construímos um novo modelo de economia estatal.

Mao Tsé-tung, 1942[51]

[48] Ibidem, p. 347-8; Audrey Donnithorne, *China's Economic System* (Londres, C. Hurst & Co., 1967), p. 224; Ronald Hsia, *Price Control in Communist China*, cit., p. 21-2.
[49] Carl Riskin, *China's Political Economy*, cit., p. 34; Department of State, *United States Relations with China*, cit., p. 567-9; Alexander Eckstein, *China's Economic Revolution*, cit., p. 163-6; Suzanne Pepper, "The KMT-CCP Conflict 1945-1949", cit., p. 741.
[50] Solomon Adler, *The Chinese Economy*, cit., p. 12.
[51] Xue Muqiao, *The Socialist Transformation of the National Economy in China* (Pequim, Foreign Languages Press, 1960), p. 24.

Durante a guerra de resistência e libertação da China, o projeto dos comunistas de construção do Estado passou a basear-se em uma estratégia econômica centrada em técnicas semelhantes às práticas tradicionais de estabilização de preços e criação de mercado por meio de intervenções de agências comerciais estatais no equilíbrio de mercado. No entanto, longe de ser uma escolha imediata ou natural, exigiu antes algumas medidas: um amplo debate sobre a natureza da política cambial e monetária, a experimentação monetária nas diferentes áreas de base revolucionária e a avaliação de variadas abordagens políticas por meio de pesquisas de campo nas décadas de 1920 e 1930 e no início dos anos 1940[52].

O desenvolvimento de uma estratégia econômica viável era parte essencial da guerrilha flexível e adaptável dos comunistas. De início, o controle e a extensão dos mercados eram bem limitados. Como os nacionalistas, os comunistas tentaram em vão controlar o valor da moeda – e, portanto, o nível de preços – com fixação administrativa de preços e medidas proibitivas, como declarar ilegal a moeda dos nacionalistas, conhecida como *fabi*. Somente no outono de 1943, com a unificação do trabalho relativo ao dinheiro, comércio, troca e produção em uma sólida campanha de "guerra econômica" e a criação do Bureau de Indústria e Comércio (*gongshangju*), houve avanço em direção a um regime de moeda estável[53].

Chen Yun foi um protagonista na "guerra econômica" dos comunistas. Hoje, Chen é mais conhecido como um dos principais arquitetos das reformas econômicas do fim dos anos 1970 e do início dos anos 1980. Mas, para entendermos sua economia de reforma, temos de estudar suas contribuições como arquiteto da economia de guerrilha.

A noção de "guerra econômica" sugeria que um aspecto-chave da luta revolucionária era recuperar, por meio de medidas econômicas, a economia das regiões libertadas. Chen era o chefe do comitê financeiro da Área de Base Revolucionária do Noroeste em meados da década de 1940. Em uma palestra para quadros locais, Chen resumiu as premissas básicas da coordenação do trabalho econômico na luta pela libertação. Ressaltou a importância do comércio e da circulação de mercadorias para a produção e o desenvolvimento econômico. Advertiu que, sem chance de troca, a produção seria interrompida e argumentou que o progresso econômico era a chave para a revolução: "Somente se pudermos resolver o problema dos alimentos e do vestuário para

---

[52] Para um levantamento original dos experimentos e debates monetários das décadas de 1920 e 1930, ver Robert Cole, *"To Save the Village": Confronting Chinese Rural Crisis in the Global 1930s* (tese de doutorado, Universidade de Nova York, Departamento de História, 2018).

[53] Huang Yanjie, "Constructing a National Oikonomia: China's Great Monetary Revolution, 1942-1950", *EAI Working Paper*, n. 161, jan. 2013, p. 3-4; Lai Xiaogang, *A Springboard for Victory*, cit., p. 148-60.

as massas poderemos liderá-las. Assim, um empresário revolucionário é um verdadeiro revolucionário"[54].

Um dos principais desafios para recuperar o comércio (e, portanto, a produção) era superar a hiperinflação, abolindo a moeda do governo nacionalista, o *fabi*, e substituindo-a pelas moedas das bases revolucionárias[55]. Nesse contexto, durante a Conferência Financeira do Noroeste, realizada em 1944, Chen mostrou a relação entre meios econômicos e políticos. Em vez de proibir e policiar, argumentou ele, a luta contra o *fabi* deveria basear-se na economia aliada à política. Afirmou que a luta fora apresentada como dependente sobretudo de ordens e fixação de preços. Para ele, no entanto, ela deveria se fundar na regulação do valor das moedas concorrentes – nisso, o comércio das principais mercadorias era decisivo. Controlar o comércio de sal era crucial. Outras mercadorias importantes eram os grãos e os tecidos[56].

Xue Muqiao: economista revolucionário e arquiteto da reforma econômica

A estratégia promovida por Chen Yun em 1944 havia acabado de obter grande sucesso nas áreas libertadas de Shandong e transformou a província do Nordeste, em grande parte sob ocupação japonesa, em potência financeira para a revolução comunista. Xue Muqiao, que emergiu como um dos principais economistas reformadores na década de 1980, foi crucial na elaboração da guerra econômica dos comunistas em Shandong[57]. Trata-se de um dos economistas mais influentes e renomados da China do século XX. Como muitos outros arquitetos da reforma da década de 1980, seu pensamento econômico foi moldado pela experiência de planejamento das bases materiais na guerra de libertação.

Xue era de uma família de boa instrução, pertencente a um rico clã de Jiangsu em franco declínio econômico e social. Ainda criança, Xue perdeu o pai, que sucumbiu às dívidas da família e cometeu suicídio[58]. Aos 23 anos,

---

[54] Zhu Jiamu, Fu Zhubian e Liu Shukai (orgs.), *Chronicle of Chen Yun, 1905-1995* (陈云年谱, 1905-1995, 上) (Pequim, Central Document Publishing House, 2000), p. 387.

[55] Para uma visão geral das diferentes moedas emitidas, ver Ling Tseng e Lei Han, *The Circulation of Money in the People's Republic of China*, cit., p. 11-2.

[56] Zhu Jiamu, Fu Zhubian e Liu Shukai (orgs.), *Chronicle of Chen Yun*, cit., p. 392.

[57] Lai Xiaogang, *A Springboard for Victory*, cit., p. 145-63; Xue Muqiao, *China's Socialist Economy* (Pequim, Foreign Language Press, 1981), p. 1-6.

[58] Lai Xiaogang, *A Springboard for Victory*, cit., p. 151; Xue Muqiao, *Memoir of Xue Muqiao* (薛暮桥回忆录) (Tianjin, Tianjin People's Press, 1996), p. 1-7.

ingressou no PCCh. Preso pelos nacionalistas, estudou secretamente marxismo, economia, filosofia e história[59]. Xue despontou como intelectual quando se juntou a Chen Hansheng, um dos historiadores marxistas mais prolíficos da China e agente clandestino do Comintern, em sua pesquisa sobre a zona rural chinesa. Eles pretendiam resolver a questão do estágio de desenvolvimento histórico da China, ou seja, determinar até que ponto a China era semifeudal e até que ponto era semicolonial. Para isso, Chen e equipe fizeram um grande esforço de coleta de dados.

Xue pesquisou sua cidade natal. Demonstrou os altos níveis de produção agrícola, comércio de longa distância, varejo e serviços bancários no auge de seu clã durante o reinado do imperador Jiaqing (1796-1820) e comparou-os com o estado lamentável que o vício do ópio e do jogo, financiado pela extração excessiva de renda, causou em sua própria época. Em outra pesquisa sobre a natureza exploradora da economia rural da China, Xue mostrou que 10% da população rural chinesa possuía 70% da terra, o que indicava que a maior parte da população rural estava à mercê de latifundiários feudais e camponeses ricos. Não há dúvida de que ele tinha íntima familiaridade com a evolução histórica e a realidade empírica da economia política rural chinesa. E empregou esse conhecimento como contribuição ao debate altamente teórico sobre a natureza do estágio de desenvolvimento e as relações sociais da China[60].

Xue juntou-se aos esforços econômicos do PCCh em Shandong no início de 1943, poucos meses depois da primeira tentativa de abolir o *fabi* e estabelecer nas regiões liberadas uma zona exclusiva do *beipiao*, o papel-moeda dos comunistas. Após o ataque japonês a Pearl Harbor, o valor do *fabi* diminuiu rapidamente e causou uma fuga de mercadorias de Shandong, o que prejudicou o esforço de recuperação da economia local. Quando Li Yu, secretário do Comitê Provincial de Shandong, analisou o fracasso dessa primeira tentativa, ele enfatizou que era um erro apoiar-se em medidas administrativas e fixar arbitrariamente as taxas de câmbio entre as moedas. Em vez de emitir ordens que iam contra os poderes invisíveis do mercado, era necessário estudar as forças do mercado e usá-las.

Meses de discussão levaram os líderes do PCCh de Shandong a um consenso: a guerra cambial tinha de estar atrelada ao sistema de abastecimento

---

[59] China Development Research Foundation, "About the Author", em China Development Research Foundation (org.), *Chinese Economists on Economic Reform: Collected Works of Xue Muqiao* (Londres, Routledge, 2011), p. x-xi.

[60] Lai Xiaogang, *A Springboard for Victory*, cit., p. 151-4; Robert W. Cole, "*To Save the Village*", cit., p. 159-61. Para uma análise teórica desse debate, ver Rebecca E. Karl, *The Magic of Concepts: History and the Economic in Twentieth-Century China* (Durham, Duke University Press, 2017).

de grãos do PCCh, à arrecadação de receitas – em particular do comércio do sal –, à facilitação e à regulamentação do comércio. Isso significava que essas três políticas tinham de ser monetizadas, não implementadas em termos de troca. Somente vinculando à questão da moeda a política fiscal, a produção e a circulação de mercadorias, a luta econômica poderia ter sucesso. Promover o comércio significava que a estratégia econômica dos comunistas tinha de ir além das áreas libertadas. Em vez de "tirar do povo", taxando-o, ou "tirar de si mesmo", impondo-se austeridade, a melhor estratégia era "tirar do inimigo". Os comunistas somente conseguiriam isso minando o inimigo por meios econômicos. Xue Muqiao tornou-se o cérebro por trás da implementação bem-sucedida dessa estratégia, durante cinco anos de trabalho em Shandong[61].

Em um documento intitulado "Diretrizes para investigação e pesquisa", Xue resumiu sua abordagem para uma política eficaz. Ressaltou a importância de compreender as condições concretas e os resultados práticos das políticas, o que só ocorre com um estudo aprofundado de casos típicos. Essa compreensão era necessária para avançar em direção a um conhecimento abrangente da situação geral. Para Xue, a pesquisa tinha de ser um esforço coletivo que envolvesse um grande número de quadros e estudantes locais. Empregando essa abordagem, ele liderou a elaboração de políticas para o estabelecimento de um regime monetário estável. Essas políticas – cruciais para a base econômica necessária ao sucesso dos comunistas em Shandong – acabaram servindo de modelo em outras áreas de base revolucionária e, por fim, em toda a China[62]. Dessa forma, conscientemente ou não, o PCCh veio a replicar as principais práticas das antigas técnicas chinesas de regulação de preços.

A ideia fundamental de Xue estava alinhada com Li Yu e o PCCh de Shandong e lembra alguns dos princípios básicos do *Guanzi* (ver capítulo 1): a liderança política deve usar e manipular as forças do mercado em favor de seus objetivos econômicos em vez de arriscar grandes perdas trabalhando contra essas forças. A partir desse princípio básico, Xue chegou a lições concretas. Contra a ideia bulionista* de que o papel-moeda do PCCh tinha de ser lastreado em uma reserva de metais preciosos, Xue Muqiao sustentava que o PCCh devia controlar um estoque de bens essenciais (como grãos, algodão,

---

[61] Lai Xiaogang, *A Springboard for Victory*, cit., p. 150-4.

[62] Fan Shitao, *Xue Muqiao Chronicle* (薛暮桥年谱), no prelo. Para um levantamento detalhado da evolução das políticas para estabelecer um regime de moeda estável e da abordagem de Xue Muqiao em Shandong, ver Huang Yanjie, "Constructing a National Oikonomia", cit.

* Teoria econômica que associa riqueza à quantidade de metais preciosos, também conhecida como "metalismo", em voga durante o mercantilismo. (N. T.)

óleo de amendoim e sal) como lastro para a moeda[63]. O valor do dinheiro seria garantido quando as pessoas confiassem que a moeda poderia comprar os bens mais essenciais. Como disse Xue: "Durante um período de escassez, alimentos e algodão são mais valiosos que ouro e prata, que não enchem o estômago e não protegem do frio"[64]. Portanto, o PCCh tinha de usar o comércio e o sistema de abastecimento de grãos para garantir o valor do dinheiro, reintegrando a economia rural e a economia urbana. Na véspera das reformas da década de 1980[65], Xue Muqiao descreveu a estratégia de guerra econômica do PCCh a partir de sua experiência em Shandong:

> Durante as guerras revolucionárias, criamos cooperativas de abastecimento e comercialização em todas as áreas de base rural que compravam os produtos agrícolas dos camponeses e lhes forneciam produtos manufaturados. Dessa forma, recuperamos a produção agrícola, apoiamos o esforço de guerra e reunimos os camponeses ao nosso redor, enfraquecendo seus laços com a burguesia.[66]

Ao mesmo tempo, ele argumentava que, para superar o *fabi*, era preciso que o *beipiao* fosse conversível no mercado e o PCCh usasse o comércio transfronteiriço para abolir o *fabi*, jogando com as forças do mercado. Para isso, segundo Xue, o PCCh tinha de acumular reservas em moedas concorrentes para manipular seu valor. E a chave para acumular estoques de bens essenciais e moedas concorrentes era o comércio de sal.

Durante séculos, a indústria de sal de Shandong foi uma importante fonte de renda para o governo central da China. A receita proveniente do sal de Shandong também foi muito importante para os nacionalistas, respondendo por cerca de 20% da receita do governo[67]. A invasão japonesa privou o governo nacionalista desse fluxo substancial de receita. Depois de tomar os campos de sal, os japoneses pretendiam modernizar a salicultura chinesa. Impuseram um teto baixo de preços, esperando induzir o progresso técnico e incentivar a redução de custos. Na prática, afugentaram muitos produtores de sal e fizeram o preço do produto aumentar, criando condições para a guerra econômica dos comunistas.

O PCCh restabeleceu o tradicional "canal do sal". À semelhança dos arranjos institucionais discutidos séculos antes no *Guanzi* e no *Debate sobre o*

---

[63] Ideias semelhantes de um padrão de mercadorias para o valor do dinheiro foram articuladas por Xu Qingfu como um desafio ao bulionismo na China dos anos 1930. Robert W. Cole, *"To Save the Village"*, cit., p. 245-5.

[64] Xue Muqiao, em Lai Xiaogang, *A Springboard for Victory*, cit., p. 159.

[65] A edição chinesa de *China's Socialist Economy* [Economia socialista da China], de Xue Muqiao, foi publicada em 1979.

[66] Xue Muqiao, *China's Socialist Economy*, cit., p. 3.

[67] Lai Xiaogang, *A Springboard for Victory*, cit., p. 160.

sal e o ferro, o governo vendia a empresas privadas direitos de participação na produção de sal e as empresas os alugavam a produtores de sal – em geral, camponeses pobres que não conseguiam viver apenas da agricultura. Em vez de controlar o preço por meios administrativos diretos, com o "canal do sal" o PCCh limitava as salinas para as quais emitia licença. As licenças eram vendidas a todos os produtores dispostos a colaborar com o partido. Assim, partes substanciais da exploração de sal de Shandong passaram gradualmente para o controle comunista. Ao mesmo tempo, o PCCh passou a comandar as rotas de comércio de sal, que era altamente lucrativo e gerava receita para a luta comunista. Combinado com o abastecimento de grãos, o comércio de sal permitiu ao PCCh garantir o valor do *beipiao* e, assim, vencer a luta monetária em Shandong[68].

A estratégia elaborada em Shandong sob a orientação de Xue tornou-se um exemplo para o PCCh em outras áreas. Chen Yun, então presidente da Comissão Financeira e Econômica, destacou que colocar grãos e algodão suficientes nas mãos do governo central era o principal meio de estabilizar as forças do mercado e controlar os preços[69]. Em última análise, o objetivo era criar um "mercado socialista organizado" que reintegrasse a economia nacional e, eventualmente, superasse o caótico mercado capitalista[70].

Revolução e vitória contra a hiperinflação

Após a derrota de Chiang Kai-shek na guerra civil chinesa, Mao Tsé-tung estabeleceu a República Popular da China. Em 21 de setembro de 1949, Mao anunciou na Conferência Consultiva Política do Povo Chinês: "Nós nos unimos e derrubamos opressores internos e externos através da Guerra Popular de Libertação e da grande revolução popular e agora proclamamos o estabelecimento da República Popular da China"[71].

Conter a inflação era a preocupação econômica mais premente do novo governo[72]. A Conferência Consultiva traçou em um "programa comum" a política

[68] Ibidem, p. 159-64.

[69] Liu Suinian e Wu Qungan, *China's Socialist Economy*, cit., p. 27-8.

[70] Ling Tseng e Lei Han, *The Circulation of Money in the People's Republic of China*, cit., p. 38 e 44.

[71] Mao Tsé-tung, "Opening Speech at the First Plenary Session of the CPPCC, September 21, 1949", em Michael Y. M. Kau e John K. Leung (orgs.), *The Writings of Mao Zedong, 1949--1976*, v. 1: *September 1949-December 1955* (Armonk, M. E. Sharpe, 1986), p. 5.

[72] Audrey Donnithorne, "The Control of Inflation in China", *Current Scene*, v. 16, n. 4-5, 1978, p. 2; Ling Tseng e Lei Han, *The Circulation of Money in the People's Republic of China*, cit., p. 34.

econômica geral para a república recém-criada[73]. Refletindo a mesma abordagem da luta monetária de Shandong, o artigo 37 declarou: "As organizações comerciais estatais devem assumir a responsabilidade de ajustar a oferta e a demanda, estabilizar os preços das mercadorias e auxiliar as cooperativas populares"[74]. Enquanto o esforço de guerra continuasse, com a manutenção de altos gastos militares, a recuperação da produção e das receitas do Estado seria lenta. O desafio básico do excesso de demanda e do déficit fiscal só seria superado com o tempo. Surpreendentemente, como mostraram Richard Burdekin e Fang Wang[75], o governo comunista conseguiu estabilizar o nível de preços antes de superar o déficit orçamentário do governo – derrotando a lógica norte-americana da condicionalidade dos empréstimos aos nacionalistas e os postulados de economistas neoclássicos importantes, como o prêmio Nobel Thomas Sargent[76].

Um relatório confidencial da Agência Central de Inteligência (CIA) resumiu a técnica operacional do PCCh para estabilizar os preços em termos notavelmente semelhantes aos princípios tradicionais da política chinesa, como mostra a citação na abertura deste capítulo[77]. A inteligência norte-americana enfatizou que os comunistas abandonaram o controle dos mercados de bens essenciais para a subsistência das pessoas e observou que o partido usava negócios privados e a interação dinâmica de oferta e demanda para estabilizar os preços e controlar produção e distribuição. A estratégia do governo comunista era ter a liderança de preços sobre bens de consumo essenciais[78]. Em vez de recorrer à pressão política e ao poder de policiamento para conter diretamente os preços de mercado, a liderança controlava indiretamente os preços, reanimando e canalizando as forças do mercado, não tentando suprimi-las. Preços tabelados[79] foram aplicados por varejistas estatais, mas não impostos de imediato aos vendedores privados; os

---

[73] Ronald Hsia, *Price Control in Communist China*, cit., p. 25. Alguns elementos-chave desse programa são a reforma agrária, a propriedade estatal de empresas "relacionadas à vida econômica do país", a expansão da economia cooperativa e a coexistência de propriedades como princípio básico. "Common Program of The Chinese People's Political Consultative Conference", em Chinese People's Political Consultative Conference, *The Important Documents of the First Plenary Session of the Chinese People's Political Consultative Conference* (Pequim, Foreign Language Press, 1949), p. 1-20.

[74] "Common Program of The Chinese People's Political Consultative Conference", cit.

[75] Richard C. K. Burdekin e Fang Wang, "A Novel End to the Big Inflation in China in 1950", *Economics of Planning*, v. 32, n. 3, 1999, p. 211-29.

[76] Thomas J. Sargent, "The Ends of Four Big Inflations", em Robert E. Hall (org.), *Inflation: Causes and Effects* (Cambridge, University of Chicago Press, 1982), p. 41-98.

[77] Central Intelligence Agency (CIA), "Price Control in Communist China", cit.

[78] Ronald Hsia, *Price Control in Communist China*, cit., p. 25, 29, 33 e 41.

[79] Os preços de tabela foram determinados com base em cálculos de custos mais lucros. Ronald Hsia, *Price Control in Communist China*, cit., p. 38-9.

preços tabelados se tornaram dominantes apenas quando o Estado comunista conquistou a liderança de preços. Nesse ínterim, prevaleceu uma estrutura dupla de preços tabelados e preços de mercado – prática que prefigurou o sistema de preços de via de mão dupla nos anos 1980.

As agências estatais de comércio[80] foram o exército da guerra econômica comunista. Formavam seus estoques de mercadorias a partir dos impostos em espécie, em particular daqueles pagos em grãos, da produção das empresas estatais manufatureiras e do monopólio do sal, mas também compravam de empresas privadas e agricultores, em especial algodão e tecidos[81]. Uma vez que os comunistas consolidaram seu controle sobre quase todas as regiões rurais e as indústrias estratégicas urbanas, as chamadas "linhas da vida" (*mingmai*), as agências comerciais estatais logo puderam expandir sua participação no mercado de bens de consumo e insumos essenciais[82]. Os comunistas recuperaram os transportes e as comunicações e, assim, reintegraram a economia urbana e rural em toda a República Popular da China. Graças a suas redes nacionais, as agências estatais de comércio podiam adquirir mercadorias onde fossem baratas e vendê-las onde fossem caras[83] – usando a mesma lógica da comercialização equitativa de Sang Hongyang (ver capítulo 1). Essa medida

---

[80] Ronald Hsia continua sendo a melhor fonte inglesa sobre a estabilização inicial de preços pelos comunistas. Ele descreveu em detalhe a evolução e a estrutura institucional das agências estatais de comércio: "Embora houvesse várias agências estatais de comércio funcionando antes da fundação do CPG, as sociedades comerciais nacionais especializadas existem apenas desde 10 de março de 1950. Naquele dia, o CAC do CPG aprovou uma diretriz conhecida como 'Decisões sobre os procedimentos que governam a unificação do comércio de Estado', que forneceu a estrutura organizacional do comércio de Estado. As empresas especializadas de comércio estatal se dividem em duas categorias: aquelas voltadas para o comércio interno e aquelas voltadas para o comércio exterior. Na primeira categoria estão: 1) a Companhia de Grãos da China; 2) a Companhia de Algodão-Fio-Tecido da China; 3) a Companhia de Sal da China; 4) a Companhia de Bens Gerais da China; 5) a Companhia de Carvão da China; 6) a Companhia de Petróleo da China; 7) a Companhia de Produtos Nativos da China; 8) a Companhia de Equipamentos e Materiais Industriais da China; 9) a Companhia de Construção da China [...]; e 10) a Companhia de Suprimentos Médicos da China". Ronald Hsia, *Price Control in Communist China*, cit., p. 33-4. A primeira categoria de agências de comércio foi o fator mais crucial para o esforço de estabilização de preços.

[81] Ronald Hsia, *Price Control in Communist China*, cit., p. 34-5.

[82] No início de 1950, as agências estatais de comércio controlavam mais de 90% da oferta nacional de sal, de 70% a 80% do carvão, 40% do tecido de algodão, 30% do fio de algodão e arroz e 20% da farinha. Ronald Hsia, *Price Control in Communist China*, cit., p. 35. Essa participação cresceu rapidamente nos meses seguintes. Por exemplo, a Companhia de Algodão-Fio-Tecido da China comprou 75% de toda a produção de tecidos de algodão durante os primeiros nove meses de 1950. Idem.

[83] Liu Suinian e Wu Qungan, *China's Socialist Economy*, cit., p. 28.

remonetizou o campo, que, em várias regiões, havia regredido a uma economia de escambo autossuficiente[84].

No entanto, a reintegração do mercado nacional possibilitou que os especuladores comprassem produtos essenciais em larga escala, como grãos, fios de algodão e tecidos[85]. As agências estatais de comércio usaram isso para levar os capitalistas à falência. Primeiro, juntavam-se ao ataque especulativo a uma mercadoria específica, comprando grandes quantidades dela e, assim, acelerando o aumento de preços. Quando o preço da mercadoria chegava a um valor suficientemente alto, as agências estatais liberavam seus estoques, inundando o mercado e fazendo o preço da mercadoria cair drasticamente; os especuladores começavam a vender suas ações e derrubavam ainda mais os preços. Vendendo a preços muito mais baixos do que haviam pagado, muitos especuladores não conseguiam quitar suas dívidas, faliam ou ao menos compreendiam que não podiam mais esperar lucros seguros do aumento de preços. As agências estatais, por sua vez, ganhavam controle sobre os mercados e os preços de mercadorias essenciais[86].

Paralelamente aos ataques contra a especulação, as agências estatais de comércio, por intermédio dos varejistas estatais, vendiam diretamente ao povo bens de consumo essenciais a preços tabelados[87]. Quando os chineses perceberam, após anos de hiperinflação, que poderiam adquirir bens essenciais a preços de tabela com a moeda recém-emitida, o *renminbi* ("a moeda do povo"), gradualmente se abstiveram de acumular bens adquiridos no mercado privado a preços mais altos e recuperaram a confiança no valor do dinheiro. Como resultado dos sucessivos ataques à especulação e da satisfação da demanda de consumo imediato, os preços de mercado convergiram lentamente para os preços tabelados e os preços tabelados das agências estatais de comércio obtiveram a liderança[88]. A estrutura dual dos preços tabelados do Estado e dos preços do mercado negro aos poucos desapareceu, e o nível geral de preços se estabilizou.

Além de conter os aumentos de preços de mercadorias essenciais, o PCCh fez um grande esforço para equilibrar a oferta e a demanda agregadas, tanto retomando a produção[89] quanto reduzindo o excesso de poder de compra.

---

[84] Ling Tseng e Lei Han, *The Circulation of Money in the People's Republic of China*, cit., p. 32 e 56.

[85] Liu Suinian e Wu Qungan, *China's Socialist Economy*, cit., p. 19.

[86] Ling Tseng e Lei Han, *The Circulation of Money in the People's Republic of China*, cit., p. 52.

[87] Liu Suinian e Wu Qungan, *China's Socialist Economy*, cit., p. 25.

[88] Ronald Hsia, *Price Control in Communist China*, cit., p. 39-40.

[89] A produção caiu muito além dos níveis anteriores à guerra. Ling e Lei estimam que em 1949 a produção agrícola correspondia a cerca de 75% do nível anterior à guerra. No caso das mercadorias industriais mais importantes, estimam que o ferro-gusa caiu 10,9%, o aço 15,8%, o carvão 44,5% e os têxteis de algodão 72,5%, em comparação com os picos ante-

Gerou receitas para o Estado graças a um sistema eficaz de arrecadação de impostos e venda de títulos do governo, ao mesmo tempo que diminuiu os gastos militares e administrativos à medida que eliminava o esforço de guerra e simplificava a burocracia[90]. A poupança privada, que havia desmoronado no transcurso da hiperinflação, aumentou graças à aplicação de um princípio básico encontrado no *Guanzi* e reafirmado por Xue: o valor do dinheiro em uma economia predominantemente agrícola é determinado pela quantidade de mercadorias essenciais que ele pode comprar para o sustento das pessoas. Como Otto van der Sprenkel observou em primeira mão, a "séria dificuldade psicológica, [...] a profunda desconfiança contra todo papel-moeda"[91] somente foi superada quando a poupança e os salários se viram atrelados aos bancos recém-nacionalizados e ao preço de atacado dos grãos e do algodão, respectivamente[92]. À medida que o preço dessas mercadorias se estabilizava, o mesmo acontecia com o valor do dinheiro.

O processo de estabilização não foi fácil e teve um ciclo de inflação e deflação (ver figura 11)[93]. No entanto, no fim das contas, mostrou-se bem-sucedido. Como indicam os dados coletados pela CIA[94], em abril de 1950, no lugar da hiperinflação, houve uma queda no nível geral de preços e, em julho, com a eclosão da Guerra da Coreia, a inflação voltou, mas menos severa[95]. Esse

riores à guerra. Ling Tseng e Lei Han, *The Circulation of Money in the People's Republic of China*, cit.

[90] Liu Suinian e Wu Qungan, *China's Socialist Economy*, cit., p. 35-7.

[91] Otto B. van der Sprenkel, "Part One", em Otto B. van der Sprenkel, Robert Guillain e Michael Lindsay (orgs.), *New China: Three Views* (Londres, Turnstile, 1951), p. 37-8.

[92] Derk Bodde, outro observador em primeira mão, explica como funcionava o sistema: "O banco estabelece um 'preço unitário' que é publicado diariamente nos jornais. A base é a soma dos preços médios de mercado de três mercadorias essenciais nos cinco dias anteriores: trigo, farinha de milho (em libras) e tecido de algodão (em pés). Suponhamos que esse valor, em determinado dia, seja PN\$ 100, e que um indivíduo abra uma poupança com esse valor no mesmo dia. Ao fazer isso, ele está, na verdade, comprando uma 'unidade de poupança' do Banco do Povo. Agora suponhamos que três meses depois, desejando resgatar sua poupança, ele descobre que, por causa do aumento dos preços das três mercadorias básicas, o valor de sua unidade de poupança subiu para \$150. Isso significa que o banco vai pagar a ele não seus \$100 originais, mas o novo valor da unidade, que é \$150. Ao mesmo tempo, os juros que lhe são devidos são calculados proporcionalmente". Derk Bodde, *Peking Diary: A Year of Revolution* (Londres, Jonathan Cape, 1951), p. 138. Para um terceiro relato de estrangeiros na China, ver Ralph e Nancy Lapwood, *Through the Chinese Revolution* (Letchworth, The Garden City, 1954), p. 55-9.

[93] Walt W. Rostow, *The Prospects for Communist China* (Nova York, MIT Press/John Wiley & Sons, 1954), p. 244-5.

[94] Central Intelligence Agency (CIA), "Price Control in Communist China", cit.

[95] Esse dado é amplamente consistente com a descoberta de Peter Schran: "O índice de preços no atacado continuou a subir rapidamente: de 47,7 em dezembro de 1949 para um pico de

movimento geral dos preços tinha íntima relação com o preço de tecidos e alimentos e refletia a estratégia de estabelecimento de preços do PCCh focada no essencial. O esforço de estabilização dos preços exigiu não apenas que o aumento do nível geral de preços diminuísse, mas também que os preços *relativos* de bens essenciais se equilibrassem, evitando, assim, a redistribuição induzida pelos preços entre as economias urbana e rural. Em 1950, quando houve uma colheita abundante de trigo em algumas regiões, as agências estatais de comércio garantiram demanda suficiente para manter o preço do trigo, em colaboração com cooperativas e comerciantes privados de grãos. Também estocaram tecido, carvão, sal, sabão, fósforos e outros – mercadorias avaliadas em centenas de bilhões de yuans – para atender à demanda dos camponeses a baixo preço. Assim, os preços relativos foram estabilizados por um esforço deliberado do Estado para direcionar oferta e demanda.

FIGURA 11. Índice de preços na República Popular da China (dezembro de 1949 a dezembro de 1950) (dezembro 1949 = 100)

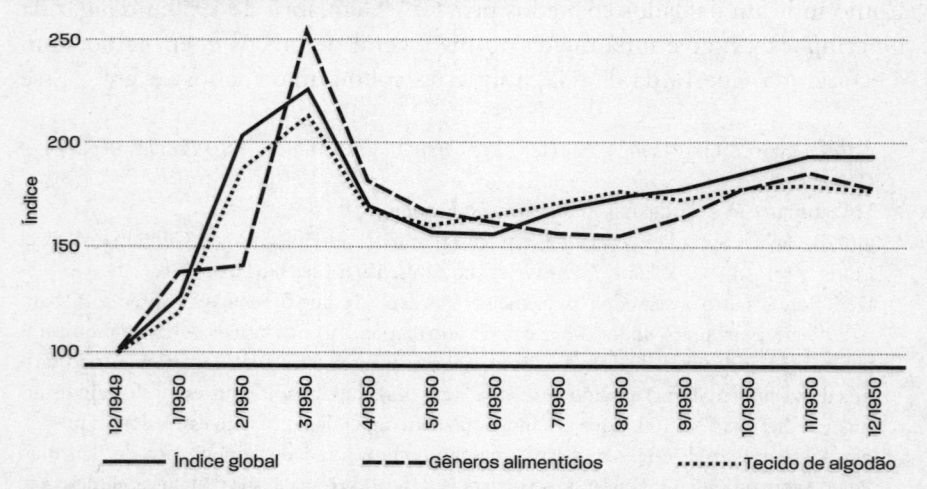

Fonte: Central Intelligence Agency (CIA), "Price Control in Communist China, 1950-1951: Price Indexes", 1952 (distribuído em maio de 1954; cópia aprovada para publicação em 19 de outubro de 2011).

108 em março de 1950. Mas, no trimestre seguinte, caiu quase o mesmo tanto para um mínimo de 68,8 em junho de 1950. Então a Guerra da Coreia trouxe temporariamente de volta a pressão inflacionária. O índice voltou a subir, atingiu outro pico de 106,2 em outubro de 1951 e declinou moderadamente em 1952 para uma média anual de 100, estabilizando-se quase perto da paridade a partir de então". Peter Schran, "China's Price Stability: Its Meaning and Distributive Consequences", *Journal of Comparative Economics*, v. 1, n. 4, 1977, p. 368.

Conclusão

Os comunistas conseguiram reintegrar a economia nacional e superar a hiperinflação após o fracasso dos nacionalistas. O congelamento geral de preços, que fora eficaz na economia capitalista industrializada dos Estados Unidos durante a Segunda Guerra Mundial, provou não ser aplicável à realidade institucional da economia chinesa, devastada pela guerra, desintegrada e ainda amplamente agrícola. As tentativas dos comunistas de controlar administrativamente os preços também falharam. O valor do dinheiro, combinado com uma produção voltada à troca, foi restabelecido por meio de técnicas semelhantes à tradição chinesa de estabilização de preços por meio da participação do Estado no mercado. A licença para produzir e comercializar o sal ficou sob monopólio estatal, enquanto o preço de mercadorias essenciais, como algodão e grãos, foi estabilizado por uma tática dupla: as agências estatais de comércio aproveitaram os aumentos especulativos para desbancar os especuladores, ao mesmo tempo que faziam o povo confiar no valor da nova moeda (o *renminbi*) ao garantir bens essenciais a preços tabelados. Como resultado, os preços de mercado convergiram gradualmente para os preços tabelados.

Liu e Wu resumiram essa história a partir da perspectiva dos vitoriosos comunistas, dando uma ideia da importância que se atribuía à estabilização de preços como primeiro avanço econômico:

> Líderes de alguns países estrangeiros e do Kuomintang afirmaram que essas dificuldades financeiras e econômicas eram insuperáveis. [...] Sob a liderança do Partido Comunista e do Governo Popular, no entanto, o povo chinês assumiu a tarefa histórica de superar as dificuldades econômicas e recuperou a economia nacional.[96]

Vários outros comentaristas concordam com a importância dessa medida política como parte de um esforço maior. Ling Tseng e Lei Han enfatizam que a criação de uma moeda estável, recuperando a circulação ordenada do dinheiro, não poderia depender de uma política puramente monetária: a estabilidade dos preços "não seria alcançada apenas pelos esforços do Banco do Povo. Foi resultado do esforço conjunto dos órgãos financeiros, do comércio estatal, dos estabelecimentos bancários e de todas as empresas do setor socialista da economia"[97]. Da mesma forma, Wu Yuan-Li conclui que "a quebra da espiral inflacionária foi provocada, em primeira instância, em grande parte pelas

---

[96] Liu Suinian e Wu Qungan, *China's Socialist Economy*, cit., p. 20.
[97] Ling Tseng e Lei Han, *The Circulation of Money in the People's Republic of China*, cit., p. 52.

operações governamentais de mercado aberto de mercadorias"[98]. Burdekin e Wang, em sua análise do "fim da grande inflação na China em 1950", concordam com Wu que as ações das agências comerciais estatais desempenharam um papel crítico na estabilização do sistema monetário[99]. Como vimos no capítulo 1, essa lógica de participação do governo nos mercados com o objetivo de equilibrar os preços está profundamente arraigada na tradição chinesa de governança econômica. Os comunistas utilizaram essas ferramentas políticas tradicionais em sua bem-sucedida luta revolucionária em favor de uma nova sociedade que libertaria a China dos resquícios do semifeudalismo e do semicolonialismo.

Heilman, Perry e seus colaboradores mostraram que a

> capacidade comprovada da guerra de guerrilha de obter ganhos inesperados em um ambiente altamente incerto e ameaçador deixou uma marca indelével nos formuladores de políticas chinesas que participaram da revolução (entre os quais a geração de Mao, Deng e Hu Yaobang, que dominaram a política chinesa até pelo menos o início dos anos 1990).[100]

Argumento que, no que diz respeito ao lado econômico da guerra de guerrilha, as estratégias empregadas pelos revolucionários comunistas estavam enraizadas nas técnicas tradicionais de governança econômica e foram ao mesmo tempo o ponto de partida para a reforma econômica de Deng Xiaoping. Líderes econômicos como Chen Yun, Xue Muqiao e outros, que surgiram como arquitetos das reformas chinesas na década de 1980, conheciam profundamente, por sua experiência de guerra, a utilização das forças do mercado sob as condições mais adversas de desintegração econômica. Os comunistas recriaram a economia chinesa durante a guerra civil e os primeiros anos da República Popular da China, explorando conscientemente a dinâmica do mercado. A experiência da geração revolucionária com a criação de mercados em tempos de guerra constitui um elemento importante de minha interpretação da escapada da China da terapia de choque na encruzilhada da década de 1980. A experiência da guerra forneceu um trampolim para um caminho alternativo rumo às reformas de mercado.

[98] Wu Yuan-Li, *An Economic Survey of Communist China*, cit.
[99] Richard C. K. Burdekin e Fang Wang, "A Novel End to the Big Inflation in China in 1950", cit.
[100] Sebastian Heilmann e Elizabeth J. Perry, "Embracing Uncertainty", cit., p. 33.

PARTE II

DEBATE DA REFORMA DE MERCADO NA CHINA

4
O ponto de partida
Controle de preços na economia maoista e a necessidade de reforma

Já se passaram quase trinta anos desde a fundação da República Popular da China, mas ainda existem pedintes: como isso pode ocorrer? [...] Se esse problema [ter o suficiente para comer] não for resolvido, os camponeses podem se rebelar e ser conduzidos às cidades por líderes locais do partido para exigir comida.

Chen Yun, Conferência de Trabalho do PCCh, 1978[1]

Ao falar sobre sua visita a países estrangeiros, [Deng Liqun] suspirou de emoção e comentou que os países ocidentais agora eram prósperos, ricos, civilizados e educados: "Não há nenhum sinal de revolução".

Hua Sheng, Zhang Xuejun e Luo Xiaopeng[2]

Introdução

Às vésperas da revolução, a China estava entre os países mais pobres do mundo[3]. Em 1950, a participação da China no PIB mundial havia caído para menos de 5%, contra cerca de um terço em 1820[4]. A revolução comunista tinha ambições políticas maiores que o desenvolvimento econômico; tratava-se da criação de uma nova sociedade, livre tanto da opressão feudal quanto da exploração capitalista. Para os revolucionários, porém, a primeira tarefa tinha de ser tirar a China da extrema pobreza. Em 2 de outubro de 1949, comentando

---

[1] Chen Yun, "Address to the 1978 CPC Work Conference", em *Selected Works of Chen Yun*, v. 3: *1956-1994* (Pequim, Beijing Foreign Language, 1999), p. 238.

[2] Hua Sheng, Zhang Xuejun e Luo Xiaopeng, *China: From Revolution to Reform* (Londres, Macmillan, 1993), p. 23.

[3] Colin Clark, *The Conditions of Economic Progress* (Londres, Macmillan, 1940), p. 39; Richard Cooper, "A Half-Century of Development", *Harvard Center of International Development Working Paper*, n. 118, mar. 2005, p. 4.

[4] Angus Maddison, *The World Economy: A Millennial Perspective* (Paris, OECD, 2001).

as comemorações da fundação da República Popular na praça Tiananmen, o editorial do jornal *Diário do Povo* afirmou que um dos objetivos do novo governo era "transformar gradualmente este país agrícola e atrasado em um país civilizado e progressista, industrial".

Longe da ambição dos revolucionários de melhorar as condições materiais das massas, com dez anos de regime comunista "houve a fome mais terrível da história da humanidade"[5]. Na época da morte de Mao Tsé-tung, em 9 de setembro de 1976, a China se recuperara da Grande Fome e alcançara progressos notáveis no campo da saúde pública, da educação, da Revolução Verde[6] e da industrialização[7]. Mas ainda era um país muito pobre.

As estimativas de crescimento *per capita* na China dos anos 1950 a 1978 variam. Angus Maddison estima um crescimento de 2,33% no PIB *per capita*[8]. O primeiro relatório realizado pelo Banco Mundial sugere um crescimento de 2,7% no PIB *per capita*, superior ao de outros países de baixa renda, mas um pouco abaixo da média mundial de 2,62%[9]. Paul Johnson e Chris Papageorgiou colocam o desempenho da China entre os dez piores da década de 1960, com -0,32% de crescimento *per capita*[10].

Qualquer que fosse a taxa precisa de crescimento da China, era muito baixa para recuperar o atraso. No ano da morte de Mao, portanto, a participação da China no PIB mundial não aumentara por nenhuma margem considerável desde a revolução[11]. O crescimento econômico fora impulsionado, sobretudo, pelos altos investimentos urbano-industriais, à custa do consumo – em particular do consumo rural[12]. Um terço da população rural do país, cerca de 260 milhões de pessoas, vivia na pobreza absoluta, de acordo com a classificação oficial da China[13], e os padrões de vida em termos de produção de

---

[5] Felix Wemheuer, *Famine Politics in Maoist China and the Soviet Union* (New Haven, Yale University Press, 2014), p. 11.

[6] Para um relato abrangente da Revolução Verde na China e da noção maoista de ciência revolucionária, ver Sigrid Schmalzer, *Red Revolution, Green Revolution: Scientific Farming in Socialist China* (Chicago, Chicago University Press, 2016).

[7] Banco Mundial, "China: Socialist Economic Development", v. 1, Washington, D.C., 1983. Disponível on-line.

[8] Angus Maddison, *Chinese Economic Performance in the Long Run, 960-2030 A.D.* (2. ed., Paris, OECD, 2007), p. 100.

[9] Banco Mundial, "China: Socialist Economic Development", cit., p. 78.

[10] Paul Johnson e Chris Papageorgiou, "What Remains of Cross-Country Convergence?", *Journal of Economic Literature*, v. 58, n. 1, 2020, p. 140.

[11] Angus Maddison, *The World Economy*, cit.

[12] Banco Mundial, "China: Socialist Economic Development", cit., p. 10 e 81.

[13] Chris Bramall, "Chinese Land Reform in Long-Run Perspective and in the Wider East Asian Context", *Journal of Agrarian Change*, v. 4, n. 1, 2004, p. 119.

grãos *per capita* estavam estagnados em níveis baixos[14]. No fim da década de 1970, o fracasso na superação da pobreza rural criou uma grande necessidade de reforma.

A China de Mao pode reivindicar um recorde impressionante em um aspecto econômico improvável: a estabilidade de preços, algo normalmente atribuído a uma economia bastante conservadora. Após os anos iniciais de reabilitação e consolidação (1950-1952) – com exceções cruciais, como a época do Grande Salto Adiante e da Grande Fome (1958-1962) –, o aumento de preços na China foi mínimo da década de 1950 à década de 1970, e a República Popular tinha uma das moedas fiduciárias mais estáveis dos tempos modernos[15]. A estabilidade de preços nas primeiras décadas após a revolução também se destaca favoravelmente no contraste com a forte inflação na jovem União Soviética entre 1928 e 1940[16].

É impressionante que, apesar das mudanças políticas radicais da era Mao e da busca conturbada de um modelo de desenvolvimento viável, a estabilidade de preços tenha prevalecido. Alguns podem considerar o histórico da estabilidade de preços uma grande conquista na gestão macroeconômica, ainda mais em comparação com o fracasso dos nacionalistas pouco antes da revolução (ver capítulo 3). Mas a estabilidade de preços teve um custo tremendo, o de "espremer os camponeses"[17]. O controle da inflação em uma economia agrária pobre, visando ao rápido crescimento econômico e à industrialização, foi alcançado, em parte, pela supressão das necessidades de consumo da maioria camponesa da China.

[14] Robert Ash, "Squeezing the Peasants: Grain Extraction, Food Consumption and Rural Living Standards in Mao's China", *The China Quarterly*, v. 188, 2006, p. 968.

[15] Richard C. K. Burdekin, "Ending Inflation in the People's Republic of China: From Chairman Mao to the 21st Century", *The Cato Journal*, v. 20, n. 2, 2000, p. 223; *China's Monetary Challenges* (Cambridge, Cambridge University Press, 2008), p. 59; Audrey Donnithorne, "The Control of Inflation in China", *Current Scene*, v. 16, n. 4-5, 1978, p. 1-11; National Bureau of Statistics, *Compilation of Sixty Years' of Statistics of the New China* (新中国六十年统计资料汇编) (Pequim, China Statistical, 2010), p. 21; Dwight H. Perkins, *Market Control and Planning in Communist China* (Cambridge, Harvard University Press, 1966), p. 227; Isabelle Tsakok, "Inflation Control in the People's Republic of China, 1949-1974", *World Development*, v. 7, n. 8-9, 1979, p. 865-75; Zheng Yongnian e Huang Yanjie, *Market in State: The Political Economy of Domination in China* (Cambridge, Cambridge University Press, 2018), p. 342-3; Huang Yanjie, "Constructing a National Oikonomia: China's Great Monetary Revolution, 1942-1950", *EAI Working Paper*, n. 161, jan. 2013, p. 1.

[16] Dwight H. Perkins, "Price Stability and Development in Mainland China (1951-1963)", *Journal of Political Economy*, v. 72, n. 4, 1964, p. 360; Isabelle Tsakok, "Inflation Control in the People's Republic of China", cit., p. 865.

[17] Robert Ash, "Squeezing the Peasants", cit.

No início da reforma, o famoso economista chinês Xue Muqiao[18] afirmou: a "China tem os preços mais estáveis do mundo"[19]. Mas Xue também advertiu que, no curso do regime comunista, "a estabilização de preços foi erroneamente equiparada a congelamento de preços, sem entender que aumentos e quedas de preços são muitas vezes necessários para o desenvolvimento econômico"[20]. Ele pedia um modelo de desenvolvimento menos custoso aos camponeses. Para Xue, assim como para muitos economistas reformadores chineses, resolver o problema da pobreza rural tornou-se o ponto de partida para a reforma no fim da década de 1970. Isso exigia superar o medo de afrouxar o controle sobre os preços.

Este capítulo apresenta alguns princípios básicos do sistema de preços chinês e sua relação com o modelo de desenvolvimento durante a era Mao. Está além do escopo deste capítulo apresentar um relato abrangente da complexa evolução do sistema de preços na era Mao ou de sua economia política em geral. Este capítulo não tenta e não pode realizar uma avaliação geral do desenvolvimento econômico chinês nesse período. Ele apenas retrata as origens e o funcionamento básico do sistema de preços e o papel dos preços na economia chinesa na era Mao (1952-1976) em relação à busca de desenvolvimento econômico da China, a fim de fornecer alguns antecedentes para entender o debate da reforma de mercado na década de 1980. Faço isso de maneira mais conceitual que histórica, mas o leitor deve ter em mente que a China de Mao "não era um monólito"[21]. As próximas duas seções destinam-se a fornecer aos leitores uma compreensão básica do funcionamento da economia e do sistema de preços na China durante o período maoista e contextualizar os capítulos subsequentes. Na segunda parte deste capítulo, discuto, do ponto de vista dos reformadores chineses, por que o desejo de reforma econômica no fim da década de 1970 envolvia necessariamente a reforma de preços.

Industrialização, divisão cidade-campo e estabilidade de preços

A industrialização apresentou um grande desafio para a recém-fundada República Popular da China (RPC), dada sua economia predominantemente

[18] Ver o capítulo 3 para o histórico de Xue Muqiao e seu papel na economia chinesa durante a guerra civil.
[19] Xue Muqiao, "Advice on Seizing Opportunities to Adjust the Price System, June 20, 1984", em China Development Research Foundation (org.), *Chinese Economists on Economic Reform: Collected Works of Xue Muqiao* (Londres, Routledge, 2011 [1984]), p. 109.
[20] Idem.
[21] Carl Riskin, "Red China is No Monolith – Review: China's Economic System by A. Donnithorne", *Columbia Journal of World Business*, v. 4, n. 1, 1969, p. 89-90.

agrícola, seus baixos níveis de renda real e sua aspiração de "autossuficiên-cia". Nos primeiros anos após a revolução, os comunistas confiavam que recuperariam e controlariam indústrias que antes eram privadas[22]. Mas, no longo prazo, os fundos de acumulação foram extraídos dos camponeses[23]. A abordagem da industrialização inicial foi copiada da União Soviética. A China focou o desenvolvimento da indústria pesada e seguiu basicamente o paradigma Feldman-Preobrajensky (stalinista)[24]. Apesar das mudanças erráticas nos paradigmas políticos ao longo da era Mao, o compromisso com a industrialização e a dependência da extração de recursos agrícolas perma-neceram[25]. Ou, como Jacob Eyferth resume um tanto cinicamente, o "ideal maoista para o campo era o coletivo autossuficiente e insular que produzia grãos excedentes e outros insumos para as cidades, mas não exigia nada do setor urbano"[26]. Isso significava, na prática, que o governo tinha o controle sobre grandes parcelas da produção agrícola.

Alguns anos após a revolução, o governo comunista parou de empregar o comércio estatal em mercados abertos. Em 1953, a China começou a seguir o exemplo de Stálin, combinando a coletivização com um monopólio gover-namental sobre aquisição e distribuição de bens agrícolas essenciais em um "sistema unificado de compra e venda" (统购统销). Esse sistema serviu para extrair do campo recursos para a industrialização[27]. Na década de 1950, a China revisitou uma longa história pretérita de envolvimento do governo na com-pra e venda de produtos agrícolas (ver capítulos 1 e 3). Jean C. Oi argumenta que o sistema de reservas locais era uma continuação do sistema imperial[28].

22 Xue Muqiao, *The Socialist Transformation of the National Economy in China* (Pequim, Foreign Languages Press, 1960), p. 48-54.
23 O termo "camponês" não é usado aqui em sentido pejorativo, tampouco tem a ver com seu uso comum no inglês, referente às famílias que trabalham a terra para suas necessidades de subsistência. Sigo a convenção dos estudos acadêmicos chineses, usando o termo "para [me referir a] qualquer pessoa que viva no campo, conforme estabelecido pelo sistema de registro familiar". Yang Dali, *Calamity and Reform in China: State, Rural Society, and Insti-tutional Change Since the Great Leap Famine* (Stanford, Stanford University Press, 1996), p. 8. No período maoista, grande parte dessa população trabalhava na agricultura.
24 Kijeld E. Brødsgaard, "Paradigmatic Change: Readjustment and Reform in the Chinese Economy, 1953-1981, Part I", *Modern China*, v. 9, n. 2, 1983, p. 37-83.
25 Robert Ash, "Squeezing the Peasants", cit., p. 968.
26 Jacob Eyferth, *Eating Rice from Bamboo Roots: The Social History of a Community of Han-dicraft* (Cambridge, Harvard University Press, 2009), p. 10.
27 Robert Ash, "Squeezing the Peasants", cit., p. 960 e 969; Peter Schran, "China's Price Stabi-lity: Its Meaning and Distributive Consequences", *Journal of Comparative Economics*, v. 1, n. 4, 1977, p. 371.
28 Jean C. Oi, "Market Reforms and Corruption in Rural China", *Studies in Comparative Communism*, v. 22, n. 2-3, 1989, p. 68.

No entanto, na RPC, a unificação e a centralização atingiram uma nova escala e, assim, mudaram sua natureza. O Estado monopolizou a compra e a venda do campo para as cidades, entre regiões e para outros países[29].

O novo sistema de compra e venda de grãos foi introduzido em reação a uma crise de compras agrícolas em 1953[30]. Como resultado da reabilitação da economia após a guerra, a produção de grãos aumentou drasticamente de 1949 a 1952. Mas a reforma agrária que livrou os camponeses do controle dos latifundiários também aumentou a demanda de grãos no campo. Os camponeses mais pobres, em particular, não estavam dispostos a vender ao Estado o excedente que antes tinham de dar aos latifundiários. Eles armazenavam grãos para consumo próprio, como semente e forragem. Simultaneamente, a população urbana estava aumentando em razão do impulso de industrialização do governo. Isso criou uma demanda de mais grãos para a cidade e resultou em um conflito duradouro entre os camponeses e o Estado. Quando o Estado não conseguiu que as colheitas fossem suficientes para o consumo urbano, recorreu à abolição do comércio privado e estabeleceu um monopólio comercial estatal sobre todos os produtos agrícolas essenciais. Esse sistema durou até as reformas da década de 1980[31].

Dwight Perkins argumenta que as lideranças chinesas buscaram inicialmente o sistema unificado de compra e venda não para substituir todos os mercados, mas para monopolizar o comércio de bens agrícolas mais essenciais[32]. No entanto, como vimos, o aumento do controle centralizado logo eliminou as relações de troca locais. Isso se evidenciou a partir do declínio dramático da "produção subsidiária" em pequena escala para os mercados locais[33] e foi um dos principais tópicos de discussão no VIII Congresso Nacional do PCCh[34].

[29] Ibidem, p. 68-70. Para uma descrição detalhada e uma ilustração do funcionamento desse sistema, ver Felix Wemheuer, *Famine Politics in Maoist China and the Soviet Union*, cit., p. 87-9.

[30] Robert Ash, "Squeezing the Peasants", cit., p. 96; Kenneth R. Walker, "Chinese Agriculture During the Period of Readjustment, 1978-1983", *China Quarterly*, v. 100, 1984, p. 42-4.

[31] Felix Wemheuer, *Famine Politics in Maoist China and the Soviet Union*, cit., p. 89-91.

[32] Dwight H. Perkins, *Market Control and Planning in Communist China*, cit., p. 56-60.

[33] Antes da coletivização, cerca de 30% do valor bruto da produção agrícola estava na produção rural subsidiária, praticada por familiares não envolvidos na produção ou nas tarefas do campo, e incluía suinocultura e avicultura, cultivo de hortaliças e frutas, fabricação doméstica de roupas e implementos agrícolas. Ibidem, p. 74.

[34] Sobre os discursos de Li Xiannian, então vice-primeiro-ministro e ministro das Finanças, e Chen Yun, então vice-primeiro-ministro e ministro do Comércio, ver Chen Yun, "Speech by Comrade Chen Yun", em Eighth National Congress of the Communist Party of China, *Speeches*, v. 2 (Pequim, Foreign Language Press, 1956); "Methods of Solving the Tensions in Supplies of Pork and Vegetables, September 1956, Speech at the Eighth National Party Congress of the CPC", em Nicholas R. Lardy e Kenneth Lieberthal (orgs.), *Chen Yun's Strategy*

Houve aumento no preço dos produtos subsidiários após o congresso do PCCh, mas "caiu a produção de cada safra cujo preço foi elevado"[35]. Perkins conclui que a "falta de resposta dos quadros às mudanças de preços" mostrou que, "na prática, a centralização do controle na China comunista provou ser um substituto, não um complemento, ao mercado e aos controles de preços"[36].

A introdução do sistema unificado de compra e venda intensificou a tensão entre o Estado e os camponeses, e a euforia inicial com a coletivização deu lugar a protestos locais. Os camponeses reclamavam das cotas muito altas e dos preços muito baixos, o que os desfavorecia em relação aos trabalhadores urbanos e muitas vezes os levava ao limite da subsistência. O Estado reagiu acusando os camponeses de falsas denúncias e atacou sua resistência, descrevendo-a como antissocialista[37]. A população rural da China – que fornecia alimentos e grãos para exportação e insumos para a indústria urbana – não tinha perspectivas de colher benefícios com a industrialização[38].

Mao reavaliou essa estratégia de desenvolvimento pela industrialização urbana e reconheceu problemas em seu discurso secreto "Sobre as dez principais relações"[39]. Identificou dois métodos de desenvolvimento da indústria pesada: "Um método é desenvolver a indústria pesada desenvolvendo menos a indústria leve e a agricultura; outro é desenvolver a indústria pesada desenvolvendo mais a indústria leve e a agricultura"[40]. Concluiu que "o último método, que coloca o desenvolvimento da indústria pesada na base da satisfação das necessidades diárias das pessoas e o situa em bases mais firmes, resultará em maior e melhor desenvolvimento da indústria pesada"[41]. No entanto, não

for China's Development: A Non-Maoist Alternative (Armonk, M. E. Sharpe, 1983); Li Xiannian, "Speech by Comrade Li Hsien-Nien, Vice-Premier and Minister of Finance", em *Eighth National Congress of the Communist Party of China, Speeches*, v. 2 (Pequim, Foreign Language Press, 1956).

35 Dwight H. Perkins, *Market Control and Planning in Communist China*, cit., p. 71.

36 Ibidem, p. 96.

37 Felix Wemheuer, *Famine Politics in Maoist China and the Soviet Union*, cit., p. 91-2 e 96-7.

38 Dorothy J. Solinger, *Chinese Business Under Socialism: The Politics of Domestic Commerce in Contemporary China* (Los Angeles, University of California Press, 1984), p. 23-4; Xue Muqiao, "Price Adjustment and Reform of the Price Control System", em Kwok-Kwan Fung (org.), *Current Economic Problems in China* (Boulder, Westview, 1982), p. 29-30.

39 John K. Leung e Michael Y. Kau, "Editor's Introduction to On the Ten Major Relationships", em *The Writings of Mao Zedong, 1949-1976*, v. 2: *January 1956-December 1957* (Armonk, M. E. Sharpe, 1992), p. 44. Como continha uma "crítica sem precedentes ao modelo soviético de desenvolvimento", esse discurso só foi publicado muito mais tarde. Idem.

40 Mao Tsé-tung, "On the Ten Major Relationships", em John K. Leung e Michael Y. Kau (orgs.), *The Writings of Mao Zedong*, cit., p. 48.

41 Idem.

se buscou na época uma mudança de estratégia que fosse orientada para o desenvolvimento da indústria leve e da agricultura[42].

O Grande Salto Adiante, iniciado em 1958, parecia prometer uma saída diferente para a tensão entre cidade e campo. O plano era dar um grande impulso à industrialização rural, que seria alcançada por meio de comunas populares, as quais organizariam todos os aspectos do bem-estar social, inclusive refeitórios públicos, obras públicas e manufatura. Em vez de realocar recursos no campo, o governo pretendia que as comunas tivessem um rápido crescimento econômico, graças à mobilização em massa. Os terrenos privados foram abolidos, e toda a terra deveria servir ao esforço coletivo[43]. Essa abordagem não foi de forma alguma incontestável. Chen Yun, encarregado de elaborar a economia planificada socialista nos primeiros anos após a revolução[44], advertira em 1957 que "a coletivização apenas criava as condições para o desenvolvimento agrícola, mas não resolvia fundamentalmente o problema [do desenvolvimento rural]"[45].

No clima utópico do Grande Salto Adiante, as projeções de produção de grãos se tornaram irrealistas. A extração líquida de grãos do Estado atingiu níveis alarmantes. Em 1953-1957, a compra líquida média da produção agrícola era de 18,3%; em 1959, subiu para 28%, sob a pressão do crescimento da população urbana[46]. De 1957 a 1959, o número de trabalhadores urbanos aumentou em 25,8 milhões[47]. Quando a safra caiu demais para cumprir as cotas de compra do Estado em 1959, a comunicação entre o aparelho estatal e as comunidades rurais já havia sido rompida pelas campanhas políticas contra a subnotificação de grãos da parte dos camponeses. Além disso, com os preços fixados pelo Estado e o comércio privado abolido, não havia sinal de preços que pudesse indicar escassez – como ocorreria em um sistema de celeiros públicos orientado para o mercado (ver capítulo 1). O Estado não estava preparado para reagir e continuou a exportar grãos. As comunas esgotaram seus estoques em consequência do excesso de compra pelo Estado, e os camponeses não tinham estoques significativos para consumo próprio. O resultado foi a fome em massa. O número de mortos ainda varia drasticamente. Pelo menos 16 milhões – e possivelmente mais de 40 milhões – de camponeses morreram de fome[48].

[42] Kijeld E. Brødsgaard, "Paradigmatic Change", cit., p. 45-6.

[43] Felix Wemheuer, *Famine Politics in Maoist China and the Soviet Union*, cit., p. 107-11.

[44] Ezra F. Vogel, "Chen Yun: His Life", *Journal of Contemporary China*, v. 14, n. 45, 2005, p. 741-59.

[45] Yang Dali, *Calamity and Reform in China*, cit., p., 33. Ver também Chen Yun, "Methods of Solving the Tensions in Supplies of Pork and Vegetables", cit.

[46] Robert Ash, "Squeezing the Peasants", cit., p. 971.

[47] Felix Wemheuer, *Famine Politics in Maoist China and the Soviet Union*, cit., p. 122.

[48] Ibidem, p. 120-45; Yang Dali, *Calamity and Reform in China*, cit., p. 37-9.

Ao desastre causado pelo Grande Salto Adiante sucedeu-se um breve período de desenvolvimento focado principalmente na indústria leve e na agricultura. Chen Yun foi encarregado da economia[49]. O governo reintroduziu temporariamente os mercados rurais e os terrenos privados e, até certo ponto, a produção foi organizada por meio de contratos domésticos – uma política que se tornaria um importante ponto de partida para as reformas de mercado no fim da década de 1970. É importante ressaltar que a extração líquida de grãos do Estado foi consideravelmente reduzida e continuou a cair até o fim da era Mao. A revenda de grãos pelo Estado aos camponeses necessitados tornou-se uma política importante de combate à fome e à inanição[50]. A pressão sobre as reservas nacionais de grãos também foi aliviada pela importação de grãos[51].

A mudança temporária no modelo econômico deu origem a um debate em torno do caminho de desenvolvimento da China na década de 1960. Esse debate remontava a outro anterior (1956-1957), à época do discurso de Mao "Sobre as dez principais relações", e envolveu alguns dos protagonistas do debate sobre a reforma nos anos 1980. Por exemplo, Liu Guoguang, economista formado pelos soviéticos e mais tarde reformador radical de mercado, defendeu no fim da década de 1950 uma estratégia de desenvolvimento focada na indústria pesada. Em contraste, Xu Dixin – que desempenhou papel importante no esforço de estabilização dos preços nos anos 1940 em Xangai e na década de 1980 foi vice-presidente da ACCS (Academia Chinesa de Ciências Sociais) – rebateu que o desenvolvimento da China deveria ser enraizado no setor agrícola[52]. A principal estratégia de desenvolvimento no período Mao permaneceu focada na indústria pesada, em especial a siderúrgica[53]. A China dependia da produção agrícola

[49] Ezra F. Vogel, "Chen Yun: His Life", cit., p. 755.
[50] Robert Ash, "Squeezing the Peasants", cit., p. 967, 971 e 981; Kenneth R. Walker, "Chinese Agriculture During the Period of Readjustment", cit., p. 786.
[51] Robert Ash, "Squeezing the Peasants", cit., p. 982.
[52] Kijeld E. Brødsgaard, "Paradigmatic Change", cit., p. 59-67.
[53] O Grande Salto Adiante, que tinha como objetivo industrializar o país em poucos anos, é o caso mais extremo dessa abordagem e fez com que a China sofresse "inquestionavelmente […] em 1959-1961 a pior fome do século XX". Peter Nolan, "The Causation and Prevention of Famines: A Critique of A. K. Sen", *Journal of Peasant Studies*, v. 21, n. 1, 1993, p. 4. O programa ainda pretendia dobrar a produção de aço de 5,35 milhões de toneladas em 1957 para 10,7 milhões de toneladas em 1958 e quase dobrar a produção de grãos de 390 bilhões de *jin* para 700 bilhões de *jin*. Embora a produção real fosse de apenas 8 milhões de toneladas e 400 milhões de *jin*, respectivamente, metas ainda mais ambiciosas foram estabelecidas para 1959 e 1960. Xue Muqiao, "Price Adjustment and Reform of the Price Control System", em Kwok-Kwan Fung (org.), *Current Economic Problems in China*, cit., p. 31.

para financiar a industrialização, enquanto o consumo de alimentos para a maioria dos camponeses permanecia próximo aos níveis de subsistência[54].

Apesar do esgotamento da economia rural, a estratégia de mobilização nas comunas conseguiu uma expansão impressionante da irrigação e dos cultivos múltiplos, bem como algum grau de industrialização. Projetos de aumento das terras agrícolas e reserva de água, bem como experiências com desenvolvimento científico agrícola, foram realizados em grande escala[55]. Mas a produção agrícola cresceu lentamente no início e estagnou no longo prazo[56]. O aumento do investimento estatal a partir de meados da década de 1960 facilitou uma mecanização moderada e regionalmente direcionada e a expansão das indústrias de apoio à agricultura, como a produção de fertilizantes químicos[57].

No entanto, o forte viés de acumulação de capital industrial, à custa de um baixo padrão de vida – em particular dos camponeses –, persistiu na era Mao[58]. Isso se refletiu no crescimento relativamente mais lento da indústria

---

[54] Robert Ash, "Squeezing the Peasants", cit., p. 983; Kijeld E. Brødsgaard, "Paradigmatic Change", cit.; Audrey Donnithorne, *China's Economic System*, cit., p. 337; Dwight H. Perkins, *Market Control and Planning in Communist China*, cit., p. 56-98.

[55] Sigrid Schmalzer, *Red Revolution, Green Revolution*, cit.

[56] Xue Muqiao, *China's Socialist Economy* (Pequim, Foreign Language Press, 1981), p. 181. Perkins relatou que, nos primeiros anos de controle centralizado sobre a agricultura, a produção agrícola aumentou 4,9% em 1956 e 3,5% em 1957. Dwight H. Perkins, *Market Control and Planning in Communist China*, cit., p. 81. Nolan descobriu que o valor líquido da produção agrícola *per capita* cresceu apenas 0,3% ao ano de 1957 a 1975. Peter Nolan, *China's Rise, Russia's Fall: Politics, Economic and Planning in the Transition from Stalinism* (Basingstoke, Macmillan, 1995), p. 51. Xue fez a mesma observação: "A produção de grãos *per capita* em 1977 foi aproximadamente igual à de 1957 e a produção total de algodão permaneceu no nível de 1965". Xue Muqiao, *China's Socialist Economy* (Pequim, Foreign Language Press, 1981), p. 180. Xue também observou que a produção agrícola estagnou em 1967 e a produção de grãos alimentícios caiu 4% em 1968. Idem, "Price Adjustment and Reform of the Price Control System", cit., p. 32-3. Ordens de Mao Tsé-tung e Zhou Enlai em 1969 para interromper o conflito armado teriam revertido essa tendência.

[57] Robert Ash, "Squeezing the Peasants", cit., p. 961-5.

[58] Nolan sugere que a participação da indústria pesada no investimento total do Estado passou de 36% do investimento total do Estado no primeiro Plano Quinquenal (PQ) para cerca de 50% no terceiro e quarto PQs. Peter Nolan, *China's Rise, Russia's Fall*, cit., p. 51. A participação da indústria leve teria estagnado em apenas 5% a 6%. Em parte, isso resultou da necessidade de defesa nacional no contexto da Guerra da Coreia, da Guerra Fria e da cisão sino-russa. Como Mao colocou, a "defesa nacional é indispensável. Estaria tudo bem eliminarmos todas as nossas tropas? Não, não estaria, porque ainda temos inimigos nos assediando, e ainda estamos cercados por eles!". Mao Tsé-tung, "On the Ten Major Relationships", cit., p. 49. No entanto, ele também advertiu que a parte do orçamento do Estado

leve e da agricultura, em comparação com o da indústria pesada[59]. O viés urbano também é visível na alocação de fundos de investimento do Estado: no período Mao, mais de 80% da população vivia no campo e mais de 73% trabalhava na agricultura, mas apenas cerca de 10% do fundo de investimento estatal foi alocado na agricultura. Até meados da década de 1960, o investimento estatal rural era inferior aos impostos da economia rural; ou seja, as comunidades rurais pagavam mais ao Estado do que recebiam em troca na forma de fundos de investimento[60]. Essa disparidade foi amplificada pelo baixo preço dos produtos agrícolas e pelo alto preço dos bens industriais.

O sistema de preços da era Mao funcionava como um mecanismo de extração de recursos do campo para a industrialização urbana. Como disse Nicholas Lardy em sua pesquisa clássica, "os preços na China durante a maior parte dos últimos trinta anos [1953-1983] foram estabelecidos em grande medida com o objetivo de determinar a alocação de recursos entre indivíduos e o Estado, entre indústria e agricultura, e entre as diferentes regiões"[61]. O aspecto crucial disso para o projeto de industrialização foi a redistribuição da economia rural para a urbana. Os preços dos bens agrícolas e industriais urbanos foram fixados de modo a facilitar as trocas desiguais. Os preços de compra de produtos agrícolas foram mantidos abaixo de seu valor; os camponeses que trabalhavam as mesmas horas que os trabalhadores urbanos alcançaram um padrão de vida material mais baixo. As comunas tinham de pagar um preço alto pelos bens de produção adquiridos do Estado, mas recebiam muito pouco pelos produtos que eram obrigados a vender ao mesmo Estado[62]. Era a chamada "tesoura de preços": altos preços para os

---

destinada às despesas militares e administrativas durante o primeiro PQ (quase um terço) era "muito alta" e asseverou: "No Segundo Plano Quinquenal, devemos encontrar maneiras de reduzir essa proporção para que mais fundos possam ser liberados para construção econômica e cultural". Ibidem, p. 50.

[59] Dorothy J. Solinger, *Chinese Business Under Socialism*, cit., p. 17.

[60] Robert Ash, "Squeezing the Peasants, cit., p. 964; Audrey Donnithorne, "The Control of Inflation in China", cit., p. 10. Para uma discussão detalhada sobre preços e transferências entre as economias urbana e rural, ver Nicholas R. Lardy, *Agriculture in China's Modern Economic Development*, v. 62: *Foreign Affairs* (Cambridge, Cambridge University Press, 1983), n. 606, p. 98-128.

[61] Nicholas R. Lardy, *Agricultural Prices in China* (World Bank Staff Working Paper, Washington, The World Bank, 1984), p. 3.

[62] No entanto, a "relação de tesoura" $\frac{\text{(índice de preço de varejo de bens industriais em áreas rurais x 100)}}{\text{(índice de preço de aquisição de produtos agrícolas)}}$, com 1930-1936 como base para os termos de troca rurais, tendeu a melhorar pelo menos até 1964 (Audrey Donnithorne, *China's Economic System*, cit., p. 448-9) e provavelmente estagnou, pois a maioria dos preços foi congelada durante a Revolução Cultural. Xue Muqiao "Advice on Seizing Opportunities to Adjust the Price System, June 20, 1984", cit.

produtos industriais e baixos preços para os produtos agrícolas divergiam como as lâminas abertas de uma tesoura[63].

O preço dos produtos agrícolas subiu mais rápido, em média, que o dos produtos industriais de 1952 a 1975. Mas Lardy adverte que isso foi impulsionado principalmente pelo aumento de preços comercializados antes de 1953 e pelo ajuste dos preços relativos no início dos anos 1960, no contexto de recuperação da fome[64]. Por exemplo, os preços dos principais produtos agrícolas, como arroz, trigo e milho, não foram ajustados de 1966 até o início da era Deng, em 1978. Apesar dos aumentos recorrentes, durante toda a era Mao o preço de compra de produtos agrícolas pelo Estado em geral permaneceu baixo em relação ao preço dos bens industriais. Essa troca desigual foi um ponto-chave de disputa entre o Estado e os camponeses e resultou na subnotificação por parte dos camponeses, bem como na venda no mercado paralelo[65].

O método "tesoura de preços" para extrair recursos da agricultura também foi muito contestado por economistas chineses. No debate sobre o modelo econômico após a Grande Fome, um dos tópicos mais acalorados se referia à lei marxista do valor. Os economistas chineses discordavam fervorosamente se a lei era aplicável ou não à economia chinesa e se deveria ou não ser usada na determinação de preços[66]. Uma questão crucial era se os preços agrícolas deveriam se aproximar dos valores definidos com base na teoria do valor-trabalho, em vez de serem mantidos abaixo deles. Se os preços fossem iguais a esses valores, a transferência do excedente agrícola teria de depender de um imposto sobre os camponeses[67].

---

[63] A expressão "tesoura de preços" foi cunhada por Trótski na década de 1920, quando os soviéticos buscaram uma estratégia de industrialização orientada para o mercado sob a Nova Economia Política. Ernest Mandel, *Trotsky as Alternative* (Nova York, Verso, 1995), p. 61-4 [ed. bras.: *Trotsky como alternativa*, trad. Arlene E. Clemesha, São Paulo, Xamã, 1995]. Assim como na China nas décadas de 1930 e 1940, o baixo preço dos produtos agrícolas resultou na retirada dos camponeses do mercado. A guerra econômica dos comunistas teve como objetivo reintegrar o campo por meio de mercados e dinheiro (ver capítulo 3). Para isso, era necessário fechar a tesoura de preços. Robert W. Cole, *"To Save the Village"*, cit., p. 179-80.

[64] Nicholas R. Lardy, *Agricultural Prices in China*, cit., p. 8.

[65] Gao Wangling, "A Study of Chinese Peasant 'Counter-Action'", em Ens Manning Kimberley e Felix Wemheuer (orgs.), *Eating Bitterness: New Perspectives on China's Great Leap Forward and Famine* (Vancouver, University of British Columbia Press, 2011), p. 274-8; Jean C. Oi, "Market Reforms and Corruption in Rural China", cit., p. 229.

[66] Cyril C. Lin, "The Reinstatement of Economics in China Today", *The China Quarterly*, v. 85, n. 3, 1981, p. 1-48.

[67] Chen Nai-Ruenn, "The Theory of Price Formation in Communist China", *The China Journal*, v. 27, 1966, p. 48-50.

Aqueles que defendiam a fixação redistributiva de preços na década de 1960 referiam-se explicitamente à longa história de regulação de preços na China como ferramenta de política fiscal. Especificamente, sustentavam que os camponeses estariam ainda menos inclinados a aceitar a tributação direta. Afinal, os preços redistributivos eram prática comum havia muito na China (ver capítulo 1). Ajustar os preços para refletir os valores definidos pelo valor-trabalho resultaria em frequentes mudanças de preços e, advertiram os céticos, colocaria em risco a estabilidade social e de preços. Por último, depender de preços em vez de impostos permitiria ao governo equilibrar as receitas e a provisão de grãos entre colheitas abundantes e escassas[68] – como foi o caso sob o sistema dos "celeiros sempre normais".

Diante do alto nível de tensão entre os camponeses e o Estado no início da década de 1960, uma forma mais direta de extrair recursos do campo foi considerada inviável. A China continuou a contar com diferenciais de preços até muito depois do debate dos anos1960. No alvorecer da reforma, a proposta de substituir os diferenciais de preços por tributação foi revivida por Sun Yefang, um dos participantes mais ativos das discussões travadas na década de 1960 e líder reformador da economia[69].

A persistência da "tesoura de preços" deve ser vista no contexto de sua contribuição para a estabilidade de preços, que serviu de princípio básico da política de preços durante toda a era Mao[70]. De fato, o programa de estabilização de preços de 1949-1952 levou a um surpreendente recorde de estabilidade de preços nas primeiras três décadas da RPC[71]. Apesar disso, o desafio do excesso de demanda agregada e, portanto, as pressões inflacionárias prevaleceram.

Conforme discuti no capítulo 2, Keynes mostrou que se em tempos de guerra as pessoas trabalham para produzir para o esforço de guerra e não para

---

[68] Idem.

[69] Nicholas R. Lardy, *Agriculture in China's Modern Economic Development*, cit., p. 218-9; Sun Yefang, "Forcefully and Confidently Grasp the Concept of Socialist Profit" (要理直气壮地抓社会主义利润), *Economic Research*, v. 9, 1978, p. 2-14.

[70] Nicholas R. Lardy, *Agricultural Prices in China*, cit., p. 2.

[71] Audrey Donnithorne, "The Control of Inflation in China", cit., p. 3; Peter Schran, "China's Price Stability", cit., p. 368; Wang Xiaoqiang, "Critique of Agrarian Socialism" (农业社会主义批判), *Issues in Agricultural Economics*, v. 2, 1980, p. 127. Dwight H. Perkins ("Price Stability and Development in Mainland China", cit.) e Wang Tong-eng ("Economic Policies and Price Stability in China", *China Research Monographs*, Berkeley, University of California, Center for Chinese Studies, n. 16, 1980, p. 4-10) fazem uma discussão detalhada dos índices de preços chineses. Embora os índices oficiais tenham um certo viés de baixa e a disponibilidade de dados para as décadas de 1960 e 1970 seja limitada, não há muita dúvida de que o aumento de preços – pelo menos para as principais mercadorias – foi muito baixo para os padrões internacionais, principalmente para um país em desenvolvimento.

o consumo, a demanda agregada tende a superar a oferta, fazendo com que os preços subam[72]. O mesmo se aplica a uma estratégia de desenvolvimento orientada para a indústria pesada em uma economia fechada[73]. Muitos investimentos em industrialização só dão frutos depois de bastante tempo. Considere, por exemplo, a construção de uma grande siderúrgica. Os trabalhadores que constroem a fábrica recebem um salário e precisam ser vestidos, alimentados e abrigados, enquanto seu trabalho não aumenta imediatamente a produção que atende a essas necessidades. Como consequência, o fundo salarial tende a superar a oferta de bens de consumo, e a demanda por bens de consumo tende a exceder sua oferta.

Na era Mao, a estratégia para lidar com a tendência de excesso de demanda agregada e inflação era suprimir a renda em dinheiro dos camponeses por meio dos baixos preços de compra de bens agrícolas, muitas vezes transferindo o ônus da produção de bens básicos, como roupas, para o trabalho feminino nas famílias camponesas[74]. A parcela da população que trabalhava nas cidades era pequena em relação à população rural[75]. O salário urbano era superior à renda rural, mas ainda se mantinha em níveis baixos. Os preços reduzidos dos produtos agrícolas racionados, que constituíam a maior fatia do consumo urbano[76], juntamente com os baixos aluguéis, permitiram manter os níveis dos salários urbanos abaixo dos aumentos de produtividade[77]. Além disso, os salários foram isolados da pressão ascendente pelo uso limitado do dinheiro. Muitos itens de consumo eram alocados por cupom, como ração ou bônus, e

---

[72] John M. Keynes, *How to Pay for the War: A Radical Plan for the Chancellor of the Exchequer* (Nova York, Harcourt, Brace and Company, 1940).

[73] O Banco Mundial ("China: Socialist Economic Development", cit., p. 79) sugere que todos os investimentos domésticos da China foram financiados por poupança interna. Em contraste com outros países de baixa renda que financiaram mais de um quarto de seus investimentos com capital estrangeiro, a China exportou capital na forma de ajuda para outras nações em desenvolvimento.

[74] Jacob Eyferth, "Women's Work and the Politics of Homespun in Socialist China, 1949-1980", *International Review of Social History*, v. 57, n. 3, 2012, p. 365-91.

[75] Donnithorne estima que a parcela da população economicamente ativa que recebia salário na China em 1964 era inferior a 10%. Audrey Donnithorne, "The Control of Inflation in China", cit., p. 8.

[76] Perkins aponta que, no fim da década de 1950, cerca de 70% do gasto com mercadorias do trabalhador médio era para produtos agrícolas. Dwight H. Perkins, "Price Stability and Development in Mainland China", cit., p. 363. À luz da estagnação dos padrões de vida, essa parcela deve ter permanecido aproximadamente constante.

[77] Os salários nunca aumentaram substancialmente de 1956 até o fim de 1977, apesar dos aumentos consideráveis de produtividade do trabalho. Audrey Donnithorne, "The Control of Inflation in China", cit., p. 6.

não podiam ser comprados com dinheiro[78]. Outro fator que permitia os baixos salários urbanos era a abundância de trabalhadores na China, ao contrário do que acontecia na União Soviética; as empresas não competiam por mão de obra e os salários desempenhavam um papel mínimo na alocação de mão de obra[79].

A estabilidade dos preços na China se deu a partir do que tem sido descrito como uma "sociedade dual" (二元社会). Uma parte era constituída pela esfera urbana subsidiada; a outra, constituída pela esfera rural, possibilitou a transferência para a economia urbana e teve de contar com recursos próprios para subsistir e se desenvolver[80]. A fim de manter essa desigualdade, as massas camponesas foram impedidas de migrar permanentemente para as cidades e viram-se excluídas da massa salarial urbana por medidas administrativas, como a emissão de autorização de residência em zonas urbanas e cartões de racionamento local. O sistema de registro de domicílios (户口), instituído em 1955, categorizava os cidadãos como rurais ou urbanos. Isso foi fundamental para sustentar a estratificação social[81].

Para manter baixa a renda no campo e monopolizar o comércio, foi necessária uma desmonetização rural generalizada[82]. Isso teve implicações importantes para a estabilidade dos preços rurais. Quando o comércio privado de grãos se generalizou, a compra de grãos pelas agências estatais de comércio ajudou a equilibrar os preços de mercado entre as estações do ano e as regiões (ver capítulos 1 e 3). No entanto, quando o Estado se tornou um comprador monopolista sob o sistema de compra unificado, as compras estatais injetavam dinheiro repentinamente na economia rural na época de colheita, o que levou à especulação e à criação de mercados negros, além de desestabilizar os preços[83].

Um problema básico da estabilidade de preços na economia rural era que, enquanto a demanda por bens de consumo se distribuía ao longo do ano, o dinheiro líquido era injetado no campo somente após as colheitas. Para absorver a entrada abrupta de dinheiro, foram criadas as cooperativas de crédito na

---

[78] Ibidem, p. 10; Dorothy J. Solinger, *Chinese Business Under Socialism*, cit., p. 25-7.

[79] Dwight H. Perkins, *Market Control and Planning in Communist China*, cit., p. 137-8.

[80] Felix Wemheuer, *Famine Politics in Maoist China and the Soviet Union*, cit., p. 43.

[81] Wu Xiaogang e Donald J. Treiman, "The Household Registration System and Social Stratification in China: 1955-1996", *Demography*, v. 41, n. 2, 2004, p. 363-70.

[82] Dorothy J. Solinger, *Chinese Business Under Socialism*, cit., p. 24-5; Gavin Peebles, *Money in the People's Republic of China: A Comparative Perspective* (Sydney, Allen & Unwin, 1991), p. 86. A importância da desmonetização do campo foi trazida ao meu conhecimento em uma correspondência privada com Jacob Eyferth.

[83] Matthew Lowenstein, "Return to the Cage: Monetary Policy in China's First Five-Year Plan", *Twentieth-Century China*, v. 44, n. 1, 2019, p. 53-74; Dorothy J. Solinger, *Chinese Business Under Socialism*, cit., p. 23-4.

década de 1950. Elas absorviam o excesso de dinheiro em depósitos bancários e equilibravam o fluxo de caixa. As cooperativas de crédito também facilitavam os pagamentos antecipados na primavera; isso equilibrou ainda mais o fluxo de dinheiro para a economia rural[84]. O efeito estabilizador de preços das cooperativas de crédito seguia a mesma lógica básica dos "empréstimos dos brotos verdes" da época do império (ver capítulo 1). Mas, em contraste com a instituição imperial, as cooperativas de crédito não estavam orientadas a extrair altas taxas de juros dos camponeses[85].

Pesquisas recentes mostram que outra medida comum para resolver o problema de excesso de dinheiro na economia rural era o *huilong* (回笼), ou "voltar à gaiola". Esse termo tinha uma longa tradição na política monetária chinesa. Sob o império, às vezes o papel-moeda era conversível em prata. O banco retirava de circulação o dinheiro em excesso, trazendo-o de volta para a "gaiola" do banco, ou *huilong*[86]. Um método usado para absorver o excesso de dinheiro na era Mao era fornecer bens não essenciais a preços altos. Chen Yun referiu-se a isso como a "questão dos doces" em discurso proferido em 1961, após o Grande Salto trazer de volta a inflação[87]. Bens de "luxo" não racionados, como doces, eram negociados no mercado livre e tinham uma função crítica para a economia em geral, que era a de absorver o excesso de liquidez e, assim, estabilizar os preços[88]. Embora isso promovesse a estabilidade de preços, os altos preços dos bens não racionados rebaixaram ainda mais o padrão de vida no campo[89].

A "questão dos doces" revela um ponto importante sobre a estabilização de preços na era Mao. O sistema redistributivo de preços era um ato de equilíbrio concebido para extrair recursos do campo para a industrialização; no entanto, a taxa de transferência não poderia ultrapassar certo nível, como demonstrou brutalmente a Grande Fome. Os altos preços dos bens não essenciais serviram para equilibrar os fluxos de caixa, mas, se os preços fossem muito altos, a demanda cessaria e a meta não seria alcançada. A próxima seção examina mais de perto algumas das práticas de definição de preços que sustentaram esse esforço de equilíbrio.

[84] Katherine H. Hsiao, *Money and Monetary Policy in Communist China* (Nova York, Columbia University Press, 1971), p. 178-82.

[85] Para uma discussão detalhada do funcionamento das cooperativas de crédito rural, ver ibidem, p. 51, 61 e 172-83.

[86] Matthew Lowenstein, "Return to the Cage", cit., p. 54.

[87] Ibidem, p. 53.

[88] Ibidem, p. 53-4.

[89] Dorothy J. Solinger, *Chinese Business Under Socialism*, cit., p. 24-5; Gavin Peebles, *Money in the People's Republic of China*, cit., p. 86.

Funcionamento básico do sistema maoista de fixação de preços

Após a revolução, o sistema de preços como um todo não foi redefinido com base em uma fórmula específica. Os preços eram ajustados caso a caso, por observações empíricas, e orientados para a estabilidade geral. O sistema de preços da era Mao caracterizou-se pela "difusão da responsabilidade pela fixação de preços", uma "imprecisão dos regulamentos" e uma "grande flexibilidade na prática"[90]. Como disse Lardy: "Os princípios gerais de formação de preços são bastante conhecidos, mas suficientemente vagos para servir mal como um mau guia para as decisões centrais"[91]. No que ainda pode ser considerada a contribuição mais sistemática disponível em inglês sobre os fundamentos teóricos da fixação de preços, Chen Nai-Ruenn advertiu que "a prática chinesa de preços não é facilmente redutível a um único princípio teórico geral"[92]. Essa falta de princípios axiomáticos de fixação de preços é uma expressão da determinação de preços como um ato de equilíbrio constante.

Além da transferência da economia rural para a urbana, outro fator crucial para a estabilidade de preços era a ênfase nos preços urbanos baixos e estáveis para matérias-primas essenciais e bens de consumo[93]. Isso envolvia subsídios e racionamento. Em contraste, os preços dos itens não essenciais eram adaptados de forma flexível e muitas vezes eram mantidos artificialmente altos para absorver os fluxos de caixa. Podemos ver isso pela lente do princípio derivado do *Guanzi* no capítulo 1. Para usarmos os termos do *Guanzi*, a política de preços comunista estava focada no "pesado". A estabilidade de preço dos bens essenciais para o consumo e a produção urbanos era a regra primordial da fixação de preços. Esses bens essenciais também serviam para medir o poder de compra do *renminbi* e, assim, determinar o valor do dinheiro[94]. Para todos os outros bens, a fixação de preços era mais situacional que estritamente baseada em regras.

Certamente, em nítido contraste com o *Guanzi* e as práticas imperiais de regulação de preços (discutidas no capítulo 1), a economia da era Mao dependia muito mais de comandos que da participação do Estado no mercado. A grande estabilidade dos preços também refletia o papel pouco relevante dos preços como instrumento de regulação econômica quando a economia chinesa estava se transformando em uma economia de comando. Além de seu

---

[90] Audrey Donnithorne, *China's Economic System*, cit., p. 442.
[91] Nicholas R. Lardy, *Agricultural Prices in China*, cit., p. 2.
[92] Chen Nai-Ruenn, "The Theory of Price Formation in Communist China", cit., p. 38-9.
[93] Wang Xiaoqiang, "Critique of Agrarian Socialism", cit., p. 127.
[94] Ibidem, p. 127-9.

papel crucial como ferramenta de redistribuição, os preços desempenhavam uma função secundária nas decisões de produção das empresas, e as decisões de consumo eram guiadas pelo racionamento.

Classificação das mercadorias e tipos de preços

Sob o sistema de determinação de preços da era Mao, as mercadorias eram classificadas em três categorias, de acordo com sua importância relativa para a subsistência humana, para a produção industrial e agrícola e para o comércio exterior. As mercadorias de primeira categoria eram as mais essenciais e as mais rigidamente controladas pelo Estado, em comparação com as mercadorias da segunda e da terceira categorias. A classificação concreta de mercadorias específicas variou ao longo do tempo, mas prevaleceu a lógica básica de regulação de preços baseada nessa hierarquia de três níveis de importância[95].

Originalmente as mercadorias da primeira categoria incluíam os grãos, os óleos comestíveis, o algodão cru, os fios e os tecidos de algodão e, mais tarde, açúcar, sal, tabaco, petróleo e bens de exportação importantes, como o chá[96]. Esses bens de consumo essenciais e insumos industriais faziam parte do "sistema unificado de compra e venda"[97]. O Conselho de Estado controlava diretamente a compra e o fornecimento desses bens por meio de cotas de entrega e racionamento. As mercadorias de segunda categoria, sob "contratação designada", eram controladas por ministérios especializados. Essa categoria, composta por mais de cem mercadorias, incluía produtos agrícolas como rami, cânhamo, casulo de seda, ovo, carne de porco, pele de animais, chá e alguns itens de exportação[98]. O preço da maioria dessas mercadorias também era fixado pelo Estado[99]. Todas as demais mercadorias eram classificadas na terceira categoria, em geral administrada por autoridades locais e às vezes com regulamentações específicas.

Para as mercadorias de primeira e segunda categorias, as entidades comerciais estatais tinham direitos exclusivos de compra. Em princípio, não era

---

[95] Nicholas R. Lardy, *Agricultural Prices in China*, cit., p. 4; Dorothy J. Solinger, *Chinese Business Under Socialism*, cit., p. 28.

[96] Dorothy J. Solinger, *Chinese Business Under Socialism*, cit., p. 285.

[97] Nicholas R. Lardy, *Agricultural Prices in China*, cit., p. 4.

[98] Essa segunda categoria compreendia 293 mercadorias em 1959, enquanto a primeira categoria incluía apenas 38. Audrey Donnithorne, *China's Economic System*, cit., p. 285. As listas eram sujeitas a revisões regulares.

[99] Nicholas R. Lardy, *Agricultural Prices in China*, cit., p. 4; Peter Schran, "China's Price Stability", cit., p. 371. O Estado podia oferecer preços mais altos para fornecimento acima da cota e preços ainda mais altos para fornecimento adicional de mercadorias da primeira e da segunda categorias. Nicholas R. Lardy, *Agricultural Prices in China*, cit., p. 5.

permitido nenhum comércio direto entre produtores nem entre produtores e consumidores. O preço desses bens essenciais deveria ser isolado das forças do mercado. Em contraste, algumas mercadorias de terceira categoria às vezes eram negociadas em mercados rurais, muitas vezes com regulação estatal de preços. A prevalência dos mercados rurais sofreu grandes variações ao longo do tempo e conforme as regiões, mas mercadorias importantes de primeira categoria, como algodão e grãos, foram universalmente banidas desses mercados[100]. Bens de segunda categoria eram permitidos, desde que fosse cumprida a cota obrigatória para "contratação designada". Mas, para comprar esses bens, era necessário ter cupons de racionamento.

Os meios de produção mais importantes, como aço, ferro, carvão e maquinaria, estavam fora desse sistema de três níveis. Eles eram a espinha dorsal do esforço de industrialização e se encontravam sob os auspícios diretos do governo central: esses insumos eram diretamente alocados para os principais produtores e autoridades provinciais, contornando as organizações comerciais estatais[101].

No início da década de 1950, o governo chinês adotou o princípio soviético do custo adicional, que determinava os preços adicionando algum lucro ou excedente ao custo de produção[102]. Cinco tipos de preços deveriam ser estabelecidos pelas autoridades governamentais relevantes. Em teoria – e apenas em teoria – aplicavam-se os seguintes princípios à operacionalização da precificação de custo adicional:

1) os *preços das matérias-primas na saída das fábricas* eram fixados com base em uma fórmula aproximada que adicionava ajustes fiscais e políticos, além de correções limitadas de qualidade, ao custo estimado da produção[103];

2) os *preços de compra dos produtos agrícolas* eram estabelecidos para facilitar a transferência do campo para a cidade e eram amplamente baseados em

---

[100] Audrey Donnithorne, *China's Economic System*, cit., p. 284; Nicholas R. Lardy, *Agricultural Prices in China*, cit., p. 5; Peter Schran, "China's Price Stability", cit., p. 371. Esses mercados quase desapareceram nos primeiros anos de controle estatal sobre o comércio, mas reapareceram em 1956 para conter a pressão inflacionária e novamente após a grande fome causada pelo Grande Salto Adiante. Dwight H. Perkins, *Market Control and Planning in Communist China*, cit., p. 291-2.

[101] Audrey Donnithorne, *China's Economic System*, cit., p. 285.

[102] Chen Nai-Ruenn, "The Theory of Price Formation in Communist China", cit., p. 39.

[103] Observe que, por contingências de longo alcance e dependências históricas na determinação dos preços, era praticamente impossível conhecer os custos de produção em quaisquer outros termos que não o preço dos insumos dados empiricamente. Wang Xiaoqiang, "Critique of Agrarian Socialism", cit., p. 86.

preços históricos. Os preços relativos de diferentes produtos agrícolas tinham o objetivo de incentivar a produção de determinadas culturas;

3) os *preços de atacado* eram baseados nos preços de compra na saída das fábricas e do campo, acrescidos dos custos de distribuição e lucros;

4) os *preços pagos pelos consumidores* aos varejistas eram determinados pela adição de custos de varejo, lucros e impostos ao preço de atacado;

5) um *preço de alocação fixo* anual era cobrado das empresas de produção estatais pelos insumos racionados. Esse preço era composto pelo preço de compra na saída da fábrica ou do campo mais os custos de distribuição. Em alguns casos, os produtores cooperativados ou comunais podiam comprar pelo preço de alocação, mas na maioria das vezes tinham de pagar o preço de atacado, em geral mais alto[104].

Uma dose de cautela é necessária aqui. Essa lista dá impressão de rigidez e precisão, mas tais regras eram aplicadas de maneira flexível e não se baseavam em fórmulas estritas. Na prática, esses preços de custo adicional não eram aplicáveis a um grande número de casos[105]. Na verdade, muitos preços foram determinados por informações empíricas de formações de preços antigas ou casos amostrais. A precificação se baseava na tradução de práticas pré-revolucionárias de contabilidade de custos em categorias marxistas de capital constante e variável ou no uso de preços relativos entre bens agrícolas. Em particular, dados históricos de 1930 a 1936, considerado um período de condições econômicas relativamente normais, às vezes eram usados como orientação para os preços relativos[106].

Outro método empírico comum para chegar aos preços de mercadorias específicas era identificar empresas-modelo que supostamente produziam em condições médias e calcular os custos com base em suas práticas de produção[107]. Assim, enormes diferenças regionais em termos de tecnologia e gestão – e, portanto, de custo – foram levadas em consideração quando se identificaram empresas-modelo regionalmente específicas e se permitiram variações de preços

---

[104] Audrey Donnithorne, *China's Economic System*, cit., p. 439-42.

[105] Chen Nai-Ruenn, "The Theory of Price Formation in Communist China", cit., p. 39.

[106] Ibidem, p. 37-8, 40 e 48. Em uma comunicação privada, Alexander F. Day citou um exemplo revelador a respeito do preço do chá, baseando-se em seu trabalho de arquivista em uma fazenda estatal em Meitan, no norte de Guizhou. Os arquivos sugerem que, uma vez que não era viável calcular os preços com base em valores, a diferença de preço histórica entre diferentes qualidades de chá e arroz foi usada para definir os preços de compra do chá. Quando se verificou que o preço resultante era muito baixo para atingir as metas de produção do chá, o preço foi ajustado para cima, de forma experimental, com o objetivo de promover a produção.

[107] Chen Nai-Ruenn, "The Theory of Price Formation in Communist China", cit., p. 37-8 e 40.

inter-regionais[108]. Como determinar o mais-valor – que na contabilidade de preços de Marx deve ser adicionado ao capital constante e variável – foi objeto de outro debate importante no início dos anos 1960[109]. A determinação teórica do mais-valor sob o socialismo permaneceu não resolvida e, na prática, foi tratada de forma flexível para dar conta das prioridades políticas, como a necessidade de retirar dinheiro de algumas partes da economia *(huilong)* e redistribuí-lo entre as regiões, entre a cidade e o campo e entre o Estado e o povo[110].

O rigor com que os princípios gerais de preços eram aplicados também dependia da importância dos respectivos bens para a subsistência humana ou para a industrialização. Exceto no caso das mercadorias mais importantes, os planejadores centrais permitiram que autoridades de níveis inferiores tivessem certo grau de flexibilidade para estabelecer preços, dentro de princípios e diretrizes definidos e considerando as condições sazonais, as variações de qualidade, e assim por diante. Os preços dos bens essenciais eram mantidos muito estáveis, enquanto os bens não essenciais eram ajustados com mais frequência, em geral "pouco a pouco"[111]. O preço de varejo dos bens de primeira categoria (já comentado) não mudou muito ao longo do período Mao, quando havia racionamento desses bens para os consumidores urbanos[112]. O Estado chinês fez esforços particularmente grandes para manter estável o preço dos grãos nas cidades[113].

Não foi fácil implementar o preço de custo adicional, em razão das deficiências do sistema de planejamento para obter equilíbrio entre os setores. Não obstante a questão não resolvida sobre o método correto de cálculo no debate dos anos 1950 e 1960, o objetivo do preço de custo adicional era que os preços fossem iguais aos valores. Mas só podemos esperar que seja o caso em condições de equilíbrio. Assumindo que a oferta atende à demanda em uma economia planejada, o preço de custo adicional não era configurado para refletir as relações de escassez. Portanto, não era adequado para acomodar

---

[108] Chen Xijun, "Lecture 15: Price Planning", em Nicholas R. Lardy (org.), *Chinese Economic Planning* (Nova York, M. E. Sharpe, 1978), p. 93-4.

[109] As posições concorrentes são discutidas em Chen Nai-Ruenn, "The Theory of Price Formation in Communist China", cit. Havia três escolas: as duas primeiras sugeriam calcular o mais-valor proporcionalmente aos custos do trabalho e proporcionalmente ao custo total de produção, respectivamente; a terceira visava emular os preços de produção de Marx, definindo o mais-valor com base na suposição de um retorno constante para o capital.

[110] Chen Nai-Ruenn, "The Theory of Price Formation in Communist China", cit., p. 37-8, 40 e 48.

[111] Wang Xiaoqiang, "Critique of Agrarian Socialism", cit., p. 93-4.

[112] Nicholas R. Lardy, *Agricultural Prices in China*, cit., p. 6.

[113] Audrey Donnithorne, "The Control of Inflation in China", cit., p. 9; Peter Schran, "China's Price Stability", cit., p. 378.

deficiências recorrentes de planejamento e incompatibilidades entre investimentos e produções planejados.

Em contraste, o método empírico chinês de determinação de preços exigia explicitamente que os quadros, ao fixar os preços, considerassem as forças predominantes de oferta e demanda. Se um bem de consumo estivesse em falta, o preço dele não podia diminuir, mas também não podia aumentar indiscriminadamente. Se houvesse excesso de oferta de um bem, o preço dele deveria cair para evitar um acúmulo de estoque desnecessário[114]. Assim, as forças de oferta e demanda locais e específicas de produtos deveriam ser levadas em consideração, mas apenas para não gerar aumento de preços.

A estabilidade dos preços continuou sendo preocupação primordial do governo chinês, e os ajustes de preços específicos serviram como ferramenta para o *huilong*, absorvendo o excesso de dinheiro. O debate sobre a lei do valor e a determinação de preços no início dos anos 1960, que visava a racionalizar todo o sistema de preços, não teve consequências práticas, em última análise. O risco para a estabilidade de preços impediu o governo de reajustar todos os preços com base em uma fórmula axiomática[115].

Empresas estatais, metas financeiras e preços

O sistema industrial urbano foi amplamente moldado pelo exemplo soviético: as empresas estatais tinham um controle bastante limitado sobre projetos de expansão ou construção. Eram unidades de produção operando em escala definida pelas autoridades de planejamento. As empresas estatais cumpriam ordens, tinham metas de produção e recebiam matérias-primas e equipamentos necessários como insumos de seus planos de produção[116]. Nesse sistema, o escritório de planejamento tinha de equilibrar todas as entradas e as saídas das unidades de produção. O sistema de controle financeiro foi construído sobre esse esquema de balanceamento de materiais. As metas financeiras serviam tanto para respaldar metas físicas quanto para fornecer indicações amplas para parâmetros que não eram facilmente definidos. Por exemplo, as empresas estatais tinham um limite de massa salarial geral, em vez de uma especificação de postos e graus[117].

---

[114] Chen Xijun, "Lecture 15: Price Planning", cit., p. 95; Chang Yifei, "Several Problems of Commodity Pricing Under the Socialist System", *Chinese Economic Studies*, v. 3, n. 2, 1969, p. 148.

[115] Chen Nai-Ruenn, "The Theory of Price Formation in Communist China", cit., p. 51-2.

[116] Dwight H. Perkins, *Market Control and Planning in Communist China*, cit., p. 100.

[117] Ibidem, p. 101.

Sob esse sistema de comando central, as empresas estatais não controlavam seus fundos gerais. A escala do investimento nacional estava majoritariamente nas mãos das autoridades de planejamento. Grande parte das receitas de vendas das empresas estatais era canalizada para o Tesouro nacional na forma de impostos sobre venda e lucro. Cabia aos planejadores centrais decidir se deveriam reenviar esses fundos para as empresas estatais. Apenas investimentos muito pequenos poderiam ser financiados com lucro retido. O capital de giro era fornecido por alocações orçamentárias ou na forma de empréstimos do Banco do Povo[118]. As empresas estatais precisavam de aprovação do banco para usar seus próprios depósitos[119]. O controle rígido sobre as finanças das empresas estatais era vital para o orçamento do Estado, que em geral era mantido em equilíbrio[120]. Mais de 90% da receita fiscal vinha de empresas estatais na forma de lucros, impostos, pagamentos de depreciação e encargos menores[121]. O governo central podia cortar abrupta e drasticamente as despesas, interrompendo projetos de construção de capital, caso considerasse necessário para a estabilidade dos preços[122].

Como resultado do controle central sobre os fundos das empresas estatais, os preços não afetavam diretamente essas empresas. Grande parte das receitas e dos lucros não estava à sua disposição e dependia de transferências estatais para custear suas operações[123]. Seria um erro, no entanto, concluir que os preços não tinham importância. Os preços relativos eram usados como meio de redistribuição também no setor industrial urbano. Algumas unidades de produção operavam com prejuízo planejado; lucros elevados em outros bens subsidiavam essas perdas. Por exemplo, o preço do carvão e da madeira, o "alimento da indústria"[124], que "afetaria os custos de produção da maioria das empresas e, em última análise, o sustento das pessoas"[125]. era mantido baixo. Pequenas minas de carvão com alto custo de produção eram mantidas em funcionamento pelo papel vital da energia

---

[118] Sobre esses empréstimos incidiam taxas de juros, mas estas podiam ser deduzidas das receitas como custos e reduziam o imposto sobre os lucros das empresas estatais. Assim, as taxas de juros eram efetivamente pagas pelo Tesouro. Dwight H. Perkins, *Market Control and Planning in Communist China*, cit., p. 105.

[119] Ibidem, p. 101-5.

[120] Wang Xiaoqiang, "Critique of Agrarian Socialism", cit., p. 107-8.

[121] Audrey Donnithorne, "The Control of Inflation in China", cit., p. 4.

[122] Idem.

[123] Xue Muqiao, *China's Socialist Economy*, cit., p. 137-8.

[124] Ibidem, p. 153.

[125] Xue Muqiao, "Thirty Years of Arduous Efforts to Create an Economy", em Kwok-Kwan Fung (org.), *Current Economic Problems in China*, cit., p. 72.

na industrialização[126]. Bens de produção a jusante, como máquinas, eram vendidos a preços relativamente altos e geravam lucros elevados. No setor de bens de consumo, o preço das necessidades básicas (que em geral faziam parte da primeira categoria de mercadorias) era mantido muito baixo; o preço dos chamados bens de luxo era alto, em comparação com o preço das necessidades básicas e da renda familiar[127].

Os princípios de precificação dos bens de consumo essenciais e não essenciais também diferiam. Por exemplo, o aumento de custo de produtos não essenciais, após o aumento dos preços dos bens de produção, tendia a ser repassado aos consumidores com base em uma fórmula de custo adicional. O aumento de custo de itens essenciais era absorvido por ajustes em impostos, subsídios e lucros de entidades comerciais[128]. Assim, a alta no preço de compra de grãos era compensada por subsídios estatais para manter o preço de venda baixo. No caso dos bens não essenciais, a fórmula do custo adicional não era aplicada mecanicamente, mas dependia de considerações políticas e das condições predominantes de produção e comercialização de determinada mercadoria[129].

Da primazia do sistema de metas físicas e alocação, infere-se às vezes que o Banco do Povo da China "desempenhava um papel periférico e limitado em razão da subordinação sistêmica das finanças aos planos estatais"[130]. Todavia, Audrey Donnithorne descobriu que o "banco [Banco do Povo] é o órgão econômico mais poderoso e de maior alcance da China"[131]. Se o planejamento central de toda a economia chinesa parecia um desafio intransponível, acompanhar todas as atividades das empresas estatais em termos físicos era uma tarefa igualmente trabalhosa. O controle sobre as transações financeiras era a única maneira de fazer isso e, enquanto tal, o Banco do Povo da China era essencial para manter certo controle central, argumenta Donnithorne.

O problema é que, como assinala Perkins, "as regulamentações financeiras eram das menos obedecidas da legislação emitida centralmente"[132]. Ainda mais em épocas de campanhas e movimentos de massa, as autoridades financeiras tinham grande dificuldade para estabelecer controles[133]. Era desafiador para

[126] Audrey Donnithorne, *China's Economic System*, cit., p. 316; Chen Xijun, "Lecture 15: Price Planning", cit., p. 94.

[127] Isabelle Tsakok, "Inflation Control in the People's Republic of China", cit., p. 870.

[128] Peter Schran, "China's Price Stability", cit., p. 378.

[129] Wang Xiaoqiang, "Critique of Agrarian Socialism", cit., p. 85 e 127.

[130] Stephen Bell, *Rise of the People's Bank of China: The Politics of Institutional Change* (Cambridge, Harvard University Press, 2013), p. 41.

[131] Audrey Donnithorne, "The Control of Inflation in China", cit., p. 9.

[132] Dwight H. Perkins, *Market Control and Planning in Communist China*, cit., p. 126.

[133] Ibidem, p. 129.

o governo central impedir que as empresas concedessem crédito direto umas às outras[134]. Isso pode ter salvado o cumprimento do plano, mas prejudicou o controle financeiro. As empresas também costumavam usar fundos para fins diferentes daqueles atribuídos no plano, como canalizar capital circulante para construir capital[135]. Perkins apontou que, em consequência de um controle financeiro largamente ineficaz, os gerentes de fábrica tendiam a ignorar os limitados incentivos de preços que o governo central tentava dar[136].

As dificuldades práticas para impor uma disciplina financeira às empresas estatais prejudicavam a capacidade de o governo controlar a implementação do plano. Ao mesmo tempo, a falta de disciplina financeira prejudicava as tentativas de usar meios indiretos de controle por meio de incentivos de preços. Essa eficácia limitada dos meios de controle diretos e indiretos tornou muito difícil para o governo central coordenar essa grande economia predominantemente agrícola e orientá-la para a rápida industrialização, apesar dos grandes níveis de extração de recursos do campo. O resultado é que a economia chinesa era mais anárquica que o rótulo de "planejada" é capaz de sugerir. Na fase final do maoísmo, já na Revolução Cultural, o governo desistiu em grande parte de tentar usar meios econômicos indiretos para controlar a economia, recorrendo a campanhas políticas como forma de mobilização econômica. Os incentivos econômicos foram tachados de burgueses, e os preços foram basicamente congelados[137].

A urgência da reforma e o papel dos preços

O ano 1976 foi um divisor de águas na história moderna da China, marcando o fim da era revolucionária. Pouco antes do início do ano, o chefe dos órgãos de segurança interna, Kang Sheng, morreu. Em janeiro de 1976, Zhou Enlai, primeiro primeiro-ministro da China e chefe de governo desde 1949, morreu. No verão daquele ano, o fundador do Exército Vermelho, Zhu De, morreu. E, em setembro, a vida do presidente Mao chegou ao fim[138].

Em minhas conversas com economistas e autoridades chinesas e internacionais que paticiparam do processo de reforma da China na década de 1980, houve consenso em um ponto: a mudança no fim da década de 1970 não foi resultado de iluminações teóricas ou lutas ideológicas; para eles, tratava-se de um

---

[134] Ibidem, p. 126-7; Audrey Donnithorne, "The Control of Inflation in China", cit., p. 9-10.
[135] Dwight H. Perkins, *Market Control and Planning in Communist China*, cit., p. 127-8.
[136] Ibidem, p. 130.
[137] Xue Muqiao, "Thirty Years of Arduous Efforts to Create an Economy", cit., p. 64.
[138] Ezra F. Vogel, *Deng Xiaoping and the Transformation of China* (Cambridge, Harvard University Press, 2011), p. 157.

imperativo econômico. Como disse o economista Zhao Renwei, nos "anos 1978 e 1979, a China não poderia continuar sem mudanças. Não mudar não era uma possibilidade. Tivemos de reformar. Mas *como* reformar? Isso não estava claro"[139].

O primeiro relatório do Banco Mundial sobre a China e o histórico de desenvolvimento da era Mao chegou a um julgamento positivo[140]. Adrian Wood, o principal economista da missão, lembrou que a primeira mensagem do relatório era que "os trinta ou quarenta anos de desenvolvimento chinês foram notavelmente bem-sucedidos". Wood explicou:

> A China combinou crescimento rápido e industrialização – 'rápido' não segundo padrões chineses pós-1980, mas em comparação com outros países em desenvolvimento. A China praticamente eliminou os piores aspectos da pobreza. [...] A segunda mensagem [do relatório] indicava que havia espaço para melhorias.[141]

A avaliação dos reformadores chineses foi muito mais crítica. Um exemplo é o famoso relatório de Hu Qiaomu ao conselho de Estado em julho de 1978, intitulado "Agir de acordo com as leis econômicas"[142]. Hu, membro do Escritório de Pesquisa Política de Deng Xiaoping e primeiro presidente da ACCS, destacou que a situação dos camponeses continuava grave. Estimou que, desde 1955, tudo o que haviam conseguido era que a produção de grãos acompanhasse o cresci-mento da população[143]. Na verdade, a imagem talvez fosse ainda mais sombria. A pesquisa de Lardy sugere que os níveis de consumo de bens essenciais, entre eles grãos, tecidos de algodão e óleo vegetal, diminuíram entre 1957 e 1978[144]. O fardo foi suportado, em grande parte, pela população rural.

[139] Zhao Renwei, em entrevista com a autora (2016). Da mesma forma, Timothy Cheek observa: "Um novo momento ideológico surgiu para os líderes e os intelectuais do partido com uma nova questão-chave: como reformar o sistema socialista da China para que, primeiro, a Revo-lução Cultural nunca mais pudesse acontecer e, segundo, o partido e o socialismo pudessem evitar a esclerose do socialismo de Estado da União Soviética e trazer a prosperidade e a rique-za cultural que pareciam tão evidentes no Japão, nos Estados Unidos e na Europa. Era óbvio que a China estava muito atrasada em relação ao Ocidente. Debates centrados na reforma: o que reformar? Como reformar? Quanto seria suficiente?". Timothy Cheek, *The Intellectual in Modern Chinese History* (Cambridge, Cambridge University Press, 2016), p. 221.

[140] Banco Mundial, "China: Socialist Economic Development", cit.

[141] Adrian Wood, em entrevista com a autora (2016).

[142] Hu Qiaomu, "Act in Accordance with Economic Laws, Step Up the Four Modernizations" (按照经济规律办事, 加快实现四个现代化), *People's Daily*, 6 out. 1978, p. 1.

[143] Joseph Fewsmith, *Dilemmas of Reform in China: Political Conflict and Economic Debate* (Armonk, M. E. Sharpe, 1994), p. 59-60.

[144] Nicholas R. Lardy, *Agriculture in China's Modern Economic Development*, cit., 157-8.

Weng Yongxi foi um dos "quatro cavalheiros da reforma" (改革四君子), primeiros jovens intelectuais a entrar em diálogo com a alta liderança nos anos iniciais da reforma[145]. Ele afirmava que a mudança no fim da década de 1970 fora consequência de um grande fracasso. A primeira geração de revolucionários ainda estava no comando. Weng enfatizava que, embora eles tivessem travado grandes lutas para revolucionar a sociedade e melhorar a vida das massas, quase trinta anos depois o problema básico da subsistência das pessoas permanecia sem solução. Os camponeses estavam fugindo da China para a colônia de Hong Kong com a esperança de uma vida melhor e dividiam secretamente a terra coletivizada das comunas para melhorar suas condições materiais básicas. Tang Zongkun, proeminente economista reformador da ACCS, quantificou o fracasso: para 200 milhões dos 800 milhões de camponeses chineses, o problema do vestuário adequado e do abastecimento de alimentos (温饱问题) não havia sido resolvido, e 10% dos camponeses passavam fome[146].

Do ponto de vista econômico, a aspiração dos revolucionários chineses não era simplesmente eliminar os "piores aspectos da pobreza", como disse Wood, mas superar completamente a pobreza e construir uma sociedade rica e socialista. Em um discurso proferido em 1978, Deng Xiaoping relembrou sua leitura dos objetivos originais da China: "livrar nosso país da pobreza e do atraso", "alcançar" – ou mesmo "superar – os países avançados"[147]. O renascimento de uma agenda de modernização econômica, após anos de "política no comando" no auge da Revolução Cultural, antecedeu as reformas de Deng Xiaoping. Mao começou a reabertura da China para o Ocidente, como simbolizou a visita de Richard Nixon, presidente dos Estados Unidos, em 1972. Por volta da mesma época, a China aumentou rapidamente as importações de bens de capital e tecnologia[148]. Isso levou a um problema de balanço de pagamentos[149]. Em 1975,

[145] Weng Yongxi, em entrevista com a autora (2016).

[146] Tang Zongkun, em entrevista com a autora (2016).

[147] Deng Xiaoping, "Emancipate the Mind, Seek Truth from Facts and Unite as One in Looking to the Future", em *Selected Works of Deng Xiaoping (1975-1982)* (Pequim, Foreign Language Press, 1984), p. 153-4.

[148] O comércio com países não comunistas aumentou 80% em dólares constantes de 1970 a 1973. Carl Riskin, *China's Political Economy*, cit., p. 193. Wen Tiejun estima que, entre o fim da década de 1960 e meados da década de 1970, a China importou máquinas e equipamentos no valor de US$ 4,24 bilhões. Wen Tiejun, *Eight Crises: Lessons from China, 1949-2009* (八次危机：中国的真实经验, 1949-2009) (Pequim, People's Eastern, 2012), p. 72. De maneira mais geral, sobre o renascimento do comércio internacional, ver Frederick C. Teiwes e Warren Sun, *The End of the Maoist Era: Chinese Politics During the Twilight of the Cultural Revolution, 1972-1976* (Armonk, M. E. Sharpe, 2007), p. 50-1.

[149] Carl Riskin, *China's Political Economy*, cit., p. 193.

Mao colocou Deng no comando da modernização econômica, principalmente via recuperação da ordem na burocracia da economia planejada, após anos de campanhas políticas de massa e lutas culturais[150]. Mao achava que Deng tinha ido longe demais no esforço de reverter a Revolução Cultural e, em seu último ano de vida, a crise das contas externas foi o pretexto para afastar Deng de todos os cargos. Embora Deng tivesse sido escalado para ser o próximo líder máximo, Mao instalou Hua Guofeng no cargo de primeiro-ministro e seu sucessor. Mas Deng não foi expulso do partido, e isso deixou o caminho aberto para seu retorno ao centro do poder[151].

Sob o herdeiro designado de Mao, Hua Guofeng, a abertura da China para o mundo capitalista foi acelerada em 1977, primeiro ano após a morte de Mao[152]. Essa foi a contribuição principal – e possivelmente não intencional – de Hua para a reforma[153]. Delegações chinesas foram enviadas a todo o mundo, e os intercâmbios com países estrangeiros aumentaram rapidamente. Líderes e intelectuais chineses perceberam quanto estavam atrasados em relação às potências ocidentais e seus vizinhos do Leste Asiático em termos de desenvolvimento econômico[154]. Essas viagens também marcaram o início de um novo tipo de abertura da China, que foi uma abertura para o capitalismo ocidental e, ao mesmo tempo, um adeus ao velho internacionalismo socialista e ao terceiro-mundismo. Essa abertura para o Ocidente foi consolidada com o estabelecimento de relações diplomáticas com os Estados Unidos em 1979 e violentamente reafirmada no mesmo ano, quando o governo chinês declarou guerra ao Vietnã[155].

O legado de Hua Guofeng foi reduzido muitas vezes ao slogan "tudo dos dois": manter todas as decisões políticas que o presidente Mao tomou e seguir inabalavelmente todas as instruções que o presidente Mao deu. Pesquisas recentes desafiaram de forma convincente tal caricatura[156]. Vários de meus entrevistados enfatizaram a importância de Hua Guofeng na transição do

[150] Frederick C. Teiwes e Warren Sun, "China's New Economic Policy under Hua Guofeng: Party Consensus and Party Myths", *China Quarterly*, n. 66, 2011, p. 6.

[151] Ezra F. Vogel, *Deng Xiaoping and the Transformation of China*, cit., p. 157 e 168-71.

[152] Frederick C. Teiwes e Warren Sun, "China's New Economic Policy under Hua Guofeng", cit., p. 11-3.

[153] Lu Mai, em entrevista com a autora (2016).

[154] Li Xianglu, "Remembering a Venerable Elder at the Forefront of Reform", (回忆一位站在改革前沿的长者), *Yanhuang Chunqiu Magazine*, n. 2, 2016, p. 18-24; ver a epígrafe no início deste capítulo.

[155] Wang Hui, *The End of the Revolution: China and the Limits of Modernity* (Londres, Verso, 2009), p. 43.

[156] Frederick C. Teiwes e Warren Sun, "China's New Economic Policy under Hua Guofeng", cit.; "China's Economic Reorientation after the Third Plenum: Conflict Surrounding 'Chen Yun's' Readjustment Program, 1979-1980", *China Quarterly*, v. 70, 2013, p. 163-87.

maoismo tardio para a reforma econômica. Hua manteve o slogan "tudo dos dois" um ano após a morte de Mao. E o mesmo fez Chen Yun, que substituiu Hua juntamente com Deng Xiaoping[157]. Prestar homenagem a Mao no ano seguinte a seu falecimento não foi exclusividade de Hua.

A liderança de Hua Guofeng marcou uma ruptura crítica em relação à Revolução Cultural em termos de orientação ideológica da China, estratégia de desenvolvimento e relações econômicas internacionais, constituindo um renascimento dos esforços de Deng Xiaoping em 1975. Logo após a morte de Mao, Hua criticou a abordagem da Revolução Cultural, que rejeitava o foco no desenvolvimento das forças produtivas e defendia a revolução contínua, em vez do economicismo. Hua redefiniu a própria revolução como "liberação das forças produtivas" e tornou o desenvolvimento econômico nacional a mais alta prioridade do governo[158]. Isso estava de acordo com a insistência de Deng Xiaoping, durante seu curto mandato em 1975: "A visão de que, uma vez alcançada a revolução, a produção aumentará naturalmente e sem esforço é aceita apenas por aqueles que acreditam em contos de fadas"[159]. Ao elevar o desenvolvimento econômico ao mais alto princípio revolucionário, Hua abriu o caminho para as reformas da era Deng. É notável que mudanças tão drásticas tenham ocorrido sob um líder descrito muitas vezes como um escudeiro relativamente medíocre de Mao[160]. Isso diz muito sobre as poderosas forças estruturais que pressionavam por uma mudança no modelo econômico.

Hua combinou o impulso de industrialização ao estilo soviético e a abertura para o mundo capitalista. Sob seu comando, foi criada a primeira Zona Econômica Especial na China, e houve grandes esforços para atrair investimentos estrangeiros diretos para o país[161]. A China avançaria novamente, dessa vez com um Plano Decenal de ambições excessivamente otimistas e ênfase na indústria pesada[162]. Como Barry Naughton apontou, o "Plano Decenal foi o mais próximo que a China chegou, após a década de 1950, de seguir explicitamente as prioridades de desenvolvimento stalinistas"[163]. A produtividade agrícola

---

[157] Idem, "China's New Economic Policy under Hua Guofeng", cit., p. 3.

[158] Ibidem, p. 7.

[159] Carl Riskin, *China's Political Economy*, cit., p. 192.

[160] Ver, por exemplo, a discussão em Ezra F. Vogel (*Deng Xiaoping and the Transformation of China*, cit., p. 184-5) sobre analistas contemporâneos de Hua.

[161] Ezra F. Vogel, *Deng Xiaoping and the Transformation of China*, cit., p. 185.

[162] Kijeld E. Brødsgaard, "Paradigmatic Change: Readjustment and Reform in the Chinese Economy, 1953-1981, Part II", *Modern China*, v. 9, n. 2, 1983, p. 258-60; Frederick C. Teiwes e Warren Sun, "China's New Economic Policy under Hua Guofeng", cit., p. 8-10.

[163] Barry Naughton, *Growing out of the Plan: Chinese Economic Reform (1978-1993)* (Cambridge, Cambridge University Press, 1995), p. 67.

deveria ser melhorada por meio de investimentos em projetos de construção, mecanização em larga escala e uso de fertilizantes. Os substitutos sintéticos – para o algodão, por exemplo – pretendiam aliviar a pressão sobre o campo. Dessa vez, os insumos cruciais para o avanço agrícola e para os megaprojetos na indústria pesada viriam das importações, não dos camponeses. Esperava-se que essas importações fossem financiadas pela exportação de petróleo. O petróleo foi um dos poucos setores que cresceu rapidamente no fim do período Mao[164].

O "Grupo do Petróleo" em torno de Yu Qiuli, formado por pessoas que fizeram carreira no setor petrolífero, foi encarregado do planejamento nacional sob Hua[165]. Quando a descoberta de novos campos de petróleo não se concretizou e não houve as exportações previstas, a China enfrentou carência de moedas estrangeiras. Os insumos planejados para o desenvolvimento econômico só poderiam ser importados no contexto de uma queda cambial. A situação se agravou porque os órgãos centrais de planejamento mal estavam se recuperando. A disciplina financeira era frouxa, e as empresas entraram em licitações para importações estrangeiras cada vez maiores[166]. Hua foi criticado por seu "Salto Adiante rumo ao Ocidente"[167]. Tratou-se de mais uma tentativa inútil de avançar de uma só vez após o dramático fracasso do Grande Salto Adiante.

Enquanto o Plano Decenal estava em crise, um movimento democrático crescia em torno da praça Tiananmen, no fim de 1978[168]. A Terceira Sessão Plenária do XI Comitê Central do PCCh em dezembro daquele ano trouxe uma mudança decisiva de rumo e é geralmente considerada o início da era Deng, por estudiosos tanto chineses como ocidentais[169]. Deng Xiaoping

---

[164] Ibidem, p. 69; Joseph Fewsmith, *Dilemmas of Reform in China*, cit., p. 57-8.

[165] Joseph Fewsmith, *Dilemmas of Reform in China*, cit., p. 58; Barry Naughton, *Growing out of the Plan*, cit., p. 69.

[166] Naughton cita a siderúrgica Baoshan como um exemplo famoso da aceleração das importações de instalações industriais sob impulso de uma empresa: "O governo central aprovou em novembro de 1977 o projeto de um porto e uma fundição de 5 milhões de toneladas para fornecer ferro às usinas siderúrgicas de Xangai. Em setembro de 1978, cinco sucessivas mudanças no planejamento expandiram o projeto para usinas de ferro e aço com capacidade de 6 milhões de toneladas e lingotamento contínuo, uma usina de tubos sem costura e laminadores a quente e a frio. De um grande investimento ordinário, o projeto foi transformado em uma siderúrgica de última geração, completamente integrada, com praticamente toda tecnologia e equipamentos importados do Japão. As exigências em divisas mais do que triplicaram: de cerca de US$ 1,8 bilhão na versão original para US$ 5,7 bilhões na versão de setembro de 1978". Barry Naughton, *Growing out of the Plan*, cit., p. 70-1.

[167] Ezra F. Vogel, *Deng Xiaoping and the Transformation of China*, cit., p. 185.

[168] Maurice J. Meisner, *Mao's China and After* (3. ed., Nova York, The Free Press, 1999), p. 434.

[169] Sixth Plenary Session of the 11th Central Committee of the Communist Party, "Resolution on Certain Questions in the History of Our Party", em Liu Suinian e Wu Qungan (orgs.),

assumiu o controle efetivo do Comitê Central e do Politburo, substituindo Hua Guofeng[170].

Ainda mais simbólico para a mudança na política econômica foi o fato de Chen Yun se tornar membro do Comitê Permanente do Politburo[171]. Deng Xiaoping havia cooperado com o Grupo do Petróleo durante seu breve retorno ao poder, em 1973[172]. Chen, ao contrário, desde a década de 1950 criticava consistentemente a ênfase unilateral na indústria pesada representada pelo grupo. Ele defendia um caminho de desenvolvimento alternativo que dedicasse mais recursos à agricultura e à indústria leve, um caminho que correspondesse às perspectivas de Mao no discurso "Sobre as dez principais relações". Como já dissemos, Chen era um veterano da revolução que havia liderado o trabalho financeiro e econômico no período crucial de estabilização pós-1949. Fora novamente encarregado do campo econômico quando a economia chinesa passava por graves dificuldades no contexto da Grande Fome no início da década de 1960 e a política econômica voltava a usar as forças de mercado como ferramenta de regulação[173]. Em meados da década de 1960, o Grupo do Petróleo foi substituído por Chen[174]. Chen Yun estava mais uma vez no controle da economia.

China's Socialist Economy: An Outline History (1949-1984) (Pequim, Beijing Review, 1986), p. 610; Liu Suinian e Wu Qungan, *China's Socialist Economy*, cit., p. 434; Barry Naughton, *Growing out of the Plan*, cit., p. 74.

[170] Maurice J. Meisner, *Mao's China and After*, cit., p. 434-5.

[171] Barry Naughton, *Growing out of the Plan*, cit., p. 74; Luo Xiaopeng, *Luo Xiaopeng: Commentary on the History of Price Reform* (罗小朋：价格改革历史述评), 2008. Disponível on-line.

[172] Joseph Fewsmith, *Dilemmas of Reform in China*, cit., p., 57-8; Barry Naughton, *Growing out of the Plan*, cit., p. 69. Segundo Meisner, "o programa econômico de Hua era consideravelmente baseado nos documentos políticos que Deng Xiaoping havia elaborado para o Conselho de Estado no outono de 1975, embora a dívida não fosse reconhecida". O Plano Decenal seria uma "versão um pouco revisada de um documento elaborado pelo Conselho de Estado em 1975 (quando esse órgão operava sob a direção de Deng Xiaoping)". Maurice J. Meisner, *Mao's China and After*, cit., p. 429.

[173] Who's Who in China, "Chen Yun (b. 1905)", em *Who's Who in China: Current Leaders* (中国人民大词典现任党政军领导人物卷) (Pequim, Foreign Language Press, 1989), p. 67-70; Ezra F. Vogel, *Deng Xiaoping and the Transformation of China*, cit., p. 719-21. No rescaldo do Grande Salto Adiante, Chen Yun – com o apoio de economistas do Instituto de Pesquisa Econômica (经济研究所), dos quais Liu Guoguang e Dong Fureng – empenhou-se em mostrar que a ênfase stalinista na "restrição do setor dos bens de produção ao crescimento econômico era falha e que o crescimento do setor de bens de consumo constituía uma limitação ao crescimento dos bens de produção". Nicholas R. Lardy e Kenneth Lieberthal (orgs.), *Chen Yun's Strategy for China's Development*, cit., p. xxxiii.

[174] Joseph Fewsmith, *Dilemmas of Reform in China*, cit., p. 58.

Em seu esforço para reformar a economia nacional, a nova liderança mobilizou o sucesso comunista dos primeiros anos[175]. Para enfim alcançar a modernização socialista e enfrentar os grandes desafios da reforma, Deng adotou o slogan "buscar a verdade pelos fatos" (实事求是) como guia de seu governo[176]. Buscar a verdade pelos fatos era um princípio fundamental da "escola de pesquisa empírica" pragmatista do século XVIII. Na visão de Chen Yun, esse princípio influenciou o pensamento de Mao durante a guerra civil chinesa[177]. O comunicado da terceira sessão plenária descreveu o slogan "buscar a verdade pelos fatos" como "partir da realidade e [...] ligar a teoria à prática"[178]. O slogan "buscar a verdade pelos fatos" não foi usado apenas como uma crítica a Hua Guofeng, cada vez mais reduzido à retórica do "tudo dos dois", mas foi antes um apelo contra qualquer forma de abordagem doutrinária[179]. Deng advertiu:

> Uma vez que o pensamento se torna rígido, o culto aos livros, divorciado da realidade, torna-se uma doença grave. Quem sofre dela não ousa dizer uma palavra ou dar um passo que não esteja mencionado nos livros, nos documentos ou nos discursos de líderes: tudo tem de ser copiado. [...] Quando tudo tem de ser feito pelo livro, quando o pensamento se torna rígido e a fé cega é a moda, é impossível um partido ou uma nação progredir. A vida cessará, e essa nação ou esse partido perecerá.[180]

Deng convocou o PCCh a começar a aprender "pela prática, pelos livros e pela experiência, tanto positiva quanto negativa, de outros, mas também da nossa própria"[181].

---

[175] Deng Xiaoping, "Emancipate the Mind, Seek Truth from Facts and Unite as One in Looking to the Future", cit., p. 164.

[176] Idem, "Hold High the Banner of Mao Zedong Thought and Adhere to the Principle of Seeking Truth from Facts, September 16, 1978", em *Selected Works of Deng Xiaoping (1975--1982)*, cit., p. 141; Alexander V. Pantsov e Steven I. Levine, *Deng Xiaoping: A Revolutionary Life* (Oxford, Oxford University Press, 2015), p. 328.

[177] Benjamin I. Schwartz, *In Search of Wealth and Power: Yen Fu and the West* (Cambridge, Harvard University Press, 1964), p. 6-7; Zhu Jiamu, Fu Zhubian e Liu Shukai (orgs.), *Chronicle of Chen Yun, 1905-1995* (陈云年谱, 1905-1995, 上) (Pequim, Central Document Publishing House, 2000), p. 376.

[178] "Communiqué of the Third Plenary Session of the Eleventh Central Committee of the Communist Party of China (Adopted on December 22, 1978)", em Liu Suinian e Wu Qungan (orgs.), *China's Socialist Economy*, cit., p. 574.

[179] Deng Xiaoping, "Hold High the Banner of Mao Zedong Thought and Adhere to the Principle of Seeking Truth from Facts", cit., p. 141.

[180] Idem, "Emancipate the Mind, Seek Truth from Facts and Unite as One in Looking to the Future", cit., p. 153-4.

[181] Ibidem, p. 165.

Em termos de abordagem da formulação de políticas e da estratégia de desenvolvimento, os reformadores remontaram aos primeiros anos pós-libertação. Refletindo as prioridades de Chen Yun, o comunicado da terceira sessão plenária elevou o "Sobre as dez principais relações" de Mao a diretriz básica para a formulação de políticas econômicas[182]. O discurso foi reimpresso de acordo com as instruções de Hua[183]. A abordagem desejada era agora "desenvolver a indústria pesada, desenvolvendo mais a indústria leve e a agricultura"[184]. O comunicado enfatizou particularmente a importância do avanço da agricultura, "a base da economia nacional", que havia sido "seriamente prejudicada"[185]. Em vez de depender de investimentos em mecanização coletiva, como o Grupo do Petróleo havia tentado, o avanço da agricultura dependeria de ajustes de preços efetivados pela retomada de incentivos econômicos. O igualitarismo seria substituído pelo princípio do "a cada um segundo seu trabalho", que exigia "pagamento de acordo com a quantidade e a qualidade do trabalho realizado"[186].

Alinhado com essa mudança na estratégia de desenvolvimento, o ajuste de preços mais importante foi superar a "lacuna das tesouras": a fim de

> reduzir a disparidade de preços entre os produtos industriais e os agrícolas, o plenário sugere que o conselho de Estado tome a decisão de aumentar o preço de compra do grão em 20%, a partir de 1979[187] [...] e o preço da quantidade comprada acima da cota em mais 50%. [...] [Enquanto os preços de] bens manufaturados para uso agrícola serão reduzidos de 10% a 15%.[188]

Tal medida indicava um passo crucial para a transferência de recursos do campo para a cidade por meio de trocas desiguais. Os camponeses deveriam receber mais por seus produtos e pagar menos por seus insumos. Mas o comunicado não tocou nos preços urbanos dos produtos agrícolas. O velho princípio de manter o preço de varejo dos grãos baixo e estável para a população urbana se manteve. O comunicado afirmava que o "preço de mercado de todos os grãos alimentícios permaneceria inalterado", o que implicava que "seriam concedidos subsídios apropriados aos

---

[182] "Communiqué of the Third Plenary Session", cit., p. 568.

[183] Frederick C. Teiwes e Warren Sun, "China's New Economic Policy under Hua Guofeng", cit., p. 5.

[184] Mao Tsé-tung, "On the Ten Major Relationships", cit., p. 48.

[185] "Communiqué of the Third Plenary Session", cit., p. 570.

[186] Idem.

[187] Na realidade, os preços dos grãos subiram mais de 20% em 1978. Chris Bramall, "Chinese Land Reform in Long-Run Perspective and in the Wider East Asian Context", cit., p. 124.

[188] "Communiqué of the Third Plenary Session", cit., p. 571.

consumidores"[189]. Isso significava também a continuação de uma tendência que já havia prevalecido por alguns anos antes de 1978: o Estado sofria perdas no comércio de grãos, ou seja, pagava subsídios consideráveis aos consumidores urbanos[190]. O desafio de aumentar os preços agrícolas sem aumentar também os preços no varejo urbano prevaleceu ao longo da década de 1980 e, no fim da primeira década da reforma, contribuiu para um déficit fiscal que só fazia crescer.

O comunicado também reintroduziu a pequena produção privada nas comunas como uma forma legítima de produção sob o socialismo: "Pequenos lotes de terra para uso privado dos membros da comuna, ocupações domésticas secundárias e feiras de aldeia são complementos necessários da economia socialista e não devem sofrer interferências"[191]. Os preços desses produtos secundários deveriam ser elevados "passo a passo, dependendo das condições concretas"[192]. Esse foi um passo pequeno, mas significativo para a descoletivização e ajudou a pavimentar o caminho para o desmantelamento das comunas.

De maneira mais geral, a reforma marcou um afastamento radical da abordagem do maoismo tardio, que se baseava fortemente no entusiasmo político, no igualitarismo, nos esforços coletivos e nos comandos. Os interesses materiais do povo e dos quadros, estreitamente definidos, deveriam tornar-se a nova força motriz[193]. Hu Qiaomu expressou essa ruptura em um discurso pioneiro: "Agir de acordo com as leis econômicas"[194]. Segundo Hu, a Gangue dos Quatro* – que, um mês após a morte de Mao, havia sido presa e considerada culpada por todas as aberrações da Revolução Cultural – teria tentado avançar na história elevando a consciência das massas e revolucionando as relações de produção. Em contraste, o materialismo histórico ensinava que o desenvolvimento econômico decidia o progresso histórico. Assim, a China, como país atrasado, teria de envidar todos os esforços para melhorar suas forças produtivas.

Ao preparar a Terceira Sessão Plenária, Deng Xiaoping deixou claro o que essa mudança de paradigma significava para os novos critérios pelos quais o trabalho econômico passaria a ser julgado: "A qualidade da liderança

---

[189] Idem.

[190] Audrey Donnithorne, "The Control of Inflation in China", cit., p. 8-9.

[191] "Communiqué of the Third Plenary Session", cit., p. 570.

[192] Ibidem, p. 571.

[193] Isabella Weber, "Shooting for an Economic 'Miracle': German Pos-War Neoliberal Thought in China's Market Reform Debate", em Quinn Slobodian e Dieter Plehwe, *Market Civilizations: Neoliberals East and South* (Nova York, Zone, 2022).

[194] Hu Qiaomu, "Act in Accordance with Economic Laws, Step Up the Four Modernizations", cit.

* Membros do partido que ganharam proeminência durante a Revolução Cultural: Jiang Qing (esposa de Mao Tsé-tung), Zhang Chunqiao, Wang Hongwen e Yao Wenyuan. (N. T.)

em uma unidade econômica deve ser julgada principalmente pela adoção de métodos avançados de gestão, pelo progresso da inovação técnica e pelo aumento de produtividade no trabalho, lucros, renda pessoal dos trabalhadores e benefícios coletivos que proporciona"[195]. Como apontou Deng, para permitir julgamentos baseados no desempenho, as responsabilidades teriam de ser claramente definidas: "Em teoria, havia responsabilidade coletiva. Na verdade, isso significa que ninguém [era] responsável"[196].

Um problema fundamental da mudança para um sistema baseado na responsabilidade tinha a ver com o fato de que a estrutura de preços não fora configurada para fornecer incentivos a unidades de produção individuais. Ao contrário, o sistema dependia da redistribuição consciente entre os setores e dentro deles. Como vimos, algumas unidades eram feitas para obter altos lucros, outras, para sustentar perdas. Para superar esse desafio, os preços tinham de ser alinhados com a lei do valor[197], o que significava que precisariam determinados com base no número médio de horas necessárias para produzir um bem – ou seja, o tempo de trabalho socialmente necessário[198]. No entanto, basear os preços na lei do valor era um grande problema em si. Como vimos, a estrutura de preços vigente não se baseava na aplicação estrita do princípio do custo adicional ou de qualquer outra fórmula. Era uma tarefa árdua, senão impossível, determinar o tempo de trabalho socialmente necessário para a fabricação de todos os produtos. Também não se sabia ao certo como esse ajuste geral de preços seria alcançado. Afinal, como mencionamos, os preços nunca eram definidos da estaca zero.

Mesmo que os preços pudessem ser alinhados com os valores, as condições de produção dramaticamente divergentes em todo o país sugeriam que as perspectivas de recompensas em diferentes unidades de produção seriam muito injustas. Deng Xiaoping promoveu a ideia de que "algumas regiões e empresas e alguns trabalhadores e camponeses [deveriam] ganhar mais e desfrutar de mais benefícios mais cedo que outros". Isso era um afastamento drástico do ideal maoista de igualitarismo[199]. Mas esses benefícios, na visão meritocrática de Deng, deveriam se dar "de acordo com o trabalho árduo e maior contribuição para a sociedade", não ser resultado de condições ambientais ou privilégios históricos.

---

[195] Deng Xiaoping, "Emancipate the Mind, Seek Truth from Facts and Unite as One in Looking to the Future", cit., p. 162.
[196] Idem.
[197] "Communiqué of the Third Plenary Session", cit., p. 569.
[198] Hu Qiaomu, "Act in Accordance with Economic Laws, Step Up the Four Modernizations", cit.
[199] Deng Xiaoping, "Emancipate the Mind, Seek Truth from Facts and Unite as One in Looking to the Future", cit., p. 164.

Outro problema que prevaleceu ao longo das reformas dos anos 1980 surgiu logo nos primeiros dias: os reajustes de preços tendiam a entrar em conflito com o objetivo de manter os preços estáveis ao consumidor e aos insumos. Para evitar que os aumentos de preços fossem repassados, os reajustes nos preços das compras receberam altos subsídios, o que fez pressão sobre o orçamento do Estado. Xue Muqiao argumentou que os ajustes de preços eram, em última análise, uma questão de distribuição pela economia[200]. Em sua opinião, isso só poderia ser resolvido "no curso do crescimento industrial e agrícola e deveria ser conduzido de forma a promover este último". A questão de como exatamente isso seria alcançado em termos práticos se tornaria objeto de um grande debate ao longo da década de 1980.

Conclusão

Alcançar a estabilidade de preços após uma hiperinflação prolongada deu legitimidade ao governo revolucionário, o que se manteve, com poucas exceções, durante todo o período Mao. Mas isso teve um alto custo: a opressão dos camponeses. A estratégia de industrialização da era Mao, focada na indústria pesada, enfrentou um desafio macroeconômico semelhante ao de uma economia de guerra. Grandes investimentos em indústrias pesadas não geraram aumento de bens de consumo no curto e no médio prazos. No entanto, os trabalhadores que construíam essas indústrias precisavam ser alimentados, vestidos e abrigados. Esse fardo recaiu em grande parte sobre a maioria camponesa. Sob o monopólio estatal de compra e venda, as comunas agrícolas tinham de entregar parcelas consideráveis de sua produção, na forma de cotas estatais. Os preços foram fixados em detrimento da economia rural, extraindo do campo os insumos, os alimentos e os fundos necessários para a industrialização.

Os preços eram cada vez mais centralizados, à medida que a produção, tanto na indústria quanto na agricultura, se integrava a uma economia de comando. Todavia, o grau de controle de preços dependia da importância das mercadorias para a produção e os meios de subsistência. Os bens mais essenciais eram controlados com mais rigor, e seus preços eram protegidos das flutuações do mercado. Uma vez que a produção era regulada principalmente por meios políticos, os sinais de preço tornaram-se amplamente ineficazes para as decisões de produção. No entanto, o sistema de preços desempenhou um papel fundamental na economia da era Mao como uma ferramenta para

[200] Xue Muqiao, *China's Socialist Economy*, cit., p. 146.

facilitar a redistribuição intersetorial, em particular da maioria camponesa para a indústria pesada.

A República Popular da China nasceu como um dos países mais pobres do mundo. Embora a industrialização básica tenha sido alcançada no fim da era Mao, os reformadores descobriram que o padrão de vida estava estagnado ou até mesmo em declínio, e o problema básico da nutrição adequada permanecia sem solução para uma proporção considerável da população camponesa. Quando Mao morreu, a China ainda era um país muito pobre. O atraso de sua capacidade econômica tornou-se alarmantemente óbvio para as delegações chinesas que começaram a viajar pelo mundo ocidental no governo Hua Guofeng. Depois que o último impulso de industrialização ao estilo soviético, alimentado por tecnologia ocidental, falhou ainda sob Hua, a reforma liderada por Deng Xiaoping e Chen Yun prometia maneira de escapar de uma crise iminente. Em vez de depender do entusiasmo político, da organização coletiva e dos comandos centrais, os interesses econômicos das empresas e dos indivíduos deveriam ser utilizados para liberar os poderes produtivos da China – de acordo com a visão dos reformadores.

Para organizar essa mudança radical – do coletivismo e do igualitarismo para o incentivo econômico individual –, a liderança chinesa reconheceu nos primeiros dias da reforma que era fundamental reestruturar o sistema de preços. A questão era como realizar com sucesso essa tarefa intimidante. Economistas chineses, em diálogo com seus pares estrangeiros, lutaram para encontrar uma solução prática ao problema da reforma de preços e à criação de mercado, oscilando entre "o culto ao livro" e "buscar a verdade pelos fatos".

5

Reabilitando o mercado

Economistas chineses, Banco Mundial e emigrados do Leste Europeu

> *As reformas da década de 1980 progrediram porque não se baseavam em teoria. Se as reformas precisassem seguir uma teoria, não haveria progresso. Zhao Ziyang não era acadêmico. [...] A velha geração de quadros comunistas não se preocupava em resolver questões teóricas.*
>
> Li Xianglu, secretário pessoal de Zhao Ziyang[1]

Introdução

Durante boa parte da Revolução Cultural, os princípios políticos prevaleceram sobre a investigação econômica científica[2]. O estudo de questões relacionadas às forças de produção, como eficiência e mudança técnica, independentemente das relações sociais de produção, era considerado "economismo"[3]. Em 1977, como consequência do renascimento do conhecimento científico, foi fundada a Academia Chinesa de Ciências Sociais (ACCS) para servir à formulação de políticas nacionais. Entrevistei Tang Zongkun, um dos economistas do Instituto de Pesquisa Econômica da ACCS. Quando nos encontramos em 2016, o instituto ainda ocupava seu prédio original, simples e de estilo socialista. Tang disse: "Durante os dez anos da Revolução Cultural, de 1966 a 1976, a pesquisa econômica praticamente morreu". Nesse contexto, a iniciativa de Deng Xiaoping de estudar economia para melhorar a gestão econômica da China marcou uma mudança radical. Os reformadores chineses lançaram

---

[1] Li Xianglu, "Remembering a Venerable Elder at the Forefront of Reform" (回忆一位站在改革前沿的长者), *Yanhuang Chunqiu Magazine*, n. 2, 2016, p. 18-24.

[2] Cyril C. Lin, "The Reinstatement of Economics in China Today", *The China Quarterly*, v. 85, n. 3, 1981, p. 3.

[3] Carl Riskin, *China's Political Economy: The Quest for Development Since 1949* (Oxford, Oxford University Press, 1987), p. 163.

um "restabelecimento da economia"[4]. Institutos de pesquisa que haviam sido fechados reabriram e outros foram criados[5]. A economia como disciplina foi recuperada nas universidades chinesas.

O restabelecimento da economia sob a agenda das reformas deve ser entendido no contexto da situação econômica desesperadora do fim da década de 1970 (como discutimos no capítulo 4). Mas a instituição da economia como lógica orientadora da governança é mais que uma resposta pragmática ao desafio do desenvolvimento econômico. Ela acompanhava uma mudança ideológica fundamental e uma revisão da compreensão básica do progresso histórico na liderança chinesa. O paradigma da reforma virou o maoismo de cabeça para baixo e marcou o retorno a uma versão mais ortodoxa do materialismo histórico soviético. Mao rejeitava a afirmação de Lênin de que "a transição do capitalismo para o socialismo será tanto mais difícil para um país quanto mais atrasado ele for". Mao afirmou: "Na verdade, a transição é menos difícil quanto mais atrasada é uma economia"[6]. Agora, a doutrina da reforma seguia a lógica de Lênin: nas palavras de Su Shaozhi, líder intelectual do partido, "quanto menos desenvolvido o país, mais difícil é a transição do capitalismo para o socialismo"[7]. De acordo com a perspectiva de Mao, o progresso só poderia ser alcançado por meios políticos.

Para a liderança da reforma, em contrapartida, o progresso tornou-se uma função do desenvolvimento econômico sob o paradigma da reforma. Como Deng havia proclamado em 1975, os verdadeiros inimigos, a seus olhos, não eram os "seguidores da via capitalista" – o próprio Deng foi denunciado como tal –, mas aqueles que "ainda usam a metafísica" e "falam apenas sobre política, mas não sobre economia; apenas sobre revolução e não sobre produção"[8]. Na era Deng, a recuperação do atraso por meio da reforma agora significava "compensar as lições perdidas" (补课) em economia, tanto no âmbito das

[4] Cyril C. Lin, "The Reinstatement of Economics in China Today", cit.

[5] Para uma análise detalhada da evolução institucional da pesquisa econômica na China de 1955 a 1983, ver Nina P. Halpern, *Economic Specialists and the Making of Chinese Economic Policy (1955-1983)* (tese de doutorado, Ann Arbor, Universidade do Michigan, 1985). Agradeço a Barry Naughton a cópia dessa tese não publicada.

[6] Mao Tsé-tung, *A Critique of Soviet Economics* (Nova York, Monthly Review, 1977 [1967]), p. 50. Para uma discussão desse texto e da crítica de Mao à ortodoxia soviética, ver Maurice Meisner, "The Maoist Legacy and Chinese Socialism", *Asian Survey*, v. 44, n. 11, 1977, p. 1.016-27; e John Gittings, *The Changing Face of China: From Mao to Market* (Oxford, Oxford University Press, 2006).

[7] Su Shaozhi, "Response to Commentary, 15 January 1988", *Bulletin of Concerned Asian Scholars*, v. 20, n. 1, 1988, p. 31.

[8] Mark Selden, *The People's Republic of China: A Documentary History of Revolutionary Change* (Nova York, Monthly Review Press, 1979), p. 142.

teorias da reforma do Leste Europeu quanto no da economia burguesa, antes condenadas como "veneno capitalista". Mas essa recuperação também inspirava o reavivamento das propostas de reforma doméstica e dos debates das décadas de 1950 e 1960, à medida que os economistas chineses retornavam aos centros de pesquisa e formulação de políticas em Pequim.

Durante a Revolução Cultural, a visão dominante era que "a lei do valor conduzia inexoravelmente ao capitalismo"[9]. Em nítido contraste, no início da reforma, economistas famosos revigoraram os debates das décadas de 1950 e 1960 sobre as maneiras como a lei do valor deveria ser utilizada para reformar a economia chinesa – em particular, o sistema de preços (ver os capítulos 3 e 4)[10]. Entre os mais proeminentes estavam Sun Yefang, que fora treinado pelos soviéticos e passara os anos de 1968 a 1975 na prisão, e Xue Muqiao, que fora enviado para o campo em 1969 para ser "reeducado pelo trabalho" (劳动改造). Na década de 1950, Sun Yefang argumentou que "a lei do valor não era a marca registrada do capitalismo, mas uma regra econômica universal"[11]. Incentivadas pelo discurso de Hu Qiaomu intitulado "Agir de acordo com as leis econômicas" – em que proclamou que "é necessário obedecer à lei do valor" e "o preço de uma mercadoria é baseado em seu valor"[12] –, muitas reuniões foram realizadas no fim da década de 1970 para discutir a lei do valor. Esses eventos culminaram na Conferência de Wuxi, em abril de 1979[13].

Tang Zongkun lembrou que, com mais de trezentos participantes, a Conferência de Wuxi foi o maior fórum econômico desde o início da Revolução

[9]   Ling Huanming, "Intellectual Response to China's Economic Reform", *Asian Survey*, v. 28, n. 5, 1988, p. 542.

[10] Kijeld E. Brødsgaard e Koen Rutten, *From Accelerated Accumulation to Socialist Market Economy in China: Economic Discourse and Development from 1953 to the Present* (Leiden, Brill, 2017), p. 42-4; K. K. Fung, "Introduction", em *Social Needs Versus Economic Efficiency in China: Sun Yefang's Critique of Socialist Economics* (Nova York, M. E. Sharpe, 1982), p. xiii-xxx; Eckard Garms, "Vorwort", em Eckard Garms e Andreas Mixius (orgs.), *Wirtschaftsreform in China: Chinesische Beitraege zur Theoriediskussion von Sun Yefang u.a.* (Hamburgo, Mitteilungen des Instituts Fuer Asienkudne, 1980), p. 7-30; Xue Muqiao, *Memoir of Xue Muqiao* (薛暮桥回忆录) (Tianjin, Tianjin People's, 1996).

[11] Kijeld E. Brødsgaard e Koen Rutten, *From Accelerated Accumulation to Socialist Market Economy in China*, cit., p. 42.

[12] Hu Qiaomu, "Act in Accordance with Economic Laws, Step Up the Four Modernizations" (按照经济规律办事, 加快实现四个现代化), *People's Daily*, 6 out. 1978, p. 1; tradução em James T. Myers, Jünger Domes e Milton D. Yeh (orgs.), *Chinese Politics: Documents and Analysis*, v. 4: *Fall of Hua Kuo-Feng (1980) to the Twelfth Party Congress (1982)* (Columbia, University of South Carolina Press, 1995), p. 178.

[13] Joseph Fewsmith, *Dilemmas of Reform in China: Political Conflict and Economic Debate* (Armonk, M. E. Sharpe, 1994), p. 62; Zhang Zhuoyuan, em entrevista com a autora (2016).

Cultural[14]. Cuidadosamente preparado por consulta burocrática, foi um encontro de funcionários públicos e intelectuais renomados. Envolveu algumas das instituições mais poderosas da China, como o conselho de Estado e o Departamento de Preços do Estado, e foi endossado por Chen Yun em uma carta ao Comitê Central do PCCh[15]. Chen definiu o tema da conferência, pontuando que a economia planejada era primária e o mercado, auxiliar. Observou: "Hoje, o plano é muito rígido e abrangente. O resultado inevitável é a ausência de um elemento de regulação espontânea do mercado"[16].

A Conferência de Wuxi foi notável por sua atmosfera de liberdade. Uma grande variedade de pontos de vista foi apresentada. Os participantes desafiaram a ideia de que o socialismo exigia uma economia centralizada[17]. A contribuição de dois economistas de meia-idade do Instituto de Economia da ACCS, Liu Guoguang e Zhao Renwei, foi uma das mais ousadas na redefinição da "Relação entre planejamento e mercado sob o socialismo"[18]. De acordo com Liu e Zhao, os países socialistas trataram o "planejamento econômico e o mercado [...] como mutuamente excludentes, como se não houvesse lugar para o mercado em uma economia planejada", mas "tal visão" havia "acarretado uma série de desastres" para a economia chinesa[19]. Eles sugeriram, em vez disso, a promoção da livre concorrência e a regulação dos preços pela oferta e demanda dentro de certo limite, de modo que o mecanismo de mercado se tornasse o principal meio de alocação de mão de obra, materiais e fundos[20]. Ao mesmo tempo, a China não deveria "deixar a 'mão invisível' de Adam Smith influenciar o sistema socialista"[21]. O planejamento evitaria que o mercado se tornasse anárquico.

[14] Tang Zongkun, em entrevista com a autora (2016).

[15] Joseph Fewsmith, *Dilemmas of Reform in China*, cit., p. 62-3.

[16] Chen Yun, "The Question of Planning and the Market (计划与市场问题), em *Selected Works of Chen Yun* (陈云文选) (Pequim, People's Publishing House, 1986), p. 221; tradução em Joseph Fewsmith, *Dilemmas of Reform in China*, cit., p. 62-3.

[17] Tang Zongkun participou da Conferência de Wuxi.

[18] Joseph Fewsmith, *Dilemmas of Reform in China*, cit., p. 64; Robert C. Hsu, "Economics and Economists in Post-Mao China: Some Observations", *Asian Survey*, v. 28, n. 12, 1988, p. 29; Liu Guoguang e Zhao Renwei, "Relationship Between Planning and the Market Under Socialism", em George C. Wang (org.), *Economic Reform in the PRC: In Which China's Economists Make Known What Went Wrong, Why, and What Should be Done About It* (Boulder, Westview, 1982), p. 89-104. Originalmente publicado na revista econômica de maior prestígio da China na época, *Pesquisa Econômica* (经济研究), em maio de 1979.

[19] Liu Guoguang e Zhao Renwei, "Relationship Between Planning and the Market Under Socialism", cit., p. 89.

[20] Ibidem, p. 94-95 e 99.

[21] Ibidem, p. 99.

Quando conversei com Zhao Renwei sobre a década de 1980 em seu apartamento em Pequim, em 2016, ele teve o prazer de relatar que seu artigo recebera elogios imediatos de Hu Yaobang, que era na época membro do Comitê Central e um dos líderes políticos da reforma. Alguns meses depois, Deng Xiaoping sancionou os avanços teóricos da Conferência de Wuxi, dizendo a um jornalista estrangeiro:

> É errado sustentar que a economia de mercado existe apenas na sociedade capitalista e que existe apenas a economia "capitalista" de mercado. Por que não podemos desenvolver uma economia de mercado sob o socialismo? Desenvolver uma economia de mercado não significa praticar o capitalismo. Ao mesmo tempo que mantemos uma economia planificada como esteio do nosso sistema econômico, estamos introduzindo uma economia de mercado. Mas é uma economia socialista de mercado.[22]

Debates teóricos como os da celebrada Conferência de Wuxi foram importantes para consolidar a mudança ideológica radical do maoismo tardio e destravar o debate econômico[23]. Prevalecia, porém, a divisão entre as necessidades imediatas de melhoria da gestão econômica e as preocupações do trabalho teórico, conforme disse vivamente Deng Liqun, então chefe do Escritório de Pesquisa de Políticas do Secretariado Central e vice-presidente da ACCS, em discurso para economistas em junho de 1979[24]:

> No passado, estávamos acostumados a ir de conceito em conceito, de citação em citação; isso deve mudar. Antes, muitos pertenciam ao grupo escolástico [*jingyuan pai*] e faziam anotações sobre os clássicos. [...] Os camaradas que

---

[22] Deng Xiaoping, "Emancipate the Mind, Seek Truth from Facts and Unite as One in Looking to the Future", em *Selected Works of Deng Xiaoping (1975-1982)* (Pequim, Foreign Language Press, 1984), p. 173.

[23] Tang Zongkun, Zhang Zhuoyuan e Zhao Renwei, em entrevista com a autora (2016).

[24] O discurso foi feito por ocasião da criação dos três grupos iniciais que iriam estudar a economia chinesa e abordar a reforma, sob a coordenação do Pequeno Grupo para o Estudo da Reforma Econômica Estrutural (*Jingji tizhi gaige yanjiu xiaozu*, 经济体制改革小组), liderado por Zhang Jingfu. Joseph Fewsmith, *Dilemmas of Reform in China*, cit., p. 70-1; Nina P. Halpern, *Economic Specialists and the Making of Chinese Economic Policy*, cit., p. 356. Os grupos eram chefiados por alguns dos economistas mais prolíficos da China, dos quais Xue Muqiao, diretor do Escritório de Pesquisa Econômica da Comissão de Planejamento do Estado (Grupo de Reforma Econômica da China), e Ma Hong, vice-presidente da ACCS e diretor do Instituto de Economia Industrial (Grupo de Pesquisa da Estrutura Econômica da China). Mais tarde, Yu Guangyuan, vice-presidente da ACCS e vice-ministro da Comissão Estatal de Ciência e Tecnologia, criou um grupo sobre teoria e método. Joseph Fewsmith, *Dilemmas of Reform in China*, cit., p. 72.

fazem trabalho prático acham que não faz diferença se temos esse tipo de trabalho de pesquisa ou não, ou acham que, quando o temos, ele atrapalha [*mafan*].[25]

Deng Liqun foi tão longe em sua crítica ao trabalho dos economistas acadêmicos que chegou a dizer que os acadêmicos tinham mais a aprender com
os burocratas que o contrário: "Se os camaradas responsáveis [pela burocracia]
não participarem pessoalmente, se apenas os trabalhadores teóricos fizerem
a investigação, podem investigar por muito tempo [*bantian*] que ainda assim
a eficácia será pouca"[26].

Em janeiro de 1980, Deng Xiaoping demonstrou cautela semelhante em
discurso intitulado "A situação atual e as tarefas diante de nós": "Um bom
número de camaradas que foram afastados por muitos anos e demoraram a
voltar a seus cargos originais perdeu o contato com a situação; mesmo aqueles
que permaneceram em seus postos são confrontados com novos problemas
que acham difícil de entender de imediato"[27].

Restabelecer e reinventar a economia acadêmica levaria tempo. Enquanto
isso, burocratas de todos os níveis usavam o novo espaço político para lançar
experimentos com políticas econômicas, inclusive mecanismos de mercado e
formas mais flexíveis de determinação de preços. Nesse contexto, o provérbio
chinês "atravessar o rio tateando as pedras" (摸着石头过河) foi uma "escolha
sem escolha" (没有选择的选择) para os reformadores. Chen Yun recorreu
pela primeira vez ao slogan do rio como a melhor abordagem para estabilizar os preços após a libertação em 1950, quando era ministro das Finanças
e Economia. Naquela época, ele disse: "Preços em alta não são bons para a
produção, preços em queda também não são bons para a produção. É melhor
atravessar o rio tateando as pedras"[28].

Em 1980, na Conferência Central de Trabalho, quando a abordagem geral da reforma estava sendo elaborada, Chen recordou ao partido a mesma
sabedoria popular:

> Temos de reformar, mas nossos passos devem ser firmes. Como as questões
> da reforma são complicadas, não podemos ser excessivamente impacientes. É

25 Tradução em Nina P. Halpern, *Economic Specialists and the Making of Chinese Economic
    Policy*, cit., p. 356.

26 Ibidem, p. 376-7.

27 Deng Xiaoping, "Hold High the Banner of Mao Zedong Thought and Adhere to the Prin-
    ciple of Seeking Truth from Facts, September 16, 1978", em *Selected Works of Deng Xiaoping
    (1975-1982)* (Pequim, Foreign Language Press, 1984), p. 230.

28 Discurso ao Conselho de Administração Governamental do CPG em 7 de abril de 1950.
    Ver Chen Yun, *Chen Yun Chronicle*, v. 2 (陈云年谱, 中) (Pequim, Central Document Pu-
    blishing House, 2000), p. 44.

certo que a reforma deve basear-se em teoria adequada, estatísticas econômicas e previsões, mas o mais importante é começar com experimentos em pontos selecionados e tirar lições da experiência nos momentos certos. Isso é atravessar o rio tateando as pedras. No início, os passos devem ser curtos, a caminhada é lenta.[29]

Deng Xiaoping encerrou essa Conferência Central de Trabalho proclamando total concordância com o "discurso do camarada Chen Yun"[30]. Deng concluiu que a visão de Chen serviria de orientação por longo tempo. E, de fato, embora essa abordagem tenha sido repetida e vigorosamente desafiada, ela predominou durante toda a primeira década de reforma.

Como expliquei no capítulo 4, uma reforma do sistema de preços era pré-requisito para a mudança de Deng Xiaoping, a fim de sair do igualitarismo e do coletivismo e passar aos incentivos econômicos individuais. A primeira parte deste capítulo investiga como se introduziu, nos primeiros anos da reforma (1978-1980), a flexibilidade no sistema de preços maoista por meio de experimentos práticos, mantendo intacto o funcionamento do núcleo do sistema econômico. Com base em material de arquivo inédito, a segunda seção deste capítulo analisa as primeiras tentativas de resolver teoricamente o problema dos preços. Essas tentativas resultaram de intercâmbios entre intelectuais chineses e economistas emigrados do Leste Europeu, com o apoio do Banco Mundial. Esse diálogo entre economistas reformadores chineses e seus pares deu origem a uma das principais abordagens concorrentes à reforma de mercado na China: a chamada reforma de pacote, que tinha em seu cerne uma reforma radical de preços, o primeiro passo da terapia de choque.

Primeiros passos para a mudança do sistema de preços

Os ajustes do preço de compra de grãos e de venda de insumos para a agricultura decididos no Terceiro Plenário do XI Comitê Central em dezembro de 1978 marcaram o primeiro grande passo na reforma da estrutura de preços da China (ver capítulo 4). Logo em seguida, em abril de 1979, Li Xiannian anunciou, em nome do governo, que "um ajuste necessário será feito em alguns preços, com a condição de que o nível médio seja mantido estável"[31]. Li Xiannian,

[29] Idem, *Selected Works of Chen Yun, 1956-1985* (陈云文选) (Pequim, People's Publishing House, 1986), p. 251.

[30] Deng Xiaoping , "Implement the Policy of Readjustment, Ensure Stability and Unity", 25 dez. 1980. Disponível on-line.

[31] Hua Sheng, Zhang Xuejun e Luo Xiaopeng, *China: From Revolution to Reform* (Londres, Macmillan, 1993), p. 107.

membro do Comitê Permanente, supervisionou o trabalho econômico durante a Revolução Cultural. O governo também "faria um ajuste geral na estrutura de preços e melhoraria a situação atual na qual muitos produtos têm preços desarrazoados"[32]. Esse "ajuste geral na estrutura de preços" foi objeto de amplos debates nos anos seguintes. Mas houve ajustes mais ou menos imediatos em alguns preços e maior flexibilidade na fixação de preços *dentro* do sistema existente, o que gradualmente ajustou também a estrutura geral.

Princípios básicos da reforma de preços: a lei do valor de uma perspectiva guanziana

O livro *China's Socialist Economy* [Economia socialista da China][33], de Xue Muqiao, pode ser descrito como "o esforço mais sistemático e abalizado para articular uma teoria da economia socialista que sustentasse as reformas dengistas emergentes" em seus primeiros anos.[34] A lei do valor afirma que "a magnitude do valor é determinada pela quantidade de tempo de trabalho socialmente necessário gasto em um produto, e as mercadorias devem ser trocadas por seu valor". Xue apontou que essa definição é incompleta[35]. Segundo ele, "porque muitas vezes há um desequilíbrio entre oferta e demanda, a correspondência entre preço e valor é relativa e temporária, enquanto a diferença entre eles é absoluta e frequente"[36]. Em vez de enxergar a lei do valor como operação estática de soma do tempo de trabalho socialmente necessário, Xue contra-argumentava que a "lei do valor regula os preços espontaneamente para alcançar um equilíbrio relativo entre oferta e demanda. Esse equilíbrio relativo é possibilitado por uma destruição constante do equilíbrio [...] ou uma flutuação constante no equilíbrio"[37].

A interpretação de Xue desse fundamento marxista, como se este funcionasse por meio da flutuação, levou-o a descrever o papel adequado

---

[32] Idem.

[33] Xue Muqiao, *China's Socialist Economy* (Pequim, Foreign Language Press, 1981).

[34] Joseph Fewsmith, *Dilemmas of Reform in China*, cit., p. 68. Fewsmith descobriu que Xue, em colaboração com vários colegas, começara a trabalhar no estudo na época do Terceiro Plenário, em dezembro de 1978. Um primeiro rascunho foi finalizado em agosto de 1979, e a versão chinesa do livro foi publicada em dezembro de 1979. Idem.

[35] Xue Muqiao, *China's Socialist Economy*, cit., p. 135.

[36] Ibidem, p. 135-6.

[37] Ibidem, p. 137. A interpretação de Xue da lei do valor é incrivelmente similar à do economista soviético Isaak Ilitch Rubin (1886-1937). Para uma discussão a respeito da interpretação de Rubin das teorias marxianas do valor e do dinheiro, ver Isabella M. Weber, "On the Necessity of Money in an Exchange-Constituted Economy: The Cases of Smith and Marx", *Cambridge Journal of Economics*, v. 43, n. 6, 2019, p. 1.459-83.

do Estado para regular os preços de uma forma que lembra a lógica do *Guanzi*: o aproveitamento consciente das forças espontâneas do mercado pelo Estado (ver capítulo 1). Sob o socialismo, argumentava Xue, a lei do valor era "frequentemente usada pelo Estado em um esforço consciente para regular a produção. Com sua política de preços, o Estado utiliza a lei do valor para regular a produção e a comercialização de todos os produtos"[38]. Na visão de Xue, o Estado deveria empregar e, ao mesmo tempo, restringir a operação espontânea da lei do valor para proteger as pessoas de violentas flutuações de preços.

Xue não usou a linguagem tradicional do *Guanzi*, mas seguiu de forma consistente o princípio do "leve-pesado" (ver capítulo 1) ao determinar a política de preços do Estado para certos tipos de mercadorias. Sua lógica básica pode ser resumida da seguinte forma: o Estado deve restringir o poder da lei do valor sobre coisas que são "pesadas" – mercadorias que estão em falta ou são vitais para a produção e a subsistência das pessoas. Em contraste, os preços das coisas que são "leves" – mercadorias com excesso de oferta ou não essenciais – podem ser determinados por forças espontâneas do mercado, alcançando o equilíbrio por meio do desequilíbrio. Xue sugeriu que o Estado deveria racionar e definir os preços de "alguns itens vitais de consumo [...] para garantir que a subsistência da população não seja afetada pelo aumento de preços causado pela falta deles"[39].

Quando os produtores podem fornecer esses itens além da cota racionada pelo Estado, eles devem ser autorizados a vendê-los "a preços mais altos que os preços planejados do Estado"[40]. Enquanto o fornecimento do racionamento mínimo é "pesado", pois afeta imediatamente as necessidades vitais das pessoas, a produção excedente é não essencial, ou "leve", e pode, portanto, ser submetida às forças do mercado. Essa é a lógica básica do que mais tarde veio a ser chamado de sistema de preços de via de mão dupla (ver capítulo 6). Xue sugeria, ainda, que os preços dos bens não essenciais "poderiam ser ajustados de forma flexível dentro de uma faixa prescrita pelos governos locais e pelas autoridades responsáveis pelo controle de preços"[41]. Para a produção agrícola, que dependia das variações climáticas, Xue considerava que o Estado deveria permitir que os preços permanecessem dentro dessa faixa por uma política semelhante à "comercialização equitativa" de Sang Hongyang e às reformas de Wang Anshi séculos antes (ver capítulo 1): "Quando os preços [dos produtos

[38] Xue Muqiao, *China's Socialist Economy*, cit.
[39] Ibidem, p. 140.
[40] Ibidem, p. 157.
[41] Ibidem, p. 156.

agrícolas] estão muito altos, o Estado pode estabilizá-los e proteger os interesses dos consumidores, trazendo mais de outras partes do país. Quando os preços estão muito baixos, o Estado pode aumentar o preço de compra e enviar os excedentes para outros lugares, a fim de proteger os interesses dos camponeses"[42].

A interpretação de Xue Muqiao da lei do valor como sendo regulada pelo desvio e alcançando o equilíbrio pelo desequilíbrio remonta a suas contribuições em coautoria com seu amigo Sun Yefang e, até certo ponto, é original no contexto chinês. Mas os princípios políticos específicos para superar a rigidez do sistema de preços chinês que Xue descreveu não podem ser atribuídos a um único pensador. De fato, mesmo o famoso livro, *China's Socialist Economy* "não foi produto de uma pessoa", mas resultou de discussões entre Xue e seus colegas[43]. Além disso, esses princípios estavam no centro da prática burocrática chinesa de regulação de preços. Como vimos, eles datam de tempos remotos, eram comuns no período imperial e foram utilizados para estabilizar os preços após a libertação; além disso, constituíram parte importante das políticas econômicas dos comunistas antes da Revolução Cultural.

Burocratas chineses explicam a reforma de preços ao Banco Mundial

Quando a primeira missão do Banco Mundial chegou à China para investigar se o país era elegível aos empréstimos da Associação Internacional de Desenvolvimento, em outubro-novembro de 1980, burocratas chineses do governo central e provincial apresentaram à delegação do Banco Mundial seus pontos de vista sobre a prática de regulação de preços e a reforma. A avaliação refletia consistentemente os princípios delineados por Xue[44].

O principal economista da missão, Adrian Wood, falou comigo sobre a cooperação com a burocracia chinesa. Nós nos encontramos em sua casa, não muito longe da costa sul da Inglaterra. Wood sublinhou que

> os chineses foram muito cuidadosos ao distinguir entre os pontos de vista do Banco Mundial e seus próprios pontos de vista; eles sempre mantiveram uma

---

[42] Ibidem, p. 157.

[43] Joseph Fewsmith, *Dilemmas of Reform in China*, cit., p. 68. No prefácio à edição em inglês, Xue escreve: "Devo agradecimentos a Su Xing, He Jianzhang, Yu Xueben e Wu Kaitai, que participaram da discussão e da revisão de todo o livro, e a Xu He e Wu Shuqing, que participaram da discussão e da redação de alguns capítulos de um esboço anterior". Xue Muqiao, *China's Socialist Economy*, cit., p. xii.

[44] Idem. *China's Socialist Economy*, cit.

divisão clara: isto são vocês e isto somos nós. [...] O relacionamento do Banco Mundial com a China foi um casamento perfeito. Eram duas organizações grandes, burocráticas, altamente profissionais, altamente dedicadas e perfeitamente adequadas uma à outra. Os comunistas chineses, apesar de estarem em um planeta ideológico diferente do Banco Mundial, sabiam conduzir a relação, que era muito amigável e cooperativa, mas distante.[45]

Wood documentou as reuniões da primeira missão nos mínimos detalhes: reuniões com Escritório Central de Preços, Escritórios de Preços de Gansu e Sichuan, Ministério das Finanças, Comissão de Planejamento do Estado, Departamento de Comércio e Escritório Estatal de Fornecimento de Materiais. Wood apontou cuidadosamente em suas notas quando estava documentando opiniões de colegas chineses e as suas próprias. A análise dessas notas dá um vislumbre do estágio em que se encontrava a reforma experimental de preços em 1980, antes que se testasse qualquer programa de reestruturação de preços no atacado, e como essa reforma foi apresentada a especialistas estrangeiros[46]. Revela o ponto de partida do diálogo sobre a reforma de preços entre economistas chineses e visitantes estrangeiros.

No Departamento de Pesquisa do Escritório de Preços do Estado, a missão do Banco Mundial conheceu a perspectiva básica chinesa sobre a evolução de sua política de preços e os desafios da reforma do mercado. Eles foram informados de que o sistema de preços chinês era "herdado" e que os comunistas "nunca estabeleceram preços do zero". Os chineses seguiram o exemplo soviético de preços e lucros geralmente baixos para os meios de produção e preços altos para os produtos da indústria leve, em particular para os bens de consumo não essenciais, como cigarros, vinho e relógios. Um princípio básico

---

45 Adrian Wood, em entrevista com a autora (2016).
46 Gostaria de expressar meus sinceros agradecimentos a Adrian Wood por me permitir acesso às suas notas pessoais e por me explicar todo o contexto relevante. Todas as referências a reuniões e atividades do Banco Mundial neste capítulo baseiam-se nessas notas, salvo indicação contrária. Em particular, considerei em detalhe notas sobre reuniões (todas em 1980) com as seguintes instituições: vice-ministro das Finanças Li Peng, em 13 de outubro; vice-diretor He e outros funcionários do Departamento de Planejamento Integral da Comissão de Planejamento do Estado, em 14 e 16 de outubro; diretor Chang, do Escritório de Planejamento do Departamento de Comércio e outros funcionários, em 6 de novembro; vice-diretor Ma, do Escritório Estatal de Fornecimento de Materiais, em 8 de novembro; vice-diretor Guo, do Departamento de Pesquisa do Escritório de Preços do Estado e outros funcionários, em 10 de novembro; Escritório de Preços de Gansu (data não identificada); e Escritório de Preços de Sichuan, em 29 de outubro. Essas reuniões foram escolhidas tanto pela discussão aprofundada sobre a política e a reforma de preços quanto por incluir uma variedade de burocratas centrais e provinciais encarregados das questões relativas aos preços.

era a estabilidade de preços para as necessidades diárias. Olhando para trás, os funcionários do Escritório de Preços do Estado disseram que costumavam fazer pequenos ajustes nos preços de bens não essenciais para refletir as mudanças nos insumos de trabalho e nas relações de oferta e demanda. Mas, de 1969 a 1978, o Escritório de Preços ficou fechado e os preços permaneceram congelados[47]. A equipe do Escritório de Preços descobriu que essa rigidez gerava grandes irracionalidades na estrutura de preços. O ajuste era inevitável, mas a equipe advertiu que "problemas acumulados em trinta anos [não poderiam] ser resolvidos da noite para o dia". Em vez de apontar uma solução de uma tacada só, a extensa pesquisa da missão do Banco Mundial nas instituições envolvidas na regularização de preços mostra que a hierarquia de controle de preços (ver capítulo 4) foi explorada para introduzir experimentalmente a flexibilidade de preços, começando com bens menos essenciais.

As apresentações dos funcionários encarregados de controlar os preços à missão do Banco Mundial demonstraram que eles tinham compreensão do desafio básico da reforma de preços e da abordagem prática para enfrentá-lo em uma ampla gama de unidades burocráticas, em vários níveis. No centro estavam os princípios de estabilidade, a cautela e o uso da estrutura de comércio e da política de preços como ponto de partida. De acordo com a análise que fiz da documentação de Wood, a importância relativa das mercadorias não foi definida apenas em termos de qualidades físicas de certos bens. Embora houvesse uma hierarquia refletindo as qualidades físicas das mercadorias e definindo-as em termos de importância para a subsistência da população e para a produção nacional, nem todos os bens eram igualmente relevantes em todos os tempos e lugares. Ao contrário, as conversas entre o Banco Mundial e os fixadores de preços chineses deixam claro que a importância de um preço dependia de pelo menos quatro critérios:

1. *A importância de um preço era determinada conforme o tamanho do produtor: se fosse um grande, que produzisse para o plano nacional, ou um pequeno, que produzisse apenas para as necessidades locais.* Neste último caso, a fixação de preços ficava a cargo das autoridades locais ou, dependendo da importância desse bem para a economia local, a cargo da empresa. Por exemplo, a missão do Banco Mundial soube que, na província de Gansu, grandes fábricas de cimento tinham de vender ao Estado a preços "centrais", enquanto fábricas de cimento locais e outros produtores de materiais de construção que produziam apenas para suprir as necessidades locais tinham de vender a preços estabelecidos pelas autoridades da região. Sichuan era uma das províncias mais avançadas na reforma empresarial. Seus representantes sugeriram que itens de menor

[47] Sobre esse ponto, ver também a análise no capítulo 4.

consumo produzidos para suprir as necessidades locais, como botões, espelhos pequenos e canetas, cujos preços costumavam ser controlados pelo condado, pudessem ser livremente estabelecidos pelas empresas. Até então esses bens de consumo não essenciais tinham preços elevados e sua produção poderia ser facilmente expandida. Assim, a liberação do controle tendia a resultar em um movimento de queda dos preços desses bens. Eles não eram apenas não essenciais em termos de uso, mas também "leves", no sentido de que tendiam a ter excesso de oferta.

2. *O mesmo tipo de mercadoria poderia ser tratado como mais importante ou menos importante, mesmo quando produzido pela mesma empresa, se a mercadoria fizesse parte do cumprimento do plano central.* Os economistas do Banco Mundial foram informados de que uma "regra de livre disposição do excedente" se aplicava a todos os bens de consumo que não fossem algodão e lã, mercadorias essenciais persistentemente escassas. Ou seja, a produção acima da cota ficava a critério da empresa e podia ser vendida a outros preços e por outros canais. O resultado efetivo dessa regra foi um sistema de preços multiníveis. Com um novo esquema que permitia às empresas manter parte de seus lucros para a formação de capital, avanço tecnológico, bônus e bem--estar dos trabalhadores, elas recebiam altos incentivos para produzir mais que a cota – e vender com lucro.

Os pioneiros da reforma empresarial em Sichuan citaram um exemplo esclarecedor, ocorrido em 1979: uma fábrica de lenços em Chengdu tinha de cumprir um plano estatal de 840 mil peças, mas tinha capacidade para produzir 1 milhão de peças. Eles usaram de seu discernimento para criar um novo tipo de lenço, com um novo design, para poder produzir um total de 1,07 milhão de peças. O novo design serviu tanto para reduzir custos quanto para aumentar a demanda do mercado por seus produtos. No entanto, a "regra da livre disposição do excedente" teria efeito limitado se as empresas não tivessem meios de fornecimento efetivo dos mercados relevantes. Nesse ponto, as agências estatais de comércio foram fundamentais. A elas também foi concedida a livre disposição de seus serviços excedentes. Assim, mediante o pagamento de uma taxa, a agência comercializou o novo lenço a um preço negociado diretamente com a empresa. Além disso, a empresa também vendeu o novo produto nas ruas, a preço de mercado. Mas o mercado transregional, que permitia à empresa ir além da demanda local, tivesse sido criado pelas agências estatais de comércio.

3. *A "regra da livre disposição do excedente" também foi aplicada na agricultura e na estabilização de preços por meio de participação no mercado.* Quando a missão do Banco Mundial visitou a China em 1980, a produção agrícola secundária já não estava em geral sob a regulamentação das cotas e podia ser vendida em

mercados rurais e urbanos. Mas todas as demais (exceto o algodão) também podiam ser vendidas no mercado uma vez que a cota fosse atingida. Entre elas estavam mercadorias importantes, como óleo comestível, que era racionado desde 1949 (ver capítulos 3 e 4). Os preços nesses mercados eram geralmente "livres", mas a estabilização de preços por meio de participação no mercado de agências estatais de comércio era um importante mecanismo regulatório. Autoridades chinesas disseram repetidamente aos economistas do Banco Mundial que as agências estatais de comércio forneciam ou exigiam certas mercadorias, refletindo as condições do mercado para evitar flutuações de preços. Ao mesmo tempo, as empresas estatais foram desencorajadas a fazer grandes transações de uma só vez no mercado, para evitar grandes flutuações de preços. O Estado estabilizou ainda mais os preços agrícolas, garantindo a demanda a determinado preço. Os camponeses podiam vender ao Estado a produção que excedia a cota por um valor acima do preço planejado. Isso efetivamente estabeleceu um piso para o preço de mercado. Sempre que o preço de mercado caía abaixo do preço de compra estatal, os camponeses podiam recorrer ao Estado. Em Sichuan, funcionários do Escritório de Preços relataram que, graças ao aumento da oferta, os preços de mercado começaram a cair à medida que os camponeses passaram a recorrer ao Estado para vender seus produtos.

4. *Enquanto os preços dos meios de produção não eram livres em geral para serem determinados pelo mercado, os preços de certos meios de produção manufaturados, quando tinham excesso de oferta, podiam flutuar até 20% abaixo do preço planejado pelo Estado.* Essas mercadorias eram, por exemplo, alguns tipos de tratores e máquinas, vidro e equipamentos elétricos. Como consequência das tentativas de reequilíbrio da economia após os planos excessivamente ambiciosos de Hua Guofeng, os investimentos estatais foram severamente reduzidos em 1979-1980, criando uma tendência de excesso de oferta desses meios de produção[48]. Os funcionários do Escritório de Preços de Gansu afirmaram à missão do Banco Mundial que alguns preços estavam chegando ao limite inferior do desvio de 20% para baixo em relação ao preço planejado. Um funcionário do Escritório de Preços de Sichuan explicou aos visitantes do Banco Mundial que o passo seguinte da reforma, a flutuação ascendente dos preços dos meios de produção em falta, estava em estudo. Até então, somente se permitiam flutuações como um movimento de queda de preços para liberar o excesso de oferta.

---

[48] Para uma discussão detalhada dos mecanismos de mercado na indústria de máquinas antes da reforma e os efeitos da política de corte de gastos no excesso de oferta em certos meios de produção, ver Barry Naughton, *Growing out of the Plan: Chinese Economic Reform (1978-1993)* (Cambridge, Cambridge University Press, 1995), p. 112-5.

Esses princípios do que é importante (ou "pesado") e do que é menos importante (ou "leve") e que, portanto, se podia controlar de forma mais flexível, permitindo que o mercado tivesse um papel na determinação de preços, não foram aplicados mecanicamente. Foram utilizados em experimentos, com uma mercadoria e localidade ou empresa de cada vez, levando em consideração pressões específicas, como excesso de oferta local. As agências estatais de comércio desempenharam um papel determinante ao criar mercados, negociar preços e estabilizar os preços agrícolas por meio de participação no mercado. Em suma, cinco tipos de mecanismos de determinação de preços foram aplicados, às vezes para os mesmos bens: 1) *preços planejados* determinados pelo Estado para os bens mais importantes; 2) *preços flutuantes* para certos bens com excesso de oferta; 3) *preços negociados* entre empresas, entre empresas e departamentos comerciais ou entre regiões, para produções acima da cota de bens, com preços planejados de outra forma; 4) *preços de livre mercado* para bens menos importantes; 5) *preços de mercado estabilizados pela participação do Estado*, no caso de excedentes dos principais produtos agrícolas, como grãos.

Nesse cenário, o maior desafio na reforma de preços era como lidar com bens importantes em falta, que eram precificados em baixa no sistema pré-reforma e ainda eram amplamente fornecidos a preços baixos e planejados. Entre esses bens estavam algodão, carvão e outras matérias-primas. O caso do carvão ilustra o desafio. No Departamento de Preços do Estado, os funcionários do Banco Mundial souberam que o preço do carvão havia sido ajustado para cima em 1979, mas ainda era muito baixo – estava abaixo dos custos de produção para muitas minas e não refletia a escassez geral de energia. O Escritório de Preços do Estado revelou ter calculado uma variedade de preços hipotéticos com base em diferentes esquemas de preços para ajustar o preço dessas matérias-primas.

Os funcionários do Escritório de Preços apontaram o principal problema do ajuste de preços: uma potencial reação em cadeia resultante do aumento de preço de importantes meios de produção. Argumentaram, superficialmente, que os aumentos de preços afetariam apenas os lucros, mas, na realidade, os "efeitos em cascata" espalhariam os aumentos por toda a economia. Os funcionários apontaram que não era uma opção aumentar o custo de vida. A inflação já estaria em alta sem tal ajuste de preços, e quaisquer outros aumentos de preços que afetassem o custo de vida teriam de ser absorvidos por subsídios governamentais. No entanto, a Comissão de Planejamento do Estado relatou um déficit orçamentário de 17,6 bilhões de yuans em 1979, apesar dos cortes na acumulação de capital. Esse déficit deveu-se em grande parte aos subsídios necessários para compensar a elevação de preços decidida em 1978, em particular dos grãos[49]. À luz dessas pressões fiscais, os burocratas chineses consideraram inviável compensar os aumentos com subsídios. Assim, a questão de como lidar com os preços planejados dos bens essenciais mais importantes permaneceu sem solução.

O medo da inflação em 1980 não se limitou aos funcionários que apresentaram o andamento da reforma à missão do Banco Mundial. A ansiedade de que os aumentos de preços pudessem colocar em risco a estabilidade econômica e política tomou os principais líderes da reforma da China – muitos dos quais, como Chen Yun, desempenharam papel fundamental no esforço de estabilização de preços na década de 1940. O perigo da inflação, que aumentava bastante o desafio da reforma de preços, era uma ameaça iminente desde o início da reforma. Em dezembro de 1980, na Conferência Central de Trabalho, Chen Yun apontou que "as tendências econômicas atuais nunca foram tão boas desde a libertação", mas advertiu que o governo tinha de prestar atenção aos aumentos de preços: "Exceto pelos preços que são fixados pelo Estado e não podem aumentar, muitos outros preços estão subindo. [...] Se não frearmos isso, as pessoas ficarão bem infelizes. A instabilidade econômica pode levar à instabilidade política"[50].

Como vimos, a inflação foi uma razão crucial para a queda dos nacionalistas (capítulo 3). O perigo político e social representado pelo aumento de preços era, portanto, bem conhecido da geração revolucionária de líderes. Para superar esse desafio, Chen enfatizou a necessidade de reforma por meio de reajustes, superando os desequilíbrios entre os setores e reduzindo o investimento e as despesas das famílias[51].

Zhao Ziyang, como secretário do partido em Sichuan, foi pioneiro nas reformas agrícolas e empresariais[52]. Fora promovido a membro do Comitê Permanente e tornou-se primeiro-ministro em 1980. Assim como Chen, Zhao estava preocupado com a inflação. Por exemplo, em novembro de 1981, em uma reunião com quadros do Departamento de Comércio e do Departamento de Preços do Estado, Zhao advertiu que "a estabilidade básica dos preços deve[ria] ser preservada". Explicou que, até então, a reforma dos preços tinha sido "basicamente suave, mas também causou algumas tempestades no mercado, e em alguns lugares essas tempestades não eram pequenas"[53]. Em

---

[49] Para mais informações sobre os reajustes de preços em 1978, ver o capítulo 4.

[50] Xue Muqiao, *Memoir of Xue Muqiao*, cit., p. 363.

[51] Ibidem, p. 363-4.

[52] Zhao Ziyang, "The Basic Stability of Prices Must Be Preserved (物价必须保持基本稳定), November 25, 1981", em *The Collected Works of Zhao Ziyang (1980-1989)*, v. 1: 1980-1982 (Hong Kong, Chinese University Press, 2016), p. 335-8.

[53] Ibidem, p. 335.

particular, as reações aos aumentos no preço dos cigarros e do álcool foram subestimadas. Além disso, Zhao observou que, em resposta às mudanças nos preços, "em alguns lugares as pessoas ficaram tão preocupadas que se apressaram a comprar grãos, tecidos de algodão, açúcar, tecidos de lã e fósforos para estocar"[54]. Assim, a confiança na permutabilidade do dinheiro seria minada. Zhao repetiu o aviso de Chen: "Devemos levar esses problemas a sério. As pessoas são sensíveis aos preços. Se não prestarmos atenção a isso, teremos problemas. As flutuações de preços podem gerar problemas políticos"[55].

Intercâmbios com economistas estrangeiros: apresentando a lógica do big bang

Paralelamente às mudanças contínuas na estrutura de preços e às mudanças graduais no sistema de gestão dos preços, acadêmicos investigaram o que a China poderia aprender com a experiência econômica internacional. Em particular, eles estavam interessados nas tentativas de reforma e nas teorias dos países socialistas do Leste Europeu. Como lembrou Zhao Renwei, os "leste-europeus haviam iniciado reformas em 1956. A linguagem que usavam, a economia que estudavam e seu sistema econômico inicial eram muito semelhantes ao nosso. Assim, sua experiência foi de grande valor para nós"[56].

No entanto, o intercâmbio dos economistas chineses com colegas de fora no fim da década de 1970 não se limitou a estrangeiros que usavam o vocabulário socialista[57]. A primeira delegação de economistas norte-americanos que foram à China na década de 1970, logo após a visita de Nixon, era um grupo amplamente ligado à União de Economia Política Radical (UEPR). Eles foram convidados, pelo menos em parte, em razão de sua visão bastante simpática à China de Mao. A ironia da história é que foram os economistas radicais que iniciaram o realinhamento dos economistas chineses com a disciplina norte-americana. Os economistas que visitaram a China tornaram-se progressivamente menos radicais. A segunda delegação norte-americana que

[54] Idem.
[55] Idem.
[56] Zhao Renwei, em entrevista com a autora (2016).
[57] Para um relato detalhado das trocas entre a Associação Econômica Americana e os institutos de pesquisa chineses, ver Gregory C. Chow, *Understanding China's Economy* (Singapura, World Scientific, 1994). Em *Unlikely Partners: Chinese Reformers, Western Economists, and the Making of Global China* (Cambridge, Harvard University Press, 2017), Julian Gewirtz dá informações sobre várias delegações e intercâmbios acadêmicos entre chineses e "economistas ocidentais".

foi logo depois à China era liderada pelo então presidente da Associação de Economistas Americanos, John Kenneth Galbraith, acompanhado de dois ilustres antecessores e posteriormente ganhadores do Nobel, Wassily Leontief e James Tobin[58]. No início da reforma, os economistas chineses pretendiam "recuperar as lições perdidas" sobre o desenvolvimento da disciplina econômica no mundo capitalista, independentemente de orientação ideológica. No que diz respeito à reforma dos preços, Włodzimierz Brus e Ota Šik, dois ex-reformadores socialistas desiludidos, e o mundialmente famoso neoliberal Milton Friedman foram alguns dos visitantes mais influentes.

Reforma como mudança de sistema: Brus

O primeiro economista do Leste Europeu a deixar uma impressão profunda nos economistas reformadores da China foi Włodzimierz Brus[59]. Brus começou sua carreira de pesquisador com uma tese sobre a lei do valor sob o socialismo. Ao contrário de alguns economistas reformadores chineses que se tornaram célebres por criticar *Problemas econômicos do socialismo na URSS**, de Josef Stálin, Brus, assim como Oskar Lange, saudou o livro de Stálin em 1952 por insistir em leis econômicas objetivas que transcendem os sistemas políticos[60]. Mais tarde Brus veio a apoiar Lange tanto contra a posição stalinista como em oposição a Michał Kalecki nos debates da reforma polonesa do fim da década de 1950. Kalecki – cujo trabalho sobre a liberação de preços e a inflação após a Segunda Guerra Mundial foi discutido no capítulo 2 – desafiou a aplicabilidade dos princípios marginais tanto no capitalismo quanto no socialismo e, portanto, também a possibilidade de equilíbrio da economia apenas por meio do mecanismo de preços. Kalecki enfatizava, em vez disso, a importância do investimento. Ele usou o exemplo do aço laminado para argumentar que só ajustes de preços muito lentos seriam adequados para atingir o equilíbrio. Em contraste, Brus baseou-se nas contribuições de Lange ao

---

[58] Isabella M. Weber e Gregor Semieniuk, "American Radical Economists in Mao's China: From Hopes to Disillusionment", *Research in the History of Economic Thought and Methodology*, v. 37, 2019, p. 31-63.

[59] Liu Hong, *The Eighties: Glory and Dreams of Chinese Economic Scholars* (八〇代:中国经济学人的光荣与梦想) (Guilin, Guanxi Normal University Press, 2010), p. 280.

* Ed. bras.: *Problemas econômicos do socialismo na URSS* (São Paulo, Anita Garibaldi, 1985). (N. E.)

[60] Jan Toporowski, "Włodzimierz Brus", *Royal Economics Society Newsletter*, n. 139, 2007; *Michał Kalecki: An Intellectual Biography*, v. 2: *By Intellect Alone, 1939-1970* (Cham, Palgrave Macmillan, 2018), p. 204.

debate do cálculo econômico socialista para propor uma forma de socialismo de mercado em que a autonomia empresarial, guiada por um conjunto correto de preços, alcançaria a "tomada de decisão econômica racional"[61].

Essa ênfase nos preços se manteve nos textos mais conhecidos de Brus sobre o socialismo de mercado, como *The Market in a Socialist Economy* [O mercado em uma economia socialista][62]. Brus defendeu abertamente as reformas democráticas até 1968, quando perdeu sua prestigiosa cátedra de economia política na Universidade de Varsóvia[63]. Em 1972, ingressou na Universidade Oxford, que lhe "ofereceu refúgio, mas continuava sendo um lugar de exílio"[64].

Em Oxford, Brus teve dois alunos de doutorado[65]: um deles foi Anders Åslund, vigoroso defensor das políticas do big bang. Juntamente com David Lipton e Jeffrey Sachs, Åslund se tornaria conselheiro do governo russo no período crítico de 1991 a 1994[66]. O segundo aluno de doutorado de Brus foi Cyril Lin, irmão do primeiro chefe da missão do Banco Mundial à China, Edwin Lim. Lim fez trabalho de campo na China, em 1978, para sua dissertação sobre o "restabelecimento da economia"[67]. Ele descobriu que as propostas de reforma de seu professor eram surpreendentemente semelhantes às de Sun Yefang[68].

Em contraste com Xue Muqiao, que argumentava que a lei do valor estabelecia o equilíbrio por meio do desequilíbrio, Sun entendia que a lei exigia "que os preços se aproximassem dos valores, em vez de se desviarem deles"[69]. A vantagem de uma economia socialista seria o fato de o valor poder ser calculado diretamente e não precisar ser expresso indiretamente por meio da troca, que envolvia desvio do valor. Sun, baseando-se em Friedrich Engels, definia valor como "a relação

61 Idem, *Michał Kalecki*, cit., p. 159 e 209.
62 Włodzimierz Brus, *The Market in a Socialist Economy* (Londres, Routledge/Kegan Paul, 1972).
63 Jan Toporowski, *Michał Kalecki*, cit., p. 255.
64 Idem, "Włodzimierz Brus", cit.
65 Lin (Justin) Yifu, em entrevista com a autora (2016).
66 Anders Åslund, "Soviet and Chinese Reforms: Why They Must Be Different", *World Today*, v. 45, n. 11, 1989, p. 188-91; *Post-Communist Economic Evolutions: How Big a Bang?* (Washington, Center for Strategic and International Studies, 1992); *How Russia Became a Market Economy* (Washington, Brookings Institution, 1995); David Lipton e Jeffrey D. Sachs, "Prospects for Russia' s Economic Reforms", *Brookings Papers on Economic Activity*, n. 2, 1992, p. 213-83; PIIE, Anders Åslund, 20 jan. 2017. Disponível on-line.
67 Cyril C. Lin, "The Reinstatement of Economics in China Today", cit.
68 Lin (Justin) Yifu, em entrevista com a autora (2016). A semelhança entre os modelos de socialismo de mercado de Sun e Brus foi amplamente reconhecida pelos economistas chineses. Ver Liu Hong, *The Eighties*, cit., p. 283.
69 Sun Yefang, "The Role of 'Value'", em K. K. Fung (org.), *Social Needs Versus Economic Efficiency in China*, cit., p. 42.

dos custos de produção (ou seja, trabalho socialmente necessário) e a utilidade"[70] – uma interpretação bem neoclássica desse conceito marxista fundamental. Os preços, segundo Sun, devem ser calculados de forma que produtos que exigem o mesmo tempo de trabalho socialmente necessário gerem a mesma utilidade para os consumidores. Sun inspirava-se na teoria microeconômica e devia estar familiarizado com o debate do cálculo econômico socialista e os argumentos de Oskar Lange sobre a possibilidade do socialismo de mercado[71].

Tanto para Brus quanto para Sun, os preços eram fundamentais para a reforma. Eles compartilhavam essa perspectiva com a visão de Lange-Lerner sobre o socialismo de mercado[72]. Para racionalizar a economia socialista, os planejadores tinham de estabelecer preços iguais aos valores. Deveriam deixar as empresas públicas competir livremente, buscando lucros nos limites da simples reprodução e sob a orientação de metas estatais financeiras não vinculativas. Ao mesmo tempo, o Estado controlaria indiretamente as decisões de investimento que fossem além da reposição de determinado estoque de capital, por meio do controle dos bancos sobre os fundos de investimento. Dessa forma, a reprodução ampliada seria regulada por meios financeiros. Tal raciocínio visava a um desenvolvimento proporcional. Levado à sua conclusão lógica, implicava abrir mão do planejamento em termos físicos, fundamento do sistema de equilíbrio material sob o qual o planejamento era conduzido em termos de relações concretas de entrada-saída. Por exemplo, se cem tratores fossem encomendados de uma empresa de fabricação de máquinas, o aço necessário para fabricá-los seria encomendado de uma siderúrgica e enviado ao fabricante de máquinas. Elaboravam-se planos para coordenar o processo de produção física. Comparativamente, pela abordagem da reforma, as empresas não mais teriam insumos alocados de forma centralizada, mas iriam adquiri-los de outras empresas no mercado. O fabricante de máquinas compraria aço diretamente da siderúrgica, em vez de receber esse aço como alocação de um plano. Isso exigia um reajuste radical de preços e uma redefinição de todos os preços a partir do zero, o que a República Popular da China nunca havia feito antes.

O economista Dong Fureng, vice-diretor do Instituto de Economia da ACCS, formou-se na União Soviética e apoiou o ataque de Chen Yun à estratégia de

[70] Ibidem, p. 65.
[71] Paul B. Trescott, *Jingji Xue: The History of the Introduction of Western Economic Ideas into China, 1850-1950* (Hong Kong, The Chinese University Press, 2007), p. 306; Isabella M. Weber, "The (Im-)Possibility of Rational Socialism: Mises in China's Market Reform Debate" (2021). *Economics Department Working Paper Series.* 316. https://doi.org/10.7275/yaxp-kz63
[72] Joseph E. Stiglitz, *Whither Socialism? Wicksell Lectures* (Cambridge, MIT Press, 1994), p. 102.

desenvolvimento orientada pela indústria pesada no início dos anos 1960. Ele publicara um artigo defendendo uma reforma radical da propriedade. Durante a visita de Dong a Oxford, em julho de 1979, ele convidou Brus para ir à China[73]. Brus aceitou o convite e visitou o país de dezembro de 1979 a janeiro de 1980, dando palestras para economistas na ACCS nas quais avaliou a experiência da reforma passada em países socialistas e apresentou sua visão de reforma[74].

Brus disse aos chineses que seria crucial escolher primeiro o modelo da reforma. Explicou que seu modelo funcionaria melhor combinando mercado com planejamento central[75]. Em vez de fazer remendos com políticas separadas, afirmou, os chineses deveriam ter em mente que a reforma econômica significava a transição do antigo sistema para um novo. Assim, a reforma teria de ser implementada em um pacote (一揽子); uma abordagem fragmentada seria, na opinião dele, impossível[76]. A Hungria e a Iugoslávia implementaram de uma só vez uma reforma bem-sucedida, enquanto a União Soviética e outros países do Leste Europeu, que adotaram uma abordagem fragmentada, não conseguiram reestruturar suas economias[77]. A chave para o sucesso, dizia Brus, era agir depressa após cuidadosos preparativos, que tinham de incluir estabilidade macroeconômica e um mercado de compradores[78]. O sucesso ou o fracasso da reforma econômica seria decidido pela reforma de preços e, se a reforma de preços ficasse travada, não haveria esperança de reforma do sistema[79].

[73] Joseph Fewsmith, *Dilemmas of Reform in China*, cit., p. 67; Liu Hong, "Dong Fureng: Preserve Integrity to Become Great" (董辅礽 守身为大), *Wu Han University News Center*, 2009. Disponível on-line; *The Eighties*, cit., p. 280. Após retornar à China, Dong Fureng publicou uma nota sobre sua conversa com Brus. Sublinhou que a relação entre as autoridades centrais ou locais e as empresas deveria ser uma relação de mercado, guiada por meios econômicos – sobretudo, preços. Dong Fureng, "How to Advance Economic System Reform? Notes on a Conversation with Oxford University Professor Brus" (怎样进行经济体制改革?——记与牛津大学布鲁斯教授的一次谈话). Economic Management, v. 11, 1979.

[74] Liu Hong, *The Eighties*, cit., p. 280-1; Zhao Renwei, "Brus on Socialist Economic System Reform" (论社会主义经济体制的改革 － 弗 布鲁斯), em *Discussion of Socialist Economic System Reform: Transcription of W. Brus' and O. Šik's Lectures in China* (论社会主义经济体制改革：［波］弗•布鲁斯，［捷]奥•锡克，中国社会科学院经济研究所学资料室编) (Pequim, Law, 1982), p. 1-44, não publicado.

[75] Zhao Renwei, "Brus on Socialist Economic System Reform", cit., p. 2-18.

[76] Liu Hong, *The Eighties*, cit., p. 283; Zhao Renwei, "Professor Brus on the Reform of the System of Economic Management" (布鲁斯教授谈经济管理体制的改革), *Chinese Academy of Social Sciences Bulletin*, n. 2, 1980.

[77] Zhao Renwei, "Professor Brus on the Reform of the System of Economic Management", cit.

[78] Idem.

[79] Liu Wei, "Research on China's 1988 'Crashing through the Barrier of Price Reform'" (1988 年中国"价格闯关"研究), *Central Party School*, 2011, p. iii.

Além disso, segundo Brus, os economistas do Leste Europeu concordavam que apenas uma mudança no sistema político poderia garantir que a reforma não fosse revertida, impedindo, assim, o retorno ao antigo sistema[80]. A mudança política tinha de fazer parte do pacote.

Brus, em suas palestras na China, sugeriu muitos dos elementos-chave daquilo que mais tarde viria a ser chamado de terapia de choque (ver a introdução deste volume), mas com uma diferença fundamental: Brus – alinhado a Lange[81] e Sun Yefang – acreditava que era possível o Estado estabelecer preços racionais. Portanto, a reforma de preços seria principalmente uma "racionalização" da estrutura de preços. Zhao Renwei escreveu um relatório resumido sobre as palestras de Brus[82] que circulou pelos mais altos órgãos do Estado e do partido[83]. Brus se encontrou com o vice-primeiro-ministro, Bo Yibo, para discutir reformas econômicas, mas, por ser dissidente, não foi recebido pelo primeiro-ministro, Zhao Ziyang[84].

Brus reuniu-se com seu homólogo intelectual Sun Yefang, que estava hospitalizado em razão de sua saúde precária. Nessa ocasião, por sugestão de Sun, Brus convidou Zhao Renwei para ir a Oxford[85]. Zhao passou quatro semestres em Oxford (1982-1984) como aluno de Brus, "acompanhando os debates científicos internacionais sobre o socialismo de mercado"[86]. Embora as teorias econômicas de Sun e Brus tivessem semelhanças impressionantes, havia uma diferença fundamental entre eles: Brus havia perdido a esperança na reforma econômica sob o socialismo[87]. Em contraste, Sun foi um comunista

---

[80] Liu Hong, *The Eighties*, cit., p. 283.

[81] Oskar Lange, "The Computer and the Market", em Charles H. Feinstein (org.), *Socialism, Capitalism and Economic Growth* (Cambridge, Cambridge University Press, 1967), p. 158-61.

[82] Zhao Renwei, "Professor Brus on the Reform of the System of Economic Management", cit.

[83] Entre eles, o Comitê Central do Partido, o Conselho de Estado, o Congresso Nacional do Povo, a Comissão Militar do Comitê Central, o mais alto Tribunal Popular, a Academia de Ciências, a Conferência Consultiva Política do Povo Chinês, todas as regiões do Exército Popular de Libertação, importantes instituições de ensino superior e a ACCS. Liu Hong, *The Eighties*, cit., p. 284.

[84] Liu Hong, *The Eighties*, cit., p. 284-5.

[85] Zhao Ziyang, "The Basic Stability of Prices Must Be Preserved", cit., p. 335-8.

[86] Idem.

[87] Brus tornou pública sua desilusão com o socialismo e a reforma baseada na construção de modelos em *From Marx to the Market* (Oxford, Oxford University Press, 1989), escrito em coautoria com Kazimierz Łaski. Na conclusão, os autores observam: "Este pequeno livro, ao contrário de alguns de nossos trabalhos anteriores, não tem a intenção de investigar um modelo normativo de um sistema econômico que deveria emergir do processo de reforma do 'socialismo real' [...] em nossa experiência com tal construção de modelos, que [...] no fim provou-se pouco bem-sucedida. Compartilhamos a visão daqueles participantes dos

dedicado até falecer, em fevereiro de 1983, mas estava convencido de que o projeto socialista tinha algo a aprender com a economia capitalista. Em abril de 1983, escreveu em uma carta a Zhao:

> Acredito que temos de estudar a economia capitalista – não apenas pelo conhecimento, mas também para adquirir ferramentas e métodos concretos de pesquisa. Mas [...] também acredito que não é correto enviar graduados de ensino médio para os departamentos de economia das universidades ocidentais. Não estaríamos criando discípulos deles, sejam eles keynesianos ou friedmanitas?[88]

Propagando o milagre de Erhard na China: Friedman[89]

Depois se descobriu que não apenas os "graduados de ensino médio" podiam se tornar discípulos friedmanitas – para usar expressão de Sun. Um colega de Zhao Renwei no Instituto de Pesquisa Econômica, Wu Jinglian, observou que, se a visita de Milton Friedman à China em setembro-outubro de 1980 teve pouco impacto nas políticas de reforma chinesas, seu próprio pensamento sobre o papel dos preços fora moldado por Friedman[90]. Wu Jinglian tinha várias reviravoltas em seu histórico. Fora um esquerdista "estrito" e "comprometido" no início dos anos 1960 – em oposição ao chefe reformador do Instituto de Pesquisa Econômica, Sun Yefang –, mas perdera a fé em meados dos anos 1970[91]. No alvorecer da reforma, Wu estava desiludido e "precisava

debates nos países comunistas que expressam dúvidas sobre a utilidade dos esforços para definir o modelo final do sistema econômico". Ibidem, p. 150. Além disso, "o recurso ao SM [socialismo de mercado] significa que o socialismo deve realmente deixar de ser considerado um sistema delimitado, transcendendo a estrutura institucional desenvolvida no passado e, portanto, postulando por definição sua substituição total por novos fundamentos institucionais, se não imediatamente, então em uma perspectiva mais longa". Ibidem, p. 151.

[88] Zhao Renwei, "Discussing a Letter from Sun Yefang", em *Income Distribution and Other Topics* (收入分配及其他) (Xangai, Shanghai Far East, 2007), p. 368-76.

[89] Para um relato mais detalhado da conexão entre o milagre de Erhard e o debate sobre a reforma chinesa, ver Isabella M. Weber, "Das Westdeutsche und das Chinesische 'Wirtschaftswunder': Der Wettstreit um die Interpretation von Ludwig Erhards Wirtschaftspolitik in Chinas Preisreformdebatte der 1980er", *Jahrbuch für Historische Kommunismusforschung*, 2020, p. 55-69; "Das Westdeutsche und das Chinesische 'Wirtschaftswunder'", cit.; "The Ordoliberal Roots of Shock Therapy: Germany's 'Economic Miracle' in China's 1980s Reform Debate", em Quinn Slobodian e Dieter Plehwe (orgs.), *Market Prophets from the Margins: Neoliberals East and South* (Nova York, Zone, 2022).

[90] Wu Jinglian, em entrevista com a autora (2016).

[91] Barry Naughton, "Introduction: Biographical Preface", em *Wu Jinglian: Voice of Reform in China* (Cambridge, MIT Press, 2013), p. 107-8. No contexto do "Movimento das Cem Flores", Wu aderiu a um programa de concepção de reforma econômica. Depois de ser

construir um novo conjunto de habilidades e encontrar uma nova abordagem do mundo"[92]. Desculpou-se com seu ex-superior Sun e juntou-se às fileiras dos economistas reformadores[93]. Os visitantes estrangeiros forneceram a Wu a nova visão de mundo e as ferramentas que ele procurava[94], e ele se tornaria um dos principais proponentes de uma liberalização de preços ao estilo big bang na China em meados da década de 1980 (ver capítulos 7 e 8).

Ouvindo a palestra de Friedman na ACCS, Wu se familiarizou com a liberalização de preços alemã após a Segunda Guerra Mundial[95]. Antes de Friedman, ordoliberais como Armin Gutowski e Wolfram Engels trataram da transição da Alemanha ocidental no pós-guerra[96]. Em comparação com as palestras de Friedman, estas eram mais focadas na história econômica real da reforma monetária e de preços na Alemanha ocidental. Na interpretação de Friedman, as políticas de Erhard tornaram-se uma espécie de "ferramenta mágica" para a criação de uma economia de mercado. Friedman disse a seu público chinês que o "chamado milagre econômico produzido por Ludwig Erhard em 1948 foi uma coisa muito simples. Ele aboliu todos os controles de preços e salários e permitiu que o mercado funcionasse, mantendo ao mesmo tempo um limite estrito sobre a quantidade total de dinheiro emitido"[97].

rotulado de "desviacionista de direita" no rescaldo do movimento, Wu mudou completamente de atitude na década de 1960, "tentando se distanciar de suas raízes burguesas e 'refazer sua visão de mundo', de acordo com os ideais maoistas". Nessa época, viu-se em oposição a Sun Yefang, que estava elaborando um programa de reformas como chefe do Instituto de Pesquisa Econômica. Durante a Revolução Cultural, Wu juntou-se primeiro a um grupo de esquerda relativamente moderado, o Quartel-General da Crítica, mas que caiu em desgraça. Wu foi designado como "contrarrevolucionário" e foi isolado de seus colegas para realizar trabalhos manuais repetitivos. A ruptura final de Wu com o maoismo veio quando ele se juntou a uma equipe de pesquisa na famosa Comuna de Dazhai. Ibidem, p. 105-15.

[92] Barry Naughton, "Introduction", cit., p. 116.

[93] Ibidem, p. 108.

[94] Wu Jinglian e Ma Guochuan, *Whither China? Restarting the Reform Agenda* (Oxford, Oxford University Press, 2016), p. 142.

[95] Milton Friedman, *Friedman in China* (Hong Kong, Chinese University Press, 1990); Wu Jinglian, em entrevista com a autora (2016).

[96] Isabella M. Weber, "Das Westdeutsche und das Chinesische 'Wirtschaftswunder'", cit.; "The Ordoliberal Roots of Shock Therapy", cit.

[97] Milton Friedman, *Friedman in China*, cit. Friedman deu quatro palestras durante sua visita à China entre setembro e outubro de 1980. A palestra em que apresentou o milagre de Erhard intitulava-se "Dinheiro e inflação" e fornecia uma introdução básica à sua teoria da inflação. Uma tradução chinesa dessa palestra foi publicada em Milton Friedman, "Money and Inflation" (货币与通货膨胀), *Comments on International Economics*, n. 1, 1981, p. 9-23.

Segundo Friedman, a experiência de muitos países mostrou que o controle de preços apenas suprimia os sintomas da inflação. Mais cedo ou mais tarde, "a pressão contida irrompia, a inflação subia a níveis ainda mais altos, e o controle de preços e salários tinha de ser abandonado"[98]. Friedman rejeitava a validade das teorias de inflação de custos. Para ele, uma mudança relativa na quantidade de dinheiro era a única causa da inflação. Se a quantidade de dinheiro fosse controlada, o aumento de preço de uma mercadoria seria sempre compensado pela diminuição relativa de outros preços – e seria, como tal, insignificante.

Uma perspectiva tão desdenhosa do controle de preços não seria convincente para a maioria dos burocratas chineses na época. Eles viam seu sucesso na promoção e na manutenção da estabilidade de preços desde a libertação como uma grande conquista, e os controles de preços provaram ser uma ferramenta importante[99]. O fato de Friedman não reconhecer a importância do aumento de preço de certas mercadorias, em oposição ao aumento do nível geral de preços, era incompatível com a grande sensibilidade da liderança chinesa em relação aos efeitos da alta de preços de mercadorias específicas. Como vimos, mesmo os preços de bens aparentemente não essenciais, como cigarros, ocupavam a

[98] Milton Friedman, *Friedman in China*, cit.

[99] Yang Peixin era na época vice-chefe do Departamento de Pesquisa Financeira do Banco do Povo da China. Ele relatou uma reunião com Friedman durante uma viagem de pesquisa nos Estados Unidos alguns meses antes da visita do norte-americano à China. Friedman disse à delegação chinesa que tanto o socialismo quanto o keynesianismo falharam globalmente e não havia escolha senão voltar ao livre mercado de Adam Smith. Os dois lados entraram em um debate acalorado. Yang observou que não havia esperança de convencer Friedman a acreditar no socialismo. Também não havia como os chineses aceitarem a conclusão de Friedman de que o capitalismo era o único caminho. Yang disse a Friedman que os chineses estavam muito interessados em todos os pontos de vista, mas não se podia esperar que fossem convencidos. Os chineses admitiam que parte das tentativas soviéticas e parte de suas próprias tentativas haviam fracassado, mas era errado concluir que o próprio socialismo havia fracassado. Era preciso ver as coisas de dois ângulos, diziam. O capitalismo conduzia à crise, à inflação e ao desemprego. Em contrapartida, os comunistas chineses resolveram esses problemas nos primeiros anos de seu governo, embora o desemprego fosse bem grave e o país sofresse com a hiperinflação quando assumiram. Friedman reconheceu que o sucesso chinês no controle da inflação foi impressionante e excepcional no século XX. Yang Peixin, "On Some Contemporary Issues in Economic and Financial Research" (关于当前经济金融研究的几个问题), *Guangdong Financial Research*, n. 26, 1980, p. 2-4. Surpreendentemente, Gewirtz cita Yang (idem) como se fosse uma reação à visita de Friedman à China e sugere que a ACCS teria convidado Friedman como especialista em inflação, sem conhecer sua posição sobre o socialismo antes de ouvir suas palestras: "Os chineses [...] conheceram da maneira mais difícil a dupla persona de Friedman e aprenderam que sua experiência com inflação não podia ser separada de sua intensidade ideológica". Julian Gewirtz, *Unlikely Partners*, cit., p. 86-7.

mente do principal líder reformador da China, Zhao Ziyang, em razão das potenciais implicações para a estabilidade econômica e social do país. A esse respeito, Wood rabiscou um comentário em seu caderno durante a visita de 1980, referindo-se à enorme dificuldade que os reformadores chineses encontravam para ajustar os preços dos bens que consideravam menos importantes: "Um ditador comunista que não pode nem mudar o preço do fósforo!".

Em contraste com a interpretação de Friedman da reforma de Erhard como um *deus ex machina*, a liberação de preços de Erhard é, na verdade, um exemplo das grandes repercussões políticas que as mudanças de preços podem ter: ela desencadeou uma inflação altíssima e uma greve geral na Alemanha ocidental após a guerra, sendo, portanto, exatamente o tipo de instabilidade política e social que as lideranças chinesas queriam evitar (ver capítulo 2)[100]. No entanto, o milagre de Erhard (艾哈德奇迹) se tornaria um caso simbólico, citado com frequência nas lutas ferozes pela reforma de preços em meados da década de 1980, reiteradamente lembrado por Wu e outros.

Liberalização de preços como objetivo, cálculo como método: Šik

Em março-abril de 1981, Ota Šik visitou a China a convite da ACCS. Foi sua primeira visita a um país socialista desde que emigrara[101]. O arquiteto das reformas econômicas da Primavera de Praga[102] esperava que a China se inspirasse em seu modelo de socialismo de mercado, que fora brutalmente extinto na Tchecoslováquia em 1968[103]. Ao contrário de alguns dos líderes

[100] Isabella M. Weber, "Das Westdeutsche und das Chinesische 'Wirtschaftswunder'", cit.; "The Ordoliberal Roots of Shock Therapy", cit.

[101] Wu Jinglian, Rong Jingben e Ma Wenguang, "Šik on the Socialist Economic Model" (论社会主义经济模式 — 奥•锡克), em *Discussion of Socialist Economic System Reform*, cit., p. 45.

[102] Šik foi diretor do Instituto de Pesquisa Econômica da Academia de Ciências da Tchecoslováquia, bem como chefe da Comissão de Reforma em 1962-1963. Jiři Kosta, "Zum Lebensweg von Ota Šik", em Hans G. Nutzinger e Jiři Kosta (orgs.), *Ota Šik. Kasseler Universitaetsreden Heft 8* (Kassel, Boxan Repro und Druck, 1990), p. 22. Em 1968, Šik subiu ao posto de vice-primeiro-ministro e ministro da Economia para orientar a implementação de seus planos teóricos. Ibidem, p. 23. A primeira articulação detalhada de sua visão de reforma está em Ota Šik, *Die Tschechoslowakische Wirtschaft auf Neuen Wegen* (Praga, Orbis, 1965), texto que foi posteriormente desenvolvido e traduzido para várias línguas com o título *Plan and Market Under Socialism* [Plano e mercado sob o socialismo] (Praga, Prague Academia, 1967). Um resumo desse livro pode ser encontrado em Ota Šik, "Socialist Market Relations and Planning", em Charles H. Feinstein (org.), *Socialism, Capitalism and Economic Growth*, cit.

[103] Jiři Kosta, "Zum Lebensweg von Ota Šik", cit.

mais antigos da reforma econômica chinesa – como Chen Yun, que criticava consistentemente a abordagem stalinista de industrialização –, Šik, como Brus, foi proponente e teórico da ortodoxia econômica stalinista até o fim da década de 1950, embora apoiasse ao mesmo tempo o socialismo *democrático* na Tchecoslováquia[104].

Após se voltar para as teorias da reforma econômica, Šik imaginava uma reforma implementada a partir de um plano "abrangente"[105]. Seguindo essa abordagem, o caso da Tchecoslováquia envolveu "mudanças em todos os aspectos importantes do sistema [que] foram introduzidas simultaneamente e da noite para o dia"[106]. Entre essas mudanças estavam a abolição do sistema de planejamento obrigatório e a liberalização generalizada de preços[107]. Quando as tropas do Pacto de Varsóvia invadiram Praga em agosto de 1968, encerrando brutalmente os planos de reforma, Šik estava de férias na Iugoslávia. Temendo perseguição política, nunca retornou à Tchecoslováquia. Exilou-se na Suíça, onde se tornou professor de economia na Universidade de St. Gallen[108].

Liu Guoguang, então vice-diretor do Instituto de Economia da ACCS, foi o primeiro a sugerir convidar Brus para ir à China e, em 1981, seu convidado foi Šik[109]. Em preparação à visita deste último, saiu na revista *Questões Soviéticas e da Europa Oriental*, da ACCS, uma resenha do livro de Šik *Communist Power System* [O poder do sistema comunista][110], mostrando que sua crítica ao sistema socialista prevalecente ia muito além daquela articulada pelos reformadores chineses da época[111]. Segundo o economista tcheco, a União Soviética e os países do Leste Europeu não eram socialistas, mas, sim, um sistema de "burocracia partidária" e "monopólio estatal"[112].

---

[104] Ibidem, p. 21.

[105] Tamás Bauer, "Success and Failure: Emergence of Economic Reforms in Czechoslovakia and Hungary", em Kurt Dopfer e Karl F. Raible (orgs.), *The Evolution of Economic Systems: Essays in Honor of Ota Šik* (Nova York, St. Martin's, 1990), p. 247.

[106] Idem.

[107] Ibidem, p. 247-9; Ota Šik, *Prager Frühlingserwachen: Erinnerungen* (Herford, Busse Seewald, 1988), p. 266-78.

[108] Jiří Kosta, "Zum Lebensweg von Ota Šik", cit., p. 23-4.

[109] Liu Hong, The *Eighties*, cit., p. 280 e 289.

[110] Ota Šik, *Communist Power System* (Nova York, Praeger, 1981). Esse livro foi publicado originalmente em alemão. Ver Ota Šik, *Das Kommunistische Machtsystem* (Hamburgo, Hoffmann und Campe, 1976).

[111] Liu Hong, *The Eighties*, cit., p. 291.

[112] Cai Huimei, "The Substance of the Soviet Bureaucratic Regime: 'The Communist Power System' – A Book Review" (苏联官僚统治的实质 — 《共产主义政权体系》一书简介), *Soviet and Eastern European Issues*, n. 1, 1981, p. 56.

Wu Jinglian havia encontrado nas teorias de Brus parcelas da nova visão de mundo que procurava. Durante nossa entrevista em seu moderno escritório em uma escola de negócios de Pequim, Wu explicou que foi encarregado de cuidar de Šik durante sua visita à China em 1981. Viajou com Šik para Xangai, Suzhou e outros lugares[113]. Após cada palestra de Šik, Wu elaborava um relatório para Ma Hong, e este o enviava aos líderes do governo central. Ma era um economista veterano e, na época, diretor-fundador do Centro de Pesquisa em Tecnologia do Conselho de Estado e do Instituto de Economia Industrial da ACCS, bem como vice-presidente da instituição[114].

A abordagem de Šik para a reforma, conforme apresentada ao público chinês, está documentada em um livreto que nunca foi publicado, por motivo de censura. No entanto, consegui uma cópia. A perspectiva básica de Šik era semelhante à de Brus. Como Brus, via a reforma como uma mudança de sistema que exigia um novo modelo de metas econômicas e políticas e um plano detalhado de medidas simultâneas de transição para um novo sistema, com imposição de rígidos controles macroeconômicos e implementação rápida do pacote de reformas. Mas a diferença crucial entre Brus e Šik era que, enquanto aquele sugeria que o Estado deveria usar o sistema de preços como ferramenta de planejamento, este defendia, como objetivo, a liberalização completa dos preços. O planejamento como sistema básico deveria ser substituído pelo mercado, dizia Šik, porque os planejadores centrais não eram capazes de resolver o problema da informação nem a contradição entre os interesses das empresas individuais e da sociedade[115]. Para Šik, não poderia haver socialismo sem livre mercado.

No modelo de metas de Šik, o Estado guiaria as empresas autônomas apenas por meios macroeconômicos[116]. Enquanto as empresas de setores-chave permaneceriam sob propriedade pública, todas as atividades econômicas menores estariam nas mãos de particulares. A superioridade do socialismo sobre o capitalismo seria alcançada pelo estabelecimento de uma

[113] Liu Hong, "Wu Jinglian: Scientific Critical Biographies of Contemporary Chinese Economists" (吴敬链: 当代中国经济学家学术评传) (Xian, Shanxi Normal University Press, 2002), p. 169; Wu Jinglian, em entrevista com a autora (2016).

[114] Liu Hong, "Wu Jinglian", cit., p. 170; Wang Mengkui, "About the Author", em China Development Research Foundation (org.), *Chinese Economists on Economic Reform: Collected Works of Ma Hong* (Oxon, Routledge, 2014), p. xiii-xiv.

[115] Wu Jinglian, Rong Jingben e Ma Wenguang, "Šik on the Socialist Economic Model", cit., p. 54-6. Esta seção se baseia principalmente nas transcrições das palestras de Šik na China por Wu Jinglian, Rong Jingben e Ma Wenguang. Idem. A publicação desse material, no entanto, foi interrompida por seu conteúdo politicamente sensível.

[116] Ibidem, p. 57-61.

concorrência de mercado perfeita. Sob o capitalismo, os monopólios dominam certas indústrias e distorcem o mercado, o que resulta em uma oposição entre os interesses privados e os interesses sociais. Sob o socialismo, ao contrário, o Estado pode esmagar os monopólios e garantir a concorrência perfeita[117]. Sob tais condições, os preços de livre mercado seriam a melhor ferramenta para garantir que as decisões das empresas sejam também do interesse da sociedade[118].

Na visão de Šik, as decisões de investimento, que a maioria dos defensores do socialismo de mercado sugere que devem ser controladas centralmente[119], também seriam deixadas para as empresas. No modelo dele, saídas e entradas com fins lucrativos entre diferentes setores equilibrariam oferta e demanda e ajustariam a estrutura de produção às necessidades sociais. E, ainda de acordo com Šik, o antigo sistema de planejamento teria de ser *substituído* por um sistema de mercado[120]. "Algumas pessoas se perguntam se o mercado poderia ser combinado com o antigo sistema de planejamento diretivo", disse Šik à plateia, acrescentando: "Acredito que o antigo sistema de planejamento é incompatível com o sistema de mercado; portanto, é impossível manter o planejamento diretivo ao adotar a regulação do mercado"[121]. Isso significava que a reforma tinha de abolir o planejamento obrigatório, quebrar monopólios e liberalizar os preços.

De todas as reformas, a mais importante, para Šik, assim como para Brus, era a de preços: "A primeira e principal condição para que o mecanismo de mercado desempenhe seu papel é mudar a antiga estrutura de preços"[122]. Šik apresentou um plano detalhado para a reforma de preços, baseado no exemplo da Tchecoslováquia, que foi executado na tentativa de um big bang em 1986 (ver capítulo 7). Previu dois grandes passos. Primeiro, usando técnicas de entrada-saída, os preços de todos os produtos seriam calculados de modo a igualar as taxas de lucro de todos os produtos[123]. Dados seriam coletados para todos

---

[117] Ibidem, p. 95.
[118] Ibidem, p. 95-8.
[119] Joseph E. Stiglitz, *Whither Socialism?*, cit., p. 102-4.
[120] Wu Jinglian, Rong Jingben e Ma Wenguang, "Šik on the Socialist Economic Model", cit., p. 98-115.
[121] Ibidem, p. 108.
[122] Idem.
[123] A fórmula que Šik derivou para calcular os preços foi baseada no conceito de Marx de preços de produção: $P = C + V + G$, onde C é a depreciação do capital fixo mais o custo dos materiais, V é o salário e G é a taxa média de lucro baseada em C (notação de Šik, em Wu Jinglian, Rong Jingben e Ma Wenguang, "Šik on the Socialist Economic Model", cit., p. 110).

os bens a fim de permitir a determinação da taxa média de lucro e de todos os preços. O segundo passo seria uma transição para os preços de livre mercado[124]. O primeiro passo garantia, na opinião de Šik, que o seguinte fosse seguro. Šik citou o caso iugoslavo para ilustrar esse ponto. Segundo ele, a Iugoslávia havia cometido um "erro muito grande" ao implementar a liberalização de preços sem ajustar previamente os preços por cálculo[125]. Sob condições prevalecentes de monopólios e um mercado de alta demanda, essa medida resultou em uma grave inflação[126]. Šik também apontou o perigo político quando disse que a Iugoslávia conseguiu manter o sistema socialista apesar das dificuldades econômicas duradouras causadas por esse erro[127]. Como discutiremos no capítulo 7, é questionável, porém, até que ponto a abordagem do próprio Šik evita os perigos que ele observou na Iugoslávia. Na China, em 1986, economistas contrários à terapia de choque usaram o caso da Iugoslávia para demonstrar os enormes riscos envolvidos em um programa de reforma ao estilo de Šik.

A mensagem geral de Šik era de que ajustes baseados em cálculos eliminariam os perigos da liberalização radical dos preços. Todavia, à luz da realidade chinesa, ele sugeriu vários ajustes em seu plano básico. Este implicava maiores lucros para a indústria pesada, com uma relação capital-trabalho mais alta que para a indústria leve, menos intensiva em capital. Isso ia contra o objetivo da China de equilibrar a relação entre as indústrias pesada e leve em favor desta última. Šik sugeriu, então, que a taxa de lucro do capital fixo deveria ser um pouco menor que a do capital circulante. O objetivo era evitar que a maior participação do capital fixo na indústria pesada resultasse em uma taxa de lucro global mais alta, em comparação com a indústria leve. A sugestão de Šik de ajustar todos os preços para igualar as taxas de lucro ao nível médio pode ter dado a impressão de certa consistência lógica. No entanto, Šik entrava no terreno das regras aproximadas com essa alteração. Ele expôs sua falha lógica básica – ignorar a relação capital-trabalho – e só pôde oferecer ajustes arbitrários. Não há razão para acreditar que o ajuste dos preços para os valores calculados com base em taxas de lucro determinadas arbitrariamente impediria o cenário catastrófico que Šik acabara de descrever para o caso da Iugoslávia[128].

[124] Wu Jinglian, Rong Jingben e Ma Wenguang, "Šik on the Socialist Economic Model", cit., p. 151-2.

[125] Ibidem, p. 109.

[126] Idem.

[127] Idem.

[128] Em um nível mais fundamental, Šik parece supor que, equalizando os lucros entre os produtos e, assim, igualando os preços a seus valores, seria possível calcular um vetor de preço de equilíbrio. No entanto, não há razão para supor que a economia esteja em equilíbrio. Pelo

Em relação ao segundo passo – a transição para os preços de mercado –, as recomendações de Šik foram muito mais cautelosas do que se poderia imaginar com base em seu plano geral. Em vez de liberalizar todos os preços, Šik propôs dividir todas as mercadorias em três categorias de determinação de preços: 1) preços planejados pelo Estado; 2) preços flutuantes entre os limites estabelecidos pelo Estado; 3) preços de livre mercado. No início, os preços dos bens de consumo básicos continuariam a ser fixados pelo Estado, uma vez que impactariam imediatamente a vida das pessoas – se os preços subissem, haveria instabilidade política. Bens de produção básicos com oferta muito escassa, como energia e certas matérias-primas, também ficariam nessa primeira categoria. Os preços flutuantes se aplicariam a mercadorias sujeitas a oscilações sazonais. Os únicos itens que Šik recomendou explicitamente que fossem precificados pelo mercado foram os bens de consumo de luxo e certos tipos de máquinas industriais[129].

Assim, depois de ter estabelecido um programa complexo para coleta de dados e cálculos precisos, as medidas concretas de Šik cederam às regras aproximadas. Além disso, suas recomendações sobre a classificação de mercadorias eram baseadas principalmente nas características físicas delas. Seu plano era, como tal, menos capaz de incorporar a dinâmica do mercado à regulação estatal de preços que a prática chinesa predominante na época. Na verdade, uma vez que Šik admitia que uma liberalização de preços no atacado seria muito perigosa, mesmo após ajustes baseados em cálculos, ele não tinha uma recomendação consistente para a transição do controle estatal para o controle de mercado no caso das mercadorias que havia colocado na primeira categoria – como lidar com essas mercadorias era a preocupação mais premente dos reformadores chineses.

Apesar dessas deficiências, a promessa de um método capaz de definir todos os preços de acordo com seus valores, já testado na Tchecoslováquia, pareceu ao governo chinês digna de se explorar. Afinal, o objetivo de igualar todos os preços a valores estava na agenda chinesa desde os debates sobre a lei do valor nas décadas de 1950 e 1960 (ver capítulo 4). Wu Jinglian lembrou a recomendação de Zhao Ziyang de que Šik se tornasse o primeiro conselheiro estrangeiro da ACCS e fosse convidado a ir à China anualmente. Zhao também queria organizar uma discussão com os quadros dirigentes responsáveis

---

contrário, dadas as grandes disparidades entre os diferentes setores, é muito provável que esteja em desequilíbrio. Mas, se for esse o caso, pode não haver vetor de preços que corresponda às relações de entrada-saída dadas, de modo a sustentá-las de maneira descentralizada.

[129] Wu Jinglian, Rong Jingben e Ma Wenguang, "Šik on the Socialist Economic Model", cit., p. 114-5.

pela reforma econômica. Isso ocorreu no último dia da visita de Šik[130]. Os participantes eram, entre outros, Xue Muqiao, Liao Jili, Ma Hong e Bai Meiqing (secretário pessoal de Zhao, encarregado de questões econômicas). Šik apresentou seu programa de reforma de preços para a Tchecoslováquia. Xue Muqiao interveio, expressando a preocupação de que era muito difícil calcular os preços: eles se influenciariam constantemente e seriam causa e efeito uns dos outros[131]. Šik respondeu que, embora fosse impossível determinar com precisão os preços de mercado, os cálculos ainda podiam se aproximar dos preços de mercado com a ajuda de técnicas de entrada-saída e computadores modernos. Os respectivos ajustes reduziriam o tamanho do choque quando a liberalização de preços fosse implementada.

O uso de técnicas de entrada-saída para o planejamento de preços não era novidade para os pesquisadores chineses, tampouco a ideia de aplicar esse método à reforma de preços. Quando Šik visitou a China pela primeira vez, o Departamento de Pesquisa do Escritório de Preços do Estado já estava trabalhando em cálculos de preços teóricos, e esses esforços se baseavam em trabalhos teóricos e empíricos de entrada-saída que remontavam à década de 1950[132]. As palestras de

[130] Liu Hong, "Wu Jinglian", cit., p. 170-1; Wu Jinglian, em entrevista com a autora (2016).

[131] Idem; Edwin Lim, em entrevista com a autora (2016).

[132] Chen Xikang, que foi pioneiro na pesquisa de entrada-saída na China na década de 1960, foi aluno de Qian Xuesen, "o pai dos foguetes chineses". Chen Xikang, "Input-Output Techniques in Economic Work: Use and Development Directions" (投入产出技术在经济工作中的应用情况及发展方向), *Chinese Economic Issues*, n. 4, 1979, p. 46-53; Karen R. Polenske, "Chinese Input-Output Research from a Western Perspective", em Karen R. Polenske e Chen Xikang (orgs.), *Chinese Economic Planning and Input-Output Analysis* (Hong Kong, Oxford University Press, 1991), p. 2. Qian apoiou a pesquisa de entrada-saída na Academia Chinesa de Ciências depois que voltou dos Estados Unidos em 1956 e encorajou Chen a construir tabelas de entrada-saída em nível de fábrica e província. Durante a Revolução Cultural, um dos poucos projetos de pesquisa econômica que teve andamento foi a construção da primeira tabela nacional de entrada-saída por especialistas do Centro de Cálculo da Comissão de Planejamento do Estado, do Instituto de Matemática da Academia Chinesa de Ciências, da Universidade do Povo e da Faculdade Econômica de Pequim. Chen Xikang, "Input-Output Techniques in Economic Work ", cit., p. 52; Nina P. Halpern, *Economic Specialists and the Making of Chinese Economic Policy*, cit., p. 309-10. Chen relatou que, nesse contexto, os cálculos de preços já eram considerados uma aplicação potencial. Chen Xikang, "Input-Output Techniques in Economic Work ", cit., p. 52. Os primeiros intercâmbios internacionais começaram em 1979, e Chen foi um dos primeiros pesquisadores chineses a participar da VII Conferência Internacional de Entradas-Saídas em Innsbruck, na Áustria. Os intercâmbios continuaram, em colaboração com a Organização das Nações Unidas para o Desenvolvimento Industrial (Onudi). Chen Xikang, "Input-Output Techniques in Economic Work ", cit., p. 46; Karen R. Polenske, "Chinese Input-Output Research from a Western Perspective", cit., p. 1; Secretariado da Onudi, "An Input-Output Table for China 1975", *Industry and Development*, n. 10, 1984, p. 47.

Šik sobre a experiência da Tchecoslováquia aumentaram ainda mais o interesse da liderança nessa linha de pesquisa, e, em julho, o Conselho de Estado decidiu fundar um centro de pesquisa de preços, sob a liderança de Xue Muqiao e Ma Hong, para assessorar o Conselho de Estado e o Grupo Central de Finanças e Economia sobre questões de preços e elaborar planos de reforma[133]. O Centro de Pesquisa de Preços seguiu a abordagem de reforma de Šik e recebeu conselhos de Jiři Skolka. Skolka havia conduzido um estudo de preços baseado em entrada-saída no Instituto de Pesquisa Econômica da Tchecoslováquia sob a liderança de Šik e continuou a pesquisa quando se exilou na Áustria. Šik o havia recomendado como especialista[134].

Pouco depois de sua visita, no entanto, Šik foi rotulado como um "elemento antissocialista" (反社会主义分子), futuras colaborações foram canceladas, e a publicação de suas palestras foi interrompida[135]. Essa mudança drástica ocorreu após uma entrevista de Šik ao semanário alemão-ocidental *Wirtschaftswoche*, em fevereiro de 1981, que chamou a atenção do Departamento de Pesquisa do Secretariado Central, então sob a liderança de Deng Liqun[136]. Na entrevista, intitulada "Medo de perder o poder", Šik expressou a opinião de que reformas econômicas sem mudanças no sistema político estavam fadadas ao fracasso. Também disse ao repórter que os políticos,

> que entendem muito pouco ou nada de economia e vivem a velha visão da ditadura do proletariado, têm muito medo de que qualquer liberalização e qualquer mudança do sistema econômico para autonomia empresarial e orientação para o mercado prejudiquem sua posição [no poder]. Para realmente fazer a reforma funcionar, o ditame do partido sobre a economia deve acabar.[137]

Obviamente, tais declarações despertaram a ira de reformadores como Deng Liqun que, em suas posições como funcionários do partido e do Estado, pressionavam pelas reformas de mercado. O Departamento de Pesquisa denunciou publicamente Šik em um artigo intitulado "Teoria de reforma

[133] Cheng Zhiping, *50 Years of Chinese Commodity Prices: 1949-1998* (中国物价五年: 1949-1998) (Pequim, Chinese Price, 1998), p. 455; Liu Hong, "Wu Jinglian", cit., p. 171.

[134] Liu Hong, "Wu Jinglian", cit., p. 171; *The Eighties*, cit., p. 294-5; Josef Richter, "In Memoriam: Dr. Jiři Skolka", *Review of Income and Wealth*, v. 46, n. 1, 2000, p. 129; Jiři Skolka, "Use of Input-Output Models in the Preparation of Price Reform in China", *Industry and Development*, n. 10, 1984, p. 61-73; Wu Jinglian, em entrevista com a autora (2016).

[135] Rong Jingben, "Memories of One Episode in 30 Years of Reform and Opening Up" (忆改革开放三十年中的一段往事), *Teahouse for Economists*, n. 37, 2008, p. 45-9; Liu Hong, *Wu Jinglian*, cit., p. 171.

[136] Liu Hong, *The Eighties*, cit., p. 294-5.

[137] Ota Šik, "Angst vor dem Machtverlust", *Wirtschaftswoche*, v. 35, n. 5, 1982, p. 56.

antimarxista de Ota Šik"[138]. Šik nunca mais voltou à China[139], mas sua proposta de reforma de preços permaneceu uma importante referência para o grupo de economistas chineses e mais tarde ficou conhecida como Escola de Pensamento de Sistemas Comparativos.

Conferência do Banco Mundial em Moganshan: propondo o big bang

Vários economistas[140] do Instituto de Pesquisa Econômica que participaram das visitas dos economistas do Leste Europeu reuniram-se com a missão do Banco Mundial em 17 de outubro de 1980 para discutir as perspectivas de reforma. Ficou evidente que Brus deixara sua marca. Wu Jinglian se destacou pela ousadia de pontos de vista. Wood observou, em seu caderninho, que Wu conservava a ideia de que o problema básico da reforma era político, não econômico. A reforma, de acordo com Wu, só seria bem-sucedida com o poder descentralizado[141].

Impressionados com Brus e Šik, Liu Guoguang e Wu Jinglian procuraram Edwin Lim, chefe da missão do Banco Mundial na China, em 1981, e propuseram uma conferência para aprender mais com economistas do Leste Europeu[142]. Durante nossa conversa em 2016, em sua casa de estilo modernista

[138] Liu Hong, *The Eighties*, cit., p. 294-5.

[139] Wu Jinglian (em entrevista com a autora), Liu Hong (*Wu Jinglian*, cit.; *The Eighties*, cit.), provavelmente com base nas lembranças de Wu, e Edwin Lim (em entrevista com a autora) sugerem que a colaboração pretendida com Šik nunca se realizou por motivos políticos. Os artigos de Šik citados em Gewirtz (*Unlikely Partners*, cit., p. 107-8) sugerem que ele escreveu várias cartas a diferentes pares chineses, tentando dar seguimento à visita. No entanto, nas memórias de Šik, não há qualquer sugestão de que ele teria sido expulso da China, depois de não ter mais pisado em um país socialista desde que deixara a Tchecoslováquia. Sobre o convite chinês, Šik escreveu: "Eu tinha muitas dúvidas. Se eu realmente quisesse participar mais das reformas chinesas, precisaria consultar materiais chineses para buscar uma solução sob medida. Isso não era viável em termos de tempo". Ota Šik, *Prager Frühlingserwachen*, cit., p. 357. Šik acrescentou que suas teorias seriam transmitidas nas traduções de seus livros e que sua esposa, Lilli, que o havia acompanhado em sua primeira visita à China, estava doente na época, impedindo-o de viajar. Ibidem, p. 358.

[140] Entre outros, Dong Fureng, Liu Guoguang, Wu Jinglian e Zhao Renwei.

[141] As informações sobre essa reunião são baseadas na documentação pessoal de Adrian Wood.

[142] Edwin Lim, "The Opening of the Mind to the Outside World in China's Reform and Opening Process" (序二：中国改革开放过程中的对外思想开放), em Wu Jinglian et al. (orgs.), *30 Years of Reform Through the Eyes of 50 Economists: Review and Analysis* (中国经济50人看三十年：回顾与分析) (Pequim, China Economics Press, 2008), p. 43-51; Edwin Lim e Wu Jinglian, em entrevista com a autora (2016).

em Londres, Lim descreveu a conferência. Foi organizada em cooperação com o então recém-fundado Centro de Pesquisa de Preços e realizada de 11 a 16 de julho de 1982, em um confortável resort em Moganshan, na província de Zhejiang. Depois da conferência, houve uma viagem de estudos a Xangai, Hangzhou e Chongqing, de 18 a 26 de julho[143]. Os termos de referência que encontrei nos extensos arquivos de Wood declaravam: "Concordamos com as sugestões da equipe do Banco Mundial de que a discussão e a investigação da missão na China deveriam se concentrar no problema da reforma de preços". Wood explicou que, dada a atmosfera política tensa no fim de 1981, ambos os lados se comprometeram em manter sigilo e barrar qualquer relatório público sobre a reunião e o conteúdo da discussão[144]. Ou, como disse Lim, a conferência foi realizada "sob radar" – embora, é claro, o lado chinês a tenha relatado em detalhes à liderança central e às instituições encarregadas da reforma econômica[145].

Uma delegação composta principalmente por economistas emigrados do Leste Europeu e funcionários do Banco Mundial reuniu-se com os economistas chineses encarregados da reforma de preços, chefiados pela liderança do Centro de Pesquisa de Preços: Xue Muqiao, Liu Zhuofu e Liao Jili. Lim recrutara Brus como consultor logo após o início da missão do Banco Mundial na China, em 1980[146], e o encarregara de montar uma equipe composta

---

143 Edwin Lim, em entrevista com a autora (2016).

144 Adrian Wood, em entrevista com a autora (2016); Xue Muqiao, Liu Zhuofu e Jili Liao, *Report on the Symposium on Soviet and Eastern European Economic System Reform* (苏联、东欧经济体制改革座谈会简报), 1982, não publicado. O sigilo dessa troca foi demonstrado pelo fato de que muitos de meus entrevistados, embora profundos conhecedores dos debates sobre a reforma, mas não diretamente envolvidos nessa conferência, pareciam não ter conhecimento desse evento. Isso não diminui a importância da conferência para compreendermos tanto o confronto entre os economistas chineses e os economistas do Leste Europeu como a formação intelectual dos recém-formados admiradores de Brus e Šik.

145 Edwin Lim, em entrevista com a autora (2016). Esse relatório interno, intitulado "Simpósio sobre a reforma do sistema econômico da União Soviética e do Leste Europeu" (ver nota anterior), resumiu todas as apresentações e discussões da conferência. Os destinatários do relatório incluíam o mais alto nível político – Zhao Ziyang, Wan Li, Yao Yilin, Gu Mu, Bo Yibo, Zhang Jingfu e mais –, bem como os departamentos de administração e pesquisa encarregados da reforma econômica. Também foram destinatários, entre outros, a recém-criada Comissão de Reforma do Sistema, a Comissão de Planejamento do Estado, a Comissão Econômica do Estado, o Ministério das Relações Exteriores, o Ministério da Fazenda, o Departamento de Preços do Estado, a Conferência Estatal de Preços, a ACCS, o Centro de Pesquisa Econômica do Conselho de Estado e o Centro de Pesquisa em Tecnologia e Economia do Conselho de Estado.

146 Edwin Lim, "The Opening of the Mind to the Outside World in China's Reform and Opening Process", cit.

predominantemente por reformadores exilados do Leste Europeu[147]. Além de Lim, Wood e Brus, eram membros da delegação: Péter Kende[148], eminente cientista social e jornalista húngaro exilado em Paris; Juliusz Strumiński, ex--chefe da Comissão de Preços da Polônia (1953-1968), exilado na Alemanha ocidental trabalhando como jornalista; Jirí Kosta[149], amigo de infância de Šik, que trabalhou com ele na reforma econômica no Instituto de Pesquisa Econômica da Tchecoslováquia e estava exilado em Frankfurt, trabalhando como professor; e David Granick, especialista em economias socialistas da Universidade de Wisconsin (ver imagem 1)[150].

Quando me encontrei com Péter Kende em um café em Paris, ele usava a mesma roupa com que aparece na foto do grupo tirada na Conferência de Moganshan. Ele disse que estava quente em Moganshan e que os leste--europeus estavam com medo. Todos os emigrados eram considerados dissidentes em seus países de origem[151]. Visitar o outro lado da "cortina de ferro" era um grande risco pessoal. Relembrando sua memorável viagem à China, Kende enfatizou que, considerado inimigo político na Hungria, só se sentiu seguro quando voltou a pisar em solo francês[152]. Nas notas de Wood sobre a conferência, encontrei um registro de conversa privada com Strumiński: o reformador polonês alertou o economista do Banco Mundial de que, apesar de suas perspectivas divergentes, um ponto em comum importante entre todos, salvo um dos especialistas convidados, era que eles haviam perdido a fé no socialismo. Durante a reunião preparatória da delegação em Oxford, Strumiński disse: "Kende é o único membro do grupo [dos leste-europeus]

[147] Péter Kende e Adrian Wood, em entrevista com a autora (2016).

[148] Gewirtz afirma incorretamente que Kende era "um funcionário húngaro". Julian Gewirtz, *Unlikely Partners*, cit., p. 248.

[149] Gewirtz afirma incorretamente que Kosta era um "ex-vice-primeiro-ministro tcheco". Julian Gewirtz, *Unlikely Partners*, cit., p. 248.

[150] János Kornai, *By Force of Thought: Irregular Memoirs of an Intellectual Journey* (Cambridge, MIT Press, 2006), p. 9; Jiři Kosta, "Zum Lebensweg von Ota Šik", cit., p. 20; *Nie Aufgeben: Ein Leben Zwischen Bangen und Hoffnung* (2. ed., Berlim, Philo and Philo Fine Arts, 2004), p. 129-36 e 155; Edwin Lim, "The Opening of the Mind to the Outside World in China's Reform and Opening Process", cit.; Adrian Wood, em entrevista com a autora (2016). Uma semelhança biográfica, pelo menos entre Brus, Kosta e Šik: eram judeus e vítimas tanto do antissemitismo fascista quanto do stalinista. Todos os três e Kende se juntaram ao movimento comunista em parte como resistência contra os nazistas.

[151] Péter Kende, em entrevista com a autora (2017).

[152] Idem. Motivos pecuniários podem estar entre as forças motrizes que levaram os leste--europeus a se juntar a esse empreendimento arriscado. Kende apontou em entrevista que o pagamento do Banco Mundial por esse compromisso de um mês foi o mais alto que ele recebeu ao longo de sua carreira.

IMAGEM 1. Conferência do Banco Mundial em Moganshan (11 a 16 de julho de 1982). Sentados, da esquerda para a direita: Kosta, Strumiński, Xue Muqiao, Edwin Lim, Kende, Wood. Em pé, da esquerda para a direita: Liu Zhuofu, Granick, (?), Brus, Liao Jili, Liu Moumou, Ben Chun (assistente de Xue). Cortesia de Adrian Wood.

que ainda acredita que a reforma do sistema socialista é possível". Strumiński acrescentou que "considerava o sistema falido e que tinha desperdiçado todos os seus recursos – naturais e humanos. É irreformável". Wood observou que outros "membros do partido", inclusive ele, "demonstravam vários graus de ceticismo". Ali estava uma delegação de especialistas estrangeiros, convidados para ajudar a reformar o socialismo, que em sua maioria sustentava que o socialismo era irreformável.

Mais além da questão da fé no socialismo, um problema básico para que pudessem tirar lições da experiência do Leste Europeu era que os europeus do Leste consideravam fracassadas suas próprias reformas. Além disso, como Kende colocou criticamente quando comentou o artigo de Brus em um encontro em Oxford: "Isto aqui é excelente, mas surrealista. As condições reais da China e da Europa oriental são muito diferentes, em particular a estrutura organizacional. Essas são verdades científicas fora de contexto"[153].

O lado chinês, em contrapartida, recusou-se consistentemente a articular quaisquer "verdades científicas" generalizáveis[154]. Para frustração

---

[153] Este parágrafo é baseado na documentação pessoal de Adrian Wood.

[154] Sobre os discursos de abertura dos chineses, Gewirtz escreveu: "Liu Zhuofu, Xue Muqiao e Liao Jili fizeram discursos severos na abertura da conferência". Julian Gewirtz, *Unlikely Partners*, cit., p. 248. A partir de relatórios e notas disponibilizadas pelo autor, é difícil dizer se os "discursos" foram de fato "severos". É claro, no entanto, que os economistas chineses

dos visitantes treinados em economia formal, os participantes chineses se concentraram quase exclusivamente nas questões concretas enfrentadas em suas tentativas de reforma[155]. Princípios mais gerais emergiram apenas de forma implícita na abordagem desses problemas concretos, conforme descrevemos na seção anterior.

O ex-diretor do Escritório de Preços do Estado (1979-1982), Liu Zhuofu, fez o discurso de abertura. Liu era profundamente versado em regulação de preços chinesa. Ele havia feito contribuições importantes para a estabilização de preços em províncias estrategicamente importantes, como Shanxi, Gansu e Ningxia, no ano decisivo da guerra civil e no período pós-libertação imediato, aplicando políticas ao estilo do *Guanzi* (ver capítulo 3). No período de inflação mais severa da era Mao, após os desastres do Grande Salto Adiante, Liu se juntou à Comissão Estatal de Regulação de Preços para apoiar Xue Muqiao na estabilização dos preços, baseando-se na mesma abordagem[156]. Em seu discurso, Liu resumiu a situação da regulação de preços na China para o público internacional. Apresentando contas detalhadas dos diferentes tipos de preços, enfatizou que "a questão do preço é muito complexa para cada mercadoria individual"[157]. Assim, a única base para a reforma seria a consideração cuidadosa da situação particular de cada bem, sempre levando em conta os diferentes interesses do Estado, dos produtores e do povo, para garantir a estabilidade geral[158].

A alta dos preços das compras agrícolas foi o ponto de partida da exposição de Liu. Esse ajuste foi um passo importante para a reforma, mas os subsídios continuaram subindo em 1980-1981, mesmo quando o preço se manteve

apresentaram um relato bem detalhado do que viram como desafios concretos em suas tentativas de ajuste de preços e reforma, o principal tema da conferência. Afora o conteúdo da contribuição dos participantes chineses, é difícil entender quão ousadas foram as sugestões dos economistas do Leste Europeu.

[155] Por exemplo, Wood observa que sua tentativa de explicar a Liu Zhuofu o conceito neoclássico de preços de eficiência transformou-se em um "diálogo longo e frustrante". Zhuofu, na tentativa de dar um significado prático ao conceito, pergunta repetidamente se exemplos concretos podem ser considerados como precificação de eficiência, aos quais Wood responde com conceitos teóricos abstratos desconhecidos para Liu.

[156] Cheng Zhiping, "Forever a Model of Ceaseless Struggle: Deep Grieve for Comrade Liu Zhuofu" (奋斗不息 风范长存 – 深切悼念刘卓甫同志), *Price: Theory and Practice*, n. 3, 1993, p. 42-4.

[157] Citado da documentação pessoal de Adrian Wood.

[158] As falas dos participantes chineses são baseadas em anotações pessoais de Wood. Os discursos e contribuições para a discussão dos delegados estrangeiros são baseados principalmente no relatório interno compilado pelos delegados chineses e complementado com informações extraídas das notas de Wood.

constante pelo aumento da produção agrícola[159]. Isso era um sorvedouro das finanças do Estado. Xue Muqiao explicou na discussão subsequente por que não era fácil aumentar os preços de varejo para liberar a pressão sobre as finanças do Estado. Ele usou o exemplo dos têxteis. As fibras sintéticas ainda eram bastante lucrativas e tinham excesso de oferta, enquanto o preço do algodão ainda era bem baixo e sua oferta era pequena. O Departamento de Preços do Estado sugeriu aumentar ligeiramente o preço do algodão e diminuir proporcionalmente o preço das fibras sintéticas. Contudo, mesmo essa pequena mudança acabou sendo politicamente inviável, em razão da resistência popular contra um preço mais alto do algodão. As pessoas já estavam insatisfeitas com os aumentos de preços de 1981 e não estavam dispostas a aceitar novos ajustes. Em teoria, era possível fazer muitos ajustes de preços relativos sem alterar o nível geral de preços, mas Xue argumentou que, na prática, pouquíssimos poderiam ser realizados sem pôr em perigo a estabilidade social e econômica do país.

Liu também abordou a questão crítica do reajuste de preço dos insumos industriais. Vários dos aumentos de preços no setor de mineração e produtos semiacabados (por exemplo, carvão, coque, cimento e ferro-gusa) mencionados na visita do Banco Mundial em 1980 foram implementados na época da Conferência de Moganshan. Ao mesmo tempo, os preços dos bens industriais processados e finais (por exemplo, máquinas) foram reduzidos. Mas esse ajuste não foi suficiente para equilibrar a rentabilidade entre setores e unidades de produção a preços planejados. As vendas excedentes a preços mais altos para as agências de comércio alcançaram uma compensação limitada, por exemplo, para as minas de carvão.

Xue Muqiao acrescentou que uma forma de melhorar a rentabilidade da produção desses insumos básicos (por exemplo, aço e carvão) era permitir a venda direta. As pequenas empresas coletivas, que não recebiam verba do Estado, compravam a produção que excedia a cota a preços ainda mais altos que os negociados. Isso também desafiaria as empresas a desenvolver suas próprias capacidades de comercialização. Além do ajuste de preços dos planos, Liu discutiu outra política sugerida durante a visita do Banco Mundial em 1980. Os preços flutuantes foram autorizados a subir, e certos bens em falta foram classificados como bens de preço flutuante. Assim, os

---

[159] Depois Liu explica a Wood que o aumento dos subsídios foi devido à redução das cotas de compra, o que aumentou a quantidade de grãos vendidos ao Estado a preços acima da cota, e a um aumento na venda de grãos a preço de varejo fixado pelo Estado deficitário. Além disso, os grãos ainda eram importados a preços altos do mercado mundial e, em áreas atingidas pela fome, eram distribuídos pelo Estado, sem contabilização dos custos de transporte.

preços flutuantes deixaram de ser apenas um meio de reduzir os estoques de bens com excesso de oferta e passaram a ser usados também para estimular a produção.

Por fim, Liu estimou que 25,3% das vendas no varejo estavam sob regulamentação do mercado em 1980. Explicou que esses preços não eram "livres", no sentido de que não eram regulamentados pelo Estado: as agências estatais de comércio participavam do mercado comprando e vendendo produtos para minimizar as flutuações de preços[160]. Isso permitiria que o Estado abandonasse o monopólio sobre o comércio, ao mesmo tempo que manteria a capacidade de estabilizar os preços. O comércio estatal criava o mercado e regulava os preços por meios comerciais de uma forma surpreendentemente semelhante à lógica das políticas de preços do *Guanzi*. Em discursos e ao responder às perguntas, Liu e outros economistas veteranos várias vezes fizeram referência às políticas de preços após a libertação (1949-1952) (ver capítulo 3), a ponto de Wood anotar em seu caderno: "Por que os chineses respondem a toda pergunta dizendo que eles têm de voltar às políticas do período de libertação?".

Xue Muqiao fez o segundo discurso. Apresentou os progressos e as dificuldades do ajuste e da reforma geral e expôs os desafios macroeconômicos, que constituíam um importante pano de fundo para a tensão política e a cautela dos reformadores. Xue começou descrevendo os grandes desafios que o governo enfrentava para controlar o déficit fiscal e o aumento dos preços. O governo não conseguiu reduzir os investimentos durante dois anos e, portanto, teve de impor uma política de redução de gastos em 1981. Depois que os investimentos foram enfim reduzidos, o crescimento industrial continuou a declinar por algum tempo, o que resultou em um mercado comprador para certas máquinas, assim como um aumento da participação na produção da indústria leve e da agricultura. Em 1982, a produção industrial crescia novamente a uma taxa que superava em muito a meta[161]. Para evitar escassez de energia, o governo teve de impor medidas para manter a indústria pesada sob controle. A China poderia ter compensado o acréscimo no investimento

---

[160] Wood observa a esse respeito que as agências estatais de comércio agiram "exatamente como especuladores capitalistas". No contexto da discussão dos capítulos 1 e 3, isso parece apenas parcialmente correto. É verdade que as agências estatais de comércio usavam as técnicas dos especuladores capitalistas, mas suas motivações eram bem diferentes. O especulador capitalista só lucra se houver flutuações de preços. Assim, ele frequentemente aumenta os preços por meio de intervenções especulativas no mercado, esperando sair com grandes lucros antes que a maré vire. O Estado, ao contrário, visa a evitar as flutuações, contrabalançando os preços sempre que aparecem os primeiros sinais de alta ou queda.

[161] Xue estima que, no primeiro semestre de 1982, a produção industrial cresceu 10% (indústria pesada 8%, indústria leve 12%); a meta era de 4% a 5%.

com mais importações de capital, explicou Xue, mas seria muito arriscado, e essa busca por sucesso imediato deveria ser evitada. A retenção de lucros pelas empresas[162] e os salários, assim como o emprego, estavam subindo, e o resultado foi um aumento da massa salarial, que superava o crescimento do produto material líquido[163]. Ao mesmo tempo, a renda dos camponeses[164] aumentou, principalmente pelo desencadeamento da produção de culturas comerciais e da produção marginal[165]. Xue concluiu que esses fatores, em conjunto, estavam causando o declínio das receitas do Estado[166] e que, em 1979, o dinheiro em circulação havia "aumentado ligeiramente". Assim, a pressão inflacionária era iminente.

Na opinião de Xue, antes que a China pudesse avançar nas reformas, vários desequilíbrios teriam de ser corrigidos com medidas administrativas. Ele acreditava que o planejamento continuaria a desempenhar papel fundamental, mas contaria mais com as alavancas econômicas. Por exemplo, quando correções administrativas foram impostas à produção, isso mostrou que a política de preços não estava conseguindo orientar as empresas na direção certa. Segundo Xue, a gestão planejada da economia não poderia enfraquecer, mas a produção e os preços de milhares de mercadorias menores deveriam ser deixados nas mãos do mercado. Liao Jili, membro da Comissão de Planejamento do Estado e chefe do antigo Gabinete de Reforma do Sistema, transformado em Comissão de Reforma do Sistema, mais tarde voltou a enfatizar que o plano deveria

---

[162] A retenção dos lucros das empresas estatais passou, em média, de 10,7% em 1978 para 19,3% em 1981, segundo Xue. Como os lucros retidos eram frequentemente distribuídos como bônus aos trabalhadores, isso aumentava a massa salarial.

[163] Segundo Xue, os salários aumentaram 25,7% em termos nominais e 11,9% em termos reais no período de 1978 a 1981. Como também houve mais emprego, a massa salarial aumentou 44,2% em termos nominais e 28,4% em termos reais no mesmo período. Em contraste, o produto material líquido subiu apenas 15,9%.

[164] O termo "camponês" não é usado aqui em sentido pejorativo, tampouco tem a ver com seu uso comum em inglês, referente às famílias agrícolas que trabalham a terra para suas necessidades de subsistência. Sigo a convenção dos estudos acadêmicos chineses, usando o termo "para [me referir a] qualquer pessoa que viva no campo, conforme estabelecido pelo sistema de registro familiar". Yang Dali, *Calamity and Reform in China: State, Rural Society, and Institutional Change Since the Great Leap Famine* (Stanford, Stanford University Press, 1996), p. 8.

[165] Xue cita os seguintes números (em bilhões de yuans) para a renda dos camponeses: 134 em 1978; 160 em 1979; 191 em 1980 e 223 em 1981. Portanto, o crescimento da produção paralela foi particularmente importante, respondendo por 50 bilhões de yuans no aumento total de 89 bilhões de yuans.

[166] Xue sugere que as receitas estatais caíram de 112,1 bilhões de yuans em 1978 para 106,4 bilhões de yuans em 1981.

se concentrar no essencial. Citando Zhao Ziyang, destacou que o plano não deveria se sobrecarregar com detalhes, e a orientação e o planejamento obrigatório deveriam ser combinados de maneira a refletir a importância das mercadorias em vez de visar ao controle universal.

Xue encerrou seu discurso lembrando ao público que a China havia aprendido uma dolorosa lição ao copiar o modelo soviético. Esse erro não poderia se repetir. Não era necessária nenhuma mudança nos princípios abstratos, de acordo com ele, pois a questão-chave era como fazer a reforma na prática. A China não copiaria indiscriminadamente exemplos passados, mas tiraria o melhor de cada país e encontraria seu próprio caminho.

Todos os delegados estrangeiros apresentaram artigos para compartilhar pontos de vista sobre as experiências de outros países, bem como sua visão teórica sobre o problema dos preços[167]. Com relação à reforma de preços, as contribuições de Brus, Kende, Strumiński e Wood foram as mais importantes. Enquanto as apresentações se concentraram nas lições históricas, a discussão se estruturou em torno de questões políticas prementes e trouxe à tona a visão radical de alguns participantes. Lim destacou que os especialistas do Leste Europeu, antes de visitar a China, recomendavam fortemente uma "abordagem de pacote único" que reformaria todos os setores de uma só vez, o mais rápido possível[168]. De fato, eles defendiam políticas do tipo big bang que mais tarde se mostraram desastrosas na Rússia e em partes da Europa oriental.

Strumiński começou sua apresentação dizendo que "em todos os países socialistas conhecidos [por ele] os sistemas de preços são defeituosos". Parte do problema é que "todos os países socialistas têm um mercado de alta demanda que torna necessária a alocação administrativa, mas ao mesmo tempo causa o surgimento de mercados paralelos, inclusive mercados paralelos e várias formas de corrupção"[169]. O desvio de recursos para esses mercados

---

[167] Os artigos foram apresentados na seguinte ordem: "Um comentário sobre os recentes desenvolvimentos econômicos na União Soviética e na Europa oriental" (Brus); "Plano e mercado: controlando a economia sem planejamento obrigatório" (Kende); "Poder de decisão das empresas industriais nos países da Europa oriental" (Granick); "O problema da formação de preços nas economias socialistas" (Wood; esse artigo não faz parte do relatório chinês e o autor não possui cópia, então não poderia ser considerado aqui); "Experiência soviética e da Europa oriental com determinação de preços" (Strumiński); "Experiência soviética e da Europa oriental com salários, incentivos e distribuição de renda" (Kosta); "Perspectivas internacionais sobre questões da China na reforma do sistema" (Lim) (CIR).

[168] Edwin Lim, "The Opening of the Mind to the Outside World in China's Reform and Opening Process", cit.

[169] Citação da documentação pessoal de Adrian Wood. As notas de Wood sobre o discurso de Strumiński são consistentes com o relatório chinês.

e a perspectiva de subornos, por sua vez, estimulavam a intensificação dos controles e, ao mesmo tempo, tornavam esses controles ineficazes. As consequências eram preços distorcidos e divergentes dos níveis de preço do mercado mundial, o que prejudicava o comércio internacional e a inovação. Apesar dessas deficiências, não ocorreram mudanças qualitativas no sistema de preços soviético desde a década de 1930.

Após essa introdução pessimista, Strumiński fez o que, para os chineses, deve ter parecido um ataque implícito à sua abordagem de reforma. Ele advertiu que os soviéticos tentavam havia anos encontrar uma saída para a iminente "crise das tesouras" introduzindo um sistema de três níveis de preços para os produtos agrícolas[170]. Havia uma cota e um preço acima da cota, bem como um preço determinado nos mercados rurais. Mas os resultados desse sistema foram abismais; o cumprimento de cotas arbitrárias pelos camponeses dependia sobretudo das condições climáticas, e o baixo preço da cota era essencialmente um imposto sobre os camponeses. Na discussão, Brus apoiou com convicção o julgamento devastador de Strumiński sobre os preços multiníveis na agricultura e apontou que tal sistema era apenas desculpa para uma má precificação de cotas.

Strumiński também abordou o problema da divisão entre preços de consumo e preços de produção, porque Liu dera grande ênfase à estabilidade de preços no varejo. Explicou que esse era outro problema fundamental não resolvido no sistema soviético. Khruschov tentou aumentar os preços de consumo na União Soviética, mas teve de adiar o plano por causa da "reação pública muito desfavorável". Em vez de detalhar como se poderia enfrentar essa tensão objetiva entre ajuste de preços e estabilidade social, Strumiński apontou as preocupações políticas e ideológicas como a razão dos preços baixos. Os preços baixos foram usados como medida política para acalmar partes insatisfeitas da população. Mas os preços altos de certos bens de consumo industrial não foram suficientes para compensar os baixos. Assim, a única maneira de manter baixos os preços de consumo era recorrer à imprensa e criar uma inflação oculta. Todos os partidos comunistas se comprometeram a controlar o nível de preços, mas poucos economistas do Leste Europeu achavam isso possível. Assim, ao contrário da experiência chinesa do período Mao, Strumiński afirmava que a inflação era inevitável.

Mesmo que Strumiński não tenha dito em público, sua mensagem – de que o sistema estava falido – era clara. Os próprios países socialistas estavam insatisfeitos com seu sistema de preços. Falavam muito em reforma de preços, mas, para Strumiński, confundiam a necessária reforma dos princípios do sistema de preços com pequenos ajustes. Assim, a conclusão de Strumiński era

---

[170] Sobre o problema da "tesoura de preços", ver o capítulo 4 deste volume.

exatamente oposta à de Xue Muqiao, que enfatizava a prática acima dos princípios. Na visão de Strumiński, apenas reformas simultâneas de todo o sistema poderiam resolver o problema. As reformas deveriam ser todas planejadas ao mesmo tempo, mas o primeiro passo seria "demitir a maioria do pessoal do Escritório de Preços e deixar o trabalho para as empresas". O problema é que o Estado nunca está preparado para reformas radicais. A reforma sempre seria arriscada, mas, "como disse [Carl von] Clausewitz, se você não correr riscos, não poderá vencer". O principal, de acordo com Strumiński, era fazer preparativos minuciosos e evitar grandes desequilíbrios macroeconômicos antes de implementar uma reforma coordenada.

Refletindo sobre o curso da discussão, constatamos que a recomendação radical de Strumiński não respondeu à pergunta: como o governo chinês poderia alcançar o equilíbrio macro como condição necessária para seu programa de reformas? Afinal, Strumiński acabara de expor razões sistêmicas para o excesso de demanda agregada, e Xue acabara de explicar que o governo chinês – apesar de esforços sérios – ainda não havia conseguido controlar a macroeconomia. Além disso, o caso soviético citado por Strumiński, bem como o informe sobre a experiência chinesa, sugeriam que mesmo mudanças bem pequenas de preços de mercadorias individuais criavam um risco para a estabilidade política. Strumiński não conseguiu mostrar, contudo, como a reforma geral de preços que estava propondo poderia evitar uma grande reviravolta política. Dada sua confissão de que não acreditava que o socialismo fosse reformável, resta-nos perguntar se Strumiński poderia ter visto os protestos em larga escala causados por mudanças radicais de preços como maneira de superar politicamente o sistema socialista. Afinal, os europeus do Leste enfatizaram repetidamente as condições políticas da reforma.

A contribuição de Kende para a discussão sobre a experiência húngara expôs ainda mais o grande risco político e econômico da reforma de preços. Com a apresentação de Strumiński, a audiência aprendeu que a reforma húngara fora implementada com base na lógica defendida pelos economistas emigrados do Leste Europeu: colocar a economia sob rígido controle macroeconômico, preparar um pacote de reformas e implementá-lo de uma só vez. Kende explicou que, na Hungria de 1968, parte desse pacote era uma ampla liberalização de preços, mas os preços das matérias-primas básicas, necessidades diárias e certos bens com grande impacto na vida cotidiana ainda eram fixados, de modo geral, pelo Estado, não pelos produtores. Também explicou aos reformadores chineses que, embora os líderes políticos e os economistas tivessem se preparado por um bom tempo e chegado a um consenso sobre o programa de reforma após longos debates, quando este foi implementado, em 1968, logo houve uma oposição feroz.

Uma razão importante para essa oposição, segundo Kende, foi a reação do público às mudanças de preços. Em particular, o aumento planejado dos aluguéis e das tarifas de transporte público despertou a ira dos húngaros. No fim, os aluguéis se mantiveram estáveis, e o aumento das tarifas de transporte público teve de ser compensado por subsídios salariais, contribuindo para a pressão inflacionária. Além disso, Kende advertiu que, embora a Hungria tivesse um programa de reforma abrangente, uma série de mudanças políticas *ad hoc* precisou ser introduzida. Um grande problema era que os reformadores haviam superestimado a capacidade das empresas de tomar suas próprias decisões em relação à produção. Estruturadas para receber ordens de cima, as empresas eram incapazes de traçar planos e reagir ao mercado com flexibilidade. O único conceito de competição que entendiam, explicou Kende, era o de investir para expandir. Como as empresas públicas não enfrentavam restrições orçamentárias efetivas e a política de crédito era frouxa, isso resultava em grande aumento nos investimentos. Ao mesmo tempo, os sindicatos argumentavam que era injusto "os preços serem ocidentalizados enquanto os salários eram orientalizados" e aumentaram a pressão pública de tal forma que o governo teve de ceder e relaxar os controles salariais. O resultado, relatou Kende, foi uma inflação alta, controlada só mais de dez anos depois[171].

Em resposta às apresentações dos convidados estrangeiros, os participantes chineses da conferência reiteraram que o único jeito era "evitar levar as coisas a extremos" e que os preços estáveis, que contribuíram para o desenvolvimento nacional desde a libertação, deveriam ser preservados para manter a estabilidade geral. Em 1979, o erro fora o excesso de otimismo e o aumento dos preços agrícolas por uma margem tão grande. Liu Zhuofu empenhou-se mais uma vez em explicar as dificuldades para alcançar o macrocontrole. O melhor que podiam fazer no momento, disse ele, era reduzir o déficit do governo.

Wood, que argumentava principalmente do ponto de vista da teoria econômica, colocou uma questão crucial: "Por que não se concentrar em alcançar essas condições macro e depois abolir o controle de preços, fechar o Escritório de Preços do Estado e deixar o mercado determinar os preços?"[172]. Liu Zhuofu, ex-diretor do Escritório de Preços, apressou-se a responder que a China precisava do escritório. O controle de todos os preços não poderia ser o objetivo final dos governos, mas Liu Zhuofu advertiu, ao apontar novamente os riscos políticos e econômicos, que a "instabilidade de preços distrai as pessoas da tarefa de reajuste e desencadeia reações de trabalhadores e camponeses, o que prejudica os resultados da produção. Percebemos a irracionalidade dos

---

[171] Este parágrafo baseia-se principalmente no relatório interno chinês.
[172] Citação retirada da documentação pessoal de Adrian Wood.

preços existentes e estamos em processo de ajustes". A verdadeira questão a que os reformadores chineses estavam tentando responder era quanto eles teriam de mudar esses preços específicos e quais seriam os efeitos disso sobre o nível geral de preços – e não se deveriam ou não abolir todo o sistema de regulação de preços.

Quando a discussão passou para o tópico da inflação, Brus tentou abordar mais uma vez o caso das reformas radicais, utilizando argumentos semelhantes aos que Friedman apresentara sobre a inflação reprimida e baseando-se em *Economics of Shortage* [Economia de escassez], de János Kornai. Aos olhos de Brus, sempre haveria inflação reprimida nos países socialistas. De uma perspectiva macro, o princípio da plena utilização da capacidade e a "mentalidade da produção em primeiro lugar" resultariam em uma taxa de investimento muito alta e, portanto, em uma grande proporção de trabalhadores que consumiriam, mas não produziriam bens de consumo, causando problemas semelhantes aos de uma economia de guerra. Por razões sistêmicas, isso não podia ser resolvido, como demonstrou Kornai[173]. Sob o socialismo, sempre haveria uma restrição orçamentária branda, e as empresas sempre sofreriam com a "fome de investimento". Assim, a escassez agregada deve sempre prevalecer, independentemente do nível de desenvolvimento.

Na visão de Brus, os controles de preços impediriam que esse excesso de demanda agregada elevasse os preços, reprimindo assim a inflação. Se prevalecesse o equilíbrio, os preços deveriam ser tais que todos pudessem comprar tudo o que quisessem. No entanto, preços mais altos no mercado paralelo mostrariam, segundo Brus, que o Estado havia fixado preços abaixo do nível de equilíbrio. Caso se permitisse que o mercado determinasse os preços, a inflação reprimida se manifestaria de imediato. Para Brus, assim como para Friedman (ver capítulo 2), a inflação era um mal necessário para se obter o equilíbrio. "Se houver um momento oportuno para liberar a pressão, aproveite-o, não espere demais", recomendou Brus. Ele terminou sua intervenção invocando o juízo final divino: "Quando você reprime a inflação, apenas adia o acerto de contas. Isso às vezes é aconselhável, se a pressão for apenas temporária. Mas, em geral, você está apenas piorando as coisas porque, em uma data posterior, serão necessários aumentos de preços muito maiores".

A delegação retornou a Pequim depois de visitar empresas de vários setores – uma organização atacadista, uma loja de departamentos, escritórios de preços locais, uma comuna suburbana e outras instituições – em uma viagem de estudos a Xangai, Hangzhou e Chongqing (18 a 26 de julho de 1982). A equipe principal, formada por Lim, Wood e Brus, teve sua primeira reunião

[173] János Kornai, *Economics of Shortage* (Amsterdã, North-Holland, 1980).

com os promotores da conferência, Liu Guoguang e Wu Jinglian, em 27 de julho. Os dois optaram por não participar da conferência, provavelmente por oportunismo político[174]. A reunião foi realizada para que o grupo pudesse compartilhar observações e discutir o caminho a seguir. Eles concordaram que, apesar dos grandes progressos da reforma rural, a reforma deveria se deslocar para as cidades, onde as mudanças foram "menos impressionantes". A seus olhos, a inflexibilidade do sistema de preços era o principal obstáculo à reforma urbana, e o sistema de preços multiníveis era mais danoso que vantajoso. Brus advertiu mais uma vez que a China não deveria esperar que a inflação reprimida se tornasse tão severa.

Wood observou, na reunião final com os participantes da Conferência de Moganshan, bem como no encontro com Wu e Liu, que os participantes chineses "se recusaram a fazer comentários ou perguntas, mas insistiram que nós [os convidados estrangeiros] continuássemos conversando"[175]. Brus fez uma apresentação sintetizando os pontos de vista como chefe da delegação. Ignorando quase completamente as maneiras como os chineses vinham usando as forças do mercado para servir à reforma, afirmou:

> A atitude daqueles com quem nos encontramos em relação ao plano e ao mercado foi insatisfatória. Eles viam os dois como coisas separadas, que atuam em planos diferentes: o plano funciona com cotas e metas, enquanto o mercado está restrito à esfera de atividades acima da cota. Não havia o conceito de usar o mercado na implementação do plano, ou usar o plano para influenciar ou regular o mercado.

A delegação ficou impressionada com o alcance e o sucesso da reforma agrícola, mas chegou a um veredicto devastador sobre um de seus mecanismos centrais, o sistema de preços de via de mão dupla:

> Existe uma dependência excessiva em relação às cotas para todos os produtos de todas as categorias, tanto no que diz respeito à produção como à área cultivada. Combinado com a precificação de vários níveis, isso leva a fenômenos incontroláveis e indesejáveis, prejudicando até mesmo o próprio planejamento. [...] Sugerimos, portanto, a eliminação dos preços multiníveis em favor de um preço uniforme.

Apesar dessa avaliação crítica, ver as mudanças reais *in loco*, assim como a pobreza reinante, trouxe à realidade os membros da delegação, que estavam

---

[174] Edwin Lim, em entrevista com a autora (2016).
[175] Cito como na documentação pessoal de Adrian Wood; este parágrafo, o seguinte e os anteriores são baseados nas notas dele.

habituados, sobretudo, a reformas fracassadas. A conclusão a que chegaram foi rejeitar a recomendação de operar reformas rápidas de preços como primeiro passo de um pacote abrangente. Mas, como também instou os reformadores chineses a abolir o sistema de preços multiníveis, que estava no centro da abordagem da reforma, a delegação não conseguiu fornecer indicações de fato implementáveis de *como* reformar. Economistas mais pragmáticos sabiam que não havia "fórmula mágica" e que nem o computador nem o mercado poderiam resolver instantaneamente os problemas que haviam sido apresentados aos convidados sem colocar em risco o partido e o Estado. Os chineses não devem ter se impressionado com as propostas radicais de seus colegas do Leste Europeu, que não se fundamentavam em medidas concretas e viáveis. No entanto, ainda que Brus, que apresentou o conceito de "reforma de pacote", tivesse alertado contra sua implementação no contexto chinês, alguns estudantes chineses de economia na Europa ocidental e oriental viriam a defender essa abordagem nos anos seguintes[176].

Conclusão

Vimos que a reforma deu ímpeto a uma reintegração da economia que logo resultou em intercâmbios com visitantes estrangeiros de todo o espectro ideológico. Em particular, economistas emigrados da Europa oriental, convidados pelo Banco Mundial, contribuíram para o tom das discussões acadêmicas sobre as reformas. Entretanto, as abordagens apresentadas se concentraram na elaboração de modelos e planos de metas para alcançar uma economia ideal que não parecia viável para os líderes de reforma chinesa naqueles primeiros anos. Em paralelo aos debates acadêmicos, experimentos "de campo" exploraram pouco a pouco os espaços abertos pela agenda de reformas e, assim, conceberam técnicas de reforma de preços a partir da prática de criação gradual de mercado.

A ampla agenda dos economistas do Leste Europeu era consistente com as ideias do socialismo de mercado ao estilo Lange. Para eles, o segredo era acertar os preços, o mais rápido possível, no que a linguagem da terapia de choque veio a chamar de big bang. Em alguns pontos, os economistas do

---

[176] Wu ressalta que aprendeu com os economistas do Leste Europeu que "qualquer sistema é uma totalidade de vínculos econômicos inter-relacionados, com sua própria lógica e regras operacionais. Uma vez que a reforma estrutural econômica é uma transformação de um sistema econômico para outro, reformas pontuais só levariam ao caos econômico". Wu Jinglian, "A Further Stage of Intellectual Biography", em Barry Naughton (org.), *Wu Jinglian: Voice of Reform in China*, cit., p. 146.

Leste Europeu reconheceram ser inviável implementar a reforma de preços da noite para o dia e "de uma só vez". É importante, no entanto, distinguir entre a abordagem que prevaleceu na China e a forma de gradualismo que eles aceitaram como um mal necessário.

Esses dois tipos de gradualismo podem ser explicados à luz do conselho de Strumiński. Ele sugeriu que a China não fizesse uma "reforma de preços muito acelerada", mas instituísse um programa que fosse implementado em etapas predefinidas, com uma data final para a eliminação do racionamento. Isso poderia ser chamado de *gradualismo planejado*. Esse tipo de gradualismo propõe que se atravesse o rio com um número predefinido de passos, em um tempo determinado e o mais rápido possível. Ou, para citar o aluno de Brus, a "questão principal é atravessar o rio o mais rápido possível para chegar à outra margem"[177]. Os chineses, por sua vez, tateavam as "pedras para atravessar o rio", no sentido de Chen Yun: eles iniciaram a reforma com aqueles preços que poderiam ser liberados ou ajustados sem perder a estabilidade. Só davam passos onde achavam que o chão era firme e, uma vez que esses passos eram dados, reconsideravam o caminho a seguir. Para averiguar quais preços deveriam ser enfrentados, avaliaram cuidadosamente as condições específicas de cada mercadoria, muitas vezes com experimentos. A abordagem chinesa pode ser chamada, assim, de *gradualismo experimental*.

A principal diferença entre esses dois estilos não é, como muitas vezes se sugere, o ritmo da reforma. Em vez disso, é a lógica básica da concepção de políticas. O gradualismo planejado define um conjunto completo de etapas de reforma, derivadas do raciocínio dedutivo e destinadas a alcançar um estado ideal. O tipo de gradualismo proposto pelos partidários do pacote simultâneo de reformas era seguir um caminho planejado, com rigor e rapidez. A perspectiva chinesa era traçar o caminho ao caminhar. Reconhecendo que não podiam saber de antemão quais seriam os efeitos de cada passo da reforma e qual seria o melhor sistema geral, eles tatearam o caminho, constantemente testando e reavaliando. Eles se basearam em pesquisas indutivas, movendo primeiro as partes menos essenciais antes de chegar ao núcleo do sistema. O choque de pontos de vista entre os convidados estrangeiros e os reformadores chineses na Conferência de Moganshan ilustra essas duas abordagens fundamentalmente diferentes de reforma e criação de mercado.

[177] Anders Åslund, *Post-Communist Economic Evolutions*, cit., p. 87.

6

Criação de mercado *versus* liberalização de preços

Reforma rural, jovens intelectuais e o sistema de preços de via de mão dupla

Contratar produção em domicílio (包产到户) é uma criação dos camponeses; o preço de via de mão dupla (双轨价格) existe na China desde os primórdios.

Chen Yizi[1]

Introdução

Os principais pensadores do início da reforma na China formaram grupos distintos que se definiram, até certo ponto, por geração. A biografia de cada um varia muito com os diferentes momentos da turbulenta história da China que moldaram sua vida, enquanto sua formação intelectual dependeu dos caminhos pessoais e intelectuais específicos que tomaram[2]. Nos anos 1980, a visão da geração intermediária dos pensadores reconhecidos (nascidos entre 1920 e 1939) foi moldada pelo otimismo e pelo desejo de estabelecer um sistema político e econômico coerente, bem como pela ortodoxia obrigatória da década de 1950[3]. A eles se juntaram na década de 1980, jovens pesquisadores ACCS e dos principais departamentos de engenharia de Pequim, que em geral

---

[1] Chen Yizi, *Memoirs of Chen Yizi* (陈一咨回忆录) (Hong Kong, New Century, 2013), p. 310.

[2] Ver, neste volume, "Principais economistas da reforma chinesa", p. 391.

[3] Barry Naughton, "Introduction: Biographical Preface", em *Wu Jinglian: Voice of Reform in China* (Cambridge, MIT Press, 2013), p. 98. Sigo a definição de Liu Hong de gerações de intelectuais – Liu Hong, *The Eighties: Glory and Dreams of Chinese Economic Scholars* (八　代:中国经济学人的光荣与梦想) (Guilin, Guanxi Normal University Press, 2010), p. 27, 189 e 405 –, mas distingo os jovens pesquisadores que uniram forças com os intelectuais já estabelecidos. Para uma visão mais detalhada sobre economistas chineses de diferentes gerações, ver Steven M. Cohn, *Competing Economic Paradigms in China: The*

não viveram a Revolução Cultural no campo e compartilhavam a crença da geração intermediária nos poderes da economia científica.

A experiência formativa da geração mais velha (nascida entre 1900 e 1919), em contrapartida, foi a luta revolucionária no campo e a guerra econômica (ver capítulo 3). O secretário de Zhao Ziyang, Li Xianglu, enfatizou que os velhos revolucionários da China, como Zhao ou Wan Li, estavam intimamente familiarizados com o funcionamento do mercado. Parte do sucesso deles na guerra civil decorreu de sua capacidade de usar o comércio para melhorar as forças militares e econômicas. Além disso, Zhao descendia de uma família de camponeses que havia acumulado certa riqueza pela habilidade com práticas comerciais[4]. Muitos dos principais economistas dessa geração, como Du Runsheng e Xue Muqiao, compartilharam essa experiência formativa nas lutas revolucionárias no campo. Sun Yefang despontou como importante economista e estatístico, graças à formação na União Soviética na década de 1920[5].

Vários jovens intelectuais (nascidos entre 1940 e 1960)[6] que foram "enviados para as montanhas e para o campo" (上山下乡) durante a Revolução Cultural[7] despontaram como economistas influentes no curso da reforma agrária. Como os velhos revolucionários que os antecederam, sua formação intelectual e política estava intimamente ligada à questão agrária, à maioria camponesa da China e a sua luta pelo bem-estar material. Esses jovens e velhos intelectuais, com laços estreitos com o campo, formaram uma aliança incomum e que se mostrou fundamental para a reforma na China. A ruptura da ordem social durante a Revolução Cultural permitiu essa cooperação entre gerações[8].

As discussões teóricas sobre a reforma de preços e o sistema de metas ocupavam a mente de intelectuais maduros que colaboravam com jovens cientistas. Ao mesmo tempo, essa aliança entre gerações desempenhou um papel crítico ao facilitar a virada da reforma rural, que mudou drasticamente

Co-Evolution of Economic Events, Economic Theory and Economic Education, 1976-2016 (Abingdon, Routledge, 2017), p. 69-76.

4   Li Xianglu, em entrevista com a autora (2016).

5   Eckard Garms, "Vorwort", em Eckard Garms e Andreas Mixius (orgs.), *Wirtschaftsreform in China: Chinesische Beitraege zur Theoriediskussion von Sun Yefang u.a.* (Hamburgo, Mitteilungen des Instituts Fuer Asienkudne, 1980), p. 8.

6   Para uma discussão detalhada a respeito dessa geração de intelectuais reformadores sob a perspectiva da ciência política, ver Catherine H. Keyser, *Professionalizing Research in Post--Mao China: The System Reform Institute and Policymaking* (Armonk, M. E. Sharpe, 2003).

7   Para uma análise sociopsicológica da memória autobiográfica dessa "juventude enviada ao campo", ver Xu Bin, "Intragenerational Variations in Autobiographical Memory: China's 'Sent-Down Youth' Generation", *Social Psychology Quarterly*, v. 82, n. 2, 2019.

8   Bai Nanfeng, Lu Liling e Luo Xiaopeng, em entrevista com a autora (2016).

as condições de vida da maioria da população, e a constituição básica da economia política chinesa. Como resumiu Peter Nolan:

> Antes de 1978, a maioria das decisões sobre produção e distribuição rurais eram administradas diretamente pelo Estado ou indiretamente pelos representantes do Estado nos coletivos. Na década de 1980, houve uma explosão de tomadas de decisão econômica independentes, da parte de indivíduos e grupos.[9]

Em poucos anos, a economia agrícola da China passou de uma economia coletiva, controlada centralmente, para uma economia baseada no mercado, com grande participação do Estado. Jovens e velhos intelectuais reformadores conduziram experimentos em campo que ajudaram nessa rápida mudança. Seus experimentos com reformas rurais provaram ser cruciais para o curso mais geral das reformas do sistema econômico da China.

Conforme descrevemos no capítulo 4, o modelo de desenvolvimento da China na era Mao foi construído sobre uma divisão estrita entre cidade e campo e a extração de recursos do campo para a industrialização urbana. A reforma começou com uma renegociação dessa relação, que se refletiu no aumento dos preços relativos dos produtos agrícolas em 1978. A acentuada divisão entre cidade e campo surgiu com o projeto de construção da nação que se seguiu à revolução republicana de 1911. Como Honig e Zhao observam: "Ao longo da era republicana, o cosmopolitismo urbano representou o moderno, em contraste com os camponeses, que simbolizavam o atraso, ou mesmo a antítese da modernidade"[10]. Durante a Revolução Cultural, o modelo de industrialização baseado na extração do campo continuou. Mas as amplas campanhas de reeducação das elites urbanas por meio do trabalho agrícola substituíram o sentimento de superioridade do cosmopolitismo urbano por uma retórica de aprendizado com os camponeses – na real idade, essas campanhas tomaram uma forma brutal e colocaram muitos intelectuais em campos de trabalho sob as condições mais adversas. No entanto, ironicamente, essas iniciativas estabeleceram novos vínculos entre as esferas urbana e rural que foram fundamentais para a virada nos primeiros anos da reforma.

A primeira parte deste capítulo mostra como um grupo de jovens pesquisadores que passou seus anos de formação trabalhando no campo (上山下乡) deslocou-se para o centro da política econômica chinesa à medida que as reformas rurais eram implementadas com sucesso. A segunda parte explica

---

[9] Peter Nolan, *The Political Economy of Collective Farms: An Analysis of China's Post-Mao Rural Reforms* (Cambridge, Polity, 1988), p. 85.
[10] Emily Honig e Zhao Xiaojian, *Across the Great Divide: The Sent-Down Youth Movement in Mao's China, 1968-1980* (Cambridge, Cambridge University Press, 2019), p. 8.

como esses jovens elaboraram uma justificativa teórica para o sistema de preços de via de mão dupla (双轨制). Admiradores da reforma econômica do Leste Europeu descreveram o sistema de preços de via de mão dupla como inconsistente e caótico. A teorização desse sistema como abordagem coerente de reforma fez com que ele se tornasse política nacional em 1985. Isso consolidou o caminho da reforma experimentalista da China.

A reforma rural e a ascensão dos jovens intelectuais

Chen Yizi despontou como líder da jovem geração de pensadores e desempenhou um papel fundamental no estreitamento de laços com os quadros dirigentes. Chen vinha de uma família com várias gerações de intelectuais influentes[11]. Durante dez anos (1959-1969) ele estudou física e literatura chinesa na Universidade de Pequim e foi uma liderança dedicada da Liga da Juventude Comunista[12]. Depois de escrever uma carta a Mao Tsé-Tung criticando a falta de democracia no partido e no Estado, Chen foi considerado "elemento antirrevolucionário" e enviado para o campo em Henan, onde permaneceu por quase uma década (1969-1978)[13]. Antes de deixar Pequim, ele se encontrou com amigos mais próximos, inclusive o colega de classe He Weiling. Disse-lhes que, como mais de 80% do povo chinês era de camponeses, para compreender a China era preciso aprender sobre a vida real no campo – e foi isso que ele se propôs fazer[14].

Chen estudou a fundo as condições de vida no campo, inclusive as mortes causadas pela Grande Fome, e ingressou em um instituto de educação agrícola na prefeitura de Chumaodian. Luo Xiaopeng, que Chen conhecia da Universidade de Pequim, juntou-se a ele mais tarde[15]. Em um dia ensolarado de janeiro de 2017, em uma longa entrevista em seu modesto apartamento em Hong Kong, Luo refletiu sobre a época em que estiveram juntos em Chumaodian. Ele enfatizou que Chen ganhou a confiança dos líderes locais. Estes eram geralmente muito céticos em relação aos intelectuais das cidades[16], mas

[11] Joseph Fewsmith, *Dilemmas of Reform in China: Political Conflict and Economic Debate* (Armonk, M. E. Sharpe, 1994).
[12] Chen Yizi, *Memoirs of Chen Yizi*, cit., p. 71-121.
[13] Ibidem, p. 124-91.
[14] Ibidem, p. 124.
[15] Luo Xiaopeng, em entrevista com a autora (2016); Chen Yizi, *Memoirs of Chen Yizi*, cit., p. 310.
[16] Para uma análise detalhada, baseada em arquivos locais, dos conflitos entre os quadros locais e os jovens recém-chegados, ver Emily Honig e Zhao Xiaojian, *Across the Great Divide*, cit.

aceitaram Chen em suas fileiras e o tornaram um quadro local[17]. Como estudante de engenharia, o próprio Luo não estava destinado a ir para o campo, mas seguiu o lema de Mao de "aprender com os camponeses"[18]. Olhando para trás, Luo conta:

> Então, para nós, essa experiência foi de conhecer o cerne da coletivização, a vida dos camponeses, a crise da agricultura coletiva. Percebemos que todas as tentativas de fazer a coletivização funcionar falharam, mas, ainda assim, continuávamos acreditando; ainda esperávamos encontrar o caminho certo. Mas a realidade nos mostrava o contrário. A política local também se voltou contra nós depois da morte de Lin Biao, então [...] voltei para a cidade, para a vida normal de engenheiro.[19]

Mas Chen permaneceu e, após ser apresentado por Luo, juntou-se a Deng Yingtao, filho de Deng Liqun. Deng Liqun fora secretário de Liu Shaoqi, ex-presidente da China que desde cedo insistiu na necessidade de sistemas de combate à fome. Liu desempenhou um papel fundamental nos esforços de estabilização após a Grande Fome, entre os quais a contratação em domicílio. Sob a contratação em domicílio, a equipe de produção fazia contratos com as famílias de camponeses, comprometendo-se a lhes fornecer terra, acesso a ferramentas e insumos, em troca de uma parte fixa da colheita. Liu foi um líder proeminente, rotulado "seguidor do caminho capitalista" durante a Revolução Cultural. Morreu em prisão domiciliar[20].

Deng Liqun permaneceu leal a Liu, foi expurgado e, como punição, foi enviado para a "Escola de Quadros Sete de Maio" a fim de ser reeducado pelo trabalho. Quando se viu liberado para retornar para Pequim, continuou na escola para estudar marxismo-leninismo[21]. Durante esse período, desacreditou a agricultura coletiva como a melhor forma de organização na busca do progresso econômico da China. Nesses anos, Chen Yizi construiu com Deng Liqun uma forte relação de confiança. Os dois, junto com Deng Yingtao, discutiram abertamente as deficiências do sistema das comunas e lançaram as bases para esforços conjuntos visando à reforma econômica[22]. Deng Liqun conhecia Chen Yun dos tempos que passara no Nordeste chinês, durante a luta revolucionária,

[17] Luo Xiaopeng, em entrevista com a autora (2017).
[18] Idem.
[19] Idem.
[20] Ezra F. Vogel, *Deng Xiaoping and the Transformation of China* (Cambridge, Harvard University Press, 2011), p. 43; Felix Wemheuer, *Famine Politics in Maoist China and the Soviet Union* (New Haven, Yale University Press, 2014), p. 84 e 141-2.
[21] Ezra F. Vogel, *Deng Xiaoping and the Transformation of China*, cit., p. 724.
[22] Luo Xiaopeng, em entrevista com a autora (2017).

e foi membro do Escritório de Pesquisa de Deng Xiaoping em 1975[23]. Assim, Deng tinha laços estreitos com os dois principais líderes das reformas econômicas e emergiu como importante promotor dos jovens reformadores da China.

Chen Yizi também era próximo de Hu Yaobang, que ele conhecera quando Hu foi secretário da Liga da Juventude Comunista (1952-1966)[24]. Hu, que nasceu em uma família de camponeses hacá* em Hunan, abandonou a escola aos catorze anos para se juntar ao Partido Comunista e ao Exército Vermelho. Era veterano da Longa Marcha e aliado próximo de Deng Xiaoping. Os dois foram expurgados duas vezes e chamados de volta ao centro do poder em 1975. Hu tinha um histórico de reformador ousado após o Grande Salto Adiante[25]. Luo Xiaopeng lembrou que, pouco antes da visita de Nixon, em 1972, ele participou de uma reunião com Hu. A casa de Hu atraía muitos jovens na época: "Acabamos indo com amigos em comum, a porta ficava aberta, e Hu Yaobang estava sempre disponível para falar sobre qualquer coisa", contou Luo. Eles aproveitaram a oportunidade para compartilhar suas experiências em Henan.

Na ocasião, descobriram que Hu era mais radical que seus jovens amigos. Quando lhe contaram sua tentativa de reformar a escola agrícola, Hu respondeu: "Esqueça isso, precisamos de uma nova abordagem". Em retrospecto, diz Luo, ficou claro que Hu era contra a agricultura coletiva[26]. Hu, obviamente, tinha consciência de que aquela era uma questão extremamente delicada, com uma história politicamente carregada. De fato, quando Deng Xiaoping, junto com Chen Yun e outros, promoveu a contratação de produção em domicílio após a Grande Fome em 1962, Deng usou a famosa metáfora do gato – que se tornaria o símbolo mais citado do pragmatismo chinês – em um discurso dirigido à Liga da Juventude Comunista liderada por Hu. Fazendo referência a suas lutas revolucionárias, Deng disse:

> Ao falar das batalhas travadas, o camarada Liu Bocheng com frequência cita um provérbio de Sichuan: "Não importa se o gato é amarelo ou preto, contanto que pegue ratos". A razão pela qual derrotamos Chiang Kai-shek é que nem sempre lutamos de maneira convencional. Nosso único objetivo era vencer, com as condições que tínhamos. Se quisermos restabelecer a produção agrícola, temos de tirar partido das condições atuais. Ou seja, não devemos nos ater a

23   Ezra F. Vogel, *Deng Xiaoping and the Transformation of China*, cit., p. 723-4.
24   Joseph Fewsmith, *Dilemmas of Reform in China*, cit., p. 33.
*   Grupo etnolinguístico da etnia han, presente em várias regiões da China e também em países do Sudeste Asiático. Os hacá possuem língua própria, derivada do mandarim e do cantonês. (N. T.)
25   Ezra F. Vogel, *Deng Xiaoping and the Transformation of China*, cit., p. 727-8.
26   Luo Xiaopeng, em entrevista com a autora (2017).

um modo fixo de relações de produção, mas adotar qualquer modo capaz de ajudar a mobilizar a iniciativa das massas. Hoje, parece que nem a indústria nem a agricultura podem avançar sem antes dar um passo atrás.[27]

Pouco depois, Mao interveio pessoalmente para impedir a propagação da contratação em domicílio. Deng soube que Mao estava descontente com seu discurso e recorreu a seu confidente Hu, que removeu essa passagem da transcrição[28].

Quando Deng ascendeu ao poder na Terceira Sessão Plenária, em 1978, a contratação em domicílio permaneceu ilegal, mas experimentos locais foram tolerados. O exemplo mais proeminente foi a província de Anhui, sob o governo de Wan Li, que era aliado de longa data de Deng. Nascido em uma família de camponeses pobres na montanhosa Shandong, Wan construiu sua reputação ao organizar os suprimentos de grãos para as tropas comunistas durante a guerra civil. Imediatamente após a revolução, Wan atuou como chefe-adjunto do Ministério da Indústria do Sudeste, sob a liderança de Deng, onde supervisionou o aumento da capacidade manufatureira e, mais tarde, em 1975, juntou-se ao esforço de modernização de Deng. Em 1977, Hua Guofeng nomeou Wan Li primeiro secretário do partido na província de Anhui, que enfrentava uma fome severa[29]. Wan decidiu deixar os camponeses contratar a produção em domicílio por causa da grande seca que atingiu a província em 1978[30]. Sob o modelo maoista, a produção e a propriedade eram da equipe de produção, que utilizava insumos e máquinas das brigadas ou comunas; parte da colheita era entregue às brigadas (no nível das aldeias) e às comunas, gerando receitas para esses níveis administrativos superiores e cumprindo as cotas estabelecidas pelo Estado. Sob a contratação em domicílio, a organização da produção foi transferida do coletivo para o doméstico[31]. A política de Wan

[27] Deng Xiaoping, "Restore Agricultural Production, July 7, 1962", em *Selected Works of Deng Xiaoping (1938-1965)* (Pequim, Foreign Languages Press, 1992).

[28] Joseph Fewsmith, *Dilemmas of Reform in China*, cit., p. 26-2; Alexander V. Pantsov e Steven I. Levine, *Deng Xiaoping: A Revolutionary Life* (Oxford, Oxford University Press, 2015), p. 224.

[29] Ezra F. Vogel, *Deng Xiaoping and the Transformation of China*, cit., p. 736-8.

[30] Luo Xiaopeng e Zhang Musheng, em entrevista com a autora (2017 e 2016, respectivamente); Frederick C. Teiwes e Warren Sun, *Paradoxes of Post-Mao Rural Reform: Initial Steps Toward a New Chinese Countryside, 1976-1981* (Londres, Routledge, 2015).

[31] Jean C. Oi, "Peasant Grain Marketing and State Procurement: China's Grain Contracting System", *The China Quarterly*, v. 106, n. 3, 1986; *Rural China Takes Off: Institutional Foundations of Economic Reform* (Berkeley, University of California Press, 1999), p. 19-34; Kenneth R. Walker, "Chinese Agriculture During the Period of Readjustment, 1978-1983", *China Quarterly*, v. 100, 1984, p. 42-4.

Li prefigurava a descoletivização nacional e uma mudança de força motriz, que passou da organização política para os incentivos pessoais. Como tal, a tolerância de Wan Li à contratação em domicílio em Anhui foi um passo fundamental para o desmantelamento do núcleo da economia agrícola maoista.

Em outubro de 1978, Hu Yaobang chamou Chen Yizi de volta a Pequim para se juntar aos esforços da reforma agrícola. Hu arranjou um posto para Chen como pesquisador no Instituto Agrícola da ACCS[32]. Um ano antes, Deng Xiaoping havia restabelecido o exame de admissão nas universidades, o que permitiu que muitos dos que haviam passado a juventude no campo voltassem para Pequim ou outras cidades e cursassem o ensino superior.

No ápice da Revolução Cultural, Mao havia pedido que a juventude urbana fosse reeducada pela maioria camponesa. Isso deu início a um movimento que, de 1968 a 1980, faria 17 milhões de jovens viver em "um mundo de pobreza rural que, de outra forma, eles nunca teriam conhecido"[33]. Alguns foram voluntariamente, com entusiasmo; outros foram basicamente forçados a deixar a família e ir para uma aldeia remota. A chegada desses adolescentes privilegiados às aldeias da China criou sérios desafios, tanto para eles quanto para as comunidades e os quadros rurais. Como argumentei no capítulo 4, o modelo de desenvolvimento nacional se baseava em uma divisão profunda entre a sociedade urbana e a sociedade rural. Os jovens enviados para o campo estavam na fronteira dessa divisão. Sua presença no campo foi atravessada por dificuldades, mas também criou novas relações pessoais e burocráticas entre as aldeias e as cidades.

A experiência da pobreza rural foi o ponto de partida para um movimento de jovens intelectuais que se dedicaram à reforma rural após seu retorno aos centros urbanos. Alguns dos que retornaram despontaram como pesquisadores influentes e moldaram o curso da reforma na década de 1980. Por exemplo, Deng Yingtao e Wang Xiaoqiang, que retornaram de Henan; Wang Qishan, de Shanxi; Bai Nanfeng, Lin Chun e Wang Xiaolu, de Shanxi; Bai Nansheng, Zhang Musheng e Weng Yongxi, da Mongólia Interior; e Chen Xiwen, Zhou Qiren e Zhu Jiaming, do Nordeste[34]. Chen Yizi foi um dos líderes desse grupo de jovens intelectuais.

Em nossa entrevista, Bai Nanfeng falou das motivações e das posições dos que haviam retornado da vida rural. Ficou claro, disse ele, que aqueles que passaram anos em uma aldeia pobre, muitas vezes da adolescência até os vinte e poucos anos, acostumaram-se a viver entre os camponeses e eram

---

[32] Chen Yizi, *Memoirs of Chen Yizi*, cit., p. 193-5; Joseph Fewsmith, *Dilemmas of Reform in China*, cit., p. 32-3.

[33] Emily Honig e Zhao Xiaojian, *Across the Great Divide*, cit., p. 1.

[34] Liu Hong, *The Eighties*, cit., p. 410-1.

diferentes de colegas mais jovens ou daqueles que permaneceram nas cidades. A principal preocupação dos que retornavam era a questão agrária. No campo, confrontados com a fome e a pobreza, eles usaram o tempo para ler muito e em profundidade, em busca de um novo caminho para o socialismo chinês.

Zhang Musheng pensava que, para esse grupo de jovens intelectuais, apesar de todos os desafios da vida no campo, "nunca mais houve uma leitura tão boa como na Revolução Cultural"[35]. Graças a suas conexões familiares, eles tinham acesso a livros publicados e não publicados oficialmente e levavam o que podiam para as aldeias, onde liam com atenção e refletiam em grupo[36]. Zhang destacou que ele estava entre os que foram para o campo por iniciativa própria em 1965, antes mesmo da Revolução Cultural e do movimento oficial de envio de jovens[37]. Em 1968, ele escreveu um panfleto intitulado "Um estudo da questão camponesa na China" (中国农民问题学习), que circulou como publicação interna do partido e foi amplamente lido. Zhang encontrou grande apoio de outros jovens enviados para o campo, bem como de Hu Yaobang[38].

---

[35] Zhang Musheng, "Interview with the Director of the *Tax Magazine* Publisher Zhang Musheng" (杂志社记者专程采访了时任中国税务杂志社社长的张木生), *Southern Window*, 30 jun. 2009.

[36] Entre essas publicações estavam os chamados livros de capa cinza (灰皮书), que eram impressos apenas para um círculo seleto. Idem. Os jovens chegaram a ler traduções de alguns economistas ocidentais, como o famoso livro didático de Samuelson, uma coletânea de escritos de Joan Robinson – *The Cultural Revolution in China* (Harmondsworth, Penguin, 1969) –, que era considerada amiga do povo chinês por sua avaliação positiva da Revolução Cultural, e alguns clássicos de Keynes e Galbraith. Mas, dedicados à causa do socialismo, o maior interesse dos jovens nessa época era desenvolver uma leitura própria dos clássicos marxistas. Estes incluíam publicações banidas das ortodoxias stalinistas e maoistas, como os primeiros escritos de Mao, dos quais a edição original de *Sobre a nova democracia* (Pequim, Foreign Language Press, 1960 [1940]); os textos da década de 1920 de Bukhárin, em que ele articula uma alternativa à abordagem de Stálin da industrialização; as cartas do Lênin tardio; *A revolução traída* [trad. Henrique Canary, Rodrigo Ricupero e Paula Maffei, 2. ed., São Paulo, Sundermann, 2020], de Trótski, mas também escritos neomarxistas, como *Capitalismo monopolista* [trad. Waltensir Dutra, 3. ed., Rio de Janeiro, Zahar, 1978], de Paul A. Baran e Paul M. Sweezy. Bai Nanfeng, Wang Xiaolu e Zhang Musheng, Pequim, em entrevista com a autora (2016).

[37] Zhang Musheng foi com Chen Xiao, filho de Chen Boda, ao distrito de Linhe, na Mongólia Interior. O pai de Zhang ingressara no Partido Comunista já em 1931 e foi secretário de Zhou Enlai e Dong Biwu. Sua mãe era uma intelectual do partido, no qual ingressou em 1936. Zhang Musheng, "Interview with the Director of the *Tax Magazine* Publisher Zhang Musheng", cit.

[38] Yang Dali, *Calamity and Reform in China: State, Rural Society, and Institutional Change Since the Great Leap Famine* (Stanford, Stanford University Press, 1996), p. 117; Zhang Musheng, "Interview with the Director of the *Tax Magazine* Publisher Zhang Musheng", cit.; em entrevista com a autora (2016).

Uma leitura atenta do debate de Bukhárin com Stálin na década de 1920[39], a refutação de Stálin por Trótski e a mudança no pensamento de Lênin e Mao em diferentes períodos levaram Zhang a concluir que a única maneira de a China aumentar a produção agrícola era voltar a contratar a produção em domicílio (包产到户)[40]. O panfleto de Zhang levou-o à prisão em 1972[41].

No fim da década de 1970, de volta a Pequim, Zhang e outros jovens que seguiram seu caminho a fim de se tornarem pensadores independentes no campo tiveram a primeira oportunidade de publicar oficialmente suas ideias. Por exemplo, a filha do famoso economista Lin Zili, Lin Chun, que logo depois se juntaria ao Departamento de Pesquisa do Conselho de Estado, publicou um artigo "Sobre o papel das forças de produção no desenvolvimento histórico"[42]. O texto fazia parte de um ataque ideológico mais amplo contra a facção radical dos líderes da Revolução Cultural, que os reformadores apelidaram de "Gangue dos Quatro"[43]. Lin usou os escritos clássicos de Marx, Engels, Mao, Lênin e Stálin para mostrar que uma interpretação correta do materialismo histórico deve tomar o desenvolvimento material como a força decisiva na história.

Em uma cafeteria na London School of Economics, em 2015, Lin me falou de sua experiência no alvorecer da reforma. Afirmou que essa linha de raciocínio acabou levando a uma forma extrema de determinismo econômico que abriu caminho para o retorno gradual do capitalismo à China[44]. Na época, seus argumentos faziam parte da busca urgente pelo progresso econômico. Em retrospectiva, a nova ênfase na primazia do desenvolvimento das forças produtivas constituiu uma profunda mudança ideológica na base da agenda de reformas. Essa noção básica foi canonizada na concepção de Su Shaozhi e Feng Lanrui do "estágio primário do socialismo", que na época se viu fortemente criticada, mas acabou sendo sancionada em 1987 como doutrina estatal (ver capítulo 8)[45].

[39] Para uma discussão sobre o bukharinismo e o stalinismo como caminhos alternativos de desenvolvimento no contexto chinês, ver Peter Nolan, *The Political Economy of Collective Farms*, cit., p. 12-31.

[40] Zhang Musheng, "Interview with the Director of the *Tax Magazine* Publisher Zhang Musheng", cit.; em entrevista com a autora (2016).

[41] Yang Dali, *Calamity and Reform in China*, cit., p. 117.

[42] Lin Chun, "On the Role of the Forces of Production in Historical Development" (论生产力在历史发展中的作用), *Historical Research*, n. 5, 1977, p. 37-53.

[43] Para uma discussão mais ampla dessa reavaliação das forças históricas e do progresso, ver Alexander Day, *The Peasant in Postsocialist China: History, Politics, and Capitalism* (Cambridge, Cambridge University Press, 2013), p. 27-9.

[44] Lin Chun, em entrevista com a autora (2015).

[45] Sun Yan, *The Chinese Reassessment of Socialism, 1976-1992* (Princeton, Princeton University Press, 1995), p. 186-7; Isabella Weber, "Shooting for an Economic 'Miracle': German Pos-War Neoliberal Thought in China's Market Reform Debate", em Quinn Slobodian e

O argumento de que a China se encontra em um estágio primário do socialismo e tinha de se concentrar no desenvolvimento das forças produtivas tornou-se uma espécie de paradigma do "vale-tudo", em que as reformas mais capitalistas poderiam ser legitimadas se estivessem a serviço do socialismo.

Wang Xiaoqiang fora enviado para Yan'an na juventude, antes de ingressar em uma escola para "trabalhadores, camponeses e soldados" (工农兵) em Luoyang. Ele se tornaria um importante reformador e colaborador próximo de Chen Yizi. No fim da década de 1970, Wang trabalhou como montador em Pequim, em uma fábrica de bairro. Aproveitou cada minuto livre para ler[46]. Wang articulou seus pensamentos no ensaio "Crítica ao socialismo agrário"[47]. Ele desafiou o modelo de organização agrícola da Revolução Cultural a partir de uma perspectiva histórica de longo prazo e baseou seus argumentos em uma leitura atenta dos clássicos marxistas. O ponto-chave: o socialismo chinês era agrário e construído sobre relações feudais. O ensaio foi bem avaliado e logo circulou entre os intelectuais de Pequim. Chamou a atenção de Lin Wei, que organizou um grupo de redação na ACCS com o objetivo de desmascarar teoricamente a "Gangue dos Quatro". O grupo criou uma revista, chamada *Manuscritos Inacabados* (未定稿), para circular entre os líderes do partido. A revista publicou o artigo de Wang e, com o apoio de Deng Liqun, Wang foi convidado a se juntar à equipe editorial da ACCS[48]. E assim Wang Xiaoqiang entrou no círculo de influentes intelectuais reformadores.

Chen Yizi ficou impressionado com a análise ousada de Wang e passou seu artigo para Wang Gengjin, vice-diretor do Instituto Agrícola da ACCS, que fora o primeiro diretor do Departamento Agrícola da Comissão Central de Planejamento no início dos anos 1950. Wang Gengjin foi um dos velhos comunistas que na época refletiu sobre os erros do passado e apoiou vigorosamente a geração jovem[49]. Ele conseguiu que o artigo de Wang Xiaoqiang fosse publicado oficialmente na revista *Questões de Economia Agrícola* (1980)[50].

Pesquisadores e estudantes maduros e jovens, como Chen Yizi, Wang Xiaoqiang, Bai Nanfeng, Luo Xiaopeng e Lin Chun, formaram um círculo de amigos e colaboradores em rápido crescimento. Eles se reuniam aos fins

---

Dieter Plehwe, *Market Civilizations: Neoliberals East and South* (Nova York, Zone, 2022). Ver também o capítulo 8.

[46] Chen Yizi, *Memoirs of Chen Yizi*, cit., p. 219; Zhang M., em entrevista com a autora (2016).

[47] Wang Xiaoqiang, "Critique of Agrarian Socialism" (农业社会主义批判), *Unfinished Manuscripts* (未定稿), n. 49, 1979.

[48] Chen Yizi, *Memoirs of Chen Yizi*, cit., p. 218-9.

[49] Liu Hong, *The Eighties*, cit., p. 414; Luo Xiaopeng, em entrevista com a autora (2017).

[50] Wang Xiaoqiang, "Critique of Agrarian Socialism" (农业社会主义批判), *Issues in Agricultural Economics*, v. 2, 1980, p. 9-20.

de semana em um escritório vazio, em parques e, à medida que o número de participantes crescia, em salas de aula de uma das universidades de Pequim[51]. Em uma dessas reuniões, Chen conheceu Wang Xiaoqiang e foi eletrizado pelas "visões originais e perspectivas únicas" deste[52]. Os dois vieram a fazer parte do núcleo de duas influentes instituições de pesquisa – o Grupo de Pesquisa de Questões de Desenvolvimento Rural Chinês (中国农村发展问题研究组, que daqui em diante chamaremos de Grupo de Desenvolvimento Rural, conforme a abreviatura chinesa 农发组) – e, mais tarde, do Instituto de Pesquisa de Reforma do Sistema Econômico da China (中国经济体制改革研究所, que chamaremos de Instituto de Reforma do Sistema 体改所). Essas instituições eram únicas, pois surgiram fora da hierarquia oficial do partido e do Estado e, mesmo assim, aconselhavam os níveis mais altos do governo. O Instituto de Reforma do Sistema foi descrito por vários de meus entrevistados como o primeiro *think tank* independente do mundo socialista. Esses jovens intelectuais conquistaram influência graças à contribuição para o avanço da reforma rural.

Em 1979, a baixa produção de grãos ainda era um problema grave, e os altos custos dos subsídios resultantes do aumento dos preços de compra e dos baixos preços de venda já eram visíveis. Chen Yun alertou em março:

> Nosso país tem mais de 900 milhões de pessoas, 80% camponeses. A revolução foi vencida há trinta anos e as pessoas estão exigindo melhorias de vida. Houve melhorias? Sim. Mas muitos lugares ainda não têm o suficiente para comer, e isso é um grande problema. […] Se o mantivermos sem solução, os quadros locais começarão a orientar as pessoas a ir às cidades exigir comida.[53]

Poucos meses depois, Guo Chongyi, membro da Conferência Consultiva Política do Povo Chinês da província de Anhui, foi a Pequim com um relatório para mostrar que o condado de Feixi, um dos condados pioneiros na contratação de produção em domicílio, havia aumentado 150% sua colheita de grãos no verão, apesar da seca severa[54]. Chen Yizi recebeu uma cópia do relatório e mostrou-o imediatamente a Deng Liqun e Hu Yaobang. Hu logo expressou seu

---

[51] Bai Nanfeng, Lu Liling e Wang Haijun, em entrevista com a autora (2016).

[52] Chen Yizi, *Memoirs of Chen Yizi*, cit., p. 219.

[53] Chen Yun, "Uphold the Principle of Proportion in Regulating the National Economy, 21 March, 1979" (坚持按比例原则调整国民经济), em *Selected Works of Chen Yun (1956--1985)* (Pequim, People's Publishing House, 1986), p. 226.

[54] Joseph Fewsmith, *Dilemmas of Reform in China*, cit., p. 32. Para uma visão geral das várias experiências de contratação em domicílio em Anhui, ver Jae Ho Chuang, *Central Control and Local Discretion: Leadership and Implementation During Post-Mao Decollectivization* (Oxford, Oxford University Press, 2000), p. 85-109.

apoio ao condado de Feixi[55]. Chen Yizi ficou tão empolgado com a notícia que organizou um estudo de três meses na província de Anhui (de abril a julho de 1980) para levantar os resultados dos experimentos, usando várias formas de contratação de produção para unidades inferiores, inclusive equipes de produção e produção doméstica, bem como produtores coletivos não reformados, para comparação[56]. O relatório de Chen Yizi demonstrou o sucesso do novo arranjo de produção de uma forma sistemática e sem precedentes.

Chen Yizi e os outros jovens pesquisadores conseguiram transformar oficialmente o Grupo de Desenvolvimento Rural em uma subunidade do Instituto de Economia Agrícola da ACCS com o apoio decisivo de Wang Gengjin, Deng Liqun e Du Runsheng. Este último era vice-diretor da Comissão Agrícola do Estado[57], apoiara as tropas de Deng Xiaoping na guerra de libertação, quando liderou movimentos camponeses a favor da reforma agrária, presidira a Academia Chinesa de Ciências e descrevia-se como um "intelectual que veio do campo"[58]. É chamado de "o pai da reforma rural chinesa"[59]. O Grupo de Desenvolvimento Rural tinha à disposição um orçamento considerável, organizado por Deng Liqun[60]. Seus membros eram independentes em pesquisas; muitos não eram integrantes do partido e não tinham um superior formal na ACCS, reportando-se diretamente a Deng Liqun e Du Runsheng[61]. Chen Yizi tornou-se o chefe; Wang Xiaoqiang e He Weiling, velho amigo de Chen, foram nomeados seus representantes[62]. Na reunião oficial de fundação do grupo, em fevereiro de 1981, Deng Liqun declarou:

> Depois de regressarem à cidade, vocês continuam a pensar no campo [...]. Vocês foram camponeses, agora querem contribuir com seus conhecimentos e habilidades para desenvolver o campo; para usar suas próprias palavras, querem

[55] Joseph Fewsmith, *Dilemmas of Reform in China*, cit., p. 33.

[56] Liu Hong, *The Eighties*, cit., p., 413.

[57] Thomas R. Gottschang, "Introduction", em Du Runsheng, *Reform and Development in Rural China* (Nova York, St. Martin's, 1995), p. 2; Wang Mengkui, "About the Author", em China Development Research Foundation (org.), *Chinese Economists on Economic Reform: Collected Works of Ma Hong* (Oxon, Routledge, 2014), p. xiv.

[58] Du Runsheng, "Preface", em China Development Research Foundation (org.), *Chinese Economists on Economic Reform: Collected Works of Du Runsheng* (Oxon, Routledge, 2014), p. xvii.

[59] Zhang Musheng, em entrevista com a autora (2016).

[60] Bai Nanfeng, em entrevista com a autora (2016); Deng Liqun, *Deng Liqun's Own Account: 12 Times Spring and Autumn (1975-1987)* (邓力群自述十二个春秋), p. 321, manuscrito não publicado.

[61] Idem; Wang Xiaoqiang, em entrevista com a autora (2017).

[62] Joseph Fewsmith, *Dilemmas of Reform in China*, cit., p. 38; Wang Xiaoqiang, em entrevista com a autora (2017).

dedicar a vida a essa causa. [...] Se resolvermos o problema de 800 milhões de camponeses, isso seria um grande passo na história da China e do mundo.[63]

Du Runsheng discursou em seguida, expressando seu total apoio ao grupo. Ele apontou:

> Atualmente enfrentamos muitas questões no campo, mas nossos especialistas na área são antigos, aqui estão os sucessores adequados! [...] Precisamos não apenas treinar pessoas de forma planejada, mas também criar um ambiente em que os talentos possam se desenvolver de forma independente e vir à tona, para que nossa causa socialista possa avançar ainda mais.[64]

Na verdade, o próprio Du desempenhou um papel fundamental na criação desse ambiente e no incentivo a jovens pesquisadores para que desenvolvessem suas habilidades[65]. Zhang Musheng, um dos membros fundadores do Grupo de Desenvolvimento Rural, lembra a grande abertura intelectual de Du, que considerava todos os pontos de vista, distinguindo sua posição da dos outros, não obstante estivesse pronto para ouvir até mesmo aqueles que se opunham à sua causa socialista. Ele viveu o princípio do "deixar florescer cem flores"[66]. Mas o mais importante de seus princípios, segundo Zhang, era usar sempre que possível o método indutivo, não o dedutivo. A tarefa do pesquisador que busca soluções para os problemas sociais é investigar práticas e demandas já emergentes entre as massas e derivar dessas observações princípios teóricos e políticas. Nesse processo, a questão-chave na visão de Du não era saber se algo pertence ao socialismo ou ao capitalismo, mas como nutrir as boas criações do povo. Por isso, encorajou os jovens pesquisadores a estudar todo tipo de método e teoria estrangeira que pudessem usar em suas investigações de campo[67].

O trabalho do Grupo de Desenvolvimento Rural estava totalmente de acordo com o espírito de Du. Em grupos de estudo e palestras internas, eles ensinavam uns aos outros para se atualizar sobre os debates mais recentes nas disciplinas de ciências sociais, filosofia, história e economia, bem como

[63] Deng Liqun, "Speech at the Symposium of the China Rural Development Issues Research Group" (在中国农村发展问题研究组讨论会上的讲话), *Agricultural Economics Periodical*, n. 3, 1981, p. 4-9.

[64] Du Runsheng, "Speech at the Symposium of the China Rural Development Issues Research Group" (在中国农村发展问题研究组讨论会上的讲话), *Agricultural Economics Periodical*, n. 3, 1981, p. 1-3.

[65] Zhou Qiren, em entrevista com a autora (2016).

[66] Zhang Musheng, em entrevista com a autora (2016).

[67] Idem.

para adquirir ferramentas matemáticas e computacionais[68]. Em um ensaio escrito coletivamente sobre pesquisa de estratégia, expuseram sua visão sobre a abordagem correta da reforma do sistema. Com base no famoso ditado de Chen Yun, declararam:

> Por um lado, temos de tatear em busca de pedras para atravessar o rio, por meio da prática incessante, e, passo a passo, esclarecer a situação; por outro, temos de pesquisar imediata e sistematicamente a estrutura, as funções e a operação do futuro sistema, bem como as características de cada etapa da transição.[69]

O trabalho mais importante e influente do grupo seguiu os estudos pioneiros de Chen Yizi sobre as primeiras tentativas de reforma agrícola. Eles fizeram levantamentos sistemáticos dos resultados das contratações agrícolas em domicílio. O grupo recém-fundado aproveitou as férias de verão de 1981 para realizar uma extensa pesquisa na província de Anhui, seguida de pesquisas em outras províncias, com o intuito de documentar as consequências não só econômicas, mas também sociais, da contratação de produção em unidades inferiores. Eles usaram métodos quantitativos para produzir estatísticas simples, derivadas de dados coletados a partir de questionários. Ao mesmo tempo, a íntima familiaridade com a vida dos camponeses, bem como a experiência de alguns membros do grupo como quadros locais, permitiu-lhes realizar entrevistas qualitativas e falar abertamente com os moradores da região[70].

Se o Terceiro Plenário de 1978 foi o ponto de virada para a reforma, o ano de 1980 marcou a chegada de reformadores-chave ao centro do poder. Hu Yaobang foi eleito presidente do PCCh (título posteriormente substituído pelo de secretário-geral). Hu e Zhao Ziyang tornaram-se membros do Comitê Permanente do Bureau Político. Zhao foi eleito vice-primeiro-ministro e depois primeiro-ministro. Wan Li tornou-se membro do Comitê Central e vice-primeiro-ministro[71]. Os três eram aliados de Deng Xiaoping e forças motrizes por trás da legalização da contratação de unidades inferiores – em particular, famílias. No início, isso só era permitido em áreas remotas e pobres, que lutavam pela subsistência. A

68 Bai Nanfeng, em entrevista com a autora (2016).
69 China Rural Development Issues Research Group et al., "On Strategy Research" (论战略研究), *Countryside, Economy, Society: Collected Papers of the China Rural Development Issues Research Group*, n. 1, 1981, p. 394.
70 Bai Nanfeng e Luo Xiaopeng, em entrevista com a autora (2016 e 2017, respectivamente).
71 Who's Who in China, "Hu Yaobang (b. 1915)", em *Who's Who in China Current Leaders* (中国人民大词典现任党政军领导人物卷) (Pequim, Foreign Languages Press, 1989), p. 234-5; "Wan Li (b. 1916)", em *Who's Who in China Current Leaders*, cit., p. 662; "Zhao Ziyang (b. 1919)", em *Who's Who in China Current Leaders*, cit., p. 986-7; Ezra F. Vogel, *Deng Xiaoping and the Transformation of China*, cit., p. 728-9.

maior luta política surgiu em torno da possibilidade de implantação da contratação em domicílio onde a agricultura coletiva funcionava relativamente bem. Aqueles que, por motivos ideológicos, pensavam que isso seria um retrocesso opuseram-se, assim como os líderes provinciais, que temiam que a força de sua produção agrícola mecanizada fosse destruída[72].

Assim, o salto na reforma rural só seria alcançado se os oponentes fossem vencidos. As pesquisas realizadas pelo Grupo de Desenvolvimento Rural forneceram importantes evidências factuais dos resultados da contratação. O grupo não estava sozinho na pesquisa dos experimentos, mas suas observações tinham um peso especial porque era visto como uma entidade relativamente neutra, exterior às estruturas partidárias e estatais usuais. Essa importante vantagem rendeu ao grupo o forte apoio e confiança de Hu, Zhao e Wan[73]. Para esses líderes, "buscar a verdade a partir dos fatos" (实事求是) não era mero princípio epistemológico, mas uma arte de governo, lembra Li Xianglu, o jovem secretário de Zhao[74]. Eles evitavam se envolver em debates sobre grandes questões ideológicas do capitalismo e do socialismo com seus oponentes, mas "esperavam os fatos falarem"[75]. Assim, em 1981, Zhao Ziyang foi visitar Hubei, Henan, Shandong e Heilongjiang para investigar as mudanças na produção agrícola[76].

A contratação em domicílio obteve sua "vitória total"[77] em 1983, quando a resistência de províncias como Heilongjiang foi vencida, graças à ajuda de estudos de campo conduzidos pelo Grupo de Desenvolvimento Rural[78]. Essas pesquisas mostraram que os camponeses, contra a vontade de sua liderança provincial, eram fortemente a favor de se tornarem responsáveis por sua própria produção[79]. Isso forneceu suporte crítico para a abordagem de Zhao, "deixar as massas decidirem por si mesmas de que maneira querem organizar a produção"[80].

[72] Luo Xiaopeng, em entrevista com a autora (2017).

[73] Deng Liqun, *Deng Liqun's Own Account*, cit., p. 323.

[74] Li Xianglu, "Remembering a Venerable Elder at the Forefront of Reform" (回忆一位站在改革前沿的长者), *Yanhuang Chunqiu Magazine*, n. 2, 2016, p. 18-24.

[75] Idem.

[76] Idem.

[77] Luo Xiaopeng, em entrevista com a autora (2017).

[78] Em outubro de 1981, cerca de 38% das equipes de produção haviam adotado a contratação em domicílio. Em dezembro de 1983, eram 94%. Chris Bramall, "Chinese Land Reform in Long-Run Perspective and in the Wider East Asian Context", *Journal of Agrarian Change*, v. 4, n. 1, 2004, p. 108.

[79] Para um relato mais detalhado do processo político que resultou nos chamados Documentos n. 1 (1982, 1983), marcando a virada para o sistema de responsabilidade familiar e a contribuição do Grupo de Desenvolvimento Rural nesse processo, ver Joseph Fewsmith, *Dilemmas of Reform in China*, cit., p. 19-54.

[80] Li Xianglu, em entrevista com a autora (2016).

O Grupo de Desenvolvimento Rural, com a contribuição decisiva de Wang Xiaoqiang, deu a essa nova política um nome que se tornaria famoso: Sistema de Responsabilidade Contratual de Produção Doméstica (家庭联产承包责任制), daqui em diante sistema de responsabilidade familiar[81].

O sistema de responsabilidade familiar manteve a propriedade pública da terra e de alguns importantes meios de produção, mas a produção em si passou a ser de responsabilidade das famílias, que tinham de contribuir com sua parte para a cota do Estado, mas eram livres para tomar decisões sobre o que plantar na terra que contratavam e onde comercializar o que excedesse a cota[82]. Um sistema de preços multiníveis era o correlato desse sistema de produção: havia um preço mais baixo para a cota do Estado; um preço mais alto para as compras do Estado acima da cota; e um preço de mercado para as culturas que podiam ser vendidas nas feiras. Em conjunto, isso significou uma transformação fundamental da economia política agrícola da China, substituindo o coletivismo por incentivos individuais e familiares.

Após obter um sucesso esmagador na promoção do crescimento agrícola, o Grupo de Desenvolvimento Rural analisou outras questões urgentes na reforma de 1984. Uma delas era a reforma de preços. Song Guoqing, filho de um camponês, foi líder de brigada antes de estudar geometria na Universidade de Pequim e combinou suas habilidades matemáticas com seu interesse em economia política para estudar microeconomia moderna. Song, que se juntara ao grupo havia pouco tempo, sugeriu um experimento para testar os efeitos de dois tipos de reforma de preços[83]. Na época, Du Runsheng fora promovido a chefe do Centro de Pesquisa de Desenvolvimento Rural sob o Conselho de Estado. Ele apoiou a ideia e contatou Gao Yang, economista, veterano da revolução e, na época, secretário do partido na província de Hebei[84]. Gao concordou em fornecer aos jovens pesquisadores o que eles precisassem para realizar o experimento[85].

O plano era aplicar uma política de reforma de preços mais cautelosa em um município e outra mais radical em outro. A lógica de Song baseava-se na observação de que o preço da cota de grãos era menor que o preço de mercado. Song argumentava que, do ponto de vista do camponês, entregar uma cota ao Estado pelo menor preço planejado equivalia ao pagamento de um imposto.

---

[81] Bai Nanfeng, em entrevista com a autora (2016).

[82] Para um relato sistemático da evolução e funcionamento do sistema de responsabilidade doméstica, ver Peter Nolan, *The Political Economy of Collective Farms*, cit.

[83] Luo Xiaopeng, em entrevista com a autora (2017).

[84] Idem; Chen Yizi, *Memoirs of Chen Yizi*, cit., p. 311; Who's Who in China, "Gao Yang (b. 1909)", em *Who's Who in China Current Leaders*, cit., p. 159-60.

[85] Luo Xiaopeng, em entrevista com a autora (2017).

A proposta de Song, que lembrava ideias semelhantes da década de 1960 e ecoava proposições de Sun Yefang (ver capítulos 4 e 5), sugeria que, em vez de entregar a cota, os camponeses poderiam pagar um imposto equivalente à perda de receita que teriam ao vender sua cota a um preço mais baixo[86]. O Estado poderia, então, usar a receita tributária para comprar grãos no mercado. Essa política foi testada no condado de Gaocheng, que na época estava sob a liderança de Gao Xiaomeng. A política mais radical foi implementada no condado de Ningjin, sob a supervisão de Luo Xiaopeng.

Luo me explicou em entrevista que, além da primeira política, os insumos – dos quais os mais importantes eram os fertilizantes químicos e o diesel – também não eram mais repassados pelos preços estabelecidos pelo Estado, mas tinham de ser adquiridos pelos camponeses no mercado. Com o apoio do que Luo descreveu como liderança excepcionalmente capaz, eles emitiram uma nova moeda local para evitar quaisquer efeitos de renda inter-regional e elaboraram orçamentos para todas as partes envolvidas. Ambos os experimentos falharam por causa do sucesso do sistema de responsabilidade familiar e do ajuste no preço de compra dos grãos, que conseguiram aumentar a produção agrícola.

Em suas memórias, Zhao Ziyang falou da expansão imprevista da agricultura:

> A efervescência rural desencadeada naqueles anos foi mágica, além do que qualquer um poderia imaginar. Um problema considerado insolúvel se resolvera em alguns anos. A situação alimentar, antes tão grave, transformou-se em uma situação na qual, em 1984, os agricultores tinham mais grãos do que podiam vender. Os armazéns estatais de grãos ficaram cheios a partir do programa anual de aquisições.[87]

Em 1984, a oferta de grãos aumentou a tal ponto que, pela primeira vez, o preço planejado e o preço de compra acima da cota foram superiores ao preço de mercado[88]. Assim, vender a cota ao preço planejado não era mais um imposto,

---

[86] Isso foi denominado "transformando a compra unificada em imposto" (统购改税). Chen Yizi, *Memoirs of Chen Yizi*, cit., p. 311.

[87] Zhao Ziyang, *Prisoner of the State: The Secret Journal of Zhao Ziyang* (Nova York, Simon & Schuster, 2009), p. 97-8.

[88] Luo Xiaopeng, em entrevista com a autora (2017); "Commentary on the History of Price Reform" (罗小：价格改革历史述评), 2008. Disponível on-line. A concepção, a difusão e a avaliação desse experimento na província de Hebei estão documentadas em Hebei Province "Turning Unified Procurement into Tax" Experiment Leading Group, "Report on the Progress and Situation of the 'Turning Unified Procurement into Tax' Experiment" (关于统购改税试点进行情况的报告), em Gao Xiaomeng (org.), *Research on Grain Issues in China* (中国粮食问题研究) (Pequim, Economic Management, 1987), p. 224-8; Luo Xiao-

mas um subsídio aos camponeses, e vender o excedente ao Estado evitava que os camponeses arcassem com todo o ônus da queda dos preços de mercado. Isso revelou uma diferença básica entre o esquema de tributação de Song, baseado no raciocínio microeconômico, e a aquisição de grãos pelo Estado.

A lógica guanziana subjacente[89] ao sistema de preços multiníveis tornou-se evidente naquele momento de grande sucesso do novo sistema de responsabilidade familiar. Os preços em vários níveis tiveram inicialmente o efeito de incentivar os camponeses a produzir mais, uma vez que colhiam os frutos de seu trabalho para seu benefício individual. Mas, à medida que a oferta de grãos crescia e havia queda rápida nos preços, o componente estatal do sistema de responsabilidade doméstica protegia os camponeses contra as consequências das violentas flutuações de preços. Um imposto direto seria estático. Teria se baseado no cálculo do custo monetário do fornecimento de uma cota ao Estado a um preço inferior ao preço de mercado para determinado diferencial de preço e cota. Mas como a produção de grãos muda depressa, o mesmo acontece com o preço de mercado das colheitas. O sistema de responsabilidade familiar ajusta-se automaticamente às flutuações de preços. Quando o preço de mercado é alto, o custo de fornecer parte da safra ao Estado a um preço mais baixo é alto. Mas, graças a esses mesmos preços altos de mercado, a receita dos agricultores também é alta; portanto, o prejuízo de entregar ao Estado parte da colheita a um preço mais baixo não é tão grande. Quando o preço de mercado está abaixo do preço estabelecido pelo Estado em épocas de colheitas abundantes, a cota de compras do Estado muda de figura, deixando de representar um custo aos agricultores para virar uma proteção contra as flutuações de preços de mercado. Acontece que as compras do Estado no sistema de responsabilidade familiar amorteciam as flutuações de preços – assim como fez a prática dos "celeiros sempre normais" durante séculos.

Esse efeito de estabilização de preços do sistema de responsabilidade não foi acidental, mas intencional. Em nossa entrevista, Luo Xiaopeng enfatizou que Wan Li, em geral reconhecido como o pioneiro da reforma agrícola, estava profundamente ciente dessa função estabilizadora do sistema de responsabilidade familiar e da precificação em vários níveis. Quando membros do Grupo de Desenvolvimento Rural sugeriram um experimento semelhante anos antes, Wan se

peng, "'Turning Unified Procurement into Tax' Propaganda Outline" (统购改税试点宣传提纲), em Gao Xiaomeng (org.), *Research on Grain Issues in China*, cit., p. 229-43; Song Guoqing, "Rules and Regulations for Implementing 'Turning Unified Procurement into Tax' in Ningjin County, Hebei Province" (河北省宁晋县统购改税实施细则), em Gao Xiaomeng (org.), *Research on Grain Issues in China*, cit., p. 46-55.

89 Ver capítulo 1 deste volume para os princípios de regulação do preço dos grãos no *Guanzi*.

opôs vigorosamente à ideia de substituir a participação do Estado no mercado de grãos por impostos. Em 1984, voltou a defender a manutenção da compra de grãos pelo Estado, apesar das condições favoráveis para sua abolição[90].

Com o experimento fracassado, os integrantes do Grupo de Desenvolvimento Rural que poderiam ter acreditado em uma reforma de preços rápida e radical aprenderam a lição. Mesmo quando a situação parecia favorável, como aconteceu na explosão da produção agrícola, a abordagem cautelosa preponderou sobre o risco de uma liberalização de choque induzida por políticas públicas. Além disso, o experimento fracassado mostrou ao Grupo de Desenvolvimento Rural a importante função das compras estatais não apenas na geração de receita fiscal e na circulação de mercadorias entre as regiões, mas também na estabilização de preços e, portanto, na proteção de consumidores e produtores contra os ciclos violentos. A experiência mostrou que, em contraste com a interpretação neoclássica[91], o sistema de preços de via de mão dupla não era simplesmente um alto imposto sobre uma quantidade inicial de produção, mas uma produção agrícola regulada pela participação do Estado no mercado.

Transformando prática em política: a Conferência da Juventude de Moganshan e o sistema de preços de via de mão dupla

As condições atuais em nosso país são totalmente diferentes das do passado. Antigamente nós nos preocupávamos com comida, com roupas; hoje nós nos preocupamos com o excesso de estoque de grãos e tecidos de algodão nos armazéns. Também há estoque suficiente de outros bens de consumo em nossos depósitos, e não precisamos temer um frenesi de compras.[92]

Graças ao sucesso da reforma rural, bem como à redução da "diferença em tesoura" entre os preços dos produtos agrícolas e industriais, o problema do abastecimento de alimentos foi essencialmente resolvido em 1984. Ao mesmo tempo, um único ajuste de preços possibilitou um grande progresso na disponibilidade de roupas. Se o impulso inicial para a reforma foi uma crise que se refletiu na estagnação do padrão de vida e na pobreza, em 1984 dois dos desafios básicos do bem-estar material das pessoas foram superados. Isso impulsionou

[90] Luo Xiaopeng, em entrevista com a autora (2017).

[91] Por exemplo, Milton Friedman referiu-se a essa interpretação do sistema de preços de via de mão dupla como um imposto em seu discurso no jantar do Comitê Consultivo de Estudos Internacionais (CCEI) ao retornar de sua segunda viagem à China, em 1988.

[92] Xue Muqiao, "Several Problems Concerning Prices" (关于物价的几个问题), *People's Daily*, 28 jan. 1985.

uma reforma mais decisiva no núcleo industrial urbano da economia. Na Conferência de Moganshan, Xue Muqiao advertira que as pessoas não estavam preparadas para aceitar nem sequer um pequeno aumento no preço do algodão (ver capítulo 5). Alguns meses depois, em outubro de 1983, Zhao Ziyang, que já alertara contra a reação das massas às mudanças de preços das necessidades diárias, agora elogiava um plano apresentado pelo Departamento de Preços do Estado que recomendava uma redução no preço de varejo de têxteis sintéticos e um aumento no do tecido de algodão, após trinta anos de estabilidade em ambos[93]. Zhao escreveu uma carta a Hu Yaobang em que afirmava que essa medida aliviaria bastante a pressão no orçamento do Estado[94] e incentivaria as pessoas a substituir o escasso algodão pela abundância de sintéticos. Zhao estava pronto para assumir o risco. "Essa decisão terá amplas consequências e poderá provocar um choque considerável, mas seria de grande vantagem para toda a economia e constituiria um avanço para a racionalização dos preços."[95]

O plano tornou-se política de Estado em janeiro de 1983 e, no fim do mesmo ano, o problema do excesso de roupas sintéticas e da escassez de roupas de algodão havia sido superado. O racionamento do algodão, que prevalecia desde a revolução, foi abolido[96]. Houve uma corrida ao algodão quando o fim do racionamento foi anunciado, mas, como a oferta era suficiente e os preços não estavam subindo, não houve consequências políticas ou econômicas[97].

Diante da bem-sucedida solução do velho problema do ajuste dos preços relativos dos têxteis, um grande entusiasmo por novos ajustes de preços foi

[93] Cheng Zhiping, *30 Years of Price Reform, 1977-2006* (价格改革三十年, 1977-2006) (Pequim, China Market, 2006), p. 54-9; Zhao Ziyang, "The Basic Stability of Prices Must Be Preserved", cit. Cheng Zhiping, que na época era diretor do Departamento de Preços do Estado, informa que esse plano foi elaborado por iniciativa de Zhang Jingfu, membro do Conselho de Estado e responsável pelos preços. A intenção era diminuir o preço de varejo em 1,1 yuan e aumentar o do tecido de algodão em 0,3 yuan por metro. O plano foi apresentado ao Conselho de Estado em 5 de outubro de 1982 e posteriormente discutido em vários comitês de liderança. Cheng Zhiping, *30 Years of Price Reform*, cit., p. 54-9.

[94] De acordo com Cheng, os subsídios estatais para os tecidos de algodão eram de 460 milhões de yuan em 1982. Cheng Zhiping, *30 Years of Price Reform*, cit., p. 54.

[95] Zhao Ziyang, "Right Time to Adjust the Prices of Synthetic and Cotton Cloth, Change the Composition of the Population's Dressing Material, 5 October 1982" (适时调整化纤和棉织品价格改变居民衣料结构), em *Collected Works of Zhao Ziyang (1980-1989)*, v. 1, cit., p. 573.

[96] Cheng Zhiping, *30 Years of Price Reform*, cit., p. 56-9.

[97] Adrian Wood relatou que, após um jantar em 4 de abril de 1984, Ma Hong lhe disse que a população chinesa via o fim do racionamento do algodão como sinal de que os preços estavam prestes a subir e esvaziou as lojas de produtos de algodão, que eram frequentemente devolvidos quando os preços se mantinham estáveis.

despertado em 1984. Chen Yun escreveu em uma carta em 13 de setembro de 1984 ao Terceiro Plenário da XII Congresso do PCCh:

> Agora é um momento oportuno para a reforma de preços, devemos avançar a passos firmes. A diminuição do preço do tecido sintético e o aumento do tecido de algodão não foram um choque para a sociedade. Esse é um exemplo de sucesso no qual podemos nos basear.[98]

Esse novo impulso para a reforma urbana criou oportunidades para que jovens pesquisadores contribuíssem com seus pontos de vista. Sob o comando de Tang Zongkun, a direção da principal revista de economia da China, chamada *Pesquisa Econômica* (经济研究), sofreu mudanças, e jovens autores foram incentivados a publicar[99]. Um dos primeiros artigos de pós-graduandos foi "Sobre a direção da reforma no sistema de preços e métodos de modelagem relacionados", de Lou Jiwei e Zhou Xiaochuan[100].

Zhou Xiaochuan dirigiu o Banco do Povo da China de 2002, quando foi nomeado pelo primeiro-ministro Zhu Rongji, a 2018. Zhou assumiu a liderança das liberalizações das taxas de juros e câmbio e foi considerado por muitos um candidato natural a vice-primeiro-ministro no início dos anos 2000[101]. Quando escreveu o artigo sobre a reforma de preços, Zhou fazia doutorado em computação aplicada no Instituto de Pesquisa de Automação de Tsinghua. Ao contrário dos jovens intelectuais envolvidos na reforma rural, ele iniciou seus estudos universitários no Instituto de Engenharia Química de Pequim em 1972, durante a Revolução Cultural. Posteriormente, trabalhou no Instituto de Automação[102].

Lou Jiwei foi ministro das Finanças de 2013 a 2016 e presidente do Conselho Nacional do Fundo de Segurança Social. No momento da publicação do artigo escrito em conjunto com Zhou, Lou fazia mestrado no Departamento Técnico de Economia da ACCS. Vivenciou a Revolução Cultural como soldado da Marinha e funcionário do Instituto de Automação de Pequim, até ingressar na Universidade Tsinghua para estudar ciência da computação[103].

[98] Cheng Zhiping, *30 Years of Price Reform*, cit., p. 59.

[99] Tang Zongkun, em entrevista com a autora (2016).

[100] Lou Jiwei e Zhou Xiaochuan, "On the Direction of Reform in the Price System and Related Modeling Methods" (论我国价格体系改革方向及其有关的模型方法), *Economic Research*, n. 10, 1984, p. 13-20.

[101] Richard McGregor, "Chinese Support of Foreign Investment Put to the Test", *Financial Times*, 15 jan. 2006. Disponível on-line.

[102] Government of the PRoC, "Zhou Xiaochuan" (周小川). Disponível on-line, em mandarim.

[103] China Vitae, "Lou Jiwei" (楼继伟): Member, 18th CPC, Central Committee; President, National Council for Social Security Fund. Disponível on-line.

Refletindo sobre seu objeto de estudos, Lou e Zhou buscaram uma solução para os ajustes de preços empregando uma combinação de análise de entrada-saída, programação linear dinâmica e modelos de equilíbrio geral computáveis. A lógica básica de sua recomendação era calcular os preços de equilíbrio com base em seu modelo híbrido e, em seguida, ajustar os preços para esses preços de equilíbrio em pequenos passos, começando pelas mercadorias mais importantes – e, portanto, sob o sistema antigo, com preços abaixo do normal – como matérias-primas. Essa medida seria complementada por ajustes nas políticas tributária, cambial e de renda. Para Lou e Zhou – como para Lange, Brus, Šik e outros economistas neoclássicos, inclusive socialistas de mercado[104] –, ajustar os preços era a medida mais importante para atingir o equilíbrio. Concluíram, cheios de otimismo, que isso seria possível graças ao avanço das técnicas computacionais:

> Ainda que pareça um pouco complicado, com as técnicas de modelagem macroeconômica e as técnicas de engenharia de sistemas agora disponíveis, podemos fornecer um programa adequado [para o ajuste de preços]. Isso requer apenas um estudo aprofundado, além de tempo e energia para a implementação. Não há obstáculos técnicos envolvidos que não possam ser superados.[105]

Após a contribuição crucial do Grupo de Desenvolvimento Rural para a reforma agrícola, Zhao Ziyang apoiou uma proposta de An Zhiwen, então vice-diretor da recém-fundada Comissão Nacional de Reforma do Sistema Econômico (国家经济体制改革委员会, que daqui em diante chamaremos de Comissão de Reforma do Sistema com base na abreviatura chinesa 体改委), de criar um instituto de pesquisa com jovens intelectuais[106]. O secretário mais jovem de Zhao, Li Xianglu, que era assíduo frequentador dos salões de discussão promovidos pelos jovens intelectuais retornados do campo e tinha

---

104 Joseph E. Stiglitz, *Whither Socialism? Wicksell Lectures* (Cambridge, MIT Press, 1994), p. 195, 202 e 249-50.

105 Lou Jiwei e Zhou Xiaochuan, "On the Direction of Reform in the Price System and Related Modeling Methods", cit., p. 20.

106 Deng Liqun, *Deng Liqun's Own Account*, cit., p. 322; Li Xianglu, em entrevista com a autora (2016); Zhang Shuguang, *The History of Chinese Economic Studies: 60 Years of the Institute of Economics*, v. 2 (中国经济学风云史：经济研究所60年, 上卷二) (Singapura, World Scientific Publishing, 2017), p. 501. Em 1982, um antigo departamento de pesquisa do Conselho de Estado foi transformado na Comissão de Reforma do Sistema, uma organização nacional com representação em todos os níveis administrativos. A comissão se preocupou com quatro questões-chave: o modelo para a reforma do sistema, a abordagem da reforma dos preços, a abordagem da reforma da propriedade e a definição do papel do governo no processo de reforma. Wang Haijun, em entrevista com a autora (2016).

ligações estreitas com o Grupo de Desenvolvimento Rural, recomendou Chen Yizi e Wang Xiaoqiang para comandar o Instituto de Reforma do Sistema[107]. Wang Xiaoqiang ainda não era membro do partido na época e não ocupava nenhum cargo formal além do Grupo de Desenvolvimento Rural[108]. Para avaliar se ele estaria apto a liderar o primeiro *think tank* de reforma do sistema chinês, Wang foi convidado a participar da viagem de investigação do primeiro-ministro Zhao Ziyang à província de Anhui em setembro de 1984[109]. Quando Wang pediu conselhos a Li Xianglu sobre como se preparar, Li respondeu que a reforma de preços era a questão mais urgente na época e recomendou que ele lesse Lou e Zhou[110].

Em Anhui, Zhao, de fato, perguntou a Wang qual era sua perspectiva sobre a reforma de preços[111]. Mais de trinta anos depois, durante nosso encontro em Hong Kong, num ensolarado escritório no departamento de pesquisa de um banco, Wang pegou um papel para desenhar um gráfico – o mesmo gráfico que havia desenhado para Zhao Ziyang e que mais tarde publicou em seu livro (ver figura 12). O gráfico mostra que havia essencialmente três grupos de bens: aqueles com taxas de lucro acima da média, aqueles com taxas de lucro em torno da média e aqueles com taxas de lucro abaixo da média[112]. Wang explicou que os produtos do primeiro grupo tinham preços muito altos e atraíam novas entradas de empresas dos cantões e povoados, bem como uma produção acima da cota das empresas estatais, as quais podiam reter parte de seus lucros. Assim, as reformas rurais e o aumento da autonomia empresarial já haviam gerado excesso de oferta nesses setores, enquanto a pressão da concorrência fazia baixar os preços. As empresas tinham estoques tão grandes que começaram a reduzir o preço, fazendo ofertas do tipo "compre um, leve dois" ou vendendo os produtos por meio de ambulantes a um preço menor. Exemplos típicos eram os bens de consumo duráveis, como relógios de pulso,

---

[107] Li Xianglu, em entrevista com a autora (2016).

[108] Wang Xiaoqiang, em entrevista com a autora (2017).

[109] Li Xianglu, em entrevista com a autora (2016); "Remembering a Venerable Elder at the Forefront of Reform", cit.; Wang Xiaoqiang, em entrevista com a autora (2017).

[110] Lou Jiwei e Zhou Xiaochuan, "On the Direction of Reform in the Price System and Related Modeling Methods", cit., p. 20.

[111] Wang Xiaoqiang, em entrevista com a autora (2017).

[112] Idem. Wang publicou em *China's Price and Enterprise Reform* (Basingstoke, Macmillan, 1998) os gráficos das taxas de lucro setoriais para o período 1980-1989. Mostrou que a reforma gradual dos preços, de fato, reduziu bastante a variação das taxas de lucro (ver figura 12). A figura 13 mostra que, para o ano 1979, matérias-primas importantes tinham normalmente taxas de lucro abaixo da média, enquanto bens de consumo da indústria leve e materiais processados geravam lucros mais altos.

máquinas de costura, bicicletas, rádios e TVs preto e branco, e as máquinas industriais, que enfrentavam baixa demanda depois de o Estado cortar investimentos[113]. Wang destacou que o preço desses produtos poderiam ser liberalizados e determinados pelas empresas. Isso significaria essencialmente transformar a prática em política. Como resultado, os preços cairiam, o que induziria uma redução dos estoques excedentes e um aumento do padrão de vida da população (ver figura 13).

Para o segundo grupo, o das mercadorias com taxa de lucro em torno da média, não seriam necessários ajustes de preços[114]. O maior desafio seria a terceira categoria, segundo Wang. A maioria desses bens eram matérias-primas essenciais e bens de produção. Os preços não poderiam aumentar sem potenciais reações em cadeia e, possivelmente, uma alta geral dos preços. Uma abordagem seria a sugerida por Lou e Zhou[115], que Wang resumiu como "dar pequenos passos rapidamente" (小步快走). Enquanto o reajuste de preços fosse pequeno, a situação poderia ser mantida sob controle e as empresas teriam tempo para se ajustar aos novos preços de insumos e compras[116].

Apesar do entusiasmo despertado nos líderes chineses pelo ajuste do preço dos têxteis, que mostrou que a população estava disposta a aceitar aumentos de preços de alguns bens contanto que o preço de similares estivesse caindo, Wang advertiu que, "para tornar a reforma mais segura, é necessário evitar que todos sintam a reforma dos preços"[117]. Por exemplo, os produtores de fósforos vinham registrando perdas havia muito tempo. Mas todo mundo tinha de usar fósforos todos os dias para se aquecer e cozinhar. Assim, embora os fósforos parecessem uma mercadoria sem importância, seu preço não poderia aumentar sem causar revolta na população. No jantar

---

[113] O Banco Mundial, sob a liderança de Gene Tidrick e William Byrd e em colaboração com o Instituto de Pesquisa Econômica da ACCS, em particular com Chen Jiyuan, Xu Lu, Tang Zongkun e Chen Lantong, acabara de publicar um estudo, amplamente discutido, da Empresa de Relógios de Chongqing e da Fábrica de Máquinas de Forjamento de Qingdao, duas empresas que se enquadram nessa categoria. William Byrd et al., "Recent Chinese Economic Reforms: Studies of Two Industrial Enterprises", *World Bank Staff Working Papers*, 1984; Tang Zongkun e Wang Xiaoqiang, em entrevista com a autora (2016 e 2017, respectivamente).

[114] Observe que a figura 13, para o ano 1979, não mostra empresas com taxas de lucro aproximadamente médias. Em contraste, o segundo gráfico de 1980 traz vários setores com taxas de lucro próximas da média. É provável que isso se deva principalmente à pequena seleção de mercadorias na figura para 1979, mas também está de acordo com a tendência de aumento do número de setores gerando taxas de lucro próximas da média.

[115] Lou Jiwei e Zhou Xiaochuan, "On the Direction of Reform in the Price System and Related Modeling Methods", cit.

[116] Idem.

[117] Idem.

que citamos, Ma Hong disse a Wood que as pessoas reclamavam quando o preço dos fósforos de boa qualidade aumentava dois ou três centavos. E Wood anotou em seu caderno algo como: "Um ditador comunista que não pode nem mudar o preço do fósforo!". A situação era diferente para produtos como aparelhos de TV em cores. Com estes, pode-se ter uma liberalização repentina dos preços, mesmo com o risco de alta dos preços, sem maiores consequências[118].

FIGURA 12. Taxas de lucro setorial na China (1980-1989)

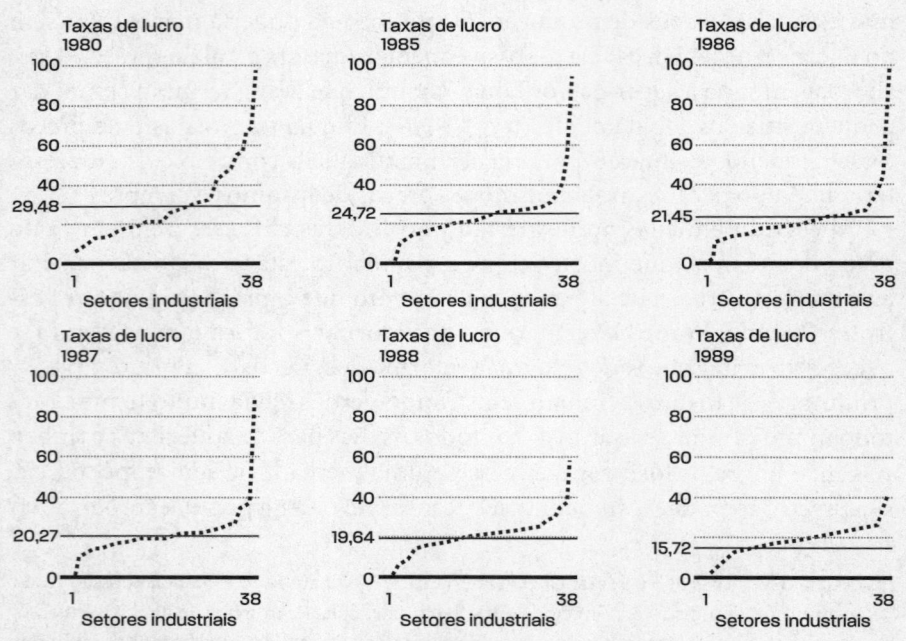

Fonte: Wang Xiaoqiang, *China's Price and Enterprise Reform* (Basingstoke, Macmillan, 1998), p. 11.

Zhao Ziyang apreciou muito Wang Xiaoqiang[119] e convidou-o para se juntar ao Grupo de Reforma de Preços, sob o Conselho de Estado. Logo após a viagem, o Instituto de Reforma do Sistema foi formalmente fundado e colocado sob a liderança de Chen Yizi e Wang Xiaoqiang[120]. Bruce Reynolds,

[118] Idem.

[119] Li Xianglu, em entrevista com a autora (2016); "Remembering a Venerable Elder at the Forefront of Reform", cit.; Zhang Musheng, em entrevista com a autora (2016).

[120] Li Xianglu, em entrevista com a autora (2016); Wang Xiaoqiang, em entrevista com a autora (2017).

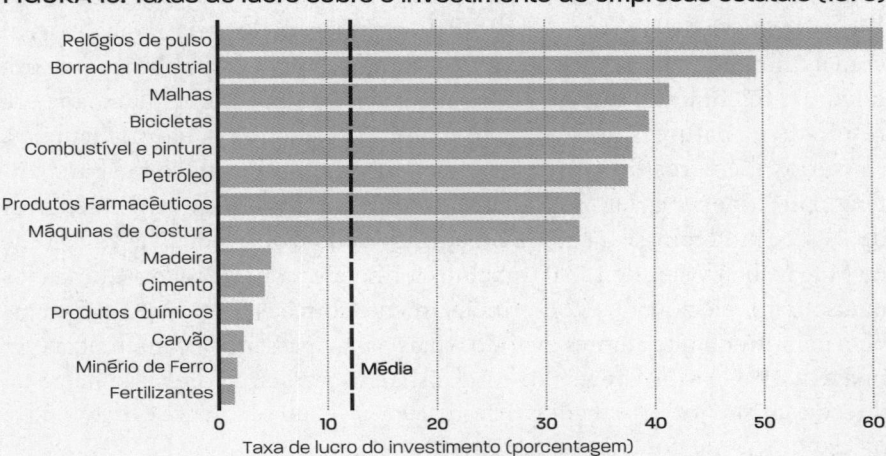

FIGURA 13. Taxas de lucro sobre o investimento de empresas estatais (1979)

Taxa de lucro do investimento (porcentagem)

que organizou a tradução para o inglês do estudo mais abrangente da reforma realizado em 1985 pelo instituto, caracterizou este último de maneira bem similar às observações que fiz mais de trinta anos depois, a partir das conversas que tive com vários de seus membros:

> Essa organização incipiente, com uma equipe surpreendentemente jovem (idade média de 35 anos), está logo abaixo do Conselho de Estado […] e conquistou a forte proteção do primeiro-ministro, Zhao Ziyang. O entusiasmo de seus membros por uma reforma contínua é evidente. […] Mas moderar seu viés pró-reforma é um compromisso igualmente forte com o famoso ditado de Deng Xiaoping: "Procure a verdade a partir dos fatos".[121]

Em paralelo à viagem de Zhao Ziyang e Wang Xiaoqiang a Anhui, houve a Conferência de Acadêmicos Jovens e Maduros em Moganshan, de 3 a 10 de setembro de 1984, com o apoio da Academia de Ciências Sociais de Zhejiang e vários dos principais meios de comunicação. Zhu Jiaming, jovem que voltara do campo no início da reforma e se tornara um importante intelectual reformador, abriu o evento. Entrevistei Zhu em seu apartamento em Pequim, em 2016. Depois de fugir da China em 1989 e passar anos no exílio, ele enfim teve permissão para retornar. Zhu enfatizou que seu objetivo era ampliar a comunidade de jovens acadêmicos para além de Pequim e atrair jovens intelectuais de todo o país preocupados com o

[121] Bruce Reynolds, "Introduction", em *Reform in China: Challenges and Choices* (Armonk, M. E. Sharpe, 1987), p. xvi.

futuro da China[122]. Zhu, junto com Huang Jiangnan, Wang Qishan e Weng Yongxi, teve o privilégio de participar do primeiro diálogo da geração jovem com a liderança central, em 1980. O diálogo seguiu-se à publicação de um documento conjunto que defendia que a crise da economia planejada era resultado da natureza desse tipo de economia e, como tal, não acidental[123].

Vários membros do Grupo de Desenvolvimento Rural, como Bai Nanfeng, Luo Xiaopeng, Lu Mai, Zhou Qiren, Wang Xiaolu e outros membros da ACCS, juntaram-se à equipe organizadora da Conferência da Juventude de Moganshan. Mais de 1.300 trabalhos foram enviados de toda a China, dos quais foram selecionados 124, principalmente com base no mérito, mas também garantindo que autores de todo o país participassem da conferência (ver imagem 2)[124]. A Conferência de Moganshan, o primeiro congresso nacional de economistas jovens e maduros desde 1949, acabou sendo um evento-chave na elaboração de políticas de reforma[125].

Graças às conexões dos jovens participantes com os principais funcionários da reforma, sabia-se que a reforma de preços era a questão mais urgente discutida pela liderança na época. A Conferência de Moganshan não teve apresentação de trabalhos, mas grupos de discussão[126]. Os grupos trataram dos principais tópicos da reforma. Mas, uma vez que os participantes estavam ansiosos para dar uma contribuição decisiva para a reforma de preços e reconheciam a importância dela, esse foi o tema central das discussões da plenária à noite[127].

Na época, o debate em Pequim entre os pesquisadores de preços era dominado pela questão do ajuste de preços com base em cálculos computacionais. O Centro de Pesquisa de Preços, que havia co-organizado a conferência do Banco Mundial em Moganshan, estava trabalhando havia três anos na coleta de dados, no cálculo de "preços planejados ótimos" com base em modelos de

---

[122] Liu Hong e Zhu Jiaming, em entrevista com a autora (2016).

[123] Zhu Jiaming e Huang Jiangnan, em entrevista com a autora (2016); Huang Jiangnan et al., "On China's Current Economic Situation and Several Views on the Adjustment of the National Economy" (关于我国当前经济形势和国民经济调整问题的若干看法), *Internal Manuscript: Red Flag Magazine*, n. 1, 1981, p. 1-22; Weng Yongxi, em entrevista com a autora (2016).

[124] Secretariat of the Meeting of Young Adult Economic Workers, "The Meeting Report of the Young Adult Economic Science Workers Academic Discussion Meeting", em Catherine H. Keyser (org.), *Professionalizing Research in Post-Mao China*, cit., p. 158.

[125] Zhang Shuguang, *The History of Chinese Economic Studies*, cit., p. 440 e 447.

[126] Liu Hong, *The Eighties*, cit., p. 427-43.

[127] Luo Xiaopeng, Hua Sheng, Zhang Weiying e Wang Xiaolu, em entrevista com a autora (o primeiro em 2017 e os demais em 2016).

entrada-saída, e tentando apresentar propostas viáveis[128]. Quando a missão do Banco Mundial conduziu pesquisas para apresentar seu segundo relatório (abril-maio de 1984), aqueles que trabalhavam com os ajustes de preços andavam tão ocupados em encontrar os preços teóricos corretos que o representante do Banco Mundial, Edwin Lim, alertou a Comissão de Reforma do Sistema, aos moldes da crítica de Hayek a Lange: "Vocês estão procurando um conjunto perfeito de preços, mas isso é impossível. Mesmo com o computador mais potente do mundo, seus preços estariam desatualizados antes de serem publicados". Ele os exortou a agir, dizendo: "O nadador à beira da piscina, sem roupa, no vento frio, acaba pegando um resfriado"[129].

Tian Yuan, na época um jovem pesquisador cujos talentos eram apreciados por Zhao Ziyang[130], representou o Centro de Pesquisa de Preços, do qual se tornou vice-chefe durante a conferência[131]. Ele afirmou que uma abordagem baseada em cálculos era viável[132]. Em sua opinião, o argumento –

---

[128] Lu Nan e Li Mingzhe, que trabalharam no Instituto de Pesquisa de Preços e participaram dos intercâmbios com o Banco Mundial, relatam: "Em 1981, selecionamos 1.200 categorias de produtos, dos quais cem agrícolas, quarenta minerais, seiscentos manufaturados, cem industriais leves e cem produtos têxteis, duzentas mercadorias de atacado e varejo, além de cinquenta tipos de taxas de serviço público. Em 1983, considerando a real necessidade e dificuldade de manipulação dos dados, reduzimos as categorias para 750". Lu Nan e Li Mingzhe, "Use of Input-Output Techniques for Planning the Price Reform", em Karen R. Polenske e Chen Xikang (orgs.), *Chinese Economic Planning and Input-Output Analysis* (Oxford, Oxford University Press, 1991), p. 81-92. Eles também mostraram que foram calculados quatro tipos de conjuntos de preços teóricos, com base nos seguintes sistemas de preços: um sistema de preço de valor, um sistema de preço de produção, um sistema de preço de custo e um sistema de preço de dois canais. Ibidem, p. 84-5.

[129] Citado das notas de Adrian Wood sobre a reunião.

[130] Li Xianglu, "Remembering a Venerable Elder at the Forefront of Reform", cit.

[131] Hua Sheng e Zhang Weiying, em entrevista com a autora (2016).

[132] Tian Yuan e Chen Desun, "Thinking About the Reasoning on Price Reform" (关于价格改革思路的思路), *Economic Daily*, 29 set. 1984, p. 3. O *Diário Econômico* publicou os artigos mais discutidos sobre a reforma de preços logo após a conferência, em 29 de setembro de 1984: Tian Yuan e Chen Desun, "Thinking About the Reasoning on Price Reform" (关于价格改革思路的思路); Zhang Weiying, "Price System Reform is the Central Link of Reform" (价格体制改革是改革的中心环节); Zhou Xiaochuan, Lou Jiwei e Li Jiange, "Price Reform Must Not Increase the Fiscal Burden" (价格改革无需增加财政负担). Minha análise das posições na conferência baseia-se em entrevistas com participantes, no relatório oficial da conferência: Middle-Aged and Young Economic Scientific Workers Conference, "Report Nr. 1: Two Ways of Thinking About Price Reform" (价格改革的两种思路) e "Report Nr. 2: Several Issues Interrelated with Price Reform" (与价格改革相关的若干问题), *Economic Research Reference Material*, 1252 (trad. em inglês: Catherine H. Keyser, *Professionalizing Research in Post-Mao China*, cit., p. 158-7); Hua Sheng, Zhang Xuejun e

de que um grande número de preços teria de ser calculado simultaneamente e os ajustes de preços seriam, portanto, impossíveis – estava errado. O Estado podia abrir mão de um grande número de mercadorias menores e era capaz de calcular e ajustar os preços de um pequeno número de mercadorias-chave, como carvão e petróleo bruto. Segundo Tian, aqueles que argumentavam que apenas os preços livres poderiam garantir a eficiência econômica haviam sido enganados pela teoria do preço de equilíbrio. De acordo com o jovem, eles ignoravam o grande dano que os preços livres podem causar ao desenvolvimento econômico.

IMAGEM 2. Conferência de Economistas Jovens e Maduros em Moganshan (3 a 10 de setembro de 1984). Primeira fileira, da esquerda para a direita: Zhao Ming, Cai Xiaopeng, Chen Yizi, Ding Wang, Ma Bin, Zhang Gang, Zhang Qi, Jia Chunfeng, Liu Youcheng, Zhu Jiaming, Bai Ruobing, Huang Jiangnan, Wang Qishan, Xu Jingan, Liu Jing, Ning Ke, Wei Xiaoan, Shi Shiming, Zhang Ronggao. Segunda fileira, da esquerda para a direita: Zhang Hualong, Jiang Taiwei, Zhang Xukun, Chen Shenshen, Lu Lijun, Zuo Fang, Diao Xinshen, Ma Li, Shu Guozhen, Tao Hua, Cui Weide, Zheng Shaochang, Du Xia, Li Luoli, Chang Xiuze. Terceira fileira, da esquerda para a direita: Tian Yuan, Lu Jian, Li Jiange, Hao Yisheng, Jin Yanshi, Ma Xiaofeng, Zheng Shiming, Luo Xiaopeng, Guo Fansheng, Yao Gang, Zhang Weiying, Li Qing, Yang Zhaohe, Fu Jianzhong. Quarta fileira, da esquerda para a direita: Ma Kai, Jia Kang, Bai Nansheng, Jiang Yue, Wang Xiaolu, Zhou Qiren, Hua Sheng, He Jiacheng, Zhang Shaojie, Gao Liang, Xia Xiaolin. Cortesia de Liu Hong, identificação realizada por Bai Nanfeng e Wang Xiaolu.

Tian lembrou ao público que era senso comum na economia ocidental que os preços livres podiam ter "ciclos de teia de aranha" em vez de se estabelecer em equilíbrio. Em uma teia de aranha, os preços dinâmicos estão acima e abaixo do preço de equilíbrio, em vez de se fixar em um ponto de repouso. Se o preço das principais mercadorias passa por tais ciclos, o resultado é uma crise econômica – que Marx identificou como inerente ao sistema capitalista. Para proteger a população de flutuações violentas de preços, implementar uma estratégia de desenvolvimento e prevenir crises econômicas, o Estado tinha de manter o controle sobre os preços dos

Luo Xiaopeng, *China: From Revolution to Reform* (Londres, Macmillan, 1993), p. 126-31; os artigos publicados antes da conferência por Lou Jiwei e Zhou Xiaochuan ("On the Direction of Reform in the Price System and Related Modeling Methods", cit.) e Zhang Weiying ("Price System Reform is the Central Link of Reform", cit.; trad. em inglês: *Logic of the Market: An Insider's View of Chinese Economic Reform*, Washington, Cato Institute, 2015, p. 265-82), bem como nos artigos do *Diário Econômico*.

principais produtos[133]. Para superar o problema dos preços muito baixos dos principais bens de produção, eles devem ser ajustados em uma etapa determinada pelo cálculo[134].

A proposta de Zhou e Lou para um ajuste de preços baseado em cálculo foi apresentada pelo colaborador Li Jiange. Li, que fazia pós-graduação em economia na ACCS, com formação em matemática, foi vice-diretor do Centro de Pesquisa de Desenvolvimento do Conselho de Estado de 2003 a 2008[135]. A lógica básica de seu plano de reforma era semelhante à do Centro de Pesquisa de Preços, mas ele recomendava que os ajustes fossem feitos em vários pequenos passos, em vez de um só grande passo[136]. Li também adotou uma linha de defesa diferente para a viabilidade dos ajustes de preços. Com base na microeconomia moderna, o grupo argumentou que o medo de que os ajustes de preços criassem um fardo para o orçamento do Estado ignorava os ganhos gerais de eficiência resultantes dos preços racionalizados que ocorreriam quando políticas macroeconômicas rígidas fossem aplicadas[137].

O ajuste de preços baseado em cálculo, que era a abordagem dominante entre os pesquisadores em Pequim na época, foi ferozmente atacado na conferência. Todos concordavam que o preço de mercadorias secundárias, sobretudo aquelas com excesso de oferta, podia continuar a ser liberado. Mas, de acordo com a definição de Wang Xiaoqiang do problema da reforma de preços, a questão era como lidar com os preços de energia, matérias-primas e outros bens de produção importantes, que estavam muito baixos, mas eram preços de insumos para grande parte das empresas.

Na época, Zhang Weiying fazia mestrado na Universidade do Noroeste. Em nossa entrevista na Universidade de Pequim, em um modesto escritório em uma casa de estilo chinês clássico, Zhang relatou que aprendeu sozinho a microeconomia moderna e ficou impressionado com *Livre para escolher**,

---

[133] Tian Yuan e Chen Desun, "Thinking About the Reasoning on Price Reform", cit.

[134] Middle-Aged and Young Economic Scientific Workers Conference, "Report Nr. 1: Two Ways of Thinking About Price Reform", cit.; "Report Nr. 2: Several Issues Interrelated with Price Reform", cit.

[135] Hua Sheng, em entrevista com a autora (2016).

[136] Middle-Aged and Young Economic Scientific Workers Conference, "Report Nr. 1: Two Ways of Thinking About Price Reform", cit.; "Report Nr. 2: Several Issues Interrelated with Price Reform", cit.

[137] Zhou Xiaochuan, Lou Jiwei e Li Jiange, "Price Reform Must Not Increase the Fiscal Burden", cit.

* Ed. bras.: *Livre para escolher: um depoimento pessoal*, trad. Ligia Filgueiras, 11. ed., Rio de Janeiro, Record, 2015. (N. E.)

de Milton e Rose Friedman[138]. Lu Liling, outro participante da conferência, lembra que Zhang, filho de um camponês, era desconhecido da comunidade de pesquisadores de Pequim e não correspondia às origens muitas vezes privilegiadas destes[139]. Zhang argumentou com vigor que as distorções de preços eram inerentes à economia planejada e, portanto, só poderiam ser superadas se o sistema de preços fosse liberalizado e, eventualmente, todos os preços, exceto os dos produtores monopolistas, fossem determinados pelo mercado[140]. Ele se destacou por sua posição liberal, mas sua análise estava alinhada com a prática predominante. Para ele, o sistema de preços de via de mão dupla, que já estava em funcionamento, era um mecanismo que poderia levar à liberalização de preços de forma controlada e, como tal, era superior à liberalização de choque. No que diz respeito ao modelo de metas, Zhang se inspirou em Friedman, mas, no que diz respeito ao método de reforma, ele tirou suas ideias das políticas de preços agrícolas chinesas e de sua experiência prática com os desdobramentos das reformas no campo.

Além da crítica de princípio de Zhang, várias objeções foram levantadas contra a abordagem de ajuste de preços, sob uma perspectiva mais pragmática. Os pequenos aumentos de preços sugeridos por Zhou, Lou e Li não proporcionariam estímulo suficiente para elevar a oferta ou induzir aqueles que usavam matérias-primas a adotar técnicas de produção mais econômicas em termos de energia ou matérias-primas[141]. No entanto, seria impossível implementar um aumento maior simplesmente aplicando preços calculados. As mudanças nos preços afetariam de forma negativa os interesses das empresas, e aqueles que sofreriam com os aumentos usariam todo o poder político à disposição para se opor a tal plano. A única maneira de convencê-los seria dar grandes

[138] Zhang Weiying, em entrevista com a autora (2016). Zhang leu Friedman na tradução chinesa, disponível gratuitamente. Zhang relatou que a Conferência Nacional de Economia (全国数量经济学会) foi organizada pela Universidade do Noroeste, em 1984, e ele participou da organização. Para ele foi um grande choque, em particular porque Mao Yushi e Yang Xiaokai o fizeram perceber que o que ele havia aprendido em seus estudos de economia marxista não era útil. A partir daí, disse em nossa entrevista, ele desenvolveu um grande interesse pela economia neoclássica. Yang Xiaokai estava na época estudando em Princeton, com Gregory Chow, que foi aluno de Milton Friedman e era figura influente: ele introduziu a economia tradicional na China e remodelou o currículo de economia chinesa com base no exemplo norte-americano. Chen Yizi, *Memoirs of Chen Yizi*, cit., p. 311; Gregory C. Chow, *Understanding China's Economy* (Singapura, World Scientific, 1994); Dwight Perkins, em entrevista com a autora (2016). Para uma discussão sobre a formação intelectual de Zhang Weiying, ver Zhang Shuguang, *The History of Chinese Economic Studies*, cit., p. 444-6.

[139] Lu Liling, em entrevista com a autora (2016).

[140] Zhang Weiying, "Price System Reform is the Central Link of Reform", cit.

[141] Catherine H. Keyser, *Professionalizing Research in Post-Mao* China, cit., p. 159.

subsídios para compensar o aumento de custos provocado pelos preços, mas isso não seria possível, por causa do orçamento apertado do Estado[142].

No entanto, mesmo que as empresas concordassem com um ajuste de preços tão grande, o risco de reações em cadeia era incalculável e "certamente geraria um choque em toda a economia"[143]. O resultado poderia ser uma inflação de mais de 7% ou 8%[144]. Porém, o resultado não seria apenas monetário. Um grande aumento no preço dos bens de produção "desviaria o sistema de produção de seu caminho habitual, obrigando a estrutura de produção a se reorganizar depressa, simplesmente provocando uma baixa comparativa, ou absoluta, nos padrões e na eficiência da produção por um período de tempo"[145]. Se a China tinha algo a aprender com a experiência do Leste Europeu e da União Soviética, era que, "de fato, não há ajuste feito de uma só vez que resulte em uma situação racional ideal"[146]. Assim, o relatório da conferência concluiu que um "ajuste de preços em um 'grande passo'" colocaria em risco a estabilidade econômica e social e "não é o caminho para resolver o problema dos preços"[147]. A proposta de um grande reajuste, que teria causado um big bang nos preços planejados, foi rejeitada.

Entre aqueles que argumentavam de maneira particularmente enérgica e vigorosa contra o ajuste e a liberação geral dos preços estava Hua Sheng. Hua era estudante de pós-graduação em Nanquim e ainda não conhecia os círculos dos jovens reformadores de Pequim. Luo Xiaopeng, baseado em seus experimentos de liberalização de preços, também criticou ambas as abordagens[148]. Hua e Luo se juntaram a He Jiacheng, Jiang Yue, Zhang Shaojie e Gao Liang – este último, filho de Gu Zhun, famoso pioneiro do pensamento reformador[149]. Na conferência, o grupo ganhou o apoio de Chen Yizi e Wang Qishan por sua posição sobre a reforma de preços[150] e, a partir de então, se tornaram uma voz poderosa no debate sobre as reformas. Essencialmente, o grupo defendeu a prática corrente na China de um sistema de preços de via de mão dupla e propôs expandi-lo para todos os principais bens de produção e combiná-lo com ajustes graduais de preços. Também pretendiam expandir o alcance dos preços de mercado, mas diziam que certos bens-chave – que poderiam ou não ser produzidos por monopolistas – deveriam continuar a ser

---

[142] Ibidem, p. 160.
[143] Idem.
[144] Ibidem, p. 169.
[145] Idem.
[146] Idem.
[147] Idem.
[148] Chen Yizi, *Memoirs of Chen Yizi*, cit., p. 311.
[149] Hua Sheng e Luo Xiaopeng, em entrevista com a autora (2016 e 217, respectivamente).
[150] Zhang Shuguang, *The History of Chinese Economic Studies*, cit., p. 453.

regulados pelo Estado. Essa abordagem foi chamada de "desregulamentação seguida de ajuste e ajuste acompanhado de mais desregulamentação"[151].

Na prática, já existia um sistema de preços de via de mão dupla: o preço oficial do Estado e os preços do mercado cinza ou negro[152]. Uma pesquisa com 429 empresas estatais, realizada pelo Instituto de Reforma do Sistema, mostrou que em 1984 essas empresas compravam em média 16,4% de suas matérias-primas e outros materiais no mercado[153]. Ao mesmo tempo, as empresas de cantões e povoados – que proliferavam com rapidez – não recebiam alocação de materiais do Estado e dependiam inteiramente da aquisição de insumos nos mercados, em geral a preços mais altos que os estabelecidos pelo governo. A proposta era legalizar e promover essa prática e permitir que os produtores de matéria-prima vendessem certa quantidade dela a preços de mercado[154]. Simultaneamente, a quantidade de materiais alocados pelo Estado deveria ser pouco a pouco reduzida ou fixada em determinado valor ou o Estado deveria ter um direito prioritário de compra da produção acima da cota – tudo dependia da situação concreta de mercadorias específicas. Desde maio de 1984, os preços de alguns bens de produção não racionados podiam flutuar dentro de um desvio de 20% para cima ou para baixo em relação ao preço estabelecido pelo Estado[155]. Esse limite deveria ser abolido de forma gradual ou imediata, dependendo do bem em questão[156].

Pela proposta da Conferência de Moganshan, as organizações que efetivamente implementassem o sistema de preços de via de mão dupla seriam as responsáveis pela alocação de materiais em todos os níveis administrativos. Além de continuar operando o sistema de alocação estatal, essas organizações deveriam "comprar e vender todos os demais materiais a preços de mercado ou flutuantes e, aproveitando as vantagens de acesso à informação, financiamento e comércio exterior, deveriam apresentar os compradores aos vendedores e vice-versa"[157]. Assim, o sistema de alocação estatal não deveria

---

[151] Hua Sheng, Zhang Xuejun e Luo Xiaopeng, *China*, cit., p. 129.

[152] Na China, a identidade do inventor final do sistema de preços de via de mão dupla é intensamente debatida. Para uma revisão desse debate, ver Zhang Shuguang, *The History of Chinese Economic Studies*, cit., p. 455-7. Em minha opinião, nenhum indivíduo em particular inventou o sistema: ele emergiu da experimentação de políticas que remontam às práticas pré-revolucionárias de regulação de preços e foram teorizadas coletivamente.

[153] Diao Xinshen, "The Role of the Two-Tier Price System", em Bruce Reynolds (org.), *Reform in China*, cit., p. 35.

[154] Hua Sheng, Zhang Xuejun e Luo Xiaopeng, *China*, cit., p. 129-30.

[155] Cheng Zhiping, *30 Years of Price Reform*, cit., p. 89.

[156] Hua Sheng, Zhang Xuejun e Luo Xiaopeng, *China*, cit., p. 130.

[157] Idem.

apenas implementar as ordens do plano, mas também criar canais de mercado e facilitar as transações de mercado ativamente. Mas, à semelhança dos princípios derivados do *Guanzi* (ver capítulo 1), o papel dessas agências estatais de comércio não deveria se limitar a essa criação e essa facilitação de mercado. Também seria função delas, como terceiros em nome do Estado, "estabilizar os preços por meio de atividades de compra e venda"[158].

Uma vez que os preços de mercado para os principais materiais fossem unificados e estabilizados, graças às atividades das agências estatais de comércio, os preços planejados poderiam ser ajustados passo a passo[159]. Nesse momento, o número de preços que precisariam de ajuste, bem como de escopo, seria bastante reduzido em comparação com a implementação imediata de ajustes. A escassez de alguns materiais de produção cruciais diminuiria à medida que os produtores aumentassem a oferta, respondendo aos altos preços de mercado, e a oferta fosse distribuída de forma mais adequada, graças à facilitação estatal das transações de mercado em todo o país. Ao mesmo tempo, os preços de mercado estabilizados dariam uma boa indicação do grau de ajuste necessário. Dessa forma, não haveria mais a necessidade de calcular os preços-alvo com base em fórmulas derivadas teoricamente. Ao contrário, a criação de mercado por meio do comércio estatal forneceria os preços de referência necessários. Os preços desses materiais (não mais escassos) não precisariam ser fixados pelo Estado. Assim, após a implementação do sistema de preços de via de mão dupla, os ajustes poderiam seguir uma trajetória identificada empiricamente e não causariam grande choque na economia. Como o reajuste do preço estatal também afetaria o preço de mercado, a desregulamentação e o reajuste deveriam formar um ciclo até que a lacuna entre os dois preços fosse fechada[160]. No entanto, como a experiência no campo havia mostrado, o preço de mercado poderia estar abaixo do normal e, portanto, para proteger os produtores de matérias-primas essenciais, o papel do Estado na estabilização dos preços não estaria encerrado.

Hua Sheng frisou que apresentara a proposta a Zhang Jinfu, veterano da revolução encarregado da economia em Zhejiang no período pós-libertação, ex-ministro das Finanças e, na época, diretor da Comissão Econômica do Estado[161]. O secretário pessoal do primeiro-ministro, Li Xianglu, durante nossa entrevista em um café em Pequim, relatou que ele posteriormente apresentou

---

[158] Idem.

[159] Idem.

[160] Ibidem, p. 131.

[161] Who's Who in China, "Zhang Jinfu (b. 1914)", em *Who's Who in China Current Leaders*, cit., p. 930-1; Hua Sheng, "The Complete Story of the Dual-Track Price System" (双轨制始末), *China Reform*, n. 1, 2005, p. 23.

a proposta a Zhao, que veio a apoiá-la. Li apontou que "Zhao Ziyang não era um acadêmico. [...] A velha geração de quadros comunistas não estava preocupada em resolver questões teóricas". O relatório que rejeitava os ajustes de preços e propunha o sistema de preços de via de mão dupla não tinha valor porque apresentava uma nova perspectiva teórica. Mas o relatório da conferência forneceu à liderança uma justificativa teórica, uma "bela decoração" de uma política que a burocracia havia elaborado na prática[162].

A "decisão" de 1984

Em 20 de outubro de 1984, o Comitê Central adotou a "Decisão sobre a reforma da estrutura econômica". Isso representou um marco na reforma do sistema econômico. Notoriamente, a economia planejada socialista da China foi redefinida como "economia planejada baseada na propriedade pública, na qual a lei do valor deve ser conscientemente seguida e aplicada"[163]. Isso significava que os preços não poderiam mais ser fixados de forma voluntária e as condições de mercado deveriam ser sistematicamente integradas à prática de fixação de preços. Da mesma forma, a maioria dos bens deveria ser negociada como mercadoria – ou seja, deveriam capturar valor de troca. Em outras palavras, a produção deveria ser voltada para o mercado e regida por valores de troca e lucratividade, na medida do possível, sob as condições concretas da China.

O cerne desse novo modelo era "agarrar o que é pesado e largar o que é leve", para tomarmos emprestada a terminologia do *Guanzi* (ver capítulo 1):

> O planejamento obrigatório será aplicado aos principais produtos que têm relação próxima com a economia nacional e a subsistência da população, devendo ser alocados e distribuídos pelo Estado, bem como as principais atividades econômicas que afetam a situação geral. Outros produtos e atividades econômicas muito mais numerosos devem ser objeto de um planejamento de orientação ou ser deixados inteiramente ao funcionamento do mercado, conforme exija o caso.[164]

Em termos da abordagem da reforma, a decisão sustentava:

---

[162] Li Xianglu, em entrevista com a autora (2016).

[163] Research Department of Party Literature, *Major Documents of the People's Republic of China: Selected Important Documents Since the Third Plenary Session of the Eleventh Central Committee of the Communist Party of China (December 1978 and November 1989)* (Pequim, Foreign Languages Press, 1991), p. 406.

[164] Ibidem, p. 407.

À medida que cresce o poder de decisão das empresas, a precificação será cada vez mais importante na regulação de sua produção e operação. É, portanto, ainda mais urgente estabelecer um sistema racional de preços. [...] O preço é o meio mais eficaz de regulação, e os preços racionais constituem uma condição importante para garantir uma economia dinâmica, mas não caótica. Portanto, a reforma do sistema de preços é a chave para reformar toda a estrutura econômica.[165]

Em 21 de outubro de 1984, Zhao Ziyang fez um discurso na assembleia de representantes de províncias, regiões autônomas e municípios para explicar o que a implementação da decisão implicaria na prática[166]. Disse que a reforma de preços seria a tarefa principal e exigiria quatro coisas: abrir mão, reformar, ajustar e participar (放, 改, 调, 参)[167]. Explicou esses quatro métodos da seguinte forma:

• primeiro, *abrir mão* dos preços aplicava-se a todas as "pequenas" mercadorias, novos produtos e novos serviços. Mas era preciso ter em mente que algumas mercadorias que podem parecer "pequenas" são, na verdade, "grandes". Por exemplo, algumas localidades abriram mão do preço da carne de porco, mas a carne de porco era uma mercadoria "grande" e, portanto, essa prática causou problemas[168];

• segundo, a reforma referia-se à *reforma do sistema de gestão de preços*, principalmente na forma de descentralização, transferindo os direitos de fixação de preços de certas mercadorias para níveis administrativos inferiores[169];

• terceiro, o *reajuste de preços* envolvia a mudança nos preços fixados pelo Estado. Isso se aplicava principalmente aos materiais de produção. Mas, em consonância com a proposta de Lou e Zhou e a discussão de Wang com o primeiro-ministro, Zhao enfatizou que o ajuste seria feito em pequenos passos, para evitar reações em cadeia[170];

• por último, mas não menos importante, *participação no mercado* significava que, "depois de dinamizar os preços, liberando-os, o Estado deveria participar do mercado para regular os preços"[171].

---

[165] Ibidem, p. 408.
[166] Zhao Ziyang, "Implement the Central 'Decision' by Steadily Advancing Price Reform, 21 October 1984" (贯彻中央《决定》稳步推进价格改革), em *Collected Works of Zhao Ziyang (1980-1989)*, v. 2: *1983-1984* (Hong Kong, Chinese University Press, 2016), p. 533-41.
[167] Ibidem, p. 541.
[168] Ibidem, p. 535 e 539-40.
[169] Ibidem, p. 540.
[170] Ibidem, p. 541.
[171] Ibidem, p. 540.

Zhao lembrou ao público que essa estratégia foi aplicada com sucesso nos primeiros anos após a libertação, quando as agências estatais de comércio foram usadas para estabilizar os preços. Essa era uma lição crucial. Os preços dos materiais de produção mais importantes, como carvão, petróleo, aço e produtos químicos, seriam regulados pelos ministérios responsáveis de duas maneiras. A parcela sob o plano estatal continuaria a ter preços estabelecidos pelo Estado. Em relação à parcela na qual os preços podiam flutuar no mercado, o alcance das flutuações seria limitado pela participação das agências estatais de comércio no mercado. O Estado deveria vender produtos no mercado quando o preço estivesse subindo muito e comprá-los quando o preço estivesse caindo muito. Isso exigia estoques adequados. Além disso, em situações de urgência, para evitar que os preços de mercado de materiais críticos subissem demais, o Estado poderia importá-los e colocá-los no mercado[172].

No início de 1985, essa abordagem básica foi transformada em política oficial. Quando a missão do Banco Mundial se reuniu com Zhao Ziyang em 7 de março de 1985, o primeiro-ministro agradeceu aos convidados estrangeiros seu segundo relatório e conselhos e disse que a China estava implementando um sistema de preços de via de mão dupla para matérias-primas e combustíveis. Como apontou Zhao, a China tinha experiência na implementação desse tipo de preço: trinta anos na agricultura e cinco anos no carvão. Expressou confiança de que o preço de via de mão dupla "impacta menos as pessoas" que qualquer uma das alternativas consideradas para a reforma dos preços.

Conclusão

Como mostrei neste capítulo e no anterior, desde os primeiros dias da reforma duas abordagens básicas para a reforma do mercado em geral e para a dos preços em particular competiram na China. A primeira, inspirada na economia matemática moderna e em tentativas de reforma no Leste Europeu, visava a redefinir todo o sistema e reconstruí-lo com base em princípios de tipo ideal. O cálculo complexo parece sugerir que essa abordagem tem sofisticação, mas, dadas as complexidades reais, muitas vezes é inconsistente e se resume a regras *ad hoc* colocadas em prática. A segunda abordagem admite desde o início que é impossível construir um sistema de tipo ideal: ela se afasta das realidades dadas e tenta usar conscientemente as tendências espontâneas que prevalecem no funcionamento da economia e da sociedade. Essa abordagem mantém os elementos cruciais de determinado sistema para preservar a estabilidade da

[172] Ibidem, p. 540-1.

sociedade e da economia e proteger a população contra choques econômicos violentos. Ela ainda usa os pontos cruciais do antigo sistema para regular as forças emergentes, como aproveitar o sistema de alocação de materiais para participar do mercado e estabilizar os preços. Mas, liberando as partes que já estão em movimento, as forças se desenvolvem. Essas forças têm o potencial de transformar gradual e fundamentalmente os elementos do antigo sistema, que a princípio podem parecer intocados.

Consideremos a metáfora da reconstrução da torre. A primeira abordagem sugere que ela seja inteiramente destruída para que uma nova torre seja construída com base em um grande plano – não importa quão imediatamente dolorosa seja essa destruição. Nessa perspectiva, o sistema dado deve ser destruído em um grande big bang para que se abra espaço para a construção da nova utopia. A segunda abordagem é como o jogo Jenga: os jogadores se revezam, removendo um bloco de cada vez, sempre tentando evitar que ela desmorone. Apenas os blocos que podem ser retirados sem causar o colapso da estrutura devem ser removidos – e somente após testes cautelosos para determinar se estão soltos o suficiente para não destruir o equilíbrio da torre. Os blocos assim adquiridos podem ser usados em seguida para construir sobre a torre dada e mudar seu tamanho, sua forma e, eventualmente, toda a sua natureza. No entanto, como a remoção de blocos altera a estática da torre, essa abordagem gradual não evita o perigo iminente de desmoronamento.

Nesses primeiros anos de reforma na China, os economistas que visavam a ajustar o sistema de preços com base em um pacote abrangente tentaram elaborar o plano certo para as partes cruciais do sistema. Mas determinou-se que tal ajuste seria muito perigoso, poderia resultar no colapso de toda a economia, pelo menos temporariamente, e, por isso, não foi implementado. Enquanto esses pesquisadores dedicavam grandes esforços à construção de modelos e cálculos, o sistema de preços multiníveis desenvolvia-se aos poucos em campo. Impulsionada fortemente pelo sucesso das reformas rurais, a abordagem dos multimétodos e multiníveis ganhou a dianteira e foi implementada como política oficial. Mas alguns daqueles que passaram anos procurando o plano de reforma perfeito não ficaram satisfeitos com essa abordagem aparentemente primitiva, agora elevada a pedra angular da reforma do sistema. Assim, quando as fraquezas do sistema multiníveis começassem a aparecer, eles estavam preparados para lançar o contra-ataque – e obter o apoio da liderança central, que estaria desesperada para levar a cabo a reforma com sucesso. Esse será o assunto do próximo capítulo.

7

Denunciando a terapia de choque
O choque entre dois paradigmas de reforma de mercado

> *Duas estradas num bosque amarelo divergiam;*
> *Triste por não poder seguir as duas*
> *Sendo um só viajante, muito tempo parei*
> *Olhando uma delas, até onde podia alcançar,*
> *Pois, atrás das moitas, ela dobrava.**
>
> Robert Frost[1]

Introdução

A decisão de 1984 instituiu o sistema de preços de via de mão dupla como política nacional. A lógica da precificação em vários níveis, que mantinha o núcleo do sistema funcionando enquanto introduzia mercados a partir das margens, tornou-se a abordagem dominante da reforma. Em janeiro de 1985, o Departamento de Preços do Estado e o Departamento de Alocação de Materiais seguiram as instruções do Conselho de Estado e emitiram o "Aviso sobre a desregulamentação da autocomercialização da superprodução de matérias-primas industriais"[2]. Aboliu-se o limite de 20% de desvio para cima ou para baixo dos preços planejados para as vendas acima da cota de insumos

---

* "Two roads diverged in a yellow wood,/ And sorry I could not travel both/ And be one traveler, long I stood/ And looked down one as far as I could/ To where it bent in the undergrowth." (N. E.)

[1] Robert Frost, "The Road Not Taken", em *Mountain Interval* (Nova York, Henry Holt and Co., 1920), p. 9-10.

[2] Cheng Zhiping, *30 Years of Price Reform, 1977-2006* (价格改革三十年, 1977-2006) (Pequim, China Market, 2006), p. 89-90.

como aço, madeira e cimento[3]. Isso poderia soar como um detalhe técnico, mas significava que o coração da economia industrial estava oficialmente sob o sistema de preços de via de mão dupla e a caminho do mercado. Cheng Zhiping, diretor do Departamento de Preços do Estado na época, lembrou que o efeito dessa política foi como "deixar um cavalo correr"[4]. Uma vez que os insumos industriais mais importantes foram integrados ao esforço de mercantilização, o sistema de preços de via de mão dupla expandiu-se depressa para outros bens industriais. Isso aumentou rapidamente a participação geral de bens com preços de mercado, mas também elevou o nível geral de preços, uma vez que os preços de mercado estavam acima dos planejados para bens industriais escassos (ver figuras 5 a 7)[5].

O governo deu outro passo importante na reforma gradual dos preços na primavera do mesmo ano. Em 12 de abril de 1985, Cheng Zhiping fez um anúncio oficial na televisão estatal: "Em 1985, a orientação básica para a reforma de preços é: combinar ajuste com liberação e progredir a pequenos passos. [...] A peça central da reforma será a liberalização dos preços do suíno vivo e da carne suína e os preços rurais de compra e venda de grãos"[6].

As palavras de Cheng Zhiping tinham o tom de um anúncio burocrático qualquer. Na realidade, sua declaração marcou o fim da espinha dorsal da economia agrícola maoista: o sistema unificado de aquisição de grãos foi abolido (ver capítulo 4). O núcleo desse sistema era uma cota de grãos entregue pelas comunas rurais ao Estado a um preço estabelecido centralmente. O aumento maciço na produção de grãos no início da década de 1980 levou esse sistema de distribuição ao limite. A aquisição unificada de grãos foi projetada na década de 1950 a fim de gerenciar a escassez e empregar os grãos do campo para a industrialização das cidades. Não existia um mecanismo de gerenciamento dos excedentes, pois a China atingiu níveis de produção de rãos que seriam impensáveis alguns anos antes. O excesso de grãos significou que o preço de aquisição estatal estava subitamente além do preço de mercado (ver capítulo 6). Os camponeses queriam vender mais para o Estado do que o Estado podia estocar[7].

Assim, em 1985, a aquisição unificada de grãos foi temporariamente substituída por um sistema semelhante aos "celeiros imperiais sempre normais" (ver capítulo 1). Os camponeses podiam vender seus grãos diretamente no

[3] Idem.
[4] Ibidem, p. 90.
[5] Idem.
[6] Ibidem, p. 76.
[7] Jean C. Oi, "Peasant Grain Marketing and State Procurement: China's Grain Contracting System", *The China Quarterly*, v. 106, n. 3, 1986.

mercado ou firmar contrato com o Estado[8]. Isso significou que o Estado deixou de determinar cotas de grãos aos camponeses e passou a participar de um mercado regulado pelas safras. No entanto, os preços das compras feitas pelo Estado não foram ajustados às condições do mercado; eles se basearam em uma média ponderada dos preços habituais da cota e acima da cota no antigo sistema[9]. Song Guoqing e outros ex-membros do Grupo de Desenvolvimento Rural alertaram Zhao Ziyang de que a aplicação do mesmo preço médio ponderado a todos os contratos de compras acabaria prejudicando as áreas pobres e remotas. As comunidades pobres, que tinham uma cota baixa, vendiam grandes parcelas de sua produção ao Estado a um preço alto, acima da cota. Assim, para eles, a nova política de preços resultava efetivamente em uma diminuição do preço de aquisição pelo Estado. Com novas oportunidades surgindo nas indústrias rurais, que estavam em expansão, a queda efetiva no preço dos grãos levou muitos camponeses a abandonar o cultivo[10]. Logo, a produção de grãos começou a cair[11]. A queda na oferta de grãos e o aumento da renda no campo somaram-se às pressões inflacionárias desencadeadas pela universalização do sistema de preços de via de mão dupla.

A transformação da economia agrícola, a expansão da reforma de via de mão dupla para o coração da economia industrial e a pressão sobre os preços forneceram o pano de fundo para um choque dramático entre os dois paradigmas de mercantilização – mercantilização gradual e terapia de choque – na segunda metade da década de 1980. Em 1985, o sistema de preços de via de mão dupla regulava o núcleo da economia chinesa: grãos e insumos industriais básicos. Abrindo uma trilha de mercado, enquanto mantinha intactas as compras estatais, o sistema de preços de via de mão dupla possibilitou tanto que se voltasse a dar mais ênfase ao plano quanto se fizesse uma mudança mais radical no mercado. Naquele ano, o Instituto de Reforma do Sistema realizou um estudo sobre o andamento das reformas de mercado em escala sem precedentes. O objetivo era chegar a maneiras práticas de melhorar as instituições do sistema de preços de via de mão dupla, para que a economia da China *crescesse no mercado*[12], enquanto o governo mantinha o controle sobre os bens "pesados" e continuava a regular as mercadorias "leves".

[8]   Cheng Zhiping, *30 Years of Price Reform*, cit., p. 76.

[9]   Idem.

[10]   Luo Xiaopeng, em entrevista com a autora (2017).

[11]   Lin Yifu, "Rural Reforms and Agricultural Growth in China", *The American Economic Review*, v. 82, n. 1, 1992, p. 35.

[12]   Uso *crescer no mercado*, em vez de *crescer fora do plano* – William A. Byrd, "Impact of the Two-Tier Plan/Market System in China", *Journal of Comparative Economics*, v. 11, n. 3, 1988, p. 295-300; Barry Naughton, *Growing out of the Plan*, cit. –, porque o aspecto mais impor-

Por sua vez, aqueles que havia muito almejavam racionalizar o sistema de preços em um único "grande impulso" viram a aceleração do crescimento industrial em 1985[13] e o desequilíbrio macroeconômico como sinais de um superaquecimento causado pelo sistema de preços de via de mão dupla e iniciaram uma forte campanha para impor um rigoroso controle macroeconômico e se preparar para um big bang na reforma dos preços. Esse big bang seria o primeiro e decisivo passo da terapia de choque. Conforme expliquei na introdução, um big bang na liberalização de preços era o elemento verdadeiramente "chocante" da terapia de choque. Todas as outras medidas, como a liberalização do comércio e as privatizações, eram consideradas lentas, mesmo pelos defensores mais dedicados da terapia de choque. Os proponentes de um big bang na China planejavam destruir a via do mercado no sistema de preços de via de mão dupla, retornando à abordagem dos planos de preços baseados em cálculo, e, uma vez que os preços fossem ajustados ao que se considerava serem os níveis de equilíbrio, esses preços seriam liberalizados com "um corte de faca".

Este capítulo conta a história amplamente ignorada de como a China quase implementou um big bang em 1986 e como os economistas que eram totalmente dedicados à mercantilização, mas subscreviam à abordagem alternativa de "atravessar o rio tateando as pedras", denunciaram e impediram o plano. Foi uma encruzilhada crítica na reforma chinesa. A China ter escapado da terapia de choque em 1986 foi o resultado de um debate acirrado entre os principais economistas reformadores – e não, como se afirma com frequência, entre conservadores contrários à reforma e reformadores de mercado. Após a "Decisão sobre a reforma do sistema econômico" (关于 经济体制 改革的决定), em 1984, a liderança chinesa chegou a um consenso político

COMO A CHINA ESCAPOU DA TERAPIA DE CHOQUE

tante do sistema de via de mão dupla não era a queda em termos absolutos da participação do plano, mas o crescimento em termos absolutos da participação de mercado. O processo de mudança era, em primeiro lugar, crescer no mercado sem ainda alterar o plano. Como a economia da China estava crescendo a taxas elevadas, o crescimento da participação de mercado não precisava necessariamente ser à custa da economia planejada para que o mercado elevasse rapidamente sua importância relativa. Assim, essa reversão terminológica de crescer fora do plano para crescer no mercado enfatiza que o crescimento e o desenvolvimento impulsionaram a reforma nos primeiros anos.

[13] O PIB real cresceu de 4,5% em 1981, o ano da primeira grande redução de gastos do período de reforma, para 14,7% em 1984 e 12,8% em 1985. Barry Naughton, *Growing out of the Plan*, cit., p. 329. O crescimento do setor industrial ultrapassou 15% em 1984 e 20% em 1985. Lee Zinser, "The Performance of China's Economy", em The US Joint Economic Committee (org.), *China's Economic Dilemmas in the 1990s: The Problems of Reforms, Modernization, and Interdependence* (Armonk, M. E. Sharpe, 1991), p. 113.

sem precedentes para buscar as reformas de mercado[14]. Nessa conjuntura, a questão não era reformar ou não, mas *como* – fosse "tateando o caminho" pela mercantilização a partir das margens, fosse impondo conscientemente a dor de curto prazo, esperando ganhos de longo prazo depois de empurrar o núcleo do sistema à mercantilização[15]. Em 1986, o plano do big bang foi impedido pela luta entre os economistas. Em 1988, um novo impulso para uma reforma radical dos preços partiu da mais alta liderança política, que estava desesperada por um avanço rápido. Pela segunda vez, a China escapou do big bang – mas com custos sociais e políticos históricos.

Preparativos para "um grande passo"

> Se não tomarmos medidas contundentes para substituir o sistema de via de mão dupla em um tempo relativamente curto e estabelecer imediatamente uma moldura preliminar para o novo sistema, os problemas aumentarão.[16]

Assim que o sistema de preços de via de mão dupla se tornou uma política oficial, foi ferozmente atacado por economistas inspirados pela vertente neoclássica, pelo monetarismo e pela abordagem dos reformadores do Leste Europeu. Argumentavam na mesma linha da proposta de Šik, mas deixaram de lado as advertências sobre as limitações de sua abordagem (ver capítulo 5). Por essa visão, a China teria de impor uma austeridade macroeconômica estrita, ajustar os preços aos valores de equilíbrio calculados e, enfim, liberar os preços em "um grande passo". Assim, eles defendiam os elementos centrais do big bang – o primeiro e decisivo passo da terapia de choque.

Preparando o cenário para um big bang na reforma de preços

Um dos líderes do ataque contra o sistema de preços de via de mão dupla foi Wu Jinglian. A visão de Wu era – e é – considerar inevitável "atravessar

---

[14] Zhang Shuguang, *The History of Chinese Economic Studies: 60 Years of the Institute of Economics*, v. 2 (中国经济学风云史：经济研究所60年, 上卷二) (Singapura, World Scientific Publishing, 2017), p. 530.

[15] Meus entrevistados, apesar dos acalorados desacordos sobre a abordagem correta da reforma, concordaram, porém, que a controvérsia decisiva na época era como reformar, não se reformar ou não. Sobre esse ponto, ver ibidem, p. 440 e 530.

[16] Wu Jinglian, "The Divergence in Views and the Choice of Reform Strategy" [1988], em Barry Naughton (org.), *Wu Jinglian: Voice of Reform in China* (Cambridge, MIT Press, 2013), p. 201.

o rio tateando as pedras" enquanto os líderes e conselheiros da China não tivessem conhecimento da economia moderna. Porém, essa visão se tornou obsoleta em meados da década de 1980, à medida que os economistas chineses alcançavam novos níveis de conhecimento econômico científico, graças ao apoio de consultores estrangeiros[17]. O próprio Wu fez grandes esforços para se aprofundar na "economia ocidental". Foi um dos primeiros economistas reformadores chineses a ir para os Estados Unidos, enquanto professor visitante na Universidade Yale (janeiro de 1983 a julho de 1984). Wu estudou sistemas econômicos comparativos com Michael Montias e, quando tinha cinquenta e poucos anos, frequentou aulas de graduação em macro e microeconomia[18].

Esse não foi o primeiro encontro de Wu com os principais economistas do mundo ocidental. Ele estava envolvido na missão do Banco Mundial (ver capítulo 5) e, em 1981, participou de uma conferência sobre "A economia dos preços relativos", organizada pela Associação Econômica Internacional em Atenas e que contou com participantes proeminentes, como o matemático soviético Leonid Kantorovich e o economista John Hicks, ambos ganhadores do Prêmio Nobel na década de 1970, bem como Herbert Giersch, que pouco depois presidiria a neoliberal Sociedade Mont Pèlerin[19]. Nessa conferência, Wu conheceu János Kornai, que moldou o pensamento de Wu sobre a reforma. Depois, Wu se tornou o maior defensor de Kornai na China, promovendo a tradução de suas obras para o chinês[20]. Ambos foram defensores da ortodoxia na Hungria e na China desde o início e, naquele momento, estavam em via de se tornarem radicais reformadores do mercado – Wu seguindo os passos de Kornai. Isso foi antes de Kornai ingressar no corpo docente da Universidade Harvard, mas, na época de seu encontro em Atenas, ele já tinha fama no Ocidente[21]. Em contrapartida, Wu era desconhecido fora da China.

Kornai ganhou reputação internacional por suas contribuições teóricas à economia matemática e acabara de publicar *Economics of Shortage* [Economia de

---

[17] Huang Peijian, "The Comparative School of Thought and China's Economic Reforms" (比较经济学派和中国经济改革), *Economic Observer*, 2 ago. 2004; Wu Jinglian, em entrevista com a autora (2016).

[18] Barry Naughton, "Introduction: Biographical Preface", cit., p. 116-7.

[19] Béla Csikós-Nagy, Douglas C. Hague e Graham Hall, *The Economics of Relative Prices: Proceedings of a Conference Held by the International Economic Association in Athens, Greece* (Londres, Macmillan, 1984), p. i-ii.

[20] Julian Gewirtz, *Unlikely Partners: Chinese Reformers, Western Economists, and the Making of Global China* (Cambridge, Harvard University Press, 2017), p. 98-100; János Kornai, *By Force of Thought: Irregular Memoirs of an Intellectual Journey* (Cambridge, MIT Press, 2006), p. 250.

[21] János Kornai, *By Force of Thought*, cit., p. 243.

escassez] (1980). Escrito em Estocolmo, o livro era dirigido ao público húngaro e fez Kornai famoso em todo o mundo socialista. Como Kornai registrou em suas memórias: "O livro não observou que a causa da economia de escassez geral, intensa e crônica era o sistema comunista e que era necessária uma mudança de sistema para que a escassez pudesse ser definitivamente debelada. O livro não afirmava que as características essenciais do sistema não eram suscetíveis de reforma"[22]. Mas Kornai elaborou habilmente o texto, de forma que "muitos leitores leram claramente essa afirmação nele". Numa seção intitulada "Ajudando a erodir o sistema", ele reflete sobre como seu trabalho "afetou o pensamento dos intelectuais que viviam sob o sistema socialista"[23]. Um deles era Wu Jinglian.

Na conferência em Atenas, Kornai entrou em confronto com V. R. Khachaturov, então presidente da Associação Econômica Soviética. Khachaturov sustentava que a escassez surgia de erros de planejamento e podia ser superada elevando--se o padrão do planejamento[24]. Kornai, em contraste, assumiu a posição adotada em seu livro e culpou a natureza do sistema de economia planificada pela escassez. Segue-se que a única maneira de superar a escassez, de acordo com a lógica de Kornai, é eliminar o planejamento central. Wu estava familia-rizado com a ideia de reforma econômica como mudança de sistema por seus encontros com Brus e Šik. Em conversas com membros da missão do Banco Mundial, Wu expressou que essa visão era muito próxima da que ele defendia (ver capítulo 5). Na Conferência em Atenas, Wu ouviu a versão mais sofisticada desse ponto de vista, articulada por um de seus proponentes mais ardentes e capazes. Kornai lembrou que, após o ataque de Khachaturov, "o professor Wu ficou do meu lado na controvérsia, explicando com muitos detalhes as deficiências sistêmicas do sistema socialista gerenciado centralmente"[25]. Nesse momento, Wu entrou no cenário mundial da economia[26].

Wu e Kornai estavam unidos na convicção de que a reforma só poderia ser bem-sucedida com a mudança do sistema. Mas havia uma diferença crucial de análise entre ambos. Kornai argumentava que as empresas experimentavam uma restrição orçamentária branda sob o socialismo[27]. Como as empresas não

---

[22] Ibidem, p. 244.

[23] Ibidem, p. 250-1.

[24] Ibidem, p. 250.

[25] János Kornai, "Wu Jinglian: Birthday Greetings 2010.1.5". Disponível on-line.

[26] O simpósio afirma: "A conferência testemunhou um evento incomum, uma intervenção de um economista chinês em uma conferência da AEI". Béla Csikós-Nagy, Douglas C. Hague e Graham Hall, *The Economics of Relative Prices*, cit., p. 530.

[27] János Kornai, "Wu Jinglian: Birthday Greetings 2010.1.5", cit.; "Adjustments to Price and Quantity Signals in a Socialist Economy", em Béla Csikós-Nagy, Douglas C. Hague e Graham Hall (orgs.), *The Economics of Relative Prices*, cit., p. 60-77.

eram responsáveis por suas perdas, os sinais de preços eram relativamente ineficazes para orientar as decisões de produção das empresas socialistas. Na terminologia de Kornai, as empresas tinham baixa "responsividade ao preço"[28]. A restrição orçamentária branda é como um tranquilizante: "Faz com que os gestores econômicos dificilmente sejam incomodados por *qualquer tipo* de sinal de preços"[29]. Isso significava que as empresas exigiam qualquer insumo que pudessem obter, em grande parte independentemente dos preços relativos ou restrições financeiras. Isso gerou escassez de insumos, o que exacerbou, por sua vez, a demanda descontrolada. Esse círculo vicioso de escassez e demanda inelástica em relação ao preço fazia da escassez uma característica do socialismo que não era acidental, mas sistêmica.

Wu elogiou o trabalho de Kornai[30]. Mas uma leitura atenta de ambas as contribuições na conferência revela uma inconsistência lógica entre Kornai e Wu. Wu sugeriu: "O sistema de preços é um mecanismo para substituir burocratas" e pediu uma reforma de preços[31]. De acordo com Kornai, as empresas sob o socialismo não se importavam muito com os preços; de acordo com Wu, no entanto, elas deveriam ser guiadas apenas por eles. Argumentando de um modo um tanto hayekiano, Wu sustentou que o "mecanismo de preços simplificou a organização social. A economia chinesa estava dando ênfase ao valor de uso descentralizado da informação, substituindo a burocracia por decisões tomadas por empresas individuais"[32]. Mas, se, como dizia Kornai, as empresas não eram responsivas aos preços, substituir as ordens burocráticas por sinais de preços não significava a criação de um novo mecanismo econômico; em vez disso, teria deixado a economia sem nenhuma coordenação. A partir de uma leitura cuidadosa dos anais da Conferência de Atenas, fica claro que, na perspectiva de Kornai, o plano de Wu para a reforma de preços equivalia a uma receita para o desastre. De fato, alguns anos depois, os criadores de mercado gradualistas, criticando a terapia de choque, usaram esse argumento de Kornai contra Wu.

Se alguém acreditasse – como Kornai e Wu acreditavam – que a reforma deveria trazer mudanças ao sistema, arriscar o colapso do mecanismo econômico poderia não ser totalmente sem benefícios. Em chinês, a palavra "crise" é composta de dois caracteres: 危机. O primeiro (危) significa "perigo"; o

---

28 János Kornai, "Adjustments to Price and Quantity Signals in a Socialist Economy", cit., p. 67.

29 Ibidem, p. 69.

30 Wu Jinglian, "Discussion", em Béla Csikós-Nagy, Douglas C. Hague e Graham Hall, *The Economics of Relative Prices*, cit., p. 82;

31 Béla Csikós-Nagy, Douglas C. Hague e Graham Hall, *The Economics of Relative Prices*, cit., p. 531.

32 Wu Jinglian, "Discussion", cit., p. 82.

segundo (机), "oportunidade". Portanto, uma crise representa tanto perigo quanto oportunidade. Esse foi precisamente o roteiro da doutrina de choque identificado por Naomi Klein em inúmeros casos ao redor do mundo[33]. A mudança para o neoliberalismo no Chile, na Bolívia e no Reino Unido de Margaret Thatcher foram precedidas de uma profunda crise social. Na Bolívia, essa crise fulcral assumiu a forma de hiperinflação. Conforme discutimos no capítulo 3, a hiperinflação ajudou os comunistas chineses a vencer a guerra revolucionária[34]. Sem dúvida, os reformadores estavam cientes dos poderes explosivos da hiperinflação. Os críticos de Wu Jinglian afirmariam mais tarde que sua proposta de reforma radical de preços criava um risco de hiperinflação.

Wu é um exemplo proeminente de economista chinês que se juntou a uma rede transnacional que transcendia a divisão da Guerra Fria – e que Bockman identificou como terreno fértil para o neoliberalismo na Europa oriental[35]. Mas Wu não estava sozinho em seu envolvimento com a economia ocidental. Um relatório da CIA observa corretamente que, em meados da década de 1980, "o aumento da familiaridade com os conceitos econômicos ocidentais não se limitava a um grupo de acadêmicos ou burocratas"[36]. A divisão entre esses grupos não estava em seu interesse pela economia ocidental, mas na abordagem desse novo conhecimento – fosse como conjunto de ferramentas que a China poderia usar para traçar um caminho de reforma viável, fosse como fonte teórica de "projetos de reforma" a fim de gerar mudanças no sistema. Em meados da década de 1980, os esforços para projetar um modelo a ser implementado em um único grande impulso já vinham ocorrendo havia anos[37].

[33] Naomi Klein, *The Shock Doctrine: The Rise of Disaster Capitalism* (Nova York, Picador, 2007), p. 155-6.

[34] Para uma lista de casos em que a hiperinflação precedeu a mudança de regime, dos quais Brasil em 1964, Gana e Indonésia em 1966, Chile em 1973 e Argentina em 1975, ver Albert Hirschman, "Reflections on the Latin American Experience", em Leon Lindberg e Charles Maier (orgs.), *The Politics of Inflation and Economic Stagnation* (Washington, Brookings Institution, 1985), p. 71-2.

[35] Johanna Bockman, *Markets in the Name of Socialism: The Left-Wing Origins of Neoliberalism* (Stanford, Stanford University Press, 2011). Para uma análise desse "ator-rede" a partir de uma perspectiva latouriana, ver também Johanna Bockman e Gil Eyal, "Eastern Europe as a Laboratory for Economic Knowledge: The Transnational Roots of Neoliberalism", *American Journal of Sociology*, v. 108, n. 2, 2002, p. 310-52.

[36] Central Intelligence Agency (CIA), "China's Economists: Soundings on Reform", *CIA Online Archive*. Disponível on-line.

[37] O primeiro grande relatório de pesquisa foi publicado no principal jornal de ciências sociais da China (中国社会科学) em 1984 e intitulava-se "Sobre a questão do modelo de metas para a reforma do sistema econômico da China" (关于我国经济体制改革的目标模式问题). Foi editado por Liu Guoguang e baseou-se em pesquisas conduzidas pelo Grupo de

No verão de 1984, Wu terminou seus estudos em Yale e retornou à China, onde ingressou no Centro de Pesquisa de Desenvolvimento do Conselho de Estado[38]. Descobriu que os jovens intelectuais reformadores haviam conquistado grande influência desde sua partida para os Estados Unidos. Eles estavam promovendo uma abordagem gradualista e experimental, baseada no princípio do "atravessar o rio tateando as pedras", que Wu considerava um método inferior de reforma, uma solução improvisada na qual a China precisava confiar enquanto não tinha conhecimento da "economia ocidental". Chen Yizi, Wang Xiaoqiang e outros jovens economistas reformadores tinham um poder institucional incomum. Foram responsáveis por aquilo que alguns consideram ser o primeiro *think tank* de reforma no mundo socialista. O Instituto de Reforma do Sistema era altamente estimado pelo líder da reforma econômica, Zhao Ziyang. Sua abordagem obteve uma grande vitória quando instituiu-se oficialmente o sistema de preços de via de mão dupla. De fato, reconhecendo a influência da nova instituição, o próprio Wu tentou ingressar no Instituto de Reforma do Sistema ao retornar à China, mas foi rejeitado em razão de sua fama de oportunista[39]. Posteriormente, Wu se dedicou cada vez mais a impulsionar sua agenda de reformas radicais.

Wu difundiu sua visão em várias publicações acadêmicas e populares. Em maio de 1985, ampliou um artigo publicado em fevereiro de 1985 no *Diário do Povo* para a prestigiosa revista *Pesquisa Econômica* (经济研究) e expôs sua visão de reforma de uma só vez[40]. Em essência, Wu resumiu as apresentações de Šik e Brus e baseou-se na economia de escassez de Kornai para argumentar que o sistema econômico forma um todo orgânico inter-relacionado e, como

Pesquisa de Sistemas Econômicos do Instituto de Economia da ACCS, sob sua liderança, em conjunto com Cheng Jiyuan, Rong Jingben e Wu Jinglian. A lógica básica nesse relatório e nos estudos subsequentes que defendiam um modelo de metas para a reforma era que, primeiro, a macroeconomia precisava ser equilibrada e, em seguida, todas as alavancas econômicas precisavam ser desregulamentadas para garantir ajustes flexíveis e superar distorções. Para uma visão geral desse projeto de pesquisa, ver Zhang Shuguang, *The History of Chinese Economic Studies*, cit., p. 531-7.

[38] Joseph Fewsmith, *Dilemmas of Reform in China: Political Conflict and Economic Debate* (Armonk, M. E. Sharpe, 1994), p. 161-2; Liu Hong, *Wu Jinglian: Scientific Critical Biographies of Contemporary Chinese Economists* (吴敬链: 当代中国经济学家学术评传) (Xian, Shanxi Normal University Press, 2002), p. 248.

[39] Chen Yizi, *Memoirs of Chen Yizi* (陈一咨回忆录) (Hong Kong, New Century, 2013), p. 347-8.

[40] Wu Jinglian, "Once More On Preserving the Positive Economic Environment of Economic Reform" (再论保持经济改革的良好经济环境), *Economic Research*, n. 5, 1985, p. 3-12; "Development Policy and Macroeconomic Control in the Early Stages of Economic Reform" (经济改革初战阶段的发展方针和宏观控制问题), *People's Daily*, 11 fev. 1985.

tal, só pode ser reformado por meio de uma transição completa para um novo sistema[41]. Comparando a abordagem gradual com a abordagem de um único pacote (一揽子), Wu recomendava esta última. Uma dualidade de elementos do antigo e do novo sistema era inevitável na transição, mas deveria ser superada o mais rápido possível. Mais importante ainda, a reforma dos preços tinha de pôr fim ao sistema de preços de via de mão dupla. Para elaborar seu ponto principal, Wu citou a palestra de Friedman em 1981 na China, dizendo que o "chamado milagre econômico produzido por Ludwig Erhard em 1948 era uma coisa muito simples" (ver capítulo 5)[42]. De acordo com o monetarismo e com base na experiência alemã pós-Segunda Guerra Mundial[43], Wu argumentou que era crucial controlar rigidamente a quantidade de dinheiro e impor austeridade fiscal. Isso era feito para evitar a inflação, que Wu considerava uma condição suficiente para a implementação de uma rápida reforma de preços[44].

Buscando dar mais peso ao imperativo da austeridade fiscal e monetária como ponto de partida para um crescimento sustentado de longo prazo e elemento necessário em períodos de transição estrutural, Wu defendeu, além do mito neoliberal do milagre de Erhard[45], o chamado plano Dodge. Joseph Dodge, banqueiro de Detroit e fixador de preços durante a Segunda Guerra Mundial, foi um dos principais arquitetos da reforma monetária da Alemanha ocidental e do plano de transição do Japão no pós-guerra, o qual recebeu seu

[41] Idem, "Once More On Preserving the Positive Economic Environment of Economic Reform", cit.

[42] Milton Friedman, *Friedman in China* (Hong Kong, Chinese University Press, 1990); Isabella Weber, "Shooting for an Economic 'Miracle': German Pos-War Neoliberal Thought in China's Market Reform Debate", em Quinn Slobodian e Dieter Plehwe, *Market Civilizations: Neoliberals East and South* (Nova York, Zone, 2022). Wu Jinglian, "Once More On Preserving the Positive Economic Environment of Economic Reform", cit., p. 4.

[43] Para uma discussão detalhada do papel do chamado milagre de Erhard no debate sobre a reforma da China, ver Isabella M. Weber, "Das Westdeutsche und das Chinesische 'Wirtschaftswunder'", cit.; "The Ordoliberal Roots of Shock Therapy", cit.

[44] A ênfase no aperto macroeconômico foi em parte uma resposta ao argumento contundente de Zhu Jiaming de que o alto crescimento da China e a taxa de inflação relativamente alta, em comparação com períodos anteriores, não eram um sinal de "superaquecimento", mas resultado da transformação da China de uma economia essencialmente não monetária em uma economia monetária, o que envolvia um processo de mudança profunda que não poderia ser apreendido pela análise estática da maioria das escolas de economia convencionais. Zhu, em entrevista com a autora (2016); Zhu Jiaming, "On the Current Stage of China's Economic Development: A Typical Development in a Nontypical Country", *Chinese Economic Studies*, v. 23, n. 2, 1989, p. 8-21; nessa mesma edição de *Chinese Economic Studies* há traduções de outras contribuições importantes para o debate sobre o "superaquecimento".

[45] Isabella Weber, "Shooting for an Economic 'Miracle'", cit.

nome. Em 1985, Wu publicou um artigo sobre o plano Dodge para propagar esse segundo exemplo de combinação de contenção macroeconômica com liberalização de mercado entre os reformadores chineses[46].

Os reformadores chineses estudavam a transição japonesa pós-Segunda Guerra Mundial desde a visita de Deng Xiaoping ao Japão em 1978. Sob os auspícios de Okita Saburo, que desempenhou um papel importante na transição da economia de guerra no Japão, e Gu Mu, havia reuniões anuais entre os burocratas japoneses e chineses[47]. Além dessas trocas burocráticas, reformadores de pacotes como Wu usaram o plano Dodge para justificar sua proposta de reforma. Em 2016, quando entrevistei Wu, ele me mostrou uma cópia do verbete da Wikipédia sobre Joseph Dodge, a fim de enfatizar a importância da transição japonesa no pós-guerra para o debate sobre a reforma da China nos anos 1980. Ele apontou no verbete a seção sobre o "plano Dodge". Lá se explicava que dois elementos importantes da cura de Dodge para o Japão foram "equilibrar o orçamento nacional consolidado" e "diminuir a intervenção do governo na economia, especialmente subsídios e controles de preços". A mensagem era clara, de acordo com Wu: a China deveria ter combinado austeridade com liberalização de preços da noite para o dia.

Para criar uma instituição que divulgasse as lições da experiência do Leste Europeu, conforme articulada por Brus, Šik, Kornai e outros, Wu Jinglian, Zhao Renwei e Rong Jingben fundaram em 1985 uma revista chamada *Sistemas Econômicos e Sociais Comparativos* (经济社会体制比较)[48]. Um artigo de Guo Shuqing como autor principal na edição inaugural exerceu impacto político imediato.

---

46 Wu Jinglian, em entrevista com a autora (2016); Xiao Qiu, "The 'Dodge Plan' and the Transformation of Japan's Economic System" (道奇计划"和日本经济体制的转变), *Comparative Economic and Social Systems*, n. 2, 1985, p. 25-7. Joseph Dodge, "um banqueiro de Detroit de visões liberais" (John K. Galbraith, *A Life in Our Times*, Boston, Houghton Mifflin Company, 1981, p. 251-2), juntou-se aos economistas norte-americanos Raymond Goldsmith e Gerhard Colm para elaborar um plano de reforma da moeda alemã, o qual, mais ou menos por acidente histórico, foi posteriormente creditado a Ludwig Erhard. Harald Hagemann, "Colm, Gerhard", em Harald Hagemann e Claus-Dieter Krohn (orgs.), *Biographisches Handbuch der Deutschsprachigen Wirtschaftswissenschaftlichen Emigration nach 1933* (Munique, K. G. Sauer, 1999), p. 104-13. Dodge foi para o Japão para ser o "conselheiro financeiro do comandante supremo das potências aliadas". Marie Thorsten e Yoneyuki Sugita, "Joseph Dodge and the Geometry of Power in US-Japan Relations", *Japanese Studies*, v. 19, n. 3, 1999, p. 297. Nessa função, ele impôs medidas estritas de austeridade na economia japonesa do pós-guerra. Idem.

47 Ezra F. Vogel, *Deng Xiaoping and the Transformation of China*, cit., p. 462-3.

48 Huang Peijian, "The Comparative School of Thought and China's Economic Reforms" (比较经济学派和中国经济改革), *Economic Observer*, 2 ago. 2004; Peng Xiaomeng, em entrevista com a autora (2016).

Guo Shuqing tornou-se mais tarde governador da província industrial de Shandong (2013-2017) e atualmente preside a Comissão Reguladora Bancária da China. Na época, Guo fazia doutorado no Instituto de Marxismo-Leninismo e Pensamento de Mao Tsé-tung da ACCS e, portanto, conhecia bem as visões soviéticas ortodoxas, além de estudar a economia ocidental. Junto com seus colegas e coautores Liu Jirui e Qiu Shufang, ele defendia vigorosamente a reforma de pacote com uma reforma de preços orientada para o mercado em seu núcleo[49]. Guo Shuqing relatou que eles participaram de um simpósio nacional sobre as teorias de precificação no fim de 1984, em Changzhou. Lá, foram os únicos a sugerir preços orientados pelo mercado, com um plano meramente orientador[50]. Guo mencionou que a visão dominante na época era separar os bens em diferentes categorias e exigir "preços determinados pelo Estado para certas mercadorias-chave e preços regulados pelo mercado para mercadorias de menor importância"[51]. Outros reformadores também queriam mais mercado. Mas a diferença crucial entre Guo e seus colaboradores, de um lado, e a visão dominante na China, de outro, era o argumento de que os preços das mercadorias-chave também deveriam ser deixados para o mercado. Para eles, o mercado devia regular o núcleo da economia chinesa.

As opiniões de Guo sobre a reforma de preços se assemelhavam muito às dos visitantes do Leste Europeu discutidas no capítulo 5. Guo explicou, em janeiro de 1985, que o primeiro passo seria definir o modelo-alvo[52]. Sustentou que compreender "verdadeiramente a abordagem marxista do valor social" significava reconhecer "que o valor de mercado é a única forma concreta e realista de valor social" e, portanto, a precificação de mercado era o único alvo certo para a reforma[53]. As exceções deveriam ser os preços daqueles bens definidos na economia neoclássica como bens públicos, como transporte,

---

[49] Wu Jinglian, em entrevista com a autora (2016); Zhang Shuguang, *The History of Chinese Economic Studies*, cit., p. 537-8; Zhang Weiying, *Logic of the Market: An Insider's View of Chinese Economic Reform* (Washington, Cato Institute, 2015), p. 375.

[50] Guo Shuqing, ""A Brief Note on Each Article", em China Development Research Foundation (org.), *Chinese Economists on Economic Reform: Collected Works of Guo Shuqing* (Oxon, Routledge, 2012), p. xxii.

[51] Idem.

[52] Guo Shuqing, "Famous International Scholars and Experts Discuss China's Economic Reforms" (国际知名学者和专家谈中国经济改革), *Comparative Economic and Social Systems*, n. 3, 1985, p. 30. Para uma tradução em inglês desse artigo, ver Guo Shuqing, "On the Target Model of Price Reform (January 1985)", em China Development Research Foundation (org.), *Chinese Economists on Economic Reform: Collected Works of Guo Shuqing* (Oxon, Routledge, 2012), ao qual me refiro daqui em diante.

[53] Guo Shuqing, "On the Target Model of Price Reform (January 1985)", cit., p. 24.

comunicação e saúde, que deveriam ser fixados pelo Estado[54]. Mas esses bens não incluiriam insumos industriais importantes, como aço ou bens de consumo básico, por exemplo arroz. Estes deveriam ser totalmente deixados para o mercado livre.

Guo tinha uma postura ainda mais radical que Wu em relação à reforma de via de mão dupla. Não considerava o sistema de preços de via de mão dupla "aceitável, nem mesmo como modelo de transição"[55]. De modo similar à conclusão a que chegaram os especialistas estrangeiros na Conferência de Moganshan, Guo acreditava que "permitir que um produto tenha vários preços é absolutamente incompatível com a economia de mercadorias"[56]. De maneira mais geral, ele considerava que a experiência do Leste Europeu havia provado que "tentar manter o velho sistema apenas remendando-o é inútil"[57]. Na mesma linha, Guo ignorou as conquistas da reforma econômica de meados da década de 1980, classificando o sistema na época como um "modelo bastante tradicional"[58]. O ponto de partida de Guo era, portanto, uma visão idealizada do antigo sistema. O modelo-alvo era um modelo idealizado de uma economia de mercado. Seu pacote de reformas prometia facilitar a rápida transição de um para outro.

Em abril de 1985, Guo, Liu e Qiu publicaram seu ponto de vista sobre a "reforma abrangente", tendo como núcleo a reforma de preços, na nova revista *Sistemas Econômicos e Sociais Comparativos* e, em carta, enviaram recomendações ao Conselho de Estado[59]. Assim como Wu descrevia o "sistema econômico como um todo orgânico", eles enfatizavam que o sistema de preços "é todo o sistema econômico visto por um ângulo"[60]. Argumentavam que "a reforma abrangente é uma enorme tarefa de engenharia do sistema social" e, como tal, exigia um "plano geral" para avançar em direção ao "modelo-alvo"[61]. Atacavam de antemão a abordagem experimentalista gradualista, negando a validade das lições dos projetos-piloto e da reforma rural para a reforma

---

[54] Ibidem, p. 23.

[55] Ibidem, p. 26.

[56] Ibidem, p. 25.

[57] Idem.

[58] Ibidem, p. 22.

[59] Idem, "A Brief Note on Each Article", cit., p. xxiii e p. 28-36. Para uma tradução em inglês desse artigo, ver Guo Shuqing, Liu Jirui e Qiu Shufang, "Comprehensive Reform is in Urgent Need of Overall Planning", em China Development Research Foundation (org.), *Chinese Economists on Economic Reform: Collected Works of Guo Shuqing* (Oxon, Routledge, 2012), p. 28-36, ao qual me refiro daqui em diante.

[60] Guo Shuqing, Liu Jirui e Qiu Shufang, "Comprehensive Reform is in Urgent Need of Overall Planning", cit., p. 29.

[61] Ibidem, p. 28.

industrial urbana[62]. Outra vez, o sistema de preços de via de mão dupla estava no centro de suas críticas. O sistema de preços de via de mão dupla levaria as mercadorias incluídas no plano a fluir para o mercado, sendo vendidas e revendidas várias vezes e gerando lucro para os funcionários responsáveis pelas alocações baratas do plano. Isso, de acordo com Guo e seus coautores, incentivaria a corrupção e resultaria em um "sistema de transição conflitante"[63].

Além disso, segundo eles, enquanto o antigo sistema imperasse, prevaleceriam a "fome de investimento" e o excesso de demanda agregada manifestada em escassez. O rápido crescimento econômico e a reforma do sistema econômico eram incompatíveis. A reforma do Leste Europeu mostrara que a única maneira era controlar com rigor a demanda agregada e, então, implementar um pacote "abrangente" de reformas[64].

Eles acrescentaram um exemplo negativo à lista dos milagres ocorridos na Alemanha ocidental e no Japão, com a intenção de enfatizar o "mantra" da austeridade macroeconômica combinada com liberalização de preços. O caso polonês provaria que a reforma gradual necessariamente fracassa. Na década de 1970, os poloneses não conseguiram implantar seu plano de reforma de preços no atacado e limitaram o escopo a cerca de 40% dos produtos industriais. De início, isso trouxe um crescimento muito rápido, alimentado por uma demanda agregada incontrolável. No entanto, quando "a Polônia por fim foi forçada a reformar os preços, o resultado foi uma crise social"[65]. Análises do Partido Comunista Polonês mostraram que o problema era que as reformas haviam tomado "um caminho experimental e errado"[66]. Assim, estudiosos estrangeiros, entre os quais Šik, Kosta e Brus, concordavam que a única maneira de reformar era seguir um plano geral. Guo, Liu e Qiu acrescentavam que essa abordagem era incentivada também por János Kornai, que assinalou a estudantes chineses no exterior que, "se a reforma da China continua[sse] a se concentrar na experiência local e ignorar a situação geral, se continua[sse] a fazer mudanças meramente fragmentárias, eventualmente teriam de retornar ao sistema tradicional"[67].

Finalmente, Guo, Liu e Qiu apelavam para a autoridade do Banco Mundial para dar mais peso a sua insistência em abandonar a abordagem gradual e implementar um plano geral de reforma. Citaram um relatório, afirmando:

[62] Ibidem, p. 31-2.
[63] Ibidem, p. 29-30.
[64] Ibidem, p. 31.
[65] Ibidem, p. 33.
[66] Idem.
[67] Idem.

"Em alguns aspectos, embora exista o risco de tomar decisões erradas, é melhor implementar ao mesmo tempo todo um conjunto de medidas fundamentais de reforma"[68]. A mensagem era clara: a reforma gradual, que mantinha o núcleo do antigo sistema em funcionamento, só podia prejudicar, não fazer bem. O único caminho a seguir era uma reforma completa do mercado, impulsionada pela liberalização dos preços no atacado. Com relação ao curso de ação imediato, Guo, Liu e Qiu concordavam com Wu Jinglian: impor um macrocontrole estrito e elaborar um plano abrangente para preparar uma reforma geral de preços a ser implementada assim que o ambiente econômico fosse adequado.

Zhao Ziyang leu o relatório em 19 de maio de 1985 e disse que só poderia ser benéfico, e não prejudicial, explorar mais essa linha de raciocínio[69]. O Conselho de Estado ordenou a criação de um grupo de trabalho sob a Comissão Estatal de Reestruturação do Sistema Econômico, que trabalhou ao longo de junho de 1985 para elaborar um programa de reforma nos moldes propostos por Guo Shuqing, Liu Jirui e Qiu Shufang[70].

A proposta do programa estava navegando por novas águas em pelo menos dois aspectos: de acordo com Wu Jinglian[71], foi o primeiro programa de reforma abrangente que atendia aos padrões da economia moderna. Na visão de Guo Shuqing, também foi o primeiro a explicitar que a direção deveria ser a "mercantilização"[72]. Lou Jiwei foi nomeado um dos organizadores do grupo de trabalho, e Guo Shuqing e seus coautores se juntaram a eles[73]. Rememorando seu trabalho, Lou observou que, enquanto ele e seus colaboradores usavam computadores para aplicar a técnica de avaliação e revisão de programas (Tarp), Guo Shuqing, Liu Jirui e Qiu Shufang usavam os clássicos marxistas e os conceitos da filosofia e da economia política. No entanto, eles chegaram a prioridades bem semelhantes para a reforma[74]. Unir forças

---

[68] Idem.

[69] Ibidem, p. 28; Wu Jinglian, em entrevista com a autora (2016).

[70] Guo Shuqing, Liu Jirui e Qiu Shufang, "Comprehensive Reform is in Urgent Need of Overall Planning", cit., p. 28; Lou Jiwei, "The 1985 Program Office: Transcription of Lou Jiwei's Tsinghua Lecture, 16-19 September, 2011" (1985 年方案办 － 楼继伟清华讲课), 2011, manuscrito não publicado. A transcrição da palestra de Lou Jiwei sobre o Escritório do Programa de 1985, realizada em de setembro de 2011, foi cedida à autora por Peng Xiaomeng.

[71] Wu Jinglian, em entrevista com a autora (2016).

[72] Guo Shuqing, "A Brief Note on Each Article", cit., p. xxiii.

[73] Guo Shuqing, Liu Jirui e Qiu Shufang, "Comprehensive Reform is in Urgent Need of Overall Planning", cit., p. 28. O segundo organizador foi Gong Zhuming. Entre os participantes estavam Xu Meizheng, Jia Heting, Li Hong e Wang Qin. Ibidem, p. 28; Lou Jiwei, "The 1985 Program Office", cit..

[74] Lou Jiwei, "The 1985 Program Office", cit.

e combinar essas duas abordagens deu-lhes autoridade científica moderna, assim como ideológica.

Uma de suas prioridades foi unificar as múltiplas vias de preços em uma única via para cada mercadoria, o que se acreditava ser crucial para estabelecer uma economia de mercado[75]. Três abordagens foram consideradas para se alcançar essa unificação de preços. Em primeiro lugar, os preços do plano poderiam ser aumentados aos poucos, de modo a eventualmente fechar a lacuna em relação aos preços de mercado. Essa abordagem se assemelhava mais à proposta apresentada por Lou Jiwei na Conferência da Juventude de Moganshan (ver capítulo 6)[76]. Mas o grupo de trabalho rejeitou essa reforma, alegando que era muito lenta. Adiaria outras reformas importantes que dependiam da reforma de preços. Além disso, cada pequeno ajuste de preço do plano levaria a uma miríade de outros ajustes nos impostos e nas finanças públicas, o que tornava essa abordagem complicada.

Em segundo lugar, um sistema de preços mistos poderia ser instituído como um passo intermediário para a liberalização dos preços. Por essa abordagem, os preços de via de mão dupla seriam unificados em apenas uma via, fosse em um mercado livre, fosse em um preço de plano. Isso envolveria a liberalização de todos os preços dos bens que tinham excesso de oferta. Os preços dos bens em falta devem ser corrigidos por um grande ajuste para cima dos preços planejados para abolir os altos preços de mercado prevalecentes e, assim, fechar as duas vias. O passo seguinte seria abolir por completo os preços do plano e deixar que todos os preços fossem determinados pelo mercado. Os autores consideraram essa abordagem superior à primeira, mas também viam desvantagens. Como as empresas estavam acostumadas a vender seus produtos a preços de mercado, seriam necessários altos custos de fiscalização para retornar a um plano unificado. Os aspectos negativos do sistema inflexível de preços planejados também prevaleceriam, e o período de transição seria prolongado sob esse plano.

[75] Research Group for an Overall Plan, "Design of an Overall Plan for Economist System Reform" (经济体制改革总体规划构思), *Economic Research Reference Material*, n. 35, 1986. O principal autor do relatório elaborado em junho de 1985 foi Guo Shuqing. Guo Shuqing, Liu Jirui e Qiu Shufang, "Comprehensive Reform is in Urgent Need of Overall Planning", cit., p. 28. O relatório foi publicado em março de 1986. Research Group for an Overall Plan, "Design of an Overall Plan for Economist System Reform", cit.

[76] Lou Jiwei e Zhou Xiaochuan, "On the Direction of Reform in the Price System and Related Modeling Methods" (论我国价格体系改革方向及其有关的模型方法), *Economic Research*, n. 10, 1984, p. 13-20; Zhou Xiaochuan, Lou Jiwei e Li Jiange, "Price Reform Must Not Increase the Fiscal Burden" (价格改革无需增加财政负担), *Economic Daily*, 29 set. 1984, p. 3.

A terceira abordagem, e a preferida, de acordo com os autores da proposta de reforma era liberalizar de uma só vez todos os preços então sob o sistema de preços de via de mão dupla. Isso claramente antecipava um impulso posterior para uma grande reforma de preços. No entanto, a proposta incluía preços de matérias-primas essenciais que estavam em falta. Como concessão aos reformadores mais cautelosos, a proposta sustentava que isso poderia ser combinado com um limite superior para os preços de mercado de certas mercadorias, que seria abolido assim que os preços se estabilizassem.

Para a segunda e a terceira abordagens, os autores reconheciam que eram necessários subsídios compensatórios para as empresas que sofriam perdas em razão das variações de preços e para equalizar as taxas de lucro. Além disso, salientaram que, para evitar que os custos crescentes do aumento de preço das matérias-primas afetassem os consumidores, o imposto sobre o valor agregado deveria ser reduzido. No entanto, os autores reconheciam que um aumento geral do nível de preços seria inevitável e recomendavam austeridade. A única maneira de limitar efetivamente a inflação, em sua opinião, era impor políticas monetárias rígidas, incluindo aumentos das taxas de juros e controle sobre o volume total de crédito. Reformas rápidas e simultâneas realizadas em um grande passo seriam bastante exigentes, admitiam os autores. Mas, cheios de otimismo juvenil, argumentavam que um planejamento científico meticuloso poderia superar tais desafios[77].

O grupo de trabalho apresentou seus resultados ao Conselho de Estado de 27 a 29 de julho de 1985[78]. Apenas alguns meses após a implementação oficial do sistema de preços de via de mão dupla, o momento não era ideal para imprimir uma reviravolta acentuada e partir para a reforma geral dos preços de uma só vez. No entanto, os jovens intelectuais, com o apoio de colegas mais velhos, insinuaram a possibilidade de uma reforma global planejada, e de uma só vez, na mente das lideranças. Poucos meses depois, realizavam-se os preparativos para o grande plano de um big bang.

Ventos favoráveis do estrangeiro: a conferência no navio MS Bashan

A campanha a favor da contenção macroeconômica e da reforma de preços no atacado ganhou um apoio de grande valor simbólico: o dos participantes

[77] Research Group for an Overall Plan, "Design of an Overall Plan for Economist System Reform", cit.

[78] Guo Shuqing, Liu Jirui e Qiu Shufang, "Comprehensive Reform is in Urgent Need of Overall Planning", cit., p. 28.

de uma segunda grande conferência organizada em conjunto com o Banco Mundial e realizada no navio *MS Bashan*, que cruzou o rio Yangtzé de 2 a 7 de setembro em 1985[79]. Em fevereiro de 1984, quando a missão do Banco Mundial visitou a China para realizar seu segundo relatório, Liao Jili, um dos participantes do alto escalão na Conferência de Moganshan, sugeriu o planejamento de outra conferência sobre a reforma[80]. Quando a missão voltou à China, em março de 1985, para discutir o relatório, essa ideia foi transformada em plano. Os economistas do Banco Mundial se reuniram com Dong Fureng, Gao Shangquan e Liao Jili para discutir quem seriam os especialistas internacionais. Concordaram que deveria haver três participantes de países socialistas, pelo menos dois ganhadores do Prêmio Nobel em economia e três outros, dos quais um francês e um japonês[81]. A ambição de convidar ganhadores do Prêmio Nobel indicava que essa conferência não ficaria "fora do radar"[82], como

---

[79] Liu Guoguang e Zhang Zhuoyuan, "Economic System Reform and Macroeconomic Management: Commentaries on the 'International Conference on Macroeconomic Management'" (经济体制改革与宏观经济管理："宏观经济管理国际讨论会"评述), *Economic Research*, n. 12, 1985, p. 3; Guo Shuqing, "Famous International Scholars and Experts Discuss China's Economic Reforms", cit.

[80] Adrian Wood, "World Bank Mission In China (February to April 1984) for 1985 Report", arquivo pessoal.

[81] Entre os participantes cogitados para essa reunião estavam Charles Goodhart, do Banco Central, Herbert Giersch, do Instituto de Economia Internacional em Kiel, Armin Gutowski, que visitara a China como consultor do governo em 1979. Ulli Kulke, "Ein Undiplomatischer Diplomat und die Freiheitsliebe: Ein Interview mit Erwin Wickert", *Welt*, 9 abr. 2007; Renate Merklein, "China Ist Derzeit ein Grosses Laboratorium", *Der Spiegel*, 1º dez. 1980; Tobin, Schultz, Meade e Mason (Adrian Wood, "World Bank Visit to China to Discuss Draft 1985 Report (March 1985)", arquivo pessoal). Gewirtz, que coloca a Conferência de Bashan no centro de sua narrativa, sugere, em relação à lista de convidados, que Lim havia "pensado imediatamente em seu amigo Cairncross". Julian Gewirtz, *Unlikely Partners*, cit., p. 139. No entanto, Cairncross não está incluído nas notas de Adrian Wood. Documentos de Cairncross na Universidade de Glasgow (arquivo DC106/2/14) mostram que ele fora vetado pela primeira vez pelo irmão de Edwin Lim, Cyril Lin, e não pelo próprio Lim. Mais importante, Gewirtz escreveu: "Lim estava empenhado em ir além dos economistas que tinham experiência com países socialistas", mas torna-se evidente pelas notas de Wood que não era um compromisso pessoal de Lim, e sim o resultado de uma consulta conjunta com seus pares chineses. Existem várias outros delizes no relato de Gewirtz. Por exemplo, Gewirtz escreveu: "Em 1982, vários dos economistas [que estavam participando da Conferência de Bashan], inclusive Xue Muqiao, Wu Jinglian e Zhao Renwei, participaram da conferência muito menor do Banco Mundial com a Europa oriental". Julian Gewirtz, *Unlikely Partners*, cit., p. 330. No entanto, como vimos no Capítulo 5, Wu Jinglian optou por não participar da conferência. Edwin Lim, Wu Jinglian e Adrian Wood, em entrevista com a autora (2016).

[82] Edwin Lim, em entrevista com a autora (2016).

a Conferência de Moganshan, mas que um grupo de especialistas de renome mundial ajudaria a chamar a atenção do público e geraria mais tração para as reformas do mercado. De fato, até hoje, a Conferência de Bashan é um evento amplamente conhecido e celebrado em certos círculos de reformadores na China e no mundo[83].

O cenário da conferência no navio *Bashan* contrastava fortemente com as reuniões dos jovens intelectuais em parques e escritórios vazios de austeros institutos de pesquisa na década de 1980, como o Instituto de Economia da ACCS. (Quando visitei o antigo prédio do Instituto de Economia em 2016, ainda pairava ali uma forte atmosfera dos velhos tempos.) A Conferência de Bashan aconteceu em um luxuoso navio turístico com piscina. Na fotografia de grupo dos participantes, a piscina ocupa tanto espaço quanto os estimados economistas e reformadores, que trajavam elegantes roupas ao estilo ocidental. O navio forneceu um ambiente isolado. Separados do mundo exterior, especialistas de renome internacional e reformadores chineses de alto escalão reuniram-se para discutir o futuro do sistema econômico da China. O navio percorreu um dos cenários mais emblemáticos da China: as Três Gargantas. O conforto moderno – e ao estilo ocidental – oferecido às elites simbolizava as aspirações de um novo tipo de China.

Após sua chegada a Pequim, a delegação foi convidada a jantar com o primeiro-ministro, Zhao Ziyang, em 1º de setembro de 1985. Além de Lim, Wood e Brus, fazia parte da delegação Alec Cairncross, que desempenhou um papel importante na transição do pós-guerra para uma economia de paz no Reino Unido (ver capítulo 2). Cairncross anotou em seu diário naquele dia que a "visita ao primeiro-ministro foi notável em muitos aspectos. Formamos uma longa fila de delegados internacionais, liderada por mim, como mais velho, e apertamos a mão de uma sucessão de chineses antes de nos alinharmos para a fotografia habitual"[84]. Outros membros da fila estrangeira que se destacavam por suas contribuições para a questão central da reforma de preços eram o novo-keynesiano e ganhador do Prêmio Nobel

[83] Julian Gewirtz, *Unlikely Partners*, cit.; János Kornai, *By Force of Thought*, cit.; Edwin Lim, "The Opening of the Mind to the Outside World in China's Reform and Opening Process" (序二：中国改革开放过程中的对外思想开放), em Wu Jinglian et al. (orgs.), *30 Years of Reform Through the Eyes of 50 Economists: Review and Analysis* (中国经济50人看三十年：回顾与分析) (Pequim, China Economics Press, 2008), p. 43-51. Em 2015, um evento de alto nível foi organizado pela Associação de Pesquisa de Reforma do Sistema Econômico da China, a Comissão Nacional de Desenvolvimento e Reforma e o Banco Mundial para comemorar o trigésimo aniversário da conferência.

[84] Alec Cairncross, *Papers of Alec Cairncross: Typescript of Visit to China in 1985 [File GB248DC1062/14]* (Glasgow, University of Glasgow, 1985).

James Tobin[85]; Otmar Emminger, ex-diretor do Bundesbank de 1976 a 1979 que ajudara a moldar a política monetária alemã de independência do Banco Central desde 1950[86]; Aleksander Bajt, o economista reformador iugoslavo que mais tarde defenderia vigorosamente a privatização[87] e que também participara da Conferência de Atenas de 1981; e o húngaro János Kornai, na época a estrela da economia[88]. Entre os participantes chineses estavam An Zhiwen, Gao Shangquan, Xue Muqiao, Ma Hong, Liu Guoguang, Zhao Renwei e Wu Jinglian e, da geração mais jovem, Tian Yuan, Lou Jiwei, Guo Shuqing e Luo Xiaopeng (ver imagem 3)[89]. Notavelmente, nenhum economista do Instituto de Reforma do Sistema ou outros defensores importantes da mercantilização gradual pelas margens foram convidados.

Cairncross anotou em seu diário que, no jantar, a reforma salarial e de preços foi a "questão cardeal levantada pelo primeiro-ministro"[90]. Tobin alertou: "A China deve se sair melhor que qualquer um de nós e criar novas instituições". Em contrapartida, Emminger sugeriu que a China deveria seguir o caminho alemão. Em consonância com Friedman e Wu Jinglian, Emminger "enfatizou o golpe ousado de Erhard, que aboliu o controle de preços de uma só vez em 1948"[91]. O chamado milagre de Erhard foi usado na China para

---

[85] Tobin já havia visitado a China, com John Kenneth Galbraith e Wassily Leontief, em setembro de 1972, apenas sete meses após a visita de Nixon. Galbraith era, na época, presidente da Associação de Economia Americana, e Leontief e Tobin se juntaram à delegação como seus predecessores. John K. Galbraith, *A China Passage* (Nova York, Paragon House, 1973), p. 3-4; James Tobin, "The Economy of China: A Tourist's View", *Challenge*, v. 16, n. 1, 1973, p. 20-31.

[86] "Otmar Emminger", *Der Spiegel*, 11 ago. 1986, p. 80.

[87] Aleksander Bajt, "The Scope of Economic Reforms in Socialist Countries", em János Mátyás Kovács e Márton Tardos (orgs.), *Reform and Transformation in Eastern Europe Soviet-type Economics on the Threshold of Change* (Londres, Routledge, 1992), p. 191-202.

[88] China Economic System Reform Research Conference, "Introduction of Foreign Economists Who Participated in the International Conference on Macroeconomic Management" (参加宏观经济管理国际讨论会的外国经济学家简介), em *Macroeconomic Management and Reform: Selected Speeches of the Macroeconomic Management Symposium* (Pequim, Economic Daily, 1986), p. 260-76. Os outros especialistas internacionais eram Michel Albert, ex-diretor da Autoridade Nacional Francesa de Planejamento; Leroy Jones, um norte-americano especializado em Coreia; e Kobayashi, membro do conselho do Banco Industrial do Japão. Idem; Liu Hong, "The Bashanlun Roundtrip" (巴山论之行), *Economic Observer*, 4 set. 2009.

[89] Luo Xiaopeng foi o único que participou do Grupo de Desenvolvimento Rural. Ele e seus colaboradores, em particular Hua Sheng, cooperaram com o Banco Mundial em sua pesquisa sobre a reforma empresarial. Luo Xiaopeng, em entrevista com a autora (2017).

[90] Alec Cairncross, *Papers of Alec Cairncross*, cit.

[91] Idem.

IMAGEM 3: Conferência no navio *MS Bashan* (Yang-tsē, setembro de 1985). Todos os participantes, sem as esposas. Cortesia de Adrian Wood.

defender uma forma de doutrina de choque neoliberal, assim como Sachs, Balcerowicz e outros fizeram mais tarde na Polônia[92].

Depois, durante a conferência, Cairncross[93] comparou a experiência britânica do pós-guerra sob o governo trabalhista de Clement Attlee com o "milagre" alemão e pediu um descontrole *gradual* dos preços (ver capítulo 2)[94]. Apontou que confiar no controle monetário como meio de regulação macro-econômica exigia um sistema fiscal e monetário altamente desenvolvido. Na China, o setor bancário ainda era rudimentar e não havia mercado monetário desenvolvido. Nessas condições, na visão de Cairncross, "a política monetária será impotente, e o efeito do controle orçamentário também será limitado"[95]. Todos os apelos de Wu Jinglian, Guo Shuqing e outros para impor restrições

[92] Isabella Weber, "Shooting for an Economic 'Miracle'", cit.

[93] Sobre o papel de Cairncross na transição pós-Segunda Guerra Mundial no Reino Unido, ver capítulo 3 deste volume. Cairncross já visitara a China em 1979 como parte de uma missão da Academia Britânica. Alec Cairncross, *Papers of Alec Cairncross: Diary of British Academy Visit to China 1979 [File GB248DC10690/12]* (Glasgow, University of Glasgow, 1979); *Living with the Century*, Londres, Lynx, 1998, p. 282-7.

[94] Liu Guoguang et al., "Economic Reform and Macroeconomic Management: Commentaries on the International Conference on Macroeconomic Management", *Chinese Economic Studies*, v. 20, n. 3, 1987, p. 14.

[95] Ibidem, p. 24.

monetárias e, dessa forma, preparar um grande passo na reforma dos preços seriam fúteis, segundo sua análise.

De acordo com a contribuição de Cairncross à conferência, estabilizar o nível geral de preços por meios macroeconômicos era impossível nas circunstâncias específicas da China. Além disso, os preços não eram adequados como meio de coordenação econômica. A regulação do mercado depende de ajustes de quantidade em reação às mudanças de preços. Mas, argumentou Cairncross, como na China "oferta e demanda são inelásticas em termos de mudanças de preços, então o controle administrativo pode conseguir o que o mecanismo de preços não é capaz"[96]. Assim, uma livre movimentação de preços não equilibraria oferta e demanda. Na opinião de Cairncross, enquanto as mudanças institucionais que permitiriam às empresas e aos consumidores reagir mais prontamente às mudanças de preços estivessem ainda em estágios iniciais, seriam necessários mais controles administrativos sobre quantidades e preços. Em suma, ele alertou: "O controle indireto depende de um mercado perfeitamente competitivo. Se não houver concorrência perfeita ou se o mercado não for competitivo, são necessárias medidas administrativas [como o controle de preços]"[97].

Com esses argumentos diretos, Cairncross desacreditou a ideia de que a China poderia reverter ao macrocontrole indireto sob a realidade institucional, bem como a noção de que a rápida liberalização dos preços resolveria o excesso de demanda agregada. Advertiu que os ajustes na estrutura salarial poderiam facilmente resultar em inflação de custos induzida pelos salários[98]: "Quando os preços de algumas mercadorias sobem, isso não leva *necessariamente* a um aumento geral dos preços de todas as mercadorias, mas, quando os salários aumentam em um setor ou departamento, isso afeta muito depressa outros setores e departamentos. A tendência à igualdade de renda levará a um aumento geral da escala salarial"[99].

Brus, cujos argumentos dados em suas primeiras visitas eram frequentemente citados por Wu, Guo e outros a favor da reforma dos preços no atacado, adotou uma postura um pouco mais conciliatória que a tivera na Conferência de Moganshan (ver capítulo 5). Brus explicou que, ao refletir com outros reformadores sobre o fracasso das reformas no Leste Europeu, eles chegaram à conclusão de que apenas reformas de todos os aspectos do sistema econômico, inclusive empresariais e de preços implementadas de uma só vez, seriam

[96] Idem.
[97] Idem.
[98] Ibidem, p. 34.
[99] Ibidem, p. 24-5, grifo nosso.

bem-sucedidas[100]. Mas suas visitas à China lhe ensinaram que havia espaço para reformas graduais, dados os sucessos no grande setor agrícola no país. Além do mais, os países do Leste Europeu "desistiram no meio do caminho, em consequência das mudanças nas circunstâncias políticas"; aos olhos de Brus, porém, "essa ameaça não existe na China"[101].

Brus também reconheceu que a China foi o primeiro país a adotar um sistema de preços de via de mão dupla para as matérias-primas. Outros países socialistas tinham preços múltiplos para bens de consumo, mas o sistema de preços de via de mão dupla para bens de produção industrial era uma invenção chinesa[102]. Ele ficou tão impressionado com o sucesso da reforma chinesa e desiludido com as tentativas do Leste Europeu nas décadas de 1950 e 1960 que aconselhou os economistas chineses a não se inspirarem em seus escritos[103]. Entretanto, em sua apresentação, advertiu que o sistema de preços de via de mão dupla era um mecanismo transitório, que não poderia de forma alguma ser aplicado por muito tempo, ou teria efeitos prejudiciais em geral[104]. Em relação aos passos seguintes para a reforma de preços, Brus acabou concordando com a posição de Kornai e Emminger – de que deveria ser imposta em um grande pacote, inclusive com a liberalização do preço das matérias-primas.

A postura um pouco mais cautelosa de Brus foi ofuscada por Kornai, autodenominado "reformador radical"[105]. Entrevistei Edwin Lim em um agradável *pub* londrino cerca de trinta anos depois. Lim, que na época da conferência era o principal economista do Banco Mundial na China, enfatizou que Kornai criticava as atividades da instituição na década de 1980 por seu foco na economia e não na política. De fato, é notável que, em meio à mudança neoliberal global, o Banco Mundial tenha adotado uma abordagem relativamente equilibrada na China, trazendo um conjunto diversificado de pontos de vista, deixando o julgamento para os chineses. Essa prática é clara na famosa Conferência de Bashan. Cairncross, Tobin, Kornai e Emminger – para

---

[100] Guo Shuqing, "Famous International Scholars and Experts Discuss China's Economic Reforms", cit., p. 9; Guo Shuqing e Zhao Renwei, "Target Model and Transition Measures" (目标模式和过渡步骤), em China Economic System Reform Research Conference (org.), *Macroeconomic Management and Reform*, cit., p. 19.

[101] Liu Guoguang et al., "Economic Reform and Macroeconomic Management", cit., p. 13.

[102] Ibidem, p. 16.

[103] Edwin Lim, "The Opening of the Mind to the Outside World in China's Reform and Opening Process", cit.

[104] Guo Shuqing e Zhao Renwei, "Target Model and Transition Measures", cit., p. 21.

[105] János Kornai, "Providing the Chinese Reformers with Some Hungarian Lessons" (提供给中国改革者的匈牙利的一些经验教训), em China Economic System Reform Research Conference (org.), *Macroeconomic Management and Reform*, cit., p. 1.733.

citar apenas alguns dos participantes internacionais – não concordavam em relação à reforma do sistema econômico da China. Lim apontou que Kornai considerava ingenuidade do Banco Mundial esperar contribuir para a reforma econômica na China sem promover uma mudança em seu sistema político[106]. De acordo com Lim, a visão de Kornai era que a reforma econômica, sem mudança política, ficaria travada.

Em um artigo sobre a reforma húngara publicado no *Journal of Economic Literature* [Revista de Literatura Econômica], um ano após a Conferência de Bashan – e com alguma semelhança com o discurso de Kornai no rio Yang-tsé –, Kornai declarou seu ceticismo em relação ao que chamou de "reformadores ingênuos". Estes seriam pegos em uma "contradição interna teimosa" pela esperança de "conseguir a participação ativa das mesmas pessoas que perderão uma parte de seu poder se o processo [de reformas de mercado] for bem-sucedido"[107]. Kornai disse que essa abordagem de reforma ingênua dominava os escritos oficiais da China e desafiou a "fé depositada na dualidade harmoniosa e na correção mútua de 'plano' e 'mercado'"[108].

No navio, Kornai expressou sua crítica a essa dualidade de plano e mercado. Disse à audiência que "o estilo gradualista de reforma levaria provavelmente a um problema de não uniformidade da 'regulamentação do tráfego', e isso causaria confusão nas operações econômicas"[109]. Esse mesmo exemplo foi apresentado mais tarde por Jeffrey Sachs em seus argumentos contra a reforma gradual, que ele descreveu como um "equivalente aproximado dos britânicos passando da mão direita para a esquerda mudando apenas os caminhões no início"[110]. Kornai reconheceu na conferência que, em alguns domínios, como o sistema de propriedade, havia uma reforma gradualista em andamento[111]. No entanto, insistiu que "seria necessário adotar o modo de reforma 'por inteiro' *de uma só vez*, ou seja, as várias medidas de reforma são sincronizadas, coordenadas e mantidas em sintonia umas com as outras"[112].

A reforma dos preços estava no centro da "reforma por inteiro", *de uma só vez*, de Kornai. Tanto Emminger quanto Kornai argumentaram: "No geral, não será possível concluir a reforma da China em um curto período, mas

---

[106] Edwin Lim, em entrevista com a autora (2016).

[107] János Kornai, "Providing the Chinese Reformers with Some Hungarian Lessons", cit., p. 1.729.

[108] Ibidem, p. 1.728-9.

[109] Liu Guoguang et al., "Economic Reform and Macroeconomic Management", cit., p. 13.

[110] Jeffrey Sachs, "Building a Market Economy in Poland", *Scientific American*, v. 266, n. 3, 1992, p. 36.

[111] Ibidem, p. 14-5.

[112] Idem.

a implementação de preços de mercado flexíveis não deve ser adiada". Guo Shuqing e Zhao Renwei observaram em seu relatório sobre a conferência que o conselho era "lutar para realizar uma reforma de preços bastante abrangente o mais rápido possível"[113]. Ou, para usar as palavras de Kornai (depois de criticar o governo húngaro por ter demorado trinta anos para implementar a reforma de preços e salários, em vez de promovê-los em um pacote único): "Pessoalmente, sinto que as coisas teriam sido muito melhores se o sistema de preços tivesse passado por uma corajosa transformação"[114]. Kornai levou sua postura de liberalização radical a tal ponto que Cairncross anotou em seu diário: "Achei irrealista a premissa de Kornai de que toda intervenção do Estado nos assuntos econômicos, especialmente nos preços, é nociva e deve ser reprimida"[115].

Recentemente, Gewirtz argumentou que os "conselhos de Kornai na Conferência de Bashan diferiam de maneira sutil, mas significativa, das visões pelas quais ele era amplamente conhecido em todo o mundo"[116]. Isso sugere que Kornai se comportava como um reformador de duas caras, com "uma face para a Hungria e outra para a China"[117]. A trajetória intelectual de Kornai foi marcada por grandes reviravoltas, refletindo as diferentes fases de sua vida e as etapas da experiência socialista na Hungria[118]. Mas os relatórios sobre a Conferência de Bashan evidenciam que, em relação à China, Kornai se mostrou um reformador radical consistente com sua agenda de 1990.

As "visões pelas quais ele [Kornai] era amplamente conhecido em todo o mundo" estão cristalizadas em *The Road to a Free Economy* [O caminho da economia livre][119]. Kornai diz que o título de seu livro é "um eco do título de Hayek"[120], *O caminho da servidão*. Trata-se de um manifesto neoliberal em favor da terapia de choque. Kornai promete nada menos que mostrar como "superar os obstáculos" no caminho para "uma sociedade livre" após décadas de "planejamento central rígido" e um "poder esmagador do Estado". A

[113] Guo Shuqing e Zhao Renwei, "Target Model and Transition Measures", cit., p. 21.

[114] János Kornai, "Providing the Chinese Reformers with Some Hungarian Lessons", cit., p. 93.

[115] Alec Cairncross, *Papers of Alec Cairncross. Typescript of Visit to China in 1985*, cit.

[116] Julian Gewirtz, *Unlikely Partners*, cit., p. 149.

[117] Idem. Sobre a questão da possível duplicidade de Kornai, ver também minha análise de Gewirtz para o *China Trimestral*, em "The Ordoliberal Roots of Shock Therapy", cit.; "Unlikely Partners: Chinese Reformers, Western Economists, and the Making of Global China", *The China Quarterly*, v. 237, 2019, p. 257-9. Disponível on-line.

[118] János Kornai, *By Force of Thought*, cit.

[119] Idem, *The Road to a Free Economy: Shifting from a Socialist System. The Example of Hungary* (Nova York, W. W. Norton, 1990).

[120] Ibidem, p. 17.

ambição de Kornai vai muito além de sua Hungria natal. O livro destina-se a fornecer um projeto universal desde a servidão até a liberdade. Ele observa, no prefácio: "Estou confiante de que o núcleo das ideias apresentadas aqui é aplicável não apenas à Hungria, mas a todos os países em transição de um regime socialista para uma economia livre"[121].

O núcleo do plano de reforma de Kornai era uma "cirurgia de estabilização"[122]. Esta foi a quintessência da terapia de choque aplicada em vários países socialistas. Assim como na Conferência de Bashan, Kornai adverte que "a execução de *algumas* das tarefas exigidas não deveria ser demorada e não poderia ser realizada em pequenos passos. Em vez disso, essas medidas deveriam ser tomadas *de uma só vez*"[123]. Mas, inteiramente de acordo com sua posição na Conferência de Bashan, Kornai argumenta que outras partes da reforma levariam tempo para ser implementadas. Ele afirma, por exemplo, que a privatização, que ele identifica como um elemento-chave da reforma do sistema, além da reforma de preços, "só seria alcançada por meio de um processo orgânico de desenvolvimento e mudança social"[124] e, como tal, tinha de ser mais gradual.

Se ele enfatiza, de forma consistente com seu conselho na China, que a reforma de preços pertence ao conjunto de medidas que devem ser tomadas de uma só vez, também sustenta que "é necessária a *liberalização total dos preços* no setor estatal. […] *Quanto mais cedo a operação atingir esse objetivo, melhor*"[125]. A "cirurgia", tanto aos olhos do "chinês" Kornai quanto do mundialmente aclamado Kornai, tem de ser preparada com a criação de um ambiente macroeconômico benéfico, por meio de "contenção da inflação"[126], "restauração do equilíbrio orçamentário"[127] e "gerenciamento da macrodemanda"[128]. Em suma, ambos os Kornais estão em perfeito acordo. Ou, em outras palavras, há apenas um János Kornai quando se trata de reformas de mercado a partir de meados da década de 1980. Esse Kornai é um terapeuta de choque. A grande admiração que sua figura despertou em alguns economistas reformadores chineses por seus conselhos na Conferência de Bashan mostra que a terapia de choque estava muito "nas cartas" da China.

[121] Ibidem, p. 13.
[122] Ibidem, p. 102.
[123] Idem, primeiro grifo nosso.
[124] Ibidem, p. 80.
[125] Ibidem, p. 146, segundo grifo nosso.
[126] Ibidem, p. 105-13.
[127] Ibidem, p. 114-37.
[128] Ibidem, p. 138-44.

O modo de reforma que dominou na China em meados da década de 1980 – e foi atacado pelos defensores da reforma de um só golpe – baseava-se na mercantilização por meio do crescimento. Chamo esse processo de "crescer no mercado", em vez de "crescer fora do plano"[129], porque o aspecto mais importante do sistema de via de mão dupla não foi um declínio em termos absolutos da participação do plano, mas o crescimento em termos relativos da participação de mercado. A mercantilização pelas margens desencadeou uma transformação fundamental da economia planejada. Mas o processo de reforma significava, inicialmente, crescer no mercado. E altas taxas de crescimento indicavam que o aumento da participação de mercado não precisava necessariamente se dar à custa da economia planejada. Dessa forma, esse modo de reforma foi impulsionado pelo crescimento e pelo desenvolvimento.

Em nítido contraste, aqueles que defendiam uma reforma de pacotes do tipo terapia de choque consideravam a economia do ponto de vista dos jogos de soma zero. A economia planificada tinha de ser eliminada para dar espaço ao mercado. Como em uma cirurgia, o paciente tinha de tomar um anestésico. Isso significava que o crescimento tinha de ser sacrificado por algum tempo para que ajustes necessários, ainda que dolorosos, fossem feitos. Na Conferência de Bashan, Kornai alertou contra a relação inversa de reforma e alto crescimento – muito de acordo com os argumentos de Wu[130], inspirados em Kornai no início de 1985.

Bajt apoiou essa linha, argumentando que o problema na Iugoslávia foi o fracasso em impor controles macroeconômicos[131]. Kornai explicou que, se fosse permitido que a economia tivesse um "superaquecimento", a reação normal seria a recentralização, o que acabaria resultando em uma reversão da reforma. Assim, se para o paradigma reformador da mercantilização pelas margens o alto crescimento era uma ferramenta poderosa para transformar a economia, Kornai enfatizava o perigo de superaquecimento e retrocesso. Aconselhou, portanto, controles estritos sobre o investimento total e a quantidade de moeda em circulação, a fim de evitar um aumento no nível geral de preços e tornar a reforma de preços segura[132].

[129] William A. Byrd, "Impact of the Two-Tier Plan/Market System in China", cit.; Barry Naughton, *Growing out of the Plan*, cit.

[130] Wu Jinglian, "Once More on Preserving the Positive Economic Environment of Economic Reform", cit.; "Development Policy and Macroeconomic Control in the Early Stages of Economic Reform", cit.

[131] Alec Cairncross, *Papers of Alec Cairncross: Typescript of Visit to China in 1985*, cit.; Liu Guoguang et al., "Economic Reform and Macroeconomic Management", cit., p. 33.

[132] Guo Shuqing, "Famous International Scholars and Experts Discuss China's Economic Reforms", cit., p. 9-10; Liu Guoguang et al., "Economic Reform and Macroeconomic Management", cit., p. 19-21.

Mas não está claro se essas medidas teriam, de fato, estabilizado o nível de preços e tornado a reforma de preços segura. Alguns participantes da conferência expressaram preocupação com o problema dos limites microeconômicos aos controles macroeconômicos. Por exemplo, Tobin disse que a experiência de muitos países em desenvolvimento mostrava que políticas macroeconômicas como as propostas por Kornai dificilmente seriam eficazes se não tivessem as condições microeconômicas necessárias e, portanto, não serviriam para deter a inflação causada pela reforma dos preços[133]. Seguindo a própria lógica de Kornai, não se deveria esperar que esses controles macroeconômicos fossem eficazes em uma economia socialista. Na Conferência de Bashan, Kornai se deparou com uma inconsistência semelhante em seu argumento, a qual apontamos nos comentários de Wu Jinglian em Atenas (ver "Preparando o cenário para um big bang na reforma de preços", neste capítulo).

Implicitamente, Kornai apresentou argumentos que mostravam por que o controle sobre o investimento e o nível geral de preços dificilmente seria compatível com a rápida liberalização de preços que ele promovia sob os arranjos institucionais da China. Uma das ideias mais famosas de Kornai diz respeito ao problema do "orçamento flexível". Em virtude da relação "paternalista" entre as empresas estatais e as "autoridades superiores", as empresas estatais podem contar com certa "mão amiga" quando enfrentam dificuldades financeiras – por exemplo, por altos gastos com investimentos. Na Conferência de Bashan, Kornai acrescentou que, se controles rígidos impedem a intervenção dessa "mão amiga", as empresas "contornam as dificuldades orçamentárias subindo os preços"[134]. Quanto maior o poder das empresas de fixar os preços, mais elas tendem a escapar de suas dificuldades cobrando preços mais altos. A liberalização de preços recomendada pela Kornai deixaria a fixação de preços totalmente a cargo das empresas. Assim, dado que ele reconhecia que a reforma empresarial deveria ser um processo lento, a combinação de rígidos controles orçamentários com ausência de possibilidade de falência por parte das empresas significava que a liberalização dos preços resultaria em aumento dos níveis de preços. Diante de uma alta assim e de uma restrição orçamentária estrita, mas sem possibilidade de descontinuação dos negócios, o único caminho para as empresas seria aumentar os preços. Se isso é levado em consideração, a prescrição política de Kornai parece não ser de estabilização, mas de desestabilização.

Kornai não apontou essa contradição em sua previsão do comportamento das empresas e do resultado geral da reforma de preços, tampouco os relatórios

[133] James Tobin, "The Economy of China", cit., p. 38-9.
[134] Liu Guoguang et al., "Economic Reform and Macroeconomic Management", cit., p. 40.

da conferência, mas todos os elementos de tal crítica à reforma radical de preços foram apresentados. Essa contradição na recomendação de Kornai tornou-se o cerne da advertência contra a reforma de preços emitida logo depois pelos líderes do Instituto de Reforma do Sistema.

Independentemente dessas armadilhas lógicas, os que se encontravam no *MS Bashan* e defendiam havia muito tempo a contenção macroeconômica e a rápida reforma dos preços aceitaram a recomendação kornainiana de "cirurgia" por seu valor de face e ficaram satisfeitos quando viram Emminger reiterar o milagre de Erhard. Lim lembrou que, após a conferência e as muitas discussões com economistas reformadores do Leste Europeu promovidas pelo Banco Mundial, os economistas chineses "perceberam ser necessária uma reforma fundamental do sistema"[135]. De acordo com Lim, eles entenderam que, em vez de mexer no sistema antigo, "tinham de desmantelar o sistema de planejamento central".

Os chineses, em essência, estavam familiarizados com os argumentos apresentados pelos acadêmicos estrangeiros na conferência. Como Cairncross anotou em seu diário: "Brus [que trabalhara em estreita colaboração com o Banco Mundial e estivera várias vezes na China] disse que eles sabiam tudo e não queriam diagnóstico, mas prescrição"[136]. Certamente, houve novos discernimentos sobre as práticas de regulação macroeconômica nas economias ocidentais, e a exposição de políticas de governança econômica indireta reforçou as perspectivas de mercantilização. No entanto, o impacto mais imediato da conferência foi gerar um impulso para a chamada reforma de pacote. Nos meses seguintes, os proponentes de uma reforma rápida de preços puderam reforçar sua posição a respeito da prescrição certa para a China citando as conversas com especialistas de renome mundial. Um jovem participante da conferência contrário à reforma rápida de preços, Luo Xiaopeng, disse que se tratava de uma antiga estratégia chinesa de "usar o estrangeiro para reforçar sua própria posição" (挟洋自重)[137].

O Escritório do Programa (1986)

No fim de setembro de 1985, logo após a Conferência de Bashan, a Conferência Nacional de Delegados do Partido se reuniu para adotar a "Proposta para o Sétimo Plano Quinquenal", que deveria começar em 1986[138]. Partes da proposta refletiam a abordagem de pacote para a reforma. Afirmavam que a

135 Edwin Lim, em entrevista com a autora (2016).
136 Alec Cairncross, *Papers of Alec Cairncross. Typescript of Visit to China in 1985*, cit.
137 Luo Xiaopeng, em entrevista com a autora (2017).
138 Wu Jinglian e Ma Guochuan, *Whither China?*, cit., p. 215.

mudança do controle direto sobre as empresas para o macrocontrole indireto era necessária para "estabelecer um novo sistema para a economia socialista"[139].

Wu Jinglian e alguns de seus oponentes viram isso como sinal de que a abordagem da reforma de pacote estava ganhando apoio[140]. A liderança decidiu manter os controles rígidos sobre as cotas de crédito e as políticas financeiras restritivas que haviam sido implementadas no início de 1985 em reação ao alto crescimento e ao aumento dos preços[141]. Essa continuação da contenção macroeconômica era consistente com a lógica de que havia uma relação inversa entre reforma e crescimento e que, a fim de se preparar para a reforma, a demanda agregada precisava ser restringida.

No início de 1986, os preparativos para uma mudança de abordagem tornaram-se mais evidentes. Havia muito tempo Zhao Ziyang estava dividido entre sua experiência com as reformas rurais e a reforma empresarial em Sichuan, que o ensinaram a "atravessar o rio tateando as pedras", e os planos de saltar para uma economia de mercado moderna com a ajuda da magia da ciência econômica[142]. À medida que os desafios da reforma se evidenciaram, a promessa de uma solução fácil e clara chamou atenção a ponto de a China se aproximar de um big bang.

Em janeiro de 1986, em seus discursos à liderança econômica e ao Conselho de Estado sobre as tarefas do ano seguinte, Zhao ainda enfatizava que nenhum passo importante deveria ser dado na reforma dos preços – e, em particular, o sistema de preços de via de mão dupla para o aço deveria, por ora, ser mantido[143]. Ao mesmo tempo, o controle macroeconômico deveria ser fortalecido de modo a criar um ambiente favorável para o lançamento do passo seguinte da reforma[144]. O ano deveria ser usado para a preparação de um programa para essa próxima etapa, a partir de uma pesquisa completa[145].

---

[139] Hua Sheng, Zhang Xuejun e Luo Xiaopeng, *China*, cit., p. 132.

[140] Idem; Wu Jinglian, em entrevista com a autora (2016).

[141] Zhao Ziyang, *Prisoner of the State*, cit., p. 127-8.

[142] Vários entrevistados apontaram atitude ambígua de Zhao Ziyang em relação à reforma.

[143] Zhao Ziyang, "A Tentative Plan for Economic System Reform in the Next Two Years, 11 March, 1986" (今后两年经济体制改革的设想), em *Collected Works of Zhao Ziyang (1980-1989)*, v. 3: *1985-1986* (赵紫阳文集 (1980-1989)：第一卷 (1985-1986)) (Hong Kong, Chinese University Press, 2016), p. 250; "Dialog with Professor Linder of the University of Zurich in Switzerland" (会见瑞士苏黎世大学林德教授的谈话), em *Collected Works of Zhao Ziyang (1980-1989)*, v. 4: *1987-1989* (赵紫阳文集 (1980-1989)：第三卷 (1987-1989)) (Hong Kong, Chinese University Press, 2016), p. 262.

[144] Ibidem, p. 251.

[145] Idem, "On the Economic Work in 1986, 8 January, 1986" (关于一九八六年的经济工作), em *Collected Works of Zhao Ziyang (1980-1989)*, v. 3, cit., p. 263.

Em março de 1986, Zhao havia cristalizado sua visão para o próximo passo: "A reforma por pacote é superior à reforma por medidas individuais", disse a seus secretários pessoais, Bao Tong e Bai Meiqing[146]. A tarefa mais importante era corrigir o preço de 66 dos principais bens de produção[147]. Isso teria de ser acompanhado de um ajuste do sistema tributário – e, consequentemente, do sistema de finanças públicas – e afetaria o sistema de comércio exterior e o sistema financeiro[148]. Amarrar todas essas reformas seria "uma grande batalha", pois afetaria diretamente os interesses das empresas, do governo local e central, bem como dos consumidores[149]. Mas, de acordo com os argumentos dos reformadores do Leste Europeu e seus parceiros chineses, Zhao advertia praticamente ao estilo de Kornai que o problema básico era a coexistência do antigo sistema e do novo. Isso causava bastante atrito. Se a China continuasse avançando, as contradições entre os dois sistemas se agravariam, advertiu Zhao. Em particular, Zhao sugeriu, assim como Brus na Conferência de Bashan, que a situação de coexistência de dois preços muito diferentes para o mesmo bem não poderia durar tanto. Se as condições estivessem maduras, a China deveria "dar um passo decisivo nos próximos dois anos e, basicamente, fazer a transição para a primazia do novo sistema"[150].

Apesar desse claro endosso da reforma de pacote, Zhao também advertiu: "Essa pode ser a linha de pensamento [para mais reformas], quem sabe também considerar outras linhas [...]. A chave é projetar um bom programa, ponderado e abrangente"[151].

Quatro dias depois de sua conversa com seus secretários, em 15 de março de 1986, Zhao discursou na mesma linha na Conferência Nacional de Trabalho sobre a Reforma do Sistema Econômico Urbano. Uma reforma de pacote era a abordagem certa, proclamou, mas, fora do pacote, a reforma dos preços de matérias-primas, energia e outros bens de produção importantes era o passo crucial que se deveria dar primeiro, de maneira decisiva[152]. Para garantir o sucesso, argumentou Zhao, era necessário evitar mudanças na renda real das pessoas. Se os preços subissem muito, os salários deveriam ser

---

146 Idem, "A Tentative Plan for Economic System Reform in the Next Two Years", cit., p. 305; Zhang Shuguang, *The History of Chinese Economic Studies*, cit., p. 538.

147 Idem, "A Tentative Plan for Economic System Reform in the Next Two Years", cit., p. 304.

148 Idem.

149 Idem.

150 Idem.

151 Idem.

152 Idem, "On the Reform of the Urban Economic System and Issues in Current Industrial Production, 15 March, 1986" (关于城市经济体制改革和当前生产问题), em *Collected Works of Zhao Ziyang (1980-1989)*, v. 3, cit., p. 313.

indexados ao índice de preços ao consumidor. Mesmo que tais compensações gerassem perdas financeiras no curto prazo, a reforma de preços tinha de ser implementada com determinação, disse Zhao. Assim como argumentaram os proponentes da restrição macroeconômica como primeiro passo para a reforma de pacote, Zhao sugeriu que, para preparar para a reforma de preços ao produtor, os investimentos deveriam ser bem limitados. Qualquer dor de curto prazo que isso pudesse causar era melhor que as "doenças crônicas" do antigo sistema[153]. Para fazer avançar esse pacote de dor no curto prazo baseado na promessa de ganhos no longo prazo, Zhao apelou para o "aproveitamento da sabedoria coletiva de profissionais e teóricos, camaradas dos departamentos centrais e autoridades locais, velhos e jovens, para conceberem um bom programa"[154].

Zhao conseguiu angariar o apoio político necessário para os preparativos do "passo decisivo". Em 25 de março de 1986, o Conselho de Estado criou o Escritório de Elaboração do Programa de Reforma do Sistema Econômico (geralmente referido como 方案办, doravante Escritório do Programa)[155]. Naquele mesmo mês, Deng Xiaoping deu sinal verde para a reforma de preços. Deng disse a uma delegação de Hong Kong:

A reforma certamente envolverá riscos, também poderá causar algumas turbulências, mas não funcionará sem determinação. Se queremos reformar, temos de estar preparados para correr riscos. Nos últimos anos, nossas reformas deram frutos graças a uma cuidadosa consideração. Se agora conseguirmos ajustar os preços, teremos dado um importante passo na reforma do sistema econômico.[156]

Essas declarações de Zhao Ziyang e Deng Xiaoping mostram que, em meados da década de 1980, a ideia de uma relação inversa entre a dor de curto prazo e a dor de longo prazo, exigindo sacrifícios no presente para preparar um futuro melhor, estava na mente das lideranças. A lógica de induzir sofrimento pela ação política presente, na esperança de criar um sistema econômico superior, está no cerne da terapia de choque.

O Escritório do Programa tinha representantes de todos os níveis e departamentos relevantes do Estado e do PCCh para garantir sua legitimidade na

---

[153] Ibidem, p. 314-5.

[154] Ibidem, p. 314.

[155] Wu Jinglian, *Understanding and Interpreting Chinese Economic Reform* (Mason, Thomson South-Western, 2005), p. 78; Zhang Shuguang, *The History of Chinese Economic Studies*, cit., p. 538.

[156] Cheng Zhiping, *30 Years of Price Reform*, cit., p. 93.

imposição de medidas drásticas. No entanto, aqueles que havia muito tempo faziam pressão em favor da reforma de pacote dominavam intelectualmente.

O escritório era liderado pelo protegido de Zhao Ziyang, Tian Jiyun, que saíra de Sichuan com Zhao e na era época vice-primeiro-ministro[157]. O chefe executivo era Gao Shangquan, vice-ministro da Comissão de Reforma do Sistema[158], que também havia sido diretor comissionado do Instituto de Reforma do Sistema, antes de Chen Yizi e Wang Xiaoqiang assumirem e desempenharem um papel fundamental na concessão de autonomia ao instituto[159]. Entretanto, como Gao Shangquan estava prestes a liderar uma delegação do Instituto de Reforma do Sistema na Hungria e na Iugoslávia, Wu Jinglian foi um dos que o substituíram temporariamente na qualidade de vice-diretor[160]. Outros membros notáveis do escritório eram An Zhiwen, Cheng Zhiping, Ma Hong, Tian Yuan, Xu Jingan e Zhang Jinfu, bem como Zhu Rongji, que se tornou vice-primeiro-ministro em 1993 e primeiro-ministro em 1998 e é conhecido por sua agenda de reformas neoliberais[161]. Zhu, engenheiro de formação, era na época vice-ministro da Comissão Econômica do Estado e diretor-fundador da Escola de Economia e Administração de Tsinghua (que seguia o modelo das escolas de negócios dos Estados Unidos) e mantinha relações de trabalho com o Banco Mundial desde sua primeira missão à China[162].

Entre os proeminentes defensores da reforma de pacote que se juntaram ao Escritório do Programa estavam Lou Jiwei, que unira forças com Guo Shuqing para redigir uma proposta de reforma radical de preços; Zhou Xiaochuan, coautor com Lou de um artigo apresentado na Conferência da Juventude de Moganshan; e Liu Guoguang, que trabalhara em estreita colaboração com o Banco Mundial para trazer economistas do Leste Europeu à China, como Brus e Šik, nos primeiros anos da reforma[163]. Wu destacou que esse foi o início de uma

---

[157] Joseph Fewsmith, *Dilemmas of Reform in China*, cit., p. 149, 177 e 185.

[158] Wu Jinglian, entrevista com a autora (2016).

[159] Wang Xiaoqiang, em entrevista com a autora (2017).

[160] Wu Jinglian, em entrevista com a autora (2016); Zhang Shuguang, *The History of Chinese Economic Studies*, cit., p. 543. Para detalhes sobre a configuração institucional do Escritório do Programa, ver Joseph Fewsmith, *Dilemmas of Reform in China*, cit., p. 85; Hua Sheng, Zhang Xuejun e Luo Xiaopeng, *China*, cit., p. 133; Zhang Shuguang, *The History of Chinese Economic Studies*, cit., p. 539-43. Zhang Shuguang aponta que o papel de Wu Jinglian no Fanganban tem sido frequentemente exagerado.

[161] Zhang Shuguang, *The History of Chinese Economic Studies*, cit., p. 540.

[162] Joel Andreas, *Rise of the Red Engineers: The Cultural Revolution and the Origins of China's New Class* (Stanford, Stanford University Press, 2009), p. 229 e 244; Banco Mundial, *China: Socialist Economic Development*, v. 1 (Washington, World Bank, 1983). Disponível on-line.

[163] Lou Jiwei, "The 1985 Program Office: Transcription of Lou Jiwei's Tsinghua Lecture, 16-19 September, 2011", cit.; Wu Jinglian, em entrevista com a autora (2016); Zhang Shuguang,

estreita cooperação que se consolidou sob a presidência de Jiang Zemin, com Zhu Rongji como primeiro-ministro, nos anos 1990 e no início dos anos 2000, período em que houve as reformas de mercado mais neoliberais na China[164]. Zhou Xiaochuan resumiu as principais características de seu grupo de maneira muito apropriada como "economistas da reforma radical que aplicam a teoria básica do mercado" e observou que, uma vez que buscavam derivar reformas orientadas para o mercado a partir dessas teorias básicas, eles eram "frequentemente criticados pelo 'divórcio entre teoria e prática', 'idealismo' e 'adoração de livros'"[165].

A primeira proposta de reforma do Escritório do Programa, intitulada "Esboço básico para a reforma nos próximos dois anos" (25 de abril de 1986), foi elaborada em 22 dias[166]. O programa era uma expansão da proposta preliminar de 1985 e refletia a lógica básica apoiada por Wu, Guo, Lou e outros[167], bem como a promovida pelos reformadores do Leste Europeu e proponentes do milagre de Erhard. O programa estava totalmente de acordo com o discurso de Zhao Ziyang em 15 de março de 1986, no qual ele insistia na necessidade da dor de curto prazo para obtenção de ganhos de longo prazo.

O programa defendia a "necessidade e possibilidade de um grande passo" na reforma nos dois anos seguintes, salientando que o sucesso ou o fracasso

The History of Chinese Economic Studies, cit., p. 541-3. Em 1986, quando o Escritório do Programa estava em funcionamento, Guo Shuqing era professor visitante em Oxford. Na Conferência de Bashan, Lim procurou Cairncross para enviar Guo a Oxford (*Papers of Alec Cairncross: Typescript of Visit to China in 1985*, cit.). Guo tornou-se o primeiro participante do Programa de Treinamento em Economia para jovens funcionários chineses, patrocinado pela Fundação Ford e pelo Programa de Desenvolvimento das Nações Unidas e administrado por Cyril Lin, sob o patrocínio de Cairncross. Chen Xingdong, "Encounters with Alumni from Greater China", *Oxford China Office*, 2013. Disponível on-line. Em entrevista com a autora (2016).

[164] Wu Jinglian, em entrevista com a autora (2016).

[165] Zhou Xiaochuan, "The Theoretical and Psychological Obstacles to Market Oriented Reform in China", em János Mátyás Kovács e Márton Tardos (orgs.), *Reform and Transformation in Eastern Europe Soviet-type Economics on the Threshold of Change* (Londres, Routledge, 1992), p. 180.

[166] Program Office, *Basic Outline for Reform in the Next Two Years* (明后两年配套改革的基本思路), 25 abr. 1986, p. 1; documento não publicado.

[167] Outro artigo com argumentos semelhantes, publicado naquele ano, foi Dai Yuanchen, "Dual Prices in the Process of Transition of the Economic Model" (经济体制模式转换过程中的双重价格), *Economic Research*, n. 1, 1986, p. 43-8. Dai Yuanchen contribuiu de forma importante para os debates sobre a lei do valor nas décadas de 1950 e 1960 e desafiou a interpretação contábil. Ver Kijeld E. Brødsgaard e Koen Rutten, *From Accelerated Accumulation to Socialist Market Economy in China: Economic Discourse and Development from 1953 to the Present* (Leiden, Brill, 2017), p. 43; e Cyril C. Lin, "The Reinstatement of Economics in China Today", *The China Quarterly*, v. 85, n. 3, 1981, p. 27.

da reforma seria decidido no decorrer do Sétimo Plano Quinquenal (1986--1990)[168]. A abordagem foi mais uma vez rotulada de "pacote" (配套). A necessidade de coordenação foi enfatizada para criar sinergias entre os diferentes elementos da reforma, mas a implementação seria dividida em etapas separadas e planejadas[169]. Nos últimos anos, a autonomia das empresas havia sido bem reforçada, mas não foram tomadas medidas complementares para criar um mercado competitivo[170]. Assim, um mercado competitivo foi definido como uma estrutura racional de preços que garantiria taxas de lucro iguais e, portanto, uma concorrência leal. Dessa forma, para 1987 e 1988, o "grande passo" deveria ser a reforma dos preços com complementação da reforma tributária e das finanças públicas[171].

Mais concretamente, a proposta afirmava: "A reforma dos preços da energia e das matérias-primas é o ponto de partida e o elo fundamental desse pacote de reforma"[172]. Os sinais distorcidos dos preços deveriam ser corrigidos com um grande ajuste para cima. Dependendo das condições concretas das mercadorias, seria um grande ajuste ou um grande ajuste seguido de um ou dois ajustes menores[173]. Fundamentalmente, a proposta esperava que condições de mercado estáveis surgissem logo. Assim, os preços seriam liberalizados em um curto período, unificando os preços duais em uma única faixa[174]. As reduções de impostos serviriam para estabilizar os preços de varejo, enquanto importantes projetos de investimento receberiam subsídios para compensar o aumento do preço dos insumos[175]. Portanto, em 1988, a reforma dos preços e dos impostos sobre os bens de produção seria seguida de uma reforma do sistema de finanças públicas e do sistema de alocação e investimento do Estado, ambos diretamente afetados pelas duas medidas de reforma anteriores[176]. Viriam na sequência a reforma salarial e a reforma do sistema de comércio internacional.

Wu, como um dos arquitetos do programa, enfatizou que esse plano, com a reforma de preços em seu núcleo, seguia o modelo básico de Šik de primeiro ajustar e depois soltar (先调后放)[177]. No entanto, à luz da discussão

---

[168] Program Office, *Basic Outline for Reform in the Next Two Years*, cit.

[169] Ibidem, p. 4 e 15.

[170] Ibidem, p. 12-3.

[171] Ibidem, p. 14-5.

[172] Ibidem, p. 6.

[173] Idem.

[174] Ibidem, p. 6-7.

[175] Ibidem, p. 14.

[176] Ibidem, p. 14-5.

[177] Ibidem, p. 6; Wu Jinglian, em entrevista com a autora (2016).

no capítulo 5, fica claro que o programa se afastou criticamente das recomendações de Šik.

Šik apontara que os ajustes baseados em cálculos tornariam a liberalização de preços segura, mas apenas sob certas restrições. Em primeiro lugar, advertiu que os preços dos bens de produção básicos deveriam continuar a ser planejados pelo Estado, enquanto estivessem em falta, o que ainda era o caso na China – como se vê na grande lacuna entre os preços de mercado e os preços planejados para essas mercadorias. Em segundo lugar, viu como precondição para a liberalização dos preços que o sistema estatal de alocação de planejamento obrigatório fosse desmantelado, uma vez que esse antigo sistema era, aos seus olhos, incompatível com os mecanismos de mercado. (O programa de 1986, ao contrário, via a reforma do sistema de alocação e investimento estatal como um segundo passo, após a liberalização dos preços.)[178] Em terceiro lugar, advertiu que, além de um mercado de alta demanda – excesso de oferta agregada, que o programa pretendia obter com mais contenção macroeconômica, como Kornai e outros haviam recomendado na Conferência de Bashan[179] –, as empresas estatais monopolistas tinham de ser desmembradas. Šik apresentou o caso da Iugoslávia para advertir que, se os monopólios prevalecessem, o resultado da liberalização dos preços seria de inflação e turbulência.

Os planos do Escritório do Programa despertaram forte oposição dos reformadores gradualistas da China. Alertas contra os perigos decorrentes do aumento de preços e instabilidades sociais causadas por um big bang na reforma de preços foram emitidos pelos economistas reformadores do IPRSEC, com base em trabalho de campo na Iugoslávia e na Hungria. Esses economistas eram a favor da reforma, mas se opunham a esse programa de um só golpe. Suas intervenções alimentaram o ceticismo dos funcionários do governo e dos líderes de empresas estatais, que se preocupavam com os altos custos e riscos políticos do plano do Escritório do Programa.

À medida que essas vozes críticas se tornavam mais fortes, os economistas do Escritório do Programa confiavam mais uma vez nos "ventos favoráveis do estrangeiro". Em 21 de junho de 1986, Edwin Lim, como representante do Banco Mundial, reuniu-se com Zhao Ziyang e insistiu: "Acho que você pode acelerar a reforma, em particular a reforma de preços"[180]. Repetindo a posição de Brus na Conferência de Bashan, Lim

[178] Ibidem, p. 15.

[179] Ibidem, p. 18.

[180] Zhao Ziyang e Edwin Lim, "Conversation with the First World Bank Resident Representative in China, Edwin Lim, 21 June, 1986" (会见世界银行首任驻华代表林重庚时的谈话),

disse que o sistema de preços de via de mão dupla era uma medida transitória e, como tal, não deveria durar muito. Lim avisou que a China não poderia simplesmente copiar para as cidades o método de reforma rural, mas deveria adotar um programa combinado de reformas de preços, impostos e finanças públicas[181].

No mesmo mês, um dos mais importantes economistas reformadores da China manifestou-se a favor do Escritório do Programa: instado por Wu Jinglian, Xue Muqiao escreveu uma carta a Zhao Ziyang e Tian Jiyun apoiando o plano de reforma radical de preços[182]. Xue escreveu: "Disseram-me que o que estava acontecendo não era uma única reforma, mas uma revisão total de preços, receitas tributárias, finanças e crédito. Acredito que isso seja um progresso encorajador"[183]. Xue também encorajou a priorização da reforma dos preços dos meios de produção e acreditava que o risco poderia ser reduzido a um nível razoável, se a construção de capital fosse estritamente controlada[184]. Em outro lugar, Xue explicou a diferença crítica entre seu pensamento e o de Kornai. Xue apontou que não concordava com Kornai[185] sobre a restrição orçamentária ser necessariamente "suave" e a "fome de investimento" ser uma "doença crônica incurável em países socialistas"[186]. Em sua visão, a construção de capital poderia ser controlada e a inflação não deveria ser um resultado lógico da reforma de preços. Xue evitou, com isso, a inconsistência do argumento de Kornai. Ainda assim, é notável que Xue, na casa dos oitenta anos, tenha passado por uma reviravolta intelectual tão grande: de reformador cauteloso que tirava lições de décadas de experiência com o trabalho econômico prático a defensor da reforma de pacote.

A despeito dessas vozes influentes em apoio ao Escritório do Programa, o plano de um "grande passo" na reforma dos preços foi abortado.

---

em *Collected Works of Zhao Ziyang (1980-1989)*, v. 3, cit., p. 415. A autenticidade dessa transcrição foi confirmada à autora por Edwin Lim.

[181] Idem.

[182] Xue Muqiao, "The Key to 'Price Adjustment' with Regard to the Means of Production is to Control Capital Construction, June 1986", em China Development Research Foundation (org.), *Chinese Economists on Economic Reform: Collected Works of Xue Muqiao* (Oxon, Routledge, 2011), p. 115.

[183] Idem.

[184] Ibidem, p. 115-7.

[185] János Kornai, *Economics of Shortage* (Amsterdã, North-Holland, 1980).

[186] Xue Muqiao, "Strengthen Macro-Control via Economic Measures (Extract), September 1986", em China Development Research Foundation (org.), *Chinese Economists on Economic Reform: Collected Works of Xue Muqiao* (Oxon, Routledge, 2011), p. 119.

Desconstruindo o big bang

Em teoria, para qualquer bem, a utilidade aumentará com o fim das distorções de preço. Na prática, porém, a natureza dos bens pode ser decisiva quando se esperam as respostas previstas da oferta e da demanda após a implementação do big bang. Se as distorções de preços se concentram principalmente nos bens de consumo, como biquínis e minissaias, o big bang será um pequeno bang e, vice-versa, o big bang será um grande bang, se as distorções de preços estiverem concentradas em bens materiais e de energia, como petróleo e aço.[187]

À medida que os proponentes da abordagem de pacote ganhavam influência e os preparativos para um big bang avançavam, diferentes grupos de economistas reformadores reuniam forças para se opor a essa medida drástica. Os oponentes da terapia de choque divergiam sobre qual seria o próximo passo certo na reforma do sistema econômico, mas todos concordavam que um big bang teria consequências desastrosas para a economia e o povo chinês e, em última análise, para as perspectivas de reforma.

Alguns jovens economistas que despontaram como pensadores reformadores influentes na Conferência da Juventude de Moganshan, por exemplo Hua Sheng, He Jiacheng e Luo Xiaopeng, mas também Zhou Qiren, Zhang Weiying[188] e outros, viram a contradição central entre o velho e o novo sistemas não na persistência de dois preços diferentes, mas nas relações de propriedade vagamente definidas[189]. Por exemplo, estabelecer direitos de propriedade definidos sobre os ativos das empresas na forma de um "sistema

[187] Wang Xiaoqiang, *China's Price and Enterprise Reform*, cit., p. 25.

[188] Zhou Qiren e Luo Xiaopeng estavam entre aqueles que, após a fundação do IPRSEC e o término do Grupo de Desenvolvimento Rural, passaram a integrar o Centro de Pesquisa de Desenvolvimento Rural do Conselho de Estado, liderado por Du Runsheng. Luo Xiaopeng e Zhou Qiren, em entrevista com a autora (2017 e 2016, respectivamente). Hua Sheng e He Jiacheng estavam no Instituto de Pesquisa Econômica da ACCS. Hua Sheng, em entrevista com a autora (2016). Zhang Weiying ingressou no IPRSEC após a Conferência da Juventude de Moganshan, mas sua posição sobre propriedade estava em conflito com a liderança do instituto. Zhang Musheng em Pequim e Wang Xiaoqiang, em entrevista com a autora (2016 e 2017, respectivamente).

[189] Hua Sheng et al., "A Restructuring of the Microeconomic Foundation: More on China's Further Reform and Some Related Thoughts" (微观经济基础的重新构造：再论中国进一步改革的问题和思路), *Economic Research*, n. 3, 1986, p. 21-8 [ed. ingl.: "A Restructuring of the Microeconomic Foundation: More on China's Further Reform and Some Related Thoughts", *Chinese Economic Studies*, v. 20, n. 4, 1987, p. 3-26]; Luo Xiaopeng, Zhang Musheng e Zhou Qiren, em entrevista com a autora (2017 e, os dois últimos, 2016).

de responsabilidade de gestão de ativos" era a recomendação de Hua Sheng e seu grupo[190] para o próximo passo da reforma. Um dos mais eminentes economistas da China, Li Yining, defendia o estabelecimento de um mercado de ações socialista[191]. Outros, como Wang Xiaoqiang, líder do Instituto de Pesquisa de Reforma do Sistema Econômico da China, e Ji Xiaoming, defendiam a reforma empresarial, mas pensavam que a China deveria "transcender a lógica da propriedade privada" em vez de simplesmente emular formas organizacionais capitalistas ocidentais não adequadas às realidades da China e ao caminho socialista[192].

O debate entre os proponentes de diferentes versões da reforma empresarial e os defensores de um big bang na reforma de preços foi rotulado como um debate acerca do seria realizado antes: a reforma empresarial ou da propriedade contra a reforma de preços[193]. Mas o confronto entre essas diferentes visões era mais profundo que uma questão de sequência da reforma. Os partidários do big bang baseavam-se na tradição de Lange de aplicação da lógica da teoria walrasiana do equilíbrio. Para eles, o mercado era essencialmente representado por um vetor de preços, e o mais crucial para a China mudar para uma economia de mercado era "acertar os preços". Aqueles que desafiavam essa visão conheciam a fundo a realidade institucional da China e os complexos processos históricos que deram origem às economias de mercado no mundo capitalista. Para eles, o mercado era muito mais que sinais de preços e só poderia emergir da interação entre empresas adequadamente estruturadas, promovida de alguma forma pelo Estado. Nessa perspectiva, abrir mão dos preços de bens de produção essenciais – com ou sem ajuste prévio – resultaria não em equilíbrio, mas em caos, inflação e instabilidade política.

[190] Hua Sheng et al., "A Restructuring of the Microeconomic Foundation", cit.

[191] Li Yining, *Reflections on China's Economic Reform* (中国经济改革的思路) (Pequim, China Prospect, 1989).

[192] Wang Xiaoqiang, "Transcending the Logic of Private Ownership", *Chinese Economic Studies*, v. 23, n. 1, 1989, p. 43-56; *China's Price and Enterprise Reform*, cit.; Wang Xiaoqiang e Ji Xiaoming, "Thoughts on the Model of Nonstock Enterprises" (企业非股份化模式的思考), *Economic Daily*, 1985 [ed. ingl.: "Thoughts on the Model of Nonstock Enterprises", *Chinese Economic Studies*, v. 22, n. 2, 1988, p. 38-46].

[193] Kijeld E. Brødsgaard e Koen Rutten, *From Accelerated Accumulation to Socialist Market Economy in China*, cit., p. 81; Joseph Fewsmith, *Dilemmas of Reform in China*, cit., p. 184; Barry Naughton, *Growing out of the Plan*, cit., p. 188; Joseph E. Stiglitz, *Whither Socialism?*, cit., p. 262; Robert C. Hsu, "Economics and Economists in Post-Mao China: Some Observations" *Asian Survey*, v. 28, n. 12, 1988, p. 1.225. Disponível on-line.

Um big bang na reforma de preços não é a solução para o desequilíbrio estrutural: o desafio de Li Yining

Li Yining aproveitou o discurso comemorativo do 67º aniversário do movimento do 4 de Maio de 1919 na Universidade de Pequim para desconstruir, em bases teóricas, os planos de um big bang[194]. Rebecca Karl caracterizou adequadamente o 4 de Maio como um "programa intelectual e ativista" anti-imperialista, "de resistência e oposição aos sistemas governamentais corruptos [da era republicana], instituições globais e organizações locais"[195]. O programa do 4 de Maio foi uma importante reformulação do cenário político e intelectual da China do século XX. Os estudantes da Universidade de Pequim representaram uma força importante nesse movimento. Cerca de trinta anos depois, na década de 1950, Li Yining foi apresentado à economia ocidental na Universidade de Pequim por Chen Daisun e Luo Zhiru, que se doutoraram em Harvard em 1925 e 1937, respectivamente, e estavam entre as principais autoridades chinesas em pensamento econômico estrangeiro[196]. Enquanto alguns economistas da geração intermediária, que agora defendiam uma reforma radical de preços, estavam totalmente integrados à ortodoxia emergente de uma economia de estilo soviético, Li manteve certa distância crítica e um interesse vibrante pelo pensamento econômico ocidental durante todos os anos da era Mao[197]. Por suas pesquisas, foi banido várias vezes e passou longos períodos no campo realizando trabalho manual pesado, antes e durante a Revolução Cultural[198].

Com o início da reforma, Li enfim se tornou professor titular na Universidade de Pequim, em 1979, aos 49 anos, e em 1984 tornou-se membro do PCCh[199]. Ele organizou uma série semanal de palestras sobre economia ocidental na

---

[194] O discurso de Li Yining – "The Basic Line of Thought on China's Reform" (改革的基本思路) – foi realizado em 25 de abril de 1986 e publicado em 19 de maio no *Diário de Pequim* e, mais tarde, em uma coleção de ensaios, que Peng Xiaomeng organizou em paralelo com uma coleção de escritos concorrentes de Wu Jinglian e seus colaboradores. Li Yining, *Reflections on China's Economic Reform*, cit.; Peng Xiaomeng, em entrevista com a autora (2016); Wu Jinglian e Zhou Xiaochuan, *The Integrated Design for China's Economic Reform* (中国经济改革的整体设计) (Pequim, China Prospect, 1989).

[195] Rebecca E. Karl, "The Shadow of Democracy", *The Journal of Asian Studies*, v. 78, n. 2, 2019, p. 379.

[196] Li Yining, "Li Yining: Biographical Note", em *Economic Reform and Development in China* (Cambridge, Cambridge University Press, 2012), p. vii; Paul B. Trescott, "How Keynesian Economics Came to China", *History of Political Economy*, v. 44, n. 2, 2012, p. 343 e 357.

[197] Joseph Fewsmith, *Dilemmas of Reform in China*, cit., p. 185-6.

[198] Li Yining, "Li Yining", cit., p. vi.

[199] Joseph Fewsmith, *Dilemmas of Reform in China*, cit., p. 186.

Universidade de Pequim a partir de 1979[200]. Chamou atenção inclusive de jovens intelectuais que haviam retornado do campo e estavam iniciando os estudos de economia estrangeira[201]. Os proponentes da reforma de pacote foram inspirados pelos reformadores do Leste Europeu e, em última análise, pela tradição intelectual da visão neoclássica do socialismo de mercado de Oskar Lange. Li Yining, por sua vez, rompeu com Lange na década de 1970, insatisfeito com sua ignorância do comportamento humano e das realidades institucionais[202].

De volta à Universidade de Pequim e de volta ao trabalho acadêmico, Li baseou-se em duas décadas de leitura e reflexão para publicar uma série de livros na qual apresentava correntes contemporâneas do pensamento econômico[203]. A primeira de suas monografias, *Economia institucional de Galbraith*, criticava o referencial burguês de Galbraith[204]. Argumentar do ponto de vista da crítica quando se discutia a economia ocidental ainda era costume na China. Por seu estudo aprofundado da vida e da obra de Galbraith, fica claro que Li estava familiarizado com a orientação galbraithiana sobre os controles de preços norte-americanos e o capitalismo monopolista (ver capítulo 2). A segunda grande obra de Li foi *A economia britânica no século XX*[205], na qual ele se dedica a encontrar as razões para a "doença britânica" e critica a regulação econômica e as políticas de bem-estar do pós-guerra no Reino Unido. No entanto, por esse trabalho, Li se especializou na transição de uma economia de guerra para uma economia de paz no Reino Unido e possivelmente estava familiarizado com os argumentos a favor da manutenção de certo controle de preços durante a transição, como também apresentou Cairncross na Conferência de Bashan. Esses livros serviram como trabalhos preparatórios para a sistematização teórica de seu contundente desafio à viabilidade de um grande impulso na reforma de preços, que resultou no que Li considera sua mais importante contribuição acadêmica: *Economia chinesa em desequilíbrio*[206].

[200] Julian Gewirtz, *Unlikely Partners*, cit., p. 79-81.

[201] Bai Nanfeng e Wang Xiaoqiang, em entrevista com a autora (2016 e 2017, respectivamente).

[202] Lu Hao, *Li Yining: Scientific Critical Biographies of Contemporary Chinese Economists* (厉以宁 — 当代中国经济学家学术评传) (Xian, Shanxi Normal University Press, 2002), p. 53-4.

[203] Ibidem, p. 56-7.

[204] Li Yining, *Galbraith's Institutional Economics* (论加尔布雷思的制度经济学说) (Pequim, Commercial, 1979), p. 18.

[205] Luo Zhiru e Li Yining, *The British Economy in the 20th Century: Research on the "British Disease"* (二十世纪的英国经济：“英国病”研究) (Pequim, People's Publishing House, 1978).

[206] Li Yining, *Chinese Economy in Disequilibrium* (非均衡的中国经济) (Pequim, Economic Daily, 1990), Ver o comentário no prefácio da edição em inglês: *Chinese Economy in Disequilibrium* (Berlim, Springer, 2014), p. vi e x.

Em seu discurso de aniversário do 4 de Maio, em 1986, Li Yining cunhou o que Fewsmith considera "talvez a frase mais conhecida já escrita no curso do debate sobre a reforma econômica"[207]: "A reforma econômica pode falhar em razão do fracasso da reforma de preços, mas seu sucesso não pode ser determinado pela reforma de preços, apenas pela reforma da propriedade"[208].

Embora os proponentes de um "grande impulso" tivessem prometido que uma rápida reforma dos preços dos insumos traria um avanço, Li advertia que seu fracasso poderia arruinar todo o projeto de reforma, mas seu sucesso não acarretaria o prometido avanço na reforma. Quando mencionavam a necessidade de dor de curto prazo para obter ganhos de longo prazo, os líderes chineses reconheciam que o risco e os custos fiscais de um grande passo na reforma de preços seriam altos. Li acrescentava que, embora a dor fosse certa, diferentemente das promessas dos reformadores de pacote, os ganhos, mesmo na melhor das hipóteses, seriam pequenos. De acordo com Li e ao contrário de Milton Friedman, Wu Jinglian e muitos outros, a China não poderia esperar repetir o milagre de Erhard, como acontecera na Alemanha ocidental pós-guerra[209]. Tudo o que conseguiria a imposição de tal choque em busca de um milagre seria minar os fundamentos sociais e econômicos de reformas bem-sucedidas.

No cerne do argumento de Li estava a ideia que a China passava por um desequilíbrio estrutural – argumento sem dúvida remanescente do "sistema de desequilíbrio" de Galbraith (ver capítulo 2)[210]. Li definiu sua noção de desequilíbrio em contraste com o conceito de equilíbrio walrasiano. Ele via o *desequilíbrio* walrasiano como um desvio do *equilíbrio* walrasiano. O desequilíbrio walrasiano é um estado em que os ajustes de preço e quantidade que ocorrem de forma automática ainda não estão concluídos. Isso pressupõe mercados totalmente desenvolvidos na forma de concorrência perfeita, informação perfeita e preços flexíveis. Portanto, nessa concepção, o desequilíbrio não é um ponto de repouso, e sim um estado de transição antes que o equilíbrio seja alcançado.

No entanto, na visão de Li, a China estava em um estado de desequilíbrio entendido como uma "condição de equilíbrio sob a qual não há mercado plenamente desenvolvido nem mecanismo de preços flexível"[211]. Li advertiu que

---

[207] Joseph Fewsmith, *Dilemmas of Reform in China*, cit., p. 186.

[208] Li Yining, "The Basic Line of Thought on China's Reform", cit.

[209] Idem, *Chinese Economy in Disequilibrium*, cit., p. x.

[210] John K. Galbraith, *A Theory of Price Control* (Cambridge, Harvard University Press, 1980), p. 28.

[211] Li Yining, *Chinese Economy in Disequilibrium*, cit., p. 1.

superar o excesso de demanda agregada nas condições da China não era questão de ajustar os preços, mas de desenvolver a competitividade das empresas. De um modo galbraithiano, argumentou Li, isso não poderia ser alcançado com a quebra de monopólios. Ao contrário, ele pedia o fomento da capacidade de gestão e a transformação das empresas socialistas em empresas de capital aberto.

A principal preocupação de Li era instituir relações horizontais de mercado entre as empresas e profissionalizar as capacidades regulatórias do governo[212]. Assim, em sua análise, da destruição do planejamento e da liberalização dos preços não surgiria um mercado. Em vez disso, o Estado teria de iniciar um lento processo de mudança institucional para criar mercados. Enquanto estivessem em andamento essas mudanças institucionais para criar, essencialmente, uma emulação de empresas capitalistas, um sistema dual de preços e modos de regulação econômica deveria prevalecer, segundo Li.

Além disso, advertiu Li, por algum tempo a China enfrentaria absoluta escassez de certos insumos-chave. Essa escassez não seria superada pela liberalização de preços. A regulamentação direta do governo continuaria a ser necessária, inclusive com certos controles de preços. Nessa regulação de preços, o ponto de partida deveria ser o preço em vigor na via de mercado do sistema de via de mão dupla. Isso não significava que o governo deveria igualar os preços planejados e os preços de mercado; ao contrário, sugeriu Li, o governo deveria regular o mercado por meio do desvio dos dois preços. De acordo com essa abordagem, manter o sistema de preços de duas vias por um longo período era parte essencial das reformas de mercado da China[213]. Li reconheceu que o sistema de preços de duas vias causava atritos. Mas ele descobriu que, sob as condições da China, não havia escolha a não ser optar pela "segunda melhor solução", por ora[214].

Fundamentalmente, para Li, o equilíbrio não era um objetivo em si, mas uma ferramenta para avaliar as condições da economia chinesa. Seria fácil atingir um equilíbrio baixo suprimindo a demanda por um nível baixo de oferta. Mas isso significaria criar um equilíbrio de pobreza. Mesmo que impor austeridade macroeconômica e abrir mão dos preços criasse um equilíbrio estável – como os reformadores de pacote pareciam pensar –, esse não era um estado desejável para a sociedade e a economia. Criar um ambiente favorável para a reforma deveria significar algo diferente de um equilíbrio tão baixo, na visão de Li. Para ele, não se deveria esperar um desenvolvimento econômico na China a partir da dor de curto prazo imposta pela reforma de pacote.

---

[212] Idem, "The Basic Line of Thought on China's Reform", cit.
[213] Idem; Li Yining, *Chinese Economy in Disequilibrium*, cit., p. 104.
[214] Li Yining, *Chinese Economy in Disequilibrium*, cit., p. 104.

Li enfatizou que as políticas de reforma do governo não deveriam impor choques, mas ser planejadas para aumentar a continuidade e a estabilidade, deixando a população segura. Se os indivíduos e as empresas sentissem as mudanças repentinas que a liberalização de preços traria da noite para o dia, eles reagiriam com medidas de precaução precipitadas, talvez até com agitação política[215]. Assim, um "grande passo" rápido na reforma de preços poderia gerar riscos sociais e políticos para o projeto geral de reforma e não resolveria os desafios econômicos da China em direção a uma economia de mercado próspera. A proposta de "primeiro a reforma de preços" soava atraente, argumentava Li, mas, na prática, dada a realidade da China, a única solução era manter o sistema de preços de via de mão dupla e avançar gradualmente com a reforma da propriedade[216].

Lições práticas da reforma: pesquisas do Instituto de Reforma do Sistema na China, Hungria e Iugoslávia

O desafio de Li Yining ao programa de reforma de pacote tinha autoridade graças ao fato de ele ser um dos principais estudiosos de economia estrangeira da China na época. A reputação do IPRSEC provinha do pioneirismo de suas pesquisas empíricas e da agudeza de sua interpretação. Seu trabalho fez com que jovens pesquisadores ganhassem a confiança e o apoio da liderança, em particular de Zhao Ziyang, desde as reformas rurais. Em 1985, o recém-fundado Instituto de Reforma do Sistema, sob a liderança de Chen Yizi e Wang Xiaoqiang, realizou um estudo em larga escala[217] para avaliar o progresso da reforma na economia industrial urbana e delinear possíveis caminhos para o futuro[218]. Foi "indiscutivelmente

---

[215] Idem, "The Basic Line of Thought on China's Reform", cit.

[216] Idem, *Chinese Economy in Disequilibrium*, cit., p. 114.

[217] Wang Xiaoqiang e Zhang Gang relataram: "Com a participação de 21 unidades, entre ministérios, institutos de pesquisa, faculdades e universidades, a investigação empregou uma força de trabalho de 447 pessoas, entre as quais estatísticos, graduandos e pós-graduandos. Catorze milhões de dados foram coletados e 156 relatórios foram produzidos, totalizando 1,3 milhão de palavras". Wang Xiaoqiang e Zhang Gang, "An Overview of the CESRRI Survey", em Bruce Reynolds (org.), *Reform in China: Challenges and Choices* (Armonk, M. E. Sharpe, 1987), p. xxv.

[218] Chinese Economic System Reform Research Institute (CESRRI), *Reform: China's Challenges and Choices* (改革：我们面临的挑战与选择) (Pequim, China Economics Press, 1986). O estudo foi traduzido para o inglês em Bruce Reynolds (org.), *Reform in China*, cit. Todas as referências daqui em diante serão da edição em inglês. Reynolds conheceu Chen Yizi, Wang Xiaoqiang e Cao Yuanzheng em uma conferência com influentes estudiosos chineses, norte-americanos e europeus realizada no Ardenhouse Conference Center, em Nova York, em outubro de 1986, patrocinada pelas fundações Ford e Rockefeller para revisar a reformas

a investigação empírica mais extraordinária realizada na China do século XX", até aquele momento[219]. A qualidade do estudo foi incontestável e impressionou o Conselho de Estado, em especial Zhao Ziyang, e muitos colegas economistas. Mesmo aqueles que discordaram das conclusões do estudo, como Wu Jinglian, endossaram os altos padrões de pesquisa[220].

No prefácio a esse estudo inovador, Chen Yizi resumiu a abordagem de pesquisa do Instituto de Reforma do Sistema. Argumentou que, à medida que a reforma avançasse, a economia se tornaria mais difícil de controlar e a reforma ficaria mais difícil de se sustentar. Em nítido contraste com os reformadores de pacote, que tomaram a economia planejada como ponto de partida de sua análise, Chen observou que, nessa fase, "a economia da China é bastante diferente tanto do modelo soviético quanto da economia de mercado ocidental". Embora tivesse de aprender com as experiências de outros países, insistiu, a China não podia simplesmente copiá-las: "A resposta não está nos livros nem nos modelos de outros países [...], somente pela prática podemos encontrar a melhor maneira de construir um país socialista com características chinesas". Na visão de Chen, pesquisadores chineses de todas as disciplinas das ciências sociais foram desafiados a cooperar na "integração da teoria com a prática" para alcançar uma "investigação sistemática da situação real"[221].

Zhao Ziyang leu a pesquisa de 1985 do Instituto de Reforma do Sistema e mais uma vez pediu a Wang Xiaoqiang que participasse de uma das visitas de estudo do primeiro-ministro[222]. Isso proporcionou uma discussão sobre as descobertas do instituto em um momento em que a abordagem da reforma de pacote já havia recebido grande atenção. Wang e os pesquisadores do Instituto de Reforma do Sistema concordavam com o objetivo básico da mercantilização e a liberalização dos preços dos bens em excesso, como já estava em andamento em 1985. A maior divergência, destacou Wang ao primeiro-ministro, era *como* alcançar a criação de uma economia de mercado: se os preços de insumos-chave escassos deveriam ser liberalizados de uma só vez, apesar dos grandes riscos e custos, ou se o sistema de preços de via de mão dupla

econômicas da China. Impressionado com a alta qualidade da análise e a riqueza de dados da pesquisa, Bruce Reynolds organizou sua tradução. Bruce Reynolds (org.), *Chinese Economic Reform: How Far, How Fast?* (Boston, Academic Press, 1988); Cao Yuanzheng, em entrevista com a autora (2016).

[219] Bruce Reynolds, "Introduction", em Bruce Reynolds (org.), *Reform in China*, cit., p. xv.

[220] Bai Nanfeng e Cao Yuanzheng, em entrevista com a autora (2016); CESRRI, *Reform*, cit.; _____. Prefácio à edição chinesa, em Bruce Reynolds (org.), *Reform in China*, cit.

[221] Chen Yizi, "Social Scientific Research Serves Reform", em Bruce Reynolds (org.), *Reform in China*, cit., p. xxiii.

[222] Wang Xiaoqiang, em entrevista com a autora (2017).

deveria continuar até que as relações de mercado tivessem se desenvolvido em um grau suficiente, as empresas tivessem se tornado mais independentes e a oferta tivesse aumentado o suficiente para eliminar os gargalos. Wang apoiava fortemente a segunda opção. Ele e colegas reconheciam as deficiências do sistema de preços de via de mão dupla, a tendência a desviar insumos para o mercado, prejudicando o cumprimento do plano, e o problema da corrupção. Mas achavam que o sistema de via de mão dupla ainda era uma solução melhor que tentar destruir a economia planejada, liberalizando os preços da noite para o dia. Alertaram Zhao de que a reforma de pacote destruiria o núcleo da economia industrial da China sem criar um mercado.

Os proponentes da reforma de pacote reiteravam sua abrangência, apontando a coordenação da reforma de preços, impostos e finanças públicas. No entanto, a abrangência da reforma não era o que separava os dois lados, aos olhos dos pesquisadores do Instituto de Reforma do Sistema. Era consenso entre os reformadores de mercado da época que as mudanças no sistema de preços exigiriam transformações no sistema tributário e salarial e, portanto, também nas finanças públicas. Para Wang Xiaoqiang, a diferença decisiva era saber se o núcleo da economia planejada deveria ser reformado com um único pacote no qual a reforma de preços seria o primeiro "grande passo" ou se a economia deveria crescer progressiva e experimentalmente rumo a um mercado socialista, deixando prevalecer o sistema de preços de via de mão dupla.

O estudo do Instituto de Reforma do Sistema mostrou que o sistema de preços de via de mão dupla apresentara resultados notáveis alguns meses após sua adoção oficial, em 1984, mas também alertou da necessidade de ajustes dentro do sistema. Parte do estudo foi uma pesquisa sobre a resposta pública à reforma de preços, realizada com mais de 2 mil famílias em todo o país, entre fevereiro e julho de 1985 – antes e depois da abolição do sistema unificado de compra e venda de grãos e da liberalização do preço de uma série de produtos agrícolas não básicos[223]. A pesquisa mostrava que a grande maioria dos entrevistados relatou padrões de vida crescentes e níveis crescentes ou constantes de consumo de alimentos, bem como uma atitude cada vez mais positiva em relação a uma regulação parcial de preços no mercado, apesar das liberalizações de preços[224]. A mensagem da pesquisa era clara: na percepção do público, o sistema de preços de via de mão dupla foi um sucesso.

Outra parte do estudo avaliou os resultados econômicos do sistema de preços de via de mão dupla para matérias-primas e insumos em 429 empresas

[223] Yang Guansan, Yang Xiaodong e Xuan Mingdong, "The Public Response to Price Reform", em Bruce Reynolds (org.), *Reform in China*, cit., p. 59.

[224] Ibidem, p. 59-75.

industriais[225]. Mostrou que, uma vez que a liberalização de preços nas margens dos insumos ultrapassava certo limite, ela tinha um grande efeito no comportamento das empresas. Os produtores de matérias-primas e insumos expandiram a produção para atender à demanda, e as empresas a jusante economizaram em matérias-primas[226]. Isso demonstrou que, sob o sistema de preços de via de mão dupla, as empresas começavam a adequar suas atividades às condições de mercado.

Mas, além dessas constatações positivas sobre a extensão do sistema de preços de via de mão dupla para a economia industrial, o estudo também alertava contra os desequilíbrios macroeconômicos induzidos pela inflação salarial estrutural. A espiral ascendente dos salários resultaria em uma expansão oculta do fundo de consumo, uma expansão excessiva da indústria leve e um abrandamento da restrição bancária[227].

Os pesquisadores do Instituto de Reforma do Sistema afirmaram que o "problema está no micromecanismo"[228]. As empresas enfrentavam "condições operacionais extremamente desiguais", por exemplo, no que diz respeito aos ativos fixos[229]. Assim, a produtividade do trabalho e os lucros eram determinados principalmente por essas condições desiguais, não pelos esforços dos trabalhadores. As empresas que apresentaram boas condições iniciais tiveram altos lucros e os usaram para aumentar salários e bônus dos trabalhadores. Isso deu início a um aumento salarial. Na ausência de um mercado de trabalho e dado o vínculo vitalício entre empresas e trabalhadores, os trabalhadores de outras empresas e setores exigiam salários correspondentes[230]. O resultado geral foi uma rápida expansão do fundo de consumo. Isso novamente exerceu pressões inflacionárias, mas também induziu uma rápida proliferação de investimentos em pequena escala, orientados para o consumo na indústria leve, o que desviou recursos de investimentos em projetos mais a montante, necessários para o desenvolvimento industrial de longo prazo. Esses investimentos eram alimentados não apenas pela tradicional "fome de investimento", como queriam os reformadores de pacote, mas também por um "abrandamento" da "restrição bancária"[231].

Uma pesquisa entre diretores de fábricas mostrou que eles enfrentavam forte restrição fiscal, mas tinham acesso a empréstimos bancários frouxos. Essa

---

[225] Diao Xinshen, "The Role of the Two-Tier Price System", cit., p. 35.

[226] Ibidem, p. 35-46.

[227] Chen Yizi et al., "Summary Report", em Bruce Reynolds (org.), *Reform in China*, cit.

[228] Ibidem, p. 3.

[229] Ibidem, p. 9.

[230] Ibidem, p. 9-10.

[231] Ibidem, p. 13.

restrição bancária branda, argumentou o Instituto de Reforma do Sistema, representava um perigo ainda maior que a restrição orçamentária branda de Kornai. De forma bem keynesiana, o estudo do Instituto de Reforma do Sistema afirmava:

> Os bancos possuem poder ilimitado para criar dinheiro [...]. Hoje tornou-se prática comum as empresas pagarem bônus e despesas com bem-estar social com seus próprios fundos e realizarem projetos de construção com fundos emprestados. O lucro retido pela empresa é destinado principalmente ao consumo, o que gera demanda adicional de investimento por meio do mecanismo acelerador. Os efeitos resultantes – um déficit nos investimentos produtivos [...] –, por sua vez, exercem uma pressão dupla sobre o financiamento bancário, obrigando os bancos a conceder empréstimos e, por fim, obrigando o Banco Central a emitir moeda.[232]

Na análise dos pesquisadores do Instituto de Reforma do Sistema, esse processo de aceleração do crédito bancário era subjacente à tendência inflacionária de meados da década de 1980. Para superar essa pressão para cima sobre o nível geral de preços, no entanto, não bastava confiar no controle macroeconômico indireto, como prescreviam os reformadores de pacote. A eficácia desse controle indireto era determinada pelo estado da base microeconômica, argumentava o estudo do Instituto da Reforma do Sistema[233]. Esse macrocontrole indireto, portanto, não era adequado para preparar a reforma e só poderia ser desenvolvido pela reforma da base microeconômica. As entrevistas com gerentes de empresas mostraram que a imposição de restrições fiscais não funcionava para endurecer a restrição orçamentária quando eles tinham acesso a empréstimos bancários praticamente ilimitados. Mas, assim como dissera James Tobin na Conferência de Bashan, eles sugeriram que a política monetária também era relativamente ineficaz nas condições específicas da China. A restrição bancária branda estava na natureza do sistema bancário chinês da época e não seria facilmente superada pela redução da oferta de moeda, uma vez que a moeda era criada de forma endógena.

A força subjacente ao aumento de preços, segundo os pesquisadores do Instituto de Reforma do Sistema, era uma superexpansão de salários e investimentos em pequena escala orientada para o consumo da indústria leve, que foi possibilitada graças à criação de dinheiro pelos bancos. Assim, para garantir a reforma, bem como as bases de um desenvolvimento de longo prazo, que exigia investimentos coordenados e em larga escala na indústria pesada,

[232] Ibidem, p. 14.
[233] Ibidem, p. 27-8.

na indústria química, em infraestrutura etc., alguns dos reformadores mais radicais da China defenderam uma recentralização temporária. Era preciso, outra vez, controlar os salários, impor investimentos prioritários e limitar os empréstimos bancários por meio do planejamento[234]. Enquanto isso, a introdução de um mercado de trabalho e um mercado de capitais deveria ser prosseguida gradualmente, de modo a estabelecer restrições competitivas à superexpansão de salários e investimentos[235]. Uma vez que essas restrições de mercado estivessem em funcionamento, a recentralização temporária poderia ser aliviada.

Em paralelo a essa recentralização parcial, sustentavam os autores do Instituto de Reforma do Sistema, o sistema de preços de via de mão dupla deveria ser transformado em contratos de cotas fixas com as empresas, em vez de se reajustarem regularmente as cotas em função da produção das empresas, como era a política quando a pesquisa foi realizada. Cotas fixas garantiriam a internalização das considerações sobre lucratividade para as decisões de investimento, e as empresas seriam responsáveis por seu desenvolvimento no longo prazo. À medida que crescessem acima da cota, as empresas se tornariam cada vez mais dependentes do mercado, processo que seria facilitado pela expansão gradual dos mercados de trabalho e de capitais[236].

Essa abordagem de cotas fixas, que mantinha constante o tamanho do plano e incentivava as empresas a crescer no mercado, estava no centro da estratégia de reforma do Instituto de Reforma do Sistema. Eles a apresentaram como alternativa à abordagem da reforma de pacote. O "reajuste de preços" como primeiro passo do "grande impulso" foi rejeitado por ser necessariamente arbitrário. Tal reajuste de preços deveria ser elaborado por cálculos, disseram os defensores da reforma de pacote. Os pesquisadores do instituto se opuseram, argumentando que esses cálculos seriam necessariamente baseados em uma análise estática da situação em um ponto no tempo. Apenas examinando uma imagem "congelada" da economia seria possível calcular um conjunto completo de preços. No entanto, o resultado dos esforços de reforma na China era que o sistema econômico evoluía de maneira dinâmica. Em essência, tal ajuste de preços significaria um retorno forçado ao antigo sistema unificado de preços planejados "irracionais". O estudo do Instituto de Reforma do Sistema recomendava, em vez disso, "suspender o controle passo a passo", dependendo das condições específicas de cada mercadoria[237].

Quando ficou claro, no início de 1986, que Zhao Ziyang considerava dar um "grande passo" na reforma de preços, os pesquisadores do Instituto de Reforma do Sistema enfrentaram um dilema político. Por um lado, sua influência política havia se construído sobre o fato de ser o "Instituto de Zhao". Por outro, a extensa pesquisa que realizaram fizera-os cada vez mais conscientes dos perigos de uma reforma rápida nos preços das matérias-primas e outros insumos essenciais. Embora não desafiassem Zhao publicamente, houve um debate acirrado entre os economistas reformadores da China, que concordavam que a mercantilização era a direção certa a ser seguida, mas discordavam sobre *como* reformar[238].

Wang Xiaoqiang foi mais articulado em sua crítica ao big bang[239]. Alarmado com os perigos envolvidos caso fosse adotada uma abordagem de choque, Wang foi à casa do secretário de Zhao, Bao Tong, no início de 1986. Bao Tong o tinha em alta conta e ficou feliz com a oportunidade de discutirem o próximo passo da reforma[240]. Wang alertou-o dos altos riscos e das baixas perspectivas de sucesso do "grande passo" planejado na reforma de preços, esperando influenciar Zhao Ziyang por meio de seu secretário de confiança. Wang também demonstrou suas preocupações em discussões com os proponentes do plano do Escritório do Programa[241]. Apontou que seu argumento contra o big bang era muito simples: "Não há dúvida de que a reforma empresarial é um processo bastante lento. Mas, se você não pode ter um big bang na reforma empresarial, também não pode ter sucesso com um big bang na reforma de preços"[242].

O ponto fundamental de Wang é que as principais empresas industriais da China, naquela época, ainda eram unidades de produção socialistas que faziam parte do aparato de planejamento estatal. Elas não tinham sido construídas para responder aos sinais de preços e eram, por definição, monopolistas ou oligopolistas. Essas empresas tinham sido criadas não para competir com outras empresas, mas para implementar ordens de planejadores de nível superior. Dada essa estrutura institucional, a liberalização dos preços não resultaria em preços convergindo para o equilíbrio. Também não existiam forças que pudessem sustentar os preços de equilíbrio calculados, por mais corretos que fossem. Sob o arranjo institucional dado, abrir

---

[238] Esse debate, em alguns momentos, também separou os economistas do IPRSEC – em particular, no que diz respeito à questão da reforma da propriedade.

[239] Bai Nanfeng, Lu Mai, Zhang Musheng e Wang Xiaolu, em entrevista com a autora (2016).

[240] Li Xianglu, em entrevista com a autora (2016).

[241] Wang Xiaoqiang, em entrevista com a autora (2017).

[242] Idem.

mão do controle de preços não poderia criar uma competição igualitária, como prometiam os proponentes do big bang. As ligações horizontais entre produtores só começaram a surgir sob o sistema de preços de via de mão dupla. A maioria das transações entre fornecedores e clientes era tratada pelo sistema administrativo de distribuição, e as empresas muitas vezes nem conheciam seus fornecedores ou clientes[243].

Wang advertiu que esse sistema fora construído com base em relações administrativas, com preços definidos em termos administrativos, e não estava preparado para se ajustar aos sinais do mercado – não importando se eram "corretos" ou "distorcidos". Além disso, Wang apontou que as empresas estatais não podiam demitir trabalhadores e não podiam falir. Avançou um argumento, como aquele apresentado por Kornai na Conferência de Atenas, sobre a responsividade dos preços. Se o preço dos insumos, tal como as matérias-primas básicas, subissem em consequência dos ajustes de preços para cima ou da liberalização, enquanto se endurecia a restrição orçamentária – como recomendavam os reformadores de pacote –, as empresas não tinham escolha a não ser usar sua posição de monopólio e aumentar seus preços de produção. Wang advertiu que, sob a estrutura institucional da China, essa era a única maneira de as empresas gerarem receitas suficientes para pagar o salário de seus trabalhadores. Como não havia concorrência, mais empresas a jusante pagariam esses preços mais altos e repassariam o aumento de preço aos consumidores pelas mesmas razões. O resultado seria a inflação, não a concorrência perfeita ou o equilíbrio[244]. Sob os arranjos institucionais dados na China, argumentou Wang, a liberalização de preço dos bens industriais em falta – com ou sem ajustes prévios de preço – resultaria na aceleração da inflação e minaria os fundamentos da reforma.

Esse debate não era uma discussão acadêmica na qual os proponentes do "passo único decisivo" na reforma de preços estavam preparados para se deixar convencer por contestações baseadas em fatos empíricos ou análises teóricas, ou vice-versa. Era, em vez disso, uma batalha por influência sobre os líderes da China. Tal como foi construída, a abordagem da reforma de pacote se baseava nas ideias e perspectivas dos economistas reformadores do Leste Europeu e nas lições que eles extraíram das tentativas de reforma em seus países. O Instituto de Reforma do Sistema, de sua parte, decidiu ver por si mesmo o que a China poderia aprender dos casos frequentemente citados

---

[243] Sobre esse ponto, ver também Wang Xiaoqiang, *China's Price and Enterprise Reform*, cit., p. 38-9.

[244] Idem.

da Hungria e da Iugoslávia, aplicando os métodos de investigação de campo que foram usados nesses países[245].

No fim de 1984, Chen Yizi conheceu Márton Tardos, um dos arquitetos do Novo Mecanismo Econômico adotado na Hungria em 1968 e na época chefe do Departamento de Mecanismo Econômico, do Instituto de Economia da Academia Húngara de Ciências, durante a visita deste à China[246]. Tardos disse a Chen que seu amigo George Soros tinha grande interesse nas reformas da China e gostaria de convidar uma delegação chinesa para ir à Hungria. Soros, segundo Tardos, estava insatisfeito com o rumo das reformas húngaras e achava que uma mudança em um país grande como a China poderia atrair mais atenção do mundo que um país pequeno como sua Hungria natal[247]. A esperança de Soros talvez fosse que, se a China fizesse reformas de mercado radicais, isso "romperia o dique" e daria abertura para outros países socialistas seguirem adiante. He Weiling, um velho amigo de Chen Yizi que estudava nos Estados Unidos, reiterou o convite de Soros, até que a liderança do Instituto de Reforma do Sistema decidiu aproveitar a oportunidade[248].

De maio a meados de junho de 1986, com patrocínio de George Soros, uma delegação liderada por Gao Shangquan, chefe do Escritório do Programa, e os deputados Chen Yizi e Wang Xiaoqiang visitaram a Hungria e a Iugoslávia (ver imagem 4)[249]. Faziam parte da delegação não apenas os chefes de vários

---

[245] Zhang Shaojie, "Postscript" (校后跋), em Catherine H. Keyser (org.), *Professionalizing Research in Post-Mao China: The System Reform Institute and Policymaking* (改革与政策制定—毛以后中国的专业 化研究) (Hong Kong, Strong Wind, 2008), p. 261.

[246] Chen Yizi, *Memoirs of Chen Yizi* (陈一咨回忆录) (Hong Kong, New Century, 2013), p. 348.

[247] Idem.

[248] Idem. O apoio de Soros à delegação foi importante para o curso da reforma da China. A colaboração entre o IPRSEC e Soros, que evoluiu a partir dessa visita em 1986, logo mostrou diferenças de agenda, porém. Em 1987, o Fundo para a Reforma e Abertura da China (改革开放基金会), que Soros havia criado para financiar projetos na China, transferiu seu apoio para a Fundação de Intercâmbio Cultural Internacional da China em Pequim. Catherine H. Keyser, *Professionalizing Research in Post-Mao China*, cit., p. 78. Soros descobriu que seus colegas chineses se comportavam como burocratas e buscavam servir ao governo. Li Chaomin, "The Influence of Ancient Chinese Thought on the Ever-Normal Granary of Henry A. Wallace and the Agricultural Adjustment Act of the New Deal", em Cheng Lin, Terry Peach e Wang Fang (orgs.), *The History of Ancient Chinese Economic Thought* (Abingdon, Routledge, 2014), p. 210-24. No entanto, ter aceito esses fundos estrangeiros foi uma das acusações levantadas contra Zhao Ziyang, Bao Tong e Chen Yizi no contexto da repressão ao movimento de Tiananmen, em 1989. Catherine H. Keyser, *Professionalizing Research in Post-Mao China*, cit., p. 78-9.

[249] Chen Yizi, *Memoirs of Chen Yizi*, cit.; CESRRI, *A Difficult Exploration: An Investigation of the Reforms in Hungary and Yugoslavia* (艰难的探索：匈 牙利，南斯拉夫改革考察) (Pequim, China Economic Management, 1987); Zhang Shaojie, "Postscript", cit., p. 261.

departamentos do Instituto da Reforma do Sistema, mas também Ma Kai, diretor da Agência de Preços da Cidade de Pequim (vice-primeiro-ministro de 2013 a 2018), Lu Mai, do Centro de Pesquisa de Desenvolvimento Rural do Conselho de Estado (e hoje secretário-geral da Fundação para a Pesquisa sobre o Desenvolvimento da China), enviado em nome de Wang Qishan (hoje vice-presidente), Li Jiange, do Centro de Pesquisa de Desenvolvimento Tecnológico e Social do Conselho de Estado, coautor com Wu Jinglian, Zhou Xiaochuan e Lou Jiwei e visto como um defensor da reforma de pacote, Zhao Ming, do Comitê Estatal de Planejamento, e outros[250].

Eles realizaram 111 reuniões de discussão com os líderes dos programas de reforma do governo, do partido e da academia na Hungria e na Iugoslávia, com representantes de empresas e departamentos governamentais afetados pela reforma, para estudar o "atrito, as contradições e as áreas problemáticas gerais que surgiram na transição de um sistema antigo para um novo"[251]. Entre os parceiros de discussão estavam, por exemplo, vários vice-primeiros-ministros, o "pai das reformas econômicas da Hungria", Rezső Nyers, o próprio Soros, os economistas Tardos e Kornai, bem como planejadores de alto escalão[252].

IMAGEM 4: Wang Xiaoqiang encontra George Soros na Hungria, em 1986. Wang Xiaoqiang (à esquerda, de pé) cumprimenta George Soros em nome do Instituto de Reforma do Sistema. Cortesia de Wang Xiaoqiang.

250 Idem; Bai Nanfeng e Lu Mai, em entrevista com a autora (2016).

251 Gao Shangquan, Chen Yizi e Wang Xiaoqiang, "Report on the Investigation in Hungary and Yugoslavia" (匈牙利，南斯拉夫改革考察报告), em CESRRI (org.), *A Difficult Exploration*, cit., p. 15; trad. parcial do estudo: "Investigation of Reforms in Hungary and Yugoslavia", *Chinese Economic Studies*, v. 22, n. 3, 1989, p. 80-8.

252 Chen Yizi, *Memoirs of Chen Yizi*, cit., p. 349.

Em nível mais elementar, a delegação trouxe para casa a lição enfatizada pelos líderes húngaros e iugoslavos: a reforma era um "processo gradual difícil, no qual era impossível atingir um objetivo em um único passo"[253]. A Hungria vinha se reformando havia vinte anos; a Iugoslávia, havia quarenta anos; e o avanço final ainda não fora alcançado. A reforma era um processo histórico único e só poderia ser abordada como tal[254]. Essa mensagem contrariava a interpretação de economistas acadêmicos como Brus, Šik, Kornai e outros. Em vez de sugerir que uma reforma gradual sem dúvida fracassaria, os responsáveis operacionais pela reforma na Hungria e na Iugoslávia viam a reforma gradual como o único caminho possível. Do ponto de vista dos operadores da reforma, não havia alternativa à reforma gradual. Todas as tentativas de reforma em um grande impulso falharam. Essa descoberta pôs em dúvida a lógica do "passo único decisivo" no nível mais fundamental. Ao mesmo tempo, as investigações na Hungria e na Iugoslávia mostraram que o "passo único decisivo" na reforma de preços que a China estava preparando muito provavelmente traria mais dificuldades que avanços para a reforma.

A investigação foi estruturada de forma aberta, a ponto de Zhou Xincheng, professor da Universidade Renmin, perguntar a Chen Yizi por que eles estavam iniciando a investigação por questões tão básicas[255]. Esse processo aberto de investigação gerou evidências decisivas para a advertência do Instituto de Reforma do Sistema contra o avanço das liberalizações de preços na China.

O estudo mostrou que tanto a Hungria quanto a Iugoslávia haviam atravessado uma "idade de ouro" da reforma que se assemelhava aos primeiros anos de reforma na China[256]. Quando as empresas ganharam mais autonomia e os preços na indústria de transformação e bens de consumo foram amplamente liberalizados, enquanto os preços das matérias-primas e da energia permaneciam controlados em níveis baixos, a motivação pelo lucro serviu para gerar um crescimento muito alto. Nesse estágio, a taxa de crescimento na Iugoslávia chegou a ser a terceira maior do mundo, de 1956 a 1964[257]. A estrutura industrial pré-reforma tinha se inclinado para a indústria pesada. Isso forneceu a base para um rápido crescimento da indústria leve, que logo se tornou um setor altamente competitivo, graças à baixa necessidade de

[253] Ibidem, p. 16.
[254] Idem.
[255] Chen Yizi, *Memoirs of Chen Yizi*, cit., p. 349.
[256] Gao Shangquan, Chen Yizi e Wang Xiaoqiang, "Investigation of Reforms in Hungary and Yugoslavia", cit., p. 85-6; Wang Xiaoqiang, em entrevista com a autora (2017).
[257] Idem.

investimento e à alta taxa de rotatividade. Tradicionalmente, os altos preços dos bens de consumo industriais tornavam as indústrias de processamento muito lucrativas, enquanto a alta demanda era resultado de anos de escassez crônica[258]. Assim, a indústria crescia depressa e os padrões de vida subiam em ritmo acelerado.

Essa combinação simples de liberalização de preços e incentivo ao lucro mostrou-se insuficiente, no entanto, como abordagem de reforma para as grandes indústrias pesadas e de extração, mais intensivas em capital e tecnologia. As altas exigências de investimento e grau de concentração, os longos períodos de gestação e posição central no sistema de distribuição da economia planificada levaram essas indústrias de base a serem inflexíveis em sua resposta ao mercado[259]. A elasticidade da oferta de insumos críticos, como energia e matérias-primas, era muito baixa, ao mesmo tempo que a demanda das indústrias que processavam esses insumos era relativamente inelástica. Na ausência de possibilidade de falência, todas as empresas tinham de continuar funcionando, comprando insumos e vendendo seus produtos a qualquer preço que lhes permitisse pagar o salário de seus trabalhadores[260]. Com compradores e fornecedores incapazes de se ajustar aos sinais dos preços, tanto a Hungria quanto a Iugoslávia perceberam que a liberalização do preço desses bens críticos não ajustou sua estrutura industrial. Eles entraram em uma "espiral inflacionária em que os preços das mercadorias e os salários se revezavam na ascensão"[261].

Como Kornai havia indicado à delegação chinesa em sua análise da experiência húngara, o resultado de um ajuste para cima dos preços dos bens de produção seria um retorno aos preços relativos iniciais em um nível geral de preços mais alto. Em virtude da inelasticidade da oferta de bens de produção, mais ou menos a mesma quantidade seria ofertada ao preço mais alto, aumentando, assim, os custos de insumos para as indústrias de processamento. Estas, por sua vez, repassariam o aumento de preços aos consumidores. Na "idade de ouro" da reforma, os trabalhadores haviam se acostumado a padrões de vida mais altos e, agora, reagiam aos aumentos de preços exigindo salários mais altos. A lição que a delegação tirou da experiência húngara e iugoslava foi diretamente oposta à recomendação que os reformadores de pacote haviam tirado dos escritos dos reformadores do Leste Europeu. Como resultado de

[258] Idem; Wang Xiaoqiang, *China's Price and Enterprise Reform*, cit., p. 34-5.
[259] Gao Shangquan, Chen Yizi e Wang Xiaoqiang, "Investigation of Reforms in Hungary and Yugoslavia", cit., p. 86.
[260] Wang Xiaoqiang, *China's Price and Enterprise Reform*, cit., p. 14-5.
[261] Ibidem, p. 85

um "grande passo" na reforma de preços, alertou a delegação, a economia entraria em uma espiral de aumentos de preços e salários, colocando em risco a estabilidade interna e a competitividade externa[262].

Um aviso a Zhao Ziyang

A delegação enviou um telegrama a Zhao Ziyang com seu aviso[263]. O levantamento nos dois países socialistas, pioneiros nas reformas econômicas, mostrou que o resultado de um big bang nos preços dos bens de produção seria inflação e ameaça à estabilidade social[264]. O que se fazia necessário para a China avançar em direção a uma economia de mercado era um lento e complicado processo de "reindustrialização", pelo qual as fábricas socialistas passariam de unidades de produção subordinadas a empresas competitivas[265]. Um big bang na reforma de preços, contudo, colocaria em risco as bases institucionais para uma reforma tão gradual.

O telegrama teve grande peso tanto porque veio de jovens economistas da confiança de Zhao quanto porque se baseava em experiência histórica e análises claras. Mais crucialmente, o líder da delegação e principal signatário do telegrama, Gao Shangquan[266], também era o líder do Escritório do Programa[267]. O Escritório do Programa fora criado para elaborar um plano para um grande impulso na reforma de preços, combinado com uma reforma salarial e tributária, semelhante ao primeiro passo da terapia de choque. Agora, os quadros da reforma, encarregados de liderar o programa do "passo único decisivo", aconselhavam a liderança a não implementar esse plano[268]. Dois dias após o retorno da delegação a Pequim, em meados de junho, eles se reuniram com Zhao Ziyang[269]. Em todas as interações que tiveram com ele, nunca haviam visto Zhao em tal estado de desespero[270].

[262] Ibidem, p. 87-8.
[263] Bai Nanfeng, em entrevista com a autora (2016); Chen Yizi, *Memoirs of Chen Yizi*, cit., p. 251; Wang Xiaoqiang, em entrevista com a autora (2017).
[264] Idem; Zhang Shaojie, "Postscript", cit., p. 262.
[265] Wang Xiaoqiang, *China's Price and Enterprise Reform*, cit., p. 24-5; em entrevista com a autora (2017).
[266] Gao Shangquan, "The Revelation We Received from the Economic System Reform in Hungary and Yugoslavia" (匈牙利，南斯拉夫经济体制改革给我们的启示), em CESRRI (org.), *A Difficult Exploration*, cit., p. 1-14.
[267] Lu Mai e Wu Jinglian, em entrevista com a autora (2016).
[268] Lu Mai e Wang Xiaoqiang, em entrevista com a autora (2017).
[269] Chen Yizi, *Memoirs of Chen Yizi*, cit., p. 351-2.
[270] Idem.

Antes de receber a delegação, Zhao se reuniu com os altos funcionários da reforma e os economistas An Zhiwen, Ma Hong, Tian Jiyun e Yao Yilin para uma discussão de dois dias sobre o plano do Escritório do Programa[271]. Ma Hong expôs sua visão sobre o dilema básico que eles enfrentavam. Havia dois planos para reajustes de preços de matérias-primas. O primeiro era um plano grande, com ajustes de preços aos níveis que haviam sido calculados como preços de equilíbrio, e um custo estimado de 60 bilhões de yuans em subsídios para compensar empresas e cidadãos pelos aumentos de preços. O segundo, estimado em 30 bilhões de yuans, faria apenas ajustes menores. Os economistas do Escritório do Programa, com os quais Ma Hong concordava em essência, argumentaram que não havia sentido em implementar o plano menor, pois o motivo do ajuste era preparar a liberalização, que exigiria os ajustes calculados. O departamento financeiro, no entanto, sustentava que a economia só conseguiria lidar com o plano menor. Yao Yilin concordou com Ma Hong, recomendando o plano maior[272].

Em contrapartida, An Zhiwen, que já havia apoiado a reforma de pacote, advertiu que o plano deveria ser reavaliado com prudência. Deixou claro que não era o único que tinha essa visão. Relatou grande ansiedade na Comissão de Reforma do Sistema, provocada pelo plano do Escritório do Programa. Acrescentou que quanto mais diretamente ligados ao trabalho prático, maiores eram suas preocupações com o plano. Contudo, destacou An, as advertências não se limitavam aos funcionários encarregados do trabalho econômico. Li Yining, um dos principais economistas teóricos da China, também advertiu que a reforma de preços não poderia trazer sucesso para a reforma do sistema[273].

Zhao Ziyang levantou várias objeções aos planos alternativos que lhe foram apresentados[274]. Isso incluía o plano de Hua Sheng para um sistema de responsabilidade de gestão de ativos, que Zhao criticou, no entanto, por

[271] Fang Weizhong, "11-12 June: Zhao Ziyang's Hearing of the Report on the Comprehensive Reform Approach of Combing Price Tax and Fiscal Reform" (赵紫阳听取济体制改革总体思路，价税财改革思路汇报), em *Forward in the Storm: Chronology of China's Reform and Development (1977–1989)*, v. 9: *1986* (在风浪中前进：中国发展与改革编年记事), 2004, p. 72-82 (manuscrito não publicado); Zhao Ziyang, "Views on Comprehensive Economic System Reform and the Plan for Price Reform, 11-12 June, 1986" (对经济体制改革总体思路和价格改革方案的看法), em *Collected Works of Zhao Ziyang (1980-1989)*, v. 3, cit.

[272] Fang Weizhong, "11-12 June", cit., p. 72; Zhang Shuguang, *The History of Chinese Economic Studies*, cit., p. 547.

[273] Fang Weizhong, "11-12 June", cit., p. 73 e 79; Zhang Shuguang, *The History of Chinese Economic Studies*, cit., p. 547.

[274] Fang Weizhong, "11-12 June", cit., p. 73.

considerá-lo muito idealista e impraticável. A maior preocupação de Zhao em relação ao plano do Escritório do Programa residia em suas perspectivas de sucesso. A principal questão, a seus olhos, não eram os riscos envolvidos, mas, sim, a estimativa das vantagens de um resultado realista desse plano. Os custos e os riscos de curto prazo poderiam ser tratados, mas, se não fosse capaz de produzir um avanço para a reforma, teria de ser descartado[275].

Antes de se encontrar com a delegação, Zhao já chegara a um ponto de inflexão em sua decisão, ponderando suas dúvidas sobre os benefícios de longo prazo da reforma de pacote. A delegação que fora à Hungria e à Iugoslávia trazia uma avaliação completa das perspectivas de sucesso do "grande passo" na reforma de preços, baseando-se em lições concretas dos dois países com mais experiência na reforma socialista. A delegação concluiu que a experiência provou que o plano não era adequado para promover um avanço na reforma do sistema econômico e provavelmente causaria mais danos que benefícios. Os resultados da pesquisa na Hungria e na Iugoslávia, que forneceram respostas claras, baseadas na experiência, à questão de Zhao sobre as perspectivas de sucesso, foram fundamentais para convencê-lo a interromper, da noite para o dia, o plano de liberalização de preços que ele havia promovido com todo o seu capital político[276].

Se ainda se fazia necessária mais alguma evidência da incerteza sobre as vantagens da liberalização rápida, especialmente do preço dos principais insumos, ela foi fornecida pela visita a Pequim do economista alemão-ocidental Hans-Karl Schneider em outubro de 1986. Como relatei, além da experiência do Leste Europeu, uma segunda referência histórica importante, promovida primeiro por Friedman e com frequência citada pelos defensores chineses do big bang, era o chamado milagre de Erhard.

Schneider, um ordoliberal que concluíra seu doutorado com uma tese sobre determinação de preços no setor de gás inspirada em Walter Eucken, era presidente do Conselho Alemão de Especialistas Econômicos e podia apresentar como credencial o fato de ter trabalhado no Ministério da Economia alemão na década de 1950, sob Ludwig Erhard[277]. Durante sua visita à China, alertou vigorosamente contra a rápida liberalização dos preços da energia e das matérias-primas ainda escassas. Enfatizou que esses preços não

[275] Ibidem, p. 77.

[276] Bai Nanfeng, em entrevista com a autora (2016); Chen Yizi, *Memoirs of Chen Yizi*, cit., p. 352; Lu Mai e Feng Minglian, "The Evolution of China's Reform and Development Process", em Wang Mengkui (org.), *Thirty Years of China's Reform* (Oxon, Routledge, 2012), p. 40.

[277] Bernhard Loeffler, *Soziale Marktwirtschaft und Administrative Praxis Das Bundeswirtschaftsministerium Unter Ludwig Erhard* (Wiesbaden, Franz Steiner, 2002), p. 78.

foram desregulamentados na liberalização rápida que Erhard promovera na Alemanha ocidental após a guerra. O aço e o carvão permaneceram sujeitos ao controle de preços até a década de 1970[278].

Schneider reiterou um aviso que o ordoliberal suíço Wilhelm (Willy) Linder, da Universidade de Zurique, fizera aos principais reformadores da China um mês antes. Linder advertiu contra o mesmo efeito cascata apontado pela pesquisa na Hungria e na Iugoslávia e sugeriu, com base na experiência da Alemanha ocidental, que os preços dos bens de produção só deveriam ser liberalizados quando a oferta não estivesse mais aquém da demanda[279]. Isso pôs em xeque a leitura do milagre de Erhard por Milton Friedman e seus seguidores chineses. Como vimos, Friedman declarou, de maneira infame, durante sua primeira visita à China, que o milagre de Erhard fora uma coisa muito simples e produzira um sucesso mais ou menos instantâneo. Linder e Schneider, com a autoridade de quem conhecia em detalhes o caso da Alemanha ocidental, agora advertiam que a reforma de preços de Erhard não envolvia a liberalização do preço dos insumos essenciais à produção, como a energia. Certamente isso aumentou as dúvidas de Zhao sobre os benefícios da dor de curto prazo que ele estava prestes a impor à economia chinesa.

Conclusão

No fim do verão de 1986, o que havia começado como "reforma de pacote coordenada e abrangente" foi diluído em um ajuste do importante e simbólico preço do aço, combinado com uma reforma fiscal e financeira parcial. No outono, os últimos resquícios do tratamento de choque foram condenados[280]. Em 15 de setembro de 1986, em um discurso na Universidade de Pequim cujo tema era "Uma comparação entre as duas escolas de pensamento da reforma" (两种改革思路的比较), Li Yining reiterou sua advertência de que a reforma de preços não resolveria o desafio do sistema econômico[281]. Enfatizou mais uma vez as poucas perspectivas de sucesso.

[278] Cheng Zhiping, *30 Years of Price Reform*, cit., p. 97; Zhao Ziyang, "The Relationship Between Handling Price Reform Well and Enlivening Enterprises, 14 October and 11 November, 1986" (处理好价格改革与搞活企业的关系), em *Collected Works of Zhao Ziyang (1980--1989)*, v. 3, cit., p. 460.

[279] Zhang Shuguang, *The History of Chinese Economic Studies*, cit., p. 553-4.

[280] Cheng Zhiping, *30 Years of Price Reform*, cit., p. 95-6; Zhang Shuguang, *The History of Chinese Economic Studies*, cit., p. 548-50.

[281] Li Yining, "Comparing Two Schools of Reform Thought" (两种改革思路的比较), em *Selected Works of Li Yining* (Xian, Xian People's Press, 1988), p. 89-94.

Permanecia a questão decisiva: se a chance de sucesso do plano de liberalização de preços do Escritório do Programa justificava os efeitos incertos sobre o nível geral de preços e a economia como um todo. Zhao consultou An Zhiwen para avaliar as estimativas de inflação concorrentes. An admitiu que era impossível calcular o efeito cascata de um aumento de preço – mesmo que fosse apenas para um preço, como o do aço. A única experiência que a China tinha era o ajuste de preço dos têxteis (ver capítulo 6), mas os têxteis eram um produto semiacabado, por isso era muito mais fácil prever a inflação resultante. Em compensação, para um produto a montante indispensável e escasso, como o aço, apontou An, estava fora de cogitação prever o impacto de um aumento repentino no nível geral de preços[282].

Em 1986, a China escapou por pouco de um big bang. Confrontado com advertências diversas e autorizadas sobre os riscos imprevisíveis do choque da reforma de preços e a incerteza de seus benefícios, Zhao Ziyang desistiu da reforma de pacote. O plano parecia uma solução abrangente na teoria, mas se mostrou inviável na prática. Zhao chegou a argumentar que o desafio básico da reforma econômica era incentivar as empresas. Isso, como percebeu Zhao, não seria alcançado em paralelo com uma reforma radical de preços que colocasse em risco a estabilidade da economia e da sociedade, embora tivesse poucas perspectivas de sucesso[283]. O primeiro e mais chocante elemento da terapia de choque, a liberalização de preços da noite para o dia, foi abortado. Em vez disso, prevaleceu a reforma da mercantilização pelas margens, que deixou o núcleo do antigo sistema industrial intacto, mas congelou seu tamanho. Em uma reunião sobre o Sétimo Plano Quinquenal, realizada em janeiro de 1985, Wang Xiaoqiang e Song Guoqing apresentaram a Zhao Ziyang uma reforma empresarial cujo eixo central era a contratação de produção[284]. Um sistema de responsabilidade contratual em grande escala, que aprimorava o sistema de preços de via de mão dupla, nos moldes propostos pela pesquisa do Instituto de Reforma do Sistema, era agora implementado[285]. Naquele momento, isso resolvia a feroz contestação entre os economistas reformadores concorrentes em favor de um crescimento gradual no mercado. Mas a luta sobre a abordagem de reforma na China não havia acabado.

[282] Zhang Shuguang, *The History of Chinese Economic Studies*, cit., p. 550-1.
[283] Cheng Zhiping, *30 Years of Price Reform*, cit., p. 97; Zhang Shuguang, *The History of Chinese Economic Studies*, cit., p. 550.
[284] Liu Hong, *The Eighties*, cit., p. 396-7.
[285] Kijeld E. Brødsgaard e Koen Rutten, *From Accelerated Accumulation to Socialist Market Economy in China*, cit., p. 82.

8

Escapando da terapia de choque
Causas e consequências da inflação de 1988

Ao discutir a questão da reforma de preços, Deng Xiaoping disse: "Vamos correr um grande risco, mas podemos ter êxito. [...] Temos de considerar a possibilidade de grandes riscos como ponto de partida e preparar contramedidas desde o início. Dessa forma, mesmo que enfrentemos um grande perigo, os céus não cairão".

Diário do Povo, 4 de junho de 1988[1]

Introdução

Em 1986, a liberalização de preços no atacado foi posta em xeque por economistas reformadores que acreditavam na mercantilização, mas se opunham a um big bang. Depois que Zhao Ziyang desistiu do plano de reforma, o programa em 1987 e no início de 1988 era combinar a contratação de empresas com uma nova estratégia de desenvolvimento costeiro. Tratava-se de uma versão internacionalizada da mercantilização gradual a partir das margens e do sistema de via de mão dupla. Mas, no início do verão de 1988, a reforma radical dos preços retornou de repente à agenda do dia. A China chegou mais uma vez a um fio de cabelo de um big bang. Dessa vez, o custo foi dramático. Pela primeira vez desde a década de 1940, a inflação saiu do controle. Em todo o país, a população respondeu aos anúncios de um grande impulso na reforma de preços comprando em pânico, correndo aos bancos e realizando protestos locais, em uma reação sem precedentes contra as reformas de mercado. A liderança chinesa não teve escolha a não ser interromper os planos

---

[1] People's Daily, "Deng Xiaoping Stressed at the Symposium 'China and the World in the 21st Century' that Conditions Were Ready to Take on the Risk of Comprehensive Reform of Prices and Wages" (邓小平会见"九十年代的中国与世界"会议代表时强调我们有条件冒全面改革物价工资风险), *People's Daily*, 4 jun. 1988, p. 1.

de liberalização de preços no outono de 1988. Em vez da reforma de preços, a austeridade e a contenção tornaram-se a ordem do dia.

Os acontecimentos de 1988 e 1989 levaram à prisão ou ao exílio muitos dos protagonistas da reforma, alguns dos quais entrevistados por mim. Vários economistas reformadores que saíram relativamente ilesos da turbulência não demoraram a apresentar suas interpretações dos eventos de 1988. Enquanto isso, muitos dos exilados no exterior, presos ou retirados para os negócios privados tiveram dificuldade para fazer suas histórias serem ouvidas.

Quando nos confrontamos com relatos conflitantes e poucas evidências confiáveis, é difícil entender a dinâmica precisa do ponto de ruptura da reforma de 1988. Com essa ressalva, apresento aqui minha leitura de como a China escapou da terapia de choque em 1988. A síntese de meus pensamentos é baseada nas amplas entrevistas que realizei. Minha explicação não pode ser atribuída a nenhum de meus entrevistados. Dada a natureza politicamente carregada dos eventos ocorridos em 1988, decidi não incluir entrevistas individuais neste capítulo e me referir apenas ao material publicado.

A dolorosa escapada da China de um big bang em 1988 faz parte do pano de fundo mais amplo das revoltas e do massacre na praça da Paz Celestial. A literatura em língua inglesa apresenta basicamente duas interpretações para a tentativa dos chineses de realizar uma reforma radical de preços em 1988. A primeira enfatiza a importância de Deng Xiaoping. De acordo com essa narrativa, Deng tomou a iniciativa para si e fez pressão em favor da reforma de preços, pois estava ansioso para avançar antes que seu poder enfraquecesse[2]. A segunda interpretação enfatiza o conselho político que Zhao Ziyang ouviu de uma delegação que visitou a América Latina e supostamente lhe sugeriu que a inflação não devia ser temida. Segundo essa narrativa, o conselho político da delegação levou a um movimento ousado na reforma de preços[3]. Essa interpretação faz eco ao sentimento generalizado entre os intelectuais chineses na década de 1990 – que também prevalecia entre os reformadores de pacote da década de 1980 – de que a ciência ocidental constitui a única

---

[2] Ver, por exemplo, Joseph Fewsmith, *Dilemmas of Reform in China: Political Conflict and Economic Debate* (Armonk, M. E. Sharpe, 1994), p. 220-32; Cheng Xiaonong, "Decision and Miscarriage: Radical Price Reform in the Summer of 1988", em Carol L. Hamrin e Suisheng Zhao (orgs.), *Decision Making in Deng's China: Perspectives from Insiders* (Armonk, M. E. Sharpe, 1995), p. 189-207; Ezra F. Vogel, *Deng Xiaoping and the Transformation of China* (Cambridge, Harvard University Press, 2011), p. 470-1.

[3] Ver, por exemplo, Julian Gewirtz, *Unlikely Partners: Chinese Reformers, Western Economists, and the Making of Global China* (Cambridge, Harvard University Press, 2017), p. 198-200; Victor C. Shih, *Factions and Finance in China: Elite Conflict and Inflation* (Cambridge, Cambridge University Press, 2008), p. 124-35.

fonte legítima de conhecimento[4]. Parece, nessa perspectiva, que a razão mais profunda do erro foi seguir o exemplo de um país "atrasado".

Essas duas interpretações coincidem mais ou menos com as explicações fornecidas por economistas que estavam competindo pela abordagem correta da reforma de mercado na década de 1980. Por exemplo, Chen Yizi[5] e Zhu Jiaming[6] afirmam que Deng Xiaoping iniciou a tentativa de levar adiante a reforma de preços e Zhao Ziyang teve de segui-lo. Por sua vez, Wu Jinglian argumenta que Zhao Ziyang assumiu a liderança e seguiu o conselho da delegação enviada à América Latina, sob a chefia de Zhu Jiaming e Chen Yizi[7]. Provavelmente só quando os historiadores tiverem acesso aos arquivos relevantes esse assunto poderá ser resolvido.

Procuro levar em conta ambas as interpretações. Em geral, minha leitura está mais próxima da primeira interpretação. Mas, em vez de focar a pessoa de Deng Xiaoping, situo a decisão de implementar a reforma de preços no atacado no contexto do embate entre as lideranças políticas e as crescentes tensões sociais decorrentes da mercantilização. Portanto, começo expondo o impasse político que a reforma atingiu no fim de 1987. Os capítulos anteriores deste livro mostram que, no início de 1988, os reformadores chineses já vinham lutando com a questão da reforma de preços havia cerca de uma década, o que é importante para interpretar a impaciência de Deng. Além disso, mostrei como a questão dividiu os economistas reformadores em dois campos: aqueles que defendiam a mercantilização gradual a partir das margens do sistema de via de mão dupla e aqueles que defendiam a liberalização de preços no atacado em um único pacote. Compreender a formação e a orientação intelectual desses grupos fornece uma base importante para considerar as interpretações concorrentes da inflação e a corrupção iminente que levaram à espiral fora de controle no verão de 1988.

Impasse na reforma

Para entender o curso dos acontecimentos no verão de 1988, devemos começar considerando a ampla constelação política. O XIII Congresso do Partido, em

---

[4] Hui Wang, *The End of the Revolution: China and the Limits of Modernity* (Nova York, Verso, 2011), p. 43.

[5] Chen Yizi, *Memoirs of Chen Yizi* (陈一咨回忆录) (Hong Kong, New Century, 2013), p. 512-5.

[6] Zhu Jiaming, *Crossroads of China's Reform* (中国改革的歧路) (Taipei, Linking, 2013), p. 44.

[7] Wu Jinglian. *Understanding and Interpreting Chinese Economic Reform* (Mason, Thomson South-Western, 2005), p. 368; Wu Jinglian e Ma Guochuan, *Whither China? Restarting the Reform Agenda* (Oxford, Oxford University Press, 2016), p. 216.

outubro de 1987, marcou a consolidação da agenda de reforma de mercado da China. Ele desencadeou uma tensão crescente entre reformadores como Zhao Ziyang e Deng Xiaoping, que estavam dispostos a fazer o que fosse necessário para reformar o sistema econômico chinês, e líderes como Chen Yun, que achavam que a reforma não deveria anular a primazia do planejamento socialista. Como discutido no capítulo 4, o início da era da reforma na China foi sustentado por uma reavaliação do progresso histórico. Sob Mao, a revolução foi conceituada como uma luta política contínua. O estabelecimento de relações socialistas de produção era percebido tanto como um objetivo em si quanto um meio para alcançar o desenvolvimento material. Ao contrário, sob a reforma, o desenvolvimento econômico tornou-se um objetivo abrangente, e as relações sociais de produção foram avaliadas com base em sua capacidade de contribuir para esse objetivo – em grande parte independentemente de quão socialistas fossem. O desenvolvimento das forças produtivas tornou-se, a partir desse ponto, o principal projeto da China. Enquanto a luta em torno dos limites da reforma crescia entre os líderes chineses na segunda metade da década de 1980, o velho debate sobre a natureza do socialismo chinês e o papel do desenvolvimento econômico ressurgiu. O XIII Congresso do PCCh resolveu esse debate em favor da reforma econômica a todo custo[8].

Zhao Ziyang, que mais tarde se tornou secretário-geral, afirmou em seu relatório político ao Congresso do PCCh:

> Com forças produtivas muito atrasadas em relação aos países capitalistas desenvolvidos, estamos destinados a passar por uma fase primária muito longa. Durante essa etapa, realizaremos a industrialização e a comercialização, a socialização e a modernização da produção que muitos outros países alcançaram sob condições capitalistas.[9]

Zhao explicou o que estar no estágio primário do socialismo deveria significar em termos da agenda do partido:

> O que quer que seja propício ao crescimento [das forças produtivas] está de acordo com os interesses fundamentais do povo e, portanto, é necessário para o socialismo e está autorizado a existir. Porém, o que quer que seja prejudicial a esse crescimento vai contra o socialismo científico e, portanto, não tem autorização para existir.[10]

[8] Stuart R. Schram, "China After the 13th Congress", *The China Quarterly*, v. 114, 1988, p. 177-97.

[9] Zhao Ziyang, "Advance Along the Road of Socialism with Chinese Characteristics", *Beijing Review*, n. 45, 1987, p. 9-15.

[10] Idem.

Isso implicava um novo tipo de "o que quer que seja", que contrastava fortemente com o do sucessor de Mao, Hua Guofeng. Este havia dito, em 1977: "Vamos defender resolutamente quaisquer decisões políticas que o presidente Mao tomou e seguir inabalavelmente quaisquer instruções que o presidente Mao deu"[11]. De acordo com a lógica proclamada por Zhao no XIII Congresso do PCCh, enquanto a China estivesse nessa fase primária, definida como subdesenvolvimento econômico, tudo o que servisse ao crescimento econômico deveria ser considerado necessário para o socialismo. Esse era um paradigma de "vale tudo" das reformas de mercado. Versões do conceito de estágio primário do socialismo foram discutidas desde o fim da década de 1970. Em 1979, Su Shaozhi e Feng Lanrui publicaram um artigo importante no qual argumentavam que a China ainda estava em um estágio de "socialismo subdesenvolvido" (不发达的社会主义)[12]. Na época, essa formulação foi julgada muito desdenhosa do socialismo da China. A "Resolução sobre certas questões da história do nosso partido", de 1986, reconhecia que o "sistema socialista da China estava ainda em sua fase inicial de desenvolvimento", mas também enfatizava que "a China tinha sem dúvida estabelecido um sistema socialista e entrado no estágio da sociedade socialista" (seção 33). Agora o conceito era elevado a doutrina de Estado. Isso implicava que todas as fronteiras da reforma deveriam ser rompidas. Ao longo do "estágio primário muito longo do socialismo", a China deveria fazer o que fosse necessário para alcançar as conquistas na produção moderna que outros países alcançaram sob o capitalismo.

A perspectiva de Deng era totalmente consistente com a lógica do estágio primário do socialismo que Zhao havia articulado no congresso. Alguns meses antes, em abril de 1987, Deng dissera em uma conversa com o primeiro-ministro da Tchecoslováquia:

> Pobreza não é socialismo. Devemos apoiar o socialismo, mas devemos avançar na construção de um socialismo verdadeiramente superior ao capitalismo. Devemos primeiro nos livrar do socialismo da pobreza (*pinkun shehuizhuyi*); embora todos digam hoje que estamos criando o socialismo, só em meados do próximo século, quando atingirmos o nível dos países moderadamente

[11] Research Department of Party Literature, *Major Documents of the People's Republic of China: Selected Important Documents Since the Third Plenary Session of the Eleventh Central Committee of the Communist Party of China (December 1978 and November 1989)* (Pequim, Foreign Languages, 1991), p. 887.

[12] Gordon H. Chang, "Interview with Su Shaozhi, December 1985", *Bulletin of Concerned Asian Scholars*, v. 20, n. 1, 1988, p. 12-7; Sun Yan, *The Chinese Reassessment of Socialism, 1976-1992* (Princeton, Princeton University Press, 1995), p. 185-6.

desenvolvidos, poderemos dizer com segurança que o socialismo é realmente superior ao capitalismo e que estamos realmente construindo o socialismo.[13]

Na visão de Deng, a liderança exclusiva do partido precisava ser preservada para guiar a China ao estágio de desenvolvimento econômico que permitiria a criação de uma versão mais completa do socialismo. Esse era um limite estrito para o novo "o que quer que seja". Mas, nesse caminho, Deng achou necessárias reformas de mercado destemidas, ainda que exigissem desmantelar as principais instituições socialistas por um momento. Em resposta aos primeiros grandes protestos estudantis da era da reforma, Deng mostrou prontidão para defender a autoridade do Estado comunista por todos os meios. Solicitou à geração mais jovem de líderes políticos – entre os quais Hu Yaobang, Zhao Ziyang, Wan Li, Li Peng e outros – que os protestos fossem respondidos com uma "posição firme e clara" e advertiu que, "caso contrário, a liberalização burguesa se espalharia sem controle". Copiar a democracia ocidental não era um caminho para a China, aos olhos de Deng[14]. Sua intervenção foi uma mensagem inequívoca ao secretário-geral, Hu Yaobang. Hu fora um líder importante da reforma desde os primeiros dias e, em um ensaio de 1978, intitulado "A prática é o único critério para julgar a verdade", estabeleceu um princípio fundamental para a reforma econômica. Em 1987, Deng acusou Hu de "tomar uma atitude *laissez-faire* em relação à liberalização burguesa" e forçou Hu a apresentar sua renúncia[15]. Na visão de Deng, o estágio de desenvolvimento da China ditava que a democracia só poderia ser considerada viável dali a meio século[16]. Por mais que se opusesse violentamente à democracia de estilo ocidental e à separação de poderes, ele se dedicava às reformas de mercado com todas as forças.

A visão de Deng colidiu com a de Chen Yun, que se recusava a ir tão longe quanto Deng no desmantelamento do socialismo estatal existente[17]. Na segunda metade da década de 1980, a abordagem de Deng tornou-se dominante. A mercantilização havia se deslocado para o centro do sistema industrial urbano em 1984. A adoção total do conceito de um estágio primário do socialismo

---

[13] People's Daily, "Let the Struggle Against Bourgeois Liberalization Penetrate Deeply" (把反对资产阶级自由化的斗争引向深入) *People's Daily*, 17 maio 1987, p. 1 [ed. ingl.: Stuart R. Schram, "China After the 13th Congress", cit., p. 180].

[14] Ezra F. Vogel, *Deng Xiaoping and the Transformation of China*, cit., p. 579.

[15] Alexander V. Pantsov e Steven I. Levine, *Deng Xiaoping: A Revolutionary Life* (Oxford, Oxford University Press, 2015), p. 401.

[16] Stuart R. Schram, "China After the 13th Congress", cit., p. 182.

[17] David Bachman, "Differing Visions of China's Post-Mao Economy: The Ideas of Chen Yun, Deng Xiaoping, and Zhao Ziyang", *Asian Survey*, v. 26, n. 3, 1986, p. 292-321.

estava em nítido contraste com a famosa "lógica da gaiola" de Chen Yun[18], que foi um importante disparador da reforma. Desde a guerra revolucionária, Chen ganhara experiência no uso do mercado como arma na luta dos comunistas (ver capítulo 3). E contava com uma profunda compreensão prática da poderosa dinâmica desencadeada pelo mercado. Achava que, embora o mercado pudesse ser usado como meio, não deveria se tornar uma força dominante. Embora fosse um reformador, não acreditava que essa ação negaria as conquistas do socialismo até aquela data – como implicava o conceito de "estágio primário" no qual a China se encontrava. Para Chen Yun, o mercado deveria operar dentro dos limites de uma economia socialista planificada, como um pássaro voando dentro de uma gaiola. Aos olhos de Chen, no fim dos anos 1980 a China estava prestes a liberar o pássaro.

Na abordagem articulada por Zhao no XIII Congresso do PCCh, as forças do mercado eram bem-vindas na medida em que servissem ao desenvolvimento econômico. Observe, no entanto, que também para Zhao, o desenvolvimento – não a mercantilização – era o objetivo. No XIII Congresso do PCCh, o mercado foi elevado a mecanismo econômico dominante, só que não deveria ser livre, e sim regulado pelo Estado. Isso foi capturado no famoso slogan de Zhao: "O Estado intervém no mercado e o mercado impulsiona as empresas"[19]. Não se esperava que o mercado livre e irrestrito produzisse desenvolvimento; ao mesmo tempo, em nome do progresso econômico, algumas das principais instituições econômicas do socialismo de Estado foram consideradas dispensáveis. Em seu relatório ao XIII Congresso do PCCh, Zhao pediu para "acelerar o estabelecimento e o cultivo de um sistema de mercado socialista". Isso envolvia expandir o mercado para meios de produção, tecnologia, trabalho e finanças[20]. Incluir os fatores de produção na agenda da mercantilização significava um passo decisivo para longe do planejamento. Quando Zhao começou seu discurso de abertura no congresso, Chen, o velho líder que orientou as reformas econômicas iniciais, expressou sua desaprovação para todos verem: ele se levantou e saiu[21].

Antes do XIII Congresso do PCCh, revolucionários que haviam liderado a reforma com graus muito variados de princípios e pragmatismo anunciaram sua aposentadoria. Deng Xiaoping, Chen Yun e Li Xianian renunciaram

[18]   Ibidem, p. 297; Ezra F. Vogel, "Chen Yun: His Life", cit.
[19]   Zhao Ziyang, *Prisoner of the State: The Secret Journal of Zhao Ziyang* (Nova York, Simon & Schuster, 2009), p. 122.
[20]   Wang Xiaolu, *The Road of Reform 1978-2018* (改革之路：我们的四十年) (Pequim, Social Science Documents, 2019), p. 97.
[21]   Zhao Ziyang, *Prisoner of the State*, cit., p. 122-3.

oficialmente, mas continuaram a competir por meios informais para definir o caminho da China[22]. Em 1988, quando a reforma chegou a um impasse, a batalha no seio da liderança chinesa foi conduzida por esses veteranos aposentados. Buscando uma saída para o impasse, Deng decidiu dar seguimento à reforma de preços. Esperando defender sua visão, decidiu que a tarefa fundamental da reforma era "romper a barreira dos preços" (闯价格关)[23].

Inflação iminente, corrupção e paradigmas de reforma concorrentes

O crescente confronto político ocorreu quando o humor da população estava em um ponto de inflexão. Como consequência da mercantilização, a corrupção ficou cada vez pior. As tensões sociais aumentaram e exacerbaram o confronto entre os dois lados da liderança chinesa. A China enfrentava altas taxas de inflação, mesmo para seus padrões pós-revolucionários, desde antes do verão de 1988, quando a inflação saiu do controle. O crescimento da produção foi alto em 1987 e no início de 1988 (cerca de 11%), mas o velho privilégio concedido à população urbana chinesa de comprar itens básicos a preços baixos se viu ameaçado. O crescimento do índice de preços ao consumidor (IPC) atingiu o novo patamar de 8,8% em 1985, antes de cair para 6% em 1986, como resultado das políticas de contenção de Yun (1985-1986). A inflação voltou a subir na segunda metade de 1987, com um aumento anual do IPC de 9,1% em dezembro (ver figura 14)[24].

O crédito dos bancos estatais vinha crescendo de 20% a 25% ao ano desde meados de 1986, superando em muito o crescimento da produção[25]. A principal questão não era se havia ou não excesso de oferta de dinheiro, mas os impulsionadores dessa oferta monetária e a tendência inflacionária. Era uma questão de política do Banco Central e gastos do governo – política fiscal e monetária no sentido macroeconômico convencional? Ou havia alguma dinâmica arraigada no funcionamento da economia criando dinheiro endogenamente – e,

---

[22] Alexander V. Pantsov e Steven I. Levine, *Deng Xiaoping*, cit., p. 403-4.

[23] Liu Wei, "Research on China's 1988 'Crashing through the Barrier of Price Reform'", cit.

[24] Geng Chongyi e Zhou Wangjun, "The 1988 Intensifying Price Increases and the Process of Calming Down Panic Buying" (1988 年物价上涨加剧与平息抢购风经过), em Cheng Zhiping (org.), *50 Years of Prices in China, 1949-1998* (中国物价五十年 1949-1998) (Pequim, China Price, 1998), p. 543; Ezra F. Vogel, *Deng Xiaoping and the Transformation of China*, cit., p. 469.

[25] Barry Naughton, "Inflation and Economic Reform in China", *Current History*, v. 88, n. 539, 1989, p. 270.

nesse caso, a saída seria via mais inovação institucional, reequilíbrio gradual e reforma? Explicações concorrentes e complementares sobre a inflação iminente na China em 1987 e início de 1988 se alinham amplamente às abordagens de reforma opostas que descrevi nos capítulos anteriores.

FIGURA 14. Inflação na China (1986-1990)

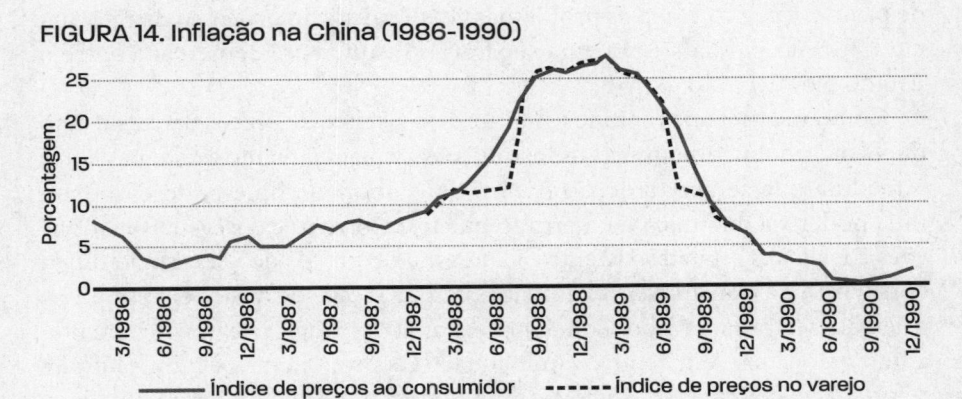

O índice de preços no varejo inclui mercadorias de varejo, serviços e bens de produção; ver Richard C. K. Burdekin e Xiaojin Hu, "China's Experience with Indexed Government Bonds, 1988-1996: How Credible Was the People's Republic's Anti-Inflationary Policy?", *Review of Development Economics*, v. 3, n. 1, 1999, p. 69 e 81. Sobre o índice de preços ao consumidor, ver Geng Chongyi e Zhou Wangjun, "The 1988 Intensifying Price Increases and the Process of Calming Down Panic Buying", cit., p. 543.

Reformadores de pacote como Wu Jinglian argumentaram que a inflação era resultado do excesso de demanda agregada[26] e, em termos monetários, viam a "causa raiz da inflação na oferta monetária acelerada após 1986"[27]. Um colaborador de Wu, Zhou Xiaochuan, mais tarde nomeado diretor do Banco do Povo da China por Zhu Rongji, estava perfeitamente alinhado à visão macroeconômica que se concentrava na política fiscal e monetária. Ele esmiuçou o que enxergava como um problema no setor bancário que minava a eficácia da política monetária. Enfatizou que a China ainda não contava com um banco central independente[28]. O papel do Banco do Povo da China, destacou Zhou, era implementar o plano de crédito do Conselho de Estado, enquanto os bancos comerciais tinham de atender a solicitações diretas de governos locais e departamentos governamentais. Segue-se, a

[26] Wu Jinglian e Bruce Reynolds, "Choosing a Strategy for China's Economic Reform", *American Economic Review*, v. 78, n. 2, 1988, p. 464.

[27] Wu Jinglian e Ma Guochuan, *Whither China? Restarting the Reform Agenda* (Oxford, Oxford University Press, 2016), p. 217.

[28] Zhou Xiaochuan e Zhu Li, "China's Banking System: Current Status, Perspective on Reform", *Journal of Comparative Economics*, p. 11, n. 3, 1987, p. 399-409.

partir dessa perspectiva, que a oferta de moeda só poderia ser ajustada se fossem alteradas as demandas do governo central e local sobre o setor bancário. Portanto, era necessária uma contenção fiscal, combinada a uma reforma bancária que levasse à independência do Banco Central. A visão de Zhou era amplamente consistente com o abrangente paradigma da reforma de pacote, que projetava os problemas econômicos do processo da reforma em reformas parciais e em uma separação insuficiente demarcada entre o Estado e o mercado.

Como mostrei nos capítulos anteriores, o sistema de preços de via de mão dupla não aboliu diretamente as instituições de planejamento existentes. Mas, à medida que se apoderou do núcleo da economia chinesa, desencadeou uma poderosa dinâmica de mercado que transformou e corroeu as instituições socialistas estatais existentes. O sistema de preços de via de mão dupla destinava-se a transformar as unidades de produção socialistas em empresas orientadas para o mercado. Com isso, veio uma nova lógica de funcionamento: a busca por lucro e incentivos individuais. Os proponentes de um estilo de reformas de mercado mais parecido com um choque não tardaram a atribuir a disseminação da corrupção e da especulação oficial (官倒) aos atritos entre o antigo e o novo sistemas inerentes à abordagem dualista, e não ao mercado em si. Na verdade, tentar resolver o atrito entre os dois sistemas saltando diretamente para o mercado, como fez a Rússia, acabou não prevenindo a corrupção, mas a acelerando[29].

Os partidários da terapia de choque começaram a empregar a teoria da escolha pública da Escola da Virgínia e a nova teoria institucionalista, em particular o conceito de busca de renda (*rent-seeking*), para atacar as reformas de via de mão dupla. Adequavam-se ao mais recente ataque neoliberal contra a intervenção do Estado. A economia neoclássica de bem-estar considera o Estado um agente benevolente capaz de corrigir as falhas do mercado. A teoria da escolha pública afirma, ao contrário, que o Estado é constituído de políticos e burocratas que são controlados por grupos de interesse especial e procuram vantagens pessoais pela corrupção e pela busca de renda[30]. Nicholas Lardy introduziu a teoria da busca de renda no debate da reforma chinesa em 1988, pela nova *Sistemas Econômicos e Sociais Comparativos*[31]. A revista publicou uma série de artigos ao longo de 1988 para popularizar a busca de renda como ferramenta analítica no debate das reformas de mercado na China. Wu Jinglian e Rong Jinben, duas verdadeiras forças motrizes, reuniram esses artigos no livro *Corrupção: troca de dinheiro e poder*[32], que traz também textos de líderes neoliberais como Buchanan[33], Koford e Colander[34], assim como um panorama da literatura anglófona recente, incluindo, por exemplo, as contribuições de Anne Krueger.

O prefácio de Rong Jingben ao livro ilustra como a teoria da busca de renda foi mobilizada contra o sistema de preços de via de mão dupla. Do ponto de vista da teoria da escolha pública, a corrupção resulta não da mercantilização, mas da falta de um mercado perfeitamente competitivo. Rong argumenta que algumas pessoas associavam a corrupção desenfreada ao crescente papel do mercado[35]. Contrariamente a essa visão, sustenta Rong, óbvio que a corrupção estatal era resultado da divergência entre os preços planejados e os preços de mercado sob o sistema de preços de via de mão dupla, que oferecia oportunidades para a busca de renda. Isso, por sua vez, criava um círculo vicioso no qual os funcionários públicos tiravam vantagem do sistema de preços de via de mão dupla e, portanto, opunham-se a reformas de verdade.

Rong faz um apelo à liberalização de preços no atacado como o único caminho para o prosseguimento da reforma. Em suas palavras:

> Se quisermos sair desse círculo vicioso, não podemos mais controlar a economia, temos de interromper as vendas exclusivas [sob o plano] e o controle de preços. A única maneira de estabelecer uma concorrência justa é separar

---

Chile before, during, and after Pinochet", em Philip Mirowski e Dieter Plehwe (orgs.), *The Road from Mont Pèlerin: The Making of the Neoliberal Thought Collective* (Cambridge, Harvard University Press, 2009), p. 325-6.

[31] Nicholas R. Lardy, "Reconsidering China's Economic System" (中国经济体制再论), *Comparative Economic and Social Systems*, n. 2, 1988, p. 17-52; Wu Jinglian, "Rent Seeking Theory and the Downsides of the Chinese Economy" (寻租"理论与我国经济中的某些消极现象), *Comparative Economic and Social Systems*, n. 5, 1988, p. 1.

[32] Wu Jinglian e Rong Jinben (orgs.), *Corruption: Exchange of Money and Power* (腐败：货币与权力的交换) (Pequim, China Prospect, 1989).

[33] James M. Buchanan, "Rent Seeking and Profit Seeking", em James Buchanan, Robert D. Tollison e Gordon Tullock (orgs.), *Toward a Theory of the Rent-Seeking Society* (College Station, Texas A&M University Press, 1980), p. 3-15.

[34] Kenneth Koford e David C. Colander, "Taming the Rent Seeker", em David C. Colander (org.), *Neoclassical Political Economy: The Analysis of Rent-Seeking and DUP Activities* (Cambridge, Ballinger, 1984), p. 205-16.

[35] Rong Jingben, "Preface", em Wu Jinglian e Rong Jinben (orgs.), *Corruption*, cit., p. 6.

as empresas da burocracia estatal e liberalizar os preços para alcançar a plena mercantilização.[36]

A implicação política da análise da busca de renda alinhava-se totalmente ao big bang abortado em 1986. De acordo com sua análise monetarista da razão por trás do aumento da inflação, Wu Jinglian e outros reformadores de pacote colocavam agora ênfase ainda maior na necessidade de contenção macroeconômica para trazer a demanda agregada abaixo da oferta agregada como um passo necessário na preparação da liberalização de preços. O slogan dos chamados reformadores de pacote (ver capítulo 7) era "controlem a oferta monetária, reformem os preços" (管住货币, 改革价格)[37]. Em uma proposta para os sete anos seguintes de reforma (1988-1995) apresentada em maio à Comissão de Reforma do Sistema, Wu Jinglian e seu grupo (Zhou Xiaochuan, Li Jiange, Lou Jiwei, Guo Shuqing e outros) mais uma vez concretizaram sua visão da reforma em duas etapas: controle monetário, seguido de liberalização abrangente dos preços, em especial de matérias-primas essenciais e insumos industriais. Mais uma vez, referiam-se à liberalização na Alemanha ocidental e no Japão após a guerra para legitimar sua estratégia[38]. Afirmando que mais cedo ou mais tarde um passo decisivo seria necessário, empregaram a retórica típica da terapia de choque.

> Nem o controle da oferta monetária nem a liberalização dos preços são fáceis de implementar, e ambos envolvem um risco considerável. [...] Embora seja difícil lançar a reforma de preços no momento certo, não há como contorná--la, e quanto mais se espera, mais difícil e arriscada é. [...] Contanto que implementemos um pacote abrangente de medidas de reforma, podemos absolutamente romper a barreira (ou seja, a reforma de preços).[39]

Segundo Wu e coautores, a tendência inflacionária no primeiro semestre de 1988 só aumentava a urgência:

> Quando a inflação começa, geralmente acelera. Há poucos exemplos no mundo de controle gradual da inflação; em geral é preciso pisar no freio em algum momento. Teremos de cruzar essa passagem eventualmente, então é melhor

COMO A CHINA ESCAPOU DA TERAPIA DE CHOQUE

---

[36] Idem.

[37] Lin Chen, "'Control the Money Supply, Reform Prices': Interview with Economist Wu Jinglian" ("管住货币, 改革价格": 访经济学家吴敬琏), *Besides Hope*, n. 29, 1988, p. 13-6; Wu Jinglian et al., "A Comprehensive Vision to Carry Reform Forward", *Reform*, n. 1, 1988, p. 67-76.

[38] Wu Jinglian et al., "A Comprehensive Vision to Carry Reform Forward", cit., p. 202.

[39] Ibidem, p. 202-3.

que seja mais cedo que tarde. Uma dor de longa duração é pior que uma dor curta e aguda, por isso é importante decidir logo.[40]

A orientação básica da proposta de 1988 era a mesma do plano do Escritório do Programa de 1986. Mas o tom se tornou ainda mais radical, e o escopo passou de uma reforma combinada de preços, impostos, salários e finanças para uma reforma da propriedade, uma reforma do sistema de governo compatível com a economia de mercado, liberalização financeira e mercantilização da terra e do trabalho. Como Wu deixou claro em um artigo no fim daquele ano, ele apelava para um "sistema econômico completamente novo" como única maneira de melhorar a eficiência[41]. Isso exigia "medidas contundentes para substituir o sistema de via de mão dupla em um tempo relativamente curto". As pequenas empresas estatais deveriam ser vendidas, enquanto as maiores deveriam ser transformadas em sociedades anônimas. Essa estratégia de privatização deveria "reformar a estrutura legal de governança das empresas estatais [de modo que] o governo mantenha apenas o papel de gestão geral da sociedade e da economia" e "não seja mais o agente direto da propriedade pública, muito menos interfira sozinho nos assuntos internos das empresas". Nesse artigo, Wu dá o roteiro completo da terapia de choque. Os reformadores radicais de mercado da China evoluíram além de exigir o primeiro e decisivo passo da terapia de choque – ou seja, um big bang na liberalização de preços. Propunham agora a doutrina do choque total que estava varrendo o mundo socialista e em desenvolvimento.

Diante da crescente pressão inflacionária e do excesso de demanda agregada, uma perspectiva alternativa à reforma de pacote enfatizava a antiga questão das relações entre expansão agrícola, investimentos e consumo urbano. Como discutirei na próxima seção, essa era a abordagem de Zhao Ziyang. No início de 1988, a ênfase nos preços dos alimentos e na agricultura era comum entre os responsáveis pelos preços. Por exemplo, Cheng Zhiping, então diretor da Administração Geral de Preços de Mercadorias, em discurso realizado em fevereiro de 1988, afirmou que os aumentos do preço dos alimentos explicavam cerca de dois terços da elevação do índice de preços ao consumidor em 1987. O problema subjacente era tanto o crescimento da demanda, graças ao aumento da renda, quanto a falta de oferta de bens agrícolas. Nas palavras de

---

[40] Citado em Barry Naughton (org.), *Wu Jinglian: Voice of Reform in China* (Cambridge, MIT Press, 2013), p. 196.

[41] Wu Jinglian, "The Divergence in Views and the Choice of Reform Strategy" [1988], em Barry Naughton (org.), *Wu Jinglian*, cit., p. 200-1.

Cheng: "Quando grãos, carnes e vegetais são abundantes, é fácil estabilizar os preços"[42]. Não era essa a situação no fim dos anos 1980.

A reforma agrária produziu resultados rápidos nos primeiros anos, mas enfrentava cada vez mais dificuldades. Quando a produção de grãos atingiu níveis sem precedentes no início da década de 1980, o velho problema de saber como industrializar sem excesso de demanda agregada (ver capítulo 4) foi temporariamente mitigado. Em 1988, a produção de grãos não superou o nível de 1984, que havia levado à abolição do sistema unificado de compra e venda de grãos[43]. Em 1984, o Estado fixou os preços de 67,5% dos produtos agrícolas. Em 1988, essa participação caiu para 24%[44]. Mas, como Song Guoqing e outros haviam avisado, descobriu-se que a contratação voluntária não rendeu compras de grãos suficientes para o Estado manter os preços estáveis (ver capítulo 7). O sistema unificado de compra e venda havia sido abolido porque não dava conta de grandes excedentes de grãos[45]. Quando se viu confrontado com uma oferta limitada de grãos, o governo voltou aos contratos compulsórios[46].

Mas o governo teve de aumentar o preço de aquisição dos grãos também nos contratos compulsórios, a fim de competir com as oportunidades econômicas geradas nas florescentes indústrias rurais e na produção secundária. Esse aumento exacerbou o desafio de manter baixo o custo dos grãos para os trabalhadores urbanos (ver capítulo 4). Desde 1985, isso era feito por meio de uma combinação de baixos preços no varejo e subsídios. Esses subsídios ao consumo urbano faziam parte da massa salarial. O aumento dos subsídios desencadeou uma espiral ascendente em uma ampla gama de preços. A massa salarial em alta exerceu pressão sobre os preços industriais. Os preços mais altos dos insumos industriais, por sua vez, reduziram o retorno da produção agrícola e incentivaram mais agricultores a se transferir para a indústria rural, agravando a pressão de alta sobre o preço dos produtos agrícolas. A necessidade de subsídios governamentais para manter altos os preços de compra e baixos os custos de varejo causou um déficit crescente. Em face do acesso limitado a empréstimos internos e externos, esse déficit foi amplamente financiado pela impressão de dinheiro, que serviu para pagar mais para os camponeses por seus produtos e subsidiar os trabalhadores

---

[42] Cheng Zhiping, *30 Years of Price Reform, 1977-2006*, cit., p. 284.

[43] Barry Naughton, "Inflation and Economic Reform in China", cit., p. 271.

[44] Han et al., 1998, p. 493.

[45] Jean C. Oi, "Peasant Grain Marketing and State Procurement: China's Grain Contracting System", *The China Quarterly*, v. 106, n. 3, 1986, p. 272-90.

[46] Barry Naughton, "Inflation and Economic Reform in China", cit., p. 271.

urbanos[47]. Como resultado, a demanda agregada superou a oferta e pressionou o nível geral de preços. Por essa interpretação das causas da inflação, não bastava arrochar a política monetária: era necessário reequilibrar a relação entre campo e cidade.

Uma dimensão adicional da inflação de custos originou-se do desequilíbrio entre os diferentes setores industriais. Os pesquisadores do Instituto de Reforma do Sistema atribuíram o desequilíbrio ao comportamento das empresas e continuaram a exigir uma reforma empresarial. Em estudo de 1986, chamaram o mecanismo por trás da expansão do crédito de "restrição bancária branda", o que originava investimentos excessivos ou aumentos excessivos de salários (ver capítulo 7). Esse estudo também alertou contra uma "minusculização do investimento", pela qual a maior parte dos fundos ia para as indústrias leves e os bens de consumo altamente rentáveis, em vez de matérias-primas, energia e indústria pesada. Essa tendência continuou em 1987. A indústria leve cresceu em ritmo mais acelerado que os principais insumos industriais, como a energia, e agravou a escassez[48]. Os primeiros anos da reforma marcaram uma mudança de um modelo de desenvolvimento orientado para a indústria pesada para um orientado para a indústria leve (ver capítulo 4). Isso criou eventuais gargalos nas indústrias a montante. A combinação de gargalos e demanda crescente causada pela rápida expansão da indústria leve fez com que os preços de mercado de insumos essenciais, como carvão, petróleo e aço, divergissem acentuadamente dos preços planejados pelo Estado[49]. O número de bens de produção racionados pelo governo central diminuiu de 256 categorias em 1984 para 26 em 1987, e os bens racionados também foram vendidos no mercado sob o sistema de via de mão dupla[50]. O governo anunciou, em 1987, que 50% de todos os bens de produção eram alocados pelo mercado[51].

Descobriu-se que, no caso dos bens de produção, o aumento rápido e caótico dos preços de mercado desencadeou uma versão limitada na margem do mercado daquele tipo de inflação de custos contra o qual o Instituto de Reforma do Sistema, Li Yining e outros haviam alertado Zhao Ziyang em 1986, quando intervieram para impedir a implementação da liberalização dos preços no atacado. Os preços de mercado inflaram rapidamente em

[47] Idem; Gang Yi, "The Price Reform and Inflation in China, 1979-1988", *Comparative Economic Studies*, v. 32, n. 4, 1990, p. 40-7.

[48] Gang Yi, "The Price Reform and Inflation in China, 1979-1988", cit., p. 52-3.

[49] Geng Chongyi e Zhou Wangjun, "The 1988 Intensifying Price Increases and the Process of Calming Down Panic Buying", cit., p. 545-6.

[50] Gang Yi, "The Price Reform and Inflation in China, 1979-1988", cit., p. 36.

[51] Han et al., 1998, p. 496.

relação aos preços planejados. Em 1987, os preços de mercado de treze itens básicos de produção estavam 115% acima dos preços planejados. O aumento dos preços dos insumos industriais pressionou para cima todos os outros bens.

Ao mesmo tempo, a enorme divergência entre os preços de mercado e os preços planejados em setores industriais altamente concentrados a montante, como o de energia, oferecia oportunidades sem precedentes para o lucro e a corrupção[52]. Muitos funcionários públicos que tinham acesso a recursos escassos não os administravam como administradores da economia nacional, local ou de uma unidade de produção. Em vez disso, de acordo com vários relatos, eles abusavam de seu poder, desviavam para os próprios bolsos parte da receita gerada pelos preços em disparada, aceitavam cigarros e álcool como suborno ou concediam a parentes e conhecidos acesso aos preciosos recursos[53]. A corrupção foi uma das razões da insatisfação dos estudantes chineses que resultou em grandes protestos em 1986. Um dos líderes estudantis, Fang Lizhi, um físico brilhante, pedia "completa modernização" e "completa ocidentalização"[54]. Como argumentei, os economistas que defendiam a reforma de pacote viram a especulação generalizada como mais um motivo para atacar a reforma gradual e exigir uma mercantilização completa.

Em nítido contraste, os pesquisadores do Instituto de Reforma do Sistema continuaram a se opor veementemente à lógica da doutrina de choque. Em 1987, após a implementação do sistema nacional de contratação de produção para as empresas estatais, eles organizam outra pesquisa em grande escala, repetindo os esforços despendidos em 1986 para avaliar o estado da reforma (ver capítulo 7)[55]. Eles estavam preocupados com a corrupção, mas argumentaram mais uma vez que a liberalização dos preços no atacado e um salto para o livre mercado não resolveriam o problema estrutural da escassez de matérias-primas essenciais, energia e bens industriais pesados[56].

---

52 Ibidem, p. 496 e 499.
53 Para um relato sobre como a imprensa chinesa discutia a corrupção na época, ver James T. Myers, "China: Modernization and 'Unhealthy Tendencies'", *Comparative Politics*, v. 21, n. 2, 1989, p. 193-213; para um relato sistemático sobre a corrupção na economia rural, ver Jean C. Oi, "Market Reforms and Corruption in Rural China", *Studies in Comparative Communism*, v. 22, n. 2-3, 1989, p. 221-33.
54 Alexander V. Pantsov e Steven I. Levine, *Deng Xiaoping*, cit., p. 400-1; Ezra F. Vogel, *Deng Xiaoping and the Transformation of China*, cit., p. 577-8.
55 CESRRI, *Reform: China's Challenges and Choices* (改革：我们面临的挑战与选择) (Pequim, China Economics Press, 1986).
56 Wang Xiaolu, *The Road of Reform 1978-2018*, cit., p. 89-90.

Do ponto de vista dos economistas do Instituto de Reforma do Sistema, dado o baixo nível de desenvolvimento da China, o Estado era o único ator com capacidade para organizar as indústrias a montante, cruciais para o progresso econômico da China. Para eles, a separação entre burocracia e empresas nesses setores críticos não era compatível com os objetivos de desenvolvimento da China. O que se fazia necessário era uma reestruturação dessas indústrias, realizar fusões sob propriedade pública para ampliar a escala de produção e aprimorar a tecnologia, estimulando a produção e superando as carências prevalecentes. O problema da especulação dentro do governo, na opinião dos economistas, não seria resolvido com a abolição do plano. Eram necessárias novas estruturas organizacionais e inovações institucionais para acabar com o poder excessivo nas mãos de quadros individuais e estabelecer um sistema de prestação de contas que efetivamente prevenisse a corrupção[57].

Depois de 1986, a abordagem de Zhao alinhou-se amplamente à do Instituto de Reforma do Sistema. A missão de Zhao era dar prosseguimento à reforma por meio do desenvolvimento. Cada vez mais isso envolvia não apenas a mercantilização doméstica, mas também a reintegração gradual ao capitalismo global. No centro da abordagem de Zhao estava a contratação de empresas e uma estratégia de desenvolvimento costeiro. Ao elaborar essas políticas, Zhao contou com o trabalho de pesquisa do Instituto de Reforma do Sistema[58].

A estratégia de desenvolvimento costeiro não deve ser confundida com as zonas econômicas especiais lançadas no início da reforma como ilhas de abertura[59]. Nas próprias palavras de Zhao, a nova estratégia "significava permitir que 100 milhões a 200 milhões de pessoas das regiões costeiras e as empresas dessas regiões se integrassem ao mercado global"[60]. Do outono de 1987 a 1988, Zhao Ziyang, que fez carreira na década de 1960 em Guangdong, percorreu essa província costeira em companhia de Jiangsu, Zhejiang e Fujian[61]. Nessa extensa investigação, ele foi mais uma vez acompanhado de Du Runsheng e Wang Xiaoqiang, em cuja pesquisa se baseou desde as reformas agrícolas do início dos anos 1980 (ver imagem 5)[62]. Durante a viagem, eles tiveram longas

[57] Idem.

[58] Ibidem, p. 90.

[59] Roderick Macfarquhar, "Foreword", em Zhao Ziyang, *Prisoner of the State*, cit., p. xx.

[60] Zhao Ziyang, *Prisoner of the State*, cit., p. 150.

[61] Ibidem, p. 149-50; "The Question of the Coastal Development Strategy, January 1988" (沿海地区经济发展的战略问题), em *Collected Works of Zhao Ziyang (1980-1989)*, v. 4: *1987--1989* (赵紫阳文集 (1980-1980): 第三卷 (1987-1989)) (Hong Kong, Chinese University Press, 2016), p. 341-55.

[62] Deng Yingtao, *New Development Model and China's Future* (Londres, Routledge, 2017), p. 195.

discussões com quadros locais (nível de condado, distrito e província) para avaliar se a estratégia de desenvolvimento liderada pelas exportações dos "Tigres Asiáticos" – Hong Kong, Singapura, Coreia do Sul e Taiwan – poderia ser adotada na região costeira da China[63].

Em janeiro de 1988, ao retornar da viagem de estudo, Zhao resumiu sua estratégia de desenvolvimento costeiro. "As indústrias de trabalho intensivo vão sempre para onde o custo do trabalho é mais baixo", observou. "Do ponto de vista da região da Ásia-Pacífico, vemos que essas indústrias se mudaram primeiro dos Estados Unidos para o Japão e depois para Taiwan, Coreia do Sul, Hong Kong e Singapura"[64]. Zhao observou que "nessas duas grandes ondas de realocação, a economia chinesa ainda não estava aberta. Atualmente, outra grande mudança está em andamento". O momento, sugeria ele, era ideal para encaminhar essa produção para a China: "As regiões costeiras da China devem ser muito atraentes dessa vez".

IMAGEM 5: Delegação liderada pelo primeiro-ministro Zhao Ziyang para estudar perspectivas para a Estratégia de Desenvolvimento Costeiro (inverno de 1987). Zhao Ziyang (à frente, à esquerda), Wang Xiaoqiang (atrás, no meio), Du Runsheng (à frente, no meio), secretário de Zhao, Li Shuqiao (à frente, à direita), em viagem de estudo em Guangdong, Jiangxi, Xangai e Jiangsu. Cortesia de Wang Xiaoqiang.

Podemos pensar na estratégia de desenvolvimento costeiro como uma internacionalização da mercantilização gradual de via de mão dupla. A ideia

[63] Zhao Ziyang, *Prisoner of the State*, cit., p. 150.
[64] Idem, "The Question of the Coastal Development Strategy, January 1988", cit., p. 342-3.

não era integrar toda a China de uma só vez ao capitalismo global ou afrouxar o controle estatal sobre as principais indústrias a montante e de tecnologia intensiva. Como Zhao[65] apontou, o desenvolvimento costeiro deveria ser perseguido de maneira que não drenasse os recursos domésticos da China. O slogan "estender as duas extremidades para fora" (两头在外) significava que as matérias-primas viriam do exterior para serem processadas por mão de obra chinesa barata e depois exportadas.

Essa estratégia canalizaria para as exportações os abundantes investimentos que as empresas de cantões e povoados faziam nas indústrias leves. Para Zhao, pequenas empresas exportadoras poderiam ser privatizadas para liberar fundos que seriam investidos nas indústrias de tecnologia intensiva a montante. A expansão das indústrias a montante, por sua vez, ajudaria a superar a escassez de insumos industriais – um dos principais motivos da inflação nos custos. As receitas das exportações da indústria leve também poderiam financiar a importação de insumos industriais e aliviar ainda mais a pressão sobre os preços. Endividamento externo deveria ser evitado, segundo Zhao. As empresas costeiras deveriam atrair investimentos estrangeiros diretos. Isso não apenas evitaria o risco de dependência de credores estrangeiros, mas também teria a vantagem de atrair novas técnicas de gestão, contribuindo para a reforma empresarial[66].

A versão doméstica do sistema de via de mão dupla transformou as unidades de produção socialistas da China em empresas orientadas para o mercado (ver capítulos 6 e 7). A estratégia de desenvolvimento costeiro foi estendida ao mercado global. As empresas chinesas não deveriam ser apenas comercializadas, elas deveriam alcançar o capitalismo global. Reformadores e economistas envolvidos na elaboração dessa estratégia a viam como mais um passo no processo de mercantilização gradual a partir das margens. Wang Xiaoqiang, que foi conselheiro de Zhao nessa estratégia, relatou ao rememorar mais de duas décadas antes: "Nunca imaginamos que a economia costeira se tornaria o motor do crescimento econômico chinês"[67].

É claro que nem todos os jovens economistas reformadores que entraram no debate da reforma de mercado como proponentes do sistema de preços de via de mão dupla continuaram a defender uma abordagem de reforma gradual no fim dos anos 1980. Um artigo amplamente discutido tanto na China merece menção a esse respeito. De autoria de Hua Sheng, um dos pretendentes a criador do sistema de preços de via de mão dupla (ver capítulo 6), e de Zhang Xuejun e Luo Xiaopeng, o artigo descreve a primeira década de reformas. Os

[65] Ibidem, p. 354.
[66] Ibidem; *Prisoner of the State*, cit., p. 145-7.
[67] Deng Yingtao, *New Development Model and China's Future*, cit., p. 195.

autores postulam que o sistema de via de mão dupla foi eficaz na abertura de mercados e na desintegração do antigo sistema de planejamento, mas não conseguiu criar uma economia de mercado funcional[68].

Hua, Zhang e Luo continuaram a se opor a propostas de reforma radical de preços, argumentando que elas não conseguiriam estabelecer concorrência de mercado. Alegavam "que a reforma nos países socialistas dava num beco sem saída, a menos que o sistema de propriedade estatal fosse desmantelado e a propriedade e os direitos civis fossem restabelecidos"[69]. Para eles, a razão do fracasso do sistema de via de mão dupla era a tendência a reproduzir e expandir o poder dos funcionários. Em sua opinião, não se quebraria a autoridade oficial pela abolição dos preços planejados – como sugeriam os defensores da busca de renda. Em vez disso, para Hua, Zhang e Luo, a única maneira de a China se tornar uma economia de mercado era minar o poder oficial, garantindo direitos de propriedade e direitos civis aos cidadãos. Eles foram os primeiros a propor privatizações por *voucher* e exigir efetivamente uma mudança geral no sistema político chinês.

Pode parecer que havia convergência entre Hua Sheng e seu grupo e Wu Jinglian e outros defensores da reforma de pacote no que diz respeito à demanda de uma mercantilização generalizada – e com o Instituto de Reforma do Sistema em seu desejo de reintegrar a China ao capitalismo global. Na verdade, os grupos de economistas permaneciam adversários ferozes. Havia uma profunda divisão quanto à maneira de alcançar sucesso na criação de mercado. De fato, o artigo de Hua, Zhang e Luo é em grande parte um ataque às propostas de reforma de Wu Jinglian, Lou Jiwei, Zhou Xiaochuan e outros partidários da reforma de pacote. Isso é reflexo do acalorado debate que havia na época. Enquanto se acirrava cada vez mais essa luta entre os economistas da reforma de mercado sobre *como* avançar, a inflação iminente e a corrupção desenfreada criavam um novo impulso entre aqueles que se opunham a novas reformas.

As posições e críticas de Zhao Ziyang

Zhao já havia recebido críticas severas por defensores do planejamento e por reformadores cautelosos como Chen Yun em 1987 e no início de 1988 ao

[68] Hua Sheng, Zhang Xuejun e Luo Xiaopeng, "10 Years of Reform in China: Review, Reflections and Prospects" (中国改革十年：回顾，反思和前景), *Economic Research*, n. 9, 1988, p. 21.

[69] Idem, *China: From Revolution to Reform* (Londres, Macmillan, 1993), p. viii.

permitir que os preços subissem moderadamente[70]. Ele também enfrentou críticas crescentes por não controlar a corrupção[71]. Tentando defender sua abordagem de reforma tanto contra os reformadores radicais quanto contra os opositores da reforma, Zhao fez comentários que mais tarde foram interpretados como indicação de que algum grau de inflação e corrupção seria inevitável no processo de reforma[72]. Zhao reflete sobre essa crítica em suas notas de prisão. Escreve: "Depois do 4 de Junho, quando Li Peng e seus associados me criticaram, eles me acusaram de dizer que a corrupção era inevitável no processo de reforma e, portanto, que eu tinha uma atitude de *laissez-faire* em relação à corrupção"[73].

Zhao relata que, em uma de suas cartas de apelação, ele explicou que, "embora a inflação tenha estourado em 1988, eu acreditava que a condição não era tão grave nem tão difícil de resolver"[74]. Em seu relato, explica que não achava que a inflação ou a corrupção não eram importantes, como alegavam seus oponentes políticos, mas que ambas eram problemas a ser solucionados e superados no processo de reforma e que não havia necessidade de interromper temporariamente o crescimento rápido. A seus olhos, desenvolvimento e estabilidade podiam andar de mãos dadas[75]. Além disso, o fato de ter decidido, em 1986, interromper seu próprio esforço em favor da liberalização de preços em resposta às advertências contra os perigos da inflação mostra que estava plenamente ciente dos riscos envolvidos nos rápidos aumentos de preços (ver capítulo 7). No entanto, a compreensão de Zhao a respeito dos perigos da inflação não foi tão reconhecida. Um dos relatos mais detalhados sobre essa questão sugere que "Zhao agora [na primavera de 1988] começou a sinalizar que não considerava a inflação um risco sério"[76].

Após o XIII Congresso do PCCh, em outubro de 1987, Zhao Ziyang tornou-se secretário-geral e deixou de ser o responsável direto pela política econômica. O novo primeiro-ministro era Li Peng, engenheiro de formação e filho adotivo de Zhou Enlai, considerado um protegido de Chen Yun e Li Xiannian[77]. Em janeiro, Li Peng, juntamente com quadros dirigentes de

---

[70] Ezra F. Vogel, *Deng Xiaoping and the Transformation of China*, cit., p. 471.

[71] Joseph Fewsmith, *Dilemmas of Reform in China*, cit., p. 220.

[72] Idem; Cheng Xiaonong, "Decision and Miscarriage", cit., p. 191.

[73] Zhao Ziyang, *Prisoner of the State*, cit., p. 157.

[74] Ibidem, p. 57.

[75] Idem, "Work Report to the Second Plenary Session of the 13th CPC Central Committee" (在中共十三届二中全会上的工作报告), em *Collected Works of Zhao Ziyang (1980-1989)*, v. 4, cit., p. 405-7.

[76] Julian Gewirtz, *Unlikely Partners*, cit., p. 198.

[77] Alexander V. Pantsov e Steven I. Levine, *Deng Xiaoping*, cit., p. 405.

vários departamentos do Conselho de Estado – inclusive Yao Yilin, que logo depois se tornou vice-primeiro-ministro –, advertiu que a situação econômica estava se deteriorando de forma perigosa. Temiam em particular que o aumento dos preços fosse alarmante. Pediram o controle dos preços como tarefa mais urgente de 1988[78]. O primeiro-ministro, Li Peng, resumiu os pontos principais da consulta do Conselho de Estado: "O foco de nossa atenção deve ser a questão dos preços", afirmou. "Todo desafio [econômico] está relacionado aos preços, que têm impacto em todos os aspectos [da nossa economia]"[79]. Diante da inflação iminente, Li Peng declarou: "Estabilizar a economia e aderir à política de aprofundamento da reforma. Não há caminho a seguir sem reforma, mas, se os passos da reforma são muito grandes, não há como alcançar a estabilidade"[80]. Para alcançar a estabilidade, o Conselho de Estado pedia austeridade. A causa primária da inflação, em sua opinião, era o excesso de demanda agregada e o superaquecimento de uma economia cada vez mais orientada para a exportação. O equilíbrio macroeconômico deveria ser restabelecido com a redução da taxa de crescimento e da oferta monetária[81].

Surpreendentemente, as recomendações políticas de Li Peng e outros céticos de mais reformas foram bastante semelhantes ao passo preparatório sugerido pelos reformadores de pacote – tanto aqueles que achavam que a reforma estava indo rápido demais quanto aqueles que achavam que ela não ia longe o suficiente concordaram que a contenção macroeconômica era necessária em 1988. Com certeza, discordavam sobre os passos após a estabilidade macroeconômica ser alcançada, mas, ao exigir controle macroeconômico a todo custo, eles se uniram contra Zhao Ziyang.

Li Peng, Yao Yilin e outros advertiram que a China estaria à beira do colapso econômico se medidas rígidas de estabilização não fossem impostas. Zhao se opôs, dizendo que isso era "não ver a floresta, mas as árvores"[82]. Insistiu que as pressões econômicas que haviam se acumulado nos anos anteriores tinham diminuído e que a situação econômica geral, bem como o aumento do nível geral de preços, eram boas. Fez pressão para manter a estratégia de 1987. Em sua opinião, estabilidade e desenvolvimento rápido podiam ser combinados.

---

[78] Fang Weizhong, *Record of Thirty Years, 1977-1989*, v. 2 (十三年纪事, 1977-1989, 下卷) (Pequim, China Planning Press, 2014), p. 281-95.

[79] Ibidem, p. 291.

[80] Ibidem, p. 295.

[81] Ibidem, p. 281-95 e 307; Zhao Ziyang, *Prisoner of the State*, cit., p. 146.

[82] Zhao Ziyang, "Speech to the Central Leadership Finance Group in Response to a Report on the Economic Situation, January 14, 1988" (在中央财经领导小组听取国家计委汇报经济形势的讲话, 一九八八年一月十四日), em *Collected Works of Zhao Ziyang (1980--1989)*, v. 4, cit., p. 358; Fang Weizhong, *Record of Thirty Years, 1977-1989*, cit., p. 307-8.

Não havia necessidade de separar os dois. Embora Zhao concordasse que era necessário estabilizar a macroeconomia, ele argumentou que a estabilidade não deveria ser confundida com retração ou contração[83]. Considerava que sua abordagem, que chamou de "aterrissagem suave", era um método superior à política tradicional de ajuste de Li Peng. Concordava que a construção e o consumo de infraestrutura precisavam ser controlados, mas sustentava que a produção geral não deveria ser reduzida.

O desafio, a seus olhos, era restaurar o equilíbrio entre os diferentes setores da economia, não simplesmente reduzir a demanda agregada de maneira indiscriminada. Zhao defendia um reequilíbrio gradual, a ser implementado ao longo de vários anos, em vez de "pisar no freio" de maneira repentina[84]. A principal força motriz por trás da inflação, em sua opinião, eram o aumento dos preços agrícolas e a necessidade de compensar os consumidores urbanos com subsídios. Isso, para ele, tinha a ver com a questão de como dar prosseguimento à reforma agrícola, bem como com a mudança dos padrões de consumo urbano. Zhao Ziyang explicou em seu diário secreto que, além do aumento do preço dos grãos, a expansão da oferta de dinheiro foi impulsionada pelas cotas de crédito que os governos locais usavam para seus projetos preferidos, como a construção[85]. Isso forçou o governo central a alocar crédito adicional para financiar itens essenciais, como a aquisição de grãos. Zhao ponderava esses fatores de inflação como problemas solucionáveis que exigiam um estudo empírico cuidadoso e experimentação. A simples redução da demanda agregada, segundo ele, não era adequada para resolver o desequilíbrio. A chave era aumentar a oferta, em especial dos bens que mostravam uma tendência de alta nos preços[86].

A estratégia de desenvolvimento costeiro de Zhao despertou divergência dos mesmos setores que se opunham ao sistema de preços de via de mão dupla. Chen Yun expressou preocupação de que a China tivesse primeiro de importar matérias-primas. E se não conseguisse exportar seus produtos processados, o país correria o risco de um déficit externo. Yao Yilin e Li Peng advertiram que tal orientação de exportação aumentaria ainda mais o superaquecimento. Contra isso, Zhao insistiu que os Tigres Asiáticos haviam provado que a estratégia funcionava. Eles começaram a exportar mão de obra intensiva em um momento de inflação alta e conseguiram crescer e diminuir o nível geral

[83] Idem; "Work Report to the Second Plenary Session of the 13th CPC Central Committee", cit., p. 407.

[84] Idem, *Prisoner of the State*, cit., p. 128-9.

[85] Ibidem, p. 128.

[86] Idem, "Speech to the Central Leadership Finance Group in Response to a Report on the Economic Situation, January 14, 1988", cit., p. 359-60.

de preços como resultado dessa estratégia. Zhao enfatizou a importância da estabilidade de preços. Em sua opinião, contudo, a inflação não era questão de desenvolvimento alto ou baixo, mas de equilíbrio entre os setores[87]. Depois de ler o relatório de Zhao de janeiro de 1988, Deng Xiaoping observou: "Concordo plenamente. Vamos implementar isso com audácia e rapidez"[88]. Mais tarde, o Bureau Político adotou a estratégia de desenvolvimento costeiro.

A "aterrissagem suave" de Zhao era a estratégia original do PCCh para 1988. Isso significava estabilização gradual, aprofundamento da reforma empresarial e desenvolvimento costeiro. Em janeiro, Zhao expôs mais uma vez sua opinião sobre a questão dos preços. Enfatizou que os alimentos representavam 60% dos gastos do consumidor. Portanto, resolver a inflação do preço dos alimentos, argumentou, ajudaria muito a lidar com a inflação geral dos preços ao consumidor. O preço dos produtos agrícolas tinha de ser aumentado aos poucos, e os preços relativos de vegetais, grãos, carnes e ovos precisavam ser ajustados. A alta dos preços de aquisição tinha de ser compensada por subsídios aos consumidores urbanos. Na mente de Zhao, tratava-se de um plano de longo prazo, possivelmente de décadas. Ele advertiu que isso devia ser feito aos poucos para evitar aflição entre as pessoas[89].

Em meados de março, Zhao expressou outra vez opinião semelhante e acrescentou que os ajustes graduais de preços só poderiam ser eficazes se fossem complementados por medidas que aumentassem a produção de bens agrícolas. Para equilibrar as flutuações do mercado, destacou mais uma vez o importante papel do comércio estatal (ver capítulo 6). O sistema de comércio de produtos agrícolas tinha de ser melhorado e deveriam ser criados fundos que permitissem ao Estado equilibrar os preços, adicionando ou retirando a demanda e ajustando as exportações. Resolver o problema dos preços agrícolas era a chave para resolver o problema geral dos preços, de acordo com Zhao[90]. A abordagem dele para estabilizar os preços era ainda a linha oficial do Departamento de Preços: Cheng Zhiping informou ao Congresso Nacional do Povo, que ocorreu de 25 de março a 13 de abril de 1988, que seria essencial controlar os preços dos produtos agrícolas subsidiários para estabilizar o nível geral de preços. Se necessário, mesmo os preços de bens

---

[87] Idem, *Prisoner of the State*, cit., p. 146-8; "The Question of the Coastal Development Strategy, January 1988", cit., p. 354-5.

[88] Idem, "The Question of the Coastal Development Strategy, January 1988", cit., p. 342.

[89] Idem, "Speech to the Central Leadership Finance Group in Response to a Report on the Economic Situation, January 14, 1988", cit., p. 359-60.

[90] Idem, "Work Report to the Second Plenary Session of the 13th CPC Central Committee", cit., p. 407-8.

agrícolas que já haviam sido liberados seriam guiados pelo Estado para garantir a estabilidade geral[91].

No entanto, no mesmo Congresso Nacional do Povo, Deng Xiaoping insistiu que a reforma dos preços era a questão mais urgente e precisava ser acelerada[92]. A abordagem de Zhao ficou de lado. Em nítido contraste com a advertência de Zhao contra os aumentos caóticos do preço dos produtos agrícolas, em 5 de abril o Conselho de Estado anunciou que o preço de carne de porco, ovos, açúcar e vegetais seria liberado e o controle de preços seria substituído por subsídios[93]. Isso foi baseado na ideia de Deng Xiaoping[94]. O resultado foi um aumento imediato e acentuado do preço desses produtos, sobretudo o da carne suína (de 50% a 60%)[95]. Esses quatro bens não eram mercadorias "leves" ou não essenciais; eram essenciais na dieta comum e representavam cerca de um terço do gasto médio das famílias urbanas[96].

Os primeiros meses de 1988 assistiram a um aumento do índice geral de preços ao consumidor sem precedentes no período da reforma (ver figura 14), com o preço dos alimentos não básicos subindo mais depressa que o preço médio de outros bens de consumo. Em 1985, em um período de inflação elevada, a alta dos preços ao consumidor foi, em média, compensada por aumento na renda. Subsídios compensatórios foram pagos aos trabalhadores urbanos em 1988. No entanto, a renda real urbana caiu[97]. Compras e açambarcamentos esporádicos, movidos pelo pânico, passaram a ocorrer em vários lugares[98]. Os subsídios ao consumidor também não cobriram o número crescente de trabalhadores industriais ainda com estatuto de camponeses. Os trabalhadores

[91] Cheng Zhiping, *30 Years of Price Reform, 1977-2006*, cit., p. 447-8.

[92] Yang Jisheng, *Deng Xiaoping's Era: A Record of China's Reform and Opening Up* (邓小平时代：中国改革开放纪实) (Pequim, Central Translation and Compilation, 1998), p. 390.

[93] Ibidem, p. 391.

[94] Han Zhirong et al., "The Overall Unfolding of the Reform of Prices of Agricultural Goods and Agricultural Production Materials" (农产品和农用生产资料价格改革全面展开), em Cheng Zhiping (org.), *50 Years of Prices in China*, cit., p. 511.

[95] Yang Jisheng, *Deng Xiaoping's Era*, cit., p. 391.

[96] Barry Naughton, "Inflation in China: Patterns, Causes and Cures", em Joint Economic Committee Congress of the United States (org.), *China's Economic Dilemmas in the 1990s: The Problems of Reforms, Modernization, and Interdependence* (Armonk, M. E. Sharpe, 1991), p. 140-6.

[97] Geng Chongyi e Zhou Wangjun, "The 1988 Intensifying Price Increases and the Process of Calming Down Panic Buying", cit., p. 546; Barry Naughton, "Inflation in China: Patterns, Causes and Cures", cit., p. 140-6.

[98] Zhang Shuguang, *The History of Chinese Economic Studies: 60 Years of the Institute of Economics*, v. 2 (中国经济学风云史：经济研究所60年, 上卷二) (Singapura, World Scientific, 2017), p. 575.

migrantes foram os mais afetados pela nova política. Eles reagiram com greves e protestos. Por exemplo, os trabalhadores das fábricas de Tianjin, que antes trabalhavam no comércio de pesca, mas estavam na cidade havia muitos anos, fecharam mais de 5.700 empresas municipais em 1988[99].

A derrota no modo de gerenciar o preço dos produtos agrícolas subsidiários foi um grande revés para Zhao, dada a grande importância que ele atribuía a esse conjunto de preços para a estabilidade geral dos preços. Ao mesmo tempo, ele foi confrontado com críticas cada vez mais severas da parte dos principais reformadores de pacote, como Liu Guoguang e Wu Jinglian, que tinham o apoio do lendário economista chinês Xue Muqiao. Wu e Liu discordavam sobre o horizonte de tempo preciso, mas ambos alertaram Zhao de que um período de estrita restrição macroeconômica e política monetária apertada era urgente para pôr de volta a inflação sob controle e preparar as condições para a liberalização dos preços. Essa era, na opinião deles, a única maneira de enfim tornar operacional a lei do valor na China. A perda de curto prazo em termos de crescimento que tal programa de austeridade traria era pequena em comparação com os danos de longo prazo causados pelo superaquecimento, argumentavam eles[100]. Confrontado com os apelos à austeridade dos reformadores de pacote e dos defensores do planejamento, bem como com os movimentos de Deng em direção à liberalização de preços, Zhao travava uma batalha perdida por sua abordagem de ajuste pelo crescimento e de reforma pelo desenvolvimento.

Foi nesse contexto que a experiência latino-americana de abertura, industrialização e inflação se tornou relevante para o debate sobre a reforma na China. Essa conexão latino-americana levou à interpretação de que, em 1988, Zhao Ziyang "propôs conduzir a China pelo caminho da hiperinflação brasileira"[101]. Por isso, ela merece uma análise cuidadosa.

A conexão latino-americana

É importante lembrar que, no fim da década de 1980, os reformadores da China olhavam para o sucesso da modernização latino-americana do

---

[99] Yang Jisheng, *Deng Xiaoping's Era*, cit., p. 392.

[100] Zhang Shuguang, *The History of Chinese Economic Studies*, cit., p. 568-71; Xue Muqiao, *Memoir of Xue Muqiao* (薛暮桥回忆录) (Tianjin, Tianjin People's Press, 1996), p. 411-2. Para um relato detalhado das intervenções de Liu Guoguang, Wu Jinglian e outros reformadores pedindo contenção macroeconômica, ver Julian Gewirtz, *Unlikely Partners*, cit., p. 197-8 e 205; Zhang Shuguang, *The History of Chinese Economic Studies*, cit., p. 568-71.

[101] Victor C. Shih, *Factions and Finance in China*, cit., p. 125

pós-guerra e aspiravam alcançar níveis semelhantes de desenvolvimento de infraestrutura, industrialização e urbanização[102]. Em meio às crescentes tensões sobre como dar prosseguimento às reformas econômicas, Zhu Jiaming organizou uma viagem de investigação tendo como destino Brasil, Venezuela, Chile, México e Argentina[103]. Mais uma vez, George Soros ajudou a financiar a viagem. Naquela altura, a Open Society Foundation havia criado uma filiada, a China Reform and Opening Up Foundation, graças à ajuda de He Weiling, Li Xianglu e Bao Tong, secretário de Zhao Ziyang, e com o apoio do Instituto de Reforma do Sistema. É interpretação corrente na literatura anglófona recente que os relatórios enviados pela delegação chinesa à América Latina causaram o episódio inflacionário de 1988, o que preparou o cenário para o levante de 1989[104].

Em 1988, Zhu Jiaming havia acabado de se mudar da Comissão de Reforma do Sistema Econômico da província de Henan para a Internacional da China International Trust Investment Corporation (Citic), onde trabalhou com o ex-secretário de Zhao, Li Xianglu. Ambos tinham vínculos com a filial chinesa da Open Society Foundation. O escritório internacional da Citic foi criado para se engajar na diplomacia branda em nome do Conselho de Estado. Um objetivo central dessa nova instituição era estabelecer relações com os países do Oriente Médio e da América Latina para facilitar a importação de matérias-primas, principalmente petróleo[105]. Esses insumos industriais tinham passado por uma forte elevação de preço e eram essenciais para a estratégia de desenvolvimento costeiro e para o esforço de industrialização da China de forma mais ampla. Zhu encorajou Chen Yizi a se juntar à investigação com uma delegação do Instituto de Reforma do Sistema, da qual fazia parte Song Guoqing, diretor do departamento de macroeconomia[106]. O foco da viagem de estudos foi o Brasil, em particular a decolagem econômica sob a ditadura militar no fim da década de 1960, uma vez que prometia trazer lições para as reformas da China[107].

---

[102] Zhu Jiaming, *Collected Works of Zhu Jiaming*, v. 2: *1984-1989* (朱嘉明文集,第二卷, 1984--1989), 2009, p. 524, manuscrito não publicado.

[103] Chen Yizi, *Memoirs of Chen Yizi*, cit., p. 505; Zhu Jiaming, *Collected Works of Zhu Jiaming*, v. 2, cit., p. 524; *Crossroads of China's Reform*, cit., 2013, p. 45.

[104] Ver, por exemplo, Julian Gewirtz, *Unlikely Partners*, cit., p. 199-200; Victor C. Shih, *Factions and Finance in China*, cit., p. 131-3; Wu Jinglian, *Understanding and Interpreting Chinese Economic Reform*, cit., p. 368; Wu Jinglian e Ma Guochuan, *Whither China?*, cit., p. 216.

[105] Zhu Jiaming, *Crossroads of China's Reform*, cit., p. 41-2.

[106] Chen Yizi, *Memoirs of Chen Yizi*, cit., p. 505.

[107] Zhu Jiaming, *Collected Works of Zhu Jiaming*, v. 2, cit., p. 524-8; Chen Yizi, *Memoirs of Chen Yizi*, cit., p. 506.

O chamado "milagre econômico" brasileiro (1968-1973) foi desencadeado por uma política heterodoxa e desenvolvimentista[108]. A rápida expansão do Brasil nesse período baseou-se em uma combinação de baixos salários, entrada de capital estrangeiro e rápido aumento das exportações. O mecanismo básico era semelhante à estratégia de desenvolvimento costeiro, mas no Brasil o capital estrangeiro vinha principalmente na forma de crédito externo, não de investimentos diretos, como previsto por Zhao. Um observador nota: "Em princípio, o sistema era mágico. O financiamento externo impulsionou a produção industrial, e uma quantidade suficiente dessa produção foi exportada para cobrir o pagamento de juros e capital"[109]. Isso colocou o Brasil em uma trajetória de alto crescimento. Entre 1965 e 1980, o PIB real mais que triplicou, a produção industrial quadruplicou e as exportações aumentaram mais de dez vezes[110]. No Brasil, esse sucesso estava intimamente ligado a Antônio Delfim Netto, o jovem ministro responsável pela estratégia de desenvolvimento. Delfim Netto cunhou o que é comumente chamado de "a teoria do bolo"[111], uma versão brasileira do slogan de Deng Xiaoping: "Deixar que uns poucos fiquem ricos primeiro". Ele sustentava que o bolo tinha de crescer antes de ser distribuído. Mais tarde o bolo cresceu, mas não foi dividido igualmente.

As memórias de Chen Yizi expressam o fascínio da delegação chinesa pelo "grande bolo" brasileiro – a capital modernista de Brasília, rodovias, prédios e fábricas elegantes, moradias modernas e carros pequenos para as massas[112]. Chen observou que o PIB *per capita* do Brasil era de cerca de 3 mil dólares na época, cerca de dez vezes o da China. Ele reconhecia a grande desigualdade de renda, mas sugeria que seria mitigada pelo programa brasileiro de alívio da pobreza. As pessoas pobres receberiam benefícios sociais que cobririam todas as suas necessidades básicas.

O ponto alto dessa viagem foi o encontro com o arquiteto do milagre do Brasil, Delfim Netto. Na década de 1980, quando o Brasil sofria com uma crise de balanço de pagamentos e inflação alta, Delfim Netto foi chamado de volta ao cargo para encontrar uma saída. Ele não conseguiu repetir seu sucesso do fim da década de 1960[113]. Mesmo assim, teve o prazer de palestrar para a delegação chinesa sobre a experiência brasileira de decolagem. Antes do milagre,

---

[108] José Pedro Macarini, "A política econômica da ditadura militar no limiar do 'milagre' brasileiro: 1967-69", Texto para Discussão IE/Unicamp, n. 99, 2000.

[109] Jeffry A. Frieden, "The Brazilian Borrowing Experience: From Miracle to Debacle and Back", *Latin American Research Review*, v. 22, n. 1, 1987, p. 95.

[110] Idem.

[111] Folha de S.Paulo, "Antônio Delfim Netto", *Folha de S.Paulo*, 2018. Disponível on-line.

[112] Chen Yizi, *Memoirs of Chen Yizi*, cit., p. 506.

[113] Jeffry A. Frieden, "The Brazilian Borrowing Experience", cit., p. 117-9.

disse Delfim Netto, o Brasil sofria de escassez de capital. Os que se opunham à abertura aos fluxos de capital afirmavam que o país se tornaria dependente das potências imperialistas – um argumento em ressonância com os oponentes chineses da estratégia de desenvolvimento costeiro de Zhao. Os que a defendiam, ao contrário, acreditavam que o capital estrangeiro aceleraria o desenvolvimento. Isso, segundo Delfim Netto, foi comprovado pela experiência do Brasil[114].

Quando questionado sobre a inflação, Delfim Netto destacou que, em períodos de rápido crescimento e industrialização, a inflação era inevitável. A inflação poderia ter um efeito estimulante sobre o crescimento, mas tinha de ser controlada dentro de certos limites[115]. Sua ênfase na necessidade de tais limites à inflação não é surpreendente. Afinal, Delfim Netto havia voltado ao cargo em 1979 para resolver a dupla crise de endividamento externo e inflação. Mas ele tentou controlar a situação sem depender da austeridade. Essa abordagem aparece no relatório de Zhu Jiaming sobre a viagem[116]: a experiência latino-americana mostraria que o monetarismo anti-inflacionário que poderia funcionar em países desenvolvidos não era adequado a países pobres, cujo baixo nível de desenvolvimento fazia com que fossem incapazes de absorver fortes declínios econômicos. A lição disso não era que a inflação não importa, mas que deveria ser controlada por outros meios que não a austeridade e a contenção monetária.

Durante a viagem, a delegação enviou telegramas a Pequim[117]. Ao retornar, Chen foi imediatamente falar com Zhao Ziyang para relatar a visão de Delfim Netto sobre o capital estrangeiro e a inflação. Disse a Zhao: "Em todos os países, no período de rápido desenvolvimento, haverá inflação. Nos países socialistas também haverá inflação no processo de reformas de mercado". Explicou que "a inflação estrutural causada pela expansão tanto do consumo quanto do investimento é inevitável, ainda mais quando as empresas não foram reformadas". No entanto, logo advertiu: "É claro que não estamos defendendo a inflação, mas temos de reconhecer essa verdade objetiva e garantir que a inflação esteja dentro de certos limites".

Devemos lembrar que Chen, como líder do Instituto de Reforma do Sistema, foi uma voz importante na advertência contra a implementação da liberalização dos preços no atacado em 1986, sob o argumento de que

[114] Chen Yizi, *Memoirs of Chen Yizi*, cit., p. 506; Zhu Jiaming, *Collected Works of Zhu Jiaming*, v. 2, cit., p. 524-8.

[115] Idem.

[116] Zhu Jiaming, *Collected Works of Zhu Jiaming*, v. 2, cit., p. 524-8.

[117] Chen Yizi, *Memoirs of Chen Yizi*, cit., p. 507; Zhu Jiaming, *Crossroads of China's Reform*, cit., p. 45.

arriscaria uma alta inflação. Zhao seguiu amplamente a abordagem de reforma defendida pelo Instituto de Reforma do Sistema em 1987 e 1988. Mas a China, ainda assim, experimentou um aumento de inflação. O julgamento de Delfim Netto de que era inevitável haver algum grau de inflação durante uma industrialização rápida combinava com a experiência de Zhao e do Instituto de Reforma do Sistema. Eles consideravam a inflação perigosa, mas achavam que era um problema administrável, desde que se buscasse uma reforma gradual.

No contexto dos expurgos ocorridos após o 4 de Junho de 1989, os proponentes do planejamento acusaram Zhao e seu "banco de cérebros" (智囊团), o Instituto de Reforma do Sistema, de propagar a ideia de que a inflação era inofensiva[118]. A delegação relatou que os brasileiros estavam acostumados aos altos níveis de inflação e que o que importava para eles eram mais os rendimentos reais que os salários monetários[119]. Mas também advertiram que a tolerância dos chineses para os altos níveis de inflação era muito menor, após décadas de estabilidade quase absoluta dos preços.

A acusação contra Zhao e os jovens reformadores não veio apenas dos que apoiavam novas reformas. Também foi propagada pelos reformadores e se tornou uma interpretação comum. Xue Muqiao observa em suas memórias que "Zhao Ziyang foi influenciado por ideias erradas e vacilou diante da ideia de conter a inflação"[120]. Wu Jinglian afirma, em seu livro sobre as reformas econômicas da China:

> De acordo com suas observações da situação econômica na América Latina, esses economistas acreditavam que mesmo taxas de inflação de 1.000% ou mais não necessariamente gerariam obstáculos no caminho da prosperidade econômica. Como consequência, os líderes do governo concluíram que poderiam conseguir a aprovação da reforma de preços, apesar da hiperinflação e das altas taxas de crescimento.[121]

Em primeiro lugar, é importante notar que a inflação saiu do controle somente depois que se tentou promover a reforma de preços – como veremos a seguir. Mas também temos de considerar a disputa em torno da história da década de 1980 que está por trás da declaração de Wu e outras leituras semelhantes. Zhu Jiaming, em suas reflexões sobre o período da reforma, aborda diretamente a interpretação de Wu Jinglian: "Depois do 4 de Junho, perdemos

COMO A CHINA ESCAPOU DA TERAPIA DE CHOQUE

---

[118] Chen Yizi, *Memoirs of Chen Yizi*, cit., p. 509; Zhu Jiaming, *Crossroads of China's Reform*, cit., p. 44-5.

[119] Idem; Zhu Jiaming, *Collected Works of Zhu Jiaming*, v. 2, cit., p. 526.

[120] Xue Muqiao, *Memoir of Xue Muqiao*, cit., p. 411.

[121] Wu Jinglian, *Understanding and Interpreting Chinese Economic Reform*, cit., p. 368.

o direito de falar, e a história foi escrita por aqueles que monopolizaram sua interpretação. Wu Jinglian é um exemplo clássico disso". Ele explica ainda que, desde o início dos anos 2000, Wu e outros fizeram grandes esforços para contar a história da década de 1980 de maneira que lhes favorecesse[122].

Contrariando a acusação de que minimizara o dano potencial da inflação, Zhu adota a mesma linha de defesa de Chen: "Não dissemos que a inflação é inofensiva. Ressaltamos que ela é inevitável em novas economias de mercado e países em transição, como a China. A questão-chave em nossa opinião era como enfrentá-la"[123]. Zhu e Chen foram exilados depois do 4 de Junho. Suas memórias, citadas aqui, foram publicadas por pequenas editoras em Taiwan e Hong Kong, com pouco alcance na China continental e no meio acadêmico anglófono. Em contraste, as perspectivas de Wu Jinglian foram publicadas pela editora da Universidade Oxford[124], pela MIT Press[125] e pelas principais editoras chinesas, com endossos prestigiosos. A batalha pela interpretação das experiências da China em 1988 não acabou. Aqui, tento levar os dois lados em consideração e situar os argumentos de Zhu e Chen no contexto político e econômico mais amplo[126].

Embora eles dois pertencessem ao mesmo movimento geral de jovens intelectuais reformadores, não concordavam em muitas questões relativas à reforma. Em 1988, o que havia começado como um movimento amplo e fluido de jovens reformadores que se reuniam em parques e escritórios vazios para discutir o futuro da China (ver capítulo 6) transformou-se em instituições estabelecidas e grupos distintos. Zhu Jiaming, desde as suas primeiras intervenções com Weng Yongxi, Wang Qishan e Huang Jianan, considerou a questão da natureza da economia. Desde meados da década de 1980, Zhu (ver capítulo 7)[127] desenvolveu a ideia de que, na transição de uma economia planejada para uma economia de mercado, o processo de monetização e mercantilização tinha de envolver certo grau de inflação. Essa visão foi

[122] Zhu Jiaming, *Crossroads of China's Reform*, cit., p. 45.

[123] Idem.

[124] Wu Jinglian e Ma Guochuan, *Whither China?*, cit.

[125] Wu Jinglian, "The Divergence in Views and the Choice of Reform Strategy", cit.

[126] Sobre a narrativa do debate da reforma sob vários pontos de vista, ver também minha resenha do livro de Gewirtz, em Isabella M. Weber, "*Unlikely Partners:* Chinese Reformers, Western Economists, and the Making of Global China", *The China Quarterly*, v. 237, 2019, p. 257-9. Disponível on-line.

[127] Zhu Jiaming, *Crossroads of China's Reform*, cit., p. 45; "On China's Present Economic Development Stage" (论我国正经历的经济发展阶段), *Forum of Young Economists*, n. 2, 1985, p. 13-23; "On the Current Stage of China's Economic Development: A Typical Development in a Nontypical Country", *Chinese Economic Studies*, v. 23, n. 2, 1989, p. 8-21.

confirmada pela experiência latino-americana. Chen Yizi, porém, seguiu uma abordagem mais pragmática, preocupada em encontrar soluções viáveis para o passo seguinte da reforma. Em 1988, eles fizeram uma viagem conjunta de pesquisa à América Latina. Mas seus pontos de vista divergiam em relação à questão crítica de definir se a China deveria ou não liberalizar os preços. Zhu Jiaming era a favor de um big bang em 1988[128]. Em seu relatório sobre a viagem à América Latina, enfatizou as lições do Chile sob Pinochet. Ironicamente, chegou muito perto da opinião de Wu Jinglian sobre a reforma, mas divergia dela sobre o momento e a necessidade de medidas de austeridade. Zhu relata: "A lição da experiência chilena é que a liberalização de preços, câmbio e salários pode ser implementada sem inflação excessiva, desde que façam parte de um pacote adequado de políticas econômicas que assegurem o crescimento econômico estável e a expansão das exportações"[129].

Chen Yizi percorreu um longo caminho desde suas tentativas de contribuir para a melhoria da agricultura coletiva em Henan. Ele também admirava o sucesso econômico de Pinochet, a estabilidade social do Chile e o aproveitamento da experiência econômica dos *Chicago boys* pelo regime militar. A agenda de nacionalização e controle econômico central de Salvador Allende fora um fracasso, segundo Chen, e dera origem a uma insatisfação generalizada. Em contrapartida, as pessoas com quem ele havia conversado no Chile lhe disseram que "adorariam ter o programa econômico de Pinochet sem Pinochet"[130]. A visão de mundo de Chen tornou-se amplamente compatível com o neoliberalismo. Mas ele não se tornou um defensor da terapia de choque[131].

Levando a cabo a reforma de preços

Várias semanas antes de a delegação enviada à América Latina retornar à China no fim de maio, Deng Xiaoping começou a fazer pressão em favor de uma reforma radical dos preços. Em 7 de maio, durante uma reunião em sua casa, Deng pediu para "romper barreiras e abrir um caminho para a reforma de preços"[132]. Argumentou que "a China estava em um período crítico de reforma e deveria enfrentar as ondas tempestuosas enquanto tentava concluir as

[128] Idem, *Crossroads of China's Reform*, cit., p. 44.

[129] Idem, *Collected Works of Zhu Jiaming*, v. 2: *1984-1989* (朱嘉明文集,第二卷, 1984-1989), 2009, p. 526-7, manuscrito não publicado

[130] Chen Yizi, *Memoirs of Chen Yizi*, cit., p. 508.

[131] Ibidem, p. 5.009-5; Wang Xiaolu, *The Road of Reform 1978-2018*, cit., p. 90.

[132] Joseph Fewsmith, *Dilemmas of Reform in China*, cit., p. 220; Cheng Xiaonong, "Decision and Miscarriage", cit., p. 192.

reformas de preços em três a cinco anos"[133]. Em 15 de maio, Deng Xiaoping se encontrou com Raúl Alfonsín, o primeiro presidente democraticamente eleito da Argentina após o fim da ditadura militar[134]. O oficialmente aposentado Deng usou essa reunião para proclamar seu compromisso com o prosseguimento da reforma. Disse a Alfonsín que os dez anos de reforma e abertura da China foram um sucesso. Observou – no que parece um sinal para os líderes concorrentes, que achavam que a reforma tinha ido longe demais – que a política de reforma no país não pararia por ali e que a China estava se preparando para o passo seguinte. Ainda acrescentou: "É um empreendimento arriscado e haverá reviravoltas no caminho. Podemos até cometer erros. Mas temos de enfrentar as ondas, esforçando-nos ao máximo para evitar grandes erros. Se fizermos isso, há esperança para a nossa reforma"[135].

Deng deixou claro que sua abordagem para sair do impasse a que a reforma chegara era seguir em frente. Alguns especulam que Deng foi influenciado por Li Tieying, que no início daquele mês havia entregado a mensagem de Deng sobre a reforma de preços à Comissão de Reforma do Sistema, da qual Li era o diretor na época[136]. Li era filho de Jin Weiying, revolucionária e ex-esposa de Deng, e estava prestes a se tornar o membro mais jovem do Bureau Político[137]. Ele havia argumentado em abril que a inflação era um custo aceitável da reforma de preços e que quanto mais tempo prevalecesse o sistema de preços de via de mão dupla, maior seria o risco político[138]. Talvez Deng tenha mesmo sido influenciado por Li. Certamente, em 1988, Deng estava ciente da abordagem de reforma de pacote que se baseava na lógica de criação de um mercado de uma só vez, a partir de uma ampla gama de fontes – inclusive economistas importantes que promoveram essa abordagem durante anos.

Wu Jinglian, o principal defensor dessa abordagem, foi parabenizado por outros economistas assim que o Bureau Político aceitou oficialmente a pressão de Deng para a reforma dos preços[139]. Mas, embora os reformadores de pacote

---

133 Cheng Xiaonong, "Decision and Miscarriage", cit., p. 192.

134 Li Jingwei, "Deng Xiaoping Said During Meeting with Alfonsin: The Third World Is the Greatest Force for Peace" (邓小平会见阿方辛时说：第三世界是最大的和平力量), *People's Daily*, 16 maio 1988, p. 1.

135 Idem.

136 Cheng Xiaonong, "Decision and Miscarriage", cit., p. 191-2; Joseph Fewsmith, *Dilemmas of Reform in China*, cit., p. 222.

137 Ezra F. Vogel, *Deng Xiaoping and the Transformation of China*, cit., p. 28-9; Alexander V. Pantsov e Steven I. Levine, *Deng Xiaoping*, cit., p. 529.

138 Cheng Xiaonong, "Decision and Miscarriage", cit., p. 191-2.

139 Chuang Ming, "Zhao Ziyang's Makes Ten Points on Creating a New Order" (赵紫阳建新秩序提出十条), *Mirror Monthly Newspaper*, jul. 1988, p. 22-7.

permanecessem comprometidos com seu projeto, como já argumentei, eles continuaram a alertar a liderança da China, de abril a junho de 1988, de que seria necessária uma contenção antes da liberalização dos preços no atacado[140]. Como observei, no que diz respeito ao curso imediato de ação, os defensores da reforma de pacote concordaram com aqueles que advertiam contra mais reformas. Assim, da perspectiva de Deng, seguir o pacote completo equivalia a ceder a Chen Yun. Não constituiria um sinal decisivo para mais reformas e deixaria aberta a possibilidade de reversão de alguns passos da reforma. Uma abordagem gradual alternativa viabilizaria o fortalecimento do antigo sistema. Continuar a tatear pedras não era um sinal de que a batalha pelo caminho da China fora decidida em favor da agenda de mercantilização de Deng. Nesse contexto, Deng defendeu que a China desse um grande passo na reforma de preços, mesmo com o alto risco de inflação e agitação. Zhao decidiu seguir Deng.

Em suas memórias, Zhao reflete sobre sua reviravolta[141]. Escreveu: "Deng Xiaoping nos incitou repetidamente a sermos decisivos na reforma de preços, que ele acreditava exigir um avanço, dizendo: 'Uma dor rápida e aguda é melhor que uma dor prolongada'". Isso levou Zhao "a se afastar das etapas incrementais e seguir em direção à ideia de fazer tudo de uma só vez. Embora os preços fixos tivessem aumentado, a situação com preços incorretos não havia mudado, então talvez fosse melhor fazer um grande ajuste de uma só vez".

Nas reuniões do Comitê Permanente do Bureau Político em 16 e 19 de maio, Zhao Ziyang se juntou ao apelo de Deng pela reforma dos preços. Todos tinham de unir forças para levar adiante a reforma de preços, pediu Zhao. Se eles enfim fossem corrigidos, estariam lançadas as bases para a reforma futura. Fazendo eco à retórica de Kornai e outros economistas reformadores do Leste Europeu, Zhao advertiu que a China deveria evitar ficar presa na reforma, como aconteceu com Iugoslávia, Polônia e Hungria. Os preços deveriam ser corrigidos ao longo de cinco anos. Isso envolveria uma inflação planejada de cerca de 10%, pela qual os assalariados seriam compensados. Era necessário um pacote abrangente para os anos seguintes; visaria não apenas aos preços, mas também à reforma salarial e tributária, e seria implementado passo a passo, de maneira planejada[142]. Era a mesma

---

[140] Fang Weizhong, *Record of Thirty Years, 1977-1989*, cit., p. 347.

[141] Zhao Ziyang, *Prisoner of the State*, cit., p. 18-9.

[142] Idem, "Discussion of a Plan for Price and Wage Reform at the Standing Committee of the Political Bureau of the CPC, May 16 and 19, 1988" (在中央政治局常委讨论物价和工资改革方案时的讲话，一九八八五月十六日，十九日), em *Collected Works of Zhao Ziyang*

lógica defendida pelo plano abortado do Escritório do Programa em 1986 (ver capítulo 7).

O discurso de Zhao mostra que ele tinha plena consciência da resistência que tal pacote suscitaria e da repressão necessária para fazê-lo passar. Afinal, em 1986 ele fora contra tal pacote, principalmente por causa desse risco. Em seu discurso de 1988, Zhao deixou claro que, para garantir a estabilidade política, era necessária uma nova lei de segurança pública à qual o Conselho de Estado pudesse recorrer em caso de emergência. Argumentou que as revoltas sociais na Polônia mostraram que tal lei era necessária[143]. Apenas onze dias antes dessa reunião do Comitê Permanente, em 5 de maio, tropas especiais do Ministério do Interior polonês haviam reprimido uma grande onda de greves que estava varrendo o país em reação à queda da renda real[144]. Isso, a meu ver, desfaz qualquer dúvida de que Zhao previra que a inflação seria inofensiva. Ele reconhecia as consequências possivelmente explosivas do aumento de preços. Mas, na primavera de 1988, parecia preparado para usar a força, se necessário, e enfim fazer acontecer a mercantilização.

Yao Yilin expressou sua concordância com o plano apresentado por Zhao durante essa reunião. Um comitê liderado por Yao foi formado para elaborar os detalhes operacionais. Chen Yun interveio: alertou das reações do público após o anúncio do plano. Também apontou que indexar os salários aos aumentos de preços planejados não compensaria a maioria camponesa da China[145]. Alguns relatos afirmam que Yao Yilin, enquanto preparava os planos para a reforma de preços, secretamente trabalhava com Chen em medidas que seriam implementadas no caso de um fracasso da reforma de preços[146]. Mas, naquele momento, a direção era definida por Deng.

Não obstante a tendência inflacionária resultante da liberalização dos preços na primavera de 1988, Deng Xiaoping acelerou a retórica pública, fazendo campanha por um avanço na reforma de preços[147]. Invocou uma estratégia de

---

(1980-1989), v. 4, cit., p. 438-41.; Fang Weizhong, *Record of Thirty Years, 1977-1989*, cit., p. 335-9.

[143] Fang Weizhong, *Record of Thirty Years, 1977-1989*, cit., p. 339.

[144] Konstantin George, "1988 Polish Crisis: Worse Than 1980-81", *EIR International*, v. 15, n. 20, 1988, p. 32-4.

[145] Fang Weizhong, *Record of Thirty Years, 1977-1989*, cit., p. 339-40; Zhang Shuguang, *The History of Chinese Economic Studies*, cit., p. 573.

[146] Chen Yizi, *Memoirs of Chen Yizi*, cit., p. 514; Cheng Xiaonong, "Decision and Miscarriage", cit., p. 194.

[147] Cheng Xiaonong, "Decision and Miscarriage", cit.; Joseph Fewsmith, *Dilemmas of Reform in China*, cit., p. 220-1.

um dos maiores romances históricos da China, o *Romance dos três reinos*[148]. Esse romance do século XIV é um compilado de tradições orais que descrevem o turbulento período de transição (220 d.C.-280 d.C.) entre a queda dos Han e a reunificação sob a dinastia Jin e serviu de referência para os governantes da China ao longo dos séculos, até mesmo para o presidente Mao[149]. Em 19 de maio de 1986, Deng falou perante uma delegação norte-coreana:

> Só quando os preços forem ajustados seremos capazes de intensificar a reforma. […] A China não tem o conto de lorde Guan, "Matar seis generais para forçar cinco passagens" (过五关斩六将)? Talvez tenhamos de forçar ainda mais "passagens" que lorde Guan, matando ainda mais "generais". Forçar uma passagem não é nada fácil e implica um grande risco. Temos de ser ao mesmo tempo cautelosos e conscientes, ousados e cuidadosos em cada passo, sintetizando a experiência, ajustando nossas ações quando nos deparamos com problemas e de acordo com as circunstâncias reais. Mas *não podemos deixar de fazer a reforma de preços*, temos de enfrentar os riscos e as dificuldades. […] Sempre digo a meus camaradas que não devemos ter medo dos riscos e temos de ser ainda mais corajosos. Se temermos os lobos à frente e os tigres atrás, não chegaremos a lugar algum.[150]

Para o público chinês familiarizado com o famoso conto de lorde Guan, não havia dúvida da determinação de Deng em levar adiante a reforma radical dos preços. Guan é conhecido por ter matado todos os generais que impediram seu caminho através de uma passagem na montanha[151].

Em 4 de junho de 1988, após um novo apelo de Deng em favor da reforma de preços[152], o *Diário do Povo* relatou o impulso para a reforma em linguagem simples[153]. Empregando uma retórica semelhante à de Kornai e outros que prescreveram um big bang alguns anos depois na União Soviética e em alguns países do Leste Europeu, Deng afirmou: "A dor de longo prazo é pior que a dor de curto prazo". Se as relações entre os preços não fossem corrigidas de

---

[148] Luo Guanzhong, *Romance of the Three Kingdoms* (Adelaide, University of Adelaide, 1959).

[149] Lam Lai Sing, *The Romance of the Three Kingdoms and Mao's Global Order of Tripolarity* (Berna, Peter Lang, 2011).

[150] Deng Xiaoping, *Deng Xiaoping Chronicle, v. 2: 1975-1997* (邓小平年谱) (org. Office for Research on Documents of the Central Committee of the Communist Party of China, Pequim, Central Document Publishing House, 2004), p. 1.232-3.

[151] Luo Guanzhong, *Romance of the Three Kingdoms*, cit.

[152] Fang Weizhong, *Record of Thirty Years, 1977-1989*, cit., p. 343.

[153] People's Daily, "Deng Xiaoping Stressed at the Symposium 'China and the World in the 21st Century' that Conditions Were Ready to Take on the Risk of Comprehensive Reform of Prices and Wages", cit.

imediato, argumentou Deng, o objetivo de longo prazo da China de alcançar as nações desenvolvidas cinquenta anos após o início do século XXI estaria ameaçado. Deng admitiu mais uma vez que os riscos eram grandes, mas estava otimista de que poderiam ser controlados: "Desde que as contramedidas[154] fossem bem preparadas, o céu não desabaria, mesmo diante de grandes riscos"[155]. Deng repetiu seu apelo para enfrentar o risco e levar adiante a reforma de preços em reuniões subsequentes com convidados estrangeiros: por exemplo, com o presidente etíope Mengistu Haile Mariam, em 22 de junho[156].

Longe de ser responsável por essa tentativa de terapia de choque – como alegaram alguns observadores –, o Instituto de Reforma do Sistema se mobilizou mais uma vez contra esse programa de reforma. Em uma última tentativa de impedir sua implementação, Chen Yizi e Wang Xiaoqiang aceitaram um convite da social-democrata Fundação Friedrich Ebert. Em 12 de junho, eles partiram para a Alemanha ocidental, contudo não conseguiram repetir o sucesso da investigação de 1986 na Hungria e na Iugoslávia (capítulo 7)[157]. A justificativa para a reforma de preços em 1988 estava enraizada na lógica da reforma de pacote – embora Wu Jinglian, Liu Guoguang e outros defensores da reforma de pacote criticassem a não inclusão de medidas de austeridade suficientemente rígidas, como já enfatizei. Referir-se ao milagre de Erhard da Alemanha ocidental foi fundamental para a retórica da reforma de pacote, pelo menos desde a primeira visita de Friedman à China[158]. A delegação do Instituto de Reforma do Sistema viajava agora à Alemanha ocidental para consultar economistas locais sobre sua compreensão da transição econômica do país no pós-guerra e as lições que ela trazia para a China[159].

---

[154] Disseram-me que as contramedidas contempladas incluíam controle militar, o que um de meus entrevistados comparou à abordagem de Augusto Pinochet para impor sua drástica "terapia de choque".

[155] People's Daily, "Deng Xiaoping Stressed at the Symposium 'China and the World in the 21st Century' that Conditions Were Ready to Take on the Risk of Comprehensive Reform of Prices and Wages", cit.

[156] Yu Xiafu e Feng Xiuju, "During a Meeting with Mengistu Deng Xiaoping Said: The Situation Forces Us to Further Reform and Open Up" (邓小平会见门格斯图时说：形势迫使我们进一步改革开放), People's Daily, 23 jun. 1988, p. 1.

[157] CESRRI, A Difficult Exploration: An Investigation of the Reforms in Hungary and Yugoslavia (艰难的探索：匈牙利，南斯拉夫改革考察) (Pequim, China Economic Management, 1987).

[158] Isabella M. Weber, "Origins of China's Contested Relation with Neoliberalism: Economics, the World Bank, and Milton Friedman at the Dawn of Reform", Global Perspectives, v. 1, n. 1, 2020, p. 1-14; "Das Westdeutsche und das Chinesische 'Wirtschaftswunder'", cit.; The Ordoliberal Roots of Shock Therapy", cit.

[159] Idem; Chen Yizi, Memoirs of Chen Yizi, cit., p. 509-12.

Wang argumentou contra a proposta de tentar um milagre de Erhard na China, explicando que as condições da Alemanha ocidental na década de 1940 e da China na década de 1980 eram muito diferentes[160]. Wang e Chen recebe-ram de Herbert Giersch uma forte confirmação dessa visão. Giersch, então presidente da Sociedade Mont Pèlerin, coletivo de pensamento neoliberal global, e do Instituto Kiel para a Economia Mundial, participou da Confe-rência de Atenas com Wu e Kornai (ver capítulo 7)[161]. Giersch contava como credencial relacionada à reconstrução econômica da Alemanha ocidental no pós-guerra o fato de ter se doutorado sob a supervisão de Alfred Müller--Armack, considerado um dos pais da ideia ordoliberal de uma economia social de mercado[162]. Quando Chen levantou cautelosamente a possibilidade de combinar controle macroeconômico rígido com liberalização de preços na China, seguindo o exemplo de Ludwig Erhard, Giersch respondeu que seria uma catástrofe equivalente ao suicídio. A reforma monetária e de preços da Alemanha ocidental dependeu de empresas orientadas para o mercado e de um sistema legal projetado para sustentar uma economia de mercado, argu-mentou Giersch. Não havia nada disso na China[163].

Wang Xiaoqiang e Chen Yizi retornaram em 28 de junho[164]. Além da viagem de estudo na Alemanha ocidental, o Instituto de Reforma do Sistema havia realizado trabalho de campo na China para avaliar as possíveis con-sequências de uma reforma de preços. Foram apresentados seis relatórios à liderança que demonstravam que o programa de reforma de preços resultaria em desastre[165]. Como em 1986, eles insistiram que a liberalização dos preços

---

[160] Wang Xiaoqiang, *China's Price and Enterprise Reform*, cit., p. 148.

[161] Béla Csikós-Nagy, Douglas C. Hague e Graham Hall, *The Economics of Relative Prices*, cit., p. ix; Herbert Giersch, *Die Offene Gesellschaft und Ihre Wirtschaft: Aufsätze und Kommentare aus fuünf Jahrzehnten* (Hamburgo, Murmann, 2006), p. 207-21; Mont Pèlerin Society, "Past Presidents", *The Mont Pelerin Society*, 2019. Disponível on-line.

[162] Walter Ötsch, Stephan Pühringer e Katrin Hirte, *Netzwerke des Marktes: Ordoliberalismus als Politische Ökonomie* (Wiesbaden, Springer, 2018), p. 146.

[163] Chen Yizi, *Memoirs of Chen Yizi*, cit., p. 510.

[164] Ibidem, p. 512.

[165] Ver, por exemplo, "First Objection Against Storming the Fortress and Crushing Through the Barrier of Reform: On the Deep Seated Meaning of Crushing Through the Price Barrier in the Fortified Position on Economic System Reform" (对改革攻坚，过的意见之一：过价格关 意味着深层次的体制改革攻坚), *Internal Documents of System Reform Research*, n. 23, 30 jul. 1988; "Fourth Objection Against Storming the Fortress and Crushing Through the Barrier of Reform: Price Liberalization Requires a Reform of the Circulation System for Goods and Materials" (对改 攻坚，过关的意见之四：价格放开的同时必须进行物资流通体制改革), *Internal Documents of System Reform Research*, n. 26, 2 ago. 1988; Wang Xiaolu, *The Road of Reform 1978-2018*, cit., p. 90.

sem reformas institucionais prévias não resolveria o problema da correção dos preços relativos ou dos mecanismos de criação de moeda endógena (ver capítulo 7)[166]. A lógica operacional das empresas, do setor bancário e do sistema de proteção social só poderia ser reformada aos poucos e tinha de ser acompanhada de uma reforma gradual dos preços[167]. A liberalização dos preços poderia dar origem a pânico e tumultos. Não resolveria os desafios da reforma e prejudicaria as condições para encontrar soluções.

Li Yining também emitiu mais uma vez uma advertência contra a liberalização dos preços no atacado[168]. Enfatizou que havia apenas dois paradigmas de reforma de mercado concorrentes na China e eles diferiam em substância: liberalização de preços no atacado *versus* reforma lenta da propriedade e das empresas. Segue-se que a lógica subjacente à tentativa de levar adiante a reforma de preços era a dos defensores da reforma de pacote – o mesmo grupo de economistas que havia elaborado os planos do Escritório do Programa em 1986. Li atribui explicitamente a economia das reformas de preços a János Kornai e à economia ocidental dominante. Segundo Li, eles estavam presos ao ideal da concorrência perfeita e não enxergavam a realidade econômica da China. Li reiterou que o país era um sistema de desequilíbrio (ver capítulo 7). Sob tais condições, a liberalização dos preços só causaria prejuízo, gerando risco de inflação alta. Wilhelm Linder, o economista ordoliberal que havia alertado contra a reforma de preços em 1986, também fez um alerta contra a terapia de choque em uma reunião com Zhao Ziyang, em 30 de julho de 1988, apontando as implicações para a estabilidade social e econômica de uma liberalização de preços muito rápida[169].

As advertências dos opositores da terapia de choque contra a lógica da liberalização dos preços, bem como as advertências dos reformadores de pacote de que a austeridade e a restrição monetária deveriam preceder a reforma de preços, permaneceram ignoradas no verão de 1988. Yao Yilin, Li

---

[166] Idem; Chen Yizi, *Memoirs of Chen Yizi*, cit., p. 514.

[167] Chen Yizi, *Memoirs of Chen Yizi*, cit., p. 514.

[168] Li Yining, "Comparing Two Schools of Reform Thought" (两种改革思路的比较), em *Selected Works of Li Yining* (Xian, Xian People's Press, 1988), p. 89-94; "Should Price Reform or Ownership Reform be Prioritized?" (价格改革为主还是所有制改革为主), *Science of Finance*, n. 2, 1988, p. 86-90. Sobre a intervenção de Li Yining, ver também Julian Gewirtz, *Unlikely Partners*, cit., p. 205.

[169] Zhao Ziyang, "Dialog with Professor Linder of the University of Zurich in Switzerland" (会见瑞士苏黎世大学林德教授的谈话), em *Collected Works of Zhao Ziyang (1980--1989)*, v. 4, cit., p. 476-83. Para uma análise da reforma de uma economia planejada, ver Wilhelm Linder, "Monetary Aspects of Recent Developments in Eastern Europe: A Summarized Assessment", *Economic Education Bulletin*, v. xxx, n. 8, 1990, p. 14-27.

Peng e Chen Yun também intervieram, tentando diluir os planos de reforma de preços[170]. Mas a agenda foi definida por Deng, com o apoio leal de Zhao. Seguiu-se mais desregulamentação de preços para produtos específicos. O preço das TVs em cores e, a partir de julho, das bebidas alcoólicas e dos cigarros de marca foi liberalizado, resultando em aumentos instantâneos e exorbitantes[171]. Esses bens eram bens de luxo, mas a melhoria do padrão de vida fez com que as pessoas os considerassem cada vez mais ao alcance, não aceitando tranquilamente as elevações de preço. No entanto, a campanha de reforma de preços foi em frente.

De 15 a 17 de agosto, o Bureau Político do Comitê Central do Partido Comunista realizou uma reunião plenária em Beidaihe para discutir um "plano preliminar para a reforma de preços e salários" (关于价格、工资改革的初步方案)[172]. A liderança da China basicamente decidiu abolir o sistema de preços de via de mão dupla e liberalizar de forma gradual o preço dos principais produtos industriais, como aço e energia, e de todos os bens de consumo. O plano previa um aumento de 70% nos preços ao consumidor em cinco anos, pelo qual os trabalhadores assalariados seriam compensados. Essa decisão constituiu uma tentativa de desistir da estratégia de mercantilização pelas margens e controle estatal sobre o núcleo da economia. Isso marcou uma mudança em direção à mercantilização do núcleo industrial e dos meios de subsistência básicos. Em 19 de agosto de 1988, a TV estatal e o *Diário do Povo* noticiaram que o Bureau Político havia adotado, em princípio, um plano de reforma de preços e salários[173]. O anúncio não continha nenhuma informação sobre datas nem detalhes do plano, mas foi o suficiente para quebrar a confiança do povo na estabilidade da economia, na proteção de sua renda e poupança pelo Estado e no valor de seu dinheiro.

Compras motivadas pelo pânico, corrida aos bancos e protestos de trabalhadores logo se espalharam pelas grandes cidades do país. O aumento da renda na década de 1980 resultou em aumento da poupança. Agora as

---

[170] Joseph Fewsmith, *Dilemmas of Reform in China*, cit., p. 225-6.

[171] Ibidem, p. 392-3; Zhang Shuguang, *The History of Chinese Economic Studies*, cit., p. 575.

[172] Hu Bading, "The Tenth Plenary Meeting of the Political Bureau of the Central Committee Adopted the Preliminary Plan for Price and Wage Reform" (中央政治局第十次全体会议原则通过价格、工资改革初步方案), *China Price Yearbook*, 1989, p. 12-3; Zhang Shuguang, *The History of Chinese Economic Studies*, cit., p. 574-5.

[173] People's Daily, "The Political Bureau of the CPC Central Committee Held the 10th Plenary Meeting and Approved the Preliminary Plan of Price and Wage Reform in Principle" (中央政治局召开第十次全体会议 原则通过价格工资改革初步方案), *People's Daily*, 19 ago. 1988; Yang Jisheng, *Deng Xiaoping's Era*, cit., p. 393.

pessoas corriam para retirar seu dinheiro dos bancos e trocá-lo por qualquer mercadoria durável que pudessem comprar, culminando em tumultos em alguns lugares[174].

Pela primeira vez desde 1978, a taxa de poupança caiu na China[175]. Antes, itens específicos para os quais havia anúncio de reajuste ou liberalização de preços estavam sujeitos a entesouramento. Mas no verão de 1988 a permutabilidade geral do dinheiro era incerta e todos os tipos de bens duráveis foram arrebatados, independentemente de sua utilidade imediata, marca ou qualidade[176]. Por exemplo, em Kunming, apelidada de "a cidade da primavera" em razão de seu clima ameno durante todo o ano, as pessoas começaram a acumular aparelhos de ar-condicionado[177]. Quanto mais os preços subiam, mais as pessoas corriam para comprar o que pudessem. A compra gerada pelo pânico, por sua vez, alimentou o aumento de preços[178].

A China entrou em uma espiral de inflação acelerada pela primeira vez desde a revolução. O índice total de preços no varejo, que inclui bens de consumo, serviços e bens de produção, subiu de 12% em julho para 23% em agosto de 1988, chegando a cerca de 28% em abril de 1989[179]. Em 1988, o crescimento do índice de preços ao consumidor ultrapassou

---

174 Kijeld E. Brødsgaard e Koen Rutten, *From Accelerated Accumulation to Socialist Market Economy in China*, cit., p. 83; Richard C. K. Burdekin e Xiaojin Hu, "China's Experience with Indexed Government Bonds, 1988-1996: How Credible Was the People's Republic's Anti-Inflationary Policy?", *Review of Development Economics*, v. 3, n. 1, 1999, p. 66-85; Richard C. K. Burdekin, "Ending Inflation in the People's Republic of China", cit.; CIA, 1988; Song Guoqing, "Interest Rate, Inflation Expectation and Savings Tendency: The Role of Expectations from the Perspective of Savings During Two High Inflation Periods" (利率、通货膨胀预期与储蓄倾向—从两次高通胀期间的储蓄倾向看预期的作用), *Economic Research*, n. 7, 1995, p. 3-10; Yang Jisheng, *Deng Xiaoping's Era*, cit., p. 393-4; Zhang Shuguang, *The History of Chinese Economic Studies*, cit., p. 575-7; Zhao Ziyang, *Prisoner of the State*, cit., p. 131. O cancelamento das poupanças era uma consequência desejada da alta inflação ocasionada pela terapia de choque. Fundo Monetário Internacional et al., *The Economy of the USSR: Summary and Recommendations*, Washington, World Bank, 1990; Peter Reddaway e Dmitri Glinski, *The Tragedy of Russia's Reforms: Market Bolshevism Against Democracy*, Washington, United States Institute of Peace, 2001, p. 180.

175 Richard C. K. Burdekin e Xiaojin Hu, "China's Experience with Indexed Government Bonds, 1988-1996", cit., p. 67.

176 Zhang Shuguang, *The History of Chinese Economic Studies*, cit., p. 575.

177 Geng Chongyi e Zhou Wangjun, "The 1988 Intensifying Price Increases and the Process of Calming Down Panic Buying", cit., p. 547.

178 Zhang Shuguang, *The History of Chinese Economic Studies*, cit., p. 576.

179 Richard C. K. Burdekin e Xiaojin Hu, "China's Experience with Indexed Government Bonds, 1988-1996", cit., p. 81.

o crescimento do PIB real – algo sem precedentes na primeira década de reforma da China[180].

Os defensores da terapia de choque da Rússia asseveraram: "O colapso do regime comunista de partido único é a condição *sine qua non* para uma transição efetiva para uma economia de mercado"[181]. Para Deng Xiaoping, em contrapartida, a liderança do PCCh era um princípio fundamental que ele considerava essencial para a China recuperar o atraso. Depois de ouvir o relatório de Li Peng e Zhao Ziyang sobre as reações explosivas em todo o país aos anúncios dos planos de reforma de preços em 12 de setembro, Deng disse que o Comitê Central precisava afirmar sua autoridade. Não havia como governar sem autoridade; agora eram necessários controles econômicos e políticos[182]. Quando o impulso para uma reforma radical de preços abalou a estabilidade política e social, o governo interrompeu o programa, apelou para a recentralização do poder, reintroduziu o controle de preços sobre mercadorias importantes e impôs uma política estrita de contenção para recuperar o controle[183].

No mesmo mês, os economistas que apoiavam o big bang reuniram-se mais uma vez, na esperança de que uma segunda reunião entre Friedman e Zhao os ajudasse a relançar sua agenda de reformas radicais (ver imagem 6). Friedman fez o mesmo apelo à terapia de choque que os reformadores de pacotes da China haviam defendido. Limite a oferta monetária, imprimindo menos dinheiro, e depois liberalize os preços, indicou a Zhao, acrescentando que a liberalização dos preços ajudaria a controlar a inflação[184].

Em outubro, Chen Yizi encontrou Jenő Fock, ex-primeiro-ministro da Hungria (de 1967 a 1975) que presidiu as tentativas de introduzir elementos

---

[180] Kijeld E. Brødsgaard e Koen Rutten, *From Accelerated Accumulation to Socialist Market Economy in China*, cit., p. 89; Richard C. K. Burdekin, "Ending Inflation in the People's Republic of China", cit., p. 224.

[181] David Lipton e Jeffrey D. Sachs, "Creating a Market Economy in Eastern Europe: The Case of Poland", *Brookings Papers on Economic Activity*, v. 21, n. 1, 1990, p. 87.

[182] Fang Weizhong, *Record of Thirty Years, 1977-1989*, cit., p. 377.

[183] Para uma análise meticulosa da dinâmica política em torno da inflação em 1988, ver Heike Holbig, *Inflation als Herausforderung der Legitimation Politischer Herrschaft in der VR China: Wirtschaftspolitische Strategien in den Jahren 1987-1989* (Hamburgo, Mitteilungen des Instituts für Asienkunde, 2001)

[184] Milton Friedman, *Friedman in China*, cit.; Zhao Ziyang, "Dialogue with Milton Friedman, September 19, 1988" (同弗里德曼的谈话，一九八八年九月十九日), em *Collected Works of Zhao Ziyang (1980-1989)*, v. 4, cit., p. 514-5. Para uma discussão sobre o envolvimento de Milton Friedman com os reformadores ter a ver com a questão mais ampla da relação da China com o neoliberalismo, ver Isabella M. Weber, "Das Westdeutsche und das Chinesische 'Wirtschaftswunder'", cit.

IMAGEM 6: Milton Friedman encontra-se com o primeiro-ministro Zhao Ziyang (outubro de 1988). Zhao Ziyang e Milton Friedman cumprimentam-se. Estão presentes Wu Jinglian (à esquerda), Zhou Xiaochuan (atrás, à direita) e Rose Friedman (ao lado do marido). Cortesia da Hoover Institution Archives, Stanford, Califórnia.

de mercado sob o Novo Mecanismo Econômico. Fock alertou Chen de que ele tinha de resolver os desequilíbrios econômicos no processo da reforma, em vez de primeiro tentar alcançar o macroequilíbrio e depois reformar – visão similar à de Zhao Ziyang antes de maio de 1988. Chen compartilhou as lições de Fock com Zhao, mas Zhao permaneceu em silêncio[185].

A janela de oportunidade para ventos favoráveis vindos do estrangeiro havia se fechado. Zhao permanecia como secretário-geral, mas perdera influência na política econômica, que passou para as mãos de Li Peng e Yao Yilin. Chen Yun e Li Xiannian recuperaram seu prestígio[186]. Não levar adiante a reforma, mas pôr de volta a economia sob controle, essa era a ordem do dia.

O diretor do Escritório de Preços, Cheng Zhiping, enfatizou que no fim de 1988 as lições da década de 1940 e as consequências do Grande Salto Adiante foram fundamentais para o governo recuperar o controle sobre a economia (ver capítulo 3). De acordo com Cheng, o esforço de estabilização foi guiado pela afirmação de Chen Yun de que o grau de controle do governo sobre o mercado é decidido por seu controle sobre os

---

[185] Chen Yizi, *Memoirs of Chen Yizi*, cit., p. 515.
[186] Zhao Ziyang, *Prisoner of the State*, cit., p. 233-4.

bens mais essenciais do mercado (ver capítulo 3)[187]. Aplicando uma lógica surpreendentemente semelhante ao princípio do "leve-pesado" do *Guanzi* (ver capítulo 1), Cheng argumenta que o fundamental era focar os preços importantes, ou "pesados" (重).

Na estabilização de preços da década de 1940, os "dois brancos e um preto" (两白一黑) – ou seja, o arroz, o algodão e o carvão – eram os bens mais essenciais para a alimentação e o vestuário do povo e para a indústria. Na década de 1960, a lista de preços foi refinada, refletindo a economia mais diversificada da China, e incluía dezoito bens essenciais. Em 1988, o esforço de estabilização de preços visava a 383 itens, os quais foram identificados, com base no trabalho de pesquisa, como críticos para a subsistência da população e para a produção agrícola e industrial. Os preços desses itens foram estabilizados por meio de um esforço conjunto: ampliou-se a produção para aumentar a oferta; o sistema de comércio foi aprimorado para superar os gargalos na circulação; o sistema de controle de preços foi utilizado para restabelecer os controles de preços; e o sistema de regulação macroeconômica foi usado para ajustar o plano geral, a expansão de crédito e os investimentos[188]. Essas medidas foram complementadas com outra tática anti-inflacionária dos anos 1940. Títulos do governo indexados a um conjunto de preços de mercadorias essenciais foram emitidos para recuperar a confiança nos ativos monetários (ver capítulo 3)[189].

O Estado chinês restabeleceu o controle sobre o núcleo da economia. A inflação foi superada em cerca de um ano (ver figura 14), mas as consequências políticas do big bang abortado de 1988 definiram o destino da China e do mundo. A combinação de impulso para uma reforma radical e reversão drástica aprofundou as tensões sociais e políticas que haviam se acumulado na segunda metade da década de 1980, criando uma situação explosiva. A inflação descontrolada de 1988 minou a confiança que a população urbana nutria pelas relações do mercado monetário e intensificou a ansiedade desencadeada pela crescente mercantilização da vida. Enquanto isso, aqueles que se beneficiaram das oportunidades de lucro e dos mercados em expansão se sentiram ameaçados pelo aumento de controle. Isso formou o pano de fundo para o amplo e diversificado movimento social de 1989, que exigia não apenas direitos democráticos, mas também fim da corrupção, segurança social e estabilidade de preços[190].

---

[187] Cheng Zhiping, *30 Years of Price Reform, 1977-2006*, cit., p. 119.

[188] Ibidem, p. 119-21.

[189] Richard C. K. Burdekin, "Ending Inflation in the People's Republic of China", cit.; Richard C. K. Burdekin e Fang Wang, "A Novel End to the Big Inflation in China in 1950", cit.

[190] Hui Wang, *The End of the Revolution*, cit., p. 21-30.

Conclusão

As opiniões continuam a divergir sobre o que causou a dor de curto prazo e seus efeitos prejudiciais de longo prazo e quais lições se devem tirar da crise de 1988. Lou Jiwei, que como Guo Shuqing, Zhou Xiaochuan e outros ocupou um cargo de poder na década de 1990, afirmou recentemente, após se aposentar do cargo de ministro da Fazenda:

> Certamente, 1988 viu uma taxa alta de inflação. Mais tarde, algumas pessoas atribuíram essa inflação ao "atravessar as barreiras de preços" (价格闯关) do camarada Deng Xiaoping. Isso vira as coisas de cabeça para baixo. O alvo do camarada Xiaoping era a corrupção e a desordem econômica criadas pelo sistema de preços de via de mão dupla, o que exigia unir as duas mãos e obedecer ao mercado. Não há nada de errado nisso. As condições necessárias para o mercado determinar os preços são políticas fiscais e monetárias rígidas e evitar a inflação por qualquer meio, e, mesmo nessas condições, haverá aumentos moderados de preços como resultado da correção das distorções de preços. Se algo deu errado, a raiz disso está na inflação reprimida desde o momento que a contratação geral foi implementada [em 1987].[191]

O economista Adrian Wood, que fez parte da primeira missão do Banco Mundial à China, chega a uma conclusão semelhante à de Lou Jiwei. Em um artigo no *Financial Times* de outubro de 1990, ele escreveu:

> A reforma econômica da China na segunda metade da década de 1980 seguiu o caminho errado, relaxando prematuramente os gastos das empresas estatais e universalizando os preços de via de mão dupla (fixa e de mercado). O resultado foi aceleração da inflação e corrupção maciça, que eram bastante impopulares [...]. A raiva com a economia, mais que o desejo de democracia, foi o que moveu a maioria dos manifestantes em maio de 1989.[192]

Wood via a dura austeridade imposta na China, no outono de 1988, como potencial para o "progresso real". Em sua opinião, "uma deflação severa do tipo que a China sofreu recentemente fornece as condições ideais para a liberalização de preços". Wood também via um "lado positivo" no "conservadorismo político da China"; seria mais fácil impor a dor necessária para novas reformas econômicas.

---

[191] Lou Jiwei, "Lou Jiwei Looks Back on 40 Years Since Entering Tsinghua: 2017 Tsinghua University School of Economic Management Graduation Ceremony Speech" (楼继伟回首清华入学40年：清华大学经济管理学院2017毕业典礼演讲). Disponível on-line.

[192] Adrian Wood, "Nominal Pause, but a Degree of Real Progress", *Financial Times*, 4 out. 1990, p. 25.

Zhao Ziyang, preso na própria casa, chegou a uma conclusão muito diferente sobre as causas da crise de 1988. Ele escreveu em seu diário:

> A reforma de preços proposta não estava alinhada com a estratégia de reforma gradual, mas se baseava em ajustes de grande escala de preços administrados pelo governo. Isso refletia os sentimentos da época: apressar as reformas de preços e eliminar o sistema de preços de via de mão dupla para unificar ou pelo menos reduzir a diferença entre os preços estabelecidos e os preços de mercado. Essa não era a maneira correta de realizar a reforma de preços, porque, em última análise, não era uma mudança de controles de preços para mecanismos de mercado. Utilizavam-se métodos de planejamento para ajustar os preços. Ainda era a velha forma de precificação planejada. Está claro agora que, se não tivesse ocorrido uma inflação alta e esse plano de reforma de preços tivesse sido executado, o problema não teria sido resolvido.[193]

Meus entrevistados discordaram fortemente sobre o curso e as causas da crise de 1988, mas concordaram que o fracasso desastroso do impulso da reforma dos preços em 1988 foi decisivo para a crise política que culminou com o massacre da praça da Paz Celestial em 4 de junho de 1989. Em 1988, Zhao insistiu na necessidade de uma lei de segurança pública para seguir com a reforma. Em 1989, Zhao tentou transcender a mesma lógica de repressão estatal que acabou levando a sua queda e sua prisão. Os jovens economistas que Zhao havia apoiado eram abertamente leais aos manifestantes. Eles estavam cientes de que as tropas estavam a caminho da praça da Paz Celestial e que a lei marcial seria imposta. Sentiram que o desastre estava prestes a acontecer.

Na manhã de 18 de maio, no dia em que Gorbatchov encerrou sua visita à China e os olhos do mundo estavam voltados para Pequim, Zhao Ziyang foi à praça da Paz Celestial falar com os estudantes em greve de fome. A famosa imagem de Zhao com microfone na mão, cercado de manifestantes, mostra-o pedindo para os estudantes pararem de jejuar. Ele foi lá na condição de secretário-geral do partido e se desculpou por ter levado tanto tempo para a liderança ir até os manifestantes. Os estudantes tinham de viver para ver a China completar as Quatro Modernizações, insistiu. "[Quando] vocês encerrarem o jejum", prometeu, "o governo nunca fechará a porta para o diálogo. Nunca"[194]. No dia seguinte, Zhao voltou à praça e reiterou o apelo

---

[193] Zhao Ziyang, *Prisoner of the State*, cit.
[194] Serviço de Televisão de Pequim, "Zhao Ziyang and Li Peng Visit Fasting Students at Tiananmen Square", em Michel Oksenberg, Marc Lambert e Melanie Manion (orgs.), *Beijing Spring, 1989. Confrontation and Conflict: The Basic Documents* (Armonk, M. E. Sharpe, 1990), p. 288-9.

aos estudantes para que encerrassem a greve de fome[195]. Estava ciente de que Deng tomava providências para impor a lei marcial e estava disposto a usar as forças armadas para reprimir os estudantes. Zhao se preparou para renunciar. Ele sabia que era o fim de sua carreira[196].

Ainda assim, em 19 de maio, os jovens economistas que tinham influência sob Zhao decidiram fazer uma declaração. Esses economistas estavam estabelecidos no Instituto de Reforma do Sistema, no Centro de Pesquisa da Agricultura do Instituto de Pesquisa do Desenvolvimento e no Escritório Internacional do Citic e organizavam-se na Associação da Juventude de Economia de Pequim – os "três institutos e uma associação" (三所一会). Em nome de suas organizações, endossaram o movimento social como sendo o capítulo mais brilhante da história dos movimentos democráticos da China e, assim, responderam à demanda dos manifestantes para que o Estado reconhecesse a legitimidade de seu movimento. Declararam que, desde a fundação da República Popular, a direção do partido e do governo nunca esteve tão separada do povo e tão contrária à vontade popular. Fazendo eco ao diálogo de Zhao com os estudantes, pediram que a liderança organizasse uma reunião extraordinária do Congresso Nacional Popular como assembleia legítima para resolver a crise, que o povo apoiasse os manifestantes e que os grevistas encerrassem a greve, já que eles eram necessários para o futuro da China. A declaração foi enviada a organizações de mídia, universidades e manifestantes. Dezenas de milhares de cópias foram produzidas e divulgadas em toda a cidade de Pequim[197].

Em 28 de maio, Zhao foi colocado em prisão domiciliar, onde permaneceu até morrer, em 2005. Em 4 de junho, os militares reprimiram os protestos. O derramamento de sangue contra o qual os jovens intelectuais reformadores protestaram marcou o fim de sua era nas reformas da China. Muitos daqueles jovens economistas fugiram do país ou foram presos. Tantos outros não retornaram aos institutos de formulação de políticas ou pesquisa. Alguns enriqueceram com negócios privados; muitos desapareceram sem fazer fortuna. Alguns voltaram para a China; outros, como Chen Yizi, morreram no exílio[198].

Em contrapartida, Liu Guoguang, Xue Muqiao e Zhou Xiaochuan, que defenderam a terapia de choque na segunda metade da década de 1980,

---

[195] China Daily, "Zhao, Li Visit Hunger Strikers in Tiananmen", em Michel Oksenberg, Marc Lambert e Melanie Manion (orgs.), *Beijing Spring, 1989, Confrontation and Conflict*, cit., p. 290-1.

[196] Zhao Ziyang, *Prisoner of the State*, cit., p. 27-32.

[197] Chen Yizi, *Memoirs of Chen Yizi*, cit., p. 601-4; Zhu Jiaming, *Crossroads of China's Reform*, cit., p. 46-7.

[198] Ver a lista de biografias para uma visão mais detalhada.

optaram por não apoiar publicamente os protestos e logo se voltaram contra Zhao Ziyang. Em 14 de junho, Wu escreveu um primeiro rascunho de sua crítica sob o título "Nossas preocupações e propostas: pontos de vista de vários economistas" (我们的忧思和建议：几位经济学者的意见), que foi publicado em agosto nos *Relatórios essenciais* (要报) da ACCS[199]. Esses relatórios são produzidos para a consideração da liderança central. Wu e seus colaboradores acusaram Zhao de ter traído a decisão de 1978 sobre a direção da reforma e do desenvolvimento. Zhao teria cometido grandes erros, levando ao caos econômico. Mais importante, teria instalado um sistema de via de mão dupla nos preços e em outros mecanismos econômicos, o que resultou em distorção da transparência pública e corrupção[200]. Muitos defensores da reforma de pacote tiveram carreiras excepcionais na China ao longo da década de 1990 – e até hoje, enquanto a maioria dos economistas que desbancaram a terapia de choque na década de 1980 foi amplamente esquecida dentro e fora da China.

[199] Wu Jinglian, "Our Worries and Proposals: Viewpoints of Several Economists" (我们的忧思和建议：几位经济学者的意见), *Essential Reports*, n. 9, 1989.
[200] Zhang Shuguang, *The History of Chinese Economic Studies*, cit., p. 612-5.

Conclusão

Caminhante, suas pegadas são o caminho e nada mais;
caminhante, não há caminho, o caminho se faz ao caminhar.

Antonio Machado

A transformação econômica que a China experimentou a partir de 1978, durante as reformas, era inconcebível no início. O histórico crescimento econômico do país nas décadas de globalização neoliberal contrasta fortemente com o destino da maioria das economias do Sul global. No período de 1950 a 1980, a maioria das economias em desenvolvimento desfrutou de altas taxas de crescimento econômico, superando as da China. Mas essa posição relativa se inverteu nas décadas seguintes[1]. Nos anos 1980, a maioria dos países africanos teve crescimento negativo do PIB, enquanto na América Latina a idade de ouro da industrialização deu lugar a 25 anos de crescimento acumulado de apenas 10%. Em comparação, nas duas primeiras décadas da reforma, a economia da China cresceu em média, por ano, mais que o crescimento registrado pela América Latina ao longo de um quarto de século[2]. Embora os "tigres" do Leste Asiático e a Índia tenham se saído muito melhor que o resto do mundo, a taxa média de mais de 10% de crescimento anual na China é o dobro da taxa de crescimento desses países. Olhando para trás, hoje sabemos que a China estava, no fim da década de 1970, à beira de uma expansão econômica muitas vezes descrita como sem precedentes em escopo, ritmo e escala – assim como o mundo em desenvolvimento como um todo estava ficando para trás.

O crescimento do PIB é, sem dúvida, um indicador bruto. No entanto, fornece uma medida aproximada da mudança de posição de um determinado país em relação à economia mundial. Quando os economistas chineses retornaram a Pequim após a Revolução Cultural e se juntaram ao esforço de

[1] Alice Amsden, *Escape from Empire: The Developing World's Journey Through Heaven and Hell* (Cambridge, MIT Press, 2007), p. 6-7.
[2] Idem.

reforma, a China era pobre e tentava encontrar caminho para a prosperidade econômica. A ambição de uma revolução contínua sob o maoismo foi substituída por uma primazia abrangente do desenvolvimento econômico.

A ascensão da China é agora um fato. Da perspectiva da luta entre os economistas chineses em torno do caminho certo da reforma, esse resultado histórico era uma esperança ousada, se não implausível. Quando jovens intelectuais reformadores retornaram a Pequim depois de passar anos em vilarejos remotos e começaram a se reunir em salas vazias para discutir o futuro da China, o crescimento explosivo das décadas subsequentes – embora com todas as suas graves consequências sociais e ambientais – era inimaginável. Em seus intercâmbios com economistas do Leste Europeu, o Banco Mundial e outros dignitários internacionais para estudar a reforma do sistema econômico, os economistas da geração revolucionária da China e seus intelectuais oficiais só podiam se maravilhar com a prosperidade e o estado avançado das ciências aplicadas no exterior. As delegações do Instituto de Reforma do Sistema percorreram a Hungria, a Iugoslávia, o Brasil e outros países latino-americanos, com a esperança de aprender com as conquistas (e também os erros) de economias modelares para a China.

O que estava em jogo no debate sobre a reforma chinesa na década de 1980 era nada menos que um entendimento comum dos mecanismos básicos da economia. No início, a posição dominante da intelectualidade econômica chinesa refletia a visão de que as forças do mercado tinham de desempenhar um papel maior na sociedade, e isso exigia uma reforma de preços. Discordâncias fundamentais surgiram entre os economistas em torno de *como* essa reforma seria feita. Abordagens concorrentes expressaram-se em desacordos sobre o uso continuado do sistema de preços de via de mão dupla e da mobilização de instituições existentes para criar mercados; isso foi combatido por alguns com uma estratégia de choque, na qual a economia seria submetida a uma repentina liberalização por atacado. O fato de os dois lados entrarem em conflito sobre esse passo da reforma, e não sobre a direção básica da economia, poderia sugerir que seu foco era altamente técnico, sem significado ideológico mais profundo. Como no debate sobre a industrialização soviética na década de 1920 – cujo foco também era a velocidade e o padrão de desenvolvimento, mas não o recuo do comunismo de guerra para a nova política econômica *per se* –, "as diferenças básicas entre as duas disputas ideológicas tornaram-se visíveis"[3]. Tais diferenças se manifestaram em duas abordagens diferentes da economia da reforma.

---

[3] Alexander Erlich, *Soviet Industrialization Debate, 1924-1928* (Cambridge, Harvard University Press, 1967), p. xvii.

Os economistas reformadores compartilhavam um objetivo comum, acima de todos os outros: o progresso econômico. Também concordavam que a mercantilização seria necessária na busca do desenvolvimento econômico. Mas as duas escolas básicas de pensamento entraram em conflito sobre como seguir adiante. Uma posição estava de acordo com o que veio a ser conhecido como a doutrina de transição da terapia de choque – uma prescrição política essencialmente neoliberal que varreu o mundo socialista (ver introdução). Esse lado sustentava que o modelo econômico desejado seria postulado axiomaticamente e que um choque no antigo sistema o transformaria de uma só vez. Essa abordagem pressupunha que o futuro sistema econômico mais desejável, bem como os meios de estabelecê-lo, poderiam ser derivados de modelos econômicos. De acordo com essa visão, era necessário elaborar um projeto para definir um pacote abrangente de medidas que redesenharia todo o sistema de acordo com um conceito unificado.

A escola alternativa de pensamento, por sua vez, reconheceu uma ignorância essencial tanto do fim – a configuração final da economia chinesa – quanto do caminho para chegar lá. Essa segunda visão teve como premissa a ausência de qualquer modelo ou plano abrangente que pudesse dar uma resposta geral ao desafio da reforma. Desse ponto de vista, o mecanismo de reforma e as especificidades do novo sistema tiveram de ser trabalhados por experimentação e pesquisa empírica teoricamente guiada. A partir dessa última perspectiva, não havia como adivinhar o futuro da China a partir de uma prancheta. A "economia de poltrona" foi considerada um fracasso. Nas próximas seções, recapitulo as prescrições centrais dessas duas abordagens concorrentes.

O idealismo da reforma de pacote

Os proponentes chineses da chamada reforma de pacote, como os defensores da terapia de choque ao redor do mundo (ver introdução), sustentavam um big bang inicial na reforma de preços. O pacote deveria incluir reajustes de preços, em uma única etapa, para bens de produção críticos, como matérias-primas e energia, seguidos de liberalização. A abordagem básica desses reformadores era começar pela escolha de um modelo-alvo para a reforma e contrastar esse ideal com uma versão esquemática da antiga economia de comando. No modelo-alvo, o mecanismo de mercado era realizado principalmente por meio de preços flexíveis. Uma das diferenças fundamentais entre o alvo desejado e o antigo sistema era a falta de flexibilidade de preços neste último. Esses reformadores localizaram as distorções de preços mais graves no setor de bens de produção, que na abordagem soviética de desenvolvimento tinham tradicionalmente preços baixos. A abordagem mais eficaz para a reforma, segundo eles, exigia que primeiro se combatessem esses desvios exagerados do modelo de metas e se superassem ao mesmo tempo as distorções no preço das matérias-primas e da energia. No entanto, esse passo dramático da reforma tinha de ser preparado com o "esfriamento" da economia. Isso significava, na prática, uma austeridade severa cujo objetivo seria superar os desequilíbrios macroeconômicos.

A abordagem de pacote sustentava que a coexistência do velho obsoleto e do novo sistema desejado criaria atritos prejudiciais, resultando na ineficácia dos mecanismos reguladores antigos e novos. Do ponto de vista desses reformadores, o sistema de preços de via de mão dupla era aceitável, na melhor das hipóteses, como medida temporária e transitória, mas precisava ser superado o mais rápido possível. Os proponentes do big bang utilizaram um argumento estruturalmente semelhante à advertência de Hayek contra o "caminho escorregadio" em direção a uma economia planejada que poderia resultar de qualquer movimento em favor do controle de preços (ver capítulo 2). A seus olhos, caso prevalecesse o sistema de preços de via de mão dupla, bem como a confusão e a corrupção atribuídas a ele, o resultado seria um retrocesso prejudicial. Enquanto os elementos centrais do antigo sistema persistissem – como o controle central do preço de bens de produção cruciais –, sempre haveria a possibilidade de recaída. Assim, eles recomendavam que o sistema de preços fosse introduzido de forma rápida e universal, argumentando que apenas a destruição do núcleo do antigo sistema poderia concretizar o modelo-alvo. Reconheciam que essa abordagem causaria dor no curto prazo, mas, para eles, a única alternativa era o sofrimento de longo prazo.

Os proponentes dessa reforma de preços radical sabiam que a proposta continha um grave risco, a saber, um aumento no nível geral de preços. No entanto, como na metáfora de Friedman[4] sobre a caldeira superaquecida que só esfria se deixamos o calor sair de uma só vez (ver capítulo 2), eles argumentavam que a inflação reprimida não poderia ser superada a menos que os controles diretos de preços fossem removidos. Como um mal necessário, argumentavam, era melhor seguir adiante, sem mais demora. Como disse Brus, "o dia do acerto de contas" eventualmente chegaria e, portanto, seria melhor enfrentar e superar seus desafios mais cedo que mais tarde (ver capítulo 5). Enquanto os rígidos controles fiscais e monetários estivessem

[4] Milton Friedman, "What Price Guideposts?", em George Shultz e Robert Z. Aliber (orgs.), *Guidelines, Informal Controls, and the Market Place: Policy Choices in a Full Employment Economy* (Chicago, The University of Chicago Press, 1966), p. 20.

em vigor, um aumento único nos preços para compensar a inflação reprimida não detonaria um processo inflacionário progressivo. Para voltar à metáfora de Friedman: a caldeira superaquecida, depois de liberar todo o calor, se esgotaria. Assim como a dor que acompanha a cirurgia, a remoção dos controles de preços era terapeuticamente necessária e temporária. Vista dessa perspectiva, a inflação era um fenômeno monetário não estrutural e podia ser controlada pelo governo; o excesso de demanda agregada era apenas o resultado das patologias do socialismo. Tal pensamento é mais bem expresso pelos conceitos kornainianos de "fome de investimento" e "restrição orçamentária branda" (ver capítulo 7), que não estão preocupados com os desafios da industrialização. Nessa visão, a inflação de 1988 foi resultado da incapacidade do governo de impor controles macroeconômicos suficientemente rígidos e não da tentativa fracassada de terapia de choque de Deng Xiaoping (ver capítulo 8).

Conforme desenvolvo nos capítulos 4, 5 e 6, os defensores da reforma de pacote encontraram inspiração nos economistas do Leste Europeu que abandonaram o socialismo de mercado, na economia neoclássica dominante e no monetarismo. A geração mais jovem também se baseou em conceitos de projeto e controle ótimos da engenharia[5]. A maioria dos defensores da reforma de pacote eram economistas acadêmicos, e muitos haviam sido adeptos da ortodoxia soviética nos primeiros anos da República Popular. De fato, pode-se observar um paralelo entre a idealização da economia planejada no marxismo soviético, no qual toda a economia nacional era imaginada para funcionar como uma fábrica centralmente planejada, e a idealização de uma economia de mercado subjacente à abordagem da terapia de choque. Embora as duas abordagens teóricas se oponham em relação à superioridade de um plano ou de um mercado como mecanismo regulador, elas se unem na busca de uma economia ótima e racional. Essa semelhança metodológica entre aqueles que acreditam no poder onipotente das mãos visíveis e aqueles que têm fé no poder onipotente das mãos invisíveis foi observada por um dos principais teóricos do equilíbrio geral, Frank Hahn, para quem ambos os lados "assumem como certo que em algum lugar existe uma teoria, isto é, um corpo de proposições

[5] Essa constatação é consistente com as análises de Johanna Bockman e Gil Eyal, que mostraram as raízes da transição neoliberal na economia socialista neoclássica. Ver Johanna Bockman, "The Long Road to 1989: Neoclassical Economics, Alternative Socialisms, and the Advent of Neoliberalism", *Radical History Review*, v. 2012, n. 112, 2012, p. 9-42. Disponível on-line; *Markets in the Name of Socialism: The Left-Wing Origins of Neoliberalism* (Stanford, Stanford University Press, 2011); Johanna Bockman e Gil Eyal, "Eastern Europe as a Laboratory for Economic Knowledge: The Transnational Roots of Neoliberalism", *American Journal of Sociology*, v. 108, n. 2, 2002, p. 310-52.

logicamente conectadas, baseadas em postulados que não divergem muito do caso, sustentando suas políticas"[6].

Essa busca por uma representação de toda a economia em um modelo fechado também era terreno comum entre os defensores do planejamento e do mercado no debate do cálculo econômico socialista. Do ponto de vista tecnocrático de ambos os lados, o problema econômico se resume a encontrar um conjunto de preços racionais. Ou, como observou Paul Samuelson, "realmente não importa se o capital emprega trabalho, ou o trabalho emprega capital, ou se ambos são alocados por um planejador central; o que importa é a alocação de recursos produtivos e produtos finais em conformidade com o princípio de igualização do custo marginal e do benefício marginal"[7].

Os defensores da reforma de pacote aderiram ao mesmo tipo de economia. Eles viam a tarefa de criar mercado como a elaboração de um plano de política abrangente que garantisse, em primeiro lugar, preços racionais. De seu ponto de vista, preços racionais só poderiam ser alcançados se o mercado ou o plano fosse aplicado como uma forma pura, e o sistema de preços de via de mão dupla era condenado e tachado de híbrido incoerente. Enquanto um sistema de preços de múltiplas vias foi usado para superar a hiperinflação após a guerra civil, a busca subsequente de planejamento ao estilo soviético ambicionava suprimir faixas de preços diferentes das planejadas, pelo menos para bens importantes (ver capítulos 3 e 4). O sistema de preços de via de mão dupla seria um mal inevitável ao longo da transição de mercado, a ser abolido quanto antes. No início das reformas, os reformadores de pacote viam a tarefa diante deles como o oposto daquela que a China enfrentou quando copiou o modelo soviético. Agora, todos os preços deveriam ser unificados pelo mercado.

As semelhanças entre os paradigmas da pura ortodoxia de mercado e do puro planejamento também podem ser detectadas nos passos concretos sugeridos em 1986 pelo Escritório do Programa para avançar na reforma de preços. De acordo com a agenda de 1986, os preços seriam primeiro unificados em preços de equilíbrio determinados por cálculo para depois serem totalmente liberados. Essa proposta de reforma pressupunha que tanto o cálculo quanto as forças do mercado levariam aos mesmos preços de equilíbrio, ou pelo menos suficientemente semelhantes. Assim, o planejamento baseado em cálculo e o mercado foram tomados como meios para o mesmo fim. À semelhança dos juízos de Hayek e Robbins no debate do cálculo econômico

---

[6]   Frank Hahn, "Reflections on the Invisible Hand". *Fred Hirsch Memorial Lecture*, University of Warwick, 1981, p. 2. Diponível on-line.

[7]   Citado em Duncan Foley, "Socialist Alternatives to Capitalism I: Marx to Haye", *Lecture at the Havens Institute*, University of Wisconsin, Madison, 6-7 abr. 2011. Disponível on-line.

socialista[8], pela lógica da abordagem do Escritório do Programa o problema do cálculo de preços era que ele demoraria muito para funcionar como forma sustentável de regulação. No entanto, os economistas do Escritório do Programa acreditavam que o cálculo a partir do centro poderia preparar a transição para um mecanismo de mercado superior. A determinação pelo mercado do preço de insumos cruciais, desse ponto de vista, não exigiria um processo de construção institucional. Pela ordem *natural* das coisas, esperava-se que os preços de mercado surgissem instantânea e espontaneamente assim que o controle imposto *artificialmente* sobre os preços fosse eliminado. Em vez de vislumbrar uma evolução lenta e histórica em direção a uma nova economia política, a terapia de choque sugeria um movimento rápido em direção a um mercado ideal, seguindo os passos planejados do modelo decorrente da teoria.

A esse respeito, o chamado milagre de Erhard foi usado como evidência anedótica da praticidade da teoria. No entanto, os que propunham que a China seguisse o exemplo da Alemanha ocidental não analisaram com profundidade a história econômica real das reformas de preços e moeda de Erhard nem se, de fato, essas políticas eram adequadas para os desafios enfrentados pela China na década de 1980. Eles simplesmente aderiram à mistificação neoliberal da reforma de preços de Erhard e viam-na como um "milagre"[9]. Da mesma forma, citavam a suposta lição da Europa oriental: a de que o gradualismo falharia. Confiaram na autoridade de economistas famosos. A investigação histórica sistemática, no entanto, poderia ter levantado a seguinte questão: por que as tentativas de liberalização da noite para o dia na Europa oriental provocaram repetidas turbulências sociais e políticas e, ao fim, foram (parcialmente) revertidas? Essa história, em todo caso, era bem conhecida na China desde a Conferência de Moganshan em 1982, se não antes (ver capítulo 5).

Quanto ao idealismo, aqueles economistas acadêmicos que eram a favor de um pacote abrangente de reformas demonstraram uma semelhança impressionante com os funcionários letrados do *Debate sobre o sal e o ferro*, apesar dos

---

[8]   Hayek e Robbins recuaram da afirmação de Von Mises sobre a impossibilidade de uma economia socialista racional para uma "segunda linha de defesa". Oskar Lange, "On the Economic Theory of Socialism: Part One", *Review of Economic Studies*, v. 4, n. 1, 1936, p. 36. Eles não negaram a possibilidade teórica de uma alocação racional de recursos em uma economia planejada, mas duvidavam da possibilidade de uma solução prática satisfatória para o problema. Ver Friedrich A. Hayek, "The Nature and History of the Problem", em *Collectivist Economic Planning* (Londres, Routledge/Kegan Paul, 1935), p. 1-40; "The Present State of the Debate", em *Collectivist Economic Planning*, cit., p. 201-44; Lionel Robbins, "Restrictionism and Planning", em *The Great Depression* (Nova York, Books for Libraries, 1934), p. 125-59.

[9]   Isabella Weber, "Shooting for an Economic 'Miracle': German Pos-War Neoliberal Thought in China's Market Reform Debate", em Quinn Slobodian e Dieter Plehwe, *Market Civilizations: Neoliberals East and South* (Nova York, Zone, 2022).

contextos radicalmente diferentes e dos dois milênios que os separavam. Os intelectuais do antigo debate partiram de um Estado ideal do passado, o qual pretendiam restabelecer, e não dos desafios específicos enfrentados pelo novo imperador no contexto de uma profunda crise econômica (ver capítulo 1). Os antigos sustentavam que, se a ordem e a retidão rituais fossem restabelecidas, o Estado prescindiria de uma intervenção direta na economia – em particular, do monopólio do sal e do ferro e da regulação do preço de produtos agrícolas essenciais, mitigando as flutuações de oferta e demanda. Acreditavam que, enquanto a moral governasse, as intervenções do Estado poderiam ser mínimas, e a retirada dos burocratas das atividades econômicas geraria proteção contra a corrupção.

Os proponentes do big bang na década de 1980 também apresentaram argumentos a favor da retirada do Estado da economia e consideravam que a principal causa da corrupção era o papel do Estado como participante do mercado sob o sistema de preços de via de mão dupla. Também imaginavam um Estado minimalista, que regularia a sociedade indiretamente, com medidas macroeconômicas e regras, e não pela retidão. Aqui as semelhanças terminam. Em nítido contraste com os antigos, os reformadores sustentavam que a moralidade deveria ser substituída pela livre competição entre os indivíduos. Se tivesse a possibilidade de se desenvolver de maneira espontânea, a competição converteria a busca do interesse próprio no melhor resultado para a sociedade. Os antigos oficiais letrados sustentavam que os mercados deveriam estar subordinados à ordem moral da sociedade. Para os partidários da terapia de choque, todos os domínios da sociedade deveriam estar subordinados a um mercado universal.

O pragmatismo dos defensores da via de mão dupla

Assim como no *Debate sobre o sal e o ferro*, intelectuais e funcionários do comércio de espírito prático desafiaram a abordagem idealista no debate sobre a reforma de preços na década de 1980 na China (ver capítulos 5 a 8). Em vez de ter como objetivo um modelo-alvo deduzido teoricamente de uma só vez, eles conduziram pesquisas empíricas aprofundadas, orientadas pela teorização, mas não constrangidas pela busca de um modelo abrangente de economia. O objetivo era descobrir como melhorar gradualmente a economia da China e examinar o lugar dos mercados nessa empreitada – e não projetar um Estado futuro ideal. Os defensores da via de mão dupla adotaram uma abordagem que identificava e aproveitava as forças transformadoras que já vinham emergindo da atividade comercial e industrial. No que diz respeito à reforma de preços, isso significava que era imperativo melhorar o sistema de preços de via de mão dupla, em vez de destruí-lo. Em sua análise, a liberalização por atacado não resolveria os problemas do sistema de preços na China. Pesquisas com grande número de empresas estatais chinesas, bem como levantamentos da experiência de reforma iugoslava e húngara, por exemplo, indicaram que um big bang resultaria em retrocesso aos preços relativos iniciais, não no desejado ajuste da estrutura de preços.

Um exame mais minucioso da transição da Alemanha ocidental no pós--guerra amplificou o ceticismo dos gradualistas em relação à reprodução na China de um milagre de Erhard, como foi apelidado o big bang. A mera eliminação dos controles de preços não seria capaz de transformar as empresas estatais em empresas de mercado. Elas permaneceriam unidades de produção socialistas, na medida em que não tinham poder sobre a magnitude do capital e do trabalho que empregavam. Os trabalhadores não podiam ser demitidos, e as empresas estatais não tiravam proveito do mercado de capitais; elas eram proibidas de ir à falência. As empresas estatais não tinham escolha a não ser usar sua posição monopolista e seguir em frente, não importando as circunstâncias. De acordo com a lógica do big bang, uma elevação no preço dos insumos deveria induzir ajustes na tecnologia de produção ou mesmo paralisar a produção de determinados bens. Mas, na realidade, as empresas estatais só poderiam reagir aos aumentos de preço dos insumos repassando-os para os produtores seguintes na cadeia produtiva. Portanto, em última análise, o resultado seria a inflação dos preços ao consumidor, que, por sua vez, alimentaria os aumentos salariais. Os oponentes do big bang previam que a terapia de choque gerasse uma inflação descontrolada, em vez de uma convergência para um equilíbrio desejado. O resultado seria destruir o núcleo da velha economia, sem criar uma economia de mercado funcional. Isso colocaria em risco a estabilidade social e política da China e ameaçaria o projeto de reforma completo.

Os defensores do sistema de preços de via de mão dupla previam que uma liberalização rápida dos preços levaria ao fracasso, mesmo em seus próprios termos. Em sua opinião, nem o controle central puro nem a liberalização da noite para o dia poderiam enfrentar o desafio de alcançar o mundo capitalista avançado e elevar o padrão geral de vida na China. Não inferiam disso que não havia perspectiva de reforma, no entanto. Ao contrário, os gradualistas sugeriam que o sistema predominante de preços múltiplos – juntamente com certos ajustes práticos – era adequado para aos poucos transformar tanto a estrutura de preços na China quanto seu sistema de determinação de preços e, com ele, o mecanismo de regulação da economia em geral.

Na visão dos experimentalistas gradualistas, a determinação de preços pelo mercado não seria alcançada apenas pela abolição dos controles de preços.

Eles sustentavam que a maneira pela qual os preços são determinados depende do modo de operação no nível micro. Na mesma linha, a inflação não era entendida como um fenômeno puramente monetário, ainda mais em condições como as da China. Do ponto de vista desses economistas pragmáticos, familiarizados com as condições de vida da população predominantemente rural da China, o excesso de demanda agregada não seria alcançado com a supressão da demanda, mas com o aumento da oferta.

Para os defensores da via de mão dupla, o desafio enfrentado pela economia chinesa deveria ser entendido como questão de "reindustrialização", e esta exigia a superação de certos gargalos, por exemplo, em bens de produção críticos e energia, aumentando a produção, mas não aumentando os preços. O processo era complexo e implicava uma intervenção delicada. Não poderia ser realizado em um único ato contundente. A história revolucionária da China mostrou que a industrialização não poderia ser alcançada por comando do Estado. Os reformadores gradualistas argumentavam que a fé em um milagre de mercado também era uma ilusão. A única abordagem sensata, diziam eles, era gradual, experimental, na qual as forças do mercado seriam criadas e controladas pelo Estado. Para eles, o sistema de preços de via de mão dupla, que surgiu da prática burocrática e da experiência da reforma rural, era adequado e poderia ser aplicado a bens de produção críticos, como aço e carvão.

A essência do sistema de preços de via de mão dupla pode ser compreendida a partir da perspectiva do princípio guanziano de controlar o "pesado" (ou essencial) e deixar de lado o "leve" (ou sem importância) (ver capítulo 1). É fundamental entender que a importância relativa das mercadorias era determinada não apenas por suas características físicas, mas também pelas condições específicas de seus mercados e pelo contexto social de sua produção. O que a determinava era se um bem era produto de uma grande usina controlada centralmente ou do esforço de produção de uma pequena empresa local. Mesmo dentro da produção de um grande produtor, a cota imposta pelo Estado era importante para manter em funcionamento o núcleo da economia industrial. A produção excedente, ao contrário, podia ficar a critério da empresa. O princípio básico do sistema de preços de via de mão dupla, portanto, era renunciar ao controle de preço de bens não essenciais que fossem produzidos por empresas pequenas. E renunciar também ao controle de preço da produção excedente dos principais produtores de insumos industriais essenciais, como matérias-primas e energia. O sistema de balanceamento de materiais, junto com os preços planejados, de início foi mantido intacto. Ao mesmo tempo, os altos preços da produção excedente de matérias-primas e energia escassas, comercializados para produtores fora do sistema de comando industrial – como empresas de cantões e povoados (ECPs) e outras empresas estatais –, geraram forte incentivo para que as empresas economizassem sua produção planejada e extraíssem excedentes para o mercado. Dessa forma, as empresas estatais cresceram no mercado à medida que o núcleo industrial da economia chinesa era mercantilizado. O sistema estatal de comércio também não foi abolido, mas, sim, usado para integrar o mercado nacional e equilibrar os preços entre as regiões.

Exatamente quem deve ser creditado como o pai do sistema de preços de via de mão dupla é algo que permanece em disputa. Argumentei ao longo da segunda parte deste livro que o mecanismo de reforma não foi, de fato, inventado por um único indivíduo. O sistema de preços de via de mão dupla surgiu por causa do relaxamento gradual do controle em áreas mais periféricas para o funcionamento da economia industrial. Esse relaxamento foi obtido por experimentação cuidadosa, seguida de avaliação sistemática da prática por meio de pesquisa empírica. A estrutura de liberação gradual de preços refletia, assim, a lógica do sistema de preços maoista, segundo o qual os preços mais essenciais para a industrialização e a subsistência eram os mais rigidamente controlados (ver capítulo 4). É importante ressaltar que o sistema de preços de via de mão dupla foi defendido por reformas econômicas não ortodoxas que teorizaram e refinaram a prática de reforma predominante. A questão decisiva da reforma em meados da década de 1980 era, portanto, manter e melhorar o sistema de preços de via de mão dupla ou aboli-lo. Os defensores do sistema de preços de via de mão dupla reconheceram que a corrupção era um problema, mas não consideravam a abolição do sistema uma solução aceitável. Perseguindo reformas, eles defendiam investigações interdisciplinares sistemáticas e científico-sociais. Os gradualistas acreditavam que uma solução para o colossal desafio da transformação econômica da China não poderia ser deduzida da pura análise teórica. A China podia seguir seu próprio caminho com cautela e teria de usar uma série de teorias e experiências – tanto estrangeiras quanto domésticas – para avaliar o progresso e a trajetória de seu desenvolvimento.

Há uma semelhança surpreendente com o *Debate sobre o sal e o ferro* (ver capítulo 1). A perspectiva básica dos defensores do sistema de preços de via de mão dupla assemelha-se, até certo ponto, à de Sang Hongyang. Ambos se concentraram na realidade dada, como os monopólios (naturais), as flutuações sazonais e as estruturas de uma economia de comando e como elas poderiam ser usadas para melhorar o funcionamento da economia; um suposto estado ideal ou modelo-alvo deveria ser desconsiderado. A ênfase no viável, em vez do ideal, poderia ser interpretada erroneamente como prevenção contra mudanças fundamentais. No entanto, o sistema de preços de via de mão dupla resultou em transformações históricas de rara intensidade e alcance. A lógica básica do sistema foi o centro da transformação da China de país agrícola pobre com ambições revolucionárias em uma das potências manufatureiras do capitalismo global.

Essa postura pragmática em relação à política econômica certamente não é exclusiva da China. Como mostram os acalorados debates relatados neste livro, a tradição chinesa é tudo, menos internamente uniforme. Vimos no capítulo 2 que as economias de guerra das principais potências beligerantes da Segunda Guerra Mundial tinham uma abordagem pragmática semelhante à defendida pelos partidários da reforma gradualista na China décadas depois. Como argumentou John Kenneth Galbraith, no caso dos Estados Unidos o controle de preços dependia em grande parte das práticas econômicas predominantes, como as relações dos fornecedores monopolistas ou oligopolistas com a clientela. O congelamento geral de preços funcionou bem porque usou preços observados empiricamente, em vez de preços deduzidos com base em teoria. No que diz respeito à transformação de uma economia de guerra planejada para uma economia de mercado pós-guerra, ela é estruturalmente semelhante ao desafio das reformas de mercado em economias de comando socialistas. A abordagem pragmática e gradual do Reino Unido, relatada por Alec Cairncross em sua visita à China, apresentou uma alternativa à liberalização da noite para o dia que foi implantada nos Estados Unidos, contra o conselho de alguns dos mais famosos economistas norte-americanos da época. Na Alemanha ocidental pós-guerra, a abordagem ordoliberal de liberalização de preços no atacado competiu com uma abordagem de via de mão dupla semelhante à que prevaleceu na China durante a década de 1980.

Ao longo deste livro, mostrei que a abordagem gradualista e pragmática da China para a formulação de políticas econômicas foi vigorosa e repetidamente contestada pelos partidários de um salto repentino para uma economia de mercado não regulamentada. O experimentalismo gradualista não era de forma alguma uma conclusão precipitada; foi defendido em ferozes disputas intelectuais e políticas. Na encruzilhada da década de 1980, a China escapou da terapia de choque. Em vez de experimentar um grave declínio econômico e desindustrialização, como aconteceu com a Rússia e várias outras economias em transição, as reformas de via de mão dupla da China lançaram as bases institucionais e estruturais para sua ascensão econômica sob rígido controle político do partido e do Estado.

O caminho foi definido

A década de 1980 deu início ao processo de mercantilização da China. Muitos dos jovens economistas que surgiram como defensores estratégicos da abordagem dualista de ajuste ao mercado na década de 1980 caíram em desgraça, por exemplo Zhao Ziyang, em 1989. Após a repressão militar na praça da Paz Celestial e a prisão de Zhao (então secretário-geral do PCCh), alguns dos mais brilhantes economistas reformadores abandonaram a cena da formulação de políticas (ver capítulo 8). A abordagem que eles ajudaram a moldar e defender sobreviveu e continua a ser contestada. Ao longo da década de 1990, a China remodelou a profissão de economista para alinhá-la ao padrão dominante internacional: neoclássico[10]. Os reformadores neoliberais fizeram profundas incursões nas áreas da propriedade, do mercado de trabalho e do sistema de saúde, entre outras. Mas o núcleo do sistema econômico chinês nunca foi destruído em um big bang. Ao contrário, ele foi fundamentalmente transformado por uma dinâmica de crescimento e globalização sob a orientação ativista do Estado.

Em outubro de 1992, após Deng Xiaoping ter relançado a agenda de reformas com sua viagem ao Sul, o XIV Congresso Nacional do PCCh tomou a decisão formal de estabelecer uma economia socialista de mercado com características chinesas. Jiang Zemin, sucessor de Zhao Ziyang como secretário-geral, explicou esse novo conceito:

> A distinção essencial entre socialismo e capitalismo não estava na ênfase no planejamento ou na regulação de mercado. Essa brilhante tese nos ajudou a nos libertar da noção restritiva de que a economia planejada e a economia de mercado pertencem a sistemas sociais basicamente diferentes, gerando assim um grande avanço em nossa compreensão da relação entre planejamento e regulação de mercado.[11]

Essa decisão marcou uma virada política, com um reinício vigoroso da agenda de mercantilização. A declaração oficial de uma economia de mercado socialista sinalizou que a liderança chinesa da década de 1990 estava disposta a romper todas as barreiras remanescentes à operação das forças de mercado, em nome do progresso econômico. O primeiro passo nessa direção foi a ampla liberalização dos preços em 1992-1993. Na superfície, essa liberalização de preços se assemelhava à agenda do big bang que havia sido evitada na década

[10] Steven M. Cohn, *Competing Economic Paradigms in China: The Co-Evolution of Economic Events, Economic Theory and Economic Education, 1976-2016* (Abingdon, Routledge, 2017).
[11] Jiang Zemin, "Full Text of Jiang Zemin's Report at 14th Party Congress, 1992". Disponível on-line.

de 1980. Os controles sobre os bens de consumo essenciais ę a produção foram desmantelados passo a passo. Entre os alvos estavam mercadorias cruciais, como grãos, aço, carvão e petróleo. No entanto, dada a condição drasticamente diferente da economia chinesa no início da década de 1990 – mesmo quando comparada à dinâmica do fim da década de 1980 –, o impacto relativo desse big bang foi muito menor do que teria sido alguns anos antes.

Como Naughton argumenta em seu relato clássico da reforma econômica da China, a economia já havia sido profundamente mercantilizada quando vários planos de preços essenciais foram abolidos: "O plano já havia se tornado uma ilha cercada por um oceano de transações de preços de mercado"[12]. Isso é evidenciado nas figuras 5 a 7. Observamos que, para o varejo, agricultura e bens de produção, a parcela dos preços estabelecidos pelo governo se assemelha ao ombro de uma montanha. A participação de mercado nos três setores aumentou após a universalização do sistema de via de mão dupla, e os preços estabelecidos pelo governo diminuíram em importância. Um big bang em 1986 – ou mesmo em 1988 – teria sido catastrófico. Em 1992, esse mesmo esforço de liberalização era como pular de uma rocha baixa na base da montanha da qual acabamos de descer.

As liberalizações de preços em 1992 e 1993 deram origem ao único episódio em todo o período de reforma na China em que a inflação ultrapassou o crescimento econômico (ver figura 4). Mas não foi como a hiperinflação que varreu a Rússia (ver figura 3). A combinação de mercantilização profunda e gradual que precedeu a liberalização, bem como a afirmação do poder estatal em 1989, garantiu que o "small bang" de 1992 fosse suficientemente pequeno para preservar as instituições econômicas centrais. O Estado manteve o controle sobre os "setores estratégicos" da economia chinesa quando passou do planejamento direto para a regulação indireta com a participação estatal no mercado[13]. A China se tornou uma peça do capitalismo global sem perder o controle sobre a sua economia doméstica.

[12] Barry Naughton, *Growing out of the Plan: Chinese Economic Reform (1978-1993)* (Cambridge, Cambridge University Press, 1995), p. 290.
[13] Para detalhes sobre a evolução mais recente das relações entre Estado e mercado e a formulação de políticas de reforma na China, ver Ang Yuen Yuen, *How China Escaped the Poverty Trap* (Ithaca, Cornell University Press, 2016); Sarah Eaton, *The Advance of the State in Contemporary China: State-Market Relations in the Reform Era* (Cambridge, Cambridge University Press, 2016); Zheng Yongnian e Huang Yanjie, *Market in State: The Political Economy of Domination in China* (Cambridge, Cambridge University Press, 2018),

Principais economistas
da reforma chinesa[1]

An Zhiwen (安志文, 1919-2017)

An Zhiwen estudou na Universidade Antijaponesa em Yan'an, onde ingressou no Partido Comunista. Após a revolução, ocupou cargos de liderança no Escritório de Pesquisa de Política e no Ministério da Indústria, em Dongbei. Tornou-se vice-diretor da Comissão de Planejamento do Estado em 1956 e retornou como líder da reforma econômica na década de 1980, primeiro no Ministério de Máquinas e Indústria e depois na Reforma do Sistema Econômico Nacional. Quando entrou nos círculos centrais da formulação de políticas de reforma econômica, já tinha uma longa experiência prática em política industrial e planejamento econômico. Em 1984, propôs a Zhao Ziyang a criação de um instituto de pesquisa com jovens intelectuais, refletindo a importante contribuição que deu para a reforma agrícola do Grupo de Desenvolvimento Rural. Isso resultou na fundação do IPRSEC. An participou da Conferência de Bashan em 1986 e foi um dos principais membros do Escritório do Programa. Embora de início tenha apoiado a chamada "reforma de pacote", cujo núcleo era a liberalização de preços por choque, An advertiu contra sua implementação em 1986, afirmando que seria impossível prever o efeito inflacionário da liberalização de preços da noite para o dia.

Bai Nanfeng (白南风, 1952-)

Bai Nanfeng era membro do Grupo de Desenvolvimento Rural e do Instituto de Reforma do Sistema. Foi um dos principais jovens intelectuais reforma-

[1] Limitei os indivíduos dessa lista a economistas chineses, uma vez que as informações sobre seus antecedentes biográficos não estão prontamente disponíveis em inglês. Essa lista não é abrangente por qualquer critério; destina-se a fornecer aos leitores os contextos biográficos dos economistas da década de 1980 abordados neste livro.

dores da década de 1980. Enviado para Shanxi durante a Revolução Cultural, identificou-se com o problema da pobreza rural e com o desafio da redução da pobreza. Em nossas entrevistas em 2016, enfatizou que seus hábitos alimentares e ritmo de vida foram moldados por seus anos no campo. Com seu irmão mais velho, Bai Nansheng, outro importante pesquisador da jovem geração de reformadores, entrou na Universidade Renmin em 1980. Bai tinha interesses amplos, participava de palestras sobre matemática avançada e filosofia e frequentava o grupo de estudos de Li Yining sobre economia. As principais contribuições de Bai no trabalho do Grupo de Desenvolvimento Rural foram para a concepção e a metodologia da pesquisa. Também trouxe para a reforma rural uma perspectiva de longo prazo acerca do estudo comparativo das civilizações. Participou da redação de vários relatórios importantes sobre a reforma urbana e industrial na Conferência da Juventude de Moganshan e em viagens de estudo ao Japão e à Europa oriental. Com Wang Xiaoqiang, realizou trabalho de campo no Tibete e escreveu *A pobreza da abundância* (1986), movido por sua preocupação com o desequilíbrio no desenvolvimento econômico entre as províncias costeiras e ocidentais da China. Bai foi pioneiro na pesquisa da reação pública à reforma na China e, por um curto período (1988-1989), coproduziu um programa de TV sobre a reforma. Depois do 4 de Junho, os irmãos Bai foram presos. Eles não retornaram ao trabalho formal de pesquisa na década de 1990 e seguiram atividades empresariais privadas.

Bao Tong (鲍彤, 1932-)
Bao Tong ingressou no Partido Comunista enquanto cursava o ensino médio, em 1949. Entre 1954 e 1966, foi diretor de um departamento do Comitê Central do PCCh e trabalhou como pesquisador, vice-líder de equipe e vice-diretor do departamento de pesquisa. Durante a Revolução Cultural, foi enviado para reeducação na Escola Sete de Maio e trabalhou lá até 1975. Foi secretário de Zhao Ziyang, encarregado de questões políticas, de 1980 a 1989. Em 1986, Zhao o encarregou dos planos para as reformas de pacote. Bao também atuou como vice-diretor da Comissão Nacional de Reforma do Sistema Econômico. Tinha estreito contato com os jovens intelectuais reformadores do Grupo de Desenvolvimento Rural. Participou da criação da Fundação de Intercâmbio Cultural Internacional da China, em Pequim, financiada por George Soros. De dezembro de 1987 a julho de 1989, atuou como diretor do Escritório de Pesquisa da Reforma do Sistema Político do Comitê Central do PCCh. Foi preso em 1989 e ficou encarcerado até 1996.

Chen Yizi (陈一咨, **1940-2014**)

Nascido em uma família de intelectuais, Chen estudou física e literatura chinesa na Universidade de Pequim de 1959 a 1969 e foi líder da Liga da Juventude Comunista. Expurgado como "elemento antirrevolucionário" durante a Revolução Cultural, foi enviado para Henan (1969-1978). Nesse período, realizou estudos aprofundados sobre as condições dos camponeses e tornou-se quadro de um instituto de educação agrícola, onde se juntou ao filho de Deng Liqun, Deng Yingtao. Durante a Revolução Cultural, discutiu as deficiências da agricultura coletiva com Deng Liqun e Hu Yaobang. Com o apoio deles, emergiu na década de 1980 como líder dos jovens intelectuais reformadores que se dedicaram à reforma agrária e chefiou o Grupo de Desenvolvimento Rural. Chen e o Grupo de Desenvolvimento Rural contribuíram com pesquisas importantes para o avanço do sistema de responsabilidade familiar. Foi nomeado por Zhao Ziyang diretor do Instituto de Reforma do Sistema, que respondia diretamente ao Conselho de Estado. Foi um dos oponentes declarados da liberalização de preços em grande escala e um defensor da reforma de mercado por meio da comercialização e reindustrialização. Com Wang Xiaoqiang, liderou a pesquisa de 1985 sobre o estado da reforma urbano-industrial, chefiou a delegação que foi à Hungria e à Iugoslávia em 1986 para investigar os esforços de reforma e viajou para a Alemanha ocidental em 1988 a fim de estudar o milagre de Erhard. Durante os protestos da praça da Paz Celestial, em 1989, Chen organizou apoio público a Zhao Ziyang. Viveu exilado nos Estados Unidos até o fim da vida.

Cheng Zhiping (成致平, **1926-2015**)

Cheng ingressou no Partido Comunista em 1949 e trabalhou no comércio estatal (Empresa Comercial Gansu e Companhia de Seda do Sudoeste, entre outras), antes de se tornar administrador de preços. Em 1955, foi promovido a diretor do Comitê Nacional de Preços e do Grupo de Preços das Finanças e Comércio da Comissão de Planejamento do Estado. Voltou a ocupar cargos de liderança na administração de preços após a Revolução Cultural, de 1977 a 2003, quando se aposentou. Na década de 1980, foi um dos principais reformadores encarregados dos preços. Atuou como vice-diretor-geral da Administração de Preços do Estado, diretor executivo do Centro de Pesquisa Econômica do Conselho de Estado e, notadamente, diretor do Departamento de Preços do Estado. Como diretor, divulgou o seguinte anúncio na TV nacional sobre o sistema de preços de via de mão dupla: "Em 1985, a direção básica para a reforma de preços é: combinar ajuste com desapego e progredir em pequenos passos". Cheng também foi vice-líder do Grupo de Preços do

Conselho de Estado e membro do Escritório do Programa de 1986, encarregado de elaborar um plano para a rápida liberalização de preços no atacado.

Deng Liqun (邓力群, 1915-2015)

Deng Liqun estudou economia na Universidade de Pequim, mas desistiu no primeiro ano para ingressar no Partido Comunista. Durante a guerra civil, foi enviado para a base comunista do Nordeste, onde conheceu Chen Yun. Em 1965, foi considerado um "seguidor da via capitalista", pois era secretário de Liu Shaoqi, e acabou no campo para se reeducar pelo trabalho. Nesse período, por intermédio de seu filho Deng Yingtao, conheceu Chen Yizi e conversou com ele sobre as deficiências da agricultura coletiva. Em 1975, retornou a Pequim para trabalhar no Escritório de Pesquisa Política do Conselho de Estado de Deng Xiaoping, onde era responsável principalmente por questões relativas à educação, ciência e economia. Em 1977, quando Deng Xiaoping voltou ao centro do poder, juntou-se a ele e redigiu alguns de seus discursos. Deng Liqun ajudou a criar o ímpeto em torno do restabelecimento dos exames de admissão para o ensino superior em 1977, o que permitiu que muitos jovens enviados para o campo fizessem faculdade. Como vice-diretor da ACCS e chefe do Escritório de Pesquisa de Políticas da Secretaria Central, forneceu recursos cruciais para a fundação do Grupo de Desenvolvimento Rural. Ouviu as descobertas dos jovens pesquisadores voluntários e divulgou seus relatórios para Chen Yun e Deng Xiaoping. Participou da elaboração de documentos importantes de reforma, como a "Resolução sobre várias questões históricas do PCCh desde a fundação da República Popular da China". De abril de 1982 a julho de 1985, atuou como ministro do Departamento de Propaganda do Comitê Central do PCCh e, de setembro de 1982 a outubro de 1987, foi secretário do Secretariado do Comitê Central. Nessas funções, foi responsável pela propaganda e trabalho ideológico e cultural do partido e desempenhou um papel importante nas campanhas contra a "poluição espiritual". Após o massacre da praça da Paz Celestial, Deng mais uma vez uniu forças contra a "liberalização burguesa" e defendeu a "ditadura democrática popular" contra Zhu Rongji e outros, que acreditavam em evolução pacífica e maior abertura e reforma. No entanto, vários membros do Grupo de Desenvolvimento Rural relatam que receberam ajuda de Deng Liqun depois do 4 de Junho, apesar de seu apoio público aos protestos.

Dong Fureng (董辅礽, 1927-2004)

Depois de se formar em economia na Universidade de Wuhan, Dong Fureng mudou-se para Moscou em 1953 e doutorou-se no Instituto Nacional de Economia de Moscou em 1957. Após retornar à China, ingressou no Instituto de Economia da ACCS como pesquisador associado; tornou-se o diretor da escola de pós-graduação da ACCS no início de 1980. Entre 1957 e 1958, atuou como conferencista do Departamento de Economia da Universidade de Wuhan e foi vice-líder do Grupo de Equilíbrio da Economia Nacional até 1976. Foi um crítico da estratégia de desenvolvimento stalinista após o Grande Salto Adiante e, durante a Revolução Cultural, se viu expurgado como um dos "oito tenentes" de Sun Yefang. Entre 1977 e 1988, subiu na hierarquia do Instituto de Economia da ACCS, chegando a chefe em 1985. Destacou-se por suas visões radicais sobre a reforma da propriedade no fim dos anos 1970. Dong participou ativamente da missão do Banco Mundial na China e das conferências de Moganshan e Bashan. Entre 1988 e 1993, foi vice-presidente do Comitê Econômico e Financeiro do Congresso Nacional do Povo. De 1989 até morrer, em 2004, foi diretor honorário do Instituto de Economia da ACCS.

Du Runsheng (杜润生, 1913-2015)

Du se descreveu certa vez como um "intelectual que veio do campo". É considerado o "pai da reforma rural" na China. Começou seus estudos no Departamento de Literatura e História da Universidade Normal de Pequim em 1934 e ingressou no Partido Comunista em 1936. Esteve envolvido na guerra econômica durante a guerra civil, apoiando as tropas de Deng Xiaoping e liderando movimentos camponeses para implementar a reforma agrária. Após a fundação da Nova China, em 1949, continuou a trabalhar na reforma agrária e, em 1952, foi transferido para o Departamento de Trabalho Rural do Comitê Central do PCCh. Em 1966, quando começou a Revolução Cultural, Du foi expurgado e mais tarde enviado para a Escola de Quadros Sete de Maio da Academia Chinesa de Ciências, em Qianjiang (Hubei), para fazer trabalho manual. Voltou à política agrícola na era da reforma e, em 1981, tornou-se diretor do Escritório Central de Política Rural. Juntamente com Deng Liqun, Du foi um apoiador crucial do Grupo de Desenvolvimento Rural e facilitou a ascensão de jovens intelectuais reformadores. Foi encarregado pelo Comitê Central de redigir um resumo da Conferência Nacional do Trabalho Rural. Esse documento se tornou o chamado "Documento número 1" e estabeleceu formalmente a legitimidade do sistema de contratação familiar na agricultura, encerrando um debate de quase trinta anos sobre a questão agrária na China. Em 1983, Du tornou-se diretor do Escritório de Pesquisa em Política Rural da Secretaria do Comitê Central do PCCh e diretor do Centro de Pesquisa de Desenvolvimento Rural do Conselho de Estado. Retirou-se dessas funções em 1989, em razão de seu apoio a Zhao Ziyang. Du, no entanto, continuou sua pesquisa sobre economia e política rural.

Gao Shangquan (高尚全, 1929-)

Gao formou-se em economia na Universidade de São João, em Xangai, em 1952. Fez pesquisa em política econômica toda a vida. De 1950 a 1980, trabalhou no primeiro Ministério da Indústria de Máquinas, no Ministério de Máquinas Agrícolas e na Comissão Estatal da Indústria de Máquinas, com pesquisa em política econômica. Após a reforma e a abertura, Gao participou da redação de vários documentos importantes do Comitê Central, inclusive das decisões da Terceira Sessão Plenária do XII Comitê Central em 1984, que sancionaram a expansão da reforma para a economia urbano-industrial, e do XIV Comitê Central em 1993 para estabelecer uma economia de mercado socialista. Gao ingressou na Comissão Estatal para Reestruturação da Economia em 1982 e atuou como seu vice-diretor de 1985 a 1993. Aconselhou a missão do Banco Mundial na China, participou da Conferência de Bashan e mais tarde foi pesquisador visitante sênior no Banco Mundial e nas universidades Harvard e Stanford. Gao atuou como chefe executivo do Escritório do Programa, encarregado de elaborar um plano para a liberalização dos preços no atacado, combinado com a reforma tributária e salarial. Também chefiou a delegação do Instituto de Reforma do Sistema na Hungria e na Iugoslávia em 1986, o que o levou a fazer um alerta por telegrama contra o plano de reforma do Escritório do Programa, que ele chefiava. Gao continuou engajado na reforma econômica ao longo da década de 1990 e, em 1999, tornou-se presidente da Associação de Pesquisa de Reforma do Sistema Econômico da China.

Guo Shuqing (郭树清, 1956-)

Guo graduou-se em filosofia na Universidade Nankai (1978-1982) e fez mestrado em ciência e socialismo na Escola de Pós-Graduação da ACCS. Em 1985, com Liu Jirui e Qiu Shufang, propôs em carta ao Conselho de Estado uma reforma de pacote cujo núcleo era a liberalização de preços; posteriormente, o Conselho ordenou que um grupo de trabalho elaborasse um programa de reforma. A abordagem dos três foi inspirada nas ideias dos economistas emigrados da Europa oriental. De fevereiro de 1985 a setembro de 1988, Guo foi pesquisador assistente no Instituto de Marxismo-Leninismo da ACCS e fez pós-graduação em ciência e socialismo no mesmo instituto, obtendo doutorado em direito. Em 1986, ingressou no Escritório do Programa para contribuir para a elaboração de um plano de liberalização de preços no atacado, combinado com uma reforma salarial e tributária. Participou da Conferência de Bashan e, graças a um convite de Alec Cairncross por recomendação da equipe do Banco Mundial, foi professor visitante na Universidade de Oxford de 1986 a 1987. De 1988 a 1993, Guo foi vice-líder do grupo no Centro de Pesquisas Econômicas da Comissão de Planejamento do Estado. Entre abril de 1993 e setembro de 1995, atuou como diretor da Divisão de Planejamento Integral e Piloto da Comissão Nacional de Reforma do Sistema Econômico. De 2013 a 2017, foi governador de Shandong e atualmente é presidente da Comissão Reguladora Bancária da China.

He Weiling (何维凌, 1944-1991)
He Weiling graduou-se no Departamento de Física Técnica da Universidade de Pequim em 1968, especializando-se em física nuclear. Durante a Revolução Cultural, contribuiu para a redação do "Manifesto da Sociedade da Juventude Comunista", foi preso como contrarrevolucionário e enviado para a fazenda Qinzhe para "reforma pelo trabalho". Era amigo próximo de Chen Yizi, com quem compartilhava opiniões divergentes sobre o caminho de desenvolvimento da China durante a Revolução Cultural. No fim da década de 1970, retornou à Universidade de Pequim para lecionar. Foi cofundador do Grupo de Pesquisa de Desenvolvimento Rural da China e o liderou quando Chen Yizi adoeceu; ele levou treinamento metodológico e pensamento sistêmico para o grupo. Teve de deixar o grupo por razões políticas desconhecidas, mas manteve contato próximo com seus membros. De 1985 a 1987, visitou a Universidade de Princeton, a Universidade Johns Hopkins e a Comissão Atlântica a fim de estudar e se preparar para a implantação da Fundação de Reforma e Abertura da China, patrocinada por George Soros. Ele ajudou a estabelecer contato entre George Soros e Chen Yizi para financiar a viagem de estudo do Instituto de Reforma do Sistema à Hungria e à Iugoslávia. Unindo sua preocupação com a reforma econômica e sua formação em ciência, fez importantes contribuições na década de 1980 para a introdução da teoria de controle, da teoria de sistemas, cibernética e para o estudo de sistemas econômicos dinâmicos na China. He Weiling morreu em um acidente de carro no México, em 1991. Seu colega de classe Deng Pufang, filho de Deng Xiaoping, discursou no sepultamento.

Hua Sheng (华生, 1953-)
Durante a Revolução Cultural, Hua Sheng passou dez anos em Huaian, na província de Jiangsu do Norte. Formou-se em economia pelo Instituto de Tecnologia de Nanjing e, de 1982 a 1985, estudou no Departamento de Finanças da Escola de Pós-Graduação da ACCS. Em 1984, participou da Conferência da Juventude de Moganshan e iniciou uma longa colaboração com He Jiacheng, Luo Xiaopeng, Jiang Yue, Zhang Shaojie e Gao Liang. Juntos, eles defenderam um sistema de preços de via de mão dupla e, mais tarde, a reforma da propriedade sob a forma de um "sistema de responsabilidade de gestão de ativos". Após a conferência, Hua foi convidado a participar da reunião do Conselho de

Estado para falar sobre a reforma urbano-industrial. Ele começou a trabalhar no Instituto de Economia da ACCS em 1985, atuou como diretor do Escritório de Pesquisa Microeconômica e membro da Federação da Juventude da China e participou do trabalho do Escritório de Reforma do Sistema Econômico do Conselho de Estado. Doutorou-se na Universidade de Wuhan, onde foi orientado por Dong Fureng. Em 1987, foi estudar na Universidade de Oxford. Com Zhang Xuejun e Luo Xiaopeng, publicou em 1988 o artigo de pesquisa "Dez anos de reforma da China: revisão, reflexão e perspectivas", que conclui que a reforma estava em um beco sem saída, sem o desmantelamento do sistema de propriedade socialista e o estabelecimento de liberdades civis. No início dos anos 1990, Hua estava sediado na Universidade de Cambridge.

Huang Jiangnan (黄江南, 1949-)

Em 1978, Huang era pós-graduando em economia na ACCS. Em 1980, os artigos que escreveu em coautoria com Weng Yongxi, Wang Qishan e Zhu Jiaming sobre a crise sistêmica da economia planejada resultaram em um primeiro diálogo entre jovens intelectuais e os líderes centrais, entre eles o primeiro-ministro Zhao Ziyang. Ele e seus coautores foram posteriormente referidos como os "quatro cavalheiros" da reforma. Eles foram ativos na organização de encontros, alguns com mais de mil participantes, principalmente com estudantes universitários. Em 1984, Huang Jiangnan, Zhu Jiaming, Liu Youcheng e Zhang Gang iniciaram a Conferência da Juventude de Moganshan, que foi fundamental para estabelecer redes entre jovens intelectuais reformadores e ajudá-los a ter influência. Na época, Huang era economista e pesquisador assistente no Centro Econômico e Tecnológico do Conselho de Estado. Depois de 1989, teve de encerrar sua carreira como pesquisador de políticas públicas e, posteriormente, tornou-se empresário.

Li Jiange (李剑阁, 1949-)

Li fez mestrado em economia na Escola de Pós-Graduação da ACCS (1982-1984). Sua formação em matemática o atraiu para a economia matemática. Na Conferência da Juventude de Moganshan, propôs o ajuste de preços em etapas planejadas e baseadas em cálculos. De dezembro de 1984 a junho de 1988, trabalhou como pesquisador no Centro de Pesquisa em Desenvolvimento do Conselho de Estado. Foi coautor com Zhou Xiaochuan e Lou Jiwei e colaborou com Wu Jinglian e outros economistas mais experientes para promover a agenda de uma reforma de pacote. No entanto, participou da delegação de 1986 à Hungria e à Iugoslávia, que alertou contra a implementação do plano do Escritório do Programa para a liberalização de preços no atacado. Entre 1988 e 1992, Li atuou como vice-diretor do Departamento de

Reforma e Regulação da Comissão de Planejamento do Estado e como vice-
-diretor do Escritório de Pesquisa de Política. Posteriormente, foi vice-diretor
e diretor do Departamento de Políticas e Regulação da Comissão Estatal de
Economia e Comércio. De 2003 a 2008, foi vice-diretor do Centro de Pesquisa
de Desenvolvimento do Conselho de Estado.

Li Xianglu (李湘鲁, **1949-**)
Depois de se formar no ensino médio em Pequim em 1968, Li se juntou ao
Exército na zona rural de Hebei. Em 1975, Deng Liqun o recrutou para o
Departamento de Pesquisa do Conselho de Estado, quando Deng Xiaoping re-
tornou temporariamente a Pequim. Em 1978, Li entrou na Universidade Renmin
para estudar economia, mas continuou trabalhando no Escritório de Pesquisa.
De 1980 a 1984, foi o secretário mais jovem do primeiro-ministro Zhao Ziyang. Li
desempenhou um papel importante como interlocutor entre Zhao Ziyang,
o Grupo de Desenvolvimento Rural e os jovens intelectuais reformadores.
Participou da Conferência da Juventude de Moganshan em 1984 para relatar a
Zhao as ideias e perspectivas dos jovens pesquisadores. Ajudou na fundação do
Instituto de Reforma do Sistema e na seleção de Chen Yizi e Wang Xiaoqiang
para liderá-lo. Foi responsável pela Fundação de Reforma e Abertura da
China, financiada por George Soros, na segunda metade da década de 1980.
Em 1987, partiu para a Universidade Columbia, onde fez pós-graduação, e
retornou à China em janeiro de 1989. Desde a década de 1990, Li trabalha
para empresas de investimento.

Li Yining (厉以宁, **1930-**)
Li Yining ingressou em economia na Universidade de Pequim em 1951 e
formou-se em 1955. Lá, foi apresentado à economia ocidental por Chen
Daisun e Luo Zhiru, que se doutoraram na Universidade Harvard em 1925
e 1937, respectivamente. Li manteve distância crítica da economia ortodoxa
de estilo soviético e demonstrou grande interesse pela economia de estilo
ocidental. Em virtude de suas pesquisas, antes e durante a Revolução Cultural
foi enviado repetidamente e por longos períodos para o campo, onde realizou
trabalho manual pesado. Com o início da reforma, Li enfim se tornou professor titular na Universidade de Pequim em 1979, aos 49 anos, e ingressou no
PCCh em 1984. A partir de 1979, organizou uma série de palestras semanais
sobre economia ocidental na Universidade de Pequim que atraiu uma ampla
gama de jovens intelectuais reformadores. Teve uma importante contribuição
para a disseminação do conhecimento da economia ocidental na China. Em
1980, ministrou seu primeiro curso importante sobre a economia ocidental
na Universidade de Pequim; no mesmo ano, publicou *Macroeconomia e*

microeconomia. Seu curso era popular, e suas palestras foram compiladas em *Uma introdução à moderna economia ocidental*, publicado em 1983. De 1985 a 1992, Li foi o primeiro reitor da Escola de Administração Guanghua da Universidade de Pequim. De 1988 a 2002, foi membro da Comissão Permanente do Congresso Nacional do Povo, vice-presidente da Comissão de Finanças e Economia do Congresso Nacional do Povo e vice-presidente da Comissão Jurídica do Congresso Nacional do Povo. Li era opositor declarado da liberalização de preços no atacado e defendia a propriedade com o que ele chamou de "mercado de ações socialista" em seu núcleo; por isso foi apelidado de "Li Mercado de Ações". Li Keqiang, primeiro-ministro da China desde 2013, é um dos discípulos notáveis de Li Yining.

Liao Jili (廖季立, 1915-1993)

Liao Jili envolveu-se com o trabalho de política econômica na China a partir da década de 1940 e ressurgiu como um importante reformador econômico na década de 1980. Entrou em jornalismo na Universidade Fudan em Xangai, em 1936, e juntou-se à revolução um ano depois, mudando-se para Yan'an em 1938, onde ingressou na Universidade Antijaponesa. Em 1940, ingressou no Ministério das Finanças e Economia do Comitê Central do PCCh, contribuindo para a batalha econômica durante a guerra civil. Após a fundação da República Popular da China, em 1949, Liao atuou como chefe do Secretariado da Comissão Financeira e Econômica do Comitê Central, do Departamento de Finanças e Comércio e do Escritório Nacional de Estatísticas. Em 1954, juntou-se ao Escritório de Planejamento Abrangente da Comissão de Planejamento do Estado. Na era da reforma, foi, junto com Xue Muqiao e Lin Zili, um dos primeiros defensores de uma economia de mercado. Em 1979, tornou-se líder do Grupo de Reestruturação, que havia sido criado sob a Comissão Financeira e Econômica do Conselho de Estado para pesquisar a reforma do sistema econômico. Em 1980, o Conselho de Estado criou um Escritório de Reforma do Sistema Econômico e nomeou Liao como seu vice-diretor. Após a criação da Comissão Nacional de Reforma do Sistema Econômico, em 1982, Liao atuou como seu membro e consultor. Mais tarde, foi vice-diretor-geral do Centro de Pesquisa de Desenvolvimento Econômico e Tecnológico do Conselho de Estado e vice-presidente da Associação de Pesquisa de Reforma do Sistema Econômico da China. Liao participou de rodadas de discussão com Ota Šik na Conferência de Moganshan e ajudou a planejar a Conferência de Bashan.

Liu Guoguang (刘国光, 1923-)

Durante a Guerra Sino-Japonesa, Liu estudou economia na Universidade Associada do Sudoeste – uma fusão das universidades de Tsinghua, Pequim e Nankai que contou com muitos dos principais economistas da China como professores. Em 1951, foi um dos primeiros pesquisadores da República Popular da China a ir estudar na União Soviética e, em 1955, obteve um doutorado associado na Escola de Economia de Moscou. Após seu retorno à China, começou a trabalhar no Instituto de Economia da Academia Chinesa de Ciências. Após o Grande Salto Adiante, manifestou-se contra o modelo de desenvolvimento stalinista, juntamente com Dong Fureng, Chen Yun e outros. A reflexão inicial de Sun Yefang sobre o sistema econômico planejado teve um impacto profundo em Liu. Em 1979, Liu, juntamente com Zhao Renwei, foi pioneiro na iniciativa de repensar a relação entre planejamento e mercado na economia socialista. De 1981 a 1982, foi vice-diretor do Departamento Nacional de Estatísticas e, de 1982 a 1993, vice-presidente da ACCS. Foi um influente promotor de intercâmbios com economistas ocidentais e o Banco Mundial. Ajudou a organizar as visitas de Włodzimierz Brus e Ota Šik, sugeriu a Conferência de Moganshan com o Banco Mundial, participou da Conferência de Bashan e promoveu a introdução da economia matemática e dos sistemas econômicos comparativos como um subcampo na China. Na década de 1980, Liu Guoguang foi um importante proponente da combinação de austeridade macroeconômica com liberalização de preços no atacado.

Liu Zhuofu (刘卓甫, 1911-1993)
Liu se formou em biologia na Universidade Normal de Pequim em 1936. No mesmo ano, participou dos Jogos Olímpicos de Berlim, como jogador do time chinês de basquete. Dois anos depois, ingressou no Partido Comunista e envolveu-se na batalha econômica da guerra civil. Ocupou, entre outros, os cargos de vice-gerente da Corporação Comercial Suiyuan de Shanxi, vice-presidente do Banco dos Agricultores do Noroeste e vice-diretor do Departamento de Indústria e Comércio da área de fronteira Shanxi-Gansu-Ningxia. Contribuiu para a estabilização dos preços nas províncias estrategicamente importantes de Shanxi, Gansu e Ningxia no ano decisivo da guerra civil e no período pós-libertação. Na época de inflação mais grave da era maoista, resultante dos desastres do Grande Salto Adiante, Liu se juntou à Comissão Estatal de Regulação de Preços para apoiar Xue Muqiao na estabilização dos preços. Foi sucessivamente vice-ministro do Ministério do Comércio e do Ministério de Compras de Produtos Agrícolas. De 1979 a 1982, atuou como diretor da Administração Estatal de Preços e, nessa função, moldou as primeiras tentativas de reforma de preços. Participou de um intercâmbio com a missão do Banco Mundial e da Conferência de Moganshan.

Lou Jiwei (楼继伟, 1950-)

Durante a Revolução Cultural, Lou era soldado da Marinha e trabalhava no Instituto de Automação de Pequim. Mais tarde, frequentou a Universidade de Tsinghua e formou-se em fevereiro de 1982 em ciência da computação. Continuou seus estudos na Escola de Pós-Graduação do Departamento de Economia de Quantidade e Tecnologia da ACCS. Obteve o título de mestre em análise de sistemas econômicos em dezembro de 1984. Naquele ano, Lou, juntamente com Zhou Xiaochuan e Li Jiange, publicou um artigo sobre reforma de preços que foi amplamente discutido, inclusive na Conferência da Juventude de Moganshan. De dezembro de 1984 a junho de 1986, foi membro e vice-líder do Grupo de Finanças do Departamento de Pesquisa do Conselho de Estado, designado para pesquisar a reforma do sistema financeiro. Jovem proponente da reforma de pacote, ingressou no Escritório do Programa de 1986 como chefe do grupo de finanças e impostos. De fevereiro de 1989 a janeiro de 1992, foi vice-diretor do Escritório de Reforma do Sistema Econômico de Xangai, como um dos protegidos de Zhu Rongji – que na época era prefeito da cidade e, mais tarde, foi primeiro-ministro. Ao longo da década de 1990, Lou fez carreira como funcionário da reforma, trabalhando principalmente com finanças e tributação. De 2013 a 2016, foi ministro das Finanças e atualmente é presidente do Conselho Nacional do Fundo de Segurança Social.

Lu Mai (卢迈, 1947-)

Lu estudou na Faculdade de Economia de Pequim e foi membro do Grupo de Desenvolvimento Rural. Juntou-se à equipe organizadora da Conferência da Juventude de Moganshan e participou ativamente dos círculos de jovens intelectuais reformadores. No fim da década de 1980, tornou-se diretor do Escritório da Área Experimental de Reforma Rural do Centro de Pesquisa de Desenvolvimento Rural do Conselho de Estado. Substituindo Wang Qishan, juntou-se à delegação do Instituto de Reforma do Sistema que foi à Iugoslávia e à Hungria em 1986 e foi um dos principais autores do relatório que alertou o governo chinês contra a liberalização de preços no atacado, com base nas experiências desses dois países. Em 1989, a convite de Dwight Perkins, Lu deixou a China para estudar na John F. Kennedy School of Government, da Universidade Harvard. Após obter bolsas de pesquisa em Harvard e Hong Kong, retornou à China. Desde 1998, chefia a Fundação de Pesquisa para o Desenvolvimento da China sob o Conselho de Estado, uma das organizações de pesquisa de políticas de reforma mais importantes da China.

Luo Xiaopeng (罗小朋, 1947-)

Luo Xiaopeng é filho de Luo Peng, revolucionário de primeira geração afastado em 1959 e enviado para Jiangxi, onde conheceu Deng Xiaoping, que fora enviado para lá durante a Revolução Cultural. Após graduar-se em Pequim, Luo Xiaopeng trabalhou como técnico no Ministério da Indústria Aeroespacial, em Jiangxi. Graças a sua especialização em engenharia, não foi enviado para o campo, mas decidiu voluntariamente se juntar aos amigos Chen Yizi e Deng Yingtao no Instituto de Educação Agrícola de Chumaodian, na província de Henan. Após a retomada dos exames de admissão nas universidades em 1977, Luo ingressou na Universidade Renmin como estudante de pós-graduação em economia industrial e tornou-se membro fundador do Grupo de Desenvolvimento Rural. Liderou pesquisas sobre a reforma do sistema unificado de compra e venda na agricultura e experiências com a liberalização de preços de produtos rurais. Ajudou a organizar a Conferência da Juventude de Moganshan e foi o único participante da Conferência de Bashan que havia sido membro do Grupo de Desenvolvimento Rural. Na segunda metade da década de 1980, Luo ingressou no Centro de Pesquisa em Desenvolvimento Rural sob o Conselho de Estado, liderado por Du Runsheng. Colaborou com Zhang Xuejun, Hua Sheng, He Jiacheng e outros em propostas para um sistema de preços de via de mão dupla e, mais tarde, para uma reforma empresarial radical. Em 1989, morou por curto período no Reino Unido, antes de se mudar para os Estados Unidos, onde fez doutorado. Posteriormente, Luo trabalhou para uma ONG internacional no combate à pobreza, como consultor do Banco Mundial e professor convidado na Universidade de Zhejiang.

Ma Hong (马洪, 1920-2007)

Ma, nascido em uma família pobre, fez o ensino médio como autodidata. Autodidata também em literatura progressista, ingressou no Partido Comunista aos dezessete anos, depois de participar do protesto estudantil antijaponês e da organização sindical nas ferrovias. Aos dezoito anos, viajou para Yan'an, onde estudou economia política na Escola do Partido do Comitê Central e no Instituto de Marxismo-Leninismo. Em 1941, juntou-se ao Escritório de Pesquisa Política do Instituto Central de Pesquisa. Ma tinha relações de trabalho diretas com vários líderes revolucionários, entre os quais Mao Tsé-tung, Chen Yun, Deng Xiaoping e Hu Yaobang. Participou de pesquisas em larga escala nas áreas de base comunista do Noroeste. Após a fundação da República Popular, contribuiu para a elaboração do primeiro Plano Quinquenal e esteve envolvido na elaboração do sistema de planejamento e estratégia de industrialização. Depois de servir como diretor do Escritório de Pesquisa Política do Gabinete do Nordeste, foi transferido para o Comitê Central como membro e secretário-geral do Comitê Nacional de Planejamento. Foi implicado no expurgo de Gao Gang e rebaixado a vice-gerente da Companhia de Construção de Pequim. Em 1956, foi promovido a diretor do Escritório de Pesquisa da Comissão Econômica do Estado, onde foi responsável por estudos importantes. Durante a Revolução Cultural, ocupou cargos no Ministério da Indústria Química e na Planta Petroquímica de Pequim. Em 1978, foi convidado a implantar o Instituto de Economia Industrial da ACCS. Em 1979, tornou-se vice-presidente e, em 1982, presidente da Academia. Em 1985, foi nomeado diretor-geral do Centro de Pesquisa em Desenvolvimento Econômico, Tecnológico e Social do Conselho de Estado. Com Xue Muqiao, fez parte da liderança do recém-fundado Centro de Pesquisa de Preços; Ma e Xue assessoraram o Conselho de Estado e o Grupo Central de Finanças e Economia em questões de preços e planos de reforma. Fervoroso defensor dos jovens intelectuais, Ma foi um dos mais influentes economistas reformadores chineses nas décadas de 1980 e 1990, combinando uma visão ampla sobre questões do sistema econômico a um trabalho empírico dedicado. Foi um importante interlocutor de economistas estrangeiros, inclusive homólogos japoneses, coreanos e norte-americanos, bem como do Banco Mundial. Ma foi um dos primeiros a promover uma economia socialista de mercado, conceito que foi adotado como modelo na China em 1992.

Song Guoqing (宋国青, 1954-)
Song, filho de camponeses, foi líder de brigada antes de se matricular na Universidade de Pequim, onde se formou em 1977. Formou-se em geometria, mas combinou suas habilidades matemáticas ao interesse em economia política para estudar microeconomia moderna. No início da década de 1980, foi aceito no Grupo de Desenvolvimento Rural, depois que os membros do grupo leram um artigo dele que propunha a reforma agrícola. Mais tarde, Song foi o arquiteto dos experimentos do Grupo de Desenvolvimento Rural com a liberalização dos preços rurais. Participou de várias investigações do grupo. Posteriormente foi transferido para o Instituto de Reforma do Sistema, onde chefiou o Departamento de Macroeconomia. Com Zhang Weiying, trabalhou na reforma de preços, política monetária e crescimento econômico; com Wang Xiaoqiang, trabalhou na reforma das empresas estatais. De 1991 a 1995, fez doutorado em economia na Universidade de Chicago e tornou-se professor de economia na Escola Nacional de Desenvolvimento da Universidade de Pequim.

Sun Yefang (孙冶方, 1908-1983)
Sun Yefang foi um dos economistas mais influentes da China do século XX. Na década de 1920, engajou-se tanto no movimento estudantil quanto no

movimento dos trabalhadores e ingressou no Partido Comunista. Em novembro de 1925, foi enviado para a Universidade Zhongshan, em Moscou. Depois de se formar, no verão de 1927, trabalhou como tradutor em palestras sobre economia política na Universidade Comunista dos Trabalhadores do Leste, em Moscou. Após retornar à China, em 1930, juntou-se à pesquisa sobre economia rural. Na década de 1940, trabalhou na Escola Central do Partido, no Escritório Regional de Gerenciamento de Bens de Jiangsu-Anhui e no Escritório de Finanças da China Oriental, em Shandong. Após a fundação da República Popular, foi vice-ministro da Indústria da Comissão Militar e Política da China Oriental, reitor do Instituto de Finanças e Economia de Xangai (agora Universidade de Finanças e Economia), vice-diretor-presidente do Escritório Nacional de Estatística e diretor do Instituto de Economia da Academia Chinesa de Ciências. Em 1955, Sun Yefang, Xue Muqiao e Yu Guangyuan foram encarregados de escrever um livro sobre economia política. Os três foram participantes proeminentes dos debates sobre a lei do valor nas décadas de 1950 e 1960. Sun Yefang argumentou que a lei do valor estava em operação sob o socialismo e sugeriu o uso de lucros, em vez de metas físicas, para orientar as empresas. Durante a Revolução Cultural, Sun foi rotulado como "o maior revisionista da China nos círculos econômicos". Em abril de 1968, foi preso e cumpriu pena na prisão de Qincheng até 1975. Os guardas vermelhos divulgaram seus escritos em panfletos que criticavam sua interpretação revisionista de Marx. A prisão não o impediu de escrever. Sun desenvolveu suas propostas de reforma e interpretações de escassez do valor. No fim da década de 1970, seus escritos serviram de ponto de partida para o debate sobre a reforma de mercado na China. Sun também foi pioneiro na publicação de dados sobre a mortalidade na Grande Fome. Depois de 1977, atuou como diretor honorário do Instituto de Pesquisa Econômica da ACCS e consultor do Centro de Pesquisa Econômica do Conselho de Estado. Em 1979, foi diagnosticado com câncer de fígado e faleceu em 1983. O prêmio mais importante de economia da China leva seu nome.

Tang Zongkun (唐宗焜, 1933-)

Tang formou-se em economia pela Universidade de Pequim e, em 1957, começou a trabalhar como editor no Instituto de Economia. Em 1979, participou da inovadora Conferência de Wuxi. Entre 1983 e 1989, como vice-editor executivo da revista *Pesquisa Econômica*, desempenhou um papel fundamental na reforma dessa importante publicação. Tang percebeu que os artigos eram pouco originais, muito práticos e de baixo nível teórico, ou muito gerais, sem implicações práticas. Sob sua direção, a revista tornou-se um importante veículo para o pensamento reformador e publicou uma série de pontos de vista concorrentes. Também criou novas colunas, com artigos de revisão de pesquisas estrangeiras e estudos de caso sobre reforma. A maioria das pesquisas econômicas vinha do mesmo grupo de economistas maduros e bem estabelecidos; Tang fez um esforço para promover novas vozes e mais jovens. Embora tenha recebido ordens para censurar a opinião de jovens economistas, declarou apoio à publicação do trabalho dos mais jovens em um artigo de 1986. Tang concentrou sua pesquisa na reforma empresarial e colaborou com o Banco Mundial. Quando nos encontramos em 2016, ele ainda era afiliado ao Instituto de Economia.

Tian Yuan (田源, 1954-)

Durante a Revolução Cultural, Tian foi enviado para a província de Henan, para trabalhar na agricultura, e depois para a Região Militar de Kunming, onde foi soldado do Departamento Político. Em agosto de 1975, ingressou no Departamento de Economia da Universidade de Wuhan. Depois de se formar, em 1981, permaneceu no departamento como membro do corpo docente. Entre 1983 e 1991, atuou como executivo e diretor do Centro de Pesquisa de Desenvolvimento do Conselho de Estado. Jovem pesquisador talentoso, foi elogiado por Zhao Ziyang. Participou da Conferência de Juventude de Moganshan, representando o Centro de Pesquisa de Preços. Também participou da Conferência de Bashan e atuou como membro do Escritório do Programa. De 1990 a 1991, estudou na Universidade do Colorado e na Chicago Futures Exchange. Ao retornar à China, em 1992, foi nomeado diretor do Departamento de Cooperação Econômica Externa do Ministério de Materiais, mas saiu pouco depois, para seguir carreira como gestor de ativos privados.

Wang Qishan (王歧山, 1948-)

Wang foi enviado jovem para o campo em Yan'an (Shanxi), estudou história na Universidade do Noroeste e trabalhou no museu provincial de Shanxi. Em 1979, ingressou no Instituto de História da ACCS e juntou-se aos círculos de jovens intelectuais engajados na reforma rural. Em 1980, Wang, Weng Yongxi, Huang Jiangnan e Zhu Jiaming escreveram em conjunto um artigo que argumentava que a crise da economia planejada era resultado da natureza dessa economia. Esse artigo foi bem recebido pelo primeiro-ministro, Zhao Ziyang, e os "quatro cavalheiros" da reforma iniciaram um dos primeiros diálogos entre a geração mais jovem e a liderança central. Esse evento decisivo preparou o caminho para que os economistas mais jovens desempenhassem um papel na formação das reformas econômicas da década de 1980. Wang foi encarregado do Centro de Pesquisa de Desenvolvimento Rural do Conselho de Estado. Em 1988, tornou-se gerente-geral da Corporação de Investimento e Trust Rural da China e, ao longo da década de 1990, fez carreira nos principais bancos estatais da China. Foi vice-governador de Guangdong e prefeito de Pequim, antes de se tornar vice-primeiro-ministro. Em 2018, Wang tornou-se vice-presidente da China.

Wang Xiaolu (王小鲁, 1951-)
Durante a Revolução Cultural, Wang Xiaolu foi enviado para o campo em Fenyang, província de Shanxi. Como Wang Xiaoqiang, trabalhou no conselho editorial da série Rascunhos Inacabados, pela qual foram divulgados documentos de trabalho da ACCS. Wang Xiaolu participou do movimento de reforma de jovens intelectuais e trabalhou em estreita colaboração com o Grupo de Desenvolvimento Rural. Foi membro da equipe organizadora da Conferência da Juventude de Moganshan. Em 1985, transferiu-se para o recém-fundado Instituto de Reforma do Sistema e tornou-se diretor do Escritório de Pesquisa do Desenvolvimento. Antes do 4 de Junho, Wang deixou a China para fazer doutorado na Universidade Nacional Australiana. Ao retornar, tornou-se professor assistente na Universidade de Pequim. Mais tarde, foi vice-diretor do Instituto de Pesquisa Econômica Nacional e diretor administrativo da Associação Nacional de Pesquisa de Reforma Econômica.

Wang Xiaoqiang (王小强, 1952-)
Wang foi enviado jovem para o campo em Yan'an (Shanxi) e estudou mecânica na Universidade de Ciência e Tecnologia de Henan. Em 1978, fez parte do grupo de redação da ACCS. Em 1979, trabalhou como montador em uma fábrica de bairro em Pequim e passou cada minuto livre lendo. Escreveu um ensaio intitulado "Crítica do socialismo agrário", no qual apresentava uma reavaliação das comunas populares; o texto foi amplamente discutido nos círculos teóricos. Wang se juntou ao conselho editorial da série Rascunhos Inacabados, importante veículo para contribuições pouco ortodoxas. Foi membro fundador do Grupo de Pesquisa de Desenvolvimento Rural, um de seus vice-líderes durante a doença de Chen Yizi e sua espinha dorsal. Como membro do grupo, conduziu investigações nos distritos de Chuxian (província de Anhui) e Ji'an (província de Jiangxi) e na cidade de Wuzhou (província de Guangxi) e teorizou o sistema de responsabilidade doméstica. Wang foi um dos principais autores de relatórios e artigos que abriram o caminho para a contratação em domicílio. Em 1984, fez sua primeira viagem de estudo com o primeiro-ministro, Zhao Ziyang. Com Bai Nanfeng, conduziu um extenso trabalho de campo em Guizhou e no Tibete que resultou no livro *A pobreza da abundância*. Wang foi fundador e vice-diretor do Instituto de Reforma do Sistema e, em 1985, juntamente com Chen Yizi, liderou uma pesquisa em

larga escala para avaliar a reforma urbano-industrial. Em nome do Instituto de Reforma do Sistema, em 1986, propôs a Zhao Ziyang uma reforma de contratação de empresas. No mesmo ano, foi vice-chefe de uma delegação que estudou a reforma na Hungria e na Iugoslávia. A delegação alertou Zhao Ziyang contra a implementação da liberalização de preços no atacado. Wang foi um dos pioneiros no estudo do modelo Wenzhou de empresas privadas, mas defendeu a reforma empresarial além da lógica da propriedade privada. No fim de 1987 e no início de 1988, juntou-se a Zhao Ziyang pela última vez em uma viagem de investigação para avaliar a viabilidade de uma estratégia de desenvolvimento na região costeira da China. Em 1988, Wang e Chen Yizi viajaram para a Alemanha ocidental para estudar a reforma de preços do pós-guerra e alertaram mais uma vez o governo contra a liberalização de preços no atacado. Depois do 4 de Junho, Wang deixou a China, primeiro para estudar inglês em Boulder, Colorado, depois para fazer doutorado na Universidade de Cambridge. Após seu retorno à China, trabalhou por breve período no Instituto de Estudos de Gestão da Comissão Nacional de Reforma como pesquisador e depois se mudou para Hong Kong.

Weng Yongxi (翁永曦, 1948-)

Durante a Revolução Cultural, Weng Yongxi foi enviado para o campo, para a Mongólia Interior. Mudou-se para Pequim no fim da década de 1970 para trabalhar no *Jornal dos Camponeses*. Foi um dos organizadores do movimento dos jovens intelectuais reformadores. Em 1980, Weng, Wang Qishan, Huang Jiangnan e Zhu Jiaming surgiram como os "quatro cavalheiros" da reforma e foram os primeiros jovens economistas a dialogar com o primeiro-ministro, Zhao Ziyang. Em maio de 1984, Weng tornou-se secretário do Comitê do Partido do Distrito de Fengyang. Participou da Conferência da Juventude de Moganshan. Du Runsheng o promoveu a vice-diretor do Escritório de Pesquisa Agrícola do Conselho de Estado, pulando vários cargos. Mais tarde Weng começou seu próprio negócio.

Wu Jinglian (吴敬琏, 1930-)

Nascido em uma família de gerações de industriais e intelectuais, Wu formou-se em 1954 na Universidade Jinlinh, em Nanjing, e foi designado para uma posição altamente competitiva no Instituto de Economia da Academia Chinesa de Ciências. Foi alvo da campanha antidireitista em 1957. Em reação, Wu adotou uma visão de mundo de esquerda ortodoxa a ponto de, na década de 1960, apoiar um ataque contra Sun Yefang, seu superior no Instituto, pelas ideias de reforma econômica deste último. Durante a Revolução Cultural, juntou-se ao grupo Quartéis-Generais da Crítica. Mais tarde, Wu e todo o Instituto de

Economia foram enviados à Escola de Quadros Sete de Maio para reeducação. Depois, Wu foi apontado como "contrarrevolucionário". Durante o período de trabalho forçado, Wu conheceu Gu Zhun, um dos principais economistas reformadores da China da era Mao. No alvorecer da reforma, retornou ao Instituto de Economia e tornou-se um dos estudantes mais perspicazes da economia ocidental. Quando estava na casa dos cinquenta, aprendeu inglês e engajou-se na missão do Banco Mundial; aprendeu com os economistas reformadores Włodzimierz Brus e Ota Šik, do Leste Europeu, e Milton Friedman durante suas visitas à China e se tornou um dos primeiros economistas chineses a estudar economia nos Estados Unidos durante sua visita à Universidade Yale, em 1983, quando participou de aulas de macro e microeconomia de graduação e estudou sistemas econômicos comparativos com Michael Montias. Em meados da década de 1980, Wu havia se tornado um dos proponentes mais entusiasmados da "reforma de pacote" e um dos arquitetos da proposta do Escritório do Programa de 1986 para a liberalização dos preços no atacado, combinada com a reforma tributária e salarial. Wu emergiu da repressão política em 1989 ileso e continuou a ser uma voz influente sob Jiang Zemin e Zhu Rongji. Desde o início dos anos 2000, tornou-se um economista pró-mercado amplamente conhecido, com frequentes aparições na TV.

Xue Muqiao (薛暮桥, 1904-2005)

Xue Muqiao é um dos economistas chineses mais conhecidos do século XX. Estudou sozinho história, filosofia e economia durante o tempo em que esteve preso, acusado pelos nacionalistas por seu ativismo no movimento dos trabalhadores ferroviários. Na década de 1930, participou de pesquisas no campo e atuou como editor da revista *Campo da China*. Seus escritos tornaram-se importantes materiais de instrução para soldados e quadros. Na década de 1940, foi um estrategista-chave na batalha econômica, conseguindo estabilizar os preços e expulsar as moedas concorrentes na base revolucionária de Shandong. Isso solidificou sua reputação como uma das principais autoridades em finanças e economia. Em 1948, sob a liderança de Zhou Enlai, Xue começou a trabalhar em estratégias para a criação de um sistema econômico planejado na China. Após a fundação da República Popular da China, em 1949, tornou-se secretário-geral do Comitê de Finanças e Economia do Conselho de Estado; diretor do Departamento de Empresas Privadas, do Departamento Nacional de Estatística, da Comissão Nacional dos Preços e do Centro de Pesquisa Econômica do Conselho de Estado; e vice-diretor da Comissão Nacional de Planejamento. Após o fracasso do Grande Salto Adiante, Xue contribuiu para o novo esforço de estabilização de preços. Ao longo das décadas de 1950 e 1960, também foi um importante colaborador do debate sobre a lei do valor e, juntamente com Yu Guangyuan e Sun Yefang, fez parte de um projeto de redação de um novo livro de economia política, que não foi publicado. Em 1969, Xue foi enviado ao campo para ser "reeducado pelo trabalho". No fim da década de 1970, publicou seu pensamento reformador. Em 1979, sua pesquisa foi publicada no livro *Economia socialista da China*, que exerceu grande influência nos debates sobre a reforma econômica da China. Como um dos principais economistas chineses e líder do Centro de Pesquisa de Preços, Xue também foi um interlocutor importante de convidados estrangeiros. Envolveu-se em intercâmbios com emigrados do Leste Europeu e o Banco Mundial e, entre outros eventos, participou da Conferência de Moganshan e Bashan. De início, Xue defendeu a criação gradual de mercados pelo Estado, mas depois apoiou a reforma de pacote e se manifestou a favor do Escritório do Programa. Depois de 1989, ajudou a reviver a agenda de reforma de mercado. Foi um eminente economista até o fim de sua longa vida, que durou mais de um século.

Yu Guangyuan (于光远, **1915-2013**)
Nascido em uma família de intelectuais e funcionários públicos, Yu Guanyuan foi um dos economistas e filósofos mais prolíficos da China do século XX. Formou-se no Departamento de Física da Universidade de Tsinghua em 1936. Depois de fazer parte do Movimento Nove de Dezembro, juntou-se ao PCCh. Em 1939, tornou-se diretor da biblioteca Yan'an Zhongshan e foi um dos cofundadores da Universidade Antijaponesa. Posteriormente, foi diretor da biblioteca do Comitê Central do PCCh e professor do Departamento de Biblioteconomia da Universidade de Pequim. A partir de 1941, estudou a economia da área de fronteira Shanxi-Gansu-Ningxia e lecionou no Departamento de Finanças e Economia da Universidade de Yan'an. De 1948 a 1975, trabalhou no Departamento de Propaganda do Comitê Central do PCCh. Em 1955, foi eleito membro do Departamento de Filosofia e Ciências Sociais da Academia Chinesa de Ciências. Juntamente com Sun Yefang e Xue Muqiao, foi autor de um livro de economia política que nunca foi publicado e perseguiu projetos subsequentes de livros didáticos na década de 1960. Em 1957, foi alvo do movimento "antidireitista". Em 1958, retomou sua pesquisa e publicou *Economias políticas e exploração socialista*, que mais tarde se desenvolveu em seis volumes adicionais. Aliado próximo de Deng Xiaoping, Yu foi reabilitado perto do fim da Revolução Cultural e tornou-se diretor do Instituto de Pesquisa Econômica da Comissão de Planejamento do Estado no início de 1975. Foi um dos iniciadores da reforma e um defensor da distribuição de acordo com o trabalho e da compatibilidade do socialismo com a economia de mercado. Em 1978, foi vice-chefe de uma delegação enviada

à Iugoslávia e que foi crucial para promover o reconhecimento de modelos não stalinistas de socialismo na China. No mesmo ano, Yu contribuiu para o artigo de Hu Qiaomu que pedia aos formuladores de políticas que "agissem de acordo com as leis econômicas". Ambos ajudaram a pavimentar o caminho para o avanço rumo à reforma em 1978. Juntamente com Lin Zili, Yu defendeu a importância das forças produtivas e a pluralidade de arranjos de propriedade. Em 1979, foi nomeado diretor do Instituto de Marxismo-Leninismo e Mao Tsé-tung da ACCS e vice-presidente da Academia. De 1982 a 1992, serviu como conselheiro do Comitê Central.

Zhang Musheng (张木生, 1948-)

Zhang Musheng nasceu em uma família de revolucionários comunistas. O pai de Zhang era secretário de Zhou Enlai e sua mãe era uma intelectual do partido. No início da Revolução Cultural, em 1965, Zhang Musheng, com apenas dezessete anos, e Chen Xiao, filho de Chen Boda, foram para o distrito de Linhe, na Mongólia Interior. Eles publicaram uma série de artigos sobre a história do desenvolvimento agrícola, baseados em suas experiências e investigações, e articularam ideias para a reforma rural. Zhang permaneceu em Linhe até que um estudo bastante volumoso – que circulou internamente e argumentava que a produção agrícola só poderia aumentar por meio de contratos em domicílio – o levou à prisão em 1972. Após sua libertação, em 1973, Zhang estudou filosofia na Universidade da Mongólia Interior e depois lecionou na Escola de Negócios da Mongólia Interior até 1980. Zhang foi um dos fundadores do grupo de desenvolvimento agrícola e, de 1980 a 1984, atuou como pesquisador do Instituto de Economia Agrícola da ACCS. Em seguida, foi transferido para o Escritório de Pesquisa de Política Rural do Secretariado do Comitê Central, onde trabalhou como pesquisador até 1990. De 1990 a 1993, foi presidente e editor-chefe do jornal informativo *China Baiye*, que mais tarde se tornou conhecido como *Notícias Fiscais da China*. Na década de 1990, Zhang foi para o Tibete e serviu como diretor-executivo do distrito de Linzhi.

Zhang Weiying (张维迎, 1959-)

Zhang Weiying nasceu em uma família camponesa e frequentou a Universidade do Noroeste entre 1979 e 1984, graduando-se com título de mestre. Participou da Conferência da Juventude de Moganshan, graças ao trabalho sobre reforma de preços selecionado pela equipe organizadora. Na conferência, despontou como voz articulada na discussão, defendendo um sistema de preços de via de mão dupla como mecanismo de reforma. Sua contribuição para a conferência e a subsequente publicação de um artigo permitiram que Zhang se tornasse membro do Instituto de Reforma do Sistema, onde trabalhou principalmente com questões macroeconômicas. Em 1989, foi para a Universidade de Oxford, onde se doutorou em economia sob a supervisão do Prêmio Nobel James Mirrlees. Após retornar à China, ingressou na Universidade de Pequim, onde foi cofundador do Centro de Pesquisa Econômica da China. Mais tarde, transferiu-se para a Escola de Administração de Guanghua e depois para a Escola Nacional de Desenvolvimento, onde ocupa a Cátedra de Economia Sinar Mas. Segundo afirma, em algum momento ele percebeu que seu pensamento era próximo ao da escola austríaca de economia e se interessou por Hayek. Participou da reunião anual da Sociedade Mont Pèlerin em 2014.

Zhu Jiaming (朱嘉明, 1950-)
Nascido em Pequim, Zhu Jiaming foi enviado jovem para o campo, para as províncias de Heilongjiang, Tibete e Shandong. Em 1978, iniciou seus estudos de pós-graduação no Instituto de Economia Industrial da ACCS e obteve doutorado. Zhu, juntamente com Huang Jiangnan, Wang Qishan e Weng Yongxi, abriram novos caminhos para os jovens intelectuais reformadores quando dialogaram com a liderança chinesa na posição dos famosos "quatro cavalheiros" da reforma. Zhu abriu a Conferência da Juventude de Moganshan em 1984 e foi organizador da Associação de Jovens Economistas de Pequim. Participou da criação do Centro de Pesquisa em Tecnologia e Economia do Conselho de Estado. Atuou como vice-diretor da Comissão de Reforma do Sistema Econômico de Henan antes de se mudar para o Instituto Internacional de Pesquisa da Corporação de Investimento e Trust Internacional da China (Citic). Como vice-diretor desse instituto, organizou várias viagens de estudo e projetos de relações exteriores, inclusive a viagem de investigação à América Latina em 1988. Em maio de 1989, foi um dos que fizeram declaração para tentar facilitar o diálogo com os manifestantes da praça da Paz Celestial. Mais tarde, naquele mesmo ano, Zhu foi exilado nos Estados Unidos, onde organizou o movimento democrático no exterior. Foi visitante do Fairbank Center da Universidade Harvard e obteve MBA na Escola de Negócios Sloan do Instituto de Tecnologia de Massachusetts. Zhu mudou-se para a Áustria, onde lecionou economia na Universidade de Viena e engajou-se em ONGs e empresas preocupadas com questões ambientais.

Entrevistas com a autora

Bai Nanfeng. Pequim, 12 de outubro e 20 de novembro de 2016.

Cao Yuanzheng. Pequim, 22 de novembro de 2016.

Chen Xingdong. Pequim, 22 de novembro de 2016.

Cui Zhiyuan. Pequim, 11 de janeiro de 2017.

Fan Shitao. Pequim, 23 de setembro de 2016.

Galbraith, James. Cambridge, Inglaterra, 23 de junho de 2016.

Hu Jiyan. Pequim, 28 de dezembro de 2016.

Hua Sheng. Pequim, 28 de setembro de 2016.

Huang Jiangnan. Pequim, 13 de novembro de 2016.

Jiang Chunze. Pequim, 28 de dezembro de 2016.

Jiang Dongsi. Pequim, 22 de novembro de 2016.

Kende, Peter. Paris, 13 de julho de 2017.

Li Fan. Pequim, 6 de dezembro de 2016.

Li Shi. Pequim, 17 de outubro de 2016.

Li Xianglu. Pequim, 24 de dezembro de 2016.

Lim, Edwin. Londres, 13 de junho de 2016.

Lin, Cyril. Oxford, Inglaterra, 19 de janeiro e 15 de março de 2016; Pequim, 22 de novembro de 2016.

Lin Chun. Londres, 28 de outubro de 2015; 4 de fevereiro de 2016; Cambridge, Inglaterra, 2 de março de 2016.

Lin (Justin) Yifu. Pequim, 27 de dezembro de 2016.

Liu Hong. Pequim, 31 de agosto de 2016.

Lu Liling. Pequim, 24 de setembro e 19 de outubro de 2016.

Lu Mai. Pequim, 21 de dezembro de 2016.

Luo Xiaopeng. Hong Kong, 5 de janeiro de 2017; via Skype, 29 de maio e 6 de julho de 2017.

Peng Xiaomeng. Pequim, 21 de setembro de 2016.

Perkins, Dwight. Cambridge, Massachusetts, 25 de abril de 2016.

Song Guoqing. Pequim, 2 de janeiro de 2017.

Sun Fangming. Pequim, 18 de dezembro de 2016.

Tang Zongkun. Pequim, 22 de dezembro de 2016.

Tian Yucao. Cambridge, Inglaterra, 2 de março de 2016.

Tidrick, Gene. Edimburgo, 28 de junho de 2016.

Toporowski, Jan. Cambridge, Inglaterra, 21 de junho de 2016.

Wang Haijun. Pequim, 29 de julho de 2016.

Wang Xiaolu. Pequim, 27 de setembro de 2016.

Wang Xiaoqiang. Hong Kong, 9 de janeiro e 10 de janeiro de 2017.

Wei Zhong. Pequim, 20 de setembro de 2016.

Wen Tiejun. Pequim, 9 de dezembro de 2016.

Weng Yongxi. Pequim, 28 de outubro e 18 de novembro de 2016.

Wood, Adrian. Brighton, Inglaterra, 30 de maio e 7 de julho de 2016.

Wu Jinglian. Pequim, 29 de julho de 2016.

Xue Xiaohe. Pequim, 23 de setembro de 2016.

Yang Mu. Pequim, 15 de novembro de 2016.

Zhang Jun. Pequim, 24 de novembro de 2016.

Zhang Musheng. Pequim, 26 de outubro de 2016.

Zhang Shuguang. Pequim, 22 de novembro de 2016.

Zhang Weiying. Pequim, 24 de novembro de 2016.

Zhang Zhuoyuan. Pequim, 13 de outubro de 2016.

Zhao Renwei. Pequim, 20 de dezembro de 2016.

Zhou Qiren. Pequim, 30 de dezembro de 2016.

Zhu Jiaming. Pequim, 31 de agosto de 2016.

Zhu Ling. Pequim, 20 de setembro de 2016.

Zuo Xuejin. Xangai, 1º de novembro de 2016.

Referências bibliográficas

ABELSHAUSER, Werner. *Deutsche Wirtschaftsgeschichte Seit 1945*. Munique, C.H. Beck, 2004.

ADLER, Solomon. *The Chinese Economy*. Londres, Routledge/Kegan Paul, 1957.

AMSDEN, Alice. *Escape from Empire:* The Developing World's Journey Through Heaven and Hell. Cambridge, MIT Press, 2007.

_____; KOCHANOWICZ, Jacek; TAYLOR, Lance. *The Market Meets Its Match:* Restructuring the Economies of Eastern Europe. Cambridge, Harvard University Press, 1998.

ANDREAS, Joel. *Rise of the Red Engineers:* The Cultural Revolution and the Origins of China's New Class. Stanford, Stanford University Press, 2009.

ANG, Yuen Yuen. *How China Escaped the Poverty Trap*. Ithaca, Cornell University Press, 2016.

ASH, Robert. Squeezing the Peasants: Grain Extraction, Food Consumption and Rural Living Standards in Mao's China. *The China Quarterly*, v. 188, 2006, p. 959-98.

ÅSLUND, Anders. *How Russia Became a Market Economy*. Washington, Brookings Institution, 1995.

_____. *Post-Communist Economic Evolutions:* How Big a Bang? Washington, Center for Strategic and International Studies, 1992.

_____. Soviet and Chinese Reforms: Why They Must Be Different. *World Today*, v. 45, n. 11, 1989, p. 188-91.

BACHMAN, David. Differing Visions of China's Post-Mao Economy: The Ideas of Chen Yun, Deng Xiaoping, and Zhao Ziyang. *Asian Survey*, v. 26, n. 3, 1986, p. 292-321.

BAJT, Aleksander. The Scope of Economic Reforms in Socialist Countries. In: KOVÁCS, János Mátyás; TARDOS, Márton (orgs.). *Reform and Transformation in Eastern Europe Soviet-type Economics on the Threshold of Change*. Londres, Routledge, 1992, p. 191-202.

BANCO EUROPEU para Reconstrução e Desenvolvimento. *Transition Report 1999:* Ten Years of Transition. Londres, European Bank for Reconstruction and Development, 1999. Disponível em: <https://www.ebrd.com/downloads/research/transition/TR99.pdf>; acesso em: 14 abr. 2023.

BANCO MUNDIAL. *China: Socialist Economic Development*, v. 1. Washington, World Bank, 1983. Disponível em: <http://www-wds.worldbank.org/external/default/WDSContentServer/WDSP/IB/2001/01/20/000178830_98101903340233/Rendered /PDF/multi_page.pdf>; acesso em: 14 abr. 2023.

_____. GDP (Constant 2010 US$). *World Bank Data*. Disponível em: <https://data.worldbank.org/indicator/NY.GDP.MKTP.KD?locations=CN-RU-1W>; acesso em: 14 abr. 2023.

_____. Life Expectancy at Birth, Total (Years). Russian Federation, China. Disponível em: <https://data.worldbank.org/indicator/SP.DYN.LE00.IN?locations=RU-CN>; acesso em: 14 abr. 2023.

BARAN, Paul A.; SWEEZY, Paul M. *Monopoly Capital:* An Essay on the American Economic and Social Order. Harmondsworth, Penguin, 1970 [ed. bras.: *Capitalismo monopolista*. Trad. Waltensir Dutra, 3. ed., Rio de Janeiro, Zahar, 1978].

BARKLEY, Frederick R. Wickard Blights Farm Group Hope for Higher Prices. *New York Times*, n. 1, 1º fev. 1942, p. 43.

BARTELS, Andrew H. The Office of Price Administration and the Legacy of the New Deal, 1939-1946. *The Public Historian*, v. 5, n. 3, 1983, p. 5-29.

BARUCH, Bernard. *The Public Years*. Nova York, Holt, Rinehart and Winston, 1960.

BAUER, Tamás. Success and Failure: Emergence of Economic Reforms in Czechoslovakia and Hungary. In: DOPFER, Kurt; RAIBLE, Karl F. (orgs.) *The Evolution of Economic Systems:* Essays in Honor of Ota Šik. Nova York, St. Martin's, 1990, p. 245-64.

BELIK, Yvan. Price Reform: The Missing Link? Vox Populi. In: ELLMAN, Michael; KONTOROVICH, Vladímir (orgs.). *The Destruction of the Soviet Economic System:* An Insiders' History. Nova York, Routledge, 1998, p. 159-62.

BELL, Stephen. *Rise of the People's Bank of China*: The Politics of Institutional Change. Cambridge, Harvard University Press, 2013.

BOCKMAN, Johanna. *Markets in the Name of Socialism:* The Left-Wing Origins of Neoliberalism. Stanford, Stanford University Press, 2011.

_____. The Long Road to 1989: Neoclassical Economics, Alternative Socialisms, and the Advent of Neoliberalism. *Radical History Review*, n. 112, 2012, p. 9-42. Disponível em: <https://doi.org/10.1215/01636545-1416151>; acesso em: 14 abr. 2023.

_____; EYAL, Gil. Eastern Europe as a Laboratory for Economic Knowledge: The Transnational Roots of Neoliberalism. *American Journal of Sociology*, v. 108, n. 2, 2002, p. 310-52.

BODDE, Dek. *Peking Diary:* A Year of Revolution. Londres, Jonathan Cape, 1951.

BOL, Peter K. Government, Society, and State: On the Political Visions of Ssu-ma Kuang and Wang An-shih. In: HYMES, Robert P.; SCHIROKAUER, Conrad (orgs.). *Ordering the World:* Approaches to State and Society in Sung Dynasty China. Berkeley, University of California Press, 1993, p. 128-93.

BONEFELD, Werner. On the Strong Liberal State: Beyond Berghahn and Young. *New Political Economy*, v. 18, n. 5, 2013, p. 779-83. Disponível em: <https://doi.org/10.1080/13563467.20 12.753046>; acesso em: 14 abr. 2023.

_____. *The Strong State and the Free Economy*. Londres, Rowman and Littlefield, 2017.

BRAMALL, Chris. Chinese Land Reform in Long-Run Perspective and in the Wider East Asian Context. *Journal of Agrarian Change*, v. 4, n. 1, 2004, p. 107-41.

BRESCIANI-TURRONI, Constantino. *The Economics of Inflation:* A Study of Currency Depreciation in Post-War Germany, 1914-1923. Northampton, John Dickens & Co., 1937 [ed. bras.: *Economia da inflação:* o fenômeno da hiperinflação alemã nos anos 20. Rio de Janeiro, Expressão e Cultura, 1989].

BRØDSGAARD, Kijeld E. Paradigmatic Change: Readjustment and Reform in the Chinese Economy, 1953-1981, Part I. *Modern China*, v. 9, n. 2, 1983, p. 37-83.

_____. Paradigmatic Change: Readjustment and Reform in the Chinese Economy, 1953-1981, Part II. *Modern China*, v. 9, n. 2, 1983, p. 253-72.

_____; RUTTEN, Koen. *From Accelerated Accumulation to Socialist Market Economy in China:* Economic Discourse and Development from 1953 to the Present. Leiden, Brill, 2017.

BRUNET, Gillian. *Stimulus on the Home Front:* The State-Level Effects of WWII Spending. Job Market Paper, 2018. Disponível em: <https://berkeley.box.com/s/5fwkm24om69xvbzowv eaepg5jx79yo3c>; acesso em: 1º maio 2019.

BUCHANAN, James M. Rent Seeking and Profit Seeking. In: BUCHANAN, James; TOLLISON, Robert D.; TULLOCK, Gordon (orgs.), *Toward a Theory of the Rent-Seeking Society*. College Station, Texas A&M University Press, 1980, p. 3-15.

BURAWOY, Michael. The State and Economic Involution: Russia Through a China Lens. *World Development*, v. 24, n. 6, 1996, p. 1.105-17. Disponível em: <https://doi.org/10.1016/0305-750X(96)00022-8>; acesso em: 14 abr. 2023.

BURDEKIN, Richard C. K. *China's Monetary Challenges*. Cambridge, Cambridge University Press, 2008.

_____. Ending Inflation in the People's Republic of China: From Chairman Mao to the 21st Century. *The Cato Journal*, v. 20, n. 2, 2000, p. 223-5.

_____; FANG, Wang. A Novel End to the Big Inflation in China in 1950. *Economics of Planning*, v. 32, n. 3, 1999, p. 211-29.

_____; XIAOJIN, Hu. China's Experience with Indexed Government Bonds, 1988-1996: How Credible Was the People's Republic's Anti-Inflationary Policy? *Review of Development Economics*, v. 3, n. 1, 1999, p. 66-85.

BURGIN, Angus. *The Great Persuasion:* Reinventing Free Markets Since the Depression. Cambridge, Harvard University Press, 2012.

BRUS, Włodzimierz. *The Market in a Socialist Economy*. Londres, Routledge/Kegan Paul, 1972.

_____; ŁASKI, Kazimierz. *From Marx to the Market:* Socialism in Search of an Economic System. Oxford, Oxford University Press, 1989.

BYRD, William A. Impact of the Two-Tier Plan/Market System in China. *Journal of Comparative Economics*, v. 11, n. 3, 1988, p. 295-300.

_____ et al. *Recent Chinese Economic Reforms:* Studies of Two Industrial Enterprises. World Bank Staff Working Papers, 1984, p. 652.

CAGAN, Phillip. The Monetary Dynamics of Hyperinflation. In: FRIEDMAN, Milton (org.). *Studies in the Quantity Theory of Money*. Chicago, Chicago University Press, 1956, p. 25-117.

CAI, Huimei. The Substance of the Soviet Bureaucratic Regime: "The Communist Power System" – A Book Review (苏联官僚统治的实质 － 《共产主义政权体系》一书简介). *Soviet and Eastern European Issues*, n. 1, 1981, p. 56-7.

CAIRNCROSS, Alec. *Living with the Century*. Londres, Lynx, 1998.

_____. *Papers of Alec Cairncross:* Diary of British Academy Visit to China 1979 [File GB248DC10690/12]. Glasgow, University of Glasgow, 1979.

_____. *Papers of Alec Cairncross:* Typescript of Visit to China in 1985 [File GB248DC1062/14]. Glasgow, University of Glasgow, 1985.

_____. *Years of Recovery:* British Economic Policy 1945-1951. Londres, Methuen & Co, 1985.

CAMPBELL, Colin D.; TULLOCK, Gordon C. Hyperinflation in China, 1937-1949. *Journal of Political Economy*, v. 62, n. 3, 1954, p. 236-45.

CENTRAL COMMITTEE of the CPC Research Department of Party Literature. Decision of the CPC Central Committee on Reform of the Economic Structure (Adopted at the Third Plenary Session of the Twelfth CPC Central Committee on October 20, 1984). In: CENTRAL COMMITTEE of the CPC Research Department of Party Literature (org.). *Major Documents of the People's Republic of China:* Selected Important Documents Since the Third Plenary Session of the Eleventh Central Committee of the Communist Party of China (December 1978-November 1989). Pequim, Foreign Language Press, 1991, p. 395-427.

CENTRAL INTELLIGENCE AGENCY (CIA). China's Economists: Soundings on Reform. *CIA Online Archive*, 1986. Disponível em: <https://www.cia.gov/library/readingroom/document/cia-rdp86t01017r000706920001-6>; acesso em: 14 abr. 2023.

_____. Memorandum for Director of Central Intelligence, 18 October 1988.

_____. Price Control in Communist China, 1950-1951: Price Indexes. 1952. Distribuído em maio de 1954. Cópia aprovada para publicação, 19 out. 2011. CIA-RDP80-00809A000 600150188-7.

CHINA ECONOMIC system reform research institute (CESRRI). *A Difficult Exploration: An Investigation of the Reforms in Hungary and Yugoslavia* (艰难的探索：匈 牙利，南斯拉夫改革考察). Pequim, China Economic Management, 1987.

_____. First Objection against Storming the Fortress and Crushing through the Barrier of Reform: On the Deep Seated Meaning of Crushing through the Price Barrier in the Fortified Position on Economic System Reform (对改革攻坚，过关的意见之一：过价格关 意味着深层次的体制改革攻坚). *Internal Documents of System Reform Research*, n. 23, 30 jul. 1988.

_____. Fourth Objection against Storming the Fortress and Crushing through the Barrier of Reform: Price Liberalization Requires a Reform of the Circulation System for Goods and Materials (对改 攻坚，过关的意见之四：价格放开的同时必须进行物资流通体制改革). *Internal Documents of System Reform Research*, n. 26, 2 ago. 1988.

_____. *Reform: China's Challenges and Choices* (改革：我们面临的挑战与选择). Pequim, China Economics, 1986.

CHANG, Gordon H. Interview with Su Shaozhi, December 1985. *Bulletin of Concerned Asian Scholars*, v. 20, n. 1, 1988, p. 12-7.

CHANG, Ha-Joon. Breaking the Mould: An Institutionalist Political Economy Alternative to the Neo-Liberal Theory of the Market and the State. *Cambridge Journal of Economics*, v. 26, n. 5, 2002, p. 539-59.

CHANG, James L. Y. History of Chinese Economic Thought: Overview and Recent Works. *History of Political Economy*, v. 19, n. 3, 1987, p. 481-99.

CHANG, Kai-nagu. *The Inflationary Spiral:* The Experience in China, 1939-1950. Nova York, MIT Press/John Wiley & Sons, 1958.

CHANG, Yifei. Several Problems of Commodity Pricing Under the Socialist System. *Chinese Economic Studies*, v. 3, n. 2, 1969, p. 146-76.

CHEEK, Timothy. *The Intellectual in Modern Chinese History.* Cambridge, Cambridge University Press, 2016.

CHEN, Huan-Chang. *The Economic Principles of Confucius and His School*, v. 1. Nova York, Columbia University Press, 2011.

_____. *The Economic Principles of Confucius and His School*, v. 2. Nova York, Columbia University Press, 1911.

CHEN, Nai-Ruenn. The Theory of Price Formation in Communist China. *The China Journal*, v. 27, 1966, p. 33-53.

CHEN, Xikang. Input-Output Techniques in Economic Work: Use and Development Directions (投入产出技术在经济工作中的应用情况及发展方向). *Chinese Economic Issues*, n. 4, 1979, p. 46-53.

CHEN, Xijun. Lecture 15: Price Planning. In: LARDY, Nicholas R. (org.) *Chinese Economic Planning*. Nova York, M. E. Sharpe, 1978, p. 89-99.

CHEN, Xingdong. Encounters with Alumni from Greater China. *Oxford China Office*, 2013. Disponível em: <http://www.oxforduchina.org/chen-xingdong.html>; acesso em: 14 abr. 2023.

CHEN, Yizi. *Memoirs of Chen Yizi* (陈一咨回忆录). Hong Kong, New Century, 2013.

_____. Social Scientific Research Serves Reform. In: REYNOLDS, Bruce (org.). *Reform in China:* Challenges and Choices. A Summary and Analysis of the CESRRI Survey Prepared by the Staff of the Chinese Economic System Reform Research Institute. Armonk, M. E. Sharpe, 1987, p. 22-4.

_____ et al. Summary Report. In: REYNOLDS, Bruce (org.). *Reform in China:* Challenges and Choices. A Summary and Analysis of the CESRRI Survey Prepared by the Staff of the Chinese Economic System Reform Research Institute. Armonk, M. E. Sharpe, 1987, p. 3-32.

CHEN, Yun. Address to the 1978 CPC Work Conference. In: _____. *Selected Works of Chen Yun, 1956-1994*. Pequim, Beijing Foreign Language Press, 1999, v. 3, p. 236-41.

_____. *Chen Yun Chronicle*, v. 2 (陈云年谱, 中). Pequim, Central Document Publishing House, 2000.

_____. Methods of Solving the Tensions in Supplies of Pork and Vegetables, September 1956. Speech at the Eighth National Party Congress of the CPC. In: LARDY, Nicholas R.; LIEBERTHAL, Kenneth (orgs.). *Chen Yun's Strategy for China's Development: A Non-Maoist Alternative*. Armonk, M. E. Sharpe, 1983, p. 23-9.

_____. *Selected Works of Chen Yun, 1956-1985* (陈云文选). Pequim, People's Publishing House, 1986.

_____. Speech by Comrade Chen Yun. In: EIGHTH NATIONAL CONGRESS OF THE COMMUNIST PARTY OF CHINA. *Speeches*, v. 2. Pequim, Foreign Language Press, 1956, p. 157-76.

_____. The Question of Planning and the Market (计划与市场问题). In: _____. *Selected Works of Chen Yun* (陈云文选). Pequim, People's Publishing House, 1986, p. 220-3.

_____. Uphold the Principle of Proportion in Regulating the National Economy, 21 March, 1979 (坚持按比例原则调整国民经济). In: _____. *Selected Works of Chen Yun, 1956-1985*. Pequim, People's Publishing House, 1986, p. 226-34.

CHENG, Lin; PEACH, Terry; WANG, Fang (orgs.), *The History of Ancient Chinese Economic Thought*. Abingdon, Routledge, 2014.

_____. (orgs.) *The Political Economy of the Han Dynasty and Its Legacy*. Abingdon, Routledge, 2019.

CHENG, Xiaonong. Decision and Miscarriage: Radical Price Reform in the Summer of 1988. In: HAMRIN, Carol L.; SUISHENG, Zhao (orgs.). *Decision Making in Deng's China*: Perspectives from Insiders. Armonk, M. E. Sharpe, 1995, p. 189-207.

CHENG, Zhiping. *30 Years of Price Reform, 1977-2006* (价格改革三十年, 1977-2006). Pequim, China Market, 2006.

_____. *50 Years of Chinese Commodity Prices, 1949-1998* (中国物价五年, 1949-1998). Pequim, Chinese Price Press, 1998.

_____. Forever a Model of Ceaseless Struggle: Deep Grieve for Comrade Liu Zhuofu (奋斗不息 风范长存: 深切悼念刘卓甫同志). *Price: Theory and Practice*, n. 3, 1993, p. 42-4.

CHIN, Tamara. *Savage Exchange*: Han Imperialism, Chinese Literary Style, and the Economic Imagination. Cambridge, Harvard University Asia Center, 2014.

CHINA DAILY. Zhao, Li Visit Hunger Strikers in Tiananmen. In: OKSENBERG, Michel; LAMBERT, Marc; MANION, Melanie (orgs.). *Beijing Spring, 1989, Confrontation and Conflict*: The Basic Documents. Armonk, M. E. Sharpe, 1990, p. 290-1.

CHINA DEVELOPMENT research foundation. About the Author. In: CHINA DEVELOPMENT RESEARCH FOUNDATION (org.). *Chinese Economists on Economic Reform*: Collected Works of Xue Muqiao. Londres, Routledge, 2011, p. 10-1.

CHINA ECONOMIC system reform research conference. Introduction of Foreign Economists Who Participated in the International Conference on Macroeconomic Management (参加宏观经济管理国际讨论会的外国经济学家简介). In: CHINA ECONOMIC SYSTEM REFORM RESEARCH CONFERENCE (org.). *Macroeconomic Management and Reform*: Selected Speeches of the Macroeconomic Management Symposium. Pequim, Economic Daily, 1986.

CHINA RURAL development issues research group et al. On Strategy Research (论战略研究). *Countryside, Economy, Society*: Collected Papers of the China Rural Development Issues Research Group, n. 1, 1981, p. 386-95.

CHINA VITAE. Lou Jiwei (楼继伟): Member, 18th CPC, Central Committee; President, National Council for Social Security Fund. *China Vitae*. Disponível em: <http://www.chinavitae.com/biography/Lou_Jiwei/career>; acesso em: 14 abr. 2023.

CHOU, Shun-Hsin. *The Chinese Inflation, 1937-1949*. Nova York, Columbia University Press, 1963.

CHOW, Gregory C. *Understanding China's Economy*. Singapura, World Scientific, 1994.

CHUANG, Jae Ho. *Central Control and Local Discretion:* Leadership and Implementation During Post-Mao Decollectivization. Oxford, Oxford University Press, 2000.

CHUANG, Ming. Zhao Ziyang's Makes Ten Points on Creating a New Order (赵紫阳建新秩序提出十条). *Mirror Monthly Newspaper*, jul. 1988, p. 22-7.

CLARK, Colin. *The Conditions of Economic Progress.* Londres, Macmillan, 1940.

COHN, Steven M. *Competing Economic Paradigms in China:* The Co-Evolution of Economic Events, Economic Theory and Eoconomic Education, 1976-2016. Abingdon, Routledge, 2017.

COIT, Margaret L. *Mr Baruch.* Londres, Victor Gollancz, 1958.

COLANDER, David. Galbraith and the Theory of Price Control, *Journal of Post Keynesian Economics*, v. 7, n. 1, 1984, p. 77-90.

COLE, Robert W. *"To Save the Village":* Confronting Chinese Rural Crisis in the Global 1930s. Tese (doutorado em história). Nova York, New York University, Department of History, 2018.

COMMON PROGRAM of The Chinese People's Political Consultative Conference. In: CHINESE PEOPLE'S POLITICAL CONSULTATIVE CONFERENCE. *The Important Documents of the First Plenary Session of the Chinese People's Political Consultative Conference.* Pequim, Foreign Language Press, 1949, p. 1-20.

COMMUNIQUÉ of the Third Plenary Session of the Eleventh Central Committee of the Communist Party of China (Adopted on December 22, 1978). In: LIU, Suinian; WU, Qungan (orgs.). *China's Socialist Economy:* An Outline History (1949-1984). Pequim, Beijing Review, 1986, p. 564-77.

COOPER, Richard. *A Half-Century of Development.* Harvard Center of International Development Working Paper, n. 118, mar. 2005.

COTTRELL, Allin; COCKSHOTT, W. Paul. Calculation, Complexity and Planning: The Socialist Calculation Debate Once Again. *Review of Political Economy*, v. 5, n. 1, 1993, p. 73-112.

CSIKÓS-NAGY, Béla; HAGUE, Douglas C.; HALL, Graham. *The Economics of Relative Prices:* Proceedings of a Conference Held by the International Economic Association in Athens, Greece. Londres, Macmillan, 1984.

DAI, Yuanchen. Dual Prices in the Process of Transition of the Economic Model (经济体制模式转换过程中的双重价格). *Economic Research*, n. 1, 1986, p. 43-8.

DAVIES, William. The Neoliberal State: Power against "Politics". In: CAHILL, Damien; COOPER, Melinda; PRIMROSE, David (orgs.). *The Sage Handbook of Neoliberalism.* Londres, Sage, 2018, p. 273-83.

DAY, Alexander. *The Peasant in Postsocialist China:* History, Politics, and Capitalism. Cambridge, Cambridge University Press, 2013.

DENG, Liqun. *Deng Liqun's Own Account:* 12 Times Spring and Autumn (1975-1987) (邓力群自述十二个春秋). 1985. Manuscrito não publicado.

_____. Speech at the Symposium of the China Rural Development Issues Research Group (在中国农村发展问题研究组讨论会上的讲话). *Agricultural Economics Periodical*, n. 3, 1981, p. 4-9.

DENG, Xiaoping. Emancipate the Mind, Seek Truth from Facts and Unite as One in Looking to the Future. In: _____. *Selected Works of Deng Xiaoping (1975-1982).* Pequim, Foreign Language Press, 1984, p. 151-65.

_____. *Deng Xiaoping Chronicle*, v. 2: *1975-1997* (邓小平年谱). Ed. Office for Research on Documents of the Central Committee of the Communist Party of China. Pequim, Central Document Publishing House, 2004.

_____. Implement the Policy of Readjustment, Ensure Stability and Unity, 25 dez. 1980. Disponível em: <https://www.marxists.org/reference/archive/deng-xiaoping/1980/49.htm>; acesso em: 25 maio 2023.

_____. Hold High the Banner of Mao Zedong Thought and Adhere to the Principle of Seeking Truth from Facts, September 16, 1978. In: _____. *Selected Works of Deng Xiaoping (1975-1982)*. Pequim, Foreign Language Press, 1984b, p. 141-4.

_____. Restore Agricultural Production, July 7, 1962. In: _____. *Selected Works of Deng Xiaoping (1938-1965)*. Pequim, Foreign Languages Press, 1992. Disponível em: <https://dengxiaopingworks. wordpress.com/selected-works-vol-1-1938-1965/>; acesso em: 14 abr. 2023.

DENG, Yingtao. *New Development Model and China's Future*. Londres, Routledge, 2017.

DER SPIEGEL. Otmar Emminger. *Der Spiegel*, 11 ago 1986, p. 80.

DIAO, Xinshen. The Role of the Two-Tier Price System. In: REYNOLDS, Bruce (org.). *Reform in China:* Challenges and Choices. A Summary and Analysis of the CESRRI Survey Prepared by the Staff of the Chinese Economic System Reform Research Institute. Armonk, M. E. Sharpe, 1987, p. 35-46.

DOBB, Maurice. Economic Theory and the Problems of a Socialist Economy. *The Economic Journal*, v. 43. n. 172, 1933, p. 588-98.

DONG, Fureng. China's Price Reform. *Cambridge Journal of Economics*, v. 10, n. 3, 1986, p. 291-300.

_____. How to Advance Economic System Reform? Notes on a Conversation with Oxford University Professor Brus (怎样进行经济体制改革?——记与牛津大学布鲁斯教授的一次谈话).Economic Management, v. 11, 1979.

DONNITHORNE, Audrey. *China's Economic System*. Londres, C. Hurst & Co, 1967.

_____. The Control of Inflation in China. *Current Scene*, v. 16, n. 4-5, 1978, p. 1-11.

DU, Runsheng. Preface. In: CHINA DEVELOPMENT research foundation (org.). *Chinese Economists on Economic Reform: Collected Works of Du Runsheng*. Oxon, Routledge, 2014, p. 17-9.

_____. Speech at the Symposium of the China Rural Development Issues Research Group (在中国农村发展问题研究组讨论会上的讲话). *Agricultural Economics Periodical*, n. 3, 1981, p. 1-3.

DUNSTAN, Helen. *Conflicting Counsels to Confuse the Age: A Documentary Study of Political Economy in Qing China, 1644-1840*. Ann Arbor, University of Michigan Press, 1996.

_____. *State or Merchant?* Political Economy and Political Process in 1740s China. Cambridge, Harvard University Asia Center, 2006.

EATON, Sarah. *The Advance of the State in Contemporary China:* State-Market Relations in the Reform Era. Cambridge, Cambridge University Press, 2016.

EBERHARD, Wolfram. *A History of China*. 4. ed., Londres, Routledge/Kegan Paul, 1977.

ECKSTEIN, Alexander. *China's Economic Revolution*. Cambridge, Cambridge University Press, 1977.

ECONOMIC REPORT of the president. Washington, United States Government Printing Office, 1950.

_____. Washington, United States Government Printing Office, 1958.

EDELSTEIN, Michael. The Size of the U.S. Armed Forces During World War II: Feasibility and War Planning. *Research in Economic History*, n. 20, 2015, p. 47-97.

EDGERTON-TARPLEY, Kathryn. *Tears from Iron:* Cultural Responses to Famine in Nineteenth Century China. Berkeley, University of California Press, 2008.

EDITORIAL BOARD of who's who in china (org.). Chen Yun (b. 1905). In: WHO'S WHO IN CHINA. *Who's Who in China:* Current Leaders (中国人民大词典现任党政军领导人物卷). Pequim, Foreign Language Press, 1989, p. 67-70.

_____. Gao Yang (b. 1909). In: WHO'S WHO IN CHINA. *Who's Who in China Current Leaders* (中国人民大词典现任党政军领导人物卷). Pequim, Foreign Languages Press, 1989, p. 159-60.

_____. Hu Yaobang (b. 1915). In: WHO'S WHO IN CHINA. *Who's Who in China Current Leaders* (中国人民大词典现任党政军领导人物卷). Pequim, Foreign Languages Press, 1989, p. 234-5.

_____. Wan Li (b. 1916). In: WHO'S WHO IN CHINA. *Who's Who in China Current Leaders* (中国人民大词典现任党政军领导人物卷). Pequim, Foreign Languages Press, 1989, p. 662.

_____. Zhang Jinfu (b. 1914). In: WHO'S WHO IN CHINA. *Who's Who in China Current Leaders* (中国人民大词典现任党政军领导人物卷). Pequim, Foreign Language Press, 1989, p. 930-1.

_____. Zhao Ziyang (b. 1919). In: WHO'S WHO IN CHINA. *Who's Who in China Current Leaders* (中国人民大词典现任党政军领导人物卷). Pequim, Foreign Languages Press, 1989, p. 986-7.

ENCYCLOPEDIA BRITANNICA. Bernard Baruch (United States Government Official). *Encyclopedia Britannica*, 2011. Disponível em: <https://www.britannica.com/biography/Bernard-Baruch>; acesso em: 14 abr. 2023.

ERLICH, Alexander. *Soviet Industrialization Debate, 1924-1928*. Cambridge, Harvard University Press, 1967.

EYFERTH, Jacob. *Eating Rice from Bamboo Roots: The Social History of a Community of Handicraft*. Cambridge, Harvard University Press, 2009.

_____. Women's Work and the Politics of Homespun in Socialist China, 1949-1980. *International Review of Social History*, v. 57, n. 3, 2012, p. 365-91.

FAIRBANK, John K. *The United States and China*. 4. ed., Cambridge, Harvard University Press, 1983.

FAN, Shitao. *Xue Muqiao Chronicle* (薛 暮 桥 年 谱). Pequim, no prelo.

FANG, Weizhong. 11-2 June: Zhao Ziyang's Hearing of the Report on the Comprehensive Reform Approach of Combing Price Tax and Fiscal Reform (赵紫阳听取济体制改革总体思路，价税财改革思路汇报). In: _____. *Forward in the Storm:* Chronology of China's Reform and Development (1977-1989), v. 9: *1986* (在风浪中前进：中国发展与改革编年记事), 2004, p. 72-82. Manuscrito não publicado.

_____. *Record of Thirty Years, 1977-1989*, v. 2 (十三年纪事, 1977-1989, 下卷). Pequim, China Planning Press, 2014.

FEWSMITH, Joseph. *Dilemmas of Reform in China: Political Conflict and Economic Debate*. Armonk, M. E. Sharpe, 1994.

FILATOCHEV, Igor; BRADSHAW, Roy. The Soviet Hyperinflation: Its Origins and Impact Throughout the Former Republics. *Soviet Studies*, v. 44, n. 5, 1992, p. 739-59.

FISCHER, Karin. The Influence of Neoliberals in Chile before, during, and after Pinochet. In: MIROWSKI, Philip; PLEHWE, Dieter (orgs.). *The Road from Mont Pèlerin:* The Making of the Neoliberal Thought Collective. Cambridge, Harvard University Press, 2009, p. 305-46.

FOLEY, Duncan. Socialist Alternatives to Capitalism I: Marx to Haye. *Lecture at the Havens Institute*, University of Wisconsin, Madison, 6-7 abr. 2011. Disponível em: <https://ideas.repec.org/p/new/wpaper/1705.html>; acesso em: 2 dez. 2022.

FOLHA DE S.PAULO. Antônio Delfim Netto. *Folha de S.Paulo*, 2018. Disponível em: <https://www1.folha.uol.com.br/folha/treinamento/hotsites/ai5/personas/delfimNetto.html>; acesso em: 14 abr. 2023.

FRIEDEN, Jeffry A. The Brazilian Borrowing Experience: From Miracle to Debacle and Back. *Latin American Research Review*, v. 22, n. 1, 1987, p. 95-131.

FRIEDMAN, Milton. *Friedman in China*. Hong Kong, Chinese University Press, 1990.

_____. *Friedman on Galbraith and on Curing the British Disease*. Londres, Institute of Economic Affairs, 1977.

_____. Money and Inflation (货币与通货膨胀). *Comments on International Economics*, n. 1, 1981, p. 9-23.

_____. Monumental Folly. *Newsweek*, 25 jun. 1973, p. 64-5.

_____. Price, Income, and Monetary Changes in Three Wartime Periods. *American Economic Review*, v. 42, n. 2, 1952, p. 612-25.

_____. Speech at International Studies Advisory Committee (ISAC) Dinner. Hoover Institution on War, Revolution and Peace Records, 1988.

_____. What Price Guideposts? In: SHULTZ, George; ALIBER, Robert Z. (orgs.) *Guidelines, Informal Controls, and the Market Place:* Policy Choices in a Full Employment Economy. Chicago, The University of Chicago Press, 1966.

_____; FRIEDMAN, Rose. *Free to Choose: A Personal Statement*. Nova York, Harcourt Brace Jovanovich, 1980 [ed. bras.: *Livre para escolher*. Trad. Ligia Filgueiras, 11. ed., Rio de Janeiro, Record, 2015].

_____; SCHWARTZ, Anna J. *A Monetary History of the United States*. Princeton, Princeton University Press, 1963.

FROST, Robert. The Road Not Taken. In: _____. *Mountain Interval*. Nova York, Henry Holt and Co., 1920, p. 9-10.

FUCHS, James R. Oral History Interview with Arthur N. Young. *Harry S. Truman Library and Museum*, 1974. Disponível em: <https://www.trumanlibrary.gov/library/oral-histories/young>; acesso em: 14 abr. 2023.

FUHRMANN, Uwe. *Die Entstehung der "Sozialen Marktwirtschaft" 1948-9:* Eine historische Dispositivanalyse. Constança, UKV, 2017.

FUKUYAMA, Francis. The End of History? *The National Interest*, n. 16, 1989, p. 3-18.

FULLER, Pierre. *Famine Relief in Warlord China*. Cambridge, Harvard University Asia Center, 2019.

FUNDO MONETÁRIO INTERNACIONAL (FMI). World Economic Outlook Database. Retrieved June 1, 2017. Disponível em: <https://www.imf.org/external/pubs/ft/weo/2017/01/weodata/index.aspx>; acesso em: 14 abr. 2023.

_____ et al. *A Study of the Soviet Economy*, v. 1. Paris, World Bank, 1991.

_____ et al. *The Economy of the USSR:* Summary and Recommendations. Washington, World Bank, 1990.

FUNG, Kwok-Kwan. Introduction. In: FUNG, Kwok-Kwan (org.). *Social Needs Versus Economic Efficiency in China:* Sun Yefang's Critique of Socialist Economics. Nova York, M. E. Sharpe, 1982, p. 13-5.

GALE, Esson M. Introduction. In: GALE, Esson M. (org.) *Discourses on Salt and Iron:* A Debate on State Control of Commerce and Industry in Ancient China. Leyden, Late E. J. Brill, 1931, p. xv-li.

_____. Public Administration of Salt in China: A Historical Survey. *The Annals of the American Academy of Political and Social Science*, n. 152, 1930, p. 241-51.

GALBRAITH, J. K. *A China Passage*. Nova York, Paragon House, 1973.

_____. *A Life in Our Times*. Boston, Houghton Mifflin Company, 1981 [ed. bras.: *Uma vida em nossos tempos*. Trad. Wamberto Hudson Ferreira, 2. ed., Brasília, Editora UnB, 1986].

_____. *A Theory of Price Control*. Cambridge, Harvard University Press, 1980 [ed. bras.: *Uma teoria do controle dos preços*. Trad. José Murillo de Carvalho, Rio de Janeiro, Forense--Universitária, 1986].

_____. Price Control: Some Lessons from the First Phase. *American Economic Review*, v. 33, n. 1, 1943, p. 253-9.

_____. Revolt in Our Time: The Triumph of Simplistic Ideology. In: PRINS, Gwyn (org.). *Spring in Winter:* The 1989 Revolutions. Manchester, Manchester University Press, 1992.

_____. The Rush to Capitalism. *The New York Review*, 25 out. 1990. Disponível em: <http://www.nybooks.com/contributors/john-kenneth-galbraith/>; acesso em: 14 abr. 2023.

_____. The Selection and Timing of Inflation Controls. *The Review of Economics and Statistics*, v. 23, n. 2, 1941, p. 82-5.

GANG, Yi. The Price Reform and Inflation in China, 1979-1988. *Comparative Economic Studies*, v. 32, n. 4, 1990, p. 28-61.

GAO, Shangquan. The Revelation We Received from the Economic System Reform in Hungary and Yugoslavia (匈牙利，南斯拉夫经济体制改革给我们的启示). In: CESRRI (org.). *A Difficult Exploration:* An Investigation of the Reforms in Hungary and Yugoslavia. Pequim, Economic Management, 1987, p. 1-14.

_____; CHEN, Yizi; WANG, Xiaoqiang. Investigation of Reforms in Hungary and Yugoslavia. *Chinese Economic Studies*, 22, n. 3, 1989, p. 80-8.

_____. Report on the Investigation in Hungary and Yugoslavia (匈牙利，南斯拉夫改革考察报告). In: CESRRI (org.). *A Difficult Exploration:* An Investigation of the Reforms in Hungary and Yugoslavia. Pequim, Economic Management, 1987, p. 15-30.

GAO, Wangling. A Study of Chinese Peasant "Counter-Action". In: KIMBERLEY, Ens Manning; WEMHEUER, Felix (orgs.). *Eating Bitterness:* New Perspectives on China's Great Leap Forward and Famine. Vancouver, University of British Columbia Press, 2011, p. 274-8.

GARMS, Eckard. Vorwort. In: GARMS, Eckard; MIXIUS, Andreas (orgs.). *Wirtschaftsreform in China:* Chinesische Beitraege zur Theoriediskussion von Sun Yefang u.a. Hamburgo, Mitteilungen des Instituts Fuer Asienkudne, 1980, p. 7-30.

GENG, Chongyi; ZHOU, Wangjun. The 1988 Intensifying Price Increases and the Process of Calming Down Panic Buying (1988 年物价上涨加剧与平息抢购风经过). In: CHENG, Zhiping (org.). *50 Years of Prices in China, 1949-1998* (中国物价五十年 1949-1998). Pequim, China Price Publishing House, 1998, p. 542-56.

GEORGE, Konstantin. 1988 Polish Crisis: Worse Than 1980-81. *EIR International*, v. 15, n. 20, 1988, p. 32-4.

GEWIRTZ, Julian. *Unlikely Partners:* Chinese Reformers, Western Economists, and the Making of Global China. Cambridge, Harvard University Press, 2017 [ed. bras.: *Parceiros improváveis:* reformistas chineses, economistas ocidentais e a formação da China global. Rio de Janeiro, Alta books, 2018].

GIERSCH, Herbert. *Die Offene Gesellschaft und Ihre Wirtschaft:* Aufsätze und Kommentare aus fuünf Jahrzehnten. Hamburgo, Murmann, 2006.

GITTINGS, John. *The Changing Face of China:* From Mao to Market. Oxford, Oxford University Press, 2006.

GOLDSMITH, Raymond W. *A Study of Saving in the United States*. Princeton, Princeton University Press, 1955.

GOTTSCHANG, Thomas R. Introduction. In: DU Runsheng. *Reform and Development in Rural China*. Nova York, St. Martin's, 1995, p. 1-9.

GOVERNMENT OF THE PROC. Zhou Xiaochuan (周小川). 2017. Disponível em: <http://www.gov.cn/guoqing/2013-03/11/content_2583176.htm>; acesso em: 14 abr. 2023.

GRAHAM, Angus. The Place of Reason in the Chinese Philosophical Tradition. In: DAWSON, Raymond (org.). *The Legacy of China*. Oxford, Oxford University Press, 1964, p. 28-56.

GUO, Shuqing. A Brief Note on Each Article. In: CHINA DEVELOPMENT RESEARCH FOUNDATION (org.). *Chinese Economists on Economic Reform*: Collected Works of Guo Shuqing. Oxon, Routledge, 2012, p. xxi-xxxiii.

_____. Famous International Scholars and Experts Discuss China's Economic Reforms (国际知名学者和专家谈中国经济改革). *Comparative Economic and Social Systems*, n. 3, 1985, p. 6-11.

_____. On the Target Model of Price Reform (January 1985). In: CHINA DEVELOPMENT RESEARCH FOUNDATION (org.). *Chinese Economists on Economic Reform:* Collected Works of Guo Shuqing. Oxon, Routledge, 2012, p. 22-7.

_____; LIU, Jirui; QIU, Shufang. Comprehensive Reform is in Urgent Need of Overall Planning. In: CHINA DEVELOPMENT RESEARCH FOUNDATION (org.). *Chinese Economists on Economic Reform:* Collected Works of Guo Shuqing. Oxon, Routledge, 2012, p. 28-36.

_____; ZHAO, Renwei. Target Model and Transition Measures (目标 模式和过渡步骤). In: CHINA ECONOMIC SYSTEM REFORM RESEARCH CONFERENCE (org.).

Macroeconomic Management and Reform: Selected Speeches of the Macroeconomic Management Symposium. Pequim, Economic Daily, 1986, p. 16-23.

HAGEMANN, Harald. Colm, Gerhard. In: HAGEMANN, Harald; KROHN, Claus-Dieter (orgs.). *Biographisches Handbuch der Deutschsprachigen Wirtschaftswissenschaftlichen Emigration nach 1933.* Munique, K. G. Sauer, 1999, p. 104-13.

HAHN, Frank. Reflections on the Invisible Hand. *Fred Hirsch Memorial Lecture.* University of Warwick, 1981. Disponível em: <https://warwick.ac.uk/fac/soc/economics/research/workingpapers/1978-1988/twerp196.pdf>; acesso em: 14 abr. 2023.

HALPERN, Nina P. Making Economic Policy: The Influence of Economists. In: JOINT ECONOMIC COMMITTEE CONGRESS OF THE UNITED STATES (org.). *China's Economy Looks Toward the Year 2000,* v. 1: *The Four Modernizations.* Washington, U.S. Government Printing Office, 1986, p. 132-46.

_____. *Economic Specialists and the Making of Chinese Economic Policy (1955-1983).* Tese (doutorado), Ann Arbor, University of Michigan, 1985. Não publicado.

_____. Review of Economic Theories in China by Robert C. Hsu. *Pacific Affairs,* v. 66, n. 2, 1993, p. 267-8.

_____. Social Scientists as Policy Advisers in Post-Mao China: Explaining the Pattern of Advice. *The Australian Journal of Chinese Affairs,* v. 19, n. 20, 1988, p. 215-40.

HAMM, Patrick; KING, Lawrence P.; STUCKLER, David. Mass Privatization, State Capacity, and Economic Growth in Post-Communist Countries. *American Sociological Review,* v. 77, n. 2, 2012, p. 295-324. Disponível em: <https://doi.org/10.1177/0003122412441354>; acesso em: 14 abr. 2023.

HAN, Zhirong et al. The Decision on Economic System Reform and the Task of Price Reform (关于经济体制改革 的决定和价格改革的任务). In: CHENG, Zhiping (org.). *50 Years of Prices in China, 1949-1998* (中国物价 五十年, 1949-1998). Pequim, China Price Publishing House, 1998, p. 487-502.

_____ et al. The Overall Unfolding of the Reform of Prices of Agricultural Goods and Agricultural Production Materials (农产品和农用生产资料价格改革全面展开). In: CHENG, Zhiping (org.). *50 Years of Prices in China, 1949-1998* (中国物价五十年, 1949-1998). Pequim, China Price Publishing House, 1998, p. 503-19.

HANSEN, Alvin H. Defense Financing and Inflation Potentialities. *The Review of Economics and Statistics,* v. 23, n. 1, 1941. p. 1-7.

HARRIS, Seymour E. *Price and Related Controls in the United States.* Nova York, McGrawHill, 1945.

HAYEK, Friedrich A. Review: How to Pay for the War by J. M. Keynes. *The Economic Journal,* v. 50, n. 198-9, 1940, p. 321-6.

_____. The Nature and History of the Problem. In: HAYEK, Friedrich (org.). *Collectivist Economic Planning.* Londres, Routledge/Kegan Paul, 1935, p. 1-40.

_____. The Present State of the Debate. In: HAYEK, Friedrich (org.). *Collectivist Economic Planning.* Londres, Routledge/Kegan Paul, 1935, p. 201-44.

_____. *The Road to Serfdom.* Londres, George Routledge and Sons, 1944 [ed. bras.: *O caminho da servidão.* Trad. Anna Maria Capovilla, José Ítalo Stelle e Liane de Morais Ribeiro. 5. ed., Rio de Janeiro, Instituto Liberal, 1990].

HE, Weiling. *He Weiling Manuscript:* The Legend (传说中的何维凌手稿). Hong Kong, Strong Wind, 2015.

HEBEI PROVINCE "Turning Unified Procurement into Tax" Experiment Leading Group. Report on the Progress and Situation of the "Turning Unified Procurement into Tax" Experiment (关于统购改税试点进行情况的报告). In: GAO, Xiaomeng (org.). *Research on Grain Issues in China* (中国粮食问题研究). Pequim, Economic Management, 1987, p. 224-8.

HEILMANN, Sebastian; PERRY, Elizabeth J. Embracing Uncertainty: Guerrilla Policy Style and Adaptive Governance in China. In: HEILMANN, Sebastian; PERRY, Elizabeth J. (orgs.) *Mao's Invisible Hand:* The Political Foundations of Adaptive Governance in China. Cambridge, Harvard University Asia Center, 2011, p. 1-29.

HIBBS, Douglas A. On the Political Economy of Long-Run Trends in Strike Activity. *British Journal of Political Sciences*, n. 8, n. 2, 1978, p. 153-75.

HIRSCHMAN, Albert. Reflections on the Latin American Experience. In: LINDBERG, Leon; MAIER, Charles (orgs.). *The Politics of Inflation and Economic Stagnation*. Washington, Brookings Institution, 1985, p. 53-7.

HOFF, Trygve J. B. *Economic Calculation in the Socialist Society*. Londres, William Hodge and Co., 1949.

HOLBIG, Heike. *Inflation als Herausforderung der Legitimation Politischer Herrschaft in der VR China:* Wirtschaftspolitische Strategien in den Jahren 1987-1989. Hamburgo, Mitteilungen des Instituts für Asienkunde, 2001.

HOLT, Richard P. F. (org.) *The Selected Letters of John Kenneth Galbraith*. Cambridge, Cambridge University Press, 2017.

HONIG, Emily; ZHAO, Xiaojian. *Across the Great Divide:* The Sent-Down Youth Movement in Mao's China, 1968-1980. Cambridge, Cambridge University Press, 2019.

HSIA, Ronald. *Price Control in Communist China*. Nova York, International Secretariat Institute of Pacific Relations, 1953.

HSIAO, Katherine H. *Money and Monetary Policy in Communist China*. Nova York, Columbia University Press, 1971.

HSU, Robert C. Economics and Economists in Post-Mao China: Some Observations. *Asian Survey*, v. 28, n. 12, 1988, p. 1.211-28. Disponível em: <https://doi.org/10.1525/as.1988.28.12.01p0217m>; acesso em: 14 abr. 2023.

_____. *Economic Theories in China (1979-1988)*. Cambridge, Cambridge University Press, 1991.

HU, Bading. The Tenth Plenary Meeting of the Political Bureau of the Central Committee Adopted the Preliminary Plan for Price and Wage Reform (中央政治局第十次全体会议原则通过价格、工资改革初步方案). *China Price Yearbook*, 1989, p. 12-3.

HU, Jichuang. *A Concise History of Chinese Economic Thought*. Pequim, Foreign Language Press, 2009.

HU, Qiaomu. Act in Accordance with Economic Laws, Step Up the Four Modernizations (按照经济规律办事，加快实现四个现代化). *People's Daily*, 6 out. 1978, p. 1.

_____. Act in Accordance with Economic Laws, Step Up the Four Modernizations. In: MYERS, James T.; DOMES, Jünger; YEH, Milton D. (orgs.) *Chinese Politics:* Documents and Analysis, v. 4: *Fall of Hua Kuo-Feng (1980) to the Twelfth Party Congress (1982)*. Colúmbia, University of South Carolina Press, 1995, p. 169-99.

HUA, Sheng. The Complete Story of the Dual-Track Price System (双轨制始末). *China Reform*, n. 1, 2005, p. 22-5.

_____; ZHANG, Xuejun; LUO, Xiaopeng. 10 Years of Reform in China: Review, Reflections and Prospects (中国改革十年：回顾，反思和前景). *Economic Research*, n. 9, 1988, p. 13-37.

_____; _____; _____. *China:* From Revolution to Reform. Londres, Macmillan, 1993.

_____ et al. A Restructuring of the Microeconomic Foundation: More on China's Further Reform and Some Related Thoughts (微观经济基础的重新构造：再论中国进一步改革的问题和思路). *Economic Research*, n. 3, 1986, p. 21-8.

_____ et al. A Restructuring of the Microeconomic Foundation: More on China's Further Reform and Some Related Thoughts. *Chinese Economic Studies*, v. 20, n. 4, 1987, p. 3-26.

HUAN, Kuan. *Discourses on Salt and Iron:* A Debate on State Control of Commerce and Industry in Ancient China. Esson McDowell Gale, Leyden, Late E. J. Brill (org. e trad.), 1931.

HUANG, Jiangnan et al. On China's Current Economic Situation and Several Views on the Adjustment of the National Economy (关于我国当前经济形势和国民经济调整问题的若干看法). Internal Manuscript, *Red Flag Magazine*, n. 1, 1981, p. 1-22.

HUANG, Peijian. The Comparative School of Thought and China's Economic Reforms (比较经济学派和中国经济改革). *Economic Observer*, 2 ago. 2004.

HUANG, Yanjie. *Constructing a National Oikonomia:* China's Great Monetary Revolution, 1942-1950. EAI Working Paper, n. 161, jan. 2013.

HYMES, Robert P. Moral Duty and Self-Regulating Process in Southern Sung Views of Famine Relief. In: HYMES, Robert. P.; SCHIROKAUER, Conrad (orgs.). *Ordering the World: Approaches to State and Society in Sung Dynasty China*. Berkeley, University of California Press, 1993, p. 280-310.

_____; SCHIROKAUER, Conrad (orgs.). *Ordering the World:* Approaches to State and Society in Sung Dynasty China. Berkeley, University of California Press, 1993.

INSTITUTO MISES. Introduction: Inflation and Price Control by L. von Mises. *Mises Daily Articles*, 2005. Disponível em: <https://mises.org/library/inflation-and-price-control>; acesso em: 14 abr. 2023.

JESSOP, Bob. Liberalism, Neoliberalism, and Urban Governance: A State-Theoretical Perspective. *Antipode*, v. 34, n. 3, 2002, p. 458-78.

_____. Neoliberalism and Workfare: Schumpeterian or Ricardian? In: CAHILL, Damien; COOPER, Melinda; PRIMROSE, David (orgs.). *The Sage Handbook of Neoliberalism*. Londres, Sage, 2018, p. 347-59.

JOHNSON, Paul; PAPAGEORGIOU, Chris. What Remains of Cross-Country Convergence? *Journal of Economic Literature*, v. 58, n. 1, 2020, p. 129-75.

JIANG, Zemin. Full Text of Jiang Zemin's Report at 14th Party Congress, 1992. *Beijin Review*, atualiz. 29 mar. 2011. Disponível em: <http://www.bjreview.com.cn/document/txt/2011-03/29/content_363504.htm>; acesso em: 10 maio 2023.

KALECKI, Michał. *Inflationary and Deflationary Tendencies, 1946-1948*. Nova York, United Nations Department of Economic Affairs, 1949.

_____. *Survey of Current Inflationary and Deflationary Tendencies*. Nova York, United Nations Department of Economic Affairs, 1947.

KARL, Rebecca E. *The Magic of Concepts:* History and the Economic in Twentieth-Century China. Durham, Duke University Press, 2017.

_____. The Shadow of Democracy. *The Journal of Asian Studies*, v. 78, n. 2, 2019, p. 379-87.

KATONA, George. *Price Control and Business:* Field Studies Among Producers and Distributors of Consumer Goods in the Chicago Area, 1942-1944. Indianápolis, Cowles Commission for Research in Economics, 1945.

KEYNES, John M. *How to Pay for the War:* A Radical Plan for the Chancellor of the Exchequer. Nova York, Harcourt, Brace and Company, 1940.

_____. Letter to Professor F. A. Hayek, 28 June 1944. In: MOGGRIDGE, Donald (org.). *The Collected Writings of John Maynard Keynes*, v. 27: *Activities 1940-1946 Shaping the Post-War World:* Employment and Commodities. Londres, Cambridge University Press, 1980, p. 385-8.

_____. Review: The Economic Principles of Confucius and his School by Chen Huan-Chang. *The Economic Journal*, v. 22, n. 88, 1912, p. 584-88.

_____. *The General Theory of Employment, Interest and Money*. Nova York, Harcourt, Brace and World, 1936 [ed. bras.: *Teoria geral do emprego, do juro e da moeda*. Trad. Manuel Resende, São Paulo, Saraiva, 2013].

KEYSER, Catherine H. *Professionalizing Research in Post-Mao China:* The System Reform Institute and Policymaking. Armonk, M. E. Sharpe, 2003.

KING, Frank H. H. *Money and Monetary Policy in China 1845-1895*. Cambridge, Harvard University Press, 1965.

KLEIN, Naomi. *The Shock Doctrine*: The Rise of Disaster Capitalism. Nova York, Picador, 2007 [ed. bras.: *A doutrina do choque:* a ascensão do capitalismo de desastre. Trad. Vania Cury, Rio de Janeiro, Nova Fronteira, 2008].

KOFORD, Kenneth; COLANDER, David C. Taming the Rent Seeker. In: COLANDER, David C. (org.) *Neoclassical Political Economy:* The Analysis of Rent-Seeking and DUP Activities. Cambridge, Ballinger, 1984, p. 205-16.

KORNAI, János. Adjustments to Price and Quantity Signals in a Socialist Economy. In: CSIKÓS-NAGY, Béla; HAGUE, Douglas C.; HALL, Graham (orgs.). *The Economics of Relative Prices:* Proceedings of a Conference Held by the International Economic Association in Athens, Greece. Londres, Macmillan, 1984, p. 60-77.

_____. *By Force of Thought:* Irregular Memoirs of an Intellectual Journey. Cambridge, MIT Press, 2006.

_____. *Economics of Shortage*. Amsterdã, North-Holland, 1980.

_____. Providing the Chinese Reformers with Some Hungarian Lessons (提供给中国改革者的匈牙利的一些经验教训). In: CHINA ECONOMIC SYSTEM REFORM RESEARCH CONFERENCE (org.). *Macroeconomic Management and Reform*: Selected Speeches of the Macroeconomic Management Symposium. Pequim, Economic Daily, 1986.

_____. *The Road to a Free Economy:* Shifting from a Socialist System. The Example of Hungary. Nova York, W.W. Norton, 1990.

_____. Transformational Recession: The Main Causes. *Journal of Comparative Economics*, v. 19, n. 1, 1994, p. 39-63.

_____. WU, Jinglian: Birthday Greetings 2010.1.5. Disponível em: <http://www.kornai-janos.hu/Kornai%20WU%20Jinglian%20Birthday%20greetings%202010.III.3.pdf>; acesso em: 14 abr. 2023.

KOSTA, Jiří. *Nie Aufgeben:* Ein Leben Zwischen Bangen und Hoffnung. 2. ed., Berlim, Philo and Philo Fine Arts, 2004.

_____. Zum Lebensweg von Ota Šik. In: NUTZINGER, Hans G.; KOSTA, Jiří (orgs.). *Ota Šik:* Kasseler Universitaetsreden Heft 8. Kassel, Boxan Repro und Druck, 1990, p. 20-5.

KOTZ, David; WEIR, Fred. *Revolution from Above:* The Demise of the Soviet System. Londres, Routledge, 1997.

KRAUS, Richard A. *Cotton and Cotton Goods in China, 1918-1936.* Nova York, Garland, 1980.

KROCK, Arthur. Veto of the OPA Bill Major Political Event. *New York Times*, 30 jun. 1946.

KROLL, Jurij L. Toward a Study of the Economic Views of Sang Hung-Yang. *Early China*, v. 4, 1978, p. 11-8.

KROMPHARDT, Wilhelm. Marktspaltung und Kernplanung in der Volkswirtschaft. *Dortmunder Schriften zur Sozialforschung*, n. 3, 1947.

KULKE, Ulli. Ein Undiplomatischer Diplomat und die Freiheitsliebe: Ein Interview mit Erwin Wickert. *Welt*, 9 abr. 2007. Disponível em: <https://www.welt.de/politik/article800571/Ein-undiplomatischer-Diplomat-und-die-Freiheitsliebe.html>; acesso em: 14 abr. 2023.

KUZNETS, Simon. *National Product in Wartime.* Nova York, National Bureau of Economic Research, 1945. Disponível em: <https://www.nber.org/books-and-chapters/national-product-wartime>; acesso em: 14 abr. 2023.

LAGUERODIE, Stephanie; VERGARA, Francisco. The Theory of Price Controls: John Kenneth Galbraith's Contribution. *Review of Political Economy*, v. 20, n. 4, 2008, p. 569-93.

LAI, Xiaogang. *A Springboard for Victory:* Shandong Province and Chinese Communist Military and Financial Strength, 1937-1945. Leiden, Brill, 2011.

LAM, Lai Sing. *The Romance of the Three Kingdoms and Mao's Global Order of Tripolarity.* Berna, Peter Lang, 2011.

LANGE, Oskar. On the Economic Theory of Socialism: Part One. *Review of Economic Studies*, v. 4, n. 1, 1936, p. 53-71.

_____. The Computer and the Market. In: FEINSTEIN, Charles H. (org.) *Socialism, Capitalism and Economic Growth:* Essays Presented to Maurice Dobb. Cambridge, Cambridge University Press, 1967, p. 158-61.

LAPWOOD, Ralph; LAPWOOD, Nancy. *Through the Chinese Revolution.* Letchworth, The Garden City, 1954.

LARDY, Nicholas R. *Agriculture in China's Modern Economic Development. Foreign Affairs*, v. 62. Cambridge, Cambridge University Press, 1983.

_____. *Agricultural Prices in China.* World Bank Staff Working Paper No. 606. Washington, World Bank, 1984.

_____. Reconsidering China's Economic System (中国经济体制再论). *Comparative Economic and Social Systems*, n. 2, 1988, p. 17-52.

_____; LIEBERTHAL, Kenneth. Introduction. In: LARDY, Nicholas R.; LIEBERTHAL, Kenneth (orgs.). *Chen Yun's Strategy for China's Development: A Non-Maoist Alternative*. Armonk, M. E. Sharpe, 1983, p. xi-xliii.

_____; _____ (orgs.). *Chen Yun's Strategy for China's Development:* A non-Maoist Alternative. Armonk, M. E. Sharpe, 1983.

LAVOIE, Don. *National Economic Planning:* What is Left? Cambridge, Ballinger, 1985.

LEON, David; SHKOLNIKOV, Vladímir. Social Stress and the Russian Mortality Crisis. *Journal of the American Medical Association*, v. 279. n. 10, 1998, p. 790-1.

LEUNG, John K.; KAU, Michael Y. M. Editor's Introduction to On the Ten Major Relationships. In: LEUNG, John K.; KAU, Michael Y. M. (orgs.) *The Writings of Mao Zedong, 1949-1976*, v. 2: *January 1956-December 1957*. Armonk, M. E. Sharpe, 1992, p. 43-5.

LEVY, David M; PEART, Sandra J. Socialist Calculation Debate. In: ARROW, Kenneth et al. (orgs.) *The New Palgrave Dictionary of Economics 1961*. 2. ed., Londres, Palgrave MacMillan, 2008, p. 1.074-7.

LI, Chaomin. The Influence of Ancient Chinese Thought on the Ever-Normal Granary of Henry A. Wallace and the Agricultural Adjustment Act of the New Deal. In: CHENG, Lin; PEACH, Terry; WANG, Fang (orgs.). *The History of Ancient Chinese Economic Thought*. Abingdon, Routledge, 2014, p. 210-24.

LI, Feng. *Early China:* A Social and Cultural History. Cambridge, Cambridge University Press, 2013.

LI, Jingwei. Deng Xiaoping Said During Meeting with Alfonsin: The Third World Is the Greatest Force for Peace (邓小平会见阿方辛时说：第三世界是最大的和平力量). *People's Daily*, 16 maio 1988, p. 1.

LI, Xiannian. Speech by Comrade Li Hsien-Nien, Vice-Premier and Minister of Finance. In: EIGHTH NATIONAL CONGRESS OF THE COMMUNIST PARTY OF CHINA. *Speeches*, v. 2. Pequim, Foreign Language Press, 1956, p. 206-24.

LI, Xianglu. Remembering a Venerable Elder at the Forefront of Reform (回忆一位站在改革前沿的长者). *Yanhuang Chunqiu Magazine*, n. 2, 2016, p. 18-24.

LI, Yining. *Chinese Economy in Disequilibrium (*非均衡的中国经济*)*. Pequim, Economic Daily, 1990.

_____. *Chinese Economy in Disequilibrium*. Berlim, Springer, 2014.

_____. Comparing Two Schools of Reform Thought (两种改革思路的比较). In: _____. *Selected Works of Li Yining*. Xian, Xian People's Press, 1988, p. 89-94.

_____. *Galbraith's Institutional Economics* (论加尔布雷思的制度经济学说). Pequim, Commercial Press, 1979.

_____. Li Yining: Biographical Note. In: _____. *Economic Reform and Development in China*. Cambridge, Cambridge University Press, 2012, p. vi-vii.

_____. Should Price Reform or Ownership Reform be Prioritized? (价格改革为主还是所有制改革为主). *Science of Finance*, n. 2, 1988, p. 86-90.

_____. *Reflections on China's Economic Reform* (中国经济改革的思路). Pequim, China Prospect, 1989.

_____. The Basic Line of Thought on China's Reform (改革的基本思路). *Beijing Daily*, 19 maio 1986, p. 3.

LIM, Edwin. The Influence of Foreign Economists in the Early Stages of China's Reforms. In: SHENGGEN, Fan et al. (orgs.) *The Oxford Companion to the Economics of China*. Oxford, Oxford University Press, 2014, p. 47-53.

_____. The Opening of the Mind to the Outside World in China's Reform and Opening Process (序二：中国改革开放过程中的对外思想开放). In: WU, Jinglian et al. (orgs.) *30 Years of Reform Through the Eyes of 50 Economists: Review and Analysis* (中国经济50人看三十年：回顾与分析). Pequim, China Economics Press, 2008, p. 43-51.

LIN, Chen. "Control the Money Supply, Reform Prices": Interview with Economist Wu Jinglian ("管住货币，改革价格"：访经济学家吴敬琏). *Besides Hope*, n. 29, 1988, p. 13-6.

LIN, Chun. On the Role of the Forces of Production in Historical Development (论生产力在历史发展中的作用). *Historical Research*, n. 5, 1977, p. 37-53.

LIN, Cyril C. The Reinstatement of Economics in China Today. *The China Quarterly*, v. 85, n. 3, 1981, p. 1-48.

LIN, Man-houng. *China Upside Down:* Currency, Society, and Ideologies, 1808-1856. Cambridge, Harvard University Asia Center, 2006.

LIN, Yifu. Rural Reforms and Agricultural Growth in China. *The American Economic Review*, v. 82, n. 1, 1992, p. 34-51.

LINDER, Wilhelm. Monetary Aspects of Recent Developments in Eastern Europe: A Summarized Assessment. *Economic Education Bulletin*, v. xxx, n. 8, 1990, p. 14-27.

LING, Huanming. Intellectual Response to China's Economic Reform. *Asian Survey*, v. 28, n. 5, 1988, p. 541-54.

LING, Tseng; LEI. Han. *The Circulation of Money in the People's Republic of China*. Moscou, Gosfinizdat, 1959.

LIPTON, David; SACHS, Jeffrey D. Creating a Market Economy in Eastern Europe: The Case of Poland. *Brookings Papers on Economic Activity*, v. 21, n. 1, 1990, p. 75-147.

_____; _____. Prospects for Russia' s Economic Reforms. *Brookings Papers on Economic Activity*, n. 2, 1992, p. 213-83.

LIU, Guoguang; ZHANG, Zhuoyuan. Economic System Reform and Macroeconomic Management: Commentaries on the "International Conference on Macroeconomic Management" (经济体制改革与宏观经济管理："宏观经济管理国际讨论会"评述). *Economic Research*, n. 12, 1985, p. 3-19.

_____ et al. Economic Reform and Macroeconomic Management: Commentaries on the International Conference on Macroeconomic Management. *Chinese Economic Studies*, v. 20, n. 3, 1987, p. 3-45.

_____; ZHAO, Renwei. Relationship Between Planning and the Market Under Socialism (关于社会主义经济计划与市场的关系问题). *Economic Research*, v. 7, n. 4, 1979, p. 11-21.

_____; _____. Relationship Between Planning and the Market Under Socialism. In: WANG, George C. (org.) *Economic Reform in the PRC*: In Which China's Economists Make Known What Went Wrong, Why, and What Should be Done About It. Boulder, Westview, 1982, p. 89-104.

LIU, Hong. Dong Fureng: Preserve Integrity to Become Great (董辅礽：守身为大). *Wu Han University News Center*, 2009. Disponível em: <http://news.whu.edu.cn/info/1005/24464.htm>; acesso em: 14 abr. 2023.

_____. *Wu Jinglian:* Scientific Critical Biographies of Contemporary Chinese Economists (吴敬链: 当代中国经济学家学术评传). Xian, Shanxi Normal University Press, 2002.

LIU, Hong. The Bashanlun Roundtrip (巴山论之行). *Economic Observer*, 4 set. 2009.

_____. *The Eighties:* Glory and Dreams of Chinese Economic Scholars (八〇代:中国经济学人的光荣与梦想). Guilin, Guanxi Normal University Press, 2010.

LIU, Suinian; WU, Qungan (orgs.). *China's Socialist Economy:* An Outline History (1949-1984). Pequim, Beijing Review, 1986.

LIU, Wei. Research on China's 1988 "Crashing through the Barrier of Price Reform" (1988 年中国"价格闯关"研究). *Central Party School*, 2011.

LOEFFLER, Bernhard. *Soziale Marktwirtschaft und Administrative Praxis Das Bundeswirtschaftsministerium Unter Ludwig Erhard*. Wiesbaden, Franz Steiner, 2002.

LOEWE, Michael. Attempts at Economic Co-ordination During the Western Han Dynasty. In: SCHRAM, Stuart R. (org.) *The Scope of State Power in China*. Londres, School of Oriental and African Studies, 1985, p. 237-68.

_____. *Crisis and Conflict in Han China, 104 BC to AD 9*. Londres, George Allen and Unwin, 1974.

_____. Review of Erling v. Mende, Bertram Schefold, and Hans Ulrich Vogel, *Huan Kuan, Yantie lun:* Vademecum zu dem Klassiker der Chinesischen Wirtschaftsdebatten. *Early China*, v. 26, 2001, p. 285-9.

LOU, Jiwei. Lou Jiwei Looks Back on 40 Years Since Entering Tsinghua: 2017 Tsinghua University School of Economic Management Graduation Ceremony Speech (楼继伟回首清华入学40年：清华大学经济管理学院2017毕业典礼演讲). Disponível em: <http://www.sohu.com/a/153915867_641792>; acesso em: 14 abr. 2023.

_____. *The 1985 Program Office:* Transcription of Lou Jiwei's Tsinghua Lecture, 16-19 September, 2011 (1985年方案办 － 楼继伟清华讲课), 2011. Manuscrito não publicado.

_____; ZHOU, Xiaochuan. On the Direction of Reform in the Price System and Related Modeling Methods (论我国价格体系改革方向及其有关的模型方法). *Economic Research*, n. 10, 1984, p. 13-20.

_____; _____. On the Direction of Reform in the Price System. *Chinese Economic Studies*, v. 22, n. 3, 1989, p. 14-23.

LOWENSTEIN, Matthew. Return to the Cage: Monetary Policy in China's First Five-Year Plan. *Twentieth-Century China*, v. 44, n. 1, 2019, p. 53-74.

LU, Hao. Li Yining: Scientific Critical Biographies of Contemporary Chinese Economists (厉以宁 － 当代中国经济学家学术评传). Xian, Shanxi Normal University Press, 2002.

LU, Mai; FENG, Minglian. The Evolution of China's Reform and Development Process. In: WANG Mengkui (org.). *Thirty Years of China's Reform*. Oxon, Routledge, 2012, p. 27-69.

LU, Nan; LI, Mingzhe. Use of Input-Output Techniques for Planning the Price Reform. In: POLENSKE, Karen R.; CHEN, Xikang (orgs.). *Chinese Economic Planning and Input-Output Analysis*. Oxford, Oxford University Press, 1991, p. 81-92.

COMO A CHINA ESCAPOU DA TERAPIA DE CHOQUE

LUO, Guanzhong. *Romance of the Three Kingdoms*. Adelaide, University of Adelaide, 1959.

LUO, Xiaopeng. "Turning Unified Procurement into Tax" Propaganda Outline (统购改税试点宣传提纲). In: GAO, Xiaomeng (org.). *Research on Grain Issues in China* (中国粮食问题研究). Pequim, Economic Management, 1987, p. 229-43.

_____. Luo Xiaopeng: Commentary on the History of Price Reform (罗小：价格改革历史述评). 2008. Disponível em: <http://luo-xiaopeng.blog.sohu.com/107129688.html>; acesso em: 14 abr. 2023.

LUO, Zhiru; LI, Yining. *The British Economy in the 20th Century*: Research on the "British Disease" (二十世纪的英国经济："英国病"研究). Pequim, People's Publishing House, 1978.

MACARINI, José Pedro. A política econômica da ditadura militar no limiar do "milagre" brasileiro: 1967-69. Texto para Discussão IE/Unicamp, n. 99, 2000.

MACFARQUHAR, Roderick. Foreword. In: ZHAO Ziyang. *Prisoner of the State*: The Secret Journal of Premier Zhao Ziyang. Nova York, Simon & Schuster, 2009, p. xvii-xxv.

MADDISON, Angus. *Chinese Economic Performance in the Long Run, 960-2030 A.D.* 2. ed., Paris, OECD, 2007.

_____. *The World Economy*: A Millennial Perspective. Paris, OECD, 2001.

MADRA, Yahya M.; ADAMAN, Fikret. Public Economics After Neoliberalism: A Theoretical--Historical Perspective. *The European Journal of the History of Economic Thought*, v. 17, n. 4, 2010, p. 1.079-106.

MALLORY, Walter H. *China:* Land of Famine. Worcester, Commonwealth Press, 1926.

MANDEL, Ernest. *Trotsky as Alternative*. Nova York, Verso, 1995 [ed. bras.: *Trotsky como alternativa*. Trad. Arlene E. Clemesha, São Paulo, Xamã, 1995].

MANDEVILLE, Bernard. *The Fable of the Bees*. Londres, Penguin, 1970 [ed. bras.: *A fábula das abelhas:* ou vícios privados, benefícios públicos. Trad. Bruno Costa Simões, São Paulo, Editora Unesp, 2018].

MANSFIELD, Harvey C. *Historical Reports on War Administration:* A Short History of OPA. Washington, Office of Temporary Controls and Office of Price Administration, 1947.

MAO, Tsé-tung. *A Critique of Soviet Economics*. Nova York, Monthly Review Press, 1977.

_____. *On New Democracy*. Pequim, Foreign Language Press, 1960 [1940].

_____. Opening Speech at the First Plenary Session of the CPPCC, September 21, 1949. In: KAU, Michael Y. M.; LEUNG, John K. (orgs.) *The Writings of Mao Zedong, 1949-1976*: *September 1949-December 1955*. Armonk, M. E. Sharpe, v. 1, 1986, p. 3-7.

_____. On the Ten Major Relationships. In: LEUNG, John K.; KAU, Michael Y. (orgs.) *The Writings of Mao Zedong, 1949-1976,: January 1956-December 1957*. Armonk, M. E. Sharpe, v. 2, 1992, p. 43-66.

MCGREGOR, Richard. Chinese Support of Foreign Investment Put to the Test. *Financial Times*, 15 jan. 2006. Disponível em: <https://www.ft.com/content/7e31fcaa-85e7-11da-bee0-0000779e2340>; acesso em: 14 abr. 2023.

MEDVEDEV, Vadim. Price Reform: The Missing Link? Failure of Political Will. In: ELLMAN, Michael; KONTOROVICH, Vladímir (orgs.). *The Destruction of the Soviet Economic System:* An Insiders' History. Nova York, Routledge, 1998.

MEHRLING, Perry. *The Money Interest and the Public Interest:* American Monetary Thought, 1920-1970. Cambridge, Harvard University Press, 1998.

MEISNER, Maurice Jerome. *Mao's China and After*. 3. ed., Nova York, The Free Press, 1999.

_____. The Maoist Legacy and Chinese Socialism. *Asian Survey*, v. 44, n. 11, 1977, p. 1.016-27.

MERKLEIN, Renate. China Ist Derzeit ein Grosses Laboratorium. *Der Spiegel*, 1º dez. 1980, p. 167-87.

MIDDLE-AGED and Young Economic Scientific Workers Conference. Report Nr. 1: Two Ways of Thinking About Price Reform (价格改革的两种思路). *Economic Research Reference Material*, n. 1.252, 1985.

_____. Report Nr. 2: Several Issues Interrelated with Price Reform (与价格改革相关的若干问题). *Economic Research Reference Material*, n. 1.252, 1985.

MIHM, Stepehn. Milk Wars Curdled U.S. Canada Relationship Long Ago. *Bloomberg*, 29 abr. 2017. Disponível em: <https://www.bloomberg.com/view/articles/2017-04-29/milk-wars-curdled-u-s-canada-relationship-long-ago>; acesso em: 14 abr. 2023.

MILBURN, Olivia. The Book of the Young Master of Accountancy: An Ancient Chinese Economics Text. *Journal of the Economic and Social History of the Orient*, v. 50, n. 1, 2007, p. 19-40.

MILLER, Chris. *The Struggle to Save the Soviet Economy:* Mikhail Gorbachev and the Collapse of the USSR. Chapel Hill, The University of North Carolina Press, 2016.

MILLS, D. Quinn. Some Lessons of Price Controls in 1971-1973. *The Bell Journal of Economics*, v. 6, n. 1, 1975, p. 3-49.

MITTER, Rana. Shaped by Conflict: New Writing on China's Wartime Experience in the Early Twentieth Century. *Twentieth-Century China*, v. 45, n. 1, 2020, p. 113-8.

MONT PÈLERIN SOCIETY. Past Presidents. Disponível em: <https://www.montpelerin.org/event/429dba23-fc64-4838-aea3-b847011022a4/websitePage:70b9574d-cdec-43a0-920a-c6f74c8f746c/>; acesso em: 14 abr. 2023.

MURPHY, Michael et al. The Widening Gap in Mortality by Educational Level in the Russian Federation, 1980-2001. *American Journal of Public Health*, v. 96. n. 7, 2006, p. 1.293-9. Disponível em: <https://doi.org/10.2105/AJPH.2004.056929>; acesso em: 14 abr. 2023.

MUSGRAVE, Richard A. Hansen, Alvin (1887-1975). In: ARROW, Kenneth et al. (orgs.) *The New Palgrave Dictionary of Economics*. 2. ed., Londres, Palgrave MacMillan, 2008. Disponível em: <http://www.dictionaryofeconomics.com/article?id=pde2008_H000014>; acesso em: 14 abr. 2023.

MYERS, James T. China: Modernization and "Unhealthy Tendencies". *Comparative Politics*, v. 21, n. 2, 1989, p. 193-213.

MYERS, Ramon H. The Agrarian System. In: FAIRBANK, John K.; FEUERWERKER, Albert (orgs.). *The Cambridge History of China: Republican China 1912-1949*, parte 2. Cambridge, Cambridge University Press, v. 131986, p. 230-69.

NATIONAL BUREAU OF ECONOMIC RESEARCH. US Business Cycle Expansion and Contraction. 2012. Disponível em: <https://www.nber.org/research/data/us-business-cycle-expansions-and-contractions>; acesso em: 14 abr. 2023.

NATIONAL BUREAU OF STATISTICS. Compilation of Sixty Years' of Statistics of the New China (新中国六十年统计资料汇编). Pequim, China Statistical Press, 2010.

NAUGHTON, Barry. Deng Xiaoping: The Economist. *China Quarterly*, n. 135, 1993, p. 491-514.

_____. *Growing out of the Plan:* Chinese Economic Reform (1978-1993). Cambridge, Cambridge University Press, 1995.

_____. Inflation and Economic Reform in China. *Current History*, v. 88, n. 539, 1989, p. 269-91.

_____. Inflation in China: Patterns, Causes and Cures. In: JOINT ECONOMIC COMMITTEE CONGRESS of the United States (org.). *China's Economic Dilemmas in the 1990s:* The Problems of Reforms, Modernization, and Interdependence. Armonk, M. E. Sharpe, 1991, p. 135-59.

_____. Introduction: Biographical Preface. In: NAUGHTON, Barry (org.). *Wu Jinglian:* Voice of Reform in China. Cambridge, MIT Press, 2013, p. 97-118.

NEW YORK TIMES. Letters to the Times: Price Control Recommended – Economists Favor Continuation of Act for Another Year. *New York Times*, 9 abr. 1946, p. 23.

NICHOLLS, Anthony J. *Freedom with Responsibility:* The Social Market Economy in Germany 1918-1963. Oxford, Oxford University Press, 2000.

NOLAN, Peter. *China at the Crossroads*. Cambridge, Polity Press, 2004.

_____. *China's Rise, Russia's Fall:* Politics, Economic and Planning in the Transition from Stalinism. Basingstoke, Macmillan, 1995.

_____. The Causation and Prevention of Famines: A Critique of A. K. Sen. *Journal of Peasant Studies*, v. 21, n. 1, 1993, p. 1-28.

_____. *The Political Economy of Collective Farms:* An Analysis of China's Post-Mao Rural Reforms. Cambridge, Polity, 1988.

_____; DONG, Fureng (orgs.). *The Chinese Economy and its Future: Achievements and Problems of Post-Mao Reform*. Cambridge, Polity/Basil Blackwell, 1990.

NOTZON, Francis C. et al. Causes of Declining Life Expectancy in Russia. *Journal of the American Medical Association*, v. 279, n. 10, 1998, p. 793-800.

NOVOKMET, Filip; PIKETTY, Thomas; ZUCMAN, Gabriel. From Soviets to Oligarchs: Inequality and Property in Russia 1905-2016. *NBER Working Papers*, 23712, ago. 2017. Disponível em: <http://www.nber.org/papers/w23712>; acesso em: 14 abr. 2023.

OBSERVATORY OF ECONOMIC COMPLEXITY. Country Profile Russia. *Observatory of Economic Complexity*, 2018. Disponível em: <https://oec.world/en/profile/country/rus>; acesso em: 14 abr. 2023.

OI, Jean C. Market Reforms and Corruption in Rural China. *Studies in Comparative Communism*, v. 22, n. 2-3, 1989, p. 221-33.

_____. Peasant Grain Marketing and State Procurement: China's Grain Contracting System. *The China Quarterly*, v. 106, n. 3, 1986, p. 272-90.

_____ *Rural China Takes Off:* Institutional Foundations of Economic Reform. Berkeley, University of California Press, 1999, p. 19-34.

_____. *State and Peasants in Contemporary China:* The Political Economy of Village Government. Berkeley: University of California Press, 1989.

ÖTSCH, Walter; PÜHRINGER, Stephan; HIRTE, Katrin. *Netzwerke des Marktes:* Ordoliberalismus als Politische Ökonomie. Wiesbaden, Springer, 2018.

PANTSOV, Alexander V.; LEVINE, Steven I. *Deng Xiaoping:* A Revolutionary Life. Oxford, Oxford University Press, 2015.

PARKER, Richard. *J. K. Galbraith:* A 20th Century Life. Londres, Old Street, 2005.

PEEBLES, Gavin. *Money in the People's Republic of China:* A Comparative Perspective. Sydney, Allen & Unwin, 1991.

PEOPLE'S DAILY. Editorial, *People's Daily*, 2 out. 1949.

_____. Deng Xiaoping Stressed at the Symposium "China and the World in the 21st Century" that Conditions Were Ready to Take on the Risk of Comprehensive Reform of Prices and Wages (邓小平会见"九十年代的中国与世界"会议代表时强调我们有条件冒全面改革物价工资风险). *People's Daily*, 4 jun. 1988, p. 1.

_____. Let the Struggle against Bourgeois Liberalization Penetrate Deeply (把反对资产阶级自由化的斗争引向深入). *People's Daily*, 17 maio 1987, p. 1.

_____. The Political Bureau of the CPC Central Committee Held the 10th Plenary Meeting and Approved the Preliminary Plan of Price and Wage Reform in Principle (中央政治局召开第十次全体会议 原则通过价格工资改革初步方案). *People's Daily*, 19 ago. 1988.

PEPPER, Suzanne. *Civil War in China:* The Political Struggle, 1945-1949. Lanham, Roman & Littlefield, 1999.

_____. The KMT-CCP Conflict 1945-1949. In: FAIRBANK, John K.; FEUERWERKER, Albert (orgs.). *The Cambridge History of* China: *Republican China 1912-1949*, parte 2. Cambridge, Cambridge University Press, v. 13, 1986, p. 723-88.

PERKINS, Dwight H. *Market Control and Planning in Communist China*. Cambridge, Harvard University Press, 1966.

_____. Price Stability and Development in Mainland China (1951-1963). *Journal of Political Economy*, v. 72, n. 4, 1964, p. 360-75.

PERRY, Elizabeth; HEILMANN. Embracing Uncertainty: Guerrilla Policy Style and Adaptive Governance in China. In: PERRY, Elizabeth J.; HEILMANN, Sebastian (orgs.). *Mao's Invisible Hand:* The Political Foundations of Adaptive Governance in China. Cambridge, Harvard University Press, 2011, p. 1-29.

PETERSON INSTITUTE FOR INTERNATIONAL ECONOMICS. Anders Åslund, 20 jan. 2017. Disponível em: <https://piie.com/experts/former-research-staff/anders-aslund?author_id=455>; acesso em: 14 abr. 2023.

PHILLIPS-FEIN, Kim. Business Conservatives and the Mont Pelerin Society. In: MIROWSKI, Philip; PLEHWE, Dieter (orgs.). *The Road from Mont Pelerin:* The Making of the Neoliberal Thought Collective. Cambridge, Harvard University Press, 2009, p. 280-303.

PIGOU, Arthur C. Review: The Road to Serfdom by F. A. Hayek. *The Economic Journal*, v. 54, n. 214, 1944. p. 217-9.

PINES, Yuri. *Envisioning Eternal Empire:* Chinese Political Thought of the Warring States Era. Honolulu, University of Hawai'i Press, 2009.

_____. Legalism in Chinese Philosophy. *The Stanford Encyclopedia of Philosophy*. Metaphysics Research Lab, Stanford University, 2018. Disponível em: <https://plato.stanford.edu/entries/chinese-legalism/>; acesso em: 14 abr. 2023.

POLENSKE, Karen R. Chinese Input-Output Research from a Western Perspective. In: POLENSKE, Karen R.; CHEN Xikang (orgs.). *Chinese Economic Planning and Input-Output Analysis*. Hong Kong, Oxford University Press, 1991, p. 1-26.

POPOV, Vladímir. Shock Therapy Versus Gradualism: The End of the Debate. *Comparative Economic Studies*, v. XLII, n. 1, 2000, p. 1-57. Disponível em: <https://doi.org/10.5539/ass.v4n2p17>; acesso em: 14 abr. 2023.

_____. Shock Therapy Versus Gradualism Reconsidered: Lessons from Transition Economies after 15 Years of Reforms. *Comparative Economic Studies*, n. 49, n. 1, 2007, p. 1-31. Disponível em: <https://doi.org/10.1057/palgrave.ces.8100182>; acesso em: 14 abr. 2023.

PROGRAM OFFICE (Office for Researching a Reform Programme of the State Council). *Basic Outline for Reform in the Next Two Years* (明后两年配套改革的基本思路). 25 abr. 1986. Documento não publicado.

REDDAWAY, Peter; GLINSKI, Dmitri. *The Tragedy of Russia's Reforms:* Market Bolshevism against Democracy. Washington, United States Institute of Peace, 2001.

RESEARCH DEPARTMENT OF PARTY LITERATURE. *Major Documents of the People's Republic of China:* Selected Important Documents Since the Third Plenary Session of the Eleventh Central Committee of the Communist Party of China (December 1978 and November 1989). Pequim, Foreign Languages Press, 1991.

RESEARCH GROUP FOR AN OVERALL PLAN under the Economic System Reform Commission. Design of an Overall Plan for Economist System Reform (经济体制改革总体规划构思). *Economic Research Reference Material*, n. 35, 1986.

REYNOLDS, Bruce (org.) *Chinese Economic Reform:* How Far, How Fast? Boston, Academic Press, 1988.

_____. Introduction. In: REYNOLDS, Bruce (org.). *Reform in China:* Challenges and Choices. A Summary and Analysis of the CESRRI Survey Prepared by the Staff of the Chinese Economic System Reform Research Institute. Armonk, M. E. Sharpe, 1987, p. xv-xvii.

_____ (org.). *Reform in China:* Challenges and Choices. A Summary and Analysis of the CESRRI Survey Prepared by the Staff of the Chinese Economic System Reform Research Institute. Armonk, M. E. Sharpe, 1987.

RICHTER, Irving; MONTGOMERY, David. *Labor's Struggles, 1945-1950*: A Participant's View. Cambridge, Cambridge University Press, 1994.

RICHTER, Josef. In Memoriam: Dr. Jiří Skolka. *Review of Income and Wealth*, v. 46, n. 1, 2000, p. 129-30.

RICKETT, W. Allyn. *Guanzi:* Political, Economic and Philosophical Essays from Early China. v. 2. Princeton, Princeton University Press, 1998.

_____. Kuan tzu (管子). In: LOEWE, Michael (org.). *Early Chinese Texts:* A Bibliographical Guide. New Haven, Birdtrack, 1993, p. 244-51.

RISKIN, Carl. *China's Political Economy:* The Quest for Development Since 1949. Oxford, Oxford University Press, 1987.

_____. Red China is No Monolith – Review: China's Economic System by A. Donnithorne. *Columbia Journal of World Business*, v. 4, n. 1, 1969, p. 89-90.

ROBBINS, Lionel. *An Essay on the Nature and Significance of Economic Science*. 2. ed., Londres, Macmillan and Co., 1945.

_____. Foreword. In: BRESCIANI-TURRONI, Constantino. *The Economics of Inflation:* A Study of Currency Depreciation in Post-War Germany. Northampton, John Dickens & Co., 1937, p. 5-6.

_____. Restrictionism and Planning. In: _____. *The Great Depression*. Nova York, Books for Libraries Press, 1934, p. 125-59.

ROBINSON, Joan. *The Cultural Revolution in China*. Harmondsworth, Penguin, 1969.

ROCKOFF, Hugh. *Drastic Measures:* A History of Wage and Price Controls in the United States. Cambridge, Cambridge University Press, 1984.

RODRIK, Dani. Diagnostics before Prescription. *Journal of Economic Perspectives*, v. 24, n. 3, 2010, p. 33-44. Disponível em: <https://doi.org/10.1257/jep.24.3.33>; acesso em: 14 abr. 2023.

ROLAND, Gérard; VERDIER, Thierry. Transition and the Output Fall. *Economics of Transition*, v. 7, n. 1, 1999, p. 1-28. Disponível em: <https://doi.org/10.1111/1468-0351.00002>; acesso em: 14 abr. 2023.

RONAN, Colin A. *The Shorter Science and Civilisation in China: An Abridgement of Joseph Needham's Original Text*. Cambridge, Cambridge University Press, v. 1, 1978.

RONG, Jingben. Memories of One Episode in 30 Years of Reform and Opening Up (忆改革开放三十年中的一段往事). *Teahouse for Economists*, n. 37, 2008, p. 45-9.

_____. Preface. In: WU, Jinglian; RONG, Jingben (orgs.). *Corruption:* Exchange of Money and Power (腐败：货币与权力的交换). Pequim, China Prospect, 1989, p. 1-5.

ROSTOW, Walt W. *The Prospects for Communist China*. Nova York, MIT Press/John Wiley & Sons, 1954.

ROWE, William T. *Saving the World:* Chen Hongmou and Elite Consciousness in Eighteenth Century China. Stanford, Stanford University Press, 2001.

_____. *Speaking of Profit:* Bao Shichen and Reform in Nineteenth-Century China. Cambridge, Harvard University Asia Center, 2018.

SACHS, Jeffrey. Building a Market Economy in Poland. *Scientific American*, v. 266, n. 3, 1992, p. 34-40.

_____. Building a Market Economy in Poland. *Scientific American*, mar. 1992, p. 20-6.

_____. *Poland's Jump to the Market Economy (Lionel Robbins Lecture, 3)*. Cambridge, MIT Press, 1994.

_____. Privatization in Russia: Some Lessons from Eastern Europe. *The American Economic Review*, v. 82, n. 2, 1992, p. 43-8.

_____. Russia's Struggle with Stabilization: Conceptual Issues and Evidence. *The World Bank Research Observer*, 1994, p. 57-80. Disponível em: <https://doi.org/10.1093/wber/8.suppl_1.57>; acesso em: 14 abr. 2023.

_____; LIPTON, David. Poland's Economic Reform. *Foreign Affairs*, v. 69, n. 3, 1990, p. 47-66.

SAMUELS, Warren J. Taussig, Frank William (1859-1940). In: VERNENGO, Matias; CALDENTEY, Esteban Perez; ROSSER JR, Barkley J. (orgs.) *The New Palgrave Dictionary of Economics*, 2008. Disponível em: <http://www.dictionaryofeconomics.com/extract?id=pde2008_T000016>; acesso em: 14 abr. 2023.

SANDLER, C. Out Under Fire: Galbraith, OPA's Price Chief, Quits in Midst of Maxon Feud. *Washington Post*, n. 1, 1º jun. 1943.

SARGENT, Thomas J. The Ends of Four Big Inflations. In: HALL, Robert E. (org.) *Inflation*: Causes and Effects. Cambridge, University of Chicago Press, 1982, p. 41-98.

SCHMALZER, Sigrid. *Red Revolution, Green Revolution*: Scientific Farming in Socialist China. Chicago, Chicago University Press, 2016.

SCHRAM, Stuart R. China After the 13th Congress. *The China Quarterly*, v. 114, 1988, p. 177-97.

SCHRAN, Peter. China's Price Stability: Its Meaning and Distributive Consequences. *Journal of Comparative Economics*, n. 1, n. 4, 1977, p. 367-88.

SCHWARTZ, Benjamin I. *In Search of Wealth and Power*: Yen Fu and the West. Cambridge, Harvard University Press, 1964.

SCHUMPETER, Joseph A. *Ten Great Economists*: From Marx to Keynes. Londres, Routledge, 1997 [ed. bras.: *Teorias econômicas*: de Marx a Keynes. Trad. Rui Jungman, Rio de Janeiro, Zahar, 1970].

SECRETARIAT OF THE MEETING of Young Adult Economic Workers. The Meeting Report of the Young Adult Economic Science Workers Academic Discussion Meeting. In: KEYSER, Catherine H. (org.) *Professionalizing Research in Post-Mao China*: The System Reform Institute and Policymaking. Armonk, M. E. Sharpe, 2003, p. 157-8.

SECRETARIAT OF UNIDO. An Input-Output Table for China 1975. *Industry and Development*, n. 10, 1984, p. 47-59.

SELDEN, Mark (org.). *The People's Republic of China*: A Documentary History of Revolutionary Change. Nova York, Monthly Review Press, 1979.

SERVIÇO DE TELEVISÃO DE PEQUIM. Zhao Ziyang and Li Peng Visit Fasting Students at Tiananmen Square. In: OKSENBERG, Michel; LAMBERT, Marc; MANION, Melanie (orgs.). *Beijing Spring, 1989*. Confrontation and Conflict: The Basic Documents. Armonk, M. E. Sharpe, 1990, p. 288-9.

SHIH, Victor C. *Factions and Finance in China*: Elite Conflict and Inflation. Cambridge, Cambridge University Press, 2008.

SHIRK, Susan L. *Political Logic of Economic Reform in China*. Berkeley, University of California Press, 1993.

ŠIK, Ota. Angst vor dem Machtverlust. *Wirtschaftswoche*, v. 35, n. 5, 1982, p. 56-9.

_____. *Communist Power System*. Nova York, Praeger Publishers, 1981.

_____. *Das Kommunistische Machtsystem*. Hamburgo, Hoffmann und Campe, 1976.

_____. *Die Tschechoslowakische Wirtschaft auf Neuen Wegen*. Praga, Orbis, 1965.

_____. *Plan and Market Under Socialism*. Praga, Prague Academia, 1967.

_____. *Prager Frühlingserwachen: Erinnerungen*. Herford, Busse Seewald, 1988.

_____. Socialist Market Relations and Planning. In: FEINSTEIN, Charles H. (org.) *Socialism, Capitalism and Economic Growth*: Essays Presented to Maurice Dobb. Cambridge, Cambridge University Press, 1967, p. 133-58.

SIMKIN, Colin G. F. (1978). Hyperinflation and Nationalist China. In: BERSTROM, Albert R. et al. (orgs.) *Stability and Inflation*: A Volume of Essays to Honour the Memory of A. W. H. Phillips. Chichester, John Wiley & Sons, p. 113-31.

SIXTH PLENARY SESSION of the 11th Central Committee of the Communist Party. Resolution on Certain Questions in the History of Our Party Since the Founding of the People's Republic adopted on June 27, 1981. In: LIU, Suinian; WU, Qungan (orgs.). *China's Socialist Economy:* An Outline History (1949-1984). Pequim, Beijing Review, 1986, p. 578-636.

SKOLKA, Jiři. Use of Input-Output Models in the Preparation of Price Reform in China. *Industry and Development (United Nations Industrial Development Organization),* n. 10, 1984, p. 61-73.

SLOBODIAN, Quinn. *Globalists:* The End of Empire and the Birth of Neoliberalism. Cambridge, Harvard University Press, 2018 [ed. bras.: *Globalistas:* o fim do império e nascimento do neoliberalismo. Trad. Olivir de Freitas, [s.l.], Enunciado, 2022].

SMITH, Adam. *The Wealth of Nations.* Londres, Penguin Books, 1999 [ed. bras.: *A riqueza das nações.* Trad. Daniel Moreira Miranda, São Paulo, Edipro, 2022].

SMITH, Paul J. State Power and Economic Activism During the New Policies, 1068-1085: The Tea and Horse Trade and the "Green Sprouts" Loan Policy. In: HYMES, Robert P.; SCHIROKAUER, Conrad (orgs.). *Ordering the World:* Approaches to State and Society in Sung Dynasty China. Berkeley, University of California Press, 1993, p. 76-127.

SOLINGER, Dorothy J. *Chinese Business Under Socialism:* The Politics of Domestic Commerce in Contemporary China. Los Angeles, University of California Press, 1984.

SONG, Guoqing. Interest Rate, Inflation Expectation and Savings Tendency: The Role of Expectations from the Perspective of Savings During Two High Inflation Periods (利率、通货膨胀预期与储蓄倾向—两次高通胀期间的储蓄倾向看预期的作用). *Economic Research,* n. 7, 1995, p. 3-10.

_____. Rules and Regulations for Implementing "Turning Unified Procurement into Tax" in Ningjin County, Hebei Province (河北省宁晋县统购改税实施细则). In: GAO, Xiaomeng (org.). *Research on Grain Issues in China* (中国粮食问题研究). Pequim, Economic Management, 1987, p. 46-55.

SPENGLER, Joseph. Ssu-Ma Ch'ien, Unsuccessful Exponent of Laissez Faire. *Southern Economic Journal,* v. 30, n. 3, 1964, p. 223-43.

STIGLITZ, Joseph E. Transition to a Market Economy: Explaining the Successes and Failures. In: SHENGGEN Fan et al. (orgs.) *The Oxford Companion to the Economics of China.* Oxford, Oxford University Press, 2014, p. 36-41.

_____. *Whither Socialism?* Wicksell Lectures. Cambridge, MIT Press, 1994.

_____. Whither Reform? Ten Years of Transition. *Annual World Bank Conference on Development Economics,* Washington, abr. 1999.

STOUT, Rex. *The Silent Speaker.* Nova York, Viking, 1946 [ed. bras.: *Um discurso fatal.* Trad. Maria Helena Pires, Rio de Janeiro, Nova Fronteira, 1984].

STUCKLER, David; KING, Lawrence; MCKEE, Martin. Mass Privatisation and the Post--Communist Mortality Crisis: A Cross-National Analysis. *The Lancet,* v. 373, n. 9.661, 2009, p. 399-407. Disponível em: <https://doi.org/10.1016/S0140-6736(09)60005-2>; acesso em: 14 abr. 2023.

SU, Shaozhi. Response to Commentary, 15 January 1988. *Bulletin of Concerned Asian Scholars,* v. 20, n. 1, 1988, p. 28-35.

SUN, Faming. *On the Gathering and Dispersing Tide*: China's Rural Development Research Group (潮聚潮散: 记中国农村发展问题研究组). Hong Kong, Strong Wind Press, 2011.

SUN, Yan. *The Chinese Reassessment of Socialism, 1976-1992*. Princeton, Princeton University Press, 1995.

SUN, Yefang. Forcefully and Confidently Grasp the Concept of Socialist Profit (要理直气壮地抓社会主义利润). *Economic Research*, v. 9, 1978, p. 2-14.

_____. The Role of "Value". In: FUNG, Kwok-Kwan (org.). *Social Needs Versus Economic Efficiency in China*: Sun Yefang's Critique of Socialist Economics. Armonk, M. E. Sharpe, 1982, p. 36-81.

SWANN, Nancy Lee. *Food and Money in Ancient China:* The Earliest Economic History of China to A.D. 25 (Han Shu 24). Princeton, Princeton University Press, 1950.

TAUSSIG, Frank W. Price-Fixing as Seen by a Price-Fixer. *Quarterly Journal of Economics*, v. 33, n. 2, 1919, p. 205-41.

TEIWES, Frederick C.; SUN, Warren. China's Economic Reorientation after the Third Plenum: Conflict Surrounding "Chen Yun's" Readjustment Program, 1979-1980. *China Quarterly*, v. 70, 2013, p. 163-87.

_____; _____. China's New Economic Policy under Hua Guofeng: Party Consensus and Party Myths. *China Quarterly*, n. 66, 2011, p. 1-23.

_____; _____. *Paradoxes of Post-Mao Rural Reform:* Initial Steps Toward a New Chinese Countryside, 1976-1981. Londres, Routledge, 2015.

_____; _____. *The End of the Maoist Era:* Chinese Politics During the Twilight of the Cultural Revolution, 1972-1976. Armonk, M. E. Sharpe, 2007.

TIAN, Yuan; CHEN, Desun. Thinking About the Reasoning on Price Reform (关于价格改革思路的思路). *Economic Daily*, 29 set. 1984, p. 3.

THORSTEN, Marie; SUGITA, Yoneyuki. Joseph Dodge and the Geometry of Power in US--Japan Relations. *Japanese Studies*, v. 19, n. 3, 1999, p. 297-314.

TOBIN, James. The Economy of China: A Tourist's View. *Challenge*, v. 16, n. 1, 1973, p. 20-31.

TOPOROWSKI, Jan. *Michał Kalecki:* An Intellectual Biography, v. 2: *By Intellect Alone, 1939-1970*. Cham, Palgrave Macmillan, 2018.

_____. Włodzimierz Brus. *Royal Economics Society Newsletter*, n. 139, 2007.

TOWER, Samuel A. Quick Action Urged: New Stabilizer Tells Congress "Speculative Fever" Is Rampant. *New York Times*, 19 fev. 1946.

TRESCOTT, Paul B. How Keynesian Economics Came to China. *History of Political Economy*, v. 44, n. 2, 2012, p. 341-64.

_____. *Jingji Xue:* The History of the Introduction of Western Economic Ideas into China, 1850-1950. Hong Kong, The Chinese University Press, 2007.

TRÓTSKI, Leon. *The Revolution Betrayed:* What Is the Soviet Union and Where Is It Going? Londres, Faber, 1937 [ed. bras.: *A revolução traída*. Trad. Henrique Canary, Rodrigo Ricupero e Paula Maffei. 2. ed., São Paulo, Sundermann, 2020].

TRUMAN, Harry S. Executive Order 9599. 18 ago. 1945. Disponível em: <http://www.presidency.ucsb.edu/ws/index.php?pid=77920>; acesso em: 14 abr. 2023.

_____. *Memoirs of Harry S. Truman, Year of Decisions 1945*, v. 1, Londres, Hodder and Stoughton, 1955.

_____. Radio Address to the American People on Wages and Prices in the Reconversion Period. 30 out. 1945. Disponível em: <http://www.presidency.ucsb.edu/ws/index.php?pid=12303>; acesso em: 14 abr. 2023.

_____. Radio Address to the Nation on Price Controls. 29 jun. 1946. Disponível em: <https://www.presidency.ucsb.edu/documents/radio-address-the-nation-price-controls>; acesso em: 14 abr. 2023.

TSAKOK, Isabelle. Inflation Control in the People's Republic of China, 1949-1974. *World Development*, v. 7, n. 8-9, 1979, p. 865-75.

UNICEF. *A Decade of Transition*: Regional Monitoring Report, v. 8. Florença, Unicef Innocenti Research Center, 2001.

US DEPARTMENT OF STATE. *United States Relations with China*: With Special Reference to the Period 1944-1949. Washington, Department of State Publications, 1949.

VANDERMEERSCH, Léon. An Enquiry into the Chinese Conception of the Law. In: SCHRAM, Stuart R. (org.) *The Scope of State Power in China*. Londres, School of Oriental and African Studies, 1985, p. 3-27.

VON GLAHN, Richard. *The Economic History of China*: From Antiquity to the Nineteenth Century. Cambridge, Cambridge University Press, 2016.

VON MISES, Ludwig. Economic Calculation in the Socialist Commonwealth. In: HAYEK, Friedrich A. (org.) *Collectivist Economic Planning*. 6. ed., Londres, Routledge/Kegan Paul, 1963, p. 87-130.

_____. Inflation and Price Control. In: _____ *Planning for Freedom and Twelve Other Essays and Addresses*. Illinois, Libertarian Press, 1974, p. 72-82.

_____. Middle-of-the-Road Policy Leads to Socialism. In: _____. *Planning for Freedom and Twelve Other Essays and Addresses*. Illinois, Libertarian Press, 1974, p. 18-35.

VAN DER SPRENKEL, Otto B. Part One. In: VAN DER SPRENKEL, Otto B.; GUILLAIN, Robert; LINDSAY, Michael (orgs.). *New China*: Three Views. Londres, Turnstile Press, 1951.

VAN DE VEN, Hans. *China at War*: Triumph and Tragedy in the Emergence of the New China. Cambridge, Harvard University Press, 2018.

_____. *War and Nationalism in China, 1925-1945*. Londres, Routledge, 2003.

VOGEL, Ezra F. Chen Yun: His Life. *Journal of Contemporary China*, v. 14, n. 45, 2005, p. 741-59.

_____. *Deng Xiaoping and the Transformation of China*. Cambridge, Harvard University Press, 2011.

WAGNER, Donald B. *The State and the Iron Industry in Han China*. Copenhague, Nias, 2001.

_____. *The Traditional Chinese Iron Industry and Its Modern Fate*. Richmond, Curzon, 1997.

_____; NEEDHAM, Joseph. *Science and Civilisation in China*, v. 5: *Chemistry and Chemical Technology. Party 11. Ferrous Metallurgy*. Cambridge, Cambridge University Press, 2008.

WALKER, Kenneth R. Chinese Agriculture During the Period of Readjustment, 1978-1983. *China Quarterly*, v. 100, 1984, p. 783-812.

WANG, Hui. *The End of the Revolution*: China and the Limits of Modernity. Londres, Verso, 2011.

WANG, Mengkui. About the Author. In: CHINA DEVELOPMENT RESEARCH FOUNDATION (org.). *Chinese Economists on Economic Reform:* Collected Works of Ma Hong. Oxon, Routledge, 2014, p. xii-xvi.

WANG, Tong-eng. Economic Policies and Price Stability in China. *China Research Monographs*, n. 16, 1980.

WANG, Xiaolu. *The Road of Reform 1978-2018* (改革之路：我们的四十年). Pequim, Social Science Documents, 2019.

WANG, Xiaoqiang. *China's Price and Enterprise Reform*. Basingstoke, Macmillan, 1998.

_____. Critique of Agrarian Socialism (农业社会主义批判). *Issues in Agricultural Economics*, v. 2, 1980, p. 9-20.

_____. Critique of Agrarian Socialism (农业社会主义批判). *Unfinished Manuscripts* (未定稿), n. 49, 1979.

_____. Transcending the Logic of Private Ownership. *Chinese Economic Studies*, v. 23, n. 1, 1989, p. 43-56.

_____; JI, Xiaoming. Thoughts on the Model of Nonstock Enterprises. *Chinese Economic Studies*, v. 22, n. 2, 1988, p. 38-46.

_____; _____. Thoughts on the Model of Nonstock Enterprises (企业非股份化模式的思考). Economic Daily, 1985.

_____; ZHANG, Gang. An Overview of the CESRRI Survey. In: REYNOLDS, Bruce (org.). *Reform in China:* Challenges and Choices. A Summary and Analysis of the CESRRI Survey Prepared by the Staff of the Chinese Economic System Reform Research Institute. Armonk, M. E. Sharpe, 1987, p. xxv-xxxii.

WAR RECORDS SECTION BUREAU OF THE BUDGET. *The United States at War:* Development and Administration of the War Program by the Federal Government. Washington, United States Government Printing Office, 1946.

WEBER, Isabella M. China and Neoliberalism: Moving Beyond the China Is/Is not Neoliberal Dichotomy. In: CAHILL, Damien; COOPER, Melinda; PRIMROSE, David (orgs.). *The Sage Handbook of Neoliberalism*. Londres, Sage, 2018, p. 219-33.

_____. Shooting for an Economic "Miracle": German Pos-War Neoliberal Thought in China's Market Reform Debate. In: SLOBODIAN, Quinn; PLEHWE, Dieter. *Market Civilizations*: Neoliberals East and South. Nova York, Zone, 2022.

_____. Das Westdeutsche und das Chinesische "Wirtschaftswunder": Der Wettstreit um die Interpretation von Ludwig Erhards Wirtschaftspolitik in Chinas Preisreformdebatte der 1980er. *Jahrbuch für Historische Kommunismusforschung*, 2020, p. 55-69.

_____. On the Necessity of Money in an Exchange-Constituted Economy: The Cases of Smith and Marx, *Cambridge Journal of Economics*, v. 43, n. 6, 2019, p. 1.459-83. Disponível em: <https://doi.org/10.1093/cje/bez038>; acesso em: 14 abr. 2023.

_____. Origins of China's Contested Relation with Neoliberalism: Economics, the World Bank, and Milton Friedman at the Dawn of Reform. *Global Perspectives*, v. 1, n. 1, 2020, p. 1-14. Disponível em: <https://doi.org/10.1525/gp.2020.12271>; acesso em: 14 abr. 2023.

_____. The (Im-)Possibility of Rational Socialism: Mises in China's Market Reform Debate. (2021). *Economics Department Working Paper Series*. 316. Disponível em: <https://doi.org/10.7275/yaxp-kz63>; acesso em: 24 maio 2023.

_____. The Ordoliberal Roots of Shock Therapy: Germany's "Economic Miracle" in China's 1980s Reform Debate. In: SLOBODIAN, Quinn; PLEHWE, Dieter (orgs.). *Market Prophets from the Margins:* Neoliberals East and South. Brooklyn, Zone, 2022.

_____. *Unlikely Partners:* Chinese Reformers, Western Economists, and the Making of Global China. *The China Quarterly*, v. 237, 2019, p. 257-9. Disponível em: <https://doi.org/10.1017/s0305741019000080>; acesso em: 14 abr. 2023.

_____; SEMIENIUK, Gregor. American Radical Economists in Mao's China: From Hopes to Disillusionment. *Research in the History of Economic Thought and Methodology*, v. 37, 2019, p. 31-63.

WEMHEUER, Felix. *Famine Politics in Maoist China and the Soviet Union.* New Haven, Yale University Press, 2014.

WEN, Tiejun. *Eight Crises:* Lessons from China, 1949-2009 (八次危机：中国的真实经验，1949-2009). Pequim, People's Eastern, 2012.

WILL, Pierre-Étienne. *Bureaucracy and Famine in Eighteenth Century China.* Stanford, Stanford University Press, 1990.

_____; R. BIN, Wong. *Nourish the People:* The State Civilian Granary System in China, 1650--1850. Michigan, University of Michigan Centre for Chinese Studies, 1991.

WITZEL, Morgen. Introduction. In: WITZEL, Morgen (org.). *The Economic Principles of Confucius and His School*, v. 1. Bristol, Thoemmes, 2002, p. v-xv.

WOOD, Adrian. Deceleration of Inflation with Acceleration of Price Reform: Vietnam's Remarkable Recent Experience. *Cambridge Journal of Economics*, v. 13, n. 4, 1989, p. 563-71. Disponível em: <https://doi.org/10.1093/oxfordjournals.cje.a035112>; acesso em: 14 abr. 2023.

_____. Nominal Pause, but a Degree of Real Progress. *Financial Times*, 4 out. 1990, p. 25.

_____. World Bank Mission in China (February to April 1984) for 1985 Report. Arquivo pessoal.

_____. World Bank Visit to China to Discuss Draft 1985 Report (March 1985). Arquivo pessoal.

WORLD WEALTH AND INCOME DATABASE (WID). Disponível em: <http://wid.world/data/>; acesso em: 14 abr. 2023.

WU, Jinglian. A Further Stage of Intellectual Biography. In: NAUGHTON, Barry (org.). *Wu Jinglian:* Voice of Reform in China. Cambridge, MIT Press, 2013, p. 145-53.

_____. Development Policy and Macroeconomic Control in the Early Stages of Economic Reform (经济改革初战阶段的发展方针和宏观控制问题). *People's Daily*, 11 fev. 1985.

_____. Discussion. In: CSIKÓS-NAGY, Béla; HAGUE, Douglas C.; HALL, Graham (orgs.). *The Economics of Relative Prices:* Proceedings of a Conference Held by the International Economic Association in Athens, Greece. Londres, Macmillan, 1984, p. 82-5.

_____. Once More On Preserving the Positive Economic Environment of Economic Reform (再论保持经济改革的良好经济环境). *Economic Research*, n. 5, 1985, p. 3-12.

_____. Our Worries and Proposals: Viewpoints of Several Economists (我们的忧思和建议：几位经济学者的意见). *Essential Reports*, n. 9, 1989.

_____. Prefácio à edição chinesa. In: REYNOLDS, Bruce (org.). Reform in China: Challenges and Choices. A Summary and Analysis of the CESRRI Survey Prepared by the Staff of the Chinese Economic System Reform Research Institute. Armonk, M. E. Sharpe, 1987, p. xxv-xxxii.

_____. Rent Seeking Theory and the Downsides of the Chinese Economy (寻租"理论与我国经济中的某些消极现象). *Comparative Economic and Social Systems*, n. 5, 1988, p. 1-2.

_____. The Divergence in Views and the Choice of Reform Strategy [1988]. In: NAUGHTON, Barry (org.). *Wu Jinglian:* Voice of Reform in China. Cambridge, MIT Press, 2013, p. 199-212.

_____. *Understanding and Interpreting Chinese Economic Reform.* Mason, Thomson SouthWestern, 2005.

_____; FAN, Shitao. China's Economic Reform: Processes, Issues and Prospects (1978-2012). In: CHOW, Gregory C.; PERKINS, Dwight H. (orgs.) *Routledge Handbook of the Chinese Economy*. Londres, Routledge, 2012, p. 54-75.

_____; MA, Guochuan. *Whither China?* Restarting the Reform Agenda. Oxford, Oxford University Press, 2016.

_____; REYNOLDS, Bruce. Choosing a Strategy for China's Economic Reform. *American Economic Review*, v. 78, n. 2, 1988, p. 461-6.

_____; RONG, Jingben (orgs.). *Corruption:* Exchange of Money and Power (腐败：货币与权力的交换). Pequim, China Prospect Book Company, 1989.

_____; _____; MA, Wenguang. Šik on the Socialist Economic Model (论社会主义经济模式 － 奥·锡克). In: ACADEMIA CHINESA DE CIÊNCIAS SOCIAIS (org.). *Discussion of Socialist Economic System Reform:* Transcription of W. Brus' and O. Šik's Lectures in China (论社会主义经济体制改革：〔波〕弗·布鲁斯，[捷]奥·锡克，中国社会科学院经济研究所学资料室编). Pequim, Law, 1982, p. 45-115. Manuscrito não publicado.

_____; ZHOU, Xiaochuan. *The Integrated Design for China's Economic Reform* (中国经济改革的整体设计). Pequim, China Prospect, 1989.

_____ et al. A Comprehensive Vision to Carry Reform Forward. *Reform*, n. 1, 1988, p. 67-76.

_____ et al. Programme Outline for Medium-Term Economic System Reform: Wu Jinglian's Research Group (经济体制中期改革规划刚要: 吴敬琏课题组). In: _____ et al. *Visions for China's Reform* (中国改革大思路). Shengyang, Shengyang Press, 1988, p. 197-240.

WU, Yuan-Li. *An Economic Survey of Communist China*. Nova York, Bookman Associates, 1956.

WU, Xiaogang; Treiman, Donald J. The Household Registration System and Social Stratification in China: 1955-1996. *Demography*, v. 41, n. 2, 2004, p. 363-70.

XIAO, Qiu. The "Dodge Plan" and the Transformation of Japan's Economic System ("道奇计划"和日本经济体制的转变). *Comparative Economic and Social Systems*, n. 2, 1985, p. 25-7.

XU, Bin. Intragenerational Variations in Autobiographical Memory: China's "Sent-Down Youth" Generation. *Social Psychology Quarterly*, v. 82, n. 2, 2019.

XUAN, Zhao; DRECHSLER, Wolfgang. Wang Anshi's Economic Reforms: Proto-Keynesian Economic Policy in Song Dynasty China. *Cambridge Journal of Economics*, v. 42, n. 5, 2018, p. 1.239-54. Disponível em: <https://doi.org/10.1093/cje/bex087>; acesso em: 14 abr. 2023.

XUE, Muqiao. Advice on Seizing Opportunities to Adjust the Price System, June 20, 1984. In: CHINA DEVELOPMENT RESEARCH FOUNDATION (org.). *Chinese Economists on Economic Reform – Collected Works of Xue Muqiao*. Londres, Routledge, 2011, p. 108-10.

_____. *China's Socialist Economy*. Pequim, Foreign Language Press, 1981.

_____. *Economic Work in the Shandong Liberated Areas During the War of Anti-Japanese Resistance and Liberation* (抗日战争时期和解放战争时期山东解放区的经济工作). Pequim, People's Press, 1979.

_____. Introduction. In: CHINA DEVELOPMENT RESEARCH FOUNDATION (org.). *Chinese Economists on Economic Reform – Collected Works of Xue Muqiao*. Oxon, Routledge, 2011, p. 1-15.

_____. *Memoir of Xue Muqiao* (薛暮桥回忆录). Tianjin, Tianjin People's Press, 1996.

_____. Price Adjustment and Reform of the Price Control System. In: FUNG, Kwok-Kwan (org.). *Current Economic Problems in China*. Boulder, Westview, 1982, p. 63-79.

_____. Several Problems Concerning Prices (关于物价的几个问题). *People's Daily*, 28 jan. 1985.

_____. Several Problems Concerning Prices. *Chinese Economic Studies*, v. 22, n. 3, 1989, p. 24-33.

_____. Strengthen Macro-Control via Economic Measures (Extract), September 1986. In: CHINA DEVELOPMENT RESEARCH FOUNDATION (org.). *Chinese Economists on Economic Reform – Collected Works of Xue Muqiao*. Oxon, Routledge, 2011, p. 118-22.

_____. The Key to "Price Adjustment" with Regard to the Means of Production is to Control Capital Construction, June 1986. In: CHINA DEVELOPMENT RESEARCH FOUNDATION (org.). *Chinese Economists on Economic Reform – Collected Works of Xue Muqiao*. Oxon, Routledge, 2011, p. 115-7.

_____. *The Socialist Transformation of the National Economy in China*. Pequim, Foreign Languages Press, 1960.

_____. Thirty Years of Arduous Efforts to Create an Economy. In: FUNG, Kwok-Kwan (org.). *Current Economic Problems in China*. Boulder, Westview, 1982, p. 29-36.

_____; LIU, Zhuofu; JILI, Liao. Report on the Symposium on Soviet and Eastern European Economic System Reform (苏联、东欧经济体制改革座谈会简报), 1982. Não publicado.

YANG, Dali. *Calamity and Reform in China:* State, Rural Society, and Institutional Change Since the Great Leap Famine. Stanford, Stanford University Press, 1996.

YANG, Guansan; YANG, Xiaodong; XUAN, Mingdong. The Public Response to Price Reform. In: REYNOLDS, Bruce (org.). *Reform in China:* Challenges and Choices. A Summary and Analysis of the CESRRI Survey Prepared by the Staff of the Chinese Economic System Reform Research Institute. Armonk, M. E. Sharpe, 1987, p. 59-75.

YANG, Jisheng. *Deng Xiaoping's Era:* A Record of China's Reform and Opening Up (邓小平时代：中国改革开放纪实). Pequim, Central Translation and Compilation, 1998.

YANG, Peixin. On Some Contemporary Issues in Economic and Financial Research (关于当前经济金融研究的几个问题). *Guangdong Financial Research (Internal Publication)*, n. 26, 1980, p. 1-26.

YE, Shichang. On Guanzi Qing Zhong. In: CHENG, Lin; PEACH, Terry; WANG, Fang (orgs.). *The History of Ancient Chinese Economic Thought* (pp. 98-106). Abingdon, Routledge, 2014.

YOUNG, Arthur N. *China's Wartime Finance and Inflation, 1937-1945*. Cambridge, Harvard University Press, 1965.

YU, Xiafu; FENG, Xiuju. During a Meeting with Mengistu Deng Xiaoping Said: The Situation Forces Us to Further Reform and Open Up (邓小平会见门格斯图时说：形势迫使我们进一步改革开放). *People's Daily*, 23 jun. 1988, p. 1.

YUN, Oleg. Price Reform: The Missing Link? Passing the Buck. In: ELLMAN, Michael; KONTOROVICH, Vladímir (orgs.). *The Destruction of the Soviet Economic System*: An Insiders' History. Nova York, Routledge, 1998, p. 158-9.

ZANASI, Margherita. *Economic Thought in Modern China*: Market and Consumption, c. 1500-1937. Cambridge, Cambridge University Press, 2020.

ZHANG, Musheng. Interview with the Director of the Tax Magazine Publisher Zhang Musheng (杂志社记者专程采访了时任中国税务杂志社社长的张木生). *Southern Window*, 30 jun. 2009.

ZHANG, Shaojie. Postscript (校后跋). In: KEYSER, Catherine H. (org.) *Professionalizing Research in Post-Mao China*: The System Reform Institute and Policymaking (改革与政策制定—毛以后中国的专业 化研究). Hong Kong, Strong Wind, 2008, p. 259-66.

ZHANG, Shuguang. *The History of Chinese Economic Studies*: 60 Years of the Institute of Economics (中国经济学风云史：经济研究所60年, 上卷二). Singapura, World Scientific Publishing, 2017, v. 2.

ZHANG, Weiying. *Logic of the Market*: An Insider's View of Chinese Economic Reform. Washington, Cato Institute, 2015.

_____. Price System Reform is the Central Link of Reform (价格体制改革是改革的中心环节). *Economic Daily*, 29 set. 1984, p. 3.

_____. Putting the Reform of the Price System at the Centre Provides Impetus for the Reform of the Whole Economic System (以价格体制的改革为中心，带动整个经济体制的改革). In: E. G. STATE COUNCIL TECHNOLOGY ECONOMICS RESEARCH CENTRE (org.). *Expert Recommendations (Internal Material)*, v. 3, 1984, p. 3-20.

ZHAO, Jing. Fu Guo Xue and the "Economics" of Ancient China. In: CHENG, Lin; PEACH, Terry; WANG, Fang (orgs.). *The History of Ancient Chinese Economic Thought*. Abingdon, Routledge, 2014, p. 66-81.

ZHAO, Renwei. Brus on Socialist Economic System Reform (论社会主义经济体制的改革 — 弗 布鲁斯). In: ACADEMIA CHINESA DE CIÊNCIAS SOCIAIS (org.). *Discussion of Socialist Economic System Reform*: Transcription of W. Brus' and O. Šik's Lectures in China (论社会主义经济体制改革：〔波〕弗•布鲁斯, [捷]奥•锡克，中国社会科学院经济研究所学资料室编). Pequim, Law, 1982, p. 1-44. Manuscrito não publicado.

_____. Discussing a Letter from Sun Yefang. In: _____. *Income Distribution and Other Topics* (收入分配及其他). Xangai, Shanghai Far East Press, 2007, p. 368-76.

_____. Professor Brus on the Reform of the System of Economic Management (布鲁斯教授谈经济管理体制的改革). *Chinese Academy of Social Sciences Bulletin*, n. 2, 1980.

ZHAO, Ziyang. A Tentative Plan for Economic System Reform in the Next Two Years, 11 March, 1986 (今后两年经济体制改革的设想). In: _____. *Collected Works of Zhao Ziyang (1980–1989)*: *1985-1986* (赵紫阳文集 (1980-1989)：第一卷 (1985-1986)). Hong Kong, Chinese University Press, 2016, v. 3, p. 304-5.

_____. Advance Along the Road of Socialism with Chinese Characteristics. *Beijing Review*, n. 45, 1987, p. 9-15.

_____. Dialog with Professor Linder of the University of Zurich in Switzerland (会见瑞士苏黎世大学林德教授的谈话). In: _____. *Collected Works of Zhao Ziyang (1980-1989): 1987-1989* (赵紫阳文集 (1980-1989): 第三卷 (1987-1989)). Hong Kong, Chinese University Press, 2016, v. 4, p. 476-83.

_____. Dialogue with Milton Friedman, September 19, 1988 (同弗里德曼的谈话，一九八八年九月十九日). In: _____. *Collected Works of Zhao Ziyang (1980-1989): 1987-1989* (赵紫阳文集 *(1980-1989)*: 第三卷 *(1987-1989)*). Hong Kong, Chinese University Press, 2016, v. 4, p. 510-18.

_____. Discussion of a Plan for Price and Wage Reform at the Standing Committee of the Political Bureau of the CPC, May 16 and 19, 1988 (在中央政治局常委讨论物价和工资改革方案时的讲话, 一九八八五月十六日，十九日). In: _____. *Collected Works of Zhao Ziyang (1980-1989): 1987-1989* (赵紫阳文集 *(1980-1989)*: 第三卷 *(1987-1989)*). Hong Kong, Chinese University Press, 2016, v. 4, p. 438-41.

_____. Implement the Central "Decision" by Steadily Advancing Price Reform, 21 October 1984 (贯彻中央《决定》稳步推进价格改革). In: _____. *Collected Works of Zhao Ziyang: 1983-1984.* Hong Kong, Chinese University Press, 2016, v. 2, p. 533-41.

_____. On the Economic Work in 1986, 8 January, 1986 (关于一九八六年的经济工作). In: _____. *Collected Works of Zhao Ziyang (1980–1989): 1985-1986* (赵紫阳文集 *(1980-1989)*：第一卷 (1985-1986)). Hong Kong, Chinese University Press, 2016, v. 3, p. 247-51.

_____. On the Reform of the Urban Economic System and Issues in Current Industrial Production, 15 March, 1986 (关于城市经济体制改革和当前生产问题). In: _____. *Collected Works of Zhao Ziyang (1980–1989): 1985-1986* (赵紫阳文集(1980-1989)：第一卷 (1985-1986)). Hong Kong, Chinese University Press, 2016, v. 3, p. 306-17.

_____. *Prisoner of the State:* The Secret Journal of Zhao Ziyang. Nova York, Simon & Schuster, 2009.

_____. Right Time to Adjust the Prices of Synthetic and Cotton Cloth, Change the Composition of the Population's Dressing Material, 5 October 1982 (适时调整化纤和棉织品价格改变居民衣料结构). In: _____. *Collected Works of Zhao Ziyang (1980-1989)*, v. 1: 1980-1982 (赵紫阳文集 (1980-1989)：第一卷 (1980-1982)). Hong Kong, Chinese University Press, 2016, p. 573.

_____. Speech to the Central Leadership Finance Group in Response to a Report on the Economic Situation, January 14, 1988 (在中央财经领导小组听取国家计委汇报经济形势的讲话, 一九八八年一月十四日). In: _____. *Collected Works of Zhao Ziyang (1980--1989): 1987-1989* (赵紫阳文集 (1980-1989):第三卷 (1987-1989)). Hong Kong, Chinese University Press, 2016, v. 4, p. 357-61.

_____. The Basic Stability of Prices Must Be Preserved (物价必须保持基本稳定), November 25, 1981. In: _____. *The Collected Works of Zhao Ziyang (1980-1989): 1980-1982.* Hong Kong, Chinese University Press, 2016, v. 1, p. 335-8.

_____. The Question of the Coastal Development Strategy, January 1988 (沿海地区经济发展的战略问题). In: _____. *Collected Works of Zhao Ziyang (1980-1989: 1987-1989* (赵紫阳文集 (1980-1980): 第三卷 (1987-1989)). Hong Kong, Chinese University Press, 2016, v. 4, p. 341-55.

_____. The Relationship Between Handling Price Reform Well and Enlivening Enterprises, 14 October and 11 November, 1986 (处理好价格改革与搞活企业的关系). In: _____.

Collected Works of Zhao Ziyang (1980-1989): 1985-1986 (赵紫阳文集 (*1985-1986*)：第一卷 (*1980-1982*)). Hong Kong, Chinese University Press, 2016, v. 3, p. 460-2.

_____. Views on Comprehensive Economic System Reform and the Plan for Price Reform, 11-12 June, 1986 (对经济体制改革总体思路和价格改革方案的看法). In: _____. *Collected Works of Zhao Ziyang (1980-1989): 1985-1986* (赵紫阳文集(1985-1986)：第三卷 (1980-1982)). Hong Kong, Chinese University Press, 2016, v. 3, p. 401-6.

_____. Work Report to the Second Plenary Session of the 13th CPC Central Committee (在中共十三届二中全会上的工作报告). In: _____. *Collected Works of Zhao Ziyang (1980--1989): 1987-1989* (赵紫阳文集 (*1980-1989*): 第三卷 (*1987-1989*)). Hong Kong, Chinese University Press, 2016n, v. 4, p. 405-16.

_____; LIM, Edwin. Conversation with the First World Bank Resident Representative in China, Edwin Lim, 21 June, 1986 (会见世界银行首任驻华代表林重庚时的谈话). In: _____. *Collected Works of Zhao Ziyang: 1985-1986* (赵紫阳文集 (1985-1986)：第一卷 (1980-1982)). Hong Kong, Chinese University Press, 2016, v. 3, p. 415-20.

ZHENG, Yongnian; HUANG, Yanjie. *Market in State:* The Political Economy of Domination in China. Cambridge, Cambridge University Press, 2018.

ZHOU, Xiaochuan. The Theoretical and Psychological Obstacles to Market Oriented Reform in China. In: KOVÁCS, János Mátyás; TARDOS, Márton (orgs.). *Reform and Transformation in Eastern Europe Soviet-type Economics on the Threshold of Change.* Londres, Routledge, 1992, p. 178-90.

_____; LOU, Jiwei; LI Jiange. Price Reform Must Not Increase the Fiscal Burden (价格改革无需增加财政负担). *Economic Daily*, 29 set. 1984, p. 3.

_____; ZHU, Li. China's Banking System: Current Status, Perspective on Reform. *Journal of Comparative Economics*, v. 11, n. 3, 1987, p. 399-409.

ZHU, Jiaming. *Collected Works of Zhu Jiaming: 1984-1989* (朱嘉明文集,第二卷, 1984-1989), 2009, v. 2. Manuscrito não publicado.

_____. *Crossroads of China's Reform* (中国改革的歧路). Taipei, Linking, 2013.

_____. On China's Present Economic Development Stage (论我国正经历的经济发展阶段). *Forum of Young Economists*, n. 2, 1985, p. 13-23.

_____. On the Current Stage of China's Economic Development: A Typical Development in a Nontypical Country. *Chinese Economic Studies*, v. 23, n. 2, 1989, p. 8-21.

_____; FU, Zhubian; LIU, Shukai (orgs.). *Chronicle of Chen Yun, 1905-1995* (陈云年谱，1905--1995, 上). Pequim, Central Document Publishing House, 2000.

ZINSER, Lee. The Performance of China's Economy. In: THE US JOINT ECONOMIC COMMITTEE (org.). *China's Economic Dilemmas in the 1990s:* The Problems of Reforms, Modernization, and Interdependence. Armonk, M. E. Sharpe, 1991, p. 102-18.

ZÜNDORF, Irmgard. *Der Preis der Marktwirtschaft: Staatliche Preispolitik und Lebensstandard in Westdeutschland 1948 bis 1963.* Munique, Franz Steiner, 2006.

_____. Staatliche Verbraucherpreispolitik und Soziale Marktwirtschaft in Westdeutschland 1948-1963. In: STEINER, Andre (org.). *Preispolitik und Lebensstandard: Nationalsozialismus, DDR und Bundesrepublik im Vergleich.* Colônia, Böhlau, 2006, p. 129-70.

ÍNDICE REMISSIVO

na Alemanha ocidental do pós-guerra,
102, 325, 385
na Rússia, 11, 27, 218, 390
nos Estados Unidos do pós-guerra, 23, 79
teoria, 306-7, 379

Vietnã, 28
ver também terapia de choque

Bockman, Johana, 32, 275, 381, 416

Bodde, Derk, 133, 416

"bolchevismo", 82

Bowles, Chester, 90, 104

Brasil, 275, 354-8, 378, 435

Bresciani-Turroni, C., 114, 417, 440

Bretton Woods, 23, 122
instituições de, 23
ver também Banco Mundial

Brown, Prentiss, 90-1

Brus, Włodzimierz, 194-5, 197-8, 203-5,
210-3, 218-, 222-5, 249, 273, 276, 278,
281, 286, 289-90, 296, 298, 300, 303, 321,
380, 401, 409, 417, 443, 447, 449
como defensor do stalinismo, 194, 203
na conferência de Bashan, 298
na conferência de Moganshan, 213
palestras na China, 197-8
sobre o socialismo de mercado, 195-6,
198-9
sobre os preços, 194, 196, 198, 204-5,
218-9, 222, 249, 289-90, 298, 380

bulionismo, 127-8

Bundesbank, 287

Bureau de Indústria e Comércio, 124

Bureau Político, 241, 352, 361-2, 368

Burns, Arthur, 97

burguesia chinesa, 113, 128

burocracia, 44, 46, 58, 69, 123, 133, 166,
182, 186, 203, 262, 274, 340, 345

burocratas, 43, 63, 67, 70, 75-6, 123, 182,
186-7, 192, 201, 275, 278, 319, 338, 384
empreendedores, 67
mercante, 43, 75

busca de renda, teoria, 338-40, 348

C

Cairncross, Alec, 36, 101-2, 285-90, 292,
294, 296, 301, 308, 388, 396, 418
na conferência de Bashan, 288-90, 308
sobre controle de preços, 101, 287, 289,
292

"canal do sal", 128-9

Cantão, 71

capital fixo, 205-6

capitalismo, 14, 19-21, 23, 32, 95, 166,
178-9, 181, 194, 201, 204-5, 235-6, 240,
242, 308, 333-5, 347-8, 388-90, 416, 430
global, 19, 21, 23, 32, 345, 347-8, 390
Monopolista, 235, 308, 416
neoliberal, 14, 32
norte-americano, 95
"seguidores da via capitalista", 178

Capitalismo monopolista (Baran e Sweezy),
235

capitalistas, 13, 81, 115, 119, 123, 129, 132,
135, 139, 166-7, 178-9, 181, 194, 199, 216,
231, 237, 256, 306, 310, 332, 385, 394
financeiros, 123

carvão, 131, 133-4, 157, 161, 191, 215, 256,
264, 326, 343, 372, 386, 390
ver também energia

celeiros, 52, 61, 68-72, 87, 115, 122, 146,
151, 245, 268
públicos, 52, 61, 70, 146
sempre normais, 68-9, 71, 87, 122, 151,
245, 268

Centro de Pesquisa de Desenvolvimento,
Conselho de Estado, 243, 257, 276, 305,
320, 395, 400, 402, 406

Chamberlin, Edward, 97

Chen Boda, 235, 411
ver também Chen Xiao

Chen Daisun, 307, 399

Cheng Zhiping, 31, 209, 214, 247-8, 260,
267-9, 299-300, 326-7, 336, 341-2, 352-3,
371-2, 393, 420, 426-7

Chen Hansheng, 126

COMO A CHINA ESCAPOU DA TERAPIA DE CHOQUE

Comissão de Planejamento do Estado, 181, 187, 191, 208, 211, 217, 391, 393, 396, 399-400, 410

Comitê Econômico e Financeiro do Congresso Nacional do Povo, 395

Comitê de Fixação de Preços, 76, 88

Comitê Permanente do Bureau Político, 241, 362

Comitê Central, PCCh, 168-9, 180-1, 183, 198, 241, 262, 368, 370, 392, 395-6, 400, 403, 410-1

Grupo Central de Finanças e Economia, 209, 404

concorrência/competição, 46-7, 105-6, 221, 318, 384
   entre estados, 47
   estatal, 45
   imperfeita, 95
   livre, 105-6, 180, 384
   perfeita, 95, 205, 289, 309, 318, 339, 367

compra em grandes quantidades, 131

comunismo, 114-5, 378
   na China, 114-5

Conferência de Bashan, 284-96, 298, 301, 303-4, 308, 315, 391, 395-6, 400-1, 403, 406, 410

Conferência Central de Trabalho, 182-3, 192

Conferência Consultiva Política do Povo Chinês, 129, 198, 238

Conferência de Juventude de Moganshan, 246, 254, 305, 397, 399, 403, 407-8, 411-2

Conferência de Lushan, 119-20

Conferência de Moganshan do Banco Mundial, 210-2, 215, 223, 225, 247, 254, 260, 280, 285-6, 289, 383, 400-1, 410

Conferência de Wuxi, 179-81, 405

Conferência Financeira do Noroeste de 1944, 125

confucionismo, 61
   seguidores de Confúcio, 105

Congresso americano, 86, 89-91, 97-9, 104

conservadores
   na Grã-Bretanha, 101
   versus reformadores na reforma chinesa, 31, 270

consumo
   abastecimento para, 78-9, 92
   de luxo, 207
   demanda, 96, 98, 108, 132, 152-3
   preços, 89, 107, 130, 132, 155, 185, 189, 219, 290, 313, 322, 368-9
   renda, 58
   rural, 140-1, 144, 146, 148, 152, 164
   taxação de, 49, 83
   urbano, 123, 144, 152, 351

cooperativas, 128, 130, 134, 153-4, 158, 187

Corporação de Investimento e Trust Internacional da China, 355, 412

corrupção, 38, 64, 123, 218, 281, 313, 331, 336, 338-9, 344-5, 349, 373, 376, 380, 384, 387

Conselho Alemão de Especialistas Econômicos, 325

Conselho das Indústrias de Guerra, 88

Conselho Nacional do Fundo de Segurança Social, 402

contratação domiciliar
   ver sistema de responsabilidade domiciliar

controle de preços, 76-7, 82-3, 94-6, 104, 106-7, 111, 318, 380
   como meio de financiamento de guerra, 83
   na Alemanha, 86, 287, 326
   na China, 76, 92, 117, 120-1, 139, 174, 185, 188, 339, 353, 370, 372
   na Rússia, 92
   no Estados Unidos, 75, 78, 86, 89, 91, 95, 97-9, 101, 104, 107, 388
   no Reino Unido, 101
   teoria do 75-6, 83, 85, 93, 106-7, 109, 201, 221, 289
   ver também Lei de Controle de Preços; estabilização de preços

Deng Liqun, 139, 181-2, 209, 231, 237-40, 242, 249, 393-5, 399, 421

Deng Pufang, 397

Deng Yingtao, 231, 234, 345, 347, 393-4, 403, 422

Deng Xiaoping, 167-9, 172-3, 175, 177, 182-3, 232-4, 241, 253, 329-31, 336, 344, 352, 354, 356, 360, 365, 368, 373, 397, 399, 403, 410, 415, 422
  na guerra civil, 239, 395
  proposta de big bang, 37, 330, 370, 381
  reformas de mercado de, 19, 73, 136, 165, 167, 299, 332, 335, 361-3
  sobre a economia socialista de mercado, 181, 389
  sobre o trabalho econômico, 172
  sobre os protestos estudantis, 334
  supressão do movimento social de 1989, 38
  viagem ao sul, 389
  visita ao Japão, 278

desregulamentação, 36, 260-1, 267, 368

"Diretrizes sobre investigação e pesquisa", 127

dinastia Han, 56, 58-9
  administração fiscal, 59

dinastia Jin, 364

dinastia Qin, 45

dinastia Qing, 68-71

divisão cidade-campo, 142

divisão de trabalho, 26

Dobb, Maurice, 77-8, 422, 431, 441

Dodge, Joseph, 27, 277-8, 443, 447
  plano Dodge, 27, 277-8

Dong Biwu, 235

Dong Fureng, 34, 169, 196-7, 210, 285, 394, 398, 401, 422, 434, 437

"doutrina do choque" (no neoliberalismo), 275, 288, 344

Duque Huan, 45

Duque Wen, 50

Dunstan, Helen, 43, 68-70, 422

Du Runsheng, 228, 239-40, 243, 305, 345-6, 395, 403, 408, 422, 426

E

economia
  clássica, 111

como uma ciência, 78, 240, 297, 312
  desenvolvimento, 194
  do bem-estar, 338
  dominante, 32, 36, 381, 389
  malthusiana, 120
  matemática, 241, 243, 264, 272, 392, 398, 401
  micro, 243, 257, 272, 404, 409
  na China, 37, 178, 240
  reforma do Leste Europeu, 179, 181
  ver também economia neoclássica

Economia da escassez (Kornai), 92, 222, 272-3

Economia da URSS, 24-5

economia de comando, 26, 155, 174, 379, 387
  no Vietnã, 28

economia de guerra, 36, 73, 79-80, 84-5, 95, 97, 174, 222, 278, 308, 388

economia de mercado, 25-7, 29, 36, 75, 77, 181, 200, 280, 283, 297, 306, 311-2, 323, 341, 348, 359, 366, 370, 381, 385, 388-9, 396, 400, 410
  sistema social, 389
  socialista, 181, 389, 396, 410
  transição para uma, 25, 27, 306, 370

Economia institucional de Galbraith (Li Yining), 308

economia neoclássica, 32, 37, 49, 258, 279, 338, 381
  ver também laissez-faire

economia planejada, 77, 159, 166, 180, 254, 258, 262, 270, 294, 312-3, 359, 367, 381, 383, 389, 398, 406

economia política, 15, 43, 45, 63, 69, 126, 142, 150, 193, 195, 229, 243, 282-3, 403-5, 410
  Nova Economia Política, 150, 383

economia rural, 68, 120, 123, 126, 128, 148-9, 153-5, 174, 344, 405

Economia socialista da China (Xue Muqiao), 128, 184, 410

economismo, 177

eliminar, 54, 83, 93, 121, 148, 165, 273, 313

Emminger, Otmar, 287, 290-1, 296, 422

empresas estatais, 24, 131, 160-3, 190, 217, 250, 253, 260, 295, 303, 341, 344, 373, 385, 387, 404

empréstimos, 52, 67-8, 71, 117, 130, 154, 161, 186, 314-6, 342
   externos, 71
   sazonais, 68

Empréstimos dos Brotos Verdes, 67-8, 154

energia, 111, 119, 161, 191, 207, 216, 249, 257-8, 298, 302, 305, 322, 325-6, 343-4, 368, 379-80, 386
   elasticidade da oferta de, 322
   escassez de, 191, 207, 216, 344
   preço de, 111, 119, 257, 298, 302, 305, 321, 325-6, 380

Engels, Friedrich, 195, 236

Engels, Wolfram, 200

entrada-saída, 196, 207-9, 249, 255

equilíbrio, 49, 51, 54, 60, 65, 68, 77, 81, 85, 88, 98, 101, 113, 117, 124, 154-5, 159, 161, 184-6, 194-5, 206, 220, 222, 249, 256, 270-1, 293, 306, 309-10, 317-8, 324, 337, 351-2, 381-2, 385, 392, 395
   desequilíbrio, 25, 95, 184-6, 192, 195, 207, 220, 307-9, 314, 343, 351, 367, 371, 380, 392
   preços de, 51, 54, 60, 68, 382
   teoria, walrasiana, 306, 309

Erhard, Ludwig, 26, 102, 199, 202, 277-8, 287, 325-6, 366, 383, 422, 427, 434, 445
   milagre, 36, 102-3, 199-200, 202, 277, 287, 296, 301, 309, 325-6, 365-6, 383, 385, 393

escassez, 25, 49, 54, 69-70, 84, 92, 97, 101-2, 118-9, 121, 146, 191, 216, 222, 247, 261,

268, 273-4, 276, 310, 322, 344, 347, 357, 405
   de capital, 357
   de energia, 191, 216
   de grãos, 119
   de mão de obra, 118
   economia de, 92, 273, 276

Escritório de Administração de Preços (EAP), 85-8, 90-2, 95-7, 104, 120

Escritório de Pesquisa Agrícola, Conselho de Estado, 408

Escritório de Pesquisa, Conselho de Estado, 236, 394, 402

Escritório de Pesquisa, Comissão Econômica do Estado, 404

Escritório de Pesquisa Econômica, Comissão de Planejamento do Estado, 181

Escritório de Pesquisa, Secretariado Central, 206

Escritório de Pesquisa de Políticas, Secretariado Central, 181

Escritório de Pesquisa Política, 164, 394, 403

Escritório de Pesquisa de Política Rural, 411

Escritório de Preços do Estado, 187-8, 190-1, 208, 214, 220-1, 271

Escritório do Programa, Conselho de Estado, 282, 296, 299-301, 303-4, 317, 319, 323-5, 327, 363, 367, 382-3, 391, 394, 396, 398, 402, 406, 409-10

especulação, 119, 121, 132, 153, 338, 344-5

espiral preço-salário, 119
   ver inflação

estabilização de preços, 36, 42, 66, 69-70, 91, 113, 123-4, 131, 135, 142, 151, 154, 189-90, 192, 214, 245-6, 372, 409
   na China antiga e imperial, 66, 69-70
   na China moderna, 36, 70, 123-4, 131, 135, 142, 151, 154, 189, 192, 214, 372, 409
   nos Estados Unidos, 91
   ver também controle de preços

estabilidade, 23, 32, 41, 51, 53-4, 57, 59, 68-9, 90, 91, 92, 96-7, 101-3, 114-5, 121, 135, 141-2, 151, 153-5, 160-1, 174, 188, 192, 197, 201-2, 214-5, 219-20, 225, 247, 259, 264, 311, 323, 327, 349-54, 358, 360, 363, 367-8, 370, 385
 de preços, 41, 90-2, 96, 114, 121, 135, 141-2, 151, 153-5, 160-1, 174, 188, 201, 219, 352, 373
 econômica, 97, 192, 202, 215, 259, 327, 367-8
 sob Mao, 141, 151
 social e política, 385

estabilidade macroeconômica, 197, 350
 ver também austeridade; estabilidade

"estadismo" (*jingshi*), 42, 46

Estado
 como um facilitador do comércio, 26
 participante no mercado, 384
 receita, 48, 53-4, 58, 71, 130, 132, 217

estatística, 92, 183, 241, 400-1, 405, 409

estrutura industrial, 95, 321-2

estudo comparativo de civilizações, 42

Europa oriental, 23, 103, 203, 213, 218, 224, 275, 285, 383, 292, 396
 economistas emigrados, 37, 183, 211, 220, 224, 396

excesso de oferta, 52, 160, 185, 189-91, 215-6, 250, 257, 283, 303, 336
 ver também excedentes

exército, 47, 61, 123, 131, 163, 198, 232, 399
 Exército Vermelho, 163, 232
 Popular de Libertação, 198
 suprimentos, 61, 123

expansionismo militar
 na dinastia Han, 58

experimentação, 116, 124, 260, 351, 379, 387
 como abordagem de reforma, 32, 117, 136, 187, 225, 230, 272, 280, 313, 380, 386
 ver também experimentalismo

experimentalismo, 85, 388

Eyferth, Jacob, 14, 143, 152-3, 423

F

Fabi, 124-6, 128

Fábula das abelhas (Mandeville), 55, 435

Falência, 75, 132, 295, 322, 385
 do governo, 59
 ver também plano Baruch

Fang Lizhi, 344

Fan Li, 52

Fan Shitao, 14, 34, 127, 423, 447

fascismo, 105, 212
 alemão, 113

Feng Lanrui, 236, 333

Feng Mingliang, 34

ferro
 gusa, 132, 215
 monopólio de, 43, 56-7, 59, 65-6, 71-2, 94, 106
 necessidade de, 56
 revolução, 46, 64

Fewsmith, Joseph, 33, 164, 168-9, 179-81, 184, 186, 197, 230, 232-4, 238-9, 242, 276, 300, 306-7, 309, 330, 349, 360-1, 363, 368, 423

Fisher, Irving, 88, 97

fixadores de preço, 75, 77, 86, 90, 96, 104, 188
 ver também Galbraith, John Kenneth; Taussig, Frank William

fixação de preços, 60, 76, 78, 81, 84, 88, 110, 125, 155, 184, 188, 262, 295
 ver controle de preços

Fock, Jenő, 370-1

fome, 53, 58, 70-1, 110, 140, 147, 157, 235, 374-5
 alívio, 65, 69, 356
 prevenção, 53, 58, 70, 72

formação de capital privado, 92

Friedman, Milton, 19, 37, 93, 103, 107-9, 111, 114, 194, 199-202, 222, 246, 258, 277, 287, 309, 325-6, 370-1, 380-1, 409, 417, 424, 445, 449

203, 229, 235, 268, 323, 342, 355, 357-8, 377, 381, 387-8, 393, 403

chinesa, 28, 32, 140-3, 145, 148, 154, 164, 174-5, 386

grande impulso, 146, 270

latino-americana, 355, 357-8, 377

rural, 143, 146, 163, 167

soviética, 143, 175, 203, 235

vietnamita, 29

institucionalismo, 28, 36-7, 83, 338
ver também Cairncross, Alec
Galbraith, John Kenneth
Hansen, Alvin

investimento, 58, 70, 119-20, 148-9, 161, 168, 221, 253, 294-5, 302-3, 315, 322, 357, 406, 412

desinvestimento, 120

Iugoslávia, 197, 203, 206, 294, 300, 303, 311, 319-22, 325-6, 362, 365, 378, 393, 396-8, 402, 408, 410

internacionalismo socialista
ver também terceiro mundismo

J

Japão, 27, 114, 118, 164, 168, 227, 278, 281, 287, 340, 346, 392

invasão da China, 118, 125, 128

rendição do, 97

Jiang Yue, 256, 259, 397

justiça social, 82

K

Kalecki, Michal, 93, 96, 99-102, 194-5, 429, 443

Kang Sheng, 163

Kantorovich, Leonid, 272

Karl, Rebecca, 14, 33, 126, 307, 430

Kende, Péter, 212-3, 218, 220-1

Keynes, John Maynard, 53, 55, 76, 79-85, 92, 95, 104-5, 117, 151-2, 235, 427, 430, 441

keynesianismo, 67, 83, 85-6, 88, 201, 315

Keyser, C. H., 32, 228, 255, 258, 319, 430, 441, 449

Khachaturov, V. R., 273

King, F. H. H., 71-2, 430

Klein, Naomi, 23, 275, 430

Knight, Frank, 97

Kohl, Helmut, 103

Kornai, Janos, 23, 27-8, 212, 222, 272-4, 276, 278, 281, 286-7, 290-6, 298, 303-4, 315, 318, 320-2, 362, 364, 366-7, 381, 430-1

Kosta, Jirí, 202-3, 212-3, 218, 281, 431

Krueger, Anne, 339

Kung, H. H., 122

Kuomitang, 71

Kuznets, Simon, 92, 97, 431

L

laissez-faire, 52, 69-70, 81, 334, 349, 442
ver também economia neoclássica

Lange, Oskar R., 77, 194, 196, 198, 224, 249, 255, 306, 308, 383, 431

lei do valor, 160, 173, 179, 184-6, 194-5, 207, 262, 301, 354, 405, 409

Lei de Controle de Preços, 98-9
ver também controle de preços

Lênin, Vladímir, 178, 235-6
marxismo-leninismo, 231, 279, 396, 403, 411
ver também marxismo

Lerner, Abba, 97, 196

Li Jiange, 255-7, 283, 320, 340, 398, 402, 451

Li Keqiang, 400

Li Kui, 50, 52

Li Mingzhe, 255, 434

Li Peng, 187, 334, 349-51, 367, 370-1, 375, 441

Li Xianglu, 87, 166, 177, 228, 242, 249-50, 252, 255, 261-2, 355, 399, 432

Li Xiannian, 144-5, 183, 349, 371, 432

Li Yining, 306-11, 324, 326, 343, 367, 392, 399-400, 432-5

Liao Jili, 208, 211, 213, 217, 285, 400

Lim, Edwin, 14, 34, 195, 208, 210-3, 218, 223, 290-1, 296, 303-4, 451

Lin, Cyril, 14, 150, 177-8, 195, 285, 301, 453

Lin Biao, 231

Lin Chun, 14, 234, 236-7, 433

Linder, Wilhelm, 297, 326, 367, 433, 449

Lipton, David, 23-7, 195, 370, 433, 440

Liu Bocheng, 231

Liu Guoguang, 147, 169, 180, 203, 210, 223, 276, 285, 287-8, 290-1, 294-5, 300, 354, 365, 376, 400-1, 433

Liu Jirui, 271, 280-4, 396, 426

Liu Zhuofu, 211, 213-4, 221, 401, 420, 448

Liga da Juventude Comunista, 230, 232, 393

"livre disposição do excedente", 189

liberalismo, 19

liberalização
  burguesa, 334, 394
  comercial, 23-4, 270
  econômica, 209
  ver também liberalização de preços

liberalização de preços, 23-4, 28, 30, 75, 79, 92, 102, 200, 202, 206-8, 220, 227, 248, 259, 270, 278, 281, 295, 310-1, 314, 322, 325, 327, 329-30, 339, 340-1, 349, 354, 360, 366-7, 369, 374, 388-9, 391, 393-4, 396, 398, 401-3, 408
  na Alemanha ocidental, 102-3, 200, 281, 366, 386
  na China, 30, 92, 200, 259, 270, 278, 310-1, 325, 327, 329-30, 339-41, 349, 354, 367, 369, 374, 389, 391
  na Hungria, 220, 332
  na Iugoslávia, 206, 322
  na Polônia, 281
  na Rússia, 92
  na Tchecoslováquia, 202, 207-8
  no Leste Europeu, 384
  no Vietnã, 28
  nos Estados Unidos, 79, 102
  pós-Segunda Guerra Mundial, 200
  teoria da, 23, 24
  ver também liberalização de preços no atacado

liberalização de preços no atacado, 92, 207, 329, 339, 367, 388, 394, 396, 398, 401-2, 408
  Alemanha ocidental, 388
  ver também terapia de choque

lista de preços, 372

literatos, 43, 58, 61-5, 67, 72, 75, 106

Loewe, Michael, 43, 45, 59-66, 434, 439

London School of Economics, 236

longa duração, 35, 341

Lou Jiwei, 248-51, 255-7, 282-3, 287, 300, 320, 340, 348, 373, 398, 402, 420, 434, 451

Lu Liling, 238, 258

Lu Mai, 34, 254, 258, 320, 325, 402, 434

Lu Nan, 255, 434

Luo Xiaopeng, 14, 34, 139, 169, 183, 228, 230-3, 237, 241-6, 254, 256, 259-60, 269, 287, 296-7, 300, 305, 347-8, 397, 398, 403, 429, 435

Luo Zhiru, 307-8, 399, 435

lucros, 17, 30, 41, 50, 54, 57, 60, 64, 65, 67--8, 70, 93, 100, 102, 119, 121, 130, 132, 157-8, 161-2, 173, 187, 189, 191, 196, 205-6, 217, 250-3, 281, 284, 302, 314-5, 321-2, 338, 344, 372, 405
  como um incentivo, 308, 321-2
  estatais, 54, 57, 60, 64, 68, 161, 217, 253

M

matérias-primas, 85, 98, 100, 113, 155, 157, 160, 191, 207, 220, 249-50, 257-8, 260-1, 264, 267, 284, 290, 298, 302, 313-4, 317-8, 321-2, 324-5, 340, 343-4, 347, 351, 355, 380, 386
  ver também energia

manipulação da moeda, 128

Ma Guochuan, 34, 67, 200, 296, 331, 337, 355, 359, 447

Ma Hong, 181, 204, 208-9, 247, 252, 287, 300, 324, 403, 445

mais-valor, 159

Malthus, Thomas, 55, 120

Ma Kai, 256, 320

Mandato do Céu, 115, 123

Mandeville, Bernard, 55, 435

mão invisível, 26, 110-1, 180
  ver também Smith, Adam

maoismo, 13, 31, 37, 139-40, 142-3, 155, 163, 167, 172, 178, 181, 183, 200, 233-5, 268, 378, 401
  revolução contínua no, 37, 167, 378
  modelo de desenvolvimento do, 37, 142, 229

Mao Yushi, 258

Mao Tsé-Tung, 32-4, 37, 123, 129, 140-2, 145, 147-50, 154-5, 163-7, 169-71, 174-5, 178, 180, 182, 228-31, 233-4, 236, 238, 254-5, 258, 279, 306, 319, 333-4, 403, 411, 415, 417, 421-2, 426-8, 430, 432, 435, 437, 441, 443, 449
  morte de, 140, 166-7
  proclamação da RPC, 129
  revolução, 37, 129, 136, 140-1, 163, 165-7, 234, 236, 307, 332
  sobre a guerra econômica, 123
  sobre o desenvolvimento, 37, 141, 145, 147, 164, 229

Marx, Karl, 76, 159, 184, 205, 256, 405, 417, 424, 441, 445

marxismo, 126, 150, 158, 184, 231, 235, 237, 258, 279, 282, 381, 396, 403, 411

Ma Yinchu, 119

meios de produção, 57-8, 60, 157, 187, 190-1, 243, 304, 335

mecanização, 70, 148, 168, 171

Memorial ao trono em dez mil caracteres, 67

mercantilização, 19-20, 28, 37-8, 116, 269-71, 282, 287, 294, 312, 317, 327, 329, 331, 334-6, 339-41, 344, 346-8, 359, 362-3, 368, 372, 379, 389-90
  pelas margens, 37, 294, 327, 368
  ver também gradualismo; criação de mercado

mercado paralelo, 90, 132

metais preciosos, 127

Ministro da Indústria do Sudeste, 233

Mitchell, Wesley, 90, 97

Movimento 4 de Maio, 307, 309

modernização: China, 70, 165-6, 170, 233, 344
  latino-americana, 354

Monetarismo, 271, 277, 357, 381
  ver também Milton Friedman

moeda, 47, 51, 53, 59, 68, 79, 108, 113, 115, 118, 120, 124-8, 132-3, 141, 154, 168, 244, 278, 294, 315, 338, 367, 383, 409, 430
  quantidade de, 108
  valor da, 124
  velocidade de, 117, 120
  ver também hiperinflação; preços de inflação

moeda fiduciária, 68

materialismo histórico, 172, 178, 236

monopólios, 43, 49, 56-7, 59-63, 65-68, 71, 94, 106, 121-2, 131, 135, 143-4, 174, 203, 205-6, 216, 303, 310, 318, 384, 387
  naturais, 65
  estatais, 59-62, 65, 67-8, 71, 122, 135, 174, 203
  ver também ferro; sal

monopólio do vinho, 61, 65-6

Montias, Michael, 272, 409

moralidade, 54, 64, 72, 384

movimento social de 1989, 38, 372, 375

N

Nacionalistas, 71, 72, 114, 117-24, 126, 128, 130, 135, 141, 166, 409
  ver Kuomintang

Needham, Joseph, 46, 59-62, 65-7, 440, 444

Neiser, Hans, 97

Neoliberalismo, 19, 22, 257, 360, 442
na China, 19, 22, 32, 38, 301, 370
papel do Estado no, 20, 22, 384

New Deal, 68, 71, 85-8, 90, 319, 416, 442
ver também Roosevelt, Franklin Delano

New York Times, The, 87, 97-9, 104, 416,
431, 437, 443

Nixon, Richard, 165, 193, 232, 287

Nolan, Peter, 14, 20, 34, 53, 147-8, 229, 236,
243, 437

Nova China, 113, 395

Novas Políticas (Wang Anshi), 67

Nova York, 15, 120

O

O caminho da economia livre (Kornai), 23,
27, 292, 430

O caminho da servidão (Hayek), 104-6, 292,
427, 438

O Diário Econômico, 255-6

oferta de dinheiro, 336, 351
ver também estabilização
macroeconômica; dinheiro

oferta e demanda, 44, 49-50, 76, 101, 130,
134, 160, 180, 184, 188, 205, 289, 384
como um mecanismo de determinação
de preços, 76, 101, 160, 180

Okita, Saburo, 278

Oriente Médio, 355

Organização das Nações Unidas para o
Desenvolvimento Industrial (Onudi), 208

Organização para a Cooperação e
Desenvolvimento Econômico (OCDE),
25

P

Pearl Harbor, 126

Partido Comunista da China (PCCh), 113,
116, 126-30, 132, 135, 139, 144-5, 168,
170, 180, 232, 235, 241, 248, 293, 299,
307, 332-3, 335, 349, 352, 370, 389, 392,
394-5, 399-401, 405, 410
Comitê Provincial de Shandong, 126
ver também comunismo

Partido Comunista Polonês, 281

padrão equilibrado, 60, 64

Peng Xiaomeng, 278, 282, 307, 414

período maoista, 13, 131, 142-3
Mao, 147, 149, 159, 168, 174, 219

período dos Reinos Combatentes, 75

período dos senhores de guerra na China,
71

período Zhou ocidental, 47

petróleo, 131, 156, 168-9, 171, 256, 264, 305,
343, 355, 390
Companhia de Petróleo da China, 131
exportações, 168
Grupo do, 168-9, 171

plano Baruch, 88
ver também Baruch, Bernard

planos quinquenais, 148-9, 296, 302, 327,
403
sétimo, 296, 302, 327

planejamento central, 104-5, 107, 109, 111,
162, 180, 197, 262, 273, 292, 296
agências, 161-2, 168

pleno emprego, 80-1, 83-4

pobreza, 28, 64, 70, 139-42, 164-5, 223,
234-5, 246, 310, 333, 356, 392, 403, 407
rural, 141-2, 234, 392

poder de compra, 81-3, 88, 93, 100, 123,
132, 155

"política de guerrilha", 42, 116

política do filho único, 120

política econômica ativista, 75

política monetária, 154, 287-8, 315, 337,
343, 354, 404

"política no comando", 165

Polônia, 26, 77, 85, 99, 114, 212, 281, 288,
362-3
invasão alemã, 85

população, 48, 50, 63-4, 72, 95, 100, 119-21, 123, 126, 140, 143-6, 149, 152, 164, 171, 175, 185, 188, 219, 229, 247, 251, 256, 262, 265, 311, 329, 336, 372, 386
   rural, 50, 126, 140, 145, 152, 154
   urbana, 50, 123, 144, 146, 171, 336, 372

poupança, 25, 58, 81-3, 85, 93-4, 96, 133, 152, 368-9
   compulsória, 81-3
   privada, 93, 133
   taxa de, 93
   voluntária, 81

praça da Paz Celestial, 38, 330, 374, 389, 393-4, 412
   massacre da, 330, 375, 394
   protestantes, 374, 393, 412

pragmatismo, 23, 63, 335, 384

preços de custo adicional, 159
   ver também tipos de preços

Primeira Guerra Mundial, 75-6, 78, 81, 84, 88, 91-2, 96, 114

privatização, 24, 66-7, 270, 287, 293, 341, 347-8
   na China, 67, 341, 347-8
   no Reino Unido, 24

produção
   agrícola, 118-9, 126, 128, 132, 143-4, 146-8, 185, 189, 215, 232, 236, 242, 244, 246, 342, 372, 411
   da China, 20, 28, 47, 66, 189, 216, 231, 236, 267-8, 317, 323, 335, 346, 352, 385-6
   da Rússia, 20-1, 27, 29
   global, 20
   per capita, 28, 140, 356
   Vietnã, 28

produto interno bruto (PIB), 20-1, 28-9, 93, 139-40, 270, 356, 370, 377
   China, 21, 28, 30, 139-40, 270, 370, 377

produto nacional bruto dos Estados Unidos, 92, 94-5

produtos agrícolas, 31, 87, 89-90, 111, 128, 143-4, 149-50, 152, 156-8, 171, 191, 219, 229, 246, 313, 342, 352-4, 384, 401, 403

   preços de, 87, 403
   quantidade produzida de, 246

produtos do varejo, 17, 30

Problemas econômicos do socialismo na URSS (Stálin), 194

"programa comum", 129

Programa de Desenvolvimento das Nações Unidas, 301

programa Jedermann, 103

propaganda, 62, 80, 90, 394, 310

província de Anhui, 233-4, 238-9, 241, 250, 253, 405, 407

província de Hebei, 243-4

província de Sichuan, 187-90, 192, 232, 297, 300
   Escritório de Preços, 187, 190

província de Shandong, 72, 116, 125-130, 233, 242, 279, 397, 405, 412, 431, 447

"psicologia pública", 82
   preço
   aquisição, 149, 268-9, 342
   atacado, 86-7, 92, 114, 158, 187, 207, 281-2, 284, 289, 329, 331, 339, 344, 358, 362, 367, 388, 394, 396, 398, 400-2, 408-9
   determinação, 17, 24, 30-1, 77, 150, 155-6, 160, 182, 191, 207, 218, 325, 385
   estrutura, 106, 173, 183-4, 188, 193, 198, 205, 385
   flutuações, 47, 51, 53, 76, 89, 185, 190-1, 193, 207, 216, 245, 260, 264
   índice, 29, 133-4, 149, 299, 336-7, 341, 353, 369
   mecanismo, 24, 27, 105-6, 111, 194, 274, 289, 309
   mercado livre, 283
   mestre (Zhou ocidental), 47
   negociados, 189, 191
   nível, 25, 27, 88
   oscilação, 207
   planejados pelo Estado, 207, 343
   relativos, 24-5, 134, 150, 158, 161, 215, 229, 247, 272, 274, 322, 352, 367, 385
   "tesoura de preços", 149-51, 219

Q

Qiu Shufang, 279-80, 282-4, 396, 426

"quatro cavalheiros da reforma", 165, 398, 406, 408, 412

quatro modernizações, 374

R

racionalismo, 85

racionamento, 81-4, 93-5, 101, 120, 152, 155-7, 159, 225, 247

recessão, 28, 64, 85, 100, 102, 109
nos Estados Unidos, 85, 100, 102
nos países pós-socialistas, 28

recursos naturais, 48, 54, 65
ver também matérias-primas

Reagan, Ronald, 109

reforma agrícola, 42, 223, 234, 241, 245, 249, 351, 391, 403-4

reforma de pacote, 37, 279, 297-8, 300, 308, 311-3, 318, 326, 341, 348, 361-2, 365-7, 381-2, 396, 410
ver também terapia de choque

"reforma e abertura", 19, 319, 361, 397, 399

reforma empresarial, 188-9, 287, 295, 297, 306, 317, 327, 343, 347, 403, 406, 408
província de Sichuan, 188-9, 297

reforma socialista, 77, 325

na Polônia, 77

reforma urbana, 223, 248, 392

regulamento geral de preço máximo, 88-9
ver também teto de preços

reorganização, 59, 71, 84, 259
economia do pós-guerra, 96
industrial, 84

reindustrialização, 32, 323, 386, 393
ver também industrialização

Reino Unido, 24, 36, 83, 99-102, 275, 286, 288, 308, 388, 403

renda, 20, 22, 58, 82, 94-5, 100, 102, 109, 117, 120, 126, 128, 140, 143, 152-3, 162, 173, 217, 244, 249, 269, 289, 298, 338-41, 348, 353, 356, 363, 368
consumo, 58
familiar, 162
governo, 128
privada, 95, 102, 173
real, 20, 100, 143, 298, 353, 363
rural, 152

renminbi (RMB), 16, 132, 135

República Popular da China (RPC), 16, 70, 129, 131, 134, 136, 139, 144, 151, 175, 196, 394, 400-1, 409

Revista de Literatura Econômica, 291

revolução, 19, 26, 37, 46, 64, 70, 77, 113, 116, 124-5, 129, 136, 139-41, 143, 146, 149, 155, 163, 165-7, 172, 177-9, 184, 186, 200, 228-9, 231, 233-7, 243, 247-8, 261, 307, 332, 369, 377-8, 391-3, 395, 397, 399-400, 402-8, 410-1, 443
chinesa, 70
comunista, China, 113, 125, 139
Russa, 77
Verde, 140

Revolução Cultural, 37, 149, 163, 165-7, 172, 177, 179, 184, 186, 200, 208, 228-9, 231, 234-7, 248, 307, 377, 392-3, 395, 397, 399, 402-8, 410-1
economia durante a, 149, 163, 177, 179, 184, 186, 208, 228, 377, 231
reversão da, 166

Revolução Industrial, 26

Rex, Stout, 98, 442

Ricardo, David, 55

Rickett, W. A., 41, 45, 47-8, 50-7, 439

riqueza, 25-6, 41, 46, 50, 55, 64-5, 67, 69, 72, 82, 127, 228, 312, 442

Robbins, Lionel, 77-8, 114, 383, 440

Robinson, Joan, 235, 440

Rodrik, Dani, 21, 440

Rong Jingben, 202, 204-7, 209, 276, 278, 339, 440

Roosevelt, Franklin Delano, 85, 89-90

administração
ver também New Deal

Rubin, I. I., 184

Rússia, 20-3, 27-9, 92, 103, 114, 218, 338, 370, 388, 390
comparações com a China, 20-2, 28, 92, 338

S

Sachs, Jeffrey, 23-7, 29, 103, 195, 288, 291, 370, 433, 440

"salto único nos preços", 25

Samuelson, Paul, 97, 235, 382

Sang Hongyang, 59, 60-3, 66-7, 79, 91, 94-5, 106, 121, 131, 185, 387

Sargent, Thomas, 130, 441

Stálin, Josef, 143, 194, 235-6

Schumpeter, Joseph, 20, 76, 429, 441

semicolonialismo, 126, 136

semifeudalismo, 126, 136

Segunda Guerra Mundial, 73, 75, 78, 80, 85, 88, 91-3, 95-6, 108, 110, 115, 121, 135, 194, 200, 277-8, 288, 388

Šik, Ota, 194, 197, 202-12, 249, 271, 273, 276, 278, 281, 300, 302-3, 321, 400-1, 409, 416, 431, 441, 447, 449

Sima Guang, 67

Simons, Henry, 97

simpósio nacional sobre as teorias de precificação, 279

sistema de alocação do Estado, 260, 302-3

sistema de compra unificado de compra e venda, 143-5, 156, 268, 316, 342, 403

sistema de equilíbrio material, 196

sistema de preços
chinês, 142, 186-7, 385
multiníveis, 189, 243, 245, 365
múltiplas vias, 382
nos Estados Unidos, 68, 76-7, 79, 81-3, 91-2, 97-105, 289, 308

período maoista, 183, 142, 149, 155, 174, 387
reforma, 179, 248
soviético, 219

sistema de preços de via de mão dupla, 29, 32, 131, 185, 223, 227, 230, 246, 258-62, 264, 267-71, 276-7, 280-1, 284, 290, 297, 302, 304, 311-4, 316, 318, 327, 338-9, 347, 351, 361, 373-4, 378, 380, 382, 384-8, 393, 397, 411
ver sistema de preços, via dupla na China; sistema de preço

sistema de registro de domicílios, 153

sistema de responsabilidade de gestão de ativos, 306, 324, 397

sistema de responsabilidade familiar (Sistema de Responsabilidade Contratual da Produção Doméstica), 242-5, 247, 393

Sistemas Econômicos e Sociais Comparativos (periódico), 280, 339

sistema imperial chinês, 143

sistema monetário, 136

sistema político, 198, 209, 291, 348, 392

sistema unificado de aquisição de grãos, 268

Skolka, Jiří, 209, 439, 442

Smith, Adam, 26, 180, 184, 201, 442, 445

Smith, Paul J., 67-8, 442
ver também mão invisível

soberania econômica, 22

Sobre a nova democracia (Mao Tsé-Tung), 235

"Sobre as dez principais relações" (Mao Tsé-Tung), 147, 169, 171

socialismo, 19-20, 25, 36, 75, 77, 79, 107, 159, 164, 172, 178, 180-1, 185, 194-6, 198-9, 201-4, 212-3, 222, 224, 235-7, 240, 242, 273-4, 308, 332-5, 381, 389, 396, 405, 407, 410
estatal, 19-20, 25, 205
transição do, 36, 75, 79, 164
transição para o, 178

socialismo de mercado, 77, 195-6, 198-9, 202, 205, 224, 381
ver também Debate do Cálculo Socialista

"sociedade dual", 153

Sociedade Mont Pèlerin, 104, 272, 339, 366, 412, 424, 436

Song Guoqing, 243, 245, 269, 327, 342, 355, 369, 404, 414, 442

Soros, George, 319-20, 355, 392, 397, 399

Stiglitz, Joseph, 20, 23-4, 196, 205, 249, 306, 442

Strumiński, Juliusz, 212-3, 218-20, 225

Sraffa, Piero, 99

subsídios, 121, 155, 162, 171-2, 174, 191-2, 214-5, 221, 238, 245, 247, 259, 278, 284, 302, 324, 342, 351-3
salário, 221, 342, 354
sobre a lei do valor, 178, 186

stalinismo, 236

Sun Faming, 34, 42, 443

Sun Yefang, 151, 179, 186, 195, 198-200, 228, 244, 395, 401, 404-5, 408, 410, 425-6, 443, 449

Su Shaozhi, 178, 236, 333, 418, 442

Sweezy, Alan, 97, 416

Sweezy, Paul, 97, 235, 416

T

taxa de lucro, 93, 206, 250-3

taxa de lucro setorial, 252

Tang Zongkun, 165, 177, 179-81, 248, 251, 405

Tardos, Márton, 287, 301, 319-20, 415, 451

Taussig, Frank William, 76, 78, 440-1, 443
ver também fixadores de preços

taxa de câmbio, 114, 118, 165, 250

Tchecoslováquia, 202-3, 207-8, 210, 333
Instituto de Pesquisa Econômica, 202, 209, 212

Thatcher, Margaret, 109-10, 275

Técnica de Avaliação e Revisão de Programas (Tarp), 282

teoria quantitativa da moeda, 53

terapia de choque, 14, 26, 28-29, 31, 35, 38, 79, 136, 183, 198, 206, 267, 269-70, 293-4, 305, 323, 327, 329-30, 340, 376, 379, 381, 383, 388
crítica da, 32, 110, 206, 274, 305, 365
debates sobre, 20, 22, 24, 36, 270, 294, 338, 379, 384
efeitos da 21, 27, 30, 369, 385
lógica da 23-4, 27, 32, 37, 110, 299, 365, 367
na Rússia, 20-1, 370
ver também reforma do pacote

terceiro-mundismo
ver também internacionalismo socialista, 166

teto de preços, 86, 88, 106, 108
ver também Regulamento Geral de Preço Máximo

Tian Jiyun, 300, 304, 324

Tian Yuan, 255-7, 287, 300, 406, 443

tipos de preço
ver também preços de custo adicional, 156-7, 214

títulos, 122, 133, 372

Tobin, James, 194, 287, 295, 315

totalitarismo, 105, 113

Trabalho econômico nas áreas liberadas de Shandong durante a guerra de resistência e libertação antijaponesa (Xue Muqiao), 116

transportes, 60, 118-9, 131, 216, 221, 279

tributação, 49, 81-3, 85, 94, 245, 402
direta, 54, 57, 151
evasão de, 121

Trótski, Leon, 150, 235-6, 443

Truman, Harry S., 75, 97-100, 122, 424, 443-4

337, 339-41, 359, 361, 371, 376, 408, 431, 434, 437
na Conferência de Bashan, 285, 295
na Conferência de Moganshan, 220, 223
no Instituto de Pesquisa Econômica, 199-200, 210
no Instituto de Reforma do Sistema, 287, 300, 312
sobre a reforma de preços, 205, 207, 271, 275-6, 282, 292, 300, 304, 309, 331, 337, 348, 354, 358, 360, 365
sobre corrupção, 339, 348

X

Xangai, 114, 147, 168, 199, 204, 211, 222, 346, 396, 400, 402, 405

Xue Muqiao, 8, 116, 123, 125-8, 142-3, 145, 148, 161, 163, 174-5, 181, 184, 186, 192, 209, 214-6, 220, 228, 304, 354, 358, 376, 400-1, 404-5, 409
como arquiteto da reforma, 8, 116, 125, 128
estudos rurais, 148-9
na conferência de Bashan, 285, 287, 410
na conferência de Moganshan, 213, 247, 410
"reeducação pelo trabalho", 179, 410
sobre a guerra econômica, 116, 125, 128
sobre a lei do valor, 128, 184-6
sobre a reforma de preços, 179, 208-9, 211, 220, 304, 354, 401

Xu Lu, 251

Xu Qingfu, 128

Y

Yang Xiaokai, 258

Yao Yilin, 324, 350-1, 363, 367, 371, 211

Young, Arthur N., 22, 120-1, 416, 424, 448

Yu Guangyuan, 181, 405, 410

Z

Zhang Gang, 256, 311, 398, 445

Zhang Jinfu, 187, 211, 247, 261, 300, 423

Zhang Musheng, 233-7, 239-40, 252, 305, 317, 411, 414, 449

Zhang Shaojie, 256, 259, 319, 323, 397, 449

Zhang Xuejun, 34, 139, 183, 255-6, 260, 297, 300, 347-8, 398, 403, 429

Zhang Weiying, 254-9, 305, 404, 411, 414, 449

Zhao Renwei, 164, 180-1, 193, 197-9, 210, 278, 285, 287, 290, 292, 401, 414, 426, 433, 449

Zhao Ziyang, 37, 177, 192, 198, 202, 207, 211, 218, 228, 241-2, 244, 247, 249-50, 252-3, 255, 262-4, 269, 276, 282, 286, 297-301, 303-4, 311-2, 317, 319, 323-4, 326-7, 329-32, 334-5, 341, 345-6, 348-51, 354-5, 357-8, 361-2, 367, 369-71, 374-6, 389, 391-3, 395, 398-9, 406, 408, 415, 421, 423, 435, 441, 449, 450
acusações contra, 319
como primeiro-ministro, 192, 198, 241, 250, 253, 263-4, 286-7, 312, 346, 371, 398-9, 406-8
como secretário-geral, 332, 349, 389
criação do Instituto de Reforma do Sistema, 253
durante o movimento social de 1989, 375
encontro com economistas ocidentais, 285, 287
encontro com Milton Friedman, 370-1
experiência durante a guerra civil, 228
reformas em Sichuan, 192, 297
sobre a reforma da agricultura, 245, 312
sobre a reforma dos preços, 192, 264, 297, 353, 362
sobre a reforma econômica, 198, 208, 276, 327, 332
sobre o desenvolvimento costeiro, 329, 345-7, 351-2, 355-7
sobre o estágio primário do socialismo, 332-3, 335
viagem de estudos de Guangdong, 345-6

Zhou Enlai, 148, 163, 235, 349, 409, 411

Zhou Qiren, 234, 240, 254, 256, 305, 414

Sobre a autora

Isabella M. Weber nasceu na Alemanha e graduou-se na Universidade Livre de Berlim e na Universidade de Pequim; é PhD em economia pela New School for Social Research de Nova York e em estudos de desenvolvimento pela Universidade de Cambridge, além de ter atuado como pesquisadora visitante na Universidade de Tsinghua (China). Atualmente, estuda e escreve sobre o comércio global, a história do pensamento econômico e a China. É professora de economia na University of Massachusetts Amherst e trabalha no Political Economy Research Institute. *Como a China escapou da terapia de choque*, seu livro de estreia, já ganhou o Prêmio Joan Robinson 2021 e o Prêmio de Melhor Livro Interdisciplinar da Associação de Estudos Internacionais, além de ter marcado presença nas listas de melhores títulos de 2021 propostas por diversas instituições e periódicos.

Praça da Paz Celestial, abril de 2016. Morio/WikiMedia Commons

Ricardo Stuckert/PR

Luiz Inácio Lula da Silva e Xi Jinping, presidente da
República Popular da China, em cerimônia oficial de recepção
no dia 14 de abril de 2023 (Pequim, China).

Este livro foi publicado cinco meses após Luiz Inácio Lula da
Silva iniciar seu terceiro mandato como presidente da República
do Brasil, em 2023. Lula escolheu a China como destino de umas
das primeiras viagens de negócios com o objetivo de fortalecer as
relações diplomáticas e comerciais entre os dois países, além de
levar o Brasil de volta à cena política internacional. Composto em
Minion Pro, corpo 11/13,5, foi impresso em junho de 2023, em
papel Pólen Natural 70 g/m² pela gráfica Rettec para a Boitempo,
com tiragem de 4 mil exemplares.